REVOLTAS ESCRAVAS NO BRASIL

JOÃO JOSÉ REIS
FLÁVIO DOS SANTOS GOMES
(orgs.)

Revoltas escravas no Brasil

1ª reimpressão

COMPANHIA DAS LETRAS

Grafia atualizada segundo o Acordo Ortográfico da Língua Portuguesa de 1990, que entrou em vigor no Brasil em 2009.

Capa
Victor Burton

Foto de capa
Encruzilhada, Kika Carvalho, 2021, acrílica e giz pastel sobre tela, 100 × 80 cm.
Reprodução de Eduarda Gomes e Bruna Nascimento

Preparação
Cacilda Guerra

Índice remissivo
Luciano Marchiori

Revisão
Clara Diament
Huendel Viana

Dados Internacionais de Catalogação na Publicação (CIP)
(Câmara Brasileira do Livro, SP, Brasil)

Revoltas escravas no Brasil / João José Reis e Flávio dos Santos Gomes (orgs.). — 1ª ed. — São Paulo : Companhia das Letras, 2021.

Vários autores
ISBN 978-65-5921-336-8

1. Escravidão - Brasil - História 2. Escravos - Brasil - História 3. Escravos - Insurreições etc. - Brasil I. Reis, João José. II. Gomes, Flávio dos Santos.

21-61681 CDD-981

Índice para catálogo sistemático:
1 Escravidão : Brasil : História 981

Cibele Maria Dias - Bibliotecária - CRB-8/9427

[2022]

EDITORA SCHWARCZ S.A.
Rua Bandeira Paulista, 702, cj. 32
04532-002 — São Paulo — SP
Telefone: (11) 3707-3500
www.companhiadasletras.com.br
www.blogdacompanhia.com.br
facebook.com/companhiadasletras
instagram.com/companhiadasletras
twitter.com/cialetras

Sumário

Introdução

Um guia para a revolta escrava

João José Reis e Flávio dos Santos Gomes

O Brasil foi o principal importador de africanos escravizados nas Américas. Em torno de 46%, ou 4,8 milhões dos quase 11 milhões desembarcados no continente americano (subtraindo os mortos na travessia) foram transportados em navios luso-brasileiros enquanto durou o tráfico transatlântico. Os britânicos seguiram com cerca de 26%. Além disso, duas das mais importantes cidades onde viagens negreiras eram organizadas estavam no Brasil: Rio de Janeiro e Salvador. Do Rio saíram navios responsáveis por 17% das viagens; os navios que partiram de Salvador representavam 15%. A terceira colocada ficava na Inglaterra, Liverpool, de onde saíram para prear a África pouco menos de 15% dos navios negreiros.[1]

Esses números dão uma ideia da importância da escravidão africana para a formação social, econômica e cultural da América portuguesa, território que depois de 1822 veio a formar o Brasil. São também um índice da participação superlativa do Brasil na tragédia humana que foi o tráfico transatlântico de

1. Ver dados em The Trans-Atlantic Slave Trade Database (TSTD), <www.slavevoyages.org>, acessado em 25 jan. 2019. Ver também David Eltis e David Richardson, *Atlas of the Transatlantic Slave Trade* (New Haven: Yale University Press, 2010), p. 39, sobre a proporção de viagens organizadas em cada porto.

africanos. Alguns fatores concorreram para que fosse assim. A região era o ponto mais próximo da África nas Américas e isso, aliado aos sistemas de ventos e correntes, encurtava as viagens através do Atlântico. Ademais, Portugal foi pioneiro naquele ramo de negócio, estabelecendo feitorias ao longo do litoral africano desde o século XV. Até a proibição definitiva do tráfico para o Brasil, em 1850, sua principal força de trabalho se reproduziu e expandiu sobretudo através da importação de cativos africanos.[2]

A produção de açúcar foi o primeiro setor da economia a empregar grande número de africanos escravizados. No início, eles foram trazidos das ilhas atlânticas portuguesas como mão de obra especializada: artífices, mestres de açúcar, purgadores. O trabalho nos canaviais era feito por indígenas em geral escravizados. Entre meados do século XVI e a primeira metade do século seguinte, os africanos aos poucos substituíram os trabalhadores nativos no eito. Nos três séculos ulteriores, a escravidão africana se espalhou dos canaviais para a mineração, cafezais, fazendas de gado e charqueadas, plantações de fumo algodão, roças de agricultura alimentar, além das mais diversas ocupações urbanas, inclusive o ofício mecânico e o setor fabril, e naturalmente os serviços domésticos. Enfim, a escravidão estava em toda parte.[3]

Ao longo do século XVIII, os africanos escravizados foram usados na exploração das minas descobertas no final da centúria anterior. A mineração, porém, já dava sinais de fraqueza em meados do Setecentos, e se encontrou com um novo impulso da agricultura de exportação na virada do Oitocentos. Durante a primeira metade desse novo século a escravidão no Brasil experimentou uma vigorosa expansão nos meios rural e urbano, em paralelo à intensificação do tráfico de escravos. A economia açucareira se recuperava de um longo período de estagnação, aproveitando agora um mercado internacional ampliado a partir da Revolução do Haiti (1791-1804), uma vitoriosa

2. Luiz Felipe de Alencastro, *O trato dos viventes: formação do Brasil no Atlântico Sul* (São Paulo: Companhia das Letras, 2000); idem, "Brazil in the South Atlantic", *Mediations*, n. 23 (2007), pp. 125-174.

3. Ver, por exemplo, Stuart B. Schwartz, *Sugar Plantations in the Formation of Brazilian Society: Bahia, 1550-1835* (Cambridge: Cambridge University Press, 1985); John Monteiro, *Negros da terra: índios e bandeirantes nas origens de São Paulo* (São Paulo: Companhia das Letras, 1994); Manuela Carneiro da Cunha (org.), *História dos índios no Brasil* (São Paulo: Companhia das Letras, 1992); Yuko Miki, *Frontiers of Citizenship: A Black and Indigenous History of Postcolonial Brazil* (Cambridge: Cambridge University Press, 2018).

revolta que abolira a escravidão e desmontara a economia agroexportadora na mais rica colônia europeia no Caribe. Os engenhos brasileiros prosperaram a toda vela até que, a partir da década de 1830, tiveram que enfrentar a competição crescente e acirrada de Cuba. Nessa altura, a lavoura do café — instalada principalmente no Sudeste — já começava sua ascensão para se estabelecer como carro-chefe da economia na recém-inaugurada nação do Atlântico Sul.

Foi durante o século XIX que, proporcionalmente, o Brasil mais recebeu cativos da África. Se contabilizados os três séculos de duração do tráfico transatlântico para a região, os anos entre 1800 e 1850 valeram por 43% do total de africanos desembarcados, ou seja, cerca de 2 milhões. Como é sabido, apesar da proibição total do chamado "infame comércio" em 1831 — sem contar a proibição parcial acima da linha do equador, em 1815-1817 —, ele prosseguiu com pouco sobressalto até 1850, além de desembarques residuais após essa data. Para o Sudeste — leia-se em especial o Rio de Janeiro — seguiram 47% e para a Bahia 32% do tráfico negreiro internacional nesse período. Com sua proibição definitiva em 1850, a população escravizada declinaria no conjunto do país, apesar de crescer nas regiões cafeeiras mais prósperas, ao longo das duas décadas seguintes, por meio do tráfico interno, sobretudo no sentido norte-sul. No conjunto, seguiram para o centro-sul do país pelo tráfico interprovincial em torno de 222,5 mil cativos, entre 1850 e 1881, até que taxas proibitivas de importação foram impostas em São Paulo, Rio de Janeiro e Minas Gerais, as principais províncias importadoras. Somem-se a esses os cativos traficados no interior de cada província, um intenso movimento intermunicipal que resultou, por exemplo, no encolhimento da escravidão em grandes cidades como o Rio de Janeiro.[4]

4. David Eltis e David Richardson, "A New Assessment of the Transatlantic Slave Trade", in Eltis e Davidson (orgs.), *Extending the Frontiers: Essays on the New Transatlantic Slave Trade Database* (New Haven: Yale University Press, 2008), pp. 49-51, em combinação com o banco de dados TSTD. Para o paulatino declínio da população escravizada na segunda metade do século XIX, ver Robert Conrad, *The Destruction of Brazilian Slavery, 1850-1888* (Berkeley, University of California Press, 1972), pp. 283-285. Sobre o fim do tráfico transatlântico para o Brasil, ver o trabalho enciclopédico de Beatriz Mamigonian, *Africanos livres: a abolição do tráfico de escravos no Brasil* (São Paulo: Companhia das Letras, 2017), e o clássico sobre sua diplomacia, de Leslie Bethell, *The Abolition of the Brazilian Slave Trade: Britain and the Slave Trade Question, 1807-1869* (Cambridge: Cambridge University Press, 1970). A respeito do tráfico interno, apenas a

Difundida por todo o território nacional, pelos diversos setores da economia, conformando todas as instituições sociais e moldando projetos políticos, a escravidão brasileira alcançaria seu ápice, declínio e ocaso no século XIX. Saliente-se que a propriedade escrava não se limitava a grandes senhores de engenho, fazendeiros e mineradores, embora se verificasse sua maior concentração a partir do fim do tráfico.[5] Ainda assim, em geral, tanto no campo como na cidade era grande o número de pequenos escravistas, donos de um, dois, três escravos empregados na pequena lavoura, no trabalho de rua ou nos afazeres de casa. Por todas essas características, as pessoas escravizadas marcaram profundamente os costumes, o imaginário, a cultura, a sociedade e, através de uma intensa miscigenação, sobretudo forçada, moldaram a composição étnico-racial da população.[6]

O revigoramento da escravidão no Oitocentos — acompanhada de incrementos tecnológicos, mecanismos de financiamento e novas formas de controle —, que um número crescente de historiadores rotula de "segunda escravidão", não se deu de forma tranquila.[7] A intensificação do comércio negreiro, em alguns casos o perfil étnico dos traficados, o crescimento das cidades escravistas, a expansão do trabalho escravo e a pressão sobre o cativo para produzir

---

título de exemplo, Richard Graham, "Nos tumbeiros mais uma vez: O comércio interprovincial de escravos no Brasil", *Afro-Ásia*, n. 27 (2002), pp. 121-160; Robert Slenes, "The Brazilian Internal Slave Trade, 1850-1888: Regional Economies, Slave Experience, and the Politics of a Peculiar Market", in Walter Johnson (org.), *The Chattel Principle: Internal Slave Trades in the Americas* (New Haven: Yale University Press, 2005), pp. 325-370 (p. 331 para a cifra mencionada); e José Flávio Mota, *Escravos daqui, dali e de mais além: o tráfico interno de cativos na expansão cafeeira paulista* (São Paulo: Alameda, 2012), que no cap. 2 faz um balanço da historiografia do tráfico interno e ao longo do livro discute o intermunicipal em São Paulo.

5. Ver por exemplo, Zephyr Frank, *Dutra's World: Wealth and Family in Nineteenth-Century Rio de Janeiro* (Albuquerque: University of New Mexico Press, 2004); e Ricardo Salles, *E o vale era escravo: Vassouras, século XIX* (Rio de Janeiro: Civilização Brasileira 2008).

6. Alguns trabalhos de síntese: Herbert Klein e Francisco Vidal Luna, *Slavery in Brazil* (Cambridge: Cambridge University Press, 2010); Luiz Aranha C. do Lago, *Da escravidão ao trabalho livre: Brasil 1550-1900* (São Paulo: Companhia das Letras, 2014); e Katia M. de Queirós Mattoso, *Ser escravo no Brasil, séculos XVI-XIX* (São Paulo: Brasiliense, 2007).

7. Sobre a "segunda escravidão", o texto pioneiro é de Dale W. Tomich, *Through the Prism of Slavery: Labor, Capital, and World Economy* (Lanham: Rowman & Littlefield, 2004). Ver também, a título de exemplo, Rafael de Bivar Marquese e Ricardo Salles (orgs.), *Escravidão e capitalismo histórico no século XIX: Cuba, Brasil, Estados Unidos* (Rio de Janeiro: Civilização Brasileira, 2016); e Javier Laviña e Michael Zeuske (orgs.), *The Second Slavery: Mass Slaveries and Modernity in the Americas and in the Atlantic Basin* (Zurique: Lit, 2014).

mais com vistas a abastecer um mercado internacional cada vez mais sedento e mais bem organizado para o financiamento da produção e o consumo de produtos tropicais contribuíram, entre outros fatores, para a inquietação dos moradores de casebres urbanos e senzalas cada vez mais povoados. Apesar de a classe senhorial não formar um grupo politicamente coeso, nem socialmente homogêneo, os maiores senhores, os barões do café e do açúcar, grandes traficantes e seus financiadores lograram controlar a máquina do regime imperial no processo de formação do Estado nacional brasileiro.[8] Esse movimento se deu, todavia, num ambiente de conflitos, sob o desafio de dissidências regionais amiúde acompanhadas de movimentos com apelo popular no campo e na cidade, sobretudo no conflagrado período regencial. As elites brasileiras, os escravistas de um modo geral e a maior parte do povo livre concordavam com uma coisa, no entanto: o escravo carecia ser controlado.[9] Até que o abolicionismo dividisse as fileiras dos cidadãos livres ao longo da segunda metade do Oitocentos, os senhores tiveram de enfrentar maior ou menor resistência dos cativos — inclusive a resistência do dia a dia — em cada lugar em que a escravidão floresceu. Apesar de presentes em épocas anteriores, as revoltas escravas, por todos os fatores apresentados até aqui, foram mais frequentes no último século da escravidão no Brasil.

As revoltas representaram o estilo mais radical de protesto coletivo dos escravizados, embora não fossem tão frequentes como os quilombos. Mas, como estes, elas — talvez na sua maioria — não previam a destruição do regime escravocrata ou mesmo a liberdade dos cativos nelas diretamente envolvidos. Muitas revoltas visavam tão somente corrigir excessos de tirania, diminuir até um limite tolerável a opressão, reivindicando benefícios específicos — às vezes a devolução de direitos costumeiros sonegados —, ou atacando senhores

8. Ilmar Rohloff de Mattos, *O tempo saquarema: a formação do Estado imperial* (São Paulo: Hucitec; Brasília: INL, 1987); e Tâmis Parron, *A política da escravidão no Império do Brasil, 1826-1865* (Rio de Janeiro: Civilização Brasileira, 2011).

9. Para um debate sobre a dimensão política do protesto escravo, ver: Rafael de Bivar Marquese, "A dinâmica da escravidão no Brasil: resistência, tráfico negreiro e alforrias, séculos XVII a XIX", *Novos Estudos CEBRAP*, n. 74 (2006), pp. 107-123; Flávio dos Santos Gomes e Roquinaldo Ferreira, "A miragem da miscigenação", *Novos Estudos CEBRAP*, n. 80 (2008), pp. 141-162; e Rafael de Bivar Marquese e Tâmis Parron, "Revolta escrava e política da escravidão: Brasil e Cuba, 1791-1825", *Revista de Indias*, v. 71, n. 251 (2011), pp. 19-52.

e feitores particularmente cruéis. Eram levantes que pretendiam reformar a escravidão, não destruí-la, movimentos emergenciais, embora não exatamente "espontâneos". Consideramos também como temas aqui contemplados a conspiração escrava, o levante que não saiu do berço, e a preocupação, às vezes o desespero, dos homens livres com a possibilidade de levantes.[10]

Até a virada do século XIX, o Brasil não conheceu grandes revoltas escravas, salvo se definirmos a formação de quilombos como revolta.[11] De fato eram, mas neste livro consideramos como tal apenas aquela manifestação coletiva dos escravos — não importando sua dimensão — com vistas a romper através da força a rotina da produção de bens e serviços senhoriais, muitas vezes, mas nem sempre, em busca da liberdade completa.[12] Na origem de muitos quilombos, é verdade, esteve a revolta, a ensejar fugas coletivas depois de alguns estragos materiais e da violência contra senhores e seus prepostos.

Palmares, por exemplo, teria sido fundado por escravos revoltosos de um engenho no litoral da então capitania de Pernambuco, mas a rigor não é por isso que o grande quilombo encontrou abrigo neste livro. Palmares é abordado no capítulo escrito por Luiz Felipe de Alencastro, para quem a revolta começou de fato no outro lado do Atlântico, onde o autor busca encontrar os fios que conectaram o grande quilombo às guerras luso-africanas na Angola do século XVII. Sem estas, Palmares não existiria, ou, se existisse, teria outro perfil, argumenta o historiador, buscando estabelecer um sentido sul-atlântico àquela lon-

10. Os variados estilos, dimensões, sentidos e objetivos da rebeldia escrava — e não apenas um unívoco impulso abolicionista — foram estabelecidos há muito tempo pela historiografia da escravidão nas Américas, o que parece ter mal entendido João Pedro Marques, *Revoltas escravas: mistificações e mal-entendidos* (Lisboa: Guerra & Paz, 2006), que ademais faz grande esforço para diminuir o protagonismo escravo e incrementar o de abolicionistas e filantropos europeus e nativos nos diversos processos de emancipação no continente americano. Para uma interessante discussão das ideias desse autor por especialistas do ramo, ver Seymour Drescher e Pieter C. Emmer (orgs.), *Who Abolished Slavery?: Slave Revolts and Abolitionism: A Debate with João Pedro Marques* (Nova York: Bergham, 2010).

11. Para Minas Gerais colonial, há uma série de rumores e consumação de revoltas escravas na primeira metade do século XVIII; ver Gefferson Ramos Rodrigues, "Escravos, índios e soldados: povo, política e revolta na América portuguesa do século XVIII (Pernambuco, Minas Gerais e Bahia)", Tese de Doutorado em História, Universidade Federal Fluminense, 2015.

12. O tema específico dos quilombos foi contemplado num volume também organizado por João José Reis e Flávio dos Santos Gomes (orgs.), *Liberdade por um fio: história dos quilombos no Brasil* (São Paulo: Companhia das Letras, 1996).

geva sociedade de negros fugidos e seus descendentes, que desafiou seriamente a sociedade colonial e o escravismo na América portuguesa. Por suas dimensões e seus enfrentamentos contra os senhores e outras forças coloniais, Palmares se qualificaria, enquanto durou, como uma espécie de revolta permanente.

Já o segundo capítulo tece uma trama em que se destaca uma revolta na origem de um modesto quilombo que, ao contrário de Palmares, foi rapidamente controlado. Lara de Melo dos Santos escreveu seu ensaio sobre um episódio acontecido no final do século XVII na região de Camamu, no sul da Bahia, com participação de pardos e crioulos (pretos nascidos no Brasil), ao contrário do que se verificaria noutras revoltas, de outros tempos e locais, em que predominaram africanos, inclusive no que diz respeito aos primeiros povoadores de Palmares, na sua maioria oriundos da região de Angola. A própria aliança entre negros e pardos que caracterizou esse desconhecido levante o torna excepcional, uma vez que durante a colônia aqueles dois grupos se excluíam mutuamente — e para isso eram incentivados pelos brancos — nos mais diversos aspectos da vida social. Por exemplo, cada um se reunia em irmandades católicas e batalhões de milícias próprios, estes últimos usados no controle violento de escravos e indígenas rebeldes.

Conforme já dito, o incremento da importação de africanos a partir do início do século XIX favoreceu as revoltas no Brasil. Uma alta proporção de escravos na população e de africanos natos entre os escravizados reforçou a identidade coletiva e a percepçao de força diante das camadas livres, mormente quando os cativos tinham perfis étnicos comuns. As revoltas e conspirações escravas na Bahia na primeira metade do século XIX, em número superior a três dezenas, foram promovidas por cativos de origem africana, em especial haussás e nagôs, que formavam grandes colônias étnicas na região, chamadas no Brasil de "nações", como o eram em toda a América: *nación, nation, natie* etc. Da mesma forma que no Caribe setecentista, o vínculo entre concentração étnica — africanos de igual nação — e revolta se verificou na Bahia, embora não fosse o único fator a concorrer para a rebeldia.[13] Entre outros, contaram também a experiência

13. Sobre o Caribe, ver Orlando Patterson, "Slavery and Slave Revolts: A Socio-Historical Analysis of the First Maroon War: Jamaica, 1655-1740", *Social and Economic Studies*, n. 19 (1970), pp. 289-325; Monica Schuler, "Ethnic Slave Rebellions in the Caribbean and the Guyanas", *Journal of Social History*, v. 3. n. 4 (1970), pp. 374-385; e Michael Craton, *Testing the Chains: Resistance to Slavery in the British West Indies* (Ithaca: Cornell University Press, 1982). O acento

guerreira dos envolvidos, sua filiação religiosa (os muçulmanos podiam ser particularmente militantes) e as condições da escravidão local.

O capítulo 5, de João José Reis, discute um levante baiano conhecido, mas pouco explorado pela historiografia. Com a característica de uma fuga em massa de cativos, tanto de Salvador como de uma localidade agrícola do outro lado da baía de Todos-os-Santos, a revolta de 1809 durou alguns dias e ganhou versões conflitantes de seus contemporâneos, as quais são aqui analisadas. Dela participaram africanos de nação haussá, que eram na sua maioria muçulmanos mais e menos ortodoxos. A documentação disponível, contudo, não permite vislumbrar a provável presença do Islã na revolta.

Os rumores de revolta no Recife, em maio de 1814, pareciam apontar para a repercussão ali de uma outra revolta baiana, acontecida em fevereiro daquele ano, também capitaneada por haussás.[14] No capítulo 3, Luiz Geraldo Silva destrincha aqueles rumores, apontando que teriam sido alimentados por certas representações mentais dos denunciantes, explica o historiador. Em lugar de enfatizar o background africano dos suspeitos presos — aliás oriundos das mais diversas procedências na África, ao contrário dos rebeldes baianos —, Silva percebe o processo de crioulização cultural entre eles, entendendo por tal sua participação em circuitos locais de sociabilidade, como os reinados e irmandades católicas. Essas circunstâncias *não* apontariam para um projeto de revolta escrava, em interessante contraponto a outros eventos rebeldes tratados neste livro nos quais a religiosidade, apesar de crioulizada, os teria favorecido.[15]

étnico akan/coromanti, o mais influente no Caribe rebelde, permanece relevante em estudos mais recentes, ainda que calibrado pelas teses da crioulização, como em Vincent Brown, *Tacky's Revolt: The Story of an Atlantic Slave War* (Cambridge, MA: Belknap Press, 2020), sobre a Jamaica, e Merjoleine Kars, *Blood on the River: A Chronicle of Mutiny and Freedom on the Wild Coast* (Nova York e Londres: New Press, 2020), sobre Berbice/Suriname. A sombra rebelde coromantee também pairou sobre Nova York em 1712 e 1741. Ver John Thornton, "The Coromantees: An African Cultural Group in Colonial North America and the Caribbean", *Journal of Caribbean History*, v. 32, n. 1-2 (1998), pp. 161-178; e Jill Lepore, *New York Burning: Liberty, Slavery, and Conspiracy in Eighteenth-Century Manhattan* (Nova York: Alfred A. Knopf, 2005).

14. Ver João José Reis, "Há duzentos anos: a revolta escrava de 1814 na Bahia", *Topoi*, v. 15, n. 28 (2014), pp. 68-115.

15. Sobre processos de mistura, adaptação, renovação e invenção culturais vivenciados por africanos escravizados nas Américas, a que chamaram de "crioulização", ver o ensaio pioneiro de Sidney Mintz e Richard Price, *The Birth of African-American Culture: An Anthropological Pers-*

Não surpreende que a revolta baiana de 1814 não tivesse viajado até o Recife. A Bahia parece ter mesmo constituído um caso à parte, semelhante ao Caribe do século XVIII, onde lideranças étnicas acionaram com frequência recursos do universo religioso africano para mobilizar os escravos. No século seguinte, no Caribe e nos Estados Unidos, os crioulos substituiriam ou se associariam a africanos ladinos na lide rebelde, agora inspirados numa leitura radicalizada da Bíblia.[16] Noutras regiões do Brasil o desiderato étnico não vingou com a força com que o fez em território baiano. Desse modo, africanos de diferentes nações, além de crioulos, realizaram revoltas em comum, ainda na primeira metade do século XIX, quando o tráfico vigorava com toda força. Nesse aspecto, na sua maior parte o Brasil oitocentista se assemelhava mais a outras Américas do mesmo período. Por exemplo, Richmond (Virgínia, Estados Unidos), em 1800, Nova Orleans (Louisiana, Estados Unidos), em 1811, a ilha de Cuba, em 1812 e 1825, locais, entre outros, em que se verificaram alianças de escravos crioulos com africanos de diferentes nações, além, em determinados casos, de negros livres e libertos, e até brancos, como teria acontecido na Nova York de 1741.[17]

Três revoltas multiétnicas se apresentam neste livro: a de Campinas (então

---

pective (Boston: Beacon Press, 1992 [orig. 1974]). Há tradução no Brasil pela Pallas/ Universidade Candido Mendes (2003).

16. Sobre a Guerra Batista na Jamaica (1831-1832), ver Mary Turner, *Slaves and Missionaries: The Disintegration of Jamaican Slave Society, 1787-1834* (Urbana: University of Illinois Press, 1982); sobre outra revolta inspirada na Bíblia, Emilia Viotti da Costa, *Coroas de glória, lágrimas de sangue: a rebelião dos escravos de Demerara em 1823* (São Paulo: Companhia das Letras, 1994). Na mesma linha de cristianismo rebelde está a revolta messiânica de Nat Turner, em Southampton, no estado de Virgínia, Estados Unidos, em 1831. Ver Herbert Aptheker, *Nat Turner's Slave Rebellion* (Nova York: Humanities Press, 1966), que reproduz as "confissões" de Nat Turner; Kenneth S. Greenberg (org.), *Nat Turner: A Slave Rebellion in History and Memory* (Oxford: Oxford University Press, 2003); e Joseph Lexler-Dreis, "Nat Turner's Rebellion as a Process of Conversion", *Black Theology*, v. 12, n. 3 (2014), pp. 230-250, entre outros títulos a respeito dessa célebre revolta.

17. Douglas R. Egerton, *Gabriel's Rebellion: The Virginia Slave Conspiracies of 1800 and 1802* (Chapel Hill: The University of North Carolina University Press, 1993); James Sidbury, *Ploughshares into Swords: Race, Rebellion, and Identity in Gabriel's Virginia* (Cambridge: Cambridge University Press, 1997); Daniel Rasmussen, *American Uprising: The Untold Story of America's Largest Slave Revolt* (Nova York: HarperCollins, 2011); Matt D. Childs, *The 1812 Aponte Rebellion in Cuba and the Struggle against Atlantic Slavery* (Chapel Hill: The University of North Carolina Press, 2006); Manuel Barcia, *The Great Slave Revolt of 1825: Cuba and the Fight for Freedom in Matanzas* (Baton Rouge: Louisiana State University Press, 2012); Lepore, *New York Burning*.

vila de São Carlos), em São Paulo, sufocada no berço em 1832 (capítulo 6); a Revolta de Carrancas, Minas Gerais, em 1833 (capítulo 7); e a de Manoel Congo (ou do Paty do Alferes), em Vassouras, Rio de Janeiro, em 1838 (capítulo 14). Em todas predominou o rebelde africano, mas negros brasileiros (chamados de crioulos) também participaram. Com o declínio da população africana depois da proibição definitiva do tráfico em 1850, os crioulos passariam a responder pela maioria dos engajados em revoltas — embora às vezes ao lado de africanos mais velhos —, em especial nas últimas duas décadas da escravidão, conforme se lê em diversos capítulos deste livro.

Uma exceção quanto à composição étnica de uma revolta ocorrida no início do Oitocentos foi a que teve lugar na vila de Guaraparim, no sul da capitania do Espírito Santo, onde escravos crioulos (não se mencionam africanos) de duas fazendas se levantaram em 1811 e as ocuparam durante décadas, legando até as atuais gerações os resultados de um movimento pequeno, circunscrito, mas vitorioso. Esse episódio deveras singular é apresentado no capítulo 4, de Thiara Bernardo Dutra. Foi uma ação localizada, de cativos que reivindicavam a devolução de direitos adquiridos na exploração de madeira, direitos então ameaçados pela transferência das propriedades após a morte do antigo senhor. Não houve aqui influências externas ao pequeno universo em que se situava a senzala rebelde, pelo que foi constatado pela historiadora.

Em outros cenários, os revoltosos receberam estímulo de fora. A onda de transformações políticas e ideológicas que agitaram o mundo atlântico, na chamada Era das Revoluções, influenciou a rebeldia negra nas Américas, inclusive no Brasil, e não apenas entre os escravizados, mas também os crioulos e pardos livres e libertos. Os debates em torno do direito dos homens e das nações à liberdade — conversas travadas sobretudo nas metrópoles imperiais mas repercutidas nas colônias — revelaram aos cativos que os homens livres estavam divididos e que pelo menos um dos lados do racha empregava uma linguagem que soava bem aos ouvidos dos escravos. A Revolução Francesa estimulou a rebeldia negra no continente americano por vias diretas e indiretas. Entre 1791 e 1804 aconteceu na colônia francesa de Saint-Domingue — conhecida no Brasil de então por São Domingos — a única revolução escrava bem-sucedida nas Américas, influenciada de imediato pelos acontecimentos na França revolucionária. Os escravos aproveitaram-se das divisões de classe e raça na colônia, dos conflitos políticos na metrópole e da retórica revolucionária do momento, combinada com tradições trazidas da África. A Revolução Haitiana destruiu a mais lucrativa colônia europeia nas Américas e criou um Estado negro, transformando-se num símbolo de resistência escrava e igualdade racial em todo o hemisfério, um lembrete de que era possível vencer a classe senhorial e até aniquilá-la.[18]

Mais do que alimentar sonhos de liberdade nas senzalas e barracos brasileiros, o Haiti nutriu pesadelos em casas senhoriais, palácios governamentais e *clubs* liberais. Na conjuntura da Independência no Brasil, várias vozes apegadas à ordem advertiram sobre a possibilidade de uma reprodução doméstica do fenômeno haitiano, caso se aprofundassem as divergências entre portugueses e brasileiros. O temor do chamado *haitianismo* atravessaria muitas décadas do século XIX. Imaginem que, ainda em 1867, uma autoridade do Maranhão invocou o Haiti por temer que os brancos fossem massacrados durante uma revolta no município de Viana. Na ocasião os escravos desceram do quilombo São Benedito para sublevar as senzalas das fazendas vizinhas. Por sua data avançada, esse acontecimento mostra que o fantasma do Haiti assustou os brancos brasileiros durante muito tempo, além de ter sido amiúde usado para uni-los em favor do endurecimento do controle da escravaria. No caso maranhense, a relação entre quilombo e revolta foi inversa à que antes sugerimos: a revolta nasceu do quilombo, e não o contrário. O evento está contemplado nesta coletânea entre aqueles estudados por Flávio dos Santos Gomes e Maria Helena P. T. Machado.[19]

A divisão entre os livres podia favorecer a rebelião escrava porque revelava

18. O estudo clássico sobre essa poderosa revolta é C. L. R. James, *The Black Jacobins: Toussaint L'Ouverture and the San Domingo Revolution*, 2ª ed. (Nova York: Vintage, 1963) (há tradução para o português publicada pela Boitempo). Um ótimo panorama mais recente foi feito por Laurent Dubois, *Avengers of the New World: The Story of the Haitian Revolution* (Cambridge: Belknap, 2004). Uma interpretação que enfatiza a tradição quilombista dos cativos haitianos para o desenlace do movimento, em detrimento dos "ideais democrático-burgueses", é Carolyn Fick, *The Making of Haiti* (Knoxville: The University of Tennessee Press, 1990). A articulação entre as duas revoluções, a francesa e a haitiana, é bem apresentada por Robin Blackburn, *A queda do escravismo colonial, 1776-1848* (Rio de Janeiro: Record, 2002).

19. Sobre a revolta maranhense, ver também Mundinha Araújo, *Insurreição de escravos em Viana, 1867* (São Luís: Sioge, 1994). Sobre a repercussão do Haiti no Brasil, confira Marco Morel, *A Revolução do Haiti e o Brasil escravista: o que não deve ser dito* (Jundiaí: Paco, 2017). A repercussão atlântica do movimento haitiano é o tema, entre outros trabalhos, do estudo pioneiro — mas só recentemente publicado — de Julius Scott, *The Common Winds: Afro-American Currents in the Age of the Haitian Revolution* (Londres e Nova York: Verso, 2018); e David Geggus e Norman Fiering (orgs.), *The World of the Haitian Revolution* (Bloomington: Indiana University

aos cativos a debilidade política e às vezes moral dos senhores, afrouxava a vigilância e diminuía a eficiência da repressão. Debates parlamentares, guerras externas, revoltas regionais, disputas políticas locais abriam brechas através das quais a rebeldia escrava vez ou outra penetrava. Esses elementos, aliás, seriam uma marca das revoltas escravas em todas as Américas.[20] A Revolta de Carrancas, em 1833, foi em alguma medida tributária de dissidência política no seio da elite mineira que havia alcançado um ponto crítico, naquele mesmo ano, com uma revolta militar para restaurar o trono de Pedro I, que havia dois anos o abdicara. Como se deu em diversos pontos do Atlântico escravista, inclusive no Brasil, esteve na origem desse movimento a expectativa por parte dos cativos mineiros de se beneficiar de uma lei que os emanciparia. Pois haviam corrido boatos em Carrancas de que os "caramurus" (adeptos do ex-imperador), logo eles, teriam abolido a escravidão, mas seus senhores se recusavam a ceder. O caso é tratado, em toda sua complexidade, por Marcos Ferreira de Andrade no capítulo 7.[21]

Entre as mudanças na política da escravidão, especificamente, foi da maior importância para a agitação escrava a longa e lenta trajetória abolicionista, contando as leis que proibiram o tráfico, as que reformaram a escravidão e por fim as campanhas abolicionistas da última década do regime escravocrata. O fenômeno reportava ao final do século XVIII. O alvará de 1773, que libertava o ventre escravizado na metrópole portuguesa, repercutiu na capital da capitania da Paraíba, por exemplo, onde pardos e crioulos livres interpretaram peculiarmente a lei e concluíram que a Coroa abolira o cativeiro na colônia. Mas aquelas conversas não incluiriam escravos, nem levariam ao planejamento de uma revolta para implementar no Brasil a suposta vontade de el rei d. José I.[22]

Criando esperança em alguns setores da população cativa, sobretudo ne-

---

Press, 2009). Um estudo de caso exemplar é o de Ada Ferrer, *Freedom's Mirror: Cuba and Haiti in the Age of Revolution* (Cambridge: Cambridge University Press, 2014).

20. Brown, *Tacky's Revolt*, explora esse tema, engenhosamente, conectando a Guerra dos Sete Anos na Europa à Revolta de Tacky na Jamaica, além de outras implicações atlânticas.

21. A revolta de Demerara, em 1823, decorreu em parte de uma interpretação dos rebeldes de que uma lei que atenuava o tratamento dispensado aos escravos seria de fato emancipacionista. Ver Costa, *Coroas de glória*. Discussões sobre abolição no parlamento de Cádiz, Espanha, também repercutiram entre os envolvidos na revolta de Aponte, em Cuba, 1812. Ver Child, *The Aponte Rebellion*, pp. 158-161; e Ferrer, *Freedom's Mirror*, cap. 7.

22. Luiz Geraldo Silva, "'Esperança de liberdade': interpretações populares da abolição ilustrada (1773-1774)", *Revista de História*, n. 144 (2001), pp. 107-149.

gros e mestiços nascidos no Brasil e africanos ladinos, a agitação escrava permeou vários episódios da era da descolonização, a exemplo da Conspiração dos Alfaiates (ou dos Búzios) na Bahia, em 1798, a Revolução de 1817, em Pernambuco, e os movimentos pela independência em várias partes do país, em 1821-1823. Entre outros momentos relevantes do Brasil independente, a lei de 1831, que proibia o tráfico internacional de africanos, seria interpretada como emancipacionista por escravos da vila de Itapemirim, no Espírito Santo. A mesma lei entrou na complexa teia de motivações dos escravos que conspiraram contra seus senhores no município cafeeiro de Campinas, São Paulo, em 1832, evento aqui estudado por Ricardo Pirola no capítulo 6. Os cativos campinenses apostaram em que o fim do tráfico valia também para a escravidão e, já que seus senhores fingiam ignorá-lo, decidiram embarcar na arriscada aventura da rebeldia para implementar a emancipação definitiva. A presença expressiva de redes de parentesco entre os cativos envolvidos não os impediu de se rebelarem — como aliás não impediu a outros rebeldes encontrados ao longo deste livro. Nesse sentido, abre-se aqui uma polêmica com autores que argumentam ter sido a família escrava um fator de "paz das senzalas".[23]

A conspiração de Campinas foi descoberta e desarticulada, mas a subsequente devassa demonstrou que os escravos envolvidos acompanhavam, discutiam e agiam estimulados pelo noticiário e pelos rumores sobre assuntos que lhes diziam respeito. O mesmo pode ser dito acerca da revolta de 1864 em Serro e Diamantina, Minas Gerais. Aqui os conspiradores acreditaram ter chegada a hora da liberdade a partir de um entendimento de que as discussões sobre o "elemento servil" no Parlamento brasileiro e as notícias sobre a emancipação dos escravos nos Estados Unidos, no ano anterior, anunciariam o fim do regime escravista também no Brasil. Mas a grande novidade nesse episódio

23. Sobre a pacificação da população escrava em decorrência de uma maior incidência das redes familiares, ver Manolo Florentino e José Roberto Góes, *A paz das senzalas: famílias escravas e tráfico atlântico (Rio de Janeiro, c. 1790-c. 1850)* (Rio de Janeiro: Civilização Brasileira, 1997). No mesmo sentido argumentam, para contextos diferentes, Herbert G. Gutman, *The Black Family in Slavery and Freedom, 1750-1925* (Nova York: Pantheon Books, 1976); e João José Reis, *Rebelião escrava no Brasil: a história do levante dos malês em 1835*, 3ª ed. (São Paulo: Companhia das Letras, 2012), pp. 416-417. No sentido contrário, ver Robert Slenes, *Na senzala, uma flor: esperanças e recordações na formação da família escrava: Brasil, Sudeste, século XIX* (Rio de Janeiro: Nova Fronteira, 1999).

é que os rebeldes aprendiam sobre o que se passava além de seu mundo imediato nos jornais que lhes caíam nas mãos, pois eram letrados, coisa pouco comum. Assim, a revolta, segundo a autora do capítulo 8, Isadora Moura Mota, ganhou sentidos e ampliou esperanças em consequência do letramento dos escravos envolvidos.

Em local muito distante dali, mas próximo no tempo, em 1867, durante revolta em Viana, os quilombolas do mocambo de São Benedito também quiseram mudar o mundo com um apelo abolicionista. A escrita não deixou de fazer parte dos planos, mas de outra perspectiva que não a de seus congêneres mineiros. Num dos lances mais originais do levante maranhense, os insurgentes obrigaram o administrador de uma das fazendas conflagradas a escrever uma carta em que declaravam: "nos achamos em campo a tratar da Liberdade dos Cativos, pois a [sic] muito que esperamos por ella [...]".[24] A declaração abolicionista não era gesto frouxo e fraco, mas um disposto a convencer, pois para esses escravos a palavra escrita, que eles não dominavam, tinha o poder de realizar desejos. Este e outros aspectos da revolta de Viana são discutidos no já mencionado capítulo 14.

Na fase final da escravidão aconteceram levantes e a formação de pequenos e grandes quilombos em várias regiões do país, embora fossem na sua maioria movimentos localizados, em geral restritos a uma ou duas propriedades, e, nos meses anteriores ao Treze de Maio, fugas em massa das fazendas e engenhos, às vezes antecedidas de investidas violentas contra senhores e feitores.[25] Alguns capítulos deste livro tratam precisamente das revoltas na década da abolição, tanto em locais densamente escravistas, como São Paulo, quanto na periferia do sistema, a exemplo do sul da Bahia, estas estudadas por Iacy Maia Mata e Ricardo Tadeu Caires da Silva no capítulo 13; e no Rio Grande do Sul, revoltas nar-

24. Citado por Araujo, *Insurreição de escravos em Viana*, pp. 33-34.

25. Maria Helena Machado, *O plano e o pânico: os movimentos sociais na década da abolição* (Rio de Janeiro: EDURFRJ; São Paulo: Edusp, 1994), pp. 73, 92-94. A respeito da resistência escrava e seu impacto sobre as populações livres, inclusive o movimento abolicionista, ver, além desse livro, Ronaldo Marcos dos Santos, *Resistência e superação do escravismo na província de São Paulo (1885-1888)* (São Paulo: IPE-USP, 1980), especialmente o cap. II; Lana Lage da Gama Lima, *Rebeldia negra e abolicionismo* (Rio de Janeiro: Achiamé, 1981); e Celia Maria Marinho de Azevedo, *Onda negra, medo branco: o negro no imaginário das elites — século XIX* (São Paulo: Paz e Terra, 1987).

radas nos capítulos 10 e 11, escritos, respectivamente, por Paulo Staudt Moreira e Mário Maestri Filho. Numa e noutra região, as pesquisas sugerem a participação ativa dos escravos na destruição da instituição escravocrata.

O advento de levantes nessa fase terminal do regime instaurou um clima de medo que levaria à perseguição, e às vezes linchamento, de abolicionistas acusados de se envolverem em conspirações escravas imaginárias, mas com indícios de inquietante veracidade.[26] Foi o que se verificou em São Mateus, no Espírito Santo, também periferia do escravismo brasileiro, no ano de 1884, conforme o estudo de Yuko Miki no capítulo 12.[27] Ali foram presos dois abolicionistas, sendo um advogado e o outro lavrador, incriminados por acoitar escravos fugidos em nome de uma sociedade abolicionista. No período logo após a abolição, a inquietação entre os libertos do Treze de Maio e o receio de que se levantassem ganharam o centro da cena em algumas regiões. O caso da Bahia é discutido no capítulo 13.

A participação de homens libertos e livres na concepção e execução de revoltas escravas não esperou, para acontecer, o momento de desagregação galopante do regime escravocrata para acontecer. Esse panorama se estabeleceu no Brasil e em outras regiões da América escravista, tema amplo que solicita um ensaio à parte.[28] Diversos capítulos desta coletânea tratam do tema delicado das alianças entre escravizados e livres e libertos, laços tecidos pelos mais diversos motivos e circunstâncias: pendor abolicionista, solidariedade familiar, interesses materiais, comunhão religiosa, entre outros.

De uma revolta em Castro, Paraná, em 1864, participaram escravos e livres, com vínculos de parentesco entre si, um episódio de protesto contra uma operação de tráfico interno que ameaçava separar as famílias da comunidade, conforme se lê no capítulo 9, da lavra de Eduardo Spiller Pena. Numa das várias

26. Ricardo Pirola, "A lei de Lynch no ocaso da escravidão: linchamentos, justiça e polícia (1878-1888)", in Regina Celia Lima Xavier e Helen Osório (orgs.), *Do tráfico à pós-abolição: trabalho compulsório e livre e a luta por direitos sociais no Brasil* (São Leopoldo: Oikos, 2018), pp. 454-480.

27. Ver também sobre este episódio: Robson Luis Machado Martins, "Em Louvor a Sant'Anna: notas sobre um plano de revolta escrava, em São Matheus, norte do Espírito Santo, em 1884", *Estudos Afro-Asiáticos*, n. 38 (2000), pp. 67-83.

28. Em quase todas as revoltas não tratadas neste livro, mas antes mencionadas — Revolução do Haiti, Gabriel Prosser, Aponte, Demerara, Jamaica (1831), a dos malês etc. —, observa-se a participação de indivíduos não escravizados, inclusive entre seus líderes.

histórias de rebeldia no Rio Grande do Sul narradas tanto por Mário Maestri como por Paulo Staudt Moreira, homens livres teriam incitado escravos à revolta com promessas de liberdade e saque das fazendas de Capivari, região central da província, em 1859.[29] Noutro caso, em Pelotas, um liberto foi investigado por insuflar escravos a apoiar os ingleses numa guerra que porventura eclodisse no auge da Questão Christie, em 1863, quando o Brasil rompeu relações diplomáticas com a Inglaterra. O pendor abolicionista dos ingleses seria mencionado de maneira explícita como incentivo à mobilização dos cativos nesse evento. Uma autoridade chegou a sugerir que o suspeito pudesse estar agindo como agente dos ingleses, que teriam planos sinistros de fazer a guerra aos brasileiros com ajuda de suas escravarias.[30] A insurreição de Queimado, ocorrida em 1849, no Espírito Santo, teve tanto características de "messianismo", envolvendo possivelmente práticas religiosas africanas, como a participação de missionários capuchinhos italianos e a percepção por parte dos escravos do contexto político envolvendo debates parlamentares e pressões da Inglaterra em torno da cessação do tráfico negreiro.[31]

Um parêntese sobre essa matéria. Não era novidade a suspeita de que "emissários" ingleses andassem a agitar os escravos brasileiros. Trinta anos antes, preocupadas com possíveis repercussões no país da grande revolta de 1831-1832 na Jamaica, as autoridades brasileiras alertaram seus agentes consu-

29. Os capítulos escritos por esses dois historiadores com frequência se complementam na narrativa — nem sempre na interpretação — dos mesmos episódios, em especial aqueles que tiveram lugar na segunda metade do século XIX.

30. Uma nova interpretação da Questão Christie coloca em seu âmago a pressão inglesa para que o Brasil libertasse em definitivo os africanos confiscados do tráfico ilegal, uma controvérsia que se arrastava havia décadas. Ver Mamigonian, *Africanos livres*, cap. 9.

31. A respeito desta revolta, ver Afonso Cláudio, *Insurreição do Queimado: episódio da história do Espírito Santo*, apresentação e notas de Luiz Guilherme Santos Neves e "Repertório de documentos" de Fernando Achiamé (Vitória: Editora da Fundação Ceciliano Abel de Almeida, 1979 [orig. 1884]); Vilma Paraíso Ferreira de Almada, *Escravismo e transição: o Espírito Santo (1850-1888)* (Rio de Janeiro: Graal, 1984), pp. 169-172; José Roberto Pinto de Góes, "Queimado: uma rebelião escrava na província do Espírito Santo", *Cadernos do Laboratório Interdisciplinar de Pesquisa em História Social*, n. 4 (1997), pp. 5-15; Lavínia Coutinho Cardoso, "Revolta negra na Freguesia de São José do Queimado: escravidão, resistência e liberdade no século XIX na província do Espírito Santo (1845-1850)", Mestrado em História Social das Relações Políticas, Universidade Federal do Espírito Santo, 2008; e idem, *Revolta do Queimado: negritude, política e liberdade no Espírito Santo* (Curitiba: Editora Apris, 2020).

lares para que empregassem, quanto aos viajantes ingleses, "a maior vigilância a fim de que se não introduzam no Brasil as mesmas doutrinas que hoje tornam talvez indispensável a ruína da maior parte dos proprietários das colônias inglesas".[32] Dois anos e dois meses depois vinha a confirmação da suspeita, através de um ofício reservado da diplomacia brasileira em Londres, de que membros de "várias sociedades de filantropia e emancipação" estariam na Jamaica, na Venezuela, em Cuba e no Brasil "excitando a levantes, espalhando entre eles [escravos] ideias de insubordinação".[33] Contudo, assim como em 1863, nada de concreto se descobriu sobre a mão invisível dos ingleses em qualquer movimento escravo em território brasileiro.

Com ou sem ingleses, o medo era de que os rebeldes se apropriassem da ideologia liberal — em sua versão abolicionista —, tida como propriedade intelectual do homem livre e branco, e a transformassem em instrumento de emancipação. O historiador Eugene Genovese chegou a afirmar que, na era das revoluções burguesas e das independências americanas — tendo a Revolução do Haiti como ponto fulcral —, desapareceriam as revoltas que, por suposto, tiveram por objetivo restaurar uma espécie de África perdida, predominantes anteriormente. Essa tese já foi refutada por vários historiadores, sob o argumento de que nem todas as revoltas daquele primeiro período eram "restauracionistas", sendo algumas até abolicionistas, nem as ideologias africanas recuariam in totum diante da marcha inexorável do ideário liberal burguês, no segundo período.[34]

Se no Brasil oitocentista escravos rebeldes atentaram para a retórica do liberalismo — amiúde presente nas disputas políticas dos homens livres —, ou essa retórica inspirou negros (sobretudo crioulos) e pardos à ação coletiva, o mesmo não se pode dizer da corrente central das rebeliões baianas na primeira metade daquele século, da conspiração de Campinas, em 1832, da Revolta de Manoel Congo, em 1838, entre outros movimentos dirigidos pelos africanos, e

32. Arquivo Histórico do Itamaraty (AHI), cód. 216-1-14, Ofício de 5 jun. 1833.

33. AHI, cód. 217-3-3, Ofício do Agente Consular do Brasil em Londres ao Ministério dos Estrangeiros, 2 set. 1835. AHI, cód. 216-1-14, ofício de 5 jun. 1833.

34. Eugene Genovese, *From Rebellion to Revolution: Afro-American Slave Revolts in the Making of the Modern World* (Nova York: Vintage, 1979). Entre seus críticos, Craton, *Testing the Chains*; e Fick, *The Making of Haiti*.

até por crioulos, alguns inclusive nos últimos anos da abolição.[35] O islamismo africano, o catolicismo crioulo, a feitiçaria e o curandeirismo afro-brasileiros serviram de guia intelectual, moral e prático a escravos rebeldes, tanto quanto como arsenal de ataque e defesa — muitas vezes, é verdade, misturados a elementos da ideologia liberal ou de políticas de governo dela decorrentes, como a legislação antitráfico e abolicionista, conforme já vimos.

É que a resistência à escravidão ou a seus excessos nem sempre acompanhava o calendário ou lançava mão da linguagem da grande política secular. Com frequência a melhor hora de atacar estava marcada no calendário e falava o idioma da festa, da folga e do ritual. Num campo de poder instituído entre o cotidiano e o cosmo se celebrava grande parte da política escrava. Por isso numerosas conspirações e revoltas ocorreram exatamente nos períodos festivos, e não só no Brasil.[36] E festas religiosas muitas vezes envolvendo tanto senhores como cativos, cada qual a celebrar suas próprias divindades. Por exemplo, a revolta de escravos haussás em Salvador — muitos deles, a maioria talvez, muçulmanos — acontecida nos primeiros dias de janeiro de 1809, e que teve início com uma fuga de numerosos escravos do Recôncavo no dia seguinte ao Natal do ano anterior (capítulo 5). A revolta de 1832, em Campinas, fora também planejada para estourar no Natal daquele ano (capítulo 6), e no Rio Grande do Sul outras tantas foram planejadas para acontecer em dias de domingo e santificados (capítulos 10 e 11).

No plano da diversão e da devoção se verificavam experiências culturais amiúde alheias a um ideário "liberal", por mais amplo, frouxo e abstrato que se considere o termo. Identidade e solidariedade coletivas eram potencializadas através de rituais e arsenais simbólicos que reafirmavam valores espirituais e étnicos do grupo. O capítulo 9, de Eduardo Spiller Pena, busca em tradições de ancestralidade da África bantu, reelaboradas no registro católico, as dimensões simbólicas — ou o poder dos símbolos — na revolta em Castro antes mencionada. Como esse episódio sugere, o papel da religião na resistência escrava não se limitou a expressões de maior densidade africana, como o Islã nos levantes baia-

35. Sobre os últimos anos da escravidão, ver Machado, *O plano e o pânico*, especialmente o cap. 3.

36. Em João José Reis, "Quilombos e revoltas escravas no Brasil", *Revista USP*, n. 28 (1995-1996), pp. 31-32, são listadas revoltas escravas fora do Brasil acontecidas ou planejadas para dias festivos.

nos, as mezinhas africanas na conspiração de Campinas em 1832 e a presença de "feiticeiros" em episódios rebeldes em São Paulo já na década final da escravidão (capítulo 14). Os escravos cristianizados criaram no Novo Mundo uma forma peculiar, africanizada de cristianismo que às vezes os ajudaria não apenas a interpretar e carregar nas costas o mundo, mas também a tentar transformá-lo.

Os santos católicos se envolveram em diversas lutas escravas no Brasil. Consta que Cosme das Chagas, o líder dos escravos balaios no Maranhão, era devoto de Nossa Senhora do Rosário, santa mui popular entre os negros brasileiros, para cujo "partido sagrado dessa Irmandade" o liberto cearense recrutava combatentes.[37] Outros movimentos escravos, sobretudo no Sudeste do Brasil, tiveram um sotaque católico. Em Vassouras, em 1847, escravos devotos de santo Antônio teriam se envolvido numa conspiração com data marcada para o dia de são João. Robert Slenes suspeita da cumplicidade de santo Antônio em uma vasta conspiração, no ano seguinte, na qual estariam envolvidos escravos de origem bantu espalhados por vários municípios do Vale do Paraíba e sul de Minas Gerais. Já no Recife da mesma época, um liberto protestante enxergava na Bíblia todos os sinais de que chegara a hora de os negros virarem a mesa, como, dizia ele, tinham feito no Haiti. Tais mensagens messiânicas, ao estilo de Nat Turner, faziam parte de versos escritos na forma de cordel que aquele pregador, alcunhado Divino Mestre, usava para ensinar outros negros a ler. Esse é o episódio no Brasil que mais se aproxima das diversas revoltas e conspirações nos Estados Unidos e no Caribe inspiradas no cristianismo revivalista.[38]

Os escravos, por óbvio, dispunham de recursos políticos e materiais mo-

37. Maria Januária Vilela Santos, *A Balaiada e a insurreição de escravos no Maranhão* (São Paulo: Ática, 1983); e Mundinha Araújo, *Em busca de Dom Cosme Bento das Chagas, Negro Cosme: tutor e imperador da liberdade* (Imperatriz: Ética, 2008).

38. Robert Slenes, "L'arbre nsanda replanté: cultes d'aflfiction kongo et identité des esclaves de plantation dans le Brésil du sud-est (1810-1888)", *Cahiers du Brésil Contemporain*, n. 67/68 (2007), pp. 217-313; Marcus J. M. de Carvalho, "Que crime é ser cismático? As transgressões de um pastor negro no Recife patriarcal, 1846", *Estudos Afro-Asiáticos*, n. 36 (2000), pp. 97-122; idem, "'Fácil é serem sujeitos, de quem já foram senhores': o abc do Divino Mestre", *Afro-Ásia*, n. 31 (2004), pp. 327-334; Marcus J. M. Carvalho e Andréa T. B. Ferreira, "Alfabetizando 'Morenos' no Recife na década de 1840", in Marcelo MacCord et al. (orgs.), *Rascunhos cativos: educação, escolas e ensino no Brasil escravista* (Rio de Janeiro: 7Letras/Faperj, 2017), pp. 42-57; Santos, *A Balaiada*; e Araújo, *Em busca de Dom Cosme Bento das Chagas.*

destos para levar a cabo projetos ousados de rebeldia coletiva, mas não desconheciam o que se passava no universo político dos homens livres, até porque viviam muito próximos e atentos a suas atitudes e palavras. Fizeram política, sim, mas com uma linguagem sua, às vezes com a linguagem do branco filtrada por interesses e razões próprios, ou, ainda, combinando elementos da cultura escrava com o discurso da elite liberal e abolicionista. Vários de seus líderes tiveram posturas emancipacionistas antes de estas serem abraçadas por largos setores livres da sociedade, e, quando estes o fizeram, a rebeldia escrava recrudesceu, logrando, em contrapartida, radicalizar setores de um movimento abolicionista predominantemente branco. Os rebeldes tornaram a religião africana aqui adaptada, ou o catolicismo africanizado que inventaram, em instrumentos de intervenção política. Embora fossem quase sempre derrotados em seus objetivos, eles e elas marcariam limites além dos quais seus opressores não seriam obedecidos, e se constituíram em força decisiva para a derrocada do regime que os oprimia.

*

O tema desta coletânea tem sido estudado desde longa data no Brasil. Além de crônicas oitocentistas sobre Palmares e outros episódios de resistência coletiva dos escravos, vários trabalhos a respeito das revoltas baianas, por exemplo, foram produzidos entre o final do século XIX e o início do XX.[39] Ao longo do Novecentos, livros dedicados às insurreições negras (sem falar de quilombos) se multiplicaram, como os escritos por Aderbal Jurema, Luís Luna, Clóvis Moura, Décio Freitas. Escrevendo de uma perspectiva ideológica de esquerda, esses autores celebravam o tema e apontavam as razões e os limites estruturais e imediatos da revolta, com maior ou menor rigor analíti-

39. Ver, sobra a historiografia das revoltas baianas, João José Reis, "Um balanço dos estudos sobre as revoltas escravas da Bahia", in João José Reis (org.), *Escravidão e invenção da liberdade: estudos sobre o negro no Brasil* (São Paulo: Brasiliense, 1988), pp. 87-140. Um apanhado mais geral sobre a historiografia das revoltas até meados da década de 1980 foi feito por Suely Robles Reis de Queiroz, "Rebeldia escrava e historiografia", *Estudos Econômicos*, v. 17, n. especial (1987), pp. 7-35. Para um panorama das revoltas no século XIX, ver João José Reis, "'Nos achamos em campo a tratar da liberdade': a resistência negra no Brasil oitocentista", in Carlos Guilherme Mota (org.), *Viagem incompleta. A experiência brasileira (1500-2000). Formação: histórias* (São Paulo: Editora do Senac, 2000), pp. 241-263.

co, lançando mão de pesquisa original ou não. O trabalho de Moura, *Rebeliões da senzala*, sobretudo sua segunda edição (1972), e o de Décio Freitas são os melhores representantes desse grupo, e procuram buscar um maior equilíbrio entre o militante e o pesquisador. Moura, ademais, demonstrou maior sensibilidade para a dimensão étnica de alguns dos levantes abordados, em especial os da Bahia. Ele também procurou enfatizar as conexões das revoltas de escravizados com as convulsões políticas, especialmente no período da Regência.[40]

Outro estudioso dessa geração a ser destacado é José Alípio Goulart. De importância nem sempre reconhecida no debate historiográfico, *Da fuga ao suicídio* devia ocupar a estante dos clássicos sobre escravidão. Além de levantar fontes inéditas, Goulart optou por uma abordagem menos isolada/episódica e mais panorâmica sobre as revoltas em várias partes do Brasil. Do ponto de vista documental, a grande novidade da sua obra foi a incorporação dos relatórios de diferentes províncias, estabelecendo pioneiramente uma reflexão com base em evidências de primeiro grau sobre conspirações, temores e a consumação de revoltas escravas, em diversas épocas, no Maranhão, Piauí, Ceará, Rio Grande do Norte, Paraíba, Pernambuco, Alagoas, Sergipe, Bahia, Espírito Santo, São Paulo, Paraná, Rio Grande do Sul, Minas Gerais e a Corte.[41]

Nem Goulart nem os demais nomeados até aqui desenvolveram pesquisas no interior da academia, que desde meados dos anos 1960 já começava a produzir reflexões mais sistemáticas sobre a escravidão no Brasil com base em impressos (sobretudo jornais) e manuscritos inéditos. Pensamos, por exemplo, nos livros de Emilia Viotti da Costa e de Suely Robles Reis de Queiroz, ambos dedicados sobretudo à escravidão paulista. Nenhuma delas se dedicou a estudo específico sobre levantes escravos, mas Viotti propunha, em 1966, uma reflexão com tipologias pioneiras, em uma seção intitulada "O protesto do escravizado"; já Robles Reis discutiu — entre outras ações de rebeldia individual e coletiva — a conspiração de Campinas (aqui retomada por Ricardo Pirola).

40. Aderbal Jurema, *Insurreições negras no Brasil* (Recife: Mozart, 1935); Luiz Luna, *O negro na luta contra a escravidão* (Rio de Janeiro: Leitura, 1968); Clóvis Moura, *Rebeliões da senzala: quilombos, insurreições, guerrilhas* (Rio de Janeiro: Conquista, 1972 [orig. 1959]); e Décio Freitas, *Insurreições escravas* (Porto Alegre: Movimento, 1976).

41. José Alípio Goulart, *Da fuga ao suicídio: aspectos de rebeldia dos escravos no Brasil* (Rio de Janeiro: Conquista, 1972).

Essa historiadora, sobretudo, transcreveu o rico processo-crime relativo àquele movimento escravo.[42] Dos estudos que tratam de revoltas, especificamente, tivemos nesse período o de Maria Januária Santos sobre a revolta escrava no seio da Balaiada e o estudo histórico-jurídico de João Pinaud e sua equipe a respeito da Revolta de Manuel Congo, no Rio de Janeiro.[43]

Não obstante os esforços de pesquisadores de ofício, o tema da revolta escrava coletiva, ao contrário das fugas e quilombos, não tem sido dos mais frequentados pela chamada nova historiografia da escravidão, exceto as insurreições baianas, que foram estudadas por uma plêiade de interessados brasileiros e estrangeiros.[44] Também relativamente representadas, desde a década de 1980, são as revoltas dos últimos tempos da escravidão.[45]

42. Emilia Viotti da Costa, *Da senzala à colônia*, 3ª ed. (São Paulo: Brasiliense, 1989 [orig. 1966]); Suely Robles Reis de Queiroz, *Escravidão negra em São Paulo: um estudo das tensões provocadas pelo escravismo no século XIX* (Rio de Janeiro: José Olympio, 1977), pp. 175-181, e anexo, pp. 207-232. Além do capítulo de Pirola nesta coletânea, ver sobre essa conspiração seu livro *Senzala insurgente: malungos, parentes e rebeldes nas fazendas de Campinas (1832)* (Campinas: Ed. da Unicamp, 2011).

43. Santos, *A Balaiada e a insurreição de escravos*; e João Luis Duboc Pinaud et al., *Insurreição negra e justiça: Paty do Alferes, 1838* (Rio de Janeiro: Expressão e Cultura; OAB, 1987). Sobre esse último episódio, aqui tratado no cap. 14, ver também Flávio dos Santos Gomes, *Histórias de quilombolas: mocambos e comunidades de senzalas no Rio de Janeiro, século XIX* (São Paulo: Companhia das Letras, 2006), cap. 2.

44. A discussão dos trabalhos mais antigos sobre as revoltas baianas já está indicada na nota 35. Desde aquele balanço feito no final da década de 1980, outros títulos foram acrescentados. Segue uma pequena amostra apenas dos publicados no Brasil: Paul Lovejoy, "Jihad e escravidão: as origens dos escravos muçulmanos na Bahia", *Topoi*, n. 1 (2000), pp. 11-44; Alberto da Costa e Silva, "Sobre a rebelião de 1835 na Bahia", *Revista Brasileira*, n. 31 (2002), pp. 9-33; José Cairus, "*Instrumentum vocale, mallams* e alufás: o paradoxo islâmico da erudição na diáspora africana no Atlântico", *Topoi*, n. 6 (2003), pp. 128-164; idem, "Sócios, parceiros e clubes: pluralidade, redes de solidariedade e liderança na Revolta Malê em 1835", *Escritos*, n. 7 (2013), pp. 177-209; Nikolay Dobronravin, "Escritos multilíngues em caracteres árabes: novas fontes de Trinidad e Brasil no século XIX", *Afro-Ásia*, Salvador, n. 31 (2004), pp. 297-326; idem, "Não só mandingas: *Qasīdat al-Burda*, poesia ascética (*zuhdiyyāt*) e as *Maqāmāt* de al-Harīrī nos escritos dos negros muçulmanos no Brasil oitocentista", *Afro-Ásia*, n. 53 (2016), pp. 185-226; Priscilla Leal Mello, "Cidades atlânticas, leituras escravas: literacia e sociabilidades nas madraças de Salvador no século XIX", *Candelária*, n. 11 (2011), pp. 17-53; João José Reis, "La Révolte haoussa de Bahia en 1807: Résistance et contrôle des esclaves au Brésil", *Annales: Histoire, Sciences Sociales*, v. 61, n. 2 (2006), pp. 383-418; idem, "Há duzentos anos"; idem, *Rebelião escrava no Brasil*.

45. Vai uma pequena amostra na nota 25 de livros especificamente dedicados ao tema.

A parca produção sobre tema tão relevante justifica a publicação desta coletânea. Seus capítulos são tributários de uma historiografia da escravidão relativamente recente, que tem demonstrado ser possível entender os escravos como sujeitos, no sentido de que a história não passou incólume por eles, de que foram capazes de desenvolver uma visão crítica da sociedade e de futuro redimido. Ao contrário do que um dia escreveu Fernando Henrique Cardoso, a "consciência de revolta" dos escravos não se esgotou — como quer o sociólogo — "na fabulação e nas crenças religiosas".[46]

Exceto pelo reconhecimento do valor da temática da revolta para se obter um quadro mais completo e complexo da escravidão no Brasil, neste livro o leitor não encontrará um pensamento único a esse respeito. Não se empreendeu qualquer esforço por parte dos organizadores em sequer sugerir a convergência de interpretações ou o compromisso com esta ou aquela escola historiográfica. O convite foi feito em função do tema. Muito pelo contrário — e o leitor irá reconhecer —, cada autor ou autora buscou seu próprio ângulo, o caminho narrativo e interpretativo que melhor lhe pareceu para entender a matéria aqui pautada. Acreditamos ser essa a fórmula mais adequada com vistas a enriquecer o debate sobre assunto tão crucial para entender a dinâmica da escravidão entre nós.

*

Antes de encerrar esta introdução, alguns agradecimentos.

Aos autores dos capítulos, por aguardarem tão paciente e longamente pela publicação desta coletânea.

À competente e sempre simpática equipe da Companhia das Letras, responsável pela produção do livro.

Ao Conselho Nacional de Desenvolvimento Científico e Tecnológico (CNPq), do qual os organizadores são bolsistas de produtividade em pesquisa, sendo este um dos resultados do apoio desse órgão.

46. Fernando Henrique Cardoso, *Capitalismo e escravidão no Brasil meridional: o negro na sociedade escravocrata do Rio Grande do Sul* (São Paulo: Difel, 1962), pp. 242-243.

1. Palmares: batalhas da guerra seiscentista sul-atlântica

Luiz Felipe de Alencastro

HISTÓRIA GERAL DAS GUERRAS SUL-ATLÂNTICAS: O EPISÓDIO DE PALMARES[1]

O balanço da Guerra dos Trinta Anos no ultramar português fora desastroso, sobretudo na Ásia. Além da ocupação temporária de Pernambuco, de Angola e de São Tomé pelos holandeses, Portugal perdera definitivamente São Jorge da Mina (1637) e, no Estado da Índia, Malaca (1641), Colombo (1656, no Sri Lanka), Coulão (atual Kollam, no Kerala, 1661) e Cochim (atual Kochi, no Kerala, 1663). Abalando o trato da pimenta e a logística indo-asiática da rota Lisboa-Goa-Macau, essas perdas provocam uma recentragem da estratégia metropolitana no Atlântico Sul em meados dos Seiscentos. Tudo passara a depender do escravismo açucareiro sul-atlântico. Como declarou d. João IV a um diplomata francês em 1655, o Brasil se tornara "a vaca de leite" de Portugal.[2]

1. Este texto é uma versão mais curta e revista do capítulo intitulado "História geral das guerras sul-atlânticas: o episódio de Palmares", in Flávio dos Santos Gomes (org.), *Mocambos de Palmares: história, historiografia e fontes* (Rio de Janeiro: 7Letras; Faperj, 2009), pp. 61-89. Agradeço a João José Reis pelos comentários a uma versão anterior.

2. A frase de d. João IV, considerando o Brasil a "*vache à lait*" do reino de Portugal, foi referida pelo cavaleiro De Jant, enviado de Mazarino na Corte de Lisboa, em Evaldo Cabral de

De maneira mais global, o conflito luso-holandês demonstra, nos seus fronts do Atlântico e do Pacífico, as diferenças geopolíticas entre o sistema de feitorias asiático e o sistema escravista sul-atlântico. Na "guerra das especiarias", em que o alvo era restrito às feitorias asiáticas, onde a produção era controlada pelos nativos, Portugal perde. Na "guerra do açúcar", em que a disputa ganhava uma dimensão transatlântica, tendo como objeto as plantações do Brasil, controladas pelos moradores, e os portos negreiros de Angola, Portugal ganha. Graças, sobretudo, à ajuda dos seus colonos sul-americanos, que dará lugar em seguida à cogestão luso-brasílica do Atlântico Sul.

Nesse arco de guerras transoceânicas desencadeadas pela invasão holandesa no Atlântico Sul ibérico, e prolongadas pelas guerras da restauração ultramarina, há quatro momentos decisivos que serão analisados a seguir. Dois no Centro-Oeste africano: as vitórias luso-brasílicas em Ambuíla, eliminando a soberania do rei do Congo (1665), e em Pungo Andongo (1671), assujeitando em definitivo o reino do Dongo. Dois outros no Nordeste brasileiro, a "Guerra dos Bárbaros" (1651-1704) e a Guerra de Palmares (1605-1694). Mais longo conflito de toda essa série de batalhas, a guerra contra os quilombos de Palmares envolveu portugueses, luso-brasílicos, afro-brasílicos e holandeses, constituindo um episódio marcante da vertente ultramarina da Guerra dos Trinta Anos (1618-1648), que Charles R. Boxer considerava a "primeira guerra mundial".

"GUERRA VIVA" E "GUERRA DE COATA-COATA"

À diferença dos enfrentamentos portugueses no Marrocos ou na Ásia, eventualmente enaltecidos como etapas da guerra planetária contra o islã, os combates contra os nativos dos dois lados do Atlântico Sul foram muitas vezes depreciados na Corte. Sobretudo em meados do século XVII, quando as ações militares contra os holandeses no Brasil — a guerra brasílica — ganham o estatuto de "guerra viva". Situada logo abaixo das batalhas contra os espanhóis nas fronteiras reinóis e dos conflitos na Índia, a participação na "guerra viva" podia dar precedência aos combatentes que pleiteavam promoções e benesses da Co-

---

Mello, *O negócio do Brasil: Portugal, os Países Baixos e o Nordeste, 1641-1669* (Rio de Janeiro: Topbooks, 1998), p. 45.

roa. Nessa conjuntura, João Fernandes Vieira e André Vidal de Negreiros galgaram altas posições na hierarquia administrativa lusitana. Fato excepcional no ultramar, os dois capitães brasílicos emergiram de tropas irregulares para obter governos no Brasil e em Angola, como também comendas e alcaidarias no reino, graças à sua liderança na guerra contra os holandeses.[3] Bem conhecido e estudado, esse episódio das guerras no Atlântico Sul não será abordado, mas servirá de parâmetro à problemática aqui analisada.

Observe-se que a Corte teve bem menos consideração com outros capitães coloniais. No caso dos capitães de bandeiras, pesava o aparato legal filipino e bragantino que punia o cativeiro dos índios para privilegiar a atividade dos missionários junto aos nativos. Não obstante, Amador Bueno, líder dos bandeirantes, leva à Corte uma representação alegando o privilégio "imemorial e antiquíssimo" da preação de indígenas alegadamente reservado aos paulistas. Copiado das petições das câmaras reinóis e anacrônico na América, o argumento da antiguidade buscava dar embasamento histórico às práticas regionais de pilhagem de indígenas.[4]

Não obstante, os tribunais reprovavam as "entradas do sertão". Examinava-se, em 1656, a petição de Antônio Pereira de Azevedo, comandante da segunda coluna da chamada "Bandeira dos Limites" (1648-1651), chefiada por Raposo Tavares, e veterano da guerra holandesa. Candidato a provedor da capitania do Espírito Santo, Azevedo obteve o cargo. Porém, Salvador de Sá, membro influente do Conselho Ultramarino, fez uma restrição significativa no seu voto. Para ele, Azevedo merecia o posto por ter lutado na guerra brasílica.

3. Mafalda Soares da Cunha e Nuno G. F. Monteiro, "Governadores e capitães-mores do império atlântico português nos séculos XVII e XVIII", in Mafalda Soares da Cunha, Nuno G. F. Monteiro e Pedro Cardim (orgs.), *Optima pars: elites ibero-americanas do Antigo Regime* (Lisboa: Instituto de Ciências Sociais, 2005), pp. 191-252. Como expliquei alhures, defino como "brasílicos" os habitantes da América portuguesa que já manifestavam uma identidade regional, mas não possuíam o sentimento de pertencimento a uma unidade protonacional mais ampla. "Paulistas" e "pernambucanos" são palavras correntes na segunda metade do século XVII, enquanto a palavra "brasileiro", no sentido atual, só aparece em 1706 (cf. *Dicionário Houaiss da língua portuguesa*).

4. Pedro Taques de Almeida Paes Leme, "Notícia histórica da expulsão dos jesuítas do Colégio de São Paulo em 1640", *Revista do Instituto Histórico e Geográfico Brasileiro* (*RIHGB*), Rio de Janeiro, v. 12 (1849 [orig. 1768]), pp. 5-40, p. 18.

Mas não devia receber "satisfação" por sua participação na bandeira de Raposo Tavares, nos "serviços das entradas do sertão".[5]

Dado o papel-chave do sistema escravista-açucareiro na sobrevivência do Portugal bragantino, era preciso consolidar a Pax Lusitana no Atlântico Sul. Comunidades ameríndias, afro-brasílicas ou africanas insurretas ou propensas a se aliar com rivais europeus passam a ser frontalmente combatidas.

Observando a situação do Maranhão e do Pará, o padre Bettendorf resume a virada numa frase lapidar:

> Apregoada a guerra com os holandeses (1657-1661), tratou-se de fazer pazes com estas nações [indígenas] todas, ou empenhar as forças do Estado para as destruir, pelo perigo que se considerava de qualquer nação inimiga se unisse com estes bárbaros para se assenhorear destas capitanias.[6]

Escrevendo na mesma época sobre os indígenas da serra de Ibiapaba (Ceará), acusados de terem se aliado aos holandeses, o padre Antônio Vieira redige um de seus textos mais desumanos, mais vindicativos:

> eram verdadeiramente aquelas aldeias [de Ibiapaba] uma composição infernal, ou mistura abominável de todas as seitas e de todos os vícios, formada de rebeldes, traidores, ladrões, homicidas, adúlteros, judeus, hereges, gentios, ateus, e tudo isto debaixo do nome de cristãos, e das obrigações de católicos.[7]

Sob o fogo das espingardas e a persuasão de missionários, tréguas foram estabelecidas por um tempo com os indígenas de Ibiapaba, com os do sertão baiano, e com a rainha Jinga (1582-1663), reconvertida ao cristianismo em

5. Jaime Cortesão (org.), *Pauliceae Lusitana Monumenta Historica*, 3 v. (Rio de Janeiro: Real Gabinete Português de Leitura, 1961), v. 2, pp. 520-521.

6. Padre João Filipe Bettendorf, *Crônica dos padres da Companhia de Jesus no Estado do Maranhão* (Belém: Fundação Cultural Tancredo Neves, 1990 [orig. 1698]), p. 91. Sobre a vida e obra Bettendorf, ver o importante livro e primeira biografia completa do jesuíta luxemburguês por Karl-Heinz Arenz, *De l'Alzette à l'Amazonie: Jean-Philippe Bettendorf et les jésuites en Amazonie portugaise 1661-1693* (Luxemburgo: Institut Grand-Ducal de Luxembourg, 2008).

7. Padre Antônio Vieira, "Relação da missão da serra de Ibiapaba" [*c.* 1660], in Padre Antônio Vieira, *Obras escolhidas* (Lisboa: Sá da Costa, 1951), v. v, p. 82.

1657, aos 75 anos de idade. Noutras partes, comunidades nativas recalcitrantes foram dizimadas. Com a ativa participação de bandeirantes transformados em jagunços dos fazendeiros e criadores de gado do Norte, abre-se um largo front, do interior da Bahia até o Pará, conhecido como "Guerra dos Bárbaros" (1651-1704). Aqui, o epíteto "bárbaro" é sistematicamente associado aos índios arredios, increpados de "gentio bárbaro". Tal expressão é menos frequente em Angola e não conheço outro conflito ultramarino lusitano intitulado "guerra dos bárbaros". Guerra sem quartel, esses conflitos marcam uma ruptura na América portuguesa: pela primeira vez a ofensiva contra os índios toma uma dimensão exterminatória.

Uma ordem de 1688, do governador-geral Matias da Cunha (1687-1688), explicita o mandato para a chacina. Trata-se das instruções enviadas a Manoel de Abreu Soares, capitão-mor de uma força de pernambucanos, tropas dos Henriques, índios do Camarão, que fez junção com os paulistas de Domingos Jorge Velho e rumou para a ofensiva contra os tapuias do Rio Grande, na chamada Guerra do Açu. Mais alta autoridade do Brasil, Matias da Cunha ordena o massacre de todos os índios adultos. Apenas mulheres e crianças podiam ser escravizadas. "Vosmecê deve fazer em não consentir que deixem de degolar os bárbaros grandes só por os cativarem, o que principalmente farão aos pequenos e às mulheres de quem não podem haver perigo que ou fujam, ou se levantem."[8] "Não consentir." O preceito de poupar a vida do inimigo para transformá-lo em cativo que, desde Xenofonte, na Antiguidade, levava os povos escravistas a conceber o cativeiro como um ato de generosidade, é aqui abolido.[9]

Concentrando paulistas e outros milicianos na região, a ofensiva anti-

8. Pedro Puntoni, *A Guerra dos Bárbaros: povos indígenas e a colonização do sertão nordeste do Brasil, 1650-1720* (São Paulo: Hucitec, 2000), pp. 136-137; sobre a composição étnica das tropas, pp. 202-210.

9. Xenofonte elogia os guerreiros generosos que, em vez de massacrar seus prisioneiros, os reduziam à escravatura, "forçando-os a se tornar melhores, e levando-os assim a ter, doravante, uma vida mais fácil". Xénophon, *Économique* [390-70 a.C.], trad. e comentários de P. Chantraine (Paris: Les Belles Lettres; CUF, 1949), p. 37. Frei Loreto do Couto e Varnhagen reiteram esse princípio, precisamente a respeito do cativeiro dos índios: "nem se pode negar, que não seja louvável e caritativa" a decisão de "guardar um prisioneiro de boa guerra, alimentá-lo, vesti-lo, e não matá-lo como poderá fazer o vencedor, havendo sustentado a guerra com justiça". Domingos Loreto do Couto, "Desagravos do Brazil e glórias de Pernambuco", *Annaes da Bibliotheca Nacional*, v. 24 (1904 [orig. 1757]), pp. 1-355 (citação nas pp. 67-68); e v. 25 (1905), pp. 3-214; Fran-

-indígena exacerbou a violência colonial e forneceu tropas experimentadas ao front da serra da Barriga. A *Relação das guerras feitas* diz que a "fama" de Fernão Carrilho, conhecido como matador de tapuias e quilombolas na Bahia, levou o governador de Pernambuco a chamá-lo para assumir o comando antipalmarista.[10]

Nesse contexto, apesar da oposição dos jesuítas e do Regimento das Missões (1686),[11] que refreava as razias ao norte da capitania do Ceará (integrada ao Estado do Brasil em 1654), os conselhos palatinos mudaram de opinião e passaram a avalizar as guerras contra os índios. Sobretudo no teatro de operações da Guerra dos Bárbaros.

Desse modo, numa decisão de 1696, favorável à concessão do hábito de Cristo e do foro de fidalgo ao paulista Manoel Alvarez de Moraes Navarro, que combatera em Palmares e avançava com seu terço contra os índios do Rio Grande, o Conselho Ultramarino toma o contrapé do voto emitido quarenta anos antes por Salvador de Sá. Exaltando o papel dos milicianos na conquista da América, o Conselho sentencia,

> suposto os serviços do mestre de campo Manoel Alvarez de Moraes Navarro, não sejam de matrícula [de tropa regular], são, contudo, os mais relevantes, e os mais importantes do serviço de V. M., pois se empregou em defesa de seus vassalos e conquista das terras do Brasil, os quais [serviços] nunca podem ter matrícula por serem obrados nos Sertões.[12]

---

cisco Adolfo Varnhagen, *História geral do Brasil*, 3 v., 10ª ed., org., rev. e notas de J. Capistrano de Abreu e Rodolpho Garcia (São Paulo: Melhoramentos, 1978 [orig. 1857]), v. 1, t. 5, p. 217.

10. "Relação das guerras feitas aos Palmares de Pernambuco no tempo do governador D. Pedro de Almeida, de 1675 a 1678", *RIHGB*, v. 22 (1859), pp. 303-329, pp. 312-313. Sigo os documentos da época que utilizam a palavra "palmarista" para definir os habitantes de Palmares. Cf. "Relação das guerras feitas", p. 312. Para uma discussão sobre o documento, Maria Lêda Oliveira, "A primeira *Rellação* do último assalto a Palmares", *Afro-Ásia*, Salvador, n. 33 (2005), pp. 251-324; e Silvia Hunold Lara, "Palmares & Cucaú, o aprendizado da dominação", Tese para Concurso de Titular de História do Brasil, Unicamp, 2008, pp. 64-75.

11. Sobre o Regimento das Missões, Arenz, *De l'Alzette*, pp. 564-594.

12. Consulta do Conselho Ultramarino, 15 dez. 1696, Barão de Studart, "Documentos para a História do Brasil e especialmente a do Ceará", *Revista Trimensal do Instituto do Ceará* (*RTIC*), Fortaleza, v. 37 (1923), pp. 20-145, pp. 67-68. Como se sabe, Navarro perpetrou, em 1699, um massacre contra os índios paiacus do rio Jaguaribe. No meio do antagonismo suscitado pelas pretensões dos paulistas sobre as terras da região — evidenciado com Jorge Velho em Palmares —,

Tirando proveito da situação, Domingos Jorge Velho, numa carta escrita ao rei pouco depois do ataque final à fortificação do Macaco, em Palmares, elabora uma "breve digressão" sobre a legitimidade das entradas paulistas. Seu conteúdo é conhecido. Cito-o para sublinhar seu audacioso argumento ideológico:

> Nossas tropas com que íamos à conquista do gentio bravo desse vastíssimo sertão, não é de gente matriculada nos livros de V. M. nem obrigada por soldo, nem por pão de munição. São umas agregações que fazemos alguns de nós, entrando cada um com os servos de armas que tem e juntos íamos [...] não a cativar, como alguns hipocondríacos pretendem fazer crer a V. M., senão [a] adquirir o Tapuia gentio bravo e comedor da carne humana para o reduzir ao conhecimento da urbana humanidade e humana sociedade à associação e racional trato, para por esse meio chegarem a ter aquelas Leis de Deus e dos mistérios da Fé católica que lhes baste para sua salvação [...] e se ao depois nos servimos deles para as nossas lavouras, nenhuma injustiça lhes fazemos, pois tanto é para os sustentarmos a eles e a seus filhos como a nós e aos nossos; e isto bem longe de os cativar, antes se lhes faz um irremunerável serviço em os ensinar a saberem lavrar, plantar, colher e trabalhar para seu sustento.[13]

Comentei noutro lugar que a correlação entre o trabalho colonialmente útil e a promoção social e religiosa dos nativos inverte os postulados doutrinários dos Descobrimentos. Domingos Jorge Velho sugere que a catequese devia suceder, e não preceder, a socialização compulsória dos índios. Retomado pelos procuradores das câmaras do Pará e do Maranhão nas décadas seguintes, esse arrazoado anuncia o *Directorio dos Índios* (1757). Decerto, o regulamento pombalino repudia a escravidão indígena, mas também prescreve, como Jorge Velho, que apenas a socialização pelo trabalho os prepararia à vida colonialmente útil e à catequização.[14]

Navarro foi julgado e preso. Sobre todo o episódio, ver o estudo aprofundado de Puntoni, *A Guerra dos Bárbaros*, pp. 241-282.

13. "Carta autografa de D. Jorge Velho..." [15 jul. 1694], in Ernesto Ennes, *As guerras nos Palmares: subsídios para a sua história* (São Paulo: Companhia Editora Nacional, 1938), pp. 66-69.

14. Luiz Felipe de Alencastro, "Le Versant brésilien de l'Atlantique-Sud 1550-1850", *Annales: Histoire, Sciences Sociales*, v. 61, n. 2 (2006), pp. 339-382, pp. 361-363.

Gerada pelas guerras preemptivas contra comunidades indígenas dissidentes, pela vitória de Palmares, pela expansão das fazendas de gado e pela "Guerra dos Bárbaros", nasce uma conjunção de interesses entre os moradores do Norte e as autoridades coloniais e metropolitanas. Jorge Velho tira partido da caução régia dada à guerra anti-indígena no Norte para reabilitar as bandeiras capitaneadas desde as primeiras décadas do século pelos avós, pais e companheiros de Santana do Parnaíba (sua terra natal) e de São Paulo.

No outro lado do oceano, o estatuto das guerras contra os nativos também evoluía. A aliança entre Jinga, o rei do Congo, d. Garcia II Afonso, o Kimpaco, e os holandeses, quando a Companhia das Índias Ocidentais (West-Indische Compagnie, ou WIC) ocupava a região (1641-1648), pusera ambos na mira de Salvador de Sá após a retomada de Luanda.[15] Com a reconversão ao catolicismo da rainha Jinga e a cessação de hostilidades com Matamba (1657), o Congo vira o alvo principal dos luandenses. Despachadas pelo governador André Vidal de Negreiros, tropas reinóis, angolanas e brasílicas, incluindo gente dos Henriques, massacram no raso de Ambuíla, em outubro de 1665, o exército, a nobreza congolesa, o capuchinho Francisco de São Salvador, capelão régio, e o rei d. Antônio I Vita-a-Nkanga, filho de Kimpaco, alegadamente manipulado pelos espanhóis.[16] O comandante da infantaria escravista era o luso-ambundu Luís Lopes Sequeira, o mais afamado capitão angolista.[17]

15. O nome da rainha de Dongo e Matamba comporta várias grafias. Como escrevi alhures, opto pela designação usada em muitos documentos portugueses dos séculos XVII e XVIII que se referem à rainha "Jinga", ao reino do "Dongo" e aos guerreiros "jagas", em vez de Njinga, Ndongo ou guerreiros imbangala. Ademais, o nome Jinga vem assim grafado em relatos das congadas e cantos populares do Brasil de ontem e de hoje, como se lê nos versos recolhidos por Câmara Cascudo.

16. Depois da Restauração, Portugal só assina a paz com a Espanha em 1668 e com a Holanda em 1669. Em 1656, o Ultramarino advertia ser necessário defender Angola "contra o desejo que os castelhanos, ingleses e holandeses têm de nos tirarem os negros e os levarem às Índias, às Barbadas e a outras partes". Ver "Representação do Conselho da Fazenda...", 23 maio 1656, Arquivo Nacional da Torre do Tombo (ANTT), *Manuscritos da Livraria*, liv. 1146, p. 63.

17. Seguindo nesse ponto José Mathias Delgado, comentador de Cadornega, chamo os colonos luso-africanos enraizados em Angola de "angolistas" para diferenciá-los dos nativos, os angolanos, e, sobretudo, para bem marcar a especificidade de seus interesses frente aos reinóis e brasílicos ali estabelecidos. Considero também como "historiadores angolistas" os autores portugueses identificados com a tradição luso-angolana (Cadornega no século XVII, Ralph Delgado, J. Mathias Delgado, Ruella Pombo e Gastão Sousa Dias no século XX). Antônio de Oliveira de

A coligação entre reinos africanos e rivais europeus de Portugal voltou a se concretizar na Batalha de Kitombo (1670), quando o conde do Soyo, fortalecido pelo comércio com os holandeses no porto de Pinda (no sul da foz do Congo), derrotou o exército de Luanda. Frente ao perigo, o governador de Angola, Francisco de Távora, pede diretamente ajuda às autoridades de Pernambuco e da Bahia. No Recife, a junta convocada pelo governador reuniu comandantes experimentados nas guerras contra os índios, os holandeses, os quilombos e os sobados africanos.[18] Entre eles, Fernandes Vieira e Vidal de Negreiros, ex-governadores de Angola, Cristóvão de Barros Rego, ex-governador de São Tomé, Zenóbio Acióli de Vasconcelos e Antônio Jácome Bezerra, todos veteranos da guerra brasílica. Os dois últimos, também coronéis dos regimentos do Recife e de Olinda e, mais tarde, comandantes de tropas antipalmaristas.[19] Ex-governador do Maranhão (1654-1656), onde dirigira ataques aos indígenas, governador de Pernambuco por duas vezes (1657-1661 e janei-

---

Cadornega, *História geral das guerras angolanas* (*HGGA*), 3 v., ed. anot. de J. M. Delgado (v. 1 e 2) e Manuel Alves da Cunha (v. 3) (Lisboa: Divisão de Publicações e Biblioteca, Agência Geral das Colónias, 1972 [orig. 1680]), v. 1, pp. 322-324, nota 1. Penso que Silva Correa, marcado pelo pombalismo e pelo Atlântico Sul, não se inclui nessa categoria.

18. Sobre a discussão a respeito de "mocambo" e "quilombo" na serra da Barriga, concordo com John Thornton e Silvia Lara quanto à distinção entre Palmares e o *quilombo* dos jagas. E acrescento três argumentos de minha comunicação "Quilombos: dimensão histórica, África no século XVII", no encontro Palmares 300 Anos, Fundação Cultural Palmares, São Paulo, nov. 1994: a) não há traço do uso pelos palmaristas da machadinha, arma principal dos jagas/imbangalas; b) o nomadismo dos jagas os levava a se desembaraçarem das crianças, enquanto os palmaristas, muito menos itinerantes, criavam os seus filhos; c) muitas pessoas — cabos de guerra veteranos de Angola, ex-governadores daquela colônia, como Negreiros e Fernandes Vieira, ou conselheiros palatinos com experiência na África Centro-Ocidental — podem ter atribuído verbalmente o nome "quilombo" a Palmares bem antes de a primeira menção aparecer escrita, em 1687. Como Palmares celebrizou-se, o substantivo se tornou mais conhecido, embora a palavra "mocambo" continuasse a ser usada no Brasil (em 1757, Loreto Couto só fala de "mocambo" em Palmares e alhures). Ou seja, a mudança de "mocambo" para "quilombo" não tem significado particular na evolução de Palmares. Cf. Stuart B. Schwartz, *Slaves, Peasants and Rebels: Reconsidering Brazilian Slavery* (Urbana: University of Illinois Press, 1992); John K. Thornton, "Les États de l'Angola et la formation de Palmares (Brésil)", *Annales: Histoire, Sciences Sociales*, v. 63, n. 4 (2008), pp. 769-797; Silvia Lara, "Palmares & Cucaú", pp. 233-236.

19. Francisco Pereira da Costa, *Anais Pernambucanos*, 10 v. (Recife: Arquivo Público Estadual, 1951-1966), v. 4, pp. 44-45; "Relação das guerras feitas", pp. 309-310; "Desagravos do Brazil e glórias de Pernambuco", v. 25, pp. 87-88.

ro-junho de 1667), André Vidal de Negreiros intervira na Guerra de Palmares.[20] Como se lerá abaixo, João Fernandes Vieira, também ex-governador da Paraíba (1655-1657), prepara em seguida ao menos dois relatórios, analisados pelo Conselho Ultramarino, sobre Palmares.[21]

Távora informou à Corte que, sem esperar ordens régias, o governador de Pernambuco e João Fernandes Vieira, este "com seus próprios recursos", enviaram quatrocentos homens e cavalos, em quatro fragatas, para escorar as tropas portuguesas em Angola.[22] Na sequência, Vieira foi recompensado com o posto de superintendente das fortificações das capitanias do Norte do Brasil.[23]

Meses depois, apoiadas pelas companhias da Bahia e de Pernambuco, as tropas portuguesas, brasílicas e angolanas conhecem melhor sorte, apoderando-se de Pungo Andongo, última capital independente do reino do Dongo (1671). Mesmo com o reforço militar vindo do Brasil, Távora não tentou um novo ataque contra o condado do Soyo, o qual, no final do século XVIII, ainda guardava como troféus os dois canhões portugueses capturados em Kitombo. O fato ilustra a distância que separa a consolidação do domínio português no Brasil da relativa insegurança colonial reinante em Angola.[24]

20. Nessa segunda governança de Pernambuco, Negreiros será sucedido por Bernardo de Miranda Henriques (1667-1670), que estivera em Angola entre 1652 e 1653, no governo de seu tio, Rodrigo de Miranda Henriques.

21. Em 1677, Relatório de 28 jun. 1677, Biblioteca Nacional, Rio de Janeiro (BNRJ), Seção de Manuscritos, cód. II-33, 4, 32; e Relatório de 20 ago. 1679, Arquivo Histórico Ultramarino (AHU), ACL, CU, 015, cx. 12, doc. 1150.

22. "Carta de Francisco de Távora a El-rei", Luanda, 27 jul. 1671, AHU, *Angola*, cx. 10/43; J. A. Gonsalves de Mello, *João Fernandes Vieira 1613-1681*, 2 v. (Recife: Imprensa Universitária do Recife, 1967), v. 2, p. 226; Stuart B. Schwartz, *A Governor and His Image in Baroque Brazil: The Funeral Eulogy of Afonso Furtado de Castro do Rio de Mendonça by Juan Lopes Sierra* (Minneapolis: University of Minnesota Press, 1979), p. 44.

23. Em 1689, João de Lencastre, governador de Angola que será governador-geral do Brasil, escreve ao arcebispo da Bahia, d. Manuel da Ressurreição, governador-geral do Brasil, pedindo "com toda instância" duzentos soldados e cinquenta cavalos. Por falta de verbas, apenas cinquenta soldados e alguns cavalos serão enviados a Angola, doc. de 28 jul. 1689, AHU, ACL-N-Baía, doc. 35531.

24. Em 1798, um militar português escrevia a respeito do Soyo (ou Sonho): "Ali foi derrotado inteiramente, e inteiramente vencido, e morto todo um grande exército português que ali se perdeu, do qual a artilheria se conserva ainda no mesmo poder do Sonho". O oficial sustenta que a posse dos dois canhões pelo Soyo não tinha maior significação: "mandando este príncipe [do Soyo] oferecer ao governador de Angola, Antonio de Vasconcellos, [que] mandasse buscar a

Contudo, as batalhas subsaarianas eram apreciadas de maneira diversa no reino. Após a vitória de Ambuíla, Vidal de Negreiros pleiteara quatrocentos escudos para distribuir como recompensa aos seus cabos e capitães. No Conselho Ultramarino, a soma foi considerada excessiva para gratificar vitórias no front angolano. Segundo o conselheiro Jerônimo de Mello de Castro, "a guerra de Angola não é capaz [qualificada] para quatrocentos escudos de vantagem [benefício], que é coisa muito grande e que só deve V. M. ser servido de mandar agradecer aos cabos o seu procedimento [...]". Apesar dos votos favoráveis à demanda, proferidos por Feliciano Dourado, nascido na Paraíba (como Negreiros) e defensor constante dos comandantes brasílicos, e pelo presidente do Conselho, Jorge de Albuquerque, com prática na Índia (fora capitão-mor do Ceilão), a Coroa reduziu o prêmio para cinquenta escudos, pagos somente cinco anos depois.[25]

Na altura em que tramitava a petição de Vidal de Negreiros, Antônio de Souza de Macedo publicou no jornal mensal *Mercurio Portuguez*, primeiro periódico político — de propaganda política — de Portugal, o relato da "Milagrosa victoria que as armas portuguesas alcançaram nas partes de Angola, do poderoso rey do Congo, que foy morto em huma batalha". Confirmando o caráter preemptivo da guerra, Macedo interpreta a morte do rei do Congo e a destruição de seu exército em Ambuíla como um revide às manobras espanho-

artilheria de S. M. que ali se achava, lhe respondeu [o governador], que S. M. tinha muita artilheria, e como aquela tinha sido tomada em campo de batalha, quando S. M. quisesse, ou tivesse motivo urgente, mandaria outro exército revendicá-la". Sua explicação deve ser entendida de outra maneira: cem anos depois de Kitombo os portugueses ainda não tinham poder suficiente para recuperar a artilharia conquistada em 1670, e ostentada como troféu de guerra pelo Soyo. Cf. "Noticias do Paiz de Quisama e do Exército que foi a castigar os gentios daquella província, pelos insultos por elles commetidos [...] aos vassallos de S. M. moradores na Cidade de S. Paulo, Reino d' Angola, e nos das margens do Rio Quanza", *Annaes Marítimos e Coloniaes*, n. 4, 6ª série, Parte não Official, Documentos Inéditos, Lisboa, 1846 [orig. 1798], pp. 119-127, p. 123.

25. AHU, *Angola*, cx. 9/55, doc. de 10 out. 1666; Antônio Brásio, *Monumenta Missionaria Africana* (*MMA*), 1ª série (África Centro-Ocidental), 15 v. (Lisboa: Agência Geral do Ultramar, Divisão de Publicações e Biblioteca, 1953-1988), v. 13, pp. 44-45. O pagamento foi feito cinco anos depois, quando o governador Francisco de Távora tentava apaziguar Angola depois da expulsão do governador Tristão da Cunha. Jorge de Albuquerque havia participado de guerras ultramarinas, tendo ocupado, entre outros postos, o de capitão geral do Ceilão.

las para sublevar Vita-a-Nkanga contra os portugueses: "Este fim teve aquele rei mal aconselhado, colhendo o fruto das persuasões de Castela".[26]

A chamada de capa do *Mercurio* do mês julho de 1666 era "A vergonhosa fugida do exército de Castela em Galiza", relatando a contraofensiva portuguesa no norte da metrópole. Associada à guerra patriótica contra os espanhóis, vinha a notícia da "Milagrosa victoria" na África Centro-Ocidental. O qualificativo "milagrosa" tinha a ver com a alegada vantagem numérica das tropas do Congo. Enquanto Vidal de Negreiros mencionava "100 000 arcos" inimigos em Ambuíla, número inverossímil, o capuchinho italiano Dionigi Carli, presente na época em Angola, exagera mais ainda, falando de quatrocentos soldados portugueses que teriam vencido 900 mil guerreiros do Congo.[27] Por um lado, excluíam da conta as centenas de combatentes africanos da "guerra preta" que reforçavam as forças portuguesas. De outro lado, atribuía-se um número astronômico às tropas inimigas.

"Milagrosa victoria" referia-se ainda à proteção oferecida aos combatentes portugueses por Nossa Senhora de Nazaré. Devoto da santa desde a guerra brasílica, Negreiros construíra em 1664, na praia de Luanda, uma igreja dedicada ao seu culto. Nessa igreja, bem conservada nos dias de hoje, foi emparedada a cabeça de d. Antônio I Vita-a-Nkanga. Defensora de Negreiros na guerra brasílica, a santa se tornou protetora dos angolistas na guerra contra o Congo. Azulejos mais tardios, do século do XVIII, expostos na igreja, desenham-na pairando sobre a cena da Batalha de Ambuíla. Prefigurando a representação usada mais tarde na pintura de batalhas europeias na África, os azulejos mostram um enfrentamento em que uma massa desorganizada de guerreiros bacongos circunda umas poucas fileiras de soldados portugueses bem alinhados num quadrado: o caos africano assedia a ordem europeia.

Noutra notícia de Ambuíla, desta vez manuscrita e redigida por um combatente anônimo português, reitera-se a devoção particular de André Vidal de

26. *Mercurio Portuguez*, Biblioteca Nacional de Lisboa (BNL), Res., 111-112 (V); *MMA*, v. 12, pp. 575-581.

27. Michelangelo Guattini e Dionigi Carli, *Viaggio nel Regno del Congo*, trad. francesa: *La Mission au Kongo & en Angole des pères Michelangelo Guattini et Dionigi de' Carli (1667-1671)*, prefácio de John Thornton (Paris: Chandeigne, 2006 [orig. 1668]), p. 129. Frei Carli, que redige essa parte do relato, escreve que conversou com um soldado português que pretendia ter cortado a cabeça de Vita-a-Nkanga em Ambuíla.

Negreiros por Nossa Senhora de Nazaré, "autora deste milagre e vitória" contra o rei do Congo.[28]

No tocante à conquista de Pungo Andongo (1671), também capitaneada pelo angolista Luís Lopes Sequeira, cujo papel é decisivo nas batalhas de preação da época, existe um texto anônimo intitulado *Relaçam do Felice successo*, impresso em Lisboa no ano seguinte.[29] A narrativa é pontuada pelo cerco de treze meses das forças portuguesas, brasílicas e angolanas a Pungo Andongo, capital montanhosa ("quase inexpugnável") do reino e pela morte heroica do rei do Dongo, d. João Hary, o qual, capturado por um soba aliado de Luanda, fechou os olhos, recusando-se a olhar os portugueses, e pediu que lhe cortassem a cabeça para não cair prisioneiro deles. O relato dos combates nos desvãos das colinas de pedra negra de Pungo Andongo lembra a descrição da guerra antipalmarista da *Rellação Verdadeyra* falando do cerco ao forte do Macaco, da resistência de Zumbi e da luta final nos "despenhadeiros e rochedos" da serra da Barriga.[30] Outra versão da Batalha de Pungo Andongo, divulgada mais tarde, traz a narrativa mais para perto da morte Zumbi, como veremos em seguida, afirmando que após sua derrota, d. João Hary "se jogou de cima de um rochedo".[31]

Tratando do desastre militar em Kitombo (1670), a *Relaçam do Felice successo* amplia o leque retórico das guerras africanas. Atribuído a negligências após uma primeira vitória que redundara na morte do conde do Soyo, o desbarato das tropas portuguesas recebe duas explicações. A primeira sublinha a valentia e a

28. "Relação da mais glorioza e admirável victoria que alcançarão as armas de ElRey [...] contra ElRey de Congo governando o senhor André Vidal de Negreiros", *MMA¹*, v. 12, pp. 582-591.

29. *Relaçam do Felice successo, que conseguirão as armas [...] governadas por Francisco de Távora, Governador, e Capitão General do Reyno de Angola contra a Rebellião de Dom João Rey das Pedras & Dongo no mez de Dezembro de 1671* (Lisboa: À custa de Miguel Menescal, s.d., mas impresso em 1672); e *MMA¹*, v. 13, pp. 143-152.

30. "Rellação Verdadeyra da Guerra que se fez aos Negros Leuantados do Palmar, governando estas Capitanias de Pernambuco o senhor Gouernador e Capitam-Geral Cayetano de Mello de Castro no Anno de 1694: da felliz vitoria que Contra o ditto Jnimigo Se alcanssou", editada e comentada por Maria Lêda Oliveira, "A primeira *Rellação*", pp. 251-324.

31. Miguel Eduardo Lobo de Bulhões, *Les Colonies portugaises: Court exposé de leur situation actuelle* (Lisboa: Imprimerie Nationale, 1878), p. 19. Lobo de Bulhões, escritor e economista português, era membro da Academia de Ciências de Lisboa.

adaptação dos africanos ao clima quente, e sua habilidade com as armas de fogo adquiridas dos holandeses, incluindo quatro canhões de campanha:

> porque os negros são tão valorosos, que pelejando a natureza a seu favor contra a força do Sol, ainda que na cor mostrem os ferretes de vencidos, na resistência do clima, e resolução do ânimo, triunfam como vencedores, e as armas iguais [às portuguesas] com que hoje pelejam, os fazem mais incontrastáveis.

No mesmo registro heroicizante, a *Relação das guerras feitas* fala do "singular valor, grande ânimo e constância rara" de Zumbi, "general das armas" de Palmares, enquanto a *Rellação Verdadeyra* diz que Camuanga, também comandante palmarista, era um negro "valente e grão-corsário". Nos dois casos, as referências à coragem ou à obstinação dos inimigos seguem o padrão clássico de valorizar os inimigos já presente na *Ilíada*, servindo aqui para dar relevo à bravura dos comandantes das tropas coloniais.[32] Ou seja, os inimigos africanos e afro-brasílicos são intrépidos, mas os portugueses o são ainda mais.

A segunda explicação sobre o desbarato português em Kitombo está nas atas do Conselho Ultramarino. Ali, Salvador de Sá, que seguia de perto as coisas de Angola, onde provavelmente ainda tinha informantes, faz um relato prosaico sobre a derrota colonial na guerra contra o Soyo. Para ele, a gana da tropa portuguesa em fazer mais escravos, além dos que haviam sido agarrados na primeira vitória, causara o desastre de Kitombo: "os ambiciosos cabos do nosso exército, não contentes com mais de 2 mil negros prisioneiros, quiseram adquirir outros, metendo-se por suas terras [...]".[33]

Em contraste com a Guerra dos Bárbaros, em que os índios aprisionados eram degolados e só acessoriamente cativados, nas guerras angolanas havia partilha organizada das "presas", as quais eram atribuídas ao governador e aos cabos da tropa para serem vendidas aos negreiros de Luanda, tributadas pela Coroa e inseridas no circuito atlântico. Antes do incidente que provocou a derrota de Kitombo, a captura de poucas presas em Ambuíla já dera origem à insatisfação dos preadores e à quartelada que expulsou o governador Tristão da Cunha de Luanda

32. "Relação das guerras feitas", p. 312; e "Rellação Verdadeyra", p. 305.
33. AHU, Angola, cx. 10/71, doc. de 21 ago. 1672.

(1667).[34] No outro lado do oceano, tropas engajadas contra Palmares na serra da Barriga, onde também se previa a divisão das "presas", se envolvem num incidente parecido. Concluído o ataque à paliçada do Macaco, em 1694, tropas milicianas de Serinhaém e Porto Calvo se juntaram a uma parte dos paulistas e se amotinaram contra o capitão-mor Bernardo Vieira de Melo, exigindo que "se fizesse logo ali a partilha" dos palmaristas capturados. Jorge Velho não aderiu à revolta e acalmou seus soldados, os quais defenderam o capitão-mor e garantiram a distribuição dos 350 prisioneiros palmaristas.[35] Como se verá adiante, o objetivo principal de Jorge Velho em Palmares eram sobretudo as terras dos quilombolas.

Malgrado a reportagem do *Mercurio* e da *Relaçam do Felice sucesso*, os sucessos coloniais na África subsaariana permaneciam sendo menos conhecidos do que os do Brasil e menos reconhecidos que os da Índia. Partindo dessa constatação, Cadornega resolveu escrever sua *História geral das guerras angolanas* (1680).[36] No prólogo, ele explica que seu livro visava dar às guerras de Angola o lustre conferido a outros episódios ultramarinos e, em particular, à luta dos moradores do Brasil contra os holandeses.

> E agora escrevendo o general das frotas do Brasil, e governador que foi de Pernambuco, Francisco de Brito Freyre, as guerras brasílicas com tanta bizarria e elegância e verdade, só dos reinos de Angola e suas conquistas [...] [não houve] quem tomasse esta empresa a sua conta, e por não ficarem coisas de tanta consideração em esquecimento [...] me dispus a fazer este compêndio.[37]

Centrados na óptica africanista, muitos leitores e estudiosos de Cadornega subestimam ou ignoram a faceta sul-atlântica de sua obra.

Em Lisboa, mais do que em qualquer outra capital europeia, a Guerra dos

34. Sobre o caso, ver Alencastro, *O trato dos viventes*, pp. 297-300.

35. "Rellação Verdadeyra", pp. 321-322.

36. Concluído em 1680 e publicado em 1940 em Portugal, o manuscrito do livro de Cadornega circulou na Europa desde o século XVIII, como o demonstram as cópias existentes na Bibliothèque Nationale de France em Paris e na British Library. Cf. C. R. Boxer, "A *História* de Cadornega no Museu Britânico", *Boletim Cultural do Museu de Angola*, Luanda, n. 1 (1960), pp. 73-80; e Beatrix Heintze, *Studien zur Geschichte Angolas im 16. und 17. Jahrhundert: Ein Lesebuch* (Colônia: Rüdiger Köppe, 1996), pp. 48-58.

37. *HGGA*, v. 1, pp. 8-9.

Trinta Anos era percebida como uma guerra mundial na qual se inseriam os combates contra os holandeses no Atlântico Sul. Como mostra a obra de Evaldo Cabral de Mello, tais combates estruturam a identidade pernambucana na América portuguesa. Paralelamente, sob a dupla influência das lutas contra os holandeses no front africano e da leitura de *Nova Lusitânia, história da guerra brasílica* (1675), Cadornega funda a identidade angolista no quadro de uma "história geral" associando a atividade negreira à luta patriótica contra o invasor holandês. Note-se que a *História* de Cadornega é a primeira obra sobre os europeus na África subsaariana escrita a partir do ponto de vista de colonos estabelecidos havia três gerações em Angola e no Congo, com suas duas câmaras municipais (de Luanda e Massangano), seus bispos (primeiro em São Salvador do Congo e depois em Luanda) e outros órgãos administrativos ibéricos transplantados para a região.

Nessa perspectiva, é interessante comparar a justificação da pilhagem colonial elaborada no Brasil e em Angola. Domingos Jorge Velho alegava a barbárie e o canibalismo dos índios para legitimar as bandeiras preadoras com o fito de trazê-los à comunidade colonial e ao cristianismo. Cadornega também refere o propalado canibalismo dos africanos para justificar sua escravização e subjugá-los à fé de Cristo. Porém, a explicação de Cadornega é mais complexa que a de Jorge Velho, dado que o trato de africanos, ao contrário da preação de índios, engendrava uma cadeia transatlântica de trocas tributadas pela Coroa. Por isso, Cadornega sublinha o ganho mercantil das operações negreiras:

> [o] resgate de peças que servem de utilidade ao comércio, e com estes resgates se evitam não haver tantos açougues de carne humana, e instruídos na Fé de Nosso Senhor Jesus Cristo indo batizados e catequizados se embarcam para as partes do Brasil ou para outras que têm uso católico.[38]

Assumindo o objetivo escravista das campanhas militares em Angola, Cadornega tece o elogio "da guerra da gente portuguesa angolana, que alguns em seu desprezo lhe chamam guerra de negros, e de coata-coata [pega-pega], mas é pelas não verem, nem experimentarem, sendo elas pelo contrário as mais trabalhosas e de maior risco de quantas há no mundo [...]".[39]

38. Ibidem, pp. 13-14.

39. Coata-coata = *kuata-kuata*, "agarra-agarra", ou "pega-pega", do verbo quimbundu, *kikua-*

Em busca de honrarias e prebendas da Corte, as autoridades coloniais também engrandecem a pilhagem. Logo após a vitória de Ambuíla, a Câmara de Luanda escreve ao rei Afonso VI para dar conta

> do felicíssimo sucesso que as armas de V. M. tiveram na oposição que el-rei de Congo quis fazer [...]; debaixo da proteção de V. M. e da promessa de Deus esperamos ver a monarquia de Portugal tão dilatada que não só sirva de amparo e defensão [defesa] à Igreja, mas ainda de terror a toda a Mauritânia.[40]

Em *Os lusíadas*, Mauritânia se refere ao Marrocos, à África dos mouros (distinta da Guiné, isto é, da África negra), onde Portugal sofrera a catastrófica derrota de Alcácer-Quibir (1578). Em outras palavras, a Câmara de Luanda considera a vitória de Ambuíla contra o Congo como uma revanche a Alcácer-Quibir e aos reveses da guerra contra os mouros, ponto mais alto dos combates portugueses na África.

No outro lado do mar, o governador de Pernambuco, Caetano de Melo e Castro, não fez por menos. Numa carta ao rei datada de 1694, ele compara a vitória em Palmares à expulsão dos holandeses, sucedida quarenta anos antes, ponto mais alto das batalhas da América portuguesa: "Não me pareceu dilatar a V. M. a notícia da gloriosa restauração dos Palmares, cuja feliz vitória, se não avalia por menos que a expulsão dos holandeses".[41]

FORA DA PALIÇADA: A EXPERIÊNCIA AFRICANA DOS ANTIPALMARISTAS

Além das narrativas mais ou menos elaboradas relativas às guerras dos dois lados do mar contra angolanos, quilombolas e índios, há a documentação sobre a itinerância de tropas entre o Brasil e Angola. Desde antes da Restaura-

---

ta = agarrar. *HGGA*, v. 2, pp. 105-106, nota 2. Cabe lembrar que Portugal é o único país europeu que organizou, junto com os brasílicos, expedições oficiais, regulares, em larga escala, de captura de africanos para escravização e suprimento do tráfico negreiro.

40. "Carta da Câmara de Luanda", 7 dez. 1665, AHU, *Angola*, cx. 8/128.

41. Oliveira, "A primeira *Rellação*", p. 268 e nota 47.

ção, e até as primeiras décadas do século XVIII, cerca de 4 mil homens atravessaram o mar em diversas expedições, levando sua experiência sul-americana de combate para consolidar a expansão negreira na África Centro-Ocidental. Em sentido inverso, boa parte desses militares e milicianos retornou ao Brasil com práticas e conhecimentos militares que serviram nos ataques aos negros e índios resistentes.

Assim, em abril de 1645, tropas para Angola embarcaram na Bahia (duzentos portugueses, angolistas refugiados na Bahia e brasílicos, entre os quais 32 mosqueteiros afro-brasílicos dos Henriques); em maio de 1645, no Rio de Janeiro (trezentos soldados e algumas dezenas de índios); em 1648, saídos da Guanabara com Salvador de Sá (mil soldados vindos de Portugal e 750 embarcados no Rio); em 1657, zarpando do Recife com João Fernandes Vieira (duzentos veteranos brasílicos da guerra contra os holandeses); em 1660, partidos do Recife com Vidal de Negreiros (duzentos veteranos); em 1664 (socorros da Bahia e de Pernambuco); em 1665 (idem); em 1667 (soldados do Rio de Janeiro); em 1671 (quatrocentos soldados da Bahia e Pernambuco); em 1674 (socorro de tropas de Pernambuco); em 1681 (dois navios com soldados saídos de Bahia e Pernambuco); em 1690 (cinquenta soldados da Bahia); em 1703 (cem pernambucanos); em 1704 (195 praças pernambucanos).[42] Envios intermitentes continuaram nas primeiras décadas do século XVIII, quando uma carta régia determinou o embarque de oito a dez recrutas em cada navio saindo de Pernambuco para Angola.[43]

A diminuição de conflitos na África Centro-Ocidental no século XVIII, resultado de uma acalmia no sertão angolano, como nota Roquinaldo Ferreira, mas também da ausência de ameaças externas, como se verá em seguida, reduz as transferências de militares do Brasil para Luanda e Benguela.

42. Alencastro, *O trato dos viventes*, pp. 262-306, 338-340, 369-370; Roquinaldo Ferreira, "O Brasil e a arte da guerra em Angola (sécs. XVII e XVIII)", *Estudos Históricos*, Rio de Janeiro, v. 1, n. 39 (2007), pp. 1-24.

43. Ferreira, "O Brasil e a arte da guerra", p. 7. A saudosa Maria de Fátima Gouveia, em comunicação pessoal, havia me indicado a existência de uma expedição militar saída de Pernambuco e Bahia para Moçambique no final do século XVII. Contudo, o índice geral da correspondência com a Índia, à qual se integrava o governo de Moçambique, disponível on-line (ainda acessível em abril de 2009) em <www.ippar.pt/sites_externos/bajuda/htm/catalg/india/ind01.htm>, não traz referência a tal expedição.

Tratando aqui da experiência militar adquirida nas duas margens do mar, deixo apenas um registro de outro fator que reforçou a ofensiva luso-brasílica em Angola: as importações de cavalos do Brasil.[44]

Afora o terço de Henrique Dias, cujas companhias combateram em Angola em 1645 e na Batalha de Ambuíla (1665), como também — e por várias vezes — em Palmares, não há indicações sobre outras unidades militares regulares operando nos dois lados do Atlântico Sul.[45] Tratava-se em geral de milicianos e irregulares mais ou menos voluntários para combater em Angola.[46] Todavia, convém registrar as transferências de oficiais, funcionários régios e até clérigos com experiência nos combates sul-americanos — frente a holandeses, índios e quilombolas — que obtiveram cargos em Angola. Desse lote, separo quatro itinerários significativos.

Afro-brasílico, capitão dos mosqueteiros do terço dos Henriques que integravam o contingente de duzentos soldados enviados em 1645 da Bahia para Angola, Paulo Pereira desembarcou com sua tropa na foz do rio Quicongo, entre Benguela e Luanda, então ocupadas pelos holandeses. Enfrentou os jagas que destroçaram boa parte dos expedicionários, incluindo Domingos Lopes Sequeira, experimentado capitão angolista e pai de Luís Lopes Sequeira, já ci-

44. Roquinaldo Ferreira estudou o assunto na sua tese e no artigo indicado anteriormente. Note-se que nem todos os soldados aquartelados em Luanda sabiam cavalgar. Ainda que soubessem, nem todos se adaptavam aos cavalos do Brasil, habituados a serem montados sem sela e jamais ferrados (só se começou a ferrar cavalos no Brasil no século XVIII). Desde logo, os cavaleiros de Pernambuco e Bahia ganhavam maior relevo nas batalhas angolanas. De todo modo, um comércio regular envolvendo a troca de cavalos por escravos nunca vingou no Atlântico Sul. Por uma razão simples: os importadores desses animais eram unicamente o governo e as forças militares de Angola. Irregular, impositiva e às vezes insolvente, tal demanda não se equiparava à dinâmica capitalista da demanda de escravos no Brasil.

45. Hebe Mattos, "'Black Troops' and Hierarchies of Color in the Portuguese Atlantic World: The Case of Henrique Dias and His Black Regiment", *Luso-Brazilian Review*, Madison, v. 45, n. 1 (2008), pp. 6-29.

46. Roquinaldo Ferreira nota que, embora Angola não fosse um dos destinos dos degredados no século XVI, a colônia africana virou o principal lugar de envio dos condenados ao degredo, em geral reinóis e madeirenses (condenados ou deportados, como os ciganos), na segunda metade do século XVII. Sobre a infantaria, os mulatos e a "guerra preta" em Angola, ver, ainda, Roquinaldo Ferreira, "Transforming Atlantic Slaving: Trade, Warfare and Territorial Control in Angola, 1650-1800", Tese de Doutorado, University of California, Los Angeles, 2003, pp. 144-182.

tado.[47] Paulo Pereira se juntou em seguida às tropas coloniais, comandando o regimento luso-africano que combateu em 1646 a rainha Jinga e seus guerreiros no seu quilombo da várzea de Kavanga, na ribeira do rio Dande.[48] Em 1648, logo após a expulsão dos holandeses, Salvador de Sá nomeou Paulo Pereira sargento-mor da "guerra preta" de Benguela. Personagem legendário das guerras africanas, o sargento pernambucano morreu lutando no braço com um leão na savana angolana.[49] Terá comandado afro-brasílicos e africanos no Brasil e afro-brasílicos e angolanos em Angola, combatendo holandeses no Brasil e os jagas e a rainha Jinga no solo angolano.

Bento Correia de Figueiredo serviu em postos militares de três continentes entre 1656 e 1683. Sentando praça no Ceará, foi ao reino combater na guerra do Alentejo e, em particular, no malsucedido cerco a Badajoz (1658). De volta ao Brasil, viajou em 1661 para Luanda com André Vidal de Negreiros. Lá foi promovido capitão da guarda do governador, pelejando também no mar contra um corsário holandês. Em seguida, retorna a Pernambuco, onde comanda uma companhia que ataca Palmares. Provido capitão-mor do Ceará (1687), campeou na ofensiva anti-indígena, "destruindo os tapuias arerius que desobedeciam".[50]

O reinol Jorge de Barros Leite participou da Batalha de Ameixial (1663),

47. A respeito dos "jagas", seguindo o estudo pioneiro de Joseph C. Miller, considero que se tratava na maior parte de gente imbangala. Mas continuo usando o denominativo para os grupos de guerreiros itinerantes assim designados nos séculos XVII e XVIII. Para Cadornega, "jaga" não indica um povo qualquer, mas uma "profissão" de guerreiro nômade (*HGGA*, v. 2, p. 179). E Silva Correa confirma, um século depois: "os jagas [...] gente belicosa e ambulante que admitem variedade de nações, e debaixo do mesmo nome se entendem os governadores e os governados que forma este corpo". Correa, *História de Angola*, 2 v. (Lisboa: Ática, 1937 [orig. 1782]), v. 2, p. 50. Dois artigos recentes retomam a discussão: Jan Vansina, "On Ravenstein's Edition of Battell's Adventures in Angola and Loango", *History in Africa*, Cambridge, n. 34 (2007), pp. 321-347: e Beatrix Heintze, "The Extraordinary Journey of the Jaga Through the Centuries: Critical Approaches to Precolonial Angolan Historical Sources", *History in Africa*, Cambridge, n. 34 (2007), pp. 67-101.

48. *HGGA*, v. 1, pp. 403-407.

49. *Arquivos de Angola*, Luanda, 2ª série, v. I (3-6), 1943-1944, pp. 136-137, 193-194; *Livro de patentes do tempo do senhor Salvador Correia de Sá e Benevides* (Luanda: Arquivo Histórico de Angola, 1969), p. 95.

50 . Barão de Studart, "Documentos para a História do Brasil", docs. de 15 jun. e 26 set. de 1684, pp. 112-114, id., "Documentos para a história do Ceará", *RTIC*, v. 42 (1928), pp. 103-105.

na Guerra do Alentejo. Viajou em 1676 com outros militares da metrópole para Angola, onde assumiu o posto de capitão-mor de Pungo Andongo, conquistado em 1671 e transformado no polo mais oriental da atividade negreira europeia no interior da África. Vindo para o Brasil, foi capitão da guarda do governador da Bahia e capitão-mor de Sergipe. Tenente da "gente miliciana assistente no sertão da Bahia", atuou contra indígenas e os mocambos. Recebeu em 1699 o provimento de capitão-mor do Ceará no front anti-indígena, substituindo Fernão Carrilho, importante comandante antipalmarista promovido a lugar-tenente do governador do Maranhão.[51]

Por fim, há o caso de Manoel de Inojosa (Hinojosa ou Nojoza), que merece ser examinado com mais vagar. Soldado, Inojosa embarcou em 1661 do Recife para Luanda, num socorro militar enviado a André Vidal de Negreiros, empossado governador de Angola. Voltando a Pernambuco em 1662, passou à Bahia. Em 1670, partiu para "fazer guerra aos mocambos dos negros fugidos". Agregou-se em seguida à bandeira de Estevam Baião Parente (1671-1673), que destroçou as aldeias do rio Paraguaçu. Deve ter se juntado também à milícia de Fernão Carrilho, que campeava na Bahia na época.[52] Teve patente de "capitão da conquista do gentio bárbaro" (1673-1676) de Santo Antônio da Conquista (atual município baiano de João Amaro, na margem do rio Paraguaçu). Na missão de "habitar a dita vila e povoar aquelas terras", formou uma companhia com a qual combateu os xocós e outros tapuias.[53] Munido de uma representação de Baião Parente e dos moradores de Maragogipe, viajou para a Corte em 1676, pleiteando a renovação da sua patente de capitão, tendo em vista o "novo alevantamento" indígena na Bahia.[54] Inquirido a seu respeito, um oficial da Bahia informou o Conselho Ultramarino de que a companhia de Inojosa era "muito importante para a conquista dos índios e negros dos mocambos". Os conselheiros aprovaram seu provimento de capitão para combater os indígenas da Bahia, mas também porque "para Palmares de Pernambuco este sujeito será

51. Idem, "Documentos para a história do Ceará", *RTIC*, v. 37 (1923), pp. 134-136.

52. Schwartz, *A Governor and His Image*, pp. 48, 67, 79, 86-7.

53. "Consulta do Conselho Ultramarino sôbre Manoel de Inojosa", 18 set. 1677, AHU, ACL, N, Baía, doc. 34576, Conselho Ultramarino, cód. 245 (1675-1695), doc. 52, 17 nov. 1677; sobre esse ciclo de guerras, Puntoni, *A Guerra dos Bárbaros*, pp. 107-116.

54. Sobre esse episódio, Puntoni, *A Guerra dos Bárbaros*, pp. 120-121.

necessário por seu valor e experiência".[55] Terá sido nessa ocasião que apresentou ao Conselho seu conhecido parecer sobre Palmares, contendo informações obtidas por um de seus escravos infiltrado entre os quilombolas.[56]

Após as expedições de Fernão Carrilho, em 1677-8, Inojosa, cujo nome fora guardado em reserva pelo Conselho, participou como "cabo de tropas" nas ofensivas lançadas em 1679, 1680 e 1681. Em 1680, ele teria capturado (ou morto, a frase não é clara) o comandante palmarista Majojo (possivelmente oriundo de Moçambique), e em 1681 ele alegava ter matado Zumbi.[57] "Atacou os mocambos, queimando mais de 170 casas, matando o dito Zumbi e aprisionando sua mulher e família e trazendo sua mulher branca com um filho, que à força [Zumbi e outros] haviam levado para os Palmares." No ano seguinte, em

55. O informante foi o capitão Jorge Soares de Macedo, vindo do reino para a Bahia em 1673, comissionado para o descobrimento de minas e que teria envolvimento na ocupação de Colônia do Sacramento. Cf. "Consulta do Conselho Ultramarino sôbre Manoel de Inojosa". Borges da Fonseca escreve que Manoel era bisneto do sargento-mor Jerônimo de Inojosa, importante comandante da guerra brasílica. Manoel não alude ao parentesco nas suas petições e numa delas informou que era "soldado pobre". Cf. AHU, ACHL, N, Baía, doc. 34576, Conselho Ultramarino, cód. 245, doc. 52, 17 nov. 1677; e AHU, ACHL, CU 015, cx. 13, doc. 1312, 7 set. 1684; Antônio Borges da Fonseca, "Nobiliarquia pernambucana", *Annaes da Bibliotheca Nacional*, Rio de Janeiro, v. 47 (1935 [orig. 1748]), p. 80. Em *O trato dos viventes*, p. 338, escrevi equivocadamente que Manoel era filho de Jerônimo de Inojosa.

56. A partir dos relatórios de Inojosa, de João Fernandes Vieira e de outras pessoas com "inteligência e notícia" sobre Palmares, o Conselho Ultramarino decidiu dar guerra aos quilombolas, "até se extinguirem ou reduzirem". Cf. doc. de 28 jun. 1677, BNRJ, Seção de Manuscritos, cód. II-33, 4, 32.

57. As expedições de 1679 e 1680 foram comandadas por Manoel Lopes e a de 1681, de novo, por Fernão Carrilho. Loreto do Couto diz que "Mayoyo" foi capturado por João Martins, sargento-mor dos Henriques. Silvia Lara assinala a captura do chefe palmarista "Moioio" (para a grafia "Majojo", reporto-me ao documento impresso na revista citada, Barão de Studart, "Documentos", *RTIC*, v. 36 (1922), docs. de 15 jun. e 26 set. de 1684, pp. 112-113, 1922). "Desagravos do Brazil e glórias de Pernambuco", v. 25, pp. 107-108; Silvia Lara, "Palmares & Cucaú", pp. 198-200. Supondo que a transcrição da revista esteja certa, Majojo é um nome intrigante. Um *damel* (soberano do Cajor), fantoche dos franceses nos anos 1860 no Senegal, se chamava Majojo. Mas em Moçambique há uma cidade chamada "Majojo", e "mujojo" ou "majojo" designava traficantes muçulmanos de escravos oriundos das ilhas Comores. Haveria gente da África Oriental em Palmares? É improvável, mas não de todo impossível. Há registro de três navios chegados com escravos de Moçambique na Bahia, respectivamente em 1620, 1643 e 1644 (cf. Alencastro, *O trato dos viventes*, p. 198, nota 60), e navios da Índia que arribavam na Bahia podem ter desembarcado escravos de Moçambique na região.

1682, trouxe socorro e mantimentos para tropas antipalmaristas.[58] Em 1683 estava de novo na Corte, onde apresentou sua candidatura a capitão-mor do Ceará (1684).[59] Preterido, teve melhor resultado no ano seguinte, obtendo o cargo de capitão-mor de Benguela (1685-1687).[60] Consta ainda um outro relatório de sua lavra sobre Palmares, datado de 1689.[61]

Seu substituto em Benguela foi Angelo da Cruz, transferido para Angola em 1687, no socorro mandado do Rio de Janeiro.[62] Nessa altura, consolidava-se em Benguela a rota negreira que cairia nas mãos de negociantes do Brasil e, em particular, do Rio de Janeiro e Pernambuco, deportando, até 1850, perto de 500 mil pessoas do sul angolano para a escravidão no Brasil.[63] Ou seja, nessa

58. A alegação de Inojosa é equivocada: em 1681 ele matou um chefe tido por Zumbi. Aliás, Loreto do Couto menciona a morte de Zumbi em três datas diferentes. A primeira, no ano de 1680, num ataque de Domingos Rodrigues Carneiro, mestre de campo dos Henriques. A segunda, no ano de 1681, numa investida do índio Sebastião Pinheiro Camarão, mestre de campo dos Camarões. A terceira menção ocorre numa data não indicada, quando "Zumby", "Príncipe do Palmar", teria sido morto pelo crioulo Antônio Soares, recompensado com a alforria em 1697 (na realidade em 1696), fatos que coincidem com o contexto da morte de Zumbi em 1695. Cf. "Desagravos", v. 25, pp. 98-99, 106, 108. Em todo caso, esse tipo de alegação difundia a ideia de que Zumbi era imortal. Para uma discussão sobre o nome de Zumbi, cf. Robert N. Anderson, "The Quilombo of Palmares: A New Overview of a Maroon State in Seventeenth-Century Brazil", *Journal of Latin American Studies*, Cambridge, v. 28, n. 3 (1996), pp. 545-566, sobretudo pp. 560-562.

59. Barão de Studart, "Documentos", *RTIC*, v. 36 (1922), pp. 112-113.

60. AHU, *Angola*, cx. 13/3 e cx. 14/27, docs. de 26 jan. 1685 e 18 jul. 1690.

61. O relatório de 1677 é conhecido, teve um resumo publicado por Décio Freitas, *República de Palmares: pesquisa e comentários em documentos históricos do século XVII* (Maceió: Edufal, 2004), e foi analisado, entre outros, por Thornton, "Les États de l'Angola et la formation de Palmares", pp. 776-778, 781; e Lara, "Palmares & Cucaú", pp. 25-27. Para o relatório de 1689, a única referência de que disponho é a matéria da *Folha de S.Paulo*, mencionada na nota 64. Curiosamente, com tantos especialistas sobre o tema pesquisando na Biblioteca da Ajuda, em Lisboa, esse documento importante para a história do Brasil não foi ainda, pelo que sei, transcrito na sua integralidade. Tratar-se-á de um texto forjado, como pensa um grande especialista de Palmares?

62. Angelo Cruz chegara a Luanda com a expedição trazida do Rio de Janeiro por Antônio Juzarte de Almeida. Participou em vários combates no sertão angolano com Luís Lopes Siqueira, em seguida foi capitão-mor de Pungo Andongo. AHU, Angola, cx. 10/67, doc. 13 maio 1672 e cx. 14/27, doc. 18 jul. 1690.

63. Benguela está sendo bem estudada e sua importância para o Brasil se confirma. Cf. José C. Curto, "Luso-Brazilian Alcohol and the Legal Slave Trade at Benguela and Its Hinterland, c. 1617-1830", in Hubert Bonin e Michel Cahen (orgs.), *Négoce blanc en Afrique noire: l'évolution*

etapa crucial da história negreira de Benguela, dois de seus capitães-mores vieram, justamente, das duas capitanias que se tornaram as maiores importadoras de cativos embarcados na região.[64]

Resta que a historiografia só tem captado a parte brasileira da vida de Manoel de Inojosa.[65] Além de seu engajamento nos combates de Angola e do Brasil, e de suas duas viagens a Lisboa, onde se entreteve com gente importante que solicitou seu relatório sobre Palmares, ele recolheu a experiência das guerras holandesas (junto aos oficiais de André Vidal de Negreiros presentes em Luanda), dos reides sulistas dos bandeirantes (encontrados no sertão baiano) e das guerras feitas na África nas décadas anteriores por capitães africanos, angolistas, brasílicos e portugueses, com quem conviveu em Luanda e Benguela.

Sem ter ocupado comando de destaque no Brasil, Inojosa absorveu e transmitiu muitos conhecimentos sobre as guerras sul-atlânticas. Sua importância só pode ser devidamente avaliada quando os documentos das caixas sobre Angola são juntados às caixas sobre o Brasil. Gente como Inojosa operou a transformação fundamental que muda a face de Angola e do Brasil. A exten-

---

du commerce à longue distance en Afrique noire du 18e au 20e siècles (Paris: Societé Française d'Histoire d'Outre-Mer; Difusión Alterna, 2001), pp. 351-369; Ferreira, "Transforming Atlantic Slaving", pp. 70-143; Mariana P. Candido, "Enslaving Frontiers: Slavery, Trade and Identity in Benguela", Tese de Doutorado, Toronto, York University, 2006; id., "Merchants and the Business of the Slave Trade at Benguela, 1750-1850", *African Economic History*, Madison, n. 35(2007), pp. 1-30; idem, *An African Slaving Port and the Atlantic World: Benguela and Its Hinterland* (Cambridge: Cambridge University Press, 2013).

64. Inojosa se tornou conhecido por causa de seus relatórios, resumidos e divulgados numa substanciosa matéria da *Folha de S.Paulo*, que traça um perfil igualitário da sociedade palmarista e constância dos quilombolas no combate. "Cada um tem as mulheres que quer [...]"; "entre eles tudo é de todos, e nada é de ninguém [...]". Trata-se de reportagens de Aureliano Biancarelli e Jair Rattner publicadas em 12 de novembro de 1995, no terceiro centenário da morte de Zumbi. As reportagens sobre os dois relatórios são facilmente acessadas on-line em: <www1.folha.uol.com.br/fol/brasil500/zumbi_12.htm> e <www1.folha.uol.com.br/fol/brasil500/zumbi_15.htm>.

65. Para ficar só em exemplos recentes, no seu estudo sobre Palmares, o primeiro a ser escrito por um africanista especialista da África Centro-Ocidental, John Thornton classifica Manoel de Inojosa como "fazendeiro" (*planteur*), enquanto Silvia Lara, na tese de titulação em que faz uma análise inovadora sobre o pacto de 1678 e Cucaú, refere-se a Inojosa de maneira singela, identificando-o apenas como "português": "esse português era homem experimentado no combate aos índios da Bahia". Puntoni, em *A Guerra dos Bárbaros*, havia assinalado que Inojosa servira em Angola.

são do tráfico negreiro torna secundária a preação indígena nas zonas da América portuguesa que se integravam às redes atlânticas. Abria-se a via para o extermínio dos índios que viviam na fronteira agropecuária do Nordeste. Em outras palavras, a pilhagem das aldeias africanas precipita a extinção das aldeias ameríndias. No Centro-Oeste africano, comerciantes e soldados portugueses, brasílicos e africanos ampliavam a geração de escravos. No lado sul-americano, reforçados por índios seus aliados, eles extinguiam as aldeias (mais tarde aparece a expressão "matar aldeias"), criando o deserto humano que seria repovoado pelo gado, pelos colonos e por escravos africanos. A destruição constante de Angola se apresenta como a contrapartida da construção contínua do Brasil.

Nem todos os combatentes transitando pelo mar meridional participaram em todas essas batalhas. Mas todos contribuíram para difundir métodos de guerra tropicais, rações militares compostas de mandioca, milho e cachaça, práticas escravistas e hábitos culturais do Arquipélago de Capricórnio, núcleo da formação do Brasil contemporâneo.[66]

DENTRO DA PALIÇADA: O SURGIMENTO DAS FAMÍLIAS PALMARISTAS

No que concerne às expedições enviadas contra Palmares, vale dar relevo ao patamar atingido pelas hostilidades nas décadas de 1670-1690. Ao longo desses anos, o Conselho Ultramarino reserva grande atenção às medidas "para se extinguirem estes negros de uma vez". Foram consultados peritos e planejou-se entregar o comando das operações a João Fernandes Vieira, chefe militar com peso nas duas margens do Atlântico.[67]

66. Chamo de "Arquipélago de Capricórnio" a sequência de portos negreiros africanos e enclaves de plantações sul-americanas dos séculos XVI-XIX, os quais, unidos pelas trocas bilaterais em torno do anticiclone de Santa Helena (também denominado anticiclone de Capricórnio), embasaram a formação social escravista e negreira que incorpora em seguida outros enclaves fundados no cativeiro indígena (São Paulo e o estado do Grão-Pará e Maranhão) para dar lugar ao Brasil.

67. Reconhecendo a "experiência e possibilidade" de João Fernandes Vieira, que incluía, como ficou dito, seus combates no Brasil contra os holandeses e sua governança em Angola, o Conselho Ultramarino decidiu confiar-lhe o comando de uma grande expedição contra Palma-

Palmares aparecia como uma grande sublevação que desestabilizava as comunidades escravistas de toda a região, onde ainda ecoavam os desacertos da guerra brasílica. Uma carta de d. Pedro II ao governador de Pernambuco, datada de 1683, é bastante elucidativa. Nela, o soberano pedia informações sobre a irmandade dos pardos de Nossa Senhora de Guadalupe, de Olinda, a qual solicitava provisão para que os irmãos, com dons e esmolas, pudessem alforriar "todos os escravos homens e mulheres da sua cor, em razão de muitos sofrerem mal o cativeiro, por serem filhos de homens honrados que me [à Coroa] serviram na guerra". Ou seja, tratava-se de filhos e filhas de escravas e de veteranos livres da guerra brasílica, revoltados com sua escravização. E a carta completa: "por os não deixarem libertar seus senhores, tendo com que se resgatar, fugiam muitos para os negros de Palmares, apartando-se do grêmio da Igreja, e de próximo [recentemente] se matara um por suas mãos".[68] O caso expunha uma situação limite. Numa ação coletiva pela liberdade, fundada nos rancores gerados pela guerra holandesa e movida por uma categoria de escravos que se sentia particularmente injustiçada, os requerentes faziam pairar uma ameaça: se os escravos mulatos não fossem alforriados, restavam-lhes duas opções: o suicídio ou Palmares. Pairava no horizonte o apelo à subversão da ordem escravista. Como escrevia o autor anônimo da *Relação das guerras feitas*, as comunidades da serra da Barriga haviam dado lugar a "duas monstruosidades indignas de se publicarem no mundo: a primeira levantarem-se com o domínio das melhores capitanias de Pernambuco, negros cativos; a segunda era dominarem a seus próprios senhores seus mesmos escravos".[69]

No meio-tempo, os quilombos conheciam transformações importantes. Como é sabido, os "roubos" de mulheres eram praticados pelos palmaristas, cujo contingente era predominantemente masculino. Na lista dos estragos cau-

---

res. Tal não ocorreu em razão dos conflitos que opunham Fernandes Vieira ao governador de Pernambuco, Pedro de Almeida. Doc. de 28 jun. 1677, BNRJ, Seção de Manuscritos, cód. II-33, 4, 32. Sobre o conflito entre Vieira e o governador, "Consulta do Conselho Ultramarino", 19 out. 1677, AHU, ACL, CU, 015, cx. 11, doc. 1093.

68. Documento transcrito pela *Revista do Instituto Arqueológico, Histórico e Geográfico de Pernambuco*, Recife, n. 42 (1891), e reproduzido tal qual, com data errada e palavras truncadas, em Clóvis Moura, *Dicionário da escravidão negra no Brasil* (São Paulo: Edusp, 2005), pp. 109-110. Consultei o documento original, de onde extraí a citação acima. Cf. "Carta ao governador de Pernambuco", de 17 nov. 1683, AHU, *Conselho Ultramarino*, cód. 256.

69. "Relação das guerras feitas", p. 314.

sados por Palmares, o governador de Pernambuco mencionava as queixas dos moradores de Alagoas, Porto Calvo e Serinhaém sobre "as hostilidades, mortes e roubos de mulheres que fazem os negros levantados".[70] Rocha Pita sublinha o fato, fazendo analogia com o Rapto das Sabinas.

> Além dos filhos que lhes nasciam, entendendo os negros que para maior propagação e aumento do povo que fundavam, lhes eram precisas mais mulheres, trataram de as haver, sem a indústria com que os romanos as tomaram aos sabinos, mas só com a força, entrando pelas fazendas e casas dos moradores daquellas villas, povoações e districtos, e levando negras e mulatas do serviço doméstico e das lavouras.[71]

Também é conhecido que a Guerra Luso-Holandesa e a fuga dos colonos para a Bahia desorganizaram a região, facilitando evasões mais numerosas para Palmares. Nos seus primeiros parágrafos, a *Relação das guerras feitas* aponta a virada.

> Há opinião que [desde o] tempo que houve negros cativos nestas capitanias, começaram a ter habitadores os Palmares. [...] No tempo que a Holanda ocupou estas praças engrossou aquele número, porque a mesma perturbação dos senhores era a soltura dos escravos.[72]

Mulheres e famílias escravas puderam fugir em maior número para a serra da Barriga, assegurando maior reprodução demográfica de palmaristas. Na circunstância, nas décadas de 1670 e 1680 crescera a proporção de mulheres e de indivíduos nascidos nos Palmares. O aumento demográfico endógeno, o adensamento de laços de parentesco e a maior presença de mulheres e crianças configuravam uma mudança estrutural da população quilombola. Tal presença dificultava as retiradas e os deslocamentos táticos para um ou outro dos mo-

70. Carta para a Câmara da capitania do Rio Grande, 24 mar. 1681, em "Dezenove documentos sobre os Palmares pertencentes à Colleção Studart", *RTIC*, v. 20 (1906), p. 270.

71. Sebastião da Rocha Pita, *História da América portuguesa* (São Paulo: Itatiaia; Edusp, 1976 [orig. 1730]), pp. 213-219.

72. "Relação das guerras", p. 305. Thornton, "Les États de l'Angola et la formation de Palmares", p. 775, também sublinha as fugas em massa durante a ocupação holandesa.

cambos da serra da Barriga menos vulneráveis às expedições escravistas, tática essa que havia levado várias expedições antipalmaristas a esbarrar em mocambos abandonados. Na mesma ordem de ideias, Brito Freyre escrevia que, nos ataques feitos a Palmares, as capturas eram "principalmente as mulheres, e filhos, menos capazes de acompanhá-los [aos homens] nas retiradas".[73]

Assim, o crescimento da população feminina e infantil concorreu para modificar a estratégia defensiva dos rebeldes palmaristas, tornando-os mais vulneráveis. Tal evolução ajuda a explicar a opção pela sobrevivência tutelada, seguida por Ganga-Zumba, o qual resolveu pactuar com o governo do Recife após a captura de sua família e de familiares de outros chefes pela expedição de Fernão Carrilho, em 1677.[74] Dando destaque às relações de parentesco entre o comando rebelde, a *Relação das guerras feitas* cita os nomes da mãe, do irmão, do filho e dos sobrinhos de Zumbi.

Aliás, o tratado de paz (ou, melhor dizendo, o "papel") proposto pelo governador Souza de Castro a Ganga-Zumba (1678) explicitava a garantia de liberdade aos nascidos nos Palmares e a alforria de familiares dos chefes palmaristas que fossem viver em Cucaú. O documento sublinha que os familiares de Ganga-Zumba mandados a Recife para negociar o pacto engajavam a sua palavra: "vossos filhos e família me prometeram em vosso nome". Noutra carta, o governador especificava que Ganga-Zumba "e todos vossos filhos, parentes, irmãos e capitães" viveriam em paz em Cucaú.[75] Dois anos depois, na tentativa de levar Zumbi, seus parentes e seguidores à redução do Cucaú, junto de Ganga-

73. Francisco de Brito Freyre, *Nova Lusitânia, história da guerra brasílica* (São Paulo: Beca, 2001 [orig. 1675]), p. 284.

74. Silvia Lara recapitula negociações anteriores entre quilombolas e autoridades coloniais, observando que a palavra "tratado" ou "pacto" não consta no documento do governador Souza de Castro, o qual intitula o acordo de 1678 como um "papel". Cf. Lara, "Palmares & Cucaú", pp. 41-64. Sobre Carrilho, Fabiano Vilaça dos Santos, "Feitos de armas e efeitos de recompensa: perfil do sertanista Fernão Carrilho", <www.klepsidra.net/klepsidra19/fernaocarrilho.htm>, acessado em jul. 2018.

75. Documento em mau estado de conservação, doc. 4 fev. 1678, AHU, ACL, CU 015, cx. 11, doc. 1103, doc. 22 jun. 1678, AHU, ACL, CU 015, cx. 11, doc. 1116, doc. 19 jul. 1678, AHU, ACL, CU 015, cx. 11, doc. 1124; transcrição em Lara, "Palmares & Cucaú", Anexo 2, pp. 237-239. Agradeço a Paul Lovejoy e José Curto pela discussão que tivemos sobre esse tema nas duas semanas de abril de 2009 em que fui professor visitante no Harriet Tubman Institute da Universidade York (Toronto), no quadro da convenção Sorbonne-York.

-Zumba, o mesmo governador prometia-lhes proteção e liberdade, não só ao dito "capitão Zumbi", como também "a toda sua família".[76]

Nas etapas iniciais do cerco a Palmares, o movimento das famílias revela ao comandante paulista a concentração da defesa quilombola. "O negro tem o mulherio consigo fiado na grande fortificação em que está."[77] Mais tarde, a *Rellação Verdadeyra* aponta o entrave que as famílias causavam aos combatentes palmaristas e ao próprio Zumbi, no ataque final em fevereiro de 1694:

> por se ver já ferido [Zumbi] largou um filho, que às costas trazia, e sete concubinas, pegadas todas umas nas cintas das outras. E era ele o que as vinha guiando, pegada uma também na sua cinta, que logo ali se desmanchou toda esta carruagem. E por ser muita a quantidade de mulheres e meninos lhes não foi possível tornarem a voltar para dentro da sua cerca.[78]

Se é certo que a liderança de Ganga-Zumba e Zumbi traduz uma nova polarização do poder palmarista, também é verdade que o surgimento de suas famílias no meio dos combates constitui um marco na longa história de Palmares.

O CONDE DA ERICEIRA E O SOLDADO ZEBEDEU

História de Portugal restaurado, do conde da Ericeira, obra apreciada em Portugal e noutros países desde a publicação de sua primeira parte, em 1679, domina de sua altura a historiografia sobre a Restauração. Citando batalhas e feitos na Europa e em todo o ultramar, Ericeira evoca a situação das praças de Tânger e Mazagão. Mas só se refere à África subsaariana quando narra a reconquista de Angola em 1648. Inserida no contexto da guerra planetária contra a Holanda, a expedição de Salvador de Sá é apresentada como uma resposta a vários desafios. Retomar o controle do tráfico negreiro, arrancar a "heresia que há sete anos semeiam os holandeses nestes lugares [africanos] de verdadeira

76. "Bando do sargento-mor Manoel Lopes", 26 mar. 1680, in "Dezenove documentos sobre os Palmares", *RTIC*, t. 20, 1906, pp. 268-269.

77. Carta de 27 nov. 1692, in "Dezenove documentos sobre os Palmares", pp. 284-286.

78. "Rellação Verdadeyra", p. 318. Como observa Maria Lêda de Oliveira, essa é a passagem que originou a lenda do suicídio de Zumbi e de seus guerreiros.

cristandade" e, enfim, assegurar o domínio de Angola e do Congo. Ericeira elogia Salvador de Sá pela tomada de Luanda, e dá um jeito de citar a conquista de Pungo Andongo a fim de exaltar o governador Francisco de Távora. Fala ainda da Jinga (que estava virando a campeã das curiosidades ocidentais sobre a África) por causa "da extravagância de sua vida". Mas não menciona a Batalha de Ambuíla, à qual o *Mercurio* dera destaque treze anos antes.[79]

Ericeira prefere realçar a ação de Salvador de Sá e de Francisco de Távora, aristocrata ascendente a quem era ligado e com quem combatera na Guerra do Alentejo.[80] Aliás, costuma-se atribuir a autoria da *Relaçam do Felice successo*, panegírico de Francisco de Távora ("o segundo Cipião Africano") na sequência da conquista de Pungo Andongo, à pena ilustre do conde da Ericeira.

Do outro lado do Atlântico, na outra ponta da arte literária, um texto redigido por um pé-rapado brasílico também reivindica sua parte de glória na defesa do ultramar. Trata-se de um poema dirigido ao Conselho Ultramarino, ao qual nunca deve ter chegado, por um soldado raso que combateu como "praça de pé" (sic) no ataque final a Palmares, em 1694. Pereira da Costa, sempre atento à documentação, publicou o poema em seus *Anais Pernambucanos*.[81] Mas não indica de onde o extraiu, nem se havia papelada anexa.[82]

79. Conde da Ericeira, *História de Portugal restaurado* [1679 e 1698] (Lisboa: Officina de Domingos Rodrigues, 1751 [1ª parte]), pp. 295-296.

80. A família Távora, citada no começo da *Relaçam*, estava colecionando títulos. O irmão mais velho de Francisco de Távora, Luís Álvares de Távora, terceiro conde de São João da Pesqueira, também companheiro de armas de Ericeira na Guerra do Alentejo, foi elevado a primeiro marquês de Távora em 1669. Francisco de Távora seria vice-rei da Índia (1681-1686), primeiro conde de Alvor (1683) e presidente do Conselho Ultramarino (1686).

81. Pereira da Costa transcreve o poema separando os versos, sem estrofes. Pereira da Costa, *Anais Pernambucanos*, v. 4, pp. 27-30.

82. Luiz Mott, num estudo pioneiro sobre santo Antônio, patrono dos capitães de mato, cita esse poema, organizando-o em estrofes de cinco versos. Tal apresentação desfaz a arte literária da décima e modifica o sentido dos versos. Ao contrário de Mott, que segue a sugestão de Pereira da Costa, penso que o poema parodia uma petição, mas não constitui um autêntico "requerimento" ao Conselho Ultramarino. Luiz Mott, "Santo Antônio, o divino capitão-do-mato, in: Reis e Gomes (orgs.), *Liberdade por um fio*, pp. 110-138. Clóvis Moura também toma os versos como um requerimento formal ao Ultramarino. Suas observações baseiam-se noutra transcrição, sem estrofes, mas com rimas decimadas, citada por Pereira da Costa no *Folclore pernambucano*, onde consta também uma décima suplementar inserida entre a primeira e a segunda estrofes: "Falta um justo conselheiro/ Que por comum liberdade/ Ante Vossa Majestade/ Vá com zêlo verdadeiro/ *Qual o grande cavaleiro*/ Egas Moniz em que igual/ Foi valor e zêlo tal/ Que vendo a pátria

Eis o poema em verso quebrado do praça estrepado:

Ao Conselho Ultramarino
Que tão justiceiro é,
Zebedeu praça de pé
Filho de Braz Vitorino,
Bem moço, quase menino,
Para Palmares marchou,
Pelo que lá se estrepou
Sendo um dos desgraçados,
Que voltaram aleijados
E por fim nada ganhou.

Ali de arcabuz na mão,
Dia e noite combatendo,
De fome e frio morrendo,
Descalço, de pés no chão,
Ao lado do valentão
Félix José dos Açores
Que apenas viu dos horrores,
O painel desenrolar-se
Foi tratando de moscar-se
Com grande sofreguidão.

Do que venho de narrar,
Apesar de ser bolônio,
Pode o padre santo Antônio
Muito bem corroborar,
O que não é de esperar
Proceda d'outra maneira,

---

oprimida/ Arriscou a própria vida/ Pelo bem universal". Essa décima quebra a sequência narrativa e pode ter sido inserida mais tarde no poema. Por isso, guardei a versão com cinco estrofes, referida nos *Anais Pernambucanos*. Talvez essa décima suplementar, que exprime uma queixa mais geral sobre a insensibilidade dos conselheiros do Ultramarino, tenha sido usada em outras sátiras peticionárias. Moura, *Dicionário*, pp. 423-424.

Atenta a sua fieira
Sua afeição, valentia,
Pois junto a mim noite e dia
Não desertou da trincheira.

Ele viu, bem como eu,
Quando o combate soou
Quando a corneta tocou,
A gente que então correu;
A essa foi que se deu
Como garbosa e valente
Terras, dinheiro, patente
Com grande injustiça e agravos
P'ra aqueles que aos vis escravos
Não trataram como gente.

A vós Conselho afamado
Que a justiça só visais,
Para que não amparais
O pobre do aleijado?
Que no mundo abandonado
Sem ter quem lhe estenda a mão,
Tem por certo a perdição
Da vida, pois quase morto
Só poderá ter conforto
Se o fizerdes — capitão.

Escrito no esquema de rima *abbaaccddc*, o poema é uma variante da "décima espinela", forma literária do barroco ibérico utilizada, entre autores ilustres e menos ilustres, por Calderón de la Barca (*La vida es sueño*) e Gregório de Matos ("Define a sua cidade").[83] Na sequência, a décima popularizou-se na América ibérica, sendo celebrizada nos dias de hoje pela *guajira* cubana, a lite-

83. De fato, os versos não são todos octossilábicos, como na espinela, e a segunda décima segue as rimas *abbaaccdda*.

ratura de cordel e os violeiros nordestinos. Nesse caso — como no gênero do "dez a quadrão" nordestino —, a décima é dialogada, com um violeiro entoando um verso, o outro o verso seguinte, e os dois juntos cantando os dois últimos versos.[84] Assim, a décima dá ao poema o tom de uma queixa picaresca que pode ter sido lida, recitada ou cantada em Pernambuco e nas capitanias vizinhas, dando grande alcance às sentenças versificadas.

Zebedeu (epíteto jocoso, e até hoje levado na brincadeira em Pernambuco), "filho de Braz Vitorino" (para rimar com Conselho Ultramarino), não se refere a uma pessoa, mas, de maneira genérica, a um grupo de soldados pobres, preteridos na distribuição de presas e prêmios depois da Guerra de Palmares.

Na sua singeleza, o poema retrata a situação do praça de pré, recrutado "quase menino" e despachado mal equipado, descalço (talvez venha daí a autoironia da expressão "praça de pé"), para a friagem da serra da Barriga (também mencionada na *Relação das guerras feitas*). "De fome e frio morrendo,/ descalço, de pés no chão", para ali combater "noite e dia", onde "se estrepou" (isto é, se feriu no "estrepe", paus pontiagudos postos em torno do mocambo de Macaco ou enfiados em buracos dissimulados, os "fojos"). Sem receber nenhuma recompensa em propriedade, em soldo ou em promoção, nem "terras, [nem] dinheiro, [nem] patente". O verso sobre o "valentão" Félix José se refere à generalidade dos camponeses açorianos vítimas de recrutamento forçado, cuja inexperiência de combate com frequência lhes valia o apodo de "bisonhos". Tanto Zebedeu, pobre "bolônio" (bocó), como seus aparceirados foram em frente, dando batalha feroz aos palmaristas, "vis escravos" a quem "não trataram como gente", quer dizer, a quem trataram como se fossem bichos. No final das contas, foram os soldados e cabos que se acovardaram que receberam recompensas. Sem recomendações de seus superiores ou de potentados locais, esses "zebedeus" invocavam a proteção e o testemunho de santo Antônio, de quem traziam o santinho ou uma medalha ("junto a mim noite e

84. José Maria Tenório Rocha, "Cantoria de viola: expressão de alegria e esperança do povo nordestino", *Oralidad*, Havana, n. 4, 1992, pp. 7-15; Roberto Fernández Retamar, "Algunos problemas teoricos de la literatura hispano-americana". *Revista de Crítica Literaria Latinoamericana*, Lima, v. 1 (1), 1975, pp. 7-38; Peter Manuel, "The Guajira between Cuba and Spain: A Study in Continuity and Change", *Latin American Music Review/Revista de Música Latinoamericana*, Austin, v. 25, n. 2 (2004), pp. 137-162.

dia"), e que fora oficialmente declarado patrono e soldado pago das tropas que atacaram Palmares.[85]

Quer tenham sido mercenários dos fazendeiros na América, quer fossem milicianos na África, tais combatentes — capitães, cabos e "zebedeus" — faziam valer seus talentos de bugreiros e de capitães do mato nos dois lados do mar. Para além dos documentos, é preciso considerar a troca de experiências facultada pelo convívio de tropas tricontinentais, multiétnicas e de variada condição social, cujo traço comum era o Atlântico Sul, onde Portugal, Brasil e Angola se misturavam. Mapear tais itinerários é essencial para saber quem conversa com quem, num mundo em que muita gente que sabia das coisas não sabia escrever. Nos arranchamentos angolanos e brasileiros, nos conveses dos navios durante as travessias do oceano, nas savanas africanas e nas selvas americanas, essas tropas compunham um gênero de novo exército colonial de brancos, negros, índios e mestiços que, "de pés no chão", pilhava povos dos dois continentes. Não há exemplo de tropas dessa natureza e com tal raio de ação nos outros teatros da moderna expansão europeia. Talvez milicianos da Bahia e Pernambuco tenham ido até a África Oriental. Em todo caso, sua presença era desejada por lá.

Falando do estado calamitoso em que se encontrava a região, frei Antônio da Conceição afirma, no seu precioso *Tratado dos rios de Cuama* (1696), que a solução para o "aumento temporal" da conquista de Moçambique era trazer um governador ou capitão general "com trezentos soldados europeus, ou brasileiros, pólvora, balas". Pelo que sei, trata-se de uma das primeiras vezes que a palavra "brasileiro" aparece com o significado de natural do Brasil: a identidade coletiva do colonato da América portuguesa, corporificada em sua prática militar, ressai nos enclaves coloniais africanos.[86] No mesmo registro, Cadorne-

85. Por ordem de 13 de setembro de 1685 do governador de Pernambuco, João da Cunha Souto Maior, abriu-se assento de praça a santo Antônio a fim de levá-lo para a Guerra dos Palmares. O pagamento do soldo e do fardamento do "soldado" santo Antônio era regularmente entregue ao convento de São Francisco, em Olinda. Trazida pelo capelão dos expedicionários, o franciscano André da Anunciação, a imagem do santo esteve em Palmares até o final dos combates, quando regressou com a tropa para Recife. Pereira da Costa, *Anais Pernambucanos*, v. 4, pp. 27-30. Santo Antônio foi também o patrono das milícias dos bandeirantes e de Manoel de Inojosa que massacraram os índios do rio Paraguaçu.

86. Frei Antonio da Conceição, "*Tratado dos Rios de Cuama*" [1696], in *O Chronista de Tis-*

ga funda-se na atividade militar dos colonos em Angola para caracterizar a identidade da "gente portuguesa angolana" na sua *História geral*.

No meio disso, os paulistas têm um lugar à parte. E por dois motivos. Primeiro, observa-se que nenhum bandeirante conhecido ou grupo de soldados referido como paulista se engajou nas lutas africanas. Pelo contrário, em abril de 1648, quando Salvador de Sá ansiosamente buscava homens para sua expedição de Angola, a bandeira de Raposo Tavares tomava rumo oposto, indo para o noroeste sul-americano, caçando índios e apartando-se da expedição negreira do Rio de Janeiro. Segundo, os paulistas têm uma presença marcante na serra da Barriga. Juntando sua prática de reides anti-indígenas aos veteranos de guerras contra sobados angolanos, índios e quilombos, eles fecharam o cerco a Palmares.

Na altura em que os gentílicos — com a exceção do substantivo "pernambucano" — eram pouco ou nada utilizados para designar os naturais das outras capitanias, os paulistas são frequentemente individualizados. Nas dezessete páginas que compõem a *Rellação Verdadeyra* (*c.* 1694), as palavras "paulista" e "paulistas" aparecem 39 vezes.[87] Além do mais, seja na documentação sobre Palmares, seja nas diatribes do padre Antônio Vieira, o gentílico "paulista" se apresenta quase sempre associado à escravização de indígenas ou a tropas que beiram o bandoleirismo. Nesse sentido, é interessante notar um incidente ocorrido no começo de 1691, quando os paulistas se aproximavam pela primeira vez da serra da Barriga em combate aos levantados de Palmares.

Temendo que iniciativas de Fernão Carrilho, então favorável a um pacto com os quilombolas, desembocassem numa rendição de Palmares, privando-o do butim de terras e de escravos, Jorge Velho escreveu ao governador: "Bem lhe consta a V. Sa. que, se os negros pedem ou pedirem pazes, que é ou será com terror dos paulistas. E eu me vou meter dentro dos Palmares e morar neles".[88]

Parte da caracterização dos paulistas no Brasil e no Paraguai deriva de

---

suary, jornal mensal editado na Índia por Joaquim Heliodoro da Cunha Rivara, Nova Goa, v. II, n. 15 (1867), pp. 39-45, 63-69, 84-92, 105-111, p. 84.

87. Note-se que, em Portugal, Bluteau dava outros significados à palavra "paulista": "religioso da Ordem de S. Paulo Eremita, § Em Coimbra, Collegial de S. Paulo". Prova que o gentílico seiscentista da América portuguesa servindo para designar os moradores de Piratininga ainda não era corrente na metrópole.

88. Carta de 10 nov. 1691, in "Dezenove documentos sobre os Palmares", pp. 273-275.

uma forma aguda de violência colonial por eles praticada, e instrumentalizada à perfeição por Domingos Jorge Velho.[89] No mesmo timbre, o governador de Pernambuco, marquês de Montalvão, exprime a ferocidade antipalmarista que dominava a conjuntura. Referindo-se à serra da Barriga, ele escreve a Jorge Velho:

> tenho satisfeito e excedido tudo aquilo a que pode chegar a possibilidade deste governo, e tudo dou por bem empregado na certa esperança que me fica de que vosmecê haja de fazer a Sua Majestade [...] um serviço tão particular e importante como é o de devorar e extinguir esses bárbaros [...].[90]

Como dito acima, o discurso e a prática da violência que campeavam na Guerra dos Bárbaros açambarcaram a Guerra de Palmares. Volto já à segunda parte da frase de Domingos Jorge Velho ("E eu me vou meter dentro dos Palmares e morar neles").

POR QUE MORRER POR PALMARES?

A disputa pelas sesmarias abandonadas nas vizinhanças dos quilombos deu lugar a um contencioso entre os paulistas e as autoridades coloniais.[91] Até então dependentes de seus escravos indígenas, os paulistas estavam se transformando em criadores de gado e ainda não haviam se incorporado ao escravismo atlântico. Suas petições insistem no seu desinteresse, na sua valentia e nos seus méritos de leais súditos da Coroa. Teriam sido esses os motivos que haviam levado os paulistas a cruzar o "mais áspero caminho, agreste, e faminto sertão do mundo", trazendo "ao redor de 1300 arcos do seu gentio, e cerca de oitenta brancos" para assediar Palmares.[92]

89. Sabe-se que no Paraguai, ainda nos dias de hoje, bandeirante é sinônimo de bandoleiro.

90. Carta de 19 dez. 1691, in "Dezenove documentos sobre os Palmares", pp. 278-280.

91. Por causa dos reides dos palmaristas, diz a "Relação das guerras feitas", p. 307, "se despovoavam os lugares circunvizinhos e se despejam as capitanias adjacentes". Tais terras foram prometidas a Jorge Velho e seus homens. Porém, quando Palmares foi destruído os proprietários voltaram para suas sesmarias.

92. Como se sabe, Domingos Jorge Velho e seus homens não foram direto de São Paulo para Palmares. Na verdade, eles já estavam estabelecidos, desde 1679 ou 1680, na região situada entre

Meio século depois, o beneditino Loreto Couto confirma o desprendimento dos paulistas, fazendo-lhes a subida honra de compará-los aos pernambucanos do terço de Bernardo Vieira de Mello que também combatiam na serra da Barriga. "Como os paulistas são homens, que fáceis seguem a guerra pela honra da vitória desprezando o interesse dos despojos, caminharam apressados a esta empresa [de combate a Palmares], em que nos foram iguais no trabalho, [e] na glória companheiros."[93]

Contudo, ao enumerar os documentos que lhe prometiam a posse das terras vacantes ameaçadas pelos quilombolas, Jorge Velho deu uma pista interessante: "a não ser assim, que razão haveria, que largassem os suplicantes [paulistas] as terras maiores e melhores sem comparação, se se lhes tirar a longitude das praças marítimas, cuja posse logravam sem nenhum impedimento nem oposição, para virem conquistar outras?". Que razão haveria? Por que lutar e morrer por Palmares?

Salta aos olhos o detalhe revelador da gana dos bandeirantes. Em São Paulo e no Piauí, eles possuíam terras "maiores e melhores sem comparação" com as de Palmares, assim como numerosos "servos" indígenas. Todavia, tais propriedades conservavam um grande inconveniente: o afastamento das praças marítimas. Põe-se a nu o fator-chave do uso do solo no Brasil. Pensada fora desse contexto, a disponibilidade de terras — variável usada a torto e a direito na história econômica brasileira — perde todo o sentido. A não ser assim, que razão haveria para os paulistas transmigrarem para o Norte?

Daí o surpreendente argumento de Jorge Velho: "Os suplicantes têm muita parentela na capitania de São Paulo, em a qual já não têm terras para se estenderem, e se querem vir ajuntar com os suplicantes [em Alagoas]". Outro documento do contencioso insiste: "A tenção dos ditos sampaulistas é de convocarem outros muitos moradores seus patrícios, que desejam de enxamear,

---

o atual município de Parambu (CE) e Teresina (PI), onde "tinham feito suas povoações com suas habitações, com suas criações, tanto dos vacuns como cavalares ou ovelhuns, e cabruns etc., e faziam suas lavouras". "Carta de sesmaria conferida [...] a D. Jerônima Cardim Fróis, viúva do mestre-de-campo D. Jorge Velho, Recife de Pernambuco", 3 jan. 1705, Pereira da Costa, *Anais Pernambucanos*, v. 5, pp. 75-80.

93. "Desagravos do Brazil e glórias de Pernambuco", v. 25, p. 190.

porque em São Paulo já não há aonde lavrem e plantem: e essa transmigração será coisa de grande utilidade a estas capitanias [do Norte]".[94]

Obviamente, não se alude aqui ao limite físico de terras. Nem tampouco à escassez de terrenos na costa. Milhares de léguas da franja atlântica permaneciam devolutos. De resto, quando aponta os inconvenientes das fazendas mantidas por ele próprio e por seus homens em São Paulo e nos sertões do Piauí, Jorge Velho não se refere à lonjura dos portos marítimos, lugar geográfico, mas à distância separando essas terras das praças marítimas, lugar econômico. Para realizar o valor das mercadorias produzidas por seus índios, os bandeirantes precisavam comerciar com os mercadores das praças litorâneas. Aliás, era justamente a presença desses intermediários que convertia, em todo o império luso, um *porto marítimo* qualquer numa determinada *praça comercial*. O problema é que esses mesmos negociantes, compradores de produtos regionais de exportação, também se apresentavam como vendedores de produtos importados e, mais especificamente, em vendedores de africanos.

Não bastava possuir terras e escravos indígenas para sair do "ilhamento" (palavra usada por Varnhagen noutro contexto).[95] Se quisesse transformar o excedente extorquido aos índios em mercadoria, o colono devia se enfiar no circuito atlântico. Desde logo, ele caía na imposição comercial — e não apenas demográfica (a eventual rarefação de mão de obra indígena) — de adquirir africanos e se vinculava mais ainda à metrópole traficante. "Falta de terras" e "falta de braços" têm, portanto, muito pouco a ver com a geografia e com a demografia aborígine. Trata-se de variáveis conexas que se explicam e se compensam no âmbito da unidade mais ampla formada pelo sistema escravista sul-atlântico. Em resumo, a expansão do escravismo na América portuguesa decorre da dinâmica mercantil.

Volto à pergunta sugerida acima: por que os paulistas foram para o Norte e não foram para Angola? Porque, no tempo de Raposo Tavares e da expedição de Salvador de Sá, eles ainda procuravam escravizar indígenas para trazê-los a São Paulo. E no tempo de Domingos Jorge Velho e João Fernandes Vieira eles

94. "Carta autografa de D. Jorge Velho escrita do Outeiro da Barriga" [15 jul. 1694], in Ennes, *As guerras nos Palmares*, pp. 66-69, 79-80, 123, 135. John Thornton reduz o contencioso sobre as terras vizinhas de Palmares ao desejo dos paulistas de terem suas mulheres perto de si. Thornton, "Les États de l'Angola et la formation de Palmares", p. 783, nota 67.

95. Varnhagen, *História geral do Brasil*, 10ª ed., v. 2, t. 3, p. 98.

já procuravam terras no Norte. Diferentemente dos milicianos de Pernambuco e da Bahia, em busca de soldo, e às vezes embarcados à força para Angola, os paulistas possuíam terras em São Paulo e no sertão nordestino. Mas haviam empobrecido após a perda dos mercados do Rio de Janeiro e das capitanias nordestinas, no final da guerra holandesa, quando as importações de mantimentos europeus e escravos africanos voltaram a reabastecer o Brasil. Ilhados no Sul, eles migram em busca de terras mais próximas das praças marítimas.[96] Acrescente-se que os paulistas sempre combatiam com seus índios, cuja adaptação em Angola, e ao ambiente epidemiológico africano, era problemática.[97]

Tal é a razão que levou os paulistas a atravessar o sertão para lutar e morrer por Palmares. E os quilombolas? Por que os quilombolas foram parar e se estabelecer com tanta luta, e por tanto tempo, em Palmares?

POR QUE VIVER EM PALMARES?

"Angola Janga" (cujo sentido aproximado pode ter sido "Angolinha"), o outro nome de Palmares, dá a medida da presença da terra africana no imaginário quilombola.[98] Mas existem elementos mais concretos da vinculação palmarista com a África Centro-Ocidental.

Sabe-se que a bebida preferida dos povos centro-africanos era (e continua

96. No momento em que a cobiça pelas terras quilombolas volta à ordem do dia no Brasil, os pesquisadores deveriam dar mais atenção à questão fundiária aqui abordada no contexto do século XVII. Mas é preciso deixar de lado o anacronismo da discussão sobre a "disponibilidade de terras" e as teorias de Wakefield.

97. Sobre o tema do uso dos índios nas batalhas coloniais, Stuart B. Schwartz, "Tapanhuns, negros da terra e curibocas: causas comuns e confrontos entre negros e indígenas", *Afro-Ásia*, Salvador, n. 29/30 (2003), pp. 13-40.

98. O termo "Angola Janga" e sua tradução por "Angola Pequena" aparecem numa carta de Domingos Jorge Velho. A tradução foi questionada por Robert Anderson, baseado em dicionários atuais de kikongo e kimbundu, e, na mesma linha, por John Thornton. Porém, Jorge Velho reproduz o que ouviu na época de gente entendida de dialetos africanos falados em Palmares e alhures em Pernambuco e Alagoas. Não faz sentido contrapor sua tradução seiscentista de sertanejo experiente às definições de dicionaristas e linguistas contemporâneos. Domingos Jorge Velho ao rei, *c.* 1695, in Ennes, *As guerras nos Palmares*, pp. 316-344; Anderson, "The Quilombo of Palmares", pp. 545-566; e Thornton, "Les États de l'Angola et la formation de Palmares", p. 774, nota 21.

sendo para muitos deles) o *malafo*, que os portugueses denominaram "vinho de palma".[99] Extraído de vários gêneros de palmeiras, o malafo conhecia grande demanda como bem de consumo, de troca e cerimonial. Na tradição do império lunda (1500-1850), implantado no nordeste de Angola, o malafo se associava à masculinidade e ao poder político.[100]

As guerras dos jagas e dos preadores europeus desorganizam o cultivo das palmeiras e o trato de malafo desde o final do século XVI. Andrew Battell conta que os ambundus e os povos sedentários de Angola tinham o cuidado de extrair a seiva das palmeiras sem cortá-las, preservando os palmeirais. Ao passo que os jagas derrubavam as palmeiras para fazer malafo, destruindo as plantações à medida que avançavam.[101] Por sua vez, para fragilizar sobados rebeldes, os portugueses costumavam cortar os palmeirais das aldeias.[102] Além do malafo, a palmeira — denominada por Cadornega de "rainha das árvores" — fornecia aos nativos do Congo e de Angola o coquinho (do qual se fazia a farinha *emba*), o vinagre e o azeite alimentar, os unguentos medicinais, o sabão, as estacas para as casas, as fibras para tecidos e cordas.[103] Representando a perda do poder social e econômico dos sobados, a derrubada dos palmares aparecia como uma catástrofe.

Nos documentos ressai uma frase enfatizando as consequências desastro-

99. Malafo, malavo, marufo, maruvo, do kikongo *ma lávu*, vinho de palma, extraído, entre outras, da palmeira *mateba* ou matebeira (*Hyphoene guineensis*), da palmeira *ditombe* ou bordão (*Raphia textilis*). Também se faz malafo da *Elaeis guineensis*, a palmeira de dendê, depois transplantada da África para o Brasil. Mas não havia dendezeiro em Palmares nessa época. Havia, entretanto, a palmeira catulé, como se verá a seguir. O coqueiro propriamente dito (*Cocos nucifera*), trazido com o sucesso que se vê da Oceania para o Brasil, não existe em larga escala no território angolano. Cadornega distingue o "malafo", vinho de palma da terra, do "malufo", vinho português importado. *HGGA*, v. 3, pp. 357-359.

100. Joseph C. Miller, "The Imbangala and the Chronology of Early Central African History", *Journal of African History*, Cambridge, v. 13, n. 4 (1972), pp. 549-574, p. 572; e Beatrix Heintze, *Fontes para a história de Angola do século XVII*, 2 v. (Wiesbaden: Steiner, 1985), v. 1, p. 121. As funções cerimoniais do malafo se perpetuam até hoje em Angola com a sua distribuição no *alembamento* (entrega do dote do noivo à família da noiva) e na *maka*.

101. E. G. Ravenstein, *The Strange Adventures of Andrew Battell of Leigh, in Angola and the Adjoining Regions* (Londres: The Hakluyt Society, 1901 [orig. 1589]), p. 30.

102. Anônimo, *História do reino do Congo* [c. 1625], ed. de pde. A. Brásio (Lisboa: Centro de Estudos Históricos Ultramarinos, 1969), p. 40, nota 2.

103. Cadornega, *HGGA*, v. 3, pp. 357-359.

sas da perda dos palmeirais: os ambundus sofrem mais com a perda dos palmeirais do que com a captura ou a morte de seus próprios filhos. Num relato sobre um ataque português a um sobado em 1585, está escrito: "o destruíram, queimando-lhe a terra e cortando-lhe os palmares, que é a cousa que eles [os nativos] mais sentem"; num documento de 1625, "são estas árvores [palmeiras] de muito proveito e utilidade: quando fazem a guerra aos sobas, vassalos d'el-rei de Angola, nenhuma coisa sentem mais que cortarem-lhe estas árvores, que as estimam como nós em Europa as vinhas e os olivais"; a respeito de um reide dos jagas, em 1620, "chegaram à cidade d'el-rei de Angola, que a desamparou de modo que cativaram, comeram e mataram muitas almas cortando-lhes os palmares de que aquela gente colhe vinho e azeite, respeito porque hoje se padece na povoação grandes faltas de tudo que dantes havia"; numa ofensiva portuguesa em Quiçama, 1655, "desampararam suas povoações que lhes foram queimadas, e os palmares cortados, que eles sentem mais que a falta dos mesmos filhos".[104]

Todo mundo sabe que os grandes palmeirais da serra da Barriga deram o nome ao lugar onde se fixaram os quilombos. A esse respeito, o capitão Jan Blaer, comandante holandês que atacou Palmares em 1645, assinala o uso sistemático da palmeira — do tipo conhecido na região como "catulé" ou "catolé" — no cotidiano dos quilombolas. Segundo ele, coberturas para as casas, camas, comida, azeite alimentar, cachimbos e "uma espécie de vinho", isto é, uma bebida similar ao malafo, eram extraídos das palmeiras catolés.[105] Tudo indica que os indígenas não conheciam essa prática e que o hábito de fazer bebida fermentada com o caldo do miolo das palmeiras foi introduzido na América pelos africanos.[106]

104. Carta do padre Baltasar Afonso, 19 jan. 1585, *MMA*[1], v. 3i, pp. 311-313; Anônimo, *História do reino do Congo*, p. 40; *MMA*[1], v. 15, p. 476; "Consulta do Conselho Ultramarino", 4 set. 1655, AHU, Angola, cx. 6/ 25 e cx. 6/27.

105. Várias palmeiras nativas do Brasil, e em particular do Nordeste, são chamadas catulé ou catolé, como, por exemplo, a *Rhapis pyramidata*, a *Attalea humilis*, também chamada anajá-mirim, e a *Attalea oleifera*.

106. "Vinho de palma, da sorte que se usa na Cafraria, de que se pode fazer muita quantidade, por abundar a terra de semelhantes plantas; também o vinho que se faz dos coqueiros, da seiva que se tira dêles, tão usado na Índia, do qual os moradores desta terra ainda se não aproveitam [...]." Ambrósio Fernandes Brandão, *Diálogos das grandezas do Brasil* (Salvador: Progresso, 1956 [orig. 1618]), "Diálogo quarto", p. 51.

Relato semelhante ao do capitão Blaer aparece, trinta anos depois, na *Relação das guerras feitas*, cuja descrição sobre as utilidades da palmeira, embora mais curta, lembra o texto análogo de Cadornega, mencionado acima e escrito na mesma época. Enfatizando a importância dos palmeirais na formação dos quilombos, o autor anônimo do texto escreve logo no início:

> são as árvores principais palmeiras agrestes, que deram ao terreno o nome de Palmares; são estas tão fecundas para todos os usos da vida humana, que delas se fazem vinho, azeite, sal, roupas; as folhas servem às casas de cobertura; os ramos de esteios; os frutos de sustento; e da contextura com que as pencas se cobrem no tronco, se fazem cordas para todo o gênero de ligaduras, e amarras.[107]

Em suma, a presença de palmeirais era garantia de casa, comida e do modo de vida tradicional.

Noutra versão da *Relação das guerras feitas*, citada por Silvia Lara, está dito que Cucaú foi escolhido por Ganga-Zumba e os quilombolas que o acompanhavam por conter "palmeiras para o seu sustento".[108] Outras comunidades quilombolas também se constituíram em áreas onde havia o catolé.[109]

Mais pesquisa será necessária para estabelecer outras conexões entre os palmeirais de Angola e os palmeirais da serra da Barriga. Por enquanto, não encontrei nenhum texto sobre o uso entre insurretos da serra da Barriga da palavra "palmares" em kimbundu (*máie*), em kikongo (*máia*) ou noutra língua bantu. Todavia, as informações aqui reunidas permitem formular com mais força uma hipótese libertária, que já evoquei noutro lugar.

107. "Diário da viagem do capitão João Blaer aos Palmares em 1645", in Leonardo Dantas Silva, *Alguns documentos para a história da escravidão* (Recife: Massangana, 1988), p. 23; "Relação das guerras feitas", pp. 303-304.

108. Silvia Lara relaciona a presença das palmeiras em Cucaú com o significado dos palmerais na África Centro-Ocidental. Lara, "Palmares & Cucaú", p. 195.

109. Ver, por exemplo, o quilombo de Conceição das Crioulas (PE), alegadamente fundado no início do século XVIII por mulheres refugiadas de Palmares, <www.incra.gov.br/sites/default/files/conceicao_das_crioulas-pe_26-10-16_miolo_0.pdf>, acessado em out. 2017. Sem contar o fato de que catulé ou "catolé" é ainda em Pernambuco uma "dança de roda no final dos pastoris, executada por dois figurantes tradicionais" (Houaiss). O que deixa pistas para um estudo etnográfico sobre a correlação palmeira catulé-comunidade rural-festejos, dentro e fora da cultura quilombola.

Para todos os que ali viveram, Palmares pode ter significado a refundação da comunidade ancestral angolana — anterior ao cataclismo da deportação transatlântica e do escravismo americano — organizada em torno de palmeirais que garantiam a moradia, o trabalho comunitário, os remédios, a roupa, o sustento, o azeite, o vinagre, a bebida, o poder e o gozo da liberdade. Liberdade pré-colonial, pré-europeia, pré-sul-atlântica.

2. "Morte aos brancos, viva a liberdade!": rebelião escrava em Camamu, Bahia (século XVII)[1]

Lara de Melo dos Santos

Em fins do século XVII, aconteceu uma revolta de escravos na vila de Camamu, localizada no litoral sul da Bahia, então capitania de Ilhéus. Na rebelião estiveram envolvidas cerca de cem pessoas — o mesmo número de homens aplicados em sua repressão, que conseguiu aprisionar mais de oitenta revoltosos. Na época, a vila de Camamu e a região mais ampla que ela integrava constituíam o mais importante núcleo de produção de alimentos para a economia da Bahia, e quase metade de sua população era escrava. Este capítulo tem por objetivo abordar os diversos elementos que, nessa conjuntura particular, podem ter contribuído para a eclosão do levante, bem como analisá-lo em suas semelhanças e singularidades em relação a outros episódios de insurreição escrava ocorridos no Brasil escravista e às formas típicas da resistência dos cativos na época.

1. Este capítulo é uma versão resumida e atualizada da minha dissertação de mestrado, defendida na Universidade Federal da Bahia em 2004. Agradeço a João Reis pelos comentários à presente versão do texto.

De passagem pela capitania de Ilhéus em meados do século XVI, o padre Luiz da Grã foi chamado à aldeia de um chefe indígena convertido ao catolicismo e batizado, em 1561, sob o nome de Henrique Luiz. Sua presença fora requisitada por um homem branco e a esposa, "uma índia batizada", instalados na aldeia a convite do próprio neocristão e, desde então, "muito desejosos da conversão daquela gente". O padre atendeu prontamente ao chamado e partiu para o sítio com mais dois companheiros. Chegando à aldeia de Henrique Luiz, reuniram "os principais das aldeias próximas" e persuadiram-nos "a se unirem numa só, cujo local escolheu acertadamente". Voltou meses mais tarde para fundar ali a aldeia de Nossa Senhora da Assunção de Macamamu ou Camamu, onde deixou 4 mil índios aldeados sob a responsabilidade do padre Pedro da Costa e um irmão.[2]

A ideia da criação dos *aldeamentos*, associada nessa narrativa típica do discurso religioso a um desejo espontâneo de conversão dos próprios índios, surgiu em meados do século XVI, na verdade, como uma alternativa à anterior prática jesuítica do "missionamento volante", estratégia que consistia em realizar a pregação nas *aldeias* — denominação aproveitada pelos jesuítas para seus próprios estabelecimentos, mas cujo primeiro significado é "habitat que os nativos escolhiam por si próprios [...] consoante os determinantes ecológicos e sociais de sua própria cultura".[3] A política do aldeamento visava, através do deslocamento e da sedentarização forçada dos índios de uma ou de várias etnias diferentes, fazer frente aos entraves que impunham a ação missionária em seus deslocamentos constantes.[4] Parte de um projeto mais amplo para o controle e a manipulação utilitária da população indígena, os aldeamentos foram idealizados para atender, ainda, a várias outras demandas. Em geral, eles deveriam ficar situados a pouca distância das povoações coloniais, dados o seu potencial como reduto de mão de obra indígena acessível aos colonos e a sua

2. João da Silva Campos, *Crônica da Capitania de S. Jorge dos Ilhéus* (Rio de Janeiro: Conselho Federal de Cultura, 1981), p. 53.

3. Maria Hilda Paraíso, "O tempo da dor e do trabalho: a conquista dos territórios indígenas nos sertões do leste", Tese de Doutorado, USP, 1998, p. 58.

4. Luiz Felipe de Alencastro, *O trato dos viventes: formação do Brasil no Atlântico Sul* (São Paulo: Companhia das Letras, 2000), p. 119.

função protetora em relação aos ataques de índios hostis ou de estrangeiros, razão pela qual poderiam ser instalados também nas proximidades de mangues ou bocas de rios, respeitando a ocupação de locais estratégicos para a defesa. Reunindo a população mais experiente no conhecimento da língua e da terra, os aldeamentos serviriam também para o fornecimento de soldados para tropas de guerra contra os índios hostis do sertão.

Instituída desde a implementação do governo-geral, em 1548, a criação dos aldeamentos ganhou impulso durante a administração do terceiro governador-geral, Mem de Sá (1557-1572), que investiu maciçamente na sujeição das populações indígenas através da conquista militar e do apoio integral à atuação dos inacianos, com os quais firmou sólida aliança, garantindo, entre outros benefícios, a posse de terras para a fundação de suas "aldeias". Situado no extremo norte da capitania de Ilhéus, o território de Camamu, que compreendia dez ou doze léguas de terra desde o rio de Contas até a ilha de Tinharé, foi doado ao Colégio da Bahia em 1563, pouco depois do estabelecimento do primeiro aldeamento na região.[5] Esse grande território, doravante conhecido como "fundo das doze léguas" ou "terras do Camamu", permaneceu sob posse e administração dos religiosos até 1759, data da expulsão dos inacianos do território português pelo secretário de Estado do monarca português, marquês de Pombal. Nos dois séculos de ocupação jesuítica, ali se instalaram algumas vilas e diversos aldeamentos indígenas.

No século XVI, os aldeamentos foram formados quase exclusivamente a partir dos povos indígenas encontrados no litoral à época dos primeiros contatos com os portugueses, isto é, os diversos grupos da família linguística tupi-guarani. Nessa região, os primeiros grupos aldeados foram os tupiniquins e os tupinambás, cujos territórios faziam fronteira exatamente na baía de Camamu, estendendo-se os primeiros para o sul, até o Espírito Santo, e os últimos para o norte, até Sergipe. A aldeia de Nossa Senhora da Assunção de Camamu (ou Assunção, como é também designada nas fontes jesuíticas) foi fundada "à margem esquerda do Rio Acaraí", em 1561. A aldeia de São Miguel do Taperaguá

5. Campos, *Crônica*, p. 58; e "Memória sobre a comarca dos Ilhéus, por Baltazar da Silva Lisboa" [27 jun. 1802], *Annaes da Bibliotheca Nacional* (*ABN*), Rio de Janeiro, v. 37, 1915, pp. 1-22; e Herbert Wetzel, *Mem de Sá, terceiro governador geral* (*1557-1572*) (Rio de Janeiro: Conselho Federal de Cultura, 1972), p. 192.

foi estabelecida pouco depois "num sítio junto a Tinharé", reunindo 2 mil almas. Na ilha de Boipeba, os jesuítas instituíram a aldeia do Espírito Santo e, ainda no século XVI, construíram uma residência, que assumiu muito pouca relevância ao longo de todo o período colonial. A aldeia de Nossa Senhora das Candeias, Virgem da Purificação ou Maraú, formada por índios tupiniquins, foi estabelecida "antes de 1654" em algum ponto ao longo do rio Maraú, possivelmente nas proximidades do local hoje designado Barcelos, outro nome atribuído a essa mesma aldeia.[6]

A partir do século XVII, os aldeamentos passaram a incorporar os grupos do interior através dos "descimentos", que consistiam no deslocamento de povos inteiros de seus territórios tradicionais para as proximidades das povoações coloniais. Nessa região, foram atingidos os kariris (ou kiriris) e os paiaiás, habitantes do sertão ao sul do São Francisco, conduzidos para aldeamentos no Paraguaçu, no Jaguaripe e no litoral de Camamu para defender a região do avanço dos aimorés, que dominavam as áreas interioranas da capitania. Da união da aldeia de São Miguel do Taperaguá (ou Taperoá, como é conhecida até os dias atuais) com a aldeia de Santo André (cujo remanescente se transferiu de Porto Seguro para o sertão da capitania da Bahia por volta de 1675, e depois para o alto do rio Serinhaém, junto ao território hoje denominado Ituberá) formou-se em 1683 a aldeia de Serinhaém. Essa aldeia conheceu ainda duas outras denominações: São Miguel e Santo André, por causa da fusão que lhe dera origem, e "aldeia dos paiaiás", em virtude da designação atribuída aos índios ali reunidos.[7]

Além dos aldeamentos, em 1612 os jesuítas tinham nas terras de Camamu um engenho no rio da Trindade (que existiu até 1640 quando foi incendiado por invasores holandeses), três igrejas (a de Nossa Senhora da Assunção, na vila do Camamu, a de Santo Inácio, em Cairu, e a de São Francisco Xavier, na ilha de Tinharé) e duas fazendas, a de Santa Inês, "que povoaram com mais de 200 escravos", e a de Santa Ana, com cinquenta escravos.[8] No resto da proprie-

6. Sobre a formação das aldeias de Camamu e Taperaguá, Campos, *Crônica*, pp. 53 e 111, respectivamente. Ainda sobre a formação dessas aldeias e das demais, ver Serafim Leite, *História da Companhia de Jesus no Brasil* (Rio de Janeiro: Instituto Nacional do Livro, 1945), v. 5, pp. 203-205.

7. Leite, *História da Companhia*, pp. 205 e ss.

8. Serafim Leite diz que "na vila do Cairu já em 1644 existia a igreja de Santo Inácio". A ânua

dade, os religiosos demarcavam pequenos lotes, que arrendavam a lavradores de mandioca. Comentando esse sistema, implementado nas terras de Camamu já em 1575, o padre Serafim Leite explicou que o "arrendamento a longo prazo" ou "aforamento perpétuo" se fazia de modo muito conveniente, tendo em vista "as necessidades crescentes dos Colégios", mas está claro que com essa política os jesuítas tentaram também assegurar a integridade de seu território através da formação de diversos núcleos de moradores que constituíssem, junto à população das aldeias, uma barreira às invasões dos índios aimorés do sertão da capitania.[9]

"Desde o tempo em que se escreveu o *Livro da razão*", refere-se Silva Campos ao documento datado de 1612, já se fazia em Camamu "extração de madeiras para construção naval". Além de diversos testemunhos deixados pelos jesuítas, como o do padre Francisco Paes, "que foi superior no Camamu oito

---

de 1641-1644 narra a fundação da igreja de São Francisco Xavier, no morro de São Paulo, dezoito anos antes. *História da Companhia*, p. 207. Sobre a igreja de Nossa Senhora da Assunção, ver também Francisco Borges de Barros, *Dicionário geográfico e histórico da Bahia* (Bahia: Imprensa Oficial do Estado, 1923), pp. 204-205. A fazenda de Santa Inês, como as demais da Companhia, incorporou-se à Fazenda Real em fins de 1759, seguindo para a Bahia os quatro jesuítas nela residentes. Leite, *História da Companhia*, p. 207. Creio que a fazenda de Santa Ana em Camamu deve ter existido por um curto período, tendo a sua existência sido registrada numa única fonte primária, o "Ofício do Ouvidor da Comarca dos Ilheus Baltazar da Silva Lisboa para D. Rodrigo de Souza Coutinho...", Cairu, 20 mar. 1799, *ABN*, v. 36, 1914, p. 104, que diz que os jesuítas haviam fundado a fazenda de Santa Inês "e outra anexa, de noviciados, chamada Santa Anna [que povoaram] com 50 escravos". O padre Serafim Leite noticiou a existência da Santa Ana, de modo mais detalhado, nos seguintes termos: "Além do *Engenho de Santa Anna*, do Colégio de Santo Antão, existia a *Fazenda de Santa Anna*, pertencente ao noviciado de Giquitaia, e destinada a produção de mandioca". Leite, *História da Companhia*, p. 213. O grifo é do próprio autor. Além da informação relativa à especialidade econômica da fazenda, é particularmente esclarecedora a distinção feita entre as duas propriedades jesuíticas (a primeira localizada mais ao sul da capitania dos Ilhéus, próxima à vila de São Jorge), que, por carregarem a mesma denominação, podem ser facilmente confundidas. A fazenda de Santa Ana, em Camamu, não está registrada nem entre os bens constantes do testamento do governador Mem de Sá, no qual se encontram algumas outras propriedades legadas aos jesuítas, nem entre os bens sequestrados à Companhia em 1759. Ver José Wanderley Pinho, "Testamento de Mem de Sá", in *Separata dos Anais do Terceiro Congresso de História Nacional* (Rio de Janeiro: Imprensa Nacional, 1941), afirmando que "as terras de Camamu que Mem de Sá houvera por doação [...] em nenhuma parte entraram em inventário", p. 28, nota 11; e "Inventário dos bens sequestrados aos jesuítas", 26 jul. 1759. Projeto Resgate, AHU, Castro e Almeida, cx. 26, doc. 4952.

9. Leite, *História da Companhia*, v. 1, p. 159.

anos" e disse, em 1643, que as madeiras eram "a principal riqueza" dali, uma série de outros documentos atesta a prática da extração e comercialização das madeiras — destinadas também à construção naval, mas sobretudo ao abastecimento de lenha para os engenhos do Recôncavo — até o século XIX. Vale mencionar, a título de exemplo, uma carta régia para o governador da Bahia, Fernando José de Portugal, em 1799, "sobre a conservação e corte das matas de Cairu", que traz em anexo a cópia do "regimento sobre o corte das madeiras", um documento extenso enumerando uma série de regras e restrições que revelam certo grau de vigilância sobre essa atividade. Ainda assim, a produção da farinha de mandioca a superou muito em importância e dominou a vida econômica da região por todo o período colonial.[10]

Desde as primeiras décadas do século XVII, estabelece-se nessa região grande número de pequenos produtores, atraídos pelos foros cobrados pelos jesuítas, que batiam o preço oferecido em regiões próximas, e também por certa segurança proporcionada pelos religiosos no interior de seu território. A proximidade de Salvador, onde os exércitos careciam de permanente envio de alimentos, e sobretudo o contexto da guerra contra os holandeses fizeram com que ali a agricultura de alimentos tivesse se desenvolvido de maneira acelerada, alcançando altíssimo grau de mercantilização.[11] Em pouco tempo as "vilas de baixo" se transformaram no "celeiro de Salvador", fornecendo farinha de mandioca para a cidade e engenhos do Recôncavo como também para as armadas ou frotas de comboio que, partindo para a Índia ou para a África, buscavam diretamente ali os seus mantimentos. A região era, por isso, chamada de "Sicília da Bahia".[12]

Essa "especialização" no cultivo da mandioca desenvolveu-se, é importante sublinhar, sob forte pressão do Estado. Em 1648, estabeleceu-se um contrato

10. "Carta régia (minuta) ao governador da Bahia Fernando José de Portugal sobre a conservação e corte das matas de Cairu". Anexo: "Lembrete e regimento sobre o corte de madeiras". Lisboa, 12 jul. 1799, Projeto Resgate, AHU, Docs. Avulsos, cx. 213, doc. 15042.

11. Marcelo Henrique Dias, "Economia, sociedade e paisagens da capitania e comarca de Ilhéus no período colonial", Tese de Doutorado em História, Universidade Federal Fluminense, 2007, pp. 57 e ss.

12. Francisco Carlos Teixeira da Silva, "A morfologia da escassez: crises de subsistência e política econômica no Brasil Colônia (Salvador e Rio de Janeiro, 1680-1790)", Tese de Doutorado em História, Universidade Federal Fluminense, 1990, p. 129.

(na verdade um decreto da Câmara de Salvador) que ficou conhecido como "conchavo das farinhas", que forçava as vilas de Cairu, Boipeba e Camamu ao envio de farinha para o abastecimento das tropas e da população da capital. Como apontou o historiador Marcelo Henrique Dias, o perfil de economia de abastecimento interno assumido pela capitania de Ilhéus na dinâmica da economia colonial (ou seu "regime agrário", para usar uma expressão do historiador Marc Bloch) "se impôs como expressão da luta política que tinha nos senhores de engenho do Recôncavo um grupo dominante". Através de sua ação no interior das instâncias administrativas, como o Senado da Câmara de Salvador, e de sua influência junto ao governo geral, os proprietários do Recôncavo teriam conseguido

> [definir] uma política estratégica e pragmática da parte da administração colonial, voltada a manter nas terras da capitania [de Ilhéus] a predominância das lavouras de abastecimento — sobretudo a mandioca — como garantia primordial para a manutenção da ordem na capital e no seu entorno produtivo.[13]

Nas redondezas das vilas de Cairu e Camamu, e na ilha da Boipeba, os produtores da farinha de mandioca que era vendida na Bahia formavam pequenas e médias propriedades e dispunham de pequenas escravarias que reuniam, quando muito, 25 escravos, de acordo com dados do final do século XVIII. Há alguns indícios de como o escravismo foi aos poucos se inserindo nessa região ao longo do século XVII, como nas fazendas jesuíticas de Santa Inês e Santa Ana, que reuniriam em 1612 mais de 250 escravos e um contrato de fornecimento de farinha para a infantaria do presídio de Morro de São Paulo, que taxava os moradores "proporcionalmente ao número de escravos que possuíssem", em 1630.[14] Segundo Marcelo Dias, a guerra com os holandeses em Salvador (1624-1625) havia comprometido a atividade do tráfico de escravos na capital e os comboios negreiros faziam contato direto com as vilas do sul.[15]

No final do século, 1689, as câmaras locais reivindicavam o aumento da taxa que o governo lhes pagava pela farinha por causa da elevação "do preço

13. Dias, "Economia", p. 12.
14. Leite, *História da Companhia*, p. 213; e Campos, *Crônica*, p. 104.
15. Dias, "Economia", p. 228.

dos negros", evidenciando o vínculo entre as duas atividades, a produção de alimentos e o mercado negreiro. Na segunda década do século XVIII, quase metade da população da região era escrava.

TABELA 1: POPULAÇÃO DE BOIPEBA, CAMAMU E CAIRU POR VOLTA DE 1724

Vilas	Homens livres	Mulheres livres	Criados	Escravos	Total
Boipeba	323	327	25	552	1227
Camamu	448	250	-	1032	2230
Cairu	525	406	-	1190	2121

FONTE: Schwartz, *Segredos internos*, p. 87. A fonte utilizada pelo autor foi *Dissertações da história eclesiástica do Brasil*, do padre Gonçalo Soares da Franca, Sociedade Geográfica de Lisboa, Res. 43-C-147, fls. 87-123.

TABELA 2: TAMANHO DA POSSE DE ESCRAVOS EM CAIRU (1781 E 1786)

Tamanho da posse	Número de proprietários			
Sem escravos	1781	%	1786	%
1-2	20	11	-	-
3-5	71	28	31	33
6-10	62	32	26	41
11-15	25	13	16	25
16-20	6	3	-	-
21-25	1	1	-	-

FONTE: Silva, *A morfologia*, p. 147.

INDÍGENAS E QUILOMBOLAS NO SERTÃO DA CAPITANIA

Segundo Stuart Schwartz, que realizou um levantamento da formação e extensão dos mocambos baianos desde o início do século XVII até o XIX, a configuração sociodemográfica (dada sua importância como zona agrícola e terminal do tráfico negreiro), mas também a geografia e a ecologia de grande parte do litoral baiano favoreceram o florescimento do grande número de quilombos que caracterizaram a sua história durante todo o período colonial. Em algumas áreas, no entanto, o problema era "incomumente grave". Superando as paróquias açucareiras do Recôncavo, onde eram maiores não só os índices da população escrava como também as exigências do trabalho (condições em geral identificadas como propulsoras da resistência escrava), as regiões da Bahia que experimentaram a maior incidência na formação de mocambos foram os distritos sulinos de Ilhéus, Cairu e Camamu, onde uma situação militar instável, a distância de possível apoio logístico vindo de Salvador e a contínua ameaça de ataques de índios hostis habitantes do sertão limítrofe foram os principais fatores a contribuir para o êxito dos quilombolas, dificultando a sua supressão.[16]

Muito temidos em virtude de suas recorrentes e devastadoras incursões às povoações costeiras, os aimorés (povo indígena cujo território abarcava as áreas mais interioranas da capitania de Ilhéus desde o rio de Contas até o rio Doce, no Espírito Santo) foram repetidamente descritos como o grupo mais obstinado na resistência que ofereceu ao colonizador. Numerosas fontes registraram um temor singular em relação à "ferocidade" desses índios, por exemplo, o *Tratado descritivo do Brasil*, no qual Gabriel Soares anotou que eles eram tão selvagens que "dos outros bárbaros, são havidos por mais que bárbaros", ou os escritos do padre Anchieta, que já em 1584 dizia "não se poder defender deles ou dar-lhes guerra, porque sempre andam pelo mato, no qual quatro bastam para destruir um grande exército, como já fizeram". Mas nada ilustra melhor essa posição do que o fato de que, "quando a Coroa promulgou a primeira lei proibindo a escravização do gentio, em 1570, só os aimorés foram especificamente excluídos dessa proteção".[17]

Em fins do século XVI, por exemplo, os jesuítas se viram obrigados a abandonar as missões e o continente e fixar residência na ilha fronteira de Boipeba, por causa de uma onda de "ataques" dos aimorés, que impuseram sua presença indelével aos moradores da capitania até o século XIX. Vale lembrar que essas investidas constituíam um movimento de reação desses índios ao avanço da fronteira colonial sobre seus territórios e, se a documentação que dá notícia

16. Stuart Schwartz, *Escravos, roceiros e rebeldes* (Bauru: Edusc, 2001), pp. 222-223.

17. Gabriel Soares de Souza, *Tratado descritivo do Brasil em 1587* (São Paulo: Edusp, 1971), p. 79; Joseph de Anchieta, *Cartas, informações, fragmentos históricos e sermões* (Rio de Janeiro: Civilização Brasileira, 1933), apud Wetzel, *Mem de Sá*, p. 56. Sobre a lei de 1570, Schwartz, *Segredos internos: engenhos e escravos na sociedade colonial 1550-1835* (São Paulo: Companhia das Letras, 1988), p. 43.

dessas ofensivas invariavelmente as caracteriza como arrasadoras, realçando-lhes a ferocidade e a truculência, é também porque esse era um recurso retórico comum da época, empregado para fazer valer a "guerra justa", que permitia aos colonos driblar a proibição da escravização indígena imposta pela Coroa. Este expediente foi recorrente na região. Entre 1650 e 1674, uma série de "jornadas ao interior", comandadas até por forças militares convocadas em São Paulo para esse fim, capturou e escravizou um sem-número de indígenas e arrefeceu, pelo menos temporariamente, as investidas dos aimorés na capitania.[18]

Em seguida, investiu-se contra os quilombos. As primeiras entradas e a consecutiva montagem de um aparato militar sistemático, preventivo e repressivo, destinadas a eliminar os mocambos na região, coincidem exatamente com o final das expedições contra os aimorés. O primeiro registro é de 1672, quando o governador Afonso Furtado autorizou o capitão-mor da fortaleza do Morro de São Paulo a dar prosseguimento a "uma entrada que os moradores de Cairu pretendiam fazer", referindo-se provavelmente ao mesmo episódio que Silva Campos anotou como um "pedido de auxílio" dos mesmos moradores ao capitão-mor de Ilhéus Manoel Peixoto d'Eça para dar combate a um mocambo, em 1673.[19] A sequência das ações pode sugerir que a debandada dos indígenas abriu caminho para o combate aos quilombos, apoiando a hipótese proposta por Schwartz de que junto aos indígenas os quilombolas talvez alcançassem proteção e algum apoio logístico.[20]

A incorporação de africanos e mestiços nascidos no Brasil a aldeias indígenas e a de índios a comunidades de escravos fugitivos devem ter sido, embora raramente registradas, mais ou menos comuns. Flávio dos Santos Gomes argumentou que, observando o quanto "a existência de mocambos próximos aos locais onde estavam estabelecidas acabava por atrair a ira das autoridades coloniais", essas tribos indígenas podem ter "inibido" a formação dos mocambos, lutando para impedir seu estabelecimento em áreas interioranas da capi-

18. Sobre as entradas contra grupos indígenas do interior da capitania ver Pedro Puntoni, *A Guerra dos Bárbaros: povos indígenas e a colonização do Sertão Nordeste do Brasil, 1650-1720* (São Paulo: Hucitec/Edusp, 2002).

19. "Carta para o Capitão-mor do Morro sobre a entrada que os moradores de Cairú pretendem fazer" [Bahia, 13 out. 1672], in *Documentos históricos* (Rio de Janeiro: Biblioteca Nacional, 1928), v. 6, p. 301; e Campos, *Crônica*, p. 122.

20. Schwartz, *Escravos*, pp. 222-223.

tania. Este parece ter sido o caso, por exemplo, de dois negros "fugidos do gentio" que chegaram a Maragogipe, no Recôncavo baiano, em 1654.[21]

Em grande parte, foi a atenção sobre o aspecto potencialmente perigoso dessas alianças que levou autoridades régias e colonos à prática sistemática de opor uns aos outros. Enquanto as próprias aldeias eram projetadas para servir de obstáculo a tribos indígenas inimigas ou a quilombolas, a presença de índios aldeados ou escravizados foi, nessa como em tantas outras regiões do Brasil, quase regra nas expedições que adentravam os sertões para desbaratar ou aprisionar índios "hostis", assim como nas companhias formadas para destruir quilombos, integradas também por negros, mestiços, libertos e, muitas vezes, índios. Em 1654, por exemplo, os negros chegados a Maragogipe de uma aldeia indígena foram convocados a participar da expedição que então se preparava para localizar e combater o mesmo "gentio". Em carta enviada ao sargento-mor Pedro Gomes sobre a organização dessa entrada, o então governador-geral, conde de Atouguia, explicava que, tendo estado um dos negros "há muitos anos metido com eles" (índios) e o outro levado para a aldeia "nesta última ocasião" (ou seja, um dos frequentes assaltos que os tapuias vinham realizando nas vilas de Paraguaçu e Jaguaripe), seriam ambos "mui importantes para as notícias e disposições da jornada".[22] Nesse caso, mais do que investimento numa oposição estratégica, interessavam ao desempenho da campanha antes a experiência desses homens no trato com os inimigos e a precisa noção de sua localização.

Além de indígenas, também os mestiços (mamelucos, mulatos, pardos ou cabras) foram contínua e generalizadamente empregados na segurança do território colonial. O melhor exemplo é o batalhão de homens negros e pardos liderado por Henrique Dias, constituído para dar combate aos holandeses e empregado, destarte, em diversas outras funções "semipoliciais", por exemplo, na destruição de quilombos, como o dos Palmares, que combateram em várias ocasiões. Tão célebre ficou o corpo dos Henriques que também passaram a ser

21. "Carta para o sargento-mor Pedro Gomes" [Bahia, 17 out. 1654], in *Documentos históricos*, v. 3, 1928, p. 224; Flávio dos Santos Gomes, "Um Recôncavo, dois sertões e vários mocambos: quilombos na capitania da Bahia (1575-1808)", *História Social*, Campinas, n. 2, 1995. Sobre as relações afro-indígenas no Brasil colonial, ver em especial Stuart Schwartz, "Tapanhuns, negros da terra e curibocas: causas comuns e confrontos entre negros e indígenas", *Afro-Ásia*, n. 29-30 (2003).

22. "Carta para o sargento-mor Pedro Gomes", doc. cit.

assim chamados, em especial no século XVIII, os integrantes de muitas das unidades militares extrarregulares organizadas a partir desses setores e usadas como tropa de choque contra outros índios ou quilombolas.[23]

Nessa região, a estratégia parece ter se oficializado em 1669, quando a Câmara de Camamu encaminhou ao governo-geral a proposta de criação de uma "companhia de mulatos forros, mamelucos, mestiços e índios" para prevenção das "hostilidades" do gentio bárbaro da vila vizinha do Cairu, a que se seguiria a formação de uma companhia semelhante na própria vila do Cairu, ambas existentes até pelo menos o final do século, como atestam as patentes que registram as frequentes substituições dos cargos de comando das companhias, destinadas ao combate do "gentio", invasores estrangeiros e quilombolas.[24]

Datam de momento um pouco posterior as primeiras nomeações para o posto de "capitão-mor dos mocambos", ou "capitão de entrada e assalto", cargo criado no início do século XVII para a função especializada do rastreamento e captura de escravos fugidos, ocupado preferencialmente por crioulos, cabras, mulatos ou, ainda — com menor frequência —, africanos.[25] Aparente ambiguidade do sistema escravista, nessa região tal paradoxo se revela em pelo menos dois documentos contemporâneos: em 1687 foi escolhido para "capitão-mor dos mocambos" das três vilas "Antonio Preto", sendo "preto" um adjetivo geralmente associado aos africanos; dez anos depois, uma carta enviada à vila do Cairu sobre os prejuízos acarretados pelos quilombolas menciona um certo "Bento Maciel", crioulo forro, "muito inteligente" (quer dizer, experiente) na

23. Schwartz e Alcir Pécora (orgs.), *As excelências do governador: o panegírico fúnebre a d. Afonso Furtado, de Juan Lopes Sierra (Bahia, 1676)* (São Paulo: Companhia das Letras, 2002), p. 319.

24. "Carta patente de capitão da Companhia que ora se mandou formar na vila do Camamú de Mulatos, Mamalucos, Mestiços, forros e índios, provida na pessoa de Athanasio Pereira" [Bahia, 6 maio 1669], in *Documentos históricos*, v. 12, 1929, p. 34; "Carta patente de Capitão dos Homens pardos da vila do Cairú provido em Manoel da Foncequa Goes", Bahia, 28 mar. 1689, Arquivo Público do Estado da Bahia (APEB), *Patentes: 1688-1696*, v. 333, fls. 83-83v.

25. A gradual regulamentação do posto de capitão do mato, desde o século XVII até o XIX, foi estudada por Silvia Lara, "Do singular ao plural: Palmares, capitães-do-mato e o governo dos escravos", in Reis e Gomes (orgs.), *Liberdade por um fio*, pp. 81-109, que desenvolve nesse trabalho a hipótese de que, caracterizado por um movimento "irregular e contraditório", tal processo teria tido seu epicentro exatamente nesse momento, como resultado da experiência palmarina, importante pelas questões que suscitou em torno da tradicional política de prevenção contra fugas e ajuntamento de fugitivos.

prática de destruir quilombos.[26] As relações entre todos esses "setores" da sociedade, índios, pardos ou africanos e os homens brancos, no entanto, variavam muito e eram muito complexas. Em algumas ocasiões eles podiam, sob a opressão comum do cativeiro, aliar-se na elaboração da resistência ou da revolta.

O QUILOMBO DE SANTO ANTÔNIO: UM PLANO DE LIBERDADE DE ESCRAVOS REBELADOS

Em 1691 aconteceu uma revolta escrava na vila de Camamu. A rebelião teve início em um mocambo de onde, liderados por "cinco mulatos", os quilombolas partiram aliciando os demais escravos do lugar e atacaram a vila. No assalto, furtaram "armas de aço", destruíram as roças, mataram alguns homens brancos, sequestraram mulheres e crianças. Depois da investida, fugiram e se estabeleceram a três léguas de distância, "em um monte", formando ali "nova vila", a qual chamaram "Santo Antonio", onde tinham "seu Governador, e os cabos", e saíram em seguida promovendo "novos delitos".[27]

Informado do ocorrido por carta do capitão-mor de Ilhéus, Bento Ribeiro de Lemos, o governador-geral Antonio Luís Gonçalves da Câmara Coutinho considerou que não cabia enviar soldados de Salvador porque a movimentação seria pressentida pelos negros, "que se meteriam pelos matos". Enviou pólvora, bala e ordens para que o capitão reunisse as tropas, recrutando "os homens pardos e alguns índios das aldeias vizinhas" e nomeando por cabo o homem que lhe parecesse de mais valor, e fizesse partir a entrada. O eleito foi Antonio Ferraz, "homem de boa feição, que foi ali juiz e vereador", que, em caráter emergencial, recebeu também o título de capitão das entradas.

26. "Carta patente de Capitão-mor dos Mocambos das [3 vilas] provida em Antonio Preto", APEB, *Patentes: 16??-1687*, cód. 332, fls. 332-332v; e "Carta para os oficiais da Câmara da vila de Cairú sobre farinhas e mocambos", Bahia, 10 dez. 1697, APEB, cód. 149, fl. 26v. O estado de conservação desse documento não permitiu a sua leitura integral.

27. "Carta patente do Posto de Capitão-mor das entradas dos Mocambos das Vilas do Cairú, Boipeba e Camamu, provido na pessoa de Antonio Ferraz Azevedo", Bahia, 9 ago. 1691, APEB, *Patentes: 1688-1696*, v. 333, fls. 170v-171v.

Para acompanhá-lo, seguiu o capitão Gonçalo da Afonseca, empossado nas mesmas circunstâncias.[28]

Quando escreveu à metrópole dando notícia do acontecimento, Câmara Coutinho assim resumiu a refrega:

> com efeito, se fizera o que [mandei] e se marchara com cem homens a buscar os negros, que os esperavam em uma estacada com tambores de guerra, dizendo que morressem os brancos e vivesse a liberdade, e investindo os brancos aos pretos, lhes ganharam a estacada, prenderam oitenta e tantos e mataram quatro, e dos nossos morreram três.[29]

Através de outros documentos, conhecemos mais detalhes sobre a campanha: no confronto, do qual participaram "escravos e escravas", morreu também, do lado do governo, um índio, e saiu ferido o capitão Gonçalo da Afonseca, com "uma seta e uma bala". Do lado dos rebeldes, entre os quatro mortos estavam dois líderes, e ficaram feridos 25.[30]

O encargo de decidir o destino dos aprisionados foi delegado ao desembargador Dionísio D'Avila Vareiro, escolhido no mesmo ano para devassar o caso. Infelizmente, o documento produzido pela devassa, que talvez contenha preciosas informações sobre os rebeldes e seus líderes, não pôde ser localizado. Conhecemos, no entanto, seus resultados. Julgados na cidade, os rebeldes foram restituídos a seus proprietários e, por determinação do Tribunal da Relação, vendidos "para diversas partes", à exceção dos três líderes que sobrevive-

28. "Carta patente [...] de Antonio Ferraz Azevedo"; e "Carta patente de Capitão do campo da vila do Camamu provida em Gonçalo de Afonceca", Bahia, 9 ago. 1691, APEB, *Patentes: 1688--1696*, v. 333, fls. 192v-193v.

29. "Carta para Sua Majestade sobre o levantamento dos negros no Camamu, e paulistas em Porto Seguro", Bahia, 15 jul. 1692, BNRJ, 1, 2, 33.89 ou AHU, Luísa da Fonseca cx. 29, doc. 3716. Também transcrito em *Documentos históricos*, v. 33, 1936, pp. 449-450.

30. "Carta para o monteiro-mor sobre diversos particulares" [Bahia, 20 jun. 1692] e "Carta para André Lopes de Lavre sobre a impossibilidade com que fica a terra e a prisão dos negros levantados, e paulistas" [Bahia, 23 jun. 1692], apud *RIHGB*, t. LXXI, parte I, 1909, p. 61; "Consulta do Conselho Ultramarino sobre as sentenças que se deram na relação do Brasil aos negros levantados na vila do Camamu", Lisboa, 9 nov. 1692, AHU, Luísa da Fonseca cx. 30, doc. 3733.

ram à luta. Estes seriam condenados à morte e executados, tendo depois suas cabeças expostas no local do delito.[31]

A reconstituição desse acontecimento foi feita com base em pouquíssimas fontes. Mesmo levando em conta a exiguidade da documentação e toda investida de formas retóricas que enfatizam a gravidade dos fatos para realçar a urgência de sua repressão, é possível destacar alguns aspectos do levante que nos permitem analisá-lo em relação ao contexto de sua ocorrência e das formas típicas da resistência escrava na época. Vale também compará-lo a outras revoltas escravas, incomuns no Brasil nesse período, tornando-se frequentes só bem mais tarde, no século XIX, quando favorecidas por outros elementos conjunturais.

A constituição de mocambos, ainda que variando bastante em forma, intensidade e extensão, esteve presente por toda a capitania da Bahia e partes da capitania de Ilhéus durante o período colonial. Há registros da existência de quilombos em 1667, em Jaguaripe e Maragogipe; nos anos de 1674 e 1675, adotaram-se "medidas antimocambos em Sergipe do Conde, Sergipe Del Rey e na freguesia de Nossa Senhora do Socorro"; entre 1681 e 1691 parece ter havido um mocambo chamado Acaranquanha na serra da Jacobina e em 1687 outro no rio Real, para citar apenas os exemplos mais próximos ao nosso período e região.[32] Sobre a relação entre quilombos e revoltas de escravos, João José Reis assinalou que, enquanto os quilombos representavam "uma rebeldia ambígua", cujo objetivo, na maioria das vezes, "não era demolir a escravidão, mas sobreviver, e até viver bem, em suas fronteiras", as revoltas, mesmo as que não almejaram o fim mas apenas uma reforma da escravidão, "constituíram a mais direta e inequívoca forma de resistência coletiva" porque, quando se rebelavam, os cativos quase nunca contavam com a possibilidade de negociação.[33] Mesmo apresentando características a priori diferenciadas, as relações entre quilombos e a eclosão de rebeliões podiam ser muitas e muito complexas.

31. "Carta Régia ao governador do Brasil, ao desembargador Dionísio de Ávila o zelo e o acerto com que suplantaram o levantamento dos negros de Camamu", Lisboa, 17 nov. 1692, APEB, *Ordens Régias: 1691-1693*, maço 2, doc. 96.

32. Gomes, "Um Recôncavo", pp. 27-29, 34; e Schwartz, *Escravos, roceiros e rebeldes*, p. 226, em que apresenta uma "lista parcial dos mocambos baianos" compreendendo o período de 1614 a 1826.

33. Reis, "Quilombos e revoltas escravas no Brasil", *Revista USP*, n. 28 (1995-1996), pp. 21-

De certo modo, como sugere Donald Ramos numa análise original acerca dos quilombos mineiros do século XVIII, ao acolher os escravos descontentes e desejosos de libertação individual, os quilombos podiam representar antes uma "válvula de escape" para as tensões do sistema escravista do que uma ameaça a ele. Nesse sentido, a presença do quilombo como um aspecto comum da paisagem mineira poderia mesmo explicar a ausência de rebeliões armadas durante a chamada Idade do Ouro, período de boom da prospecção aurífera naquela região.[34] Tal hipótese jamais teria convencido os contemporâneos. Para eles, a existência dos quilombos era desastrosa, não só porque atraía outros escravos para fora do cativeiro, mas sobretudo porque se temia exatamente que eles servissem de nascedouros para revoltas.

A insurreição ocorrida na vila de Camamu evidencia que esse receio era totalmente plausível. Ali o quilombo parece ter funcionado exatamente como a base para o arranjo de uma revolta coletiva de largas proporções. Os documentos revelam que o plano foi consideravelmente bem-sucedido. Nas palavras do capitão-mor Bento Ribeiro de Lemos, o incidente envolveu "quase todos" ou "a maior parte" dos escravos do lugar, de forma que já não havia "[algum] que obedecesse ao seu senhor, ou morador que se atrevesse a ir às suas lavouras".[35] Transmitindo os eventos a André Lopes de Lavre, do Conselho Ultramarino, o governador-geral Antonio Luís da Câmara Coutinho garantia que os escravos pretendiam "se fazer senhores da vila".[36] São palavras que expressam, talvez, certo exagero, alimentado pelo medo, mas também o reconhecimento de que, naquele contexto, os rebeldes abriram vantagem e tinham potencial para a execução de um projeto ambicioso.

Há diversos outros casos de rebeliões ou conspirações escravas nas quais se revelou uma aliança entre quilombolas e escravos assenzalados. Para mencionar apenas os exemplos mais emblemáticos, lembro de um levante ocorrido no engenho Santana, em Ilhéus, na década de 1820, durante a guerra de independência da Bahia, em que os cativos "depuseram as ferramentas e se apossaram da propriedade", permanecendo no controle do engenho por três anos.

22.

34. Donald Ramos, "O quilombo e o sistema escravista em Minas Gerais do século XVIII", in Reis e Gomes (orgs.), *Liberdade por um fio*, p. 167.

35. "Carta patente [...] de Antonio Ferraz Azevedo".

36. "Carta para André Lopes de Lavre".

Atacados em 1824, quando a guerra de independência já terminara, penetraram as matas das terras do engenho, onde ergueram um quilombo que subsistiu até 1828, acolhendo, segundo João José Reis, escravos da região "cujos senhores passaram a tratá-los melhor por temor de que fossem dar naquele santuário de independência negra".[37] Na mesma época, nas cercanias de Salvador, uma rebelião parece ter começado porque os quilombolas foram descobertos carregando para seu esconderijo, o quilombo do Urubu, carne e farinha de mandioca roubadas, e atacaram as testemunhas, dando início a uma rebelião de maiores proporções.[38] Na região de Vassouras, Rio de Janeiro, em 1838, cerca de oitenta escravos, quase todos pertencentes a Manoel Francisco Xavier, importante proprietário da região, reuniram-se em fuga coletiva, voltando na madrugada seguinte apenas para colher mantimentos, ferramentas e outros cativos, que levaram consigo para o interior da mata, onde planejavam estruturar um grande quilombo, que contaria com cerca de quatrocentas pessoas. Essa insurreição, conhecida pela historiografia como a Revolta de Manuel Congo, um de seus líderes mais importantes, não tencionava atacar os senhores ou as suas propriedades, como era comum. A finalidade era a própria formação do quilombo, o que levou Flávio dos Santos Gomes a classificá-la como uma "insurreição quilombola".[39] Esses casos ilustram, então, que quilombos e rebeliões podiam estabelecer conexões tão profundas que, em muitos casos, pode se tornar difícil enxergar uma distinção clara entre uns e outros.

O levante ocorrido em Camamu se assemelha à prática bastante comum entre quilombolas de insuflar a escravaria das localidades próximas em busca de novos integrantes para suas comunidades, ou à prática de quilombos serem formados como resultado de levantes escravos. Em muitos casos, aquelas incursões não almejavam apenas atrair mais escravos para engrossar as comunidades. A prática de arrebatar mulheres da vizinhança para o interior dos quilombos era tão comum que os primeiros estudiosos da escravidão no Brasil criaram para ela uma designação específica, "rapto das Sabinas", em alusão ao

37. Reis, *Rebelião escrava*, p. 100.

38. Idem, pp. 100-103.

39. Flávio dos Santos Gomes, *Histórias de quilombolas: mocambos e comunidades de senzalas no Rio de Janeiro — século XIX* (Rio de Janeiro: Arquivo Nacional, 1995). Ver em especialmente o cap. 2, "As raízes do efêmero: comunidade e cultura escrava na insurreição quilombola de Vassouras (1838)", pp. 179-321.

episódio da Antiguidade clássica em que os romanos teriam obtido esposas através do sequestro das filhas das famílias sabinas vizinhas.[40] Tratava-se de uma estratégia que visava "melhorar a demografia predominantemente masculina dos quilombos", reprodução exacerbada da "escassez crônica de mulheres entre os escravos brasileiros". Schwartz observou que "os fugitivos preferiam levar mulheres negras ou mulatas", mas que há também relatos de raptos de mulheres europeias, como parece ter sido o caso no episódio de Camamu.[41] A menção à participação de escravas no conflito contra as tropas que invadiram o quilombo pelo menos indica que o grupo não era composto apenas de homens, mas "provavelmente como em outras comunidades do mesmo tipo, a presença da mulher era rara".[42]

As incursões em território inimigo revelam mais um aspecto fundamental da dinâmica interna dos mocambos. A maioria deles estava situada nas proximidades de centros populacionais ou de engenhos — embora protegidos, em lugares inacessíveis — porque a sua economia dependia em grande medida da sociedade envolvente. Tanto na Bahia como em outras regiões brasileiras, as características da economia quilombola eram complexas e variadas. Além de perpetrar assaltos nas estradas e invasões às vilas quando roubavam dinheiro, armas, gente e alimentos, os quilombolas também plantavam, colhiam, caçavam e estabeleciam redes de comércio e troca dos excedentes produzidos em seus territórios com as localidades próximas, fazendo aliança com lavradores, comerciantes, mestiços, índios e brancos pobres, além de escravos assenzalados, que ocasionalmente os abrigavam em seus domínios.

40. O antropólogo Raimundo Nina Rodrigues, em seu clássico *Os africanos no Brasil*, escrito no início do século XX, escreveu que "os habitantes de Palmares se apoderaram simplesmente à mão armada das mulatas e mesmo brancas, que se achavam nas roças dos arredores", e que tal "símile com o feito histórico do roubo das Sabinas tem oferecido tema aos historiadores entusiastas dos Palmares", ressaltando, porém, que não encontrara — como eu também não encontrei — a designação de "rapto das Sabinas", atribuída por Ferdinand Denis a Sebastião da Rocha Pita, em sua edição de *História da América portuguesa*. Nina Rodrigues, *Os africanos no Brasil* (Rio de Janeiro: Centro Edelstein de Pesquisas Sociais, 2010), p. 82; e Pita, *História da América portuguesa*.

41. Schwartz, *Escravos, roceiros e rebeldes*, p. 236.

42. Reis, "Resistência escrava em Ilhéus", *Anais do Arquivo Público do Estado da Bahia*, Salvador, n. 44 (1979), p. 289.

A existência dessa rede de sociabilidade engendrada em torno dos mocambos e integrada por personagens sociais diversos foi bem sintetizada pelo historiador Flávio dos Santos Gomes na expressão "campo negro", cunhada para descrever a "área de influência" dos mocambos fluminenses no século XIX, e extensiva a muitas outras regiões do Brasil e da América escravista em geral. A manutenção dessas relações amistosas entre os quilombolas e outros agentes históricos era tão frequente que vários processos criminais originados da apreensão de quilombolas ou fugitivos revelam o esforço das autoridades para identificá-las. "Era como se fosse uma indagação-padrão nesses inquéritos: se havia alguém que os ajudava a se manterem fugidos, acoitando-os ou sustentando algum comércio com eles."[43]

A ausência de registros sobre o desfecho de outras expedições aos quilombos na região de Camamu torna muito difícil inferir como funcionava exatamente a sua economia. É possível que — para além de simples praxe retórica, recorrente nesse tipo de documento — os assaltos perpetrados pelos fugidos para arrecadação de mantimentos diversos fossem de fato as atividades fundamentais da economia quilombola, como acontecia sobretudo no caso de grupos menos estáveis e itinerantes. Mas o mais provável é que tivessem combinado esta atividade com alguma prática agrícola, em especial aquela na qual já eram bastante experientes, o cultivo da mandioca, que apresentava, além do mais, alto valor comercial nessa região.

Além de viabilizar essas atividades mercantis e extrativas, a localização do mocambo era pensada também de forma a garantir vantagem sobre as constantes investidas policiais. Estabelecendo-se em pontos de difícil acesso, e com frequência em locais montanhosos e íngremes, os quilombolas tinham tempo para avistar a chegada das tropas e abandonar o rancho. Além disso, a maioria dos quilombos, e em especial aqueles mais estáveis e duradouros, contava ainda com um engenhoso aparato defensivo: nas imediações dos povoados circundados por estacadas ou paliçadas (uma estrutura de troncos grossos de madeira, com a ponta superior pontiaguda, enfileirados a distância menor do que a necessária para a passagem de um homem), os quilombolas abriam falsas

43. Gomes, *Histórias de quilombolas*, pp. 62 e ss.

trilhas conducentes ao mocambo e preparavam armadilhas com espinhos envenenados para machucar, extenuar ou atrasar as tropas.[44]

As descrições mais completas do sistema defensivo dos mocambos, que podiam variar em complexidade de acordo com o seu tamanho e tempo de existência, são as referentes à grande comunidade de Palmares e ao quilombo que ficou conhecido como "Buraco do Tatu", localizado nas proximidades do atual bairro de Itapuã, em Salvador. Este último foi invadido por forças militares em 1763 e a tropa encarregada de sua destruição deixou, para ilustrar os relatórios da campanha, uma esmiuçada planta do quilombo, acompanhando os relatos da expedição.

> A retaguarda era protegida por um canal pantanoso da altura aproximada de um homem. Os três lados do povoado eram protegidos por um labirinto de estacas pontiagudas, fixadas em nível abaixo do chão e cobertas para não serem detectadas por intrusos. Essa defesa era ampliada por 21 covas repletas de espetos afiados e camufladas por arbustos e mato.[45]

O quilombo de Santo Antônio estava estabelecido a "três léguas" de distância da vila de Camamu (cerca de dezoito quilômetros, se consideramos que uma légua equivale a mais ou menos 6 mil metros de distância), "sobre um monte", e era protegido por "uma estacada" (conjunto de estacas enfileiradas, a modo de cerca) ou "fortificação". Não se sabe se essa estrutura foi toda erguida após o ataque à vila, para dar acolhida aos novos habitantes, ou se ela já existia antes, pelo menos em parte, nem quanto tempo decorreu entre o assalto à vila e a chegada das tropas ao mocambo, já que toda a documentação foi produzida após este último evento.

A batalha parece ter sido um confronto equilibrado. Número equivalente de combatentes compunha, de ambos os lados, exército e lideranças. Do lado do governo, a milícia era formada por sessenta homens brancos, vinte mulatos e vinte índios, e comandada por Antonio Ferraz de Azevedo. A confiar nas palavras do capitão-mor Bento Ribeiro de Lemos, Antonio Ferraz era "homem de boa feição", ou seja, um sujeito de bom porte físico e bom ânimo, adequado para

44. Richard Price, "Introduction", in Price (org.), *Maroon Societies: Rebel Slave Communities in the Americas* (Baltimore: Johns Hopkins University Press, 1996), p. 5.

45. Schwartz, *Escravos, roceiros e rebeldes*, pp. 235-242.

chefiar as tropas. Ele já havia ocupado, na vila de Camamu, os postos de vereador e de juiz ordinário, e o prévio exercício desses cargos também parece ter somado pontos para que fosse ele o escolhido para comandar a expedição. Sua nomeação para o posto de capitão-mor das entradas dos mocambos foi feita de forma apressada, porém criteriosa, como exigia a situação: quando o governador advertiu Bento Ribeiro de Lemos de que escolhesse para a empreitada "a pessoa que lhe parecesse de mais valor", essa recomendação sem dúvida refletia certa apreensão com a responsabilidade e correção no exercício da função, visto que o capitão Francisco Pinto de Afonseca, que antes ocupava o cargo, faltara às suas obrigações, deixando o posto vago e a segurança local extremamente vulnerável.[46]

Do lado dos rebeldes, eram cerca de cem pessoas, chefiados por seus líderes e subcomandantes, ou "o governador e seus cabos", segundo entenderam as autoridades. Sobre essas lideranças, a documentação acusa repetidas vezes a ação de "cinco mulatos", que faziam sozinhos o comando do movimento, sem que fique claro em momento algum se eles eram escravos ou participaram da revolta apesar de libertos. "Mulato" era a designação que se atribuía aos mestiços de negros com brancos, e sua participação em revoltas de escravos, sobretudo na condição de líderes, constitui um caso excepcional da rebelião de Camamu. Não há mais informações sobre o grupo dos rebeldes, mas é possível inferir que ele fosse formado por outros escravos brasileiros e africanos, e talvez libertos. Quanto aos africanos, a maior parte dos que chegavam à Bahia nessa época vinha das áreas centro-ocidentais da África, dos reinos do Congo e de Angola.[47]

O fato de que a diversidade de cor e étnica da população cativa brasileira e as decorrentes posições diferenciadas desses segmentos na sociedade escravista foram responsáveis pela fragmentação política do comportamento dos cativos já foi amplamente discutido pela historiografia. Isso se verifica, por exemplo, no ciclo insurrecional que culminou com a Revolta dos Malês em Salvador, 1835, em que os escravos brasileiros, fossem eles crioulos, cabras ou

46. "Carta patente de Antonio Ferraz Azevedo". Quanto às expressões utilizadas para qualificar o militar, também consultei Rafael Bluteau, *Vocabulário português e latino*, 10 v. (Coimbra: Colégio das Artes, 1712-1728).

47. Pierre Verger, *Fluxo e refluxo do tráfico de escravos entre o golfo do Benim e a Bahia de Todos os Santos dos séculos XVII a XIX* (São Paulo: Corrupio, 1997), pp. 9 e ss. Ver também Maria Inês Côrtes de Oliveira, "Quem eram os 'negros da Guiné'?: a origem dos africanos na Bahia", *Afro-Ásia*, Salvador, n. 19/20 (1997), pp. 37-73.

mulatos, não apenas se ausentaram da quase totalidade das revoltas escravas como muitas vezes foram diretamente responsáveis por sua repressão. Quando estavam em maioria, no entanto, promoveram suas próprias rebeliões.[48]

Casos assim ocorreram no engenho Santana de Ilhéus, em 1789, e no engenho Vitória, em Cachoeira, em 1827, ambos com escravarias predominantemente crioulas — composição étnica excepcional, já que os africanos em geral constituíram a maioria da força de trabalho dos engenhos baianos. Enquanto no engenho Vitória a ausência de homens africanos na população cativa do engenho por si só denota, por parte do senhor, uma "atitude deliberada de afastamento dos escravos de além-mar", a rebelião ocorrida no Santana deixou um documento ímpar na história do escravismo brasileiro. O "tratado de paz" proposto pelos rebeldes crioulos ao seu senhor veiculava uma veemente animosidade antiafricana, incluindo na pauta das reivindicações que apresentavam como condição para voltarem ao trabalho a isenção de certas funções que deveriam ser executadas apenas pelos escravos "minas", isto é, africanos embarcados na Costa da Mina, na África Ocidental. A análise desses movimentos levou João José Reis a considerar que a dissensão entre os escravos brasileiros (crioulos ou mulatos) e os africanos constituía como que uma regra geral da política escrava na Bahia oitocentista.[49] Em outros contextos, no entanto, essa relação funcionou de maneira diversa.

Em Campinas, no ano de 1832, provou-se a colaboração de pelo menos três crioulos, nascidos nas fazendas da região, em uma grande conspiração de africanos.[50] No ano seguinte, na comarca do Rio das Mortes, Minas Gerais, havia nove escravos crioulos entre os 31 escravos indiciados no processo de insurreição, sendo dois deles apontados como líderes. Na "insurreição quilombola" de Manuel Congo, já mencionada, também se constatou a participação de cinco escravos crioulos, inclusive entre as lideranças.[51] Em nenhum desses

48. Reis, "Quilombos e revoltas escravas no Brasil", *Revista USP*, n. 28 (1995-96), p. 22.

49. Reis, "Quilombos e revoltas". Sobre o movimento no engenho Vitória, ver também Reis, "Recôncavo rebelde: revoltas escravas nos engenhos baianos", *Afro-Ásia*, Salvador, n. 15 (1992), pp. 113-115; sobre a revolta do engenho Santana, Stuart B. Schwartz, "Resistance and Accomodation in Eighteenth-Century Brazil: The Slaves' View of Slavery", *Hispanic American Historical Review*, Durham, v. 57, n. 1 (1977), pp. 69-81.

50. Pirola, *Senzala insurgente*.

51. Gomes, *Histórias de quilombolas*.

casos, no entanto, os crioulos formavam a maior parte da população escrava local. Comentando a relação entre africanos e brasileiros na elaboração das revoltas escravas, Marcos Andrade assinala que, se essas diferenças podiam "inviabilizar a associação escrava", na comarca do Rio das Mortes, por exemplo, tais divergências foram superadas em nome de um projeto comum. O caso Carrancas revela que "a clivagem absoluta entre nativos e africanos, bastante recorrente na historiografia, deve ser relativizada", considerando-se as particularidades de cada insurreição, as especificidades de cada movimento, entre os quais poderíamos mencionar o de Camamu.[52]

Acerca dessa excepcionalidade, seria válido perguntar se nessa região os mulatos constituíam a maioria ou pelo menos parcela expressiva da população local, mas não dispomos de dados para isso, nem mesmo nas listagens do final do século XVIII, que fazem apenas a distinção do estatuto legal. Como explicou Stuart Schwartz, "os padrões demográficos gerais da escravidão brasileira indicam que os mulatos constituíam talvez entre 10% e 20% da população escrava", porcentagem que podia ser "consideravelmente maior" em "capitanias com menor dependência direta do tráfico", como a de Ilhéus.[53] Em 1757, o vigário Joaquim Pereira da Silva, encarregado de escrever sobre a vila de Cairu um relatório encomendado pela Secretaria de Estado do Ultramar aos vigários do Arcebispado da Bahia, registrou que ali "a mais desta gente são negros, e pardos cativos".[54] Bem antes disso, no final do XVII, já havia muitos sinais da presença de mulatos na região, compondo as companhias que faziam entradas para eliminar quilombos. No quilombo de Santo Antônio, ao contrário, um mulato ocupava a liderança rebelde e o posto de "governador".

Em outras revoltas escravas, a posição de liderança foi ocupada por homens e mulheres intitulados reis e rainhas. Em uma conspiração escrava descoberta em Minas Gerais, em 1719, fala-se de dois reis, um para dirigir os negros minas, outro os de Angola; no quilombo baiano do Urubu, o líder também ostentava o título de rei, e havia Manoel Congo, rei do quilombo do Paty do

52. Marcos Ferreira de Andrade, "Rebelião escrava na comarca do Rio das Mortes, Minas Gerais: o caso Carrancas", *Afro-Ásia*, Salvador, n. 21/22, 1998-1999, p. 70. Sobre essa revolta, ver o capítulo de Marcos Ferreira de Andrade neste livro.

53. Schwartz, *Escravos, roceiros e rebeldes*, p. 186; e *Segredos internos*, p. 288, respectivamente.

54. "Relação da freguesia de Nossa Senhora do Rozario da Villa do Cayrú da Comarca da Bahia...", *ABN*, v. 31 (1909), p. 192.

Alferes, no Rio de Janeiro, que também tinha uma rainha.[55] A atribuição de títulos era, como assinalou Luciano Figueiredo, um aspecto ritual em rebeliões do Antigo Regime, em que "os amotinados têm desejo de se institucionalizar sob papéis e funções político-administrativas". Isso podia acontecer "até mesmo [em] rebeliões com uma composição social de grupos que não partilham inteiramente os modelos de luta política", como os escravos.[56] Se uma espécie de "mentalidade monarquista", que evidentemente replicava "concepções africanas de liderança" (como assinalou João José Reis para os reis e rainhas entronizados nos casos acima mencionados), condizia com lideranças africanas, então o título de governador, que designava o mais alto cargo da colônia à época, talvez combinasse melhor com as lideranças nascidas na terra, sugerindo, para esse contexto, a instituição de um poder alternativo.

No reino do Congo, o catolicismo havia sido introduzido pelos portugueses em fins do século XV. O primeiro rei congolês foi convertido ao catolicismo em 1491, mas foi no reinado de Afonso I (1509-1542) que o cristianismo se expandiu e se consolidou, superpondo-se às tradições religiosas locais. Desse processo resultou, no reino do Congo, um "complexo religioso original, híbrido, a um só tempo católico e bantu", ou uma "modalidade remodelada e completamente africanizada do cristianismo". Foi nesse contexto que irrompeu, entre 1702 e 1703, um expressivo movimento antoniano, assim denominado porque sua líder, dona Beatriz Kimpa Vita, uma jovem aristocrata de família nobre congolesa, investida por santo Antônio, pregava mensagens pela unificação do reino do Congo. O personagem assumido pela profetisa era por ela chamado de "segundo Deus".[57] A espetacular popularidade do movimento sinaliza o êxito do processo de cristianização do reino do Congo e a larga aceitação e celebridade de santo Antônio entre aquela população.

55. Reis, "Quilombos e revoltas", p. 32.

56. Luciano Figueiredo, *Rebeliões no Brasil Colônia* (Rio de Janeiro: Jorge Zahar, 2005), pp. 66-67.

57. Em 1708, Kimpa Vita foi presa e condenada a morrer na fogueira como herege. Ronaldo Vainfas e Marina de Mello e Souza, "Catolização e poder no tempo do tráfico: o reino do Congo da conversão coroada ao movimento antoniano, séculos XV-XVII", *Tempo*, Niterói, n. 6 (1998), pp. 103 e 105, respectivamente, para as citações. O artigo apresenta ainda um debate breve, mas elucidativo, da historiografia sobre o antonianismo no reino do Congo. Um trabalho mais denso sobre o tema é o de John K. Thornton, *The Kongolese Saint Anthony: Dona Beatriz Kimpa Vita and the Antonian Movement, 1684-1706* (Cambridge: Cambridge University Press, 1998).

Os congoleses desembarcados na Bahia no século XVII faziam parte dessa geração. Eles vinham de um reino cristão onde a evangelização havia valorizado muito a figura de santo Antônio, não menos popular em Portugal, onde era santo patrono. Sobre a notabilidade dessa figura religiosa no contexto do movimento antoniano, John Thornton explica que, na qualidade de patrono de Portugal, ele era considerado "patrono do Congo por extensão".[58] Na verdade, a devoção ao santo pareceu difundir-se, junto ao catolicismo ibérico, por toda a extensão do império ultramarino, assumindo, evidentemente, colorações locais. Na América portuguesa, santo Antônio também granjeara imensa popularidade, atuando em diferentes domínios.

Uma de suas mais solicitadas aptidões era o talento na recuperação de causas ou coisas perdidas, em especial escravos. Em um de seus sermões, escrito na Bahia do século XVII, o padre Antônio Vieira prescreveu: "Se vos foge o escravo, santo Antônio". Por isso, muitas vezes sua imagem era invocada em expedições militares contra mocambos, solicitado inclusive na qualidade de praça do exército — como foi o caso em uma expedição que partiu de Recife, em 1685, para dar combate ao grande quilombo dos Palmares. Essa sua especial habilidade na captura de fujões conferiu-lhe a reputação de capitão do mato, como mostrou Luiz Mott.[59] Isso lembra também outro aspecto comum da devoção ao santo — o militar, isto é, seu reconhecimento como santo guerreiro. Ronaldo Vainfas lembra que esta outra faceta do santo era tão importante que ele poderia inclusive ter "suplantado o santo guerreiro por excelência, ou seja, são Jorge".[60]

Santo Antônio era de longe a figura religiosa mais solicitada pelos colonos. Sua vasta popularidade está muito evidente, por exemplo, na profusão de vilas, cidades, freguesias, regimentos, fortes e igrejas batizados com seu nome. Para a Bahia da época seriam talvez centenas de exemplos, e apenas na região onde ocorreu a revolta podemos contar ao menos o convento de Santo Antônio, em Cairu, fundado por padres franciscanos, "a pedido dos moradores", por

58. Thornton, *The Kongolese Saint Anthony*, p. 112.

59. Luiz Mott, "Santo Antônio, o divino capitão-do-mato", in Reis e Gomes (orgs.), *Liberdade por um fio*, p. 124.

60. Ronaldo Vainfas, "Santo Antônio na América portuguesa: religiosidade e política", *Revista USP*, São Paulo, n. 37 (2003), p. 32.

volta de 1650; a capela de Santo Antônio, em Mutupiranga, freguesia de Boipeba; e a própria freguesia de Santo Antônio do Jequiriçá, formada em 1757.[61]

Evidências para outras regiões revelam que santo Antônio tinha também numerosos devotos entre os "estratos populares", inclusive a população de cor, livre, liberta e escravizada... Na primeira metade do século XVIII, Mott identificou sinais de culto ao santo "em diferentes rituais afro-brasileiros: nos *calundus* de inspiração angolana e no *acotundá* de vertente mina [...] [e] em áreas culturais ligadas à *umbanda*".[62] Em outros contextos, já no século XIX, santo Antônio aparece envolvido em quilombos e rebeliões escravas. Em uma comunidade quilombola no Pará, em 1863, os fugitivos consultavam sua imagem para saber sobre a aproximação das tropas de assalto. Na região de Vassouras, província do Rio de Janeiro, em 1847, abortou-se uma conspiração escrava envolvendo membros de uma associação "mística" secreta chamada "umbanda", devotada a santo Antônio.[63]

Em Camamu, a escolha de santo Antônio para nomear o quilombo remete a diferentes origens e significados. É possível pensar em um componente religioso trazido por rebeldes do outro lado do Atlântico, que encontraria lastro no santo Antônio cultuado na Bahia colonial, onde ele podia tornar-se aliado de devotos em todas as classes sociais. Aliás, se santo Antônio era reconhecido santo guerreiro, adotá-lo como estandarte de uma rebelião não significaria, como interpretou Slenes para a conspiração escrava de 1847, "a intenção de virar o Brasil político [...] de cabeça para baixo?".[64]

Os efeitos do levante de 1691 e sua repercussão entre as elites da época não podem ser nitidamente vistos a partir da documentação disponível. Os registros sobre a rebelião são todos constituídos por partes de correspondência entre administradores na colônia e no reino, além das cartas patentes de nomea-

61. Sobre o convento de Santo Antônio em Cairu, Campos, *Crônica*, p. 118. A capela de Santo Antônio em Boipeba e a freguesia de Santo Antônio do Jequiriçá são mencionadas na descrição da parte norte da capitania feita por Dias, "Economia", pp. 219 e 248, respectivamente.

62. Mott, "Santo Antônio", p. 130.

63. Eurípedes Funes, "'Nasci nas matas, nunca tive senhor': história e memória dos mocambos no baixo Amazonas", in Reis e Gomes (orgs.), *Liberdade por um fio*, pp. 467-497; e Robert Slenes, "'*Malungu, ngoma* vem!': África coberta e descoberta do Brasil", *Revista USP*, 12 (1991-1992), p. 64.

64. Slenes, "'*Malungu, ngoma* vem!'", p. 64.

ção para cargos militares. Um aspecto presente em toda a documentação é o alarde em torno de uma possível contaminação rebelde, que atingiria "os escravos das demais vilas", ou, ainda mais sério, "os negros do Recôncavo", dependendo de quem escreve.[65] Para essas falas, creio que existem pelo menos duas explicações possíveis.

Uma delas é o já mencionado emprego recorrente de expressões, formas retóricas e de um estilo de texto que investe em realçar o empenho e o sucesso dos militares na destruição do mocambo, narrativa inclusive talhada para barganhar benefícios ulteriores. A investidura de Antonio Ferraz no posto de "capitão-mor dos mocambos", por exemplo, concretizada após a destruição do quilombo, pode aqui facilmente ser interpretada como uma espécie de prêmio. O texto da carta patente dá ênfase a "seu valor, disposição, zelo do serviço de Sua Majestade e honrada opinião que se tinha de sua pessoa". Também foi premiado o desembargador Dionísio de Ávila Vareiro, responsável pela execução da devassa, cujo "acerto com que se houve nesta diligência" rendeu-lhe crédito para futuras solicitações junto ao Conselho Ultramarino, de onde os oficiais escreveram afiançando guardar lembrança de seu sucesso "para nas ocasiões que houver de seus requerimentos ter toda a atenção".[66]

Também havia nessas falas um temor verdadeiro de que tais exemplos de rebeldia fossem seguidos em outros pontos da Bahia e da colônia, o que não era de todo improvável. Basta pensar, por exemplo, na ameaça contemporânea representada pelo grande quilombo dos Palmares — lembrado, aliás, pelo governador Câmara Coutinho, que, com vistas a enaltecer a própria atuação, alegou junto à metrópole que, caso o quilombo não fosse destruído, teríamos ali "outros Palmares". Para além de seu impacto retórico, essas conjecturas exprimiam também a apreensão real das autoridades diante da possibilidade de uma subversão generalizada que desordens locais pudessem provocar.

Nessa região, esse tipo de acontecimento causava uma adversidade específica, relativa à questão do abastecimento de comida para a capital da colônia e suas tropas, que dependiam rigorosamente do alimento produzido ali. A preocupação em relação a esse aspecto fica muito evidente na documentação,

65. "Carta para sua Majestade sobre o levantamento dos negros no Camamu"; e "Carta patente [...] de Antonio Ferraz de Azevedo".

66. "Consulta do Conselho Ultramarino".

e Câmara Coutinho resumiu o problema advertindo que, não fosse a repressão bem-sucedida, "ficaria esta cidade com muita fome por falta de farinhas que vêm daquelas partes".[67]

Prevenir a ocorrência de incidentes semelhantes era então a principal preocupação dos administradores, que para isso agem em vários sentidos. A exposição da cabeça dos líderes executados no local da revolta, que tinha a dupla função simbólica de "desmitificar" a imagem do líder e evidenciar o destino de quem procedesse de maneira semelhante, assim como a deportação dos rebeldes constituíam punição exemplar típica da metodologia preventiva da rebelião. Afastando os rebeldes de parentes, amigos e pessoas queridas e de suas comunidades de origem, a deportação era um castigo especialmente duro para crioulos e mulatos que talvez tivessem ali vivido desde que vieram ao mundo.

A despeito da vigilância redobrada sobre o comportamento escravo que a revolta deve ter produzido na região, a tradição quilombola em Camamu e áreas próximas persistiria ameaçadora por muitos anos. Em 1697, respondendo à carta de Cairu sobre novos ataques promovidos por quilombolas, o governador João de Lencastro instruía o capitão-mor João Amaro Maciel a arregimentar as milícias locais para uma entrada contra os quilombos "das cabeceiras [das três] vilas", que ali existiam "em grande prejuízo de seus moradores".[68] Dois anos mais tarde, voltou a planejar uma entrada contra "um mocambo de negros fugidos [...] da vila do Cairu", comandada pelo sargento-mor Francisco Ramos, para o que solicitava tantos índios quanto fosse possível ao padre superior da aldeia de São Miguel do Serinhaém.[69] Em 1719, após nova temporada de investidas dos indígenas, o capitão-mor Antonio Veloso foi encarregado da prisão de Benedito e Cipriano, dois "negros forros", na vila do Cairu. No ato da prisão, Cipriano, de posse de duas espingardas, resistiu ao sargento e aos soldados com três tiros, mas não conseguiu atingi-los. Três anos

67. "Carta para André Lopes de Lavre".

68. "Carta para as três vilas e o Capitão-mor delas", Bahia, 4 dez. 1697, APEB, cód. 149, fl. 24; e "Carta para os oficiais da Camara da vila de Cairú sobre farinhas e mocambos", Bahia, 10 dez. 1697, APEB, cód. 149, fl. 26v.

69. "Carta para o P. Superior da Aldeia de São Miguel de Serinhaém sobre [dar] os índios ao Sargento-mor Francisco Ramos para a entrada dos mocambos da vila do Cairú", Bahia, 14 jan. 1699, APEB, cód. 149, fl. 45v.

mais tarde, em 1722 o mesmo Antonio Veloso conduziu uma entrada a um grande mocambo fortificado com mais de quatrocentos quilombolas nas proximidades da mesma vila.[70]

CONCLUSÃO

Em qualquer época ou lugar que tenham acontecido, as revoltas escravas sinalizaram momentos de incisiva afirmação política, étnica e/ou racial dos cativos sob as condições extremamente adversas impostas pela sociedade escravista. No Brasil, as rebeliões escravas só se generalizariam no século XIX, favorecidas por outros fatores conjunturais, como as clivagens políticas que dividiam as elites brasileiras, um ambiente de crise econômica, a concentração de escravos do mesmo grupo étnico ou nação e a presença de ideologias militantes, como o islamismo. Além disso, o fim do tráfico, em 1850, alterou aos poucos a composição étnica da população escrava, e com o tempo, e sobretudo com a aproximação da abolição, as rebeliões passaram a ser acionadas por maioria ou totalidade de escravos brasileiros. Trata-se de um contexto político muito específico, distante no tempo do caso aqui analisado. No final do XVII, as insurreições, ou levantamentos, eram raras.

No início da pesquisa, propus-me a investigar o que teria, nessas condições, precipitado o levante. É evidentemente problemático responder a essa questão de maneira matizada porque a escravidão, em si, era motivo suficiente para a revolta. Na vila de Camamu, em 1691, no entanto, a combinação de diversos fatores conjunturais pode ter significado para os rebeldes uma oportu-

70. "Carta para os oficiais da Câmara da vila do Camamu sobre ataques do gentio bárbaro à vila do Cairú" [Bahia, 6 jul. 1719], in *Documentos históricos*, v. 43, pp. 135-136; "Carta para o Provincial da Companhia de Jesus mandar ordens para os missionários do Cairú, Serinhaem, Maraú e Camamu darem os índios de guerra para entrada aos Bárbaros que fizeram 12 ou 13 mortes no Jequiriçá" [Bahia, 22 out. 1720], *DH*, v. 4, pp. 348-349; e "Carta para o capitão Antonio Tavares de Pina sobre a prisão de dois negros forros" [Bahia, 13 set. 1719], *DH*, v. 4, pp. 212-213; "Carta do vice rei e governador geral do Brasil Vasco Fernandes ao rei D. João V comunicando a extinção dos índios do distrito de Cairú devido a guerra que mandou fazer pelo Capitão Antonio Veloso e as ordens que o referido levou para atacar um mocambo que possui mais de 400 negros", Bahia, 4 dez. 1722, AHU, Projeto Resgate, cx. 16, doc 1376; e "Carta régia ao governador Vasco Fernandes César de Menezes", Lisboa, 12 fev. 1723, APEB, *Ordens Régias*, doc. 6.

nidade decisiva de pôr um plano em prática. Acredito que, a modo de conclusão, vale recapitular algumas das direções apontadas pela investigação.

Se as revoltas podiam estar associadas a momentos de exclusiva exploração do trabalho, ao mesmo tempo condições de trabalho e vida mais amenas podiam também favorecê-las, assim como outras características da relação senhor-escravo. Essa região, por exemplo, era caracterizada por pequenos produtores escravistas, a grande maioria proprietária de um a cinco escravos (ver Tabela 2), gente, portanto, que não podia arcar com muita despesa no trato dos escravos, nem no seu controle através da contratação de feitores e capatazes. A vigilância de sua força de trabalho, como se sabe, era um grande ônus do sistema escravista.

Ao longo do século XVII, a política do "conchavo das farinhas", regulada pelo governo-geral e pela Câmara de Salvador, exerceu crescente pressão sobre os lavradores das vilas abastecedoras, mas o final do século XVII parece ter sido uma conjuntura econômica particularmente desfavorável. Nos anos de 1686 e 1691 a capital atravessou as duas mais graves crises de abastecimento de todo o século.[71] Nesse contexto, é fácil imaginar que o crescimento das exigências sobre produtividade do trabalho criava um ambiente encorajador para que mais cativos aderissem à revolta. Admitir uma relação imediata entre a crise de abastecimento e o motim significaria, no entanto, incorrer em empobrecedor "reducionismo econômico". Como sugere Thompson ao analisar situações análogas na Europa, mais importante do que isso era a percepção que os subalternos tinham de "práticas legítimas" e "costumes tradicionais" ao que o historiador inglês chamou de "economia moral".[72] Nesse sentido, o da violação de sua noção de direito a um mínimo suportável de consumo alimentar, seria possível até mesmo que não tenha restado comida para os habitantes da zona onde ela era produzida.

Outra questão tocada pela pesquisa, talvez a mais significativa delas, é a dimensão do que podem ter sido as alianças afro-indígenas nessa região. Identificados alguns casos na capitania da Bahia do XVIII (em 1704, no distrito do Brejo, e em 1783, na região do Geremoabo), Flávio dos Santos Gomes aponta

71. Sobre a crise de abastecimento desse período, ver Silva, *A morfologia*.

72. E. P. Thompson, *Costumes em comum: estudos sobre a cultura popular tradicional* (São Paulo: Companhia das Letras, 1998).

que a "rede de solidariedades e complementaridade econômicas e sociais" que envolvia os mocambos baianos em diversos contextos podia incluir também comunidades indígenas. O estudo de Gomes para a Bahia e mais amplamente o de Schwartz para as Américas pontuam de maneira esparsa, conforme permite a documentação, a dimensão dos contatos afro-indígenas tal como era vista, e manipulada, pela sociedade colonial. A forma como "os negros e indígenas viam a si mesmos e uns aos outros", a organização social e estruturação política das comunidades afro-indígenas quase não se deixam ver através da documentação, mas para ilustrar a vulgarização dessas relações basta dizer que dois grandes movimentos de resistência colonial da época, a Santidade de Jaguaripe, que existiu de 1570 até o início do século XVII, e o quilombo de Palmares, assentaram bases, em parte, sobre essas alianças.[73]

Voltando especificamente à Bahia, especula-se que as lutas teriam se sucedido e que a formação de quilombos espalhados por toda a capitania consiste numa espécie de continuidade, em termos de "padrões estruturais de opressão e resistência", das lutas indígenas, conforme conclui Flávio dos Santos Gomes.[74] A insurreição quilombola de Camamu pode ser referida como um exemplo que sustenta essa hipótese.

73. Gomes, "Um Recôncavo"; e Schwartz, "Tapanhuns, negros da terra e curibocas", pp. 32-33 (citação).

74. Gomes, "Um Recôncavo", p. 41.

3. Um "levante, e sedição"?: poder, figuração social e mudança de status entre escravos e libertos na América portuguesa (Pernambuco, 1750-1815)[1]

Luiz Geraldo Silva

"UM LEVANTE, E SEDIÇÃO"

No dia 27 de maio de 1814, "derramou-se um rumor geral" na vila do Recife, capitania de Pernambuco, à medida que "espalhou-se um boato" acerca de um possível "levante, e sedição dos negros do País", que poderia "romper no Domingo, vinte e nove do mês de maio", dia do Espírito Santo. A documentação que recolhi a respeito desse suposto "levante, e sedição" se refere também ao "grande o susto com os próximos exemplos vindos da Bahia" e com a possibilidade de estes soarem "nos ouvidos dos escravos". Em decorrência dessas representações mentais, o "ilustrado" governador e capitão general de Pernambuco, Caetano Pinto de Miranda Montenegro (1804-1817) — um dos raros governadores da América portuguesa que não tivera formação militar, mas jurídica —, tomou naquela ocasião medidas urgentes de modo a "tranquilizar os ânimos assustados". Conforme seu ponto de vista, era preciso "fazer conhe-

1. A elaboração deste capítulo se tornou possível graças à transcrição de parte substancial da documentação por Fernando P. de Souza e Leandro F. de Paula: a eles meus sinceros agradecimentos. Agradeço igualmente a João José Reis pela leitura atenta do texto, bem como por seus ricos comentários, correções e revisões. Os equívocos e as redundâncias que permaneceram neste capítulo devem, contudo, ser atribuídos exclusivamente à minha teimosia.

cer aos mesmos escravos o pronto castigo, que achariam, se meditassem alguma coisa".[2] Por um lado, Montenegro procurou tomar medidas militares e estratégicas. Primeiro, ordenou que as tropas milicianas permanecessem de guarda "para ficar desembaraçado o Regimento de Linha", mantendo-se este "em armas no Quartel". Ao mesmo tempo, mandou o regimento de artilharia marchar sobre Olinda, "no silêncio da noite de 28 para 29" de maio, "de sorte que ao amanhecer aparecesse formado na praça do Carmo". Ademais, o governador ordenou aos doze regimentos existentes no Recife que "se conservassem em armas [naqueles] três dias Santos, fazendo sair patrulhas fortes para todos os bairros e arrabaldes". Por outro lado, ele deu ensejo a ações contra africanos e afrodescendentes livres, libertos e escravos que apresentassem qualquer ligação com o suposto "levante, e sedição dos negros do País". Nos dias 28 e 29 de maio de 1814, segundo Montenegro, foram "presos por indícios, e em consequência de buscas que mandei dar em algumas casas de suspeita", dezessete homens e uma mulher, todos africanos ou afrodescendentes vinculados ao *continuum* liberdade-escravidão — conceito que discuto em seguida. Ao longo da devassa, aberta a 2 de junho de 1814, esses dezoito indivíduos foram interrogados como suspeitos, ao passo que outras 42 pessoas prestaram depoimentos ao então ouvidor-geral da comarca, Francisco Affonso Ferreira, na condição de testemunhas.[3]

2. "Ofício do governador e capitão general de Pernambuco, Caetano Pinto de Miranda Montenegro, ao Secretário de Estado dos Negócios do Reino, Marquês de Aguiar, sobre o levante dos pretos", Recife, 13 ago. 1814. Arquivo Público Estadual Jordão Emerenciano (doravante APEJE), *Correspondência para a Corte*, cód. 17 (1808-1817), fls. 205-207. Cópia desse documento pode ser lida no Arquivo Nacional (doravante AN), *Ministério do Reino. Interior*, cód. IJJ9 240 (1812-1814), fl. 305. Sobre o impacto das revoltas ocorridas na Bahia entre 1807 e 1814 em Pernambuco, ver Luiz Geraldo Silva, "'Sementes da sedição': etnia, revolta escrava e controle social na América portuguesa (1808-1917)", *Afro-Ásia*, Salvador, n. 25/26 (2001), pp. 9-60; sobre o perfil dos governadores das capitanias da América portuguesa, ver o ensaio de Nuno G. F. Monteiro, "Governadores e capitães-mores do império atlântico português nos séculos XVII e XVIII", in Maria Fernanda Bicalho e Vera Lúcia Amaral Ferlini (orgs.), *Modos de governar: ideias e práticas políticas no império português (séculos XVI a XIX)* (São Paulo: Alameda, 2005), pp. 93-115.

3. "Caetano Pinto de Miranda Montenegro ao Doutor Ouvidor Geral desta Comarca, Francisco Affonso Ferreira", Recife, 1º jun. 1814, AN, *Ministério do Reino. Interior*, cód. IJ9 240 (1812--1814), fls. 307-307v. O mesmo documento pode ser visto em APEJE, *Ofícios do Governo*, cód. 15, fls. 21-21v. Já tive oportunidade de analisar esse suposto levante de 1814 em outro momento:

Antes de examinar a lista dos suspeitos, quero destacar que africanos e afrodescendentes livres, libertos e escravos arrolados na devassa faziam parte do mesmo nível social — o nível mais baixo da sociedade de tipo antigo (ou oligárquico), até então plenamente vigente na América portuguesa. O que os congregava de maneira forçada nesse nível social, a despeito de suas distintas condições civis, era seu pertencimento ao *continuum* liberdade-escravidão. Esse conceito se baseia na ideia de que a escravidão não deve ser encarada a partir de categorias estáticas como as de "classe", "casta" ou como uma forma particular de "estratificação social". Antes, a escravidão deve ser interpretada como um *processo*, no interior do qual seres humanos uma vez escravizados alteram seu status ao se moverem, ascendente ou descendentemente, no interior de um *continuum* polarizado entre a escravidão e a liberdade. Assim, liberdade e escravidão não constituem categorias independentes ou opostas, mas conectadas, interdependentes, e ligadas através de um *continuum* no qual se movem não apenas indivíduos escravizados, mas também libertos, livres e seus descendentes, posto que a condição de marginalidade decorrente do cativeiro se mantém por várias gerações — sendo, ademais, agravada, na escravidão moderna, pela afrodescendência. No entanto, e apesar de africanos e afrodescendentes libertos e livres manterem graus significativos de inabilitação para a ocupação de inúmeras profissões, ofícios e funções sociais em decorrência de seu vínculo imediato ou ancestral com o cativeiro e com o trabalho manual ou mecânico, o grau de sua marginalidade vai, na maioria dos casos, se reduzindo ao longo do tempo, mormente ao longo do transcurso intergeracional. É esse processo de mudança de status que explica, em última análise, a diversidade de posições sociais vividas por esses indivíduos no âmbito do *continuum* liberda-

---

Luiz Geraldo Silva, "Da festa à sedição: sociabilidades, etnia e controle social na América portuguesa (1776-1814)", in István Jancsó e Íris Kantor (orgs.), *Festa: cultura e sociabilidade festiva na América portuguesa* (São Paulo: Hucitec; Edusp; Imprensa Oficial; Fapesp, 2001), pp. 313-335. Retomo esse mesmo tema porque disponho hoje de rica documentação proveniente de uma devassa aberta contra os acusados de levantamento e sedição em junho de 1814, a qual se acha depositada no Arquivo Nacional, bem como porque é possível propor uma leitura diferente daqueles eventos, confrontar hipóteses antes formuladas e rever minhas próprias conclusões. "Auto da devassa a que procedeu o Doutor Desembargador Ouvidor Geral, Francisco Affonso Ferreira, pelas suspeitas de levante, sedição dos negros do País, contra os brancos", Recife, 2 jun. 1814, AN, *Ministério do Reino. Interior*, cód. IJJ9 240 (1812-1814), fls. 305-373 (doravante "Devassa" e fls. correspondentes).

de-escravidão. Contudo, sob o escravismo, jamais se verifica o fim da condição social de marginalidade mesmo entre aqueles mais próximos do polo da liberdade, isto é, os afrodescendentes livres e libertos. Em outras palavras, o *estigma da escravidão anterior* constitui aspecto central na determinação da posição social do liberto. Vai daí, pois, o fato de ele quase nunca ser "percebido como um igual" no âmbito de uma sociedade escravista, mesmo após obter status político-legal de homem livre.[4] Era difícil superar tal condição de marginalidade, embora de tendência decrescente, no interior de uma estrutura social marcada por um enorme diferencial de retenção de poder. Esse era o caso da América portuguesa — uma estrutura social ao mesmo tempo de tipo antigo (ou oligárquico) e escravista.[5] É essa condição de marginalidade, em seus vários estágios, que, em suma, fundamenta o perfil dos indivíduos listados como suspeitos pelo governador Montenegro.

Os primeiros da lista são dois africanos: Manoel, açougueiro, escravo, de "nação Angola", e Francisco Bento, um liberto oriundo da Costa da Mina. Ambos foram presos no beco de João Francisco, no bairro da Boa Vista, "em uma casa em que poucos entravam de dia e de noite em maior número". Nessa casa foram achados duas facas, dois chuços, uma foice, e muitos "quiris" — um tipo de madeira que, acreditava o governador, era passível de ser utilizada como arma. Os próximos da lista são, por sua vez, três escravos, todos africanos, os quais, como os dois primeiros, foram presos juntos: João, "que faz chapéus de sol na ponte do Recife", de "nação Angola", Antônio, um capinheiro "Benguela de nação", e Joaquim, um jovem alfaiate de 22 anos do "gentio de Angola". O primeiro, João, foi preso "por haver eficazmente procurado comprar uma espingarda" no dia 26 de maio de 1814. No dia de sua prisão, foi visto entrando "em uma casa defronte dos Martírios onde se ajuntam os da sua Nação". À medida que se fizeram buscas nessa casa, "foram [nela] achados os outros dois".

4. Suzanne Miers e Igor Kopytoff, "African 'Slavery' as an Institution of Marginality", in Suzanne Miers e Igor Kopytoff (orgs.), *Slavery in Africa: Historical and Anthropological Perspectives* (Madison: University of Wisconsin Press, 1979), pp. 3-81; Orlando Patterson, *Slavery and Social Death: A Comparative Study* (Cambridge: Harvard University Press, 1982), pp. 247-248.

5. Sobre o conceito de sociedade de tipo antigo, ou oligárquico, ver Norbert Elias, *Introdução à sociologia* (Lisboa: Edições 70, 2005), pp. 67-75, 93-99; sobre o diferencial de retenção de poder nesse tipo de sociedade, ver Norbert Elias, *Mozart: sociologia de um gênio* (Rio de Janeiro: Jorge Zahar, 1995), pp. 18-19.

Por sua vez, também foi preso ao longo da ofensiva o escravo crioulo Francisco, de 35 anos, "porque poucos dias antes pretendeu muito encarecidamente [...] comprar um barril de pólvora" ao comerciante Domingos Rodrigues Passo, que "lhe disse que a fosse buscar em outra parte". O sétimo preso da lista é o africano liberto Joaquim da Cunha, um "pescador de rede" casado e egresso da Costa da Mina, de 42 anos. Joaquim também foi vítima por ser morador numa das "casas de suspeita". Em sua residência, onde vivia com a família, se acharam "uma espingarda, dois fechos, e dois chuços, duas verrumas grandes, um formão, e uma pouca de pólvora".[6]

Recebeu destaque na lista a prisão do africano liberto Estanisláo Dias, também da Costa da Mina, e igualmente pescador de rede, cuja casa foi invadida por "suspeita". Nela se achou uma caixa contendo vários objetos de valor, além de uma quantidade considerável de moedas de ouro, prata e cobre. Havia na caixa, "em dinheiro de ouro, dois contos trezentos e setenta e dois mil-réis, em dinheiro de prata cento e sessenta e cinco mil-réis, em dinheiro de cobre doze mil seiscentos e quarenta réis". Ao mesmo tempo, a caixa também continha "duas peças e meia de paninho, um pedaço de cordão de ouro, um par de brincos", um par "de botões", e "um anel", todos de ouro, "bem como três colheres de prata".[7] Segundo Estanisláo, o dinheiro e os objetos encontrados não lhe pertenciam: eram propriedade de Domingos, outro liberto, "oficial de serrador", também morador em sua casa. Tanto Estanisláo como Domingos eram casados, e suas famílias coabitavam no mesmo domicílio, "pagando cada um metade do aluguel da casa". Para sua sorte, "o preto Domingos não foi preso, porque não estava em casa e nem tem aparecido". Com efeito, os recursos encontrados numa casa em que coabitavam duas famílias chefiadas por libertos que exerciam profissões bastante modestas, como as de pescador e serrador, eram significativos. Considerando que em 1814 o preço de um escravo africano adulto do sexo masculino, sem qualquer especialização, girava em torno de 120 mil-réis, conclui-se que com o dinheiro ali encontrado se podia adquirir

6. "Relação dos pretos que tem sido presos em consequência das vozes e rumor geral que se derramou nesta Vila no dia 27 do mês próximo passado de que eles meditavam fazer um levante no Domingo 29, Dia do Espírito Santo", Recife, 1º jun. 1814, APEJE, *Ofícios do Governo*, cód. 15, fls. 21v-24v; "Devassa", fls. 308-311 e 341-373; verbete "Quiris", in Antonio de Moraes Silva, *Diccionário da Língua Portuguesa* (Rio de Janeiro: Empresa Literária Fluminense, 1891), v. II, p. 643.

7. "Devassa", fl. 309.

até vinte cativos. Contudo, uma vez que Domingos não foi achado, e que mais nenhuma referência a ele foi feita ao longo da devassa, acabei por não saber a origem e a possível destinação daquela soma vultosa.[8]

O suspeito número nove, Joaquim Barbosa, de "nação Benguela", era outro africano liberto. Era um "ganhador" da praça do Recife — ou seja, um escravo posto "ao ganho" para desenvolver variados tipos de tarefas por quem o demandasse —, casado, que já passava dos sessenta anos. Sua prisão se deveu unicamente ao fato de "ser suspeita a sua conduta" — uma arbitrariedade à qual um indivíduo vinculado ao continuum liberdade-escravidão, dada a sua condição de marginalidade, parecia estar sujeito. Contudo, ele não era um ganhador qualquer: na relação dos presos, foi descrito como "capataz dos ganhadores", o que significa que, para ser escolhido líder, detinha algum prestígio no âmbito da figuração social formada pelos ganhadores da praça do Recife.

O suspeito seguinte, o liberto crioulo João Nunes Barbosa, acresce um elemento importante à representação mental elaborada pelo governador Montenegro acerca do suposto "levante, e sedição dos negros do País". Barbosa era solteiro e tinha apenas dezesseis anos, mas se dizia "oficial de barbeiro" e, estranhamente, era agregado à casa de um comerciante da vila do Recife, Luís de Castro Costa. Segundo a lista, fora "preso por se ter escondido, e por ser o que figurava em primeiro lugar em um requerimento, em que ele com outros meninos pediam licença para fazerem um brinco pelas ruas no dia do Espírito Santo". Esse requerimento, cujo teor analiso mais adiante, foi entregue diretamente ao governo da capitania e ao ouvidor-geral e intendente de polícia, Francisco Affonso Ferreira, sem qualquer constrangimento. Contudo, uma vez que nele se solicitava licença para um "brinco", um folguedo executado pelas ruas da vila, no mesmo dia do suposto "levante, e sedição", seu requerente foi considerado suspeito.[9]

8. Idem, fls. 309-309v, 354v. Sobre preços de escravos nos primeiros anos do século XIX, ver Manolo Florentino, *Em costas negras: uma história do tráfico de escravos entre a África e o Rio de Janeiro* (São Paulo: Companhia das Letras, 1997), pp. 159-161.

9. "Relação dos pretos que tem sido presos", fls. 23-23v; "Devassa", fls. 312-312v; "Aviso do secretário de Estado da Marinha e Ultramar, Rodrigo de Souza Coutinho, ao presidente do Conselho Ultramarino, conde de Resende, D. Antônio José de Castro, ordenando que dê o seu parecer a respeito do requerimento de Luís de Castro Costa, em que pede justiça no acerto de suas dívidas com seu ex-sócio, o cirurgião-mor do Regimento do Recife, José Fonseca Silva", Queluz, 6 set. 1800, AHU-PE, cx. 219, doc. 14 836.

Por sua vez, a prisão do suspeito número onze, o liberto africano Domingos do Carmo, de "Nação Congo", acresceu componentes ainda mais decisivos à representação mental elaborada pelo governador Montenegro. Diante do ouvidor Ferreira, ele se autodenominou "Juiz Perpétuo de Nossa Senhora do Rosário" e "Rei dos Congos, e de todas as Nações do Gentio da Guiné", funções sociais aparentemente exercidas no âmbito da Irmandade de Nossa Senhora do Rosário de Santo Antônio do Recife. Como todo indivíduo que exerce destacadas funções, como as de rei e de irmão de mesa, Domingos do Carmo era um homem idoso, de 63 anos, e, ao contrário dos demais suspeitos, não se escondera nem fora capturado. Na manhã de 28 de maio de 1814, quando foi "chamado à casa do Comandante" da povoação dos Afogados — onde residia e trabalhava na enxada —, "dali fora remetido preso para esta Praça sem saber o porquê". Durante sua prisão se achou entre seus pertences um "requerimento" dirigido "ao Governo, em que representava algumas desordens de outros Capatazes, e que no caso de se não dar providência haveria um levante". O impacto do requerimento sobre o governador Montenegro foi devastador: pareceu uma declaração de guerra explícita aos brancos formulada por um indivíduo dotado de considerável potencial de retenção de poder no âmbito da figuração social formada por africanos e afrodescendentes da vila do Recife.[10]

Três outros suspeitos, todos africanos, capturados pela mesma patrulha da povoação dos Afogados, chegaram juntos à cadeia da vila do Recife: o liberto Joaquim Henriques e os escravos Manoel Jerônimo Reinau e Caetano Inácio Borges. O primeiro disse ser de "Nação Cabundá", ao passo que os demais se identificaram como sendo do "gentio de Angola". Como em outros casos, os dois primeiros foram "presos por suspeita de que entrariam na referida desordem". Na mesma povoação dos Afogados também foi preso o liberto africano Francisco Reinau, de "nação Rebolo". Sobre ele pesaram não apenas as "mesmas suspeitas", mas também a resistência à prisão e a tentativa de suborno, uma vez que foi acusado de oferecer "ao Cabo das ordenanças, Joaquim José de Santa Ana e ao crioulo Francisco Manso, dezesseis mil-réis para o soltarem".[11] Os últimos três suspeitos, todos moradores na povoação dos Afogados, foram encarcerados por razões peculiares, e até certo ponto curiosas. O escravo afri-

10. "Relação dos pretos que tem sido presos", fl. 23v; "Devassa", fls. 360-360v.
11. "Devassa", fls. 360-360v.

cano João, "Nação Cassange", foi preso a 28 de maio por ter dito em plena rua do Motocolombó, no centro da povoação dos Afogados, "que os pretos se levantavam, e que ele havia de dar também a sua pancadinha". Outro escravo africano, João Maranhão, de "Nação Benguela", recebeu acusação gravíssima: "[Suspeita-se] fosse um dos cabeças de motim, denominando-se Capitão-Mor dos Capinheiros, e por dizerem, solicitava também outros pretos para o mesmo fim na referida povoação dos Afogados".[12] Por fim, a única mulher dentre os suspeitos foi a africana liberta Mariana, de "Nação Congo", solteira, de 35 anos, que vivia "de suas vendas". Quando uma das testemunhas foi "comprar-lhe dez réis de banana", ouviu-a dizer que "os brancos eram maus" e que um "preto", cujo nome não lembrava, estava certo em não deitar fora "a pólvora e chumbo que tinha em casa".[13]

Cabe, agora, inserir esse pequeno conjunto de suspeitos numa estrutura social mais vasta, a qual acena tanto para os vínculos entre procedências africanas específicas e o porto do Recife como para a figuração social formada pelos indivíduos daquela vila. Antes, contudo, informo ao leitor o que se entende por *figuração social*. Tal conceito se refere às ligações entre seres humanos efetivos e, como propõe Norbert Elias, tende a substituir categorias estáticas, como as de "sociedade", "estrutura" e "cultura", as quais não conseguem traduzir uma referência a determinadas figurações formadas por pessoas. Afinal, são seres humanos que agem, pensam, ocupam posições de status, desempenham funções específicas e formam "estruturas". As figurações sociais podem ter tamanho, escala e alcance reduzidos — uma vila, uma aldeia ou ampliados — uma cidade, uma província, um país. No âmago de todas as figurações sociais, como seu eixo estruturador, se situa um equilíbrio flutuante, pendular ou instável de poder. Este constitui uma característica estrutural do fluxo mutável e dinâmico de todas as figurações sociais.[14]

12. "Devassa", fls. 310v-311.

13. "Devassa", fls. 24-24v.

14. Fiz uma discussão mais extensa sobre esse conceito em Luiz Geraldo Silva, "El impacto de la revolución de Saint-Domingue y los afrodescendientes libres de Brasil: esclavitud, libertad, configuración social y perspectiva atlántica (1780-1825)", *Historia*, Santiago do Chile, v. 49, n. 1 (2016), pp. 209-233.

Ao longo da multissecular ligação entre portos africanos específicos e o porto do Recife — a mais antiga rota dos escravos em direitura à América portuguesa, iniciada por volta de 1551—, jamais havia se registrado maior volume do comércio de seres humanos que à época em que se abriu a devassa de 1814. Entre 1801 e 1820 calcula-se que cerca de 135329 africanos foram desembarcados em Pernambuco, mas enquanto 39,8% deles, ou 53869, foram introduzidos naquela figuração social escravista entre 1801 e 1810, os 60,2% restantes, isto é, cerca de 81460 indivíduos, adentraram na capitania entre 1811 e 1820. Esses escravos eram oriundos de seis procedências africanas específicas, dentre as quais se destacavam os portos de Luanda e Benguela, em Angola. Assim, pois, dos 135329 escravos desembarcados no porto do Recife entre 1801 e 1820, 1% vinha da Senegâmbia (1667 pessoas), outro 1% da Costa do Ouro (1309 indivíduos), 3% eram egressos do golfo do Benim (3637 escravos), 8% tinham Moçambique como porto de origem (11128 pessoas), 13% tinham como procedência o golfo de Biafra (18062 cativos) e 74%, a grande maioria, portanto, havia sido embarcada nos portos do reino de Angola (99525 indivíduos).[15] Essas linhas gerais revelam conexões claras com o fato de os dezesseis africanos presos em 1814 dividirem-se em dois grupos: um de apenas três pessoas que afirmaram ser naturais "da Costa da Mina" e outro de treze pessoas cuja procedência foi descrita genericamente como "Angola".

Ao mesmo tempo, desde meados do século XVIII, era grande o número de africanos e de afrodescendentes livres e libertos na capitania de Pernambuco. Em 1810, estima-se que essa capitania tinha cerca de 391986 habitantes, entre os quais 26,2% eram escravos e 42%, africanos e afrodescendentes livres e libertos. Para efeito de comparação, considere-se, por exemplo, que a capitania do Rio de Janeiro apresentava nesse mesmo ano de 1810 uma população total de 229582 indivíduos, dos quais 105607, 46% do total, eram cativos. Apenas

15. The Trans-Atlantic Slave Trade Database, <www.slavevoyages.org>, acessado em 9 dez. 2016; Daniel B. D. da Silva e David Eltis, "The Slave Trade to Pernambuco", in David Eltis e David Richardson (orgs.), *Extending the Frontiers: Essays on the New Transatlantic Slave Trade Database* (New Haven: Yale University Press, 2008), pp. 95-129; Marcus J. M. de Carvalho, *Liberdade: rotinas e rupturas do escravismo no Recife, 1822-1850* (Recife: Ed. UFPE, 1998), pp. 112--113, nota 3.

18,4% da população fluminense era formada por africanos e afrodescendentes livres e libertos. Esse balanço favorável a uma maior proporção de escravos também se verificava, à mesma época, nas populosas capitanias da Bahia e de Minas Gerais, as quais tinham, respectivamente, 47% e 41% de sua população africana e afrodescendente no cativeiro, e apenas 31,6% e 33,7% dela na condição de liberta e livre.[16] Em suma, quando se toma em consideração as capitanias mais populosas da América portuguesa — Pernambuco, Rio de Janeiro, Bahia e Minas Gerais — na década de 1810, percebe-se que o grupo social constituído por africanos e afrodescendentes livres e libertos superava o de cativos apenas na primeira. Esse aspecto, contudo, contrasta com o perfil dos dezoito suspeitos presos em decorrência da devassa de 1814: ambos os grupos de africanos e afrodescendentes, tanto o de escravos como o de livres e libertos, eram compostos de nove indivíduos.

A suposta revolta e sedição de 1814 teve como cenário o mundo urbano da vila do Recife. O espaço no qual viviam suspeitos e testemunhas presentes à devassa era formado por um conjunto de quatro "povoações": Recife, Santo Antônio, Boa Vista e Afogados. As duas primeiras se formaram ainda no século XVI, ao passo que as últimas aparecem na documentação a partir do século XVII. Em geral, africanos e afrodescendentes escravos, libertos e livres, grandes comerciantes, pequenos lojistas, taberneiros e artesãos, e mesmo alguns senhores de engenho absenteístas, moravam espremidos nas povoações seculares do Recife, Santo Antônio e Boa Vista, habitando casas e sobrados contíguos. Tais povoações eram ligadas entre si por três pontes: uma vinculava o Recife a Santo Antônio, outra Santo Antônio a Boa Vista e, por fim, a ponte dos Afogados permitia a ligação entre esta povoação e Santo Antônio — o bairro mais central e mais populoso da vila.

16. "Mapa geral dos fogos, filhos, filhas, clérigos, pardos forros, pretos forros, agregados, escravos, escravas, Capelas, Almas, Freguesias, Curatos e Vigários; com declaração do que pertence a cada termo, total de cada comarca, e geral de todas as Capitanias de Pernambuco, Paraíba, Rio grande, e Ceará; extraído no estado em que se achavam no ano de 1762 para 1763: sendo Governador e Capitão General das sobreditas Luiz Diogo Lobo da Silva", BNRJ, *Mapas Estatísticos da Capitania de Pernambuco*, Divisão de Manuscritos, 3, 1, 38, fl. 01; João Luís Fragoso, *Homens de grossa aventura: acumulação e hierarquia na praça mercantil do Rio de Janeiro, 1790-1830* (Rio de Janeiro: Civilização Brasileira, 1998), p. 92; Dauril Alden, "O período final do Brasil Colônia (1750-1808)", in Leslie Bethell (org.), *América Latina colonial* (São Paulo: Edusp; Funag, 1999), pp. 534-535.

Por outro lado, é possível estimar a população formada por africanos e de afrodescendentes livres, libertos e escravos que vivia na vila do Recife à época da devassa de 1814, bem como considerar seu peso relativo no conjunto da população total. Em abril de 1815, o governador Montenegro estimou que "quinze mil pretos, e mulatos, de todas as idades, sexos, e condições" viviam nos "três bairros do Recife, Santo Antônio e Boa Vista".[17] Ao incluir nesse cômputo a povoação dos Afogados, então deixada de lado por Montenegro, posso afirmar que, por volta da abertura da devassa, cerca de 60% dos 27295 indivíduos que formavam a figuração social da vila do Recife, isto é, cerca de 16 mil pessoas, faziam parte do grupo social constituído por africanos e afrodescendentes livres, libertos e escravos. Ademais, considerando-se a densidade populacional daquelas quatro "povoações" em 1815, posso também sugerir que esse grupo social estava concentrado sobretudo em Santo Antônio, onde se situava sua principal irmandade religiosa. Essas conjecturas se conectam, ademais, com o exame do bairro de origem dos suspeitos de 1814: dentre os dezoito indivíduos presos, apenas dois viviam na Boa Vista, ao passo que oito eram residentes nos Afogados e outros oito em Santo Antônio. Nenhum deles vivia no aristocrático bairro do Recife.

Extremamente dividido e multifacetado em decorrência de distintas posições no *continuum* liberdade-escravidão, e perfazendo, pois, mais da metade da população total da figuração social da vila do Recife, o grupo constituído por africanos e afrodescendentes livres, libertos e escravos possuía — a despeito das relações senhoriais que vinculavam não apenas escravos, mas também libertos, a seus atuais ou antigos proprietários — sua própria dinâmica, suas próprias relações de poder, conformando, ao fim e ao cabo, uma figuração social particular, ou uma subfiguracão, dotada de seu próprio equilíbrio pendular de poder.[18] Isso pode ser demonstrado principalmente através de suas instituições religiosas, cuja dimensão política, marcada por suas hierarquias e por sua ritualização das diferenças, constituía importantes mecanismos de controle sobre os indivíduos dessa figuração social particular.

17. "Caetano Pinto de Miranda Montenegro ao marquês de Aguiar", Recife, 18 abr. 1815, APEJE, *Correspondência para a Corte*, cód. 24 (1813-1816), fls. 72-78v.

18. O conceito de figuração social de que faço uso aqui vem de Norbert Elias, *Escritos e ensaios* (*Estado, processo, opinião pública*) (Rio de Janeiro: Jorge Zahar, 2006), pp. 26-27; e Elias, *Introdução à sociologia*, pp. 140-145.

Como procuro demonstrar daqui por diante, os equilíbrios instáveis de poder dos governos de ofícios, de nações e o reinado da irmandade de Nossa Senhora do Rosário dos Pretos de Santo Antônio, na qualidade de *figurações sociais institucionais*, tiveram papel central nas ações e representações mentais atinentes ao suposto "levante, e sedição dos negros do País contra os brancos". Em boa medida, o exame desses governos permite compreender parte significativa da natureza e do sentido das ações e representações mentais engendradas em 1814.

REINADOS E GOVERNOS

Até a década de 1970, pelo menos, a historiografia conferiu pouca ou nenhuma importância aos reinados de irmandades formadas por africanos e afrodescendentes livres, libertos e escravos, considerando-os, em geral, fenômenos desprovidos de significado político e social.[19] Hoje, contudo, um conjunto significativo de estudos tem conferido ênfase à dimensão política inscrita na gênese e no desenvolvimento dessas instituições.[20] Sem embargo, esse reconhecimento se faz, em muitos casos, mediante o emprego de conceitos estáticos ou unipolares, como os de "agência" e "resistência", pouco atentos aos entrelaçamentos das ações e das representações mentais de indivíduos e grupos sociais interdependentes que conformavam essas figurações sociais institucionais e seus equilíbrios pendulares de poder. Ademais, outras abordagens pre-

19. Julita Scarano, *Devoção e escravidão: a irmandade de Nossa Senhora do Rosário dos Pretos no Distrito Diamantino no século XVIII* (São Paulo: Companhia Editora Nacional/ Conselho Estadual de Cultura, 1975), pp. 112-115.

20. Elizabeth. W. Kiddy, "Who Is the King of Kongo?: A New Look at African and AfroBrazilian Kings in Brazil", in Linda M. Heywood (org.), *Central Africans and Cultural Transformations in the American Diaspora* (Cambridge: Cambridge University Press, 2002), pp. 153-182; Marina de Mello e Souza, *Reis negros no Brasil escravista: história da festa de coroação de Rei Congo* (São Paulo: Humanitas; Belo Horizonte: Ed. UFMG, 2002), pp. 181-182; Marcelo MacCord, *O rosário de d. Antônio: irmandades negras, alianças e conflitos na história social do Recife, 1848-1872* (Recife: Ed. UFPE; São Paulo, Fapesp, 2005), pp. 165-169; Mariza de Carvalho Soares, *Devotos da cor: identidade étnica, religiosidade e escravidão no Rio de Janeiro, século XVIII* (Rio de Janeiro: Civilização Brasileira, 2001), pp. 193-194; João José Reis, "Identidade e diversidade étnicas nas irmandades negras no tempo da escravidão", *Tempo*, Niterói, v. 2, n. 3 (1996), pp. 7-33.

ferem examinar esse tema sob a perspectiva das "relações raciais"[21] — um beco sem saída analítico que impede a compreensão precisa das *relações sociais e de poder* entre indivíduos e grupos sociais estabelecidos e outsiders, cuja principal característica, no âmbito da sociedade de tipo antigo (ou oligárquico), se refere ao imenso potencial de retenção de poder concentrado nas mãos de indivíduos estabelecidos e situados no nível mais alto.[22] Essas abordagens têm dificultado uma interpretação mais adequada, ou mais realística, do papel político desempenhado tanto pelas irmandades como pelos reinados. Ao mesmo tempo, o exame dessas figurações institucionais teria mais a ganhar ao se enfatizar não seu background africano, mas os processos de *crioulização* nas Américas, dentre os quais a necessidade de africanos e afrodescendentes livres, libertos e escravos engendrarem equilíbrios móveis de poder no âmbito das sociedades escravistas americanas.[23]

À luz dessas considerações mais gerais, destaco, como apontei antes, que a mais importante irmandade criada por africanos e afrodescendentes livres, libertos e escravos da vila do Recife foi a de Nossa Senhora do Rosário dos Homens Pretos de Santo Antônio. Como também destaquei antes, sua localização no espaço era compatível com o fato de essa povoação ser, entre os séculos XVIII e XIX, a mais central e a mais populosa da vila do Recife. Não se sabe a data precisa de sua fundação; já sugeri em outro momento que tenha sido em 1654. Seu primeiro templo foi, provavelmente, fundado entre 1662 e 1667. O segundo — até hoje existente — foi concluído em 1770, mas já funcionava antes disso, mesmo inacabado. Loreto Couto descreve essa igreja em 1757 como um "Templo de curiosa e suntuosa estrutura", bem como o mapa da vila do Recife de 1763, que pode ser visto em apêndice ao final deste capítulo, informa sua localização precisa e central na povoação de Santo Antônio. O as-

21. Larissa Viana, *O idioma da mestiçagem: as irmandades de pardos na América portuguesa* (Campinas: Ed. da Unicamp, 2007).

22. Sobre a inadequação da noção de "relações raciais" e, alternativamente, sobre a pertinência dos conceitos de relações sociais e de poder entre estabelecidos e outsiders, ver Norbert Elias e John L. Scotson, *Os estabelecidos e os outsiders: sociologia das relações de poder a partir de uma pequena comunidade* (Rio de Janeiro: Jorge Zahar, 2000), pp. 31-33.

23. Sobre a noção de crioulização, ver o ensaio de Sidney Mintz e Richard Price, *O nascimento da cultura afro-americana: uma perspectiva antropológica* (Rio de Janeiro: Pallas/ Universidade Candido Mendes, 2003); Richard Price, "O milagre da crioulização: retrospectiva", *Estudos Afro-Asiáticos*, v. 25, n. 3 (2003), pp. 383-419.

pecto mais importante para essa análise, contudo, é a conformação do reinado dessa irmandade na passagem dos séculos XVIII ao XIX, a qual examino a partir de dois compromissos, um datado de 1782 e outro não datado, mas elaborado entre 1801 e 1806.[24]

O capítulo 7º do compromisso de 1782 contém informações importantes sobre o reinado. Nele se determina que a irmandade tivesse "um Rei de Congo, e uma Rainha, os quais serão forros, e se elegerá pela Mesa que seja dos da Nação de Angola, e que sejam suficientes para ocupar o tal emprego", isto é, que sejam capazes de honrar com as despesas suntuárias inerentes ao cargo. O rei e a rainha eram ainda "obrigados a convocar as mais Nações de Angola para ajudarem com suas esmolas para as obras de Nossa Senhora".[25] Já indaguei em outro momento o que se quer dizer aqui com "as mais Nações de Angola". Aparentemente, o compromisso se refere a uma procedência do tráfico de escravos que ali era representada como uma "nação" que abrigava um conjunto de outras "nações". Ademais, da mesma forma que a noção de "mina" havia se disseminado no mundo atlântico, como notou Robin Law, constituindo uma identidade mesmo na África, com a noção de "angola" operou-se processo semelhante. Joseph Miller notou que, depois de 1670, traficantes de escravos holandeses, ingleses e franceses que exploravam a costa de Loango designavam as pessoas com as quais negociavam pelo vocábulo "angola".[26]

Por sua vez, o compromisso que julgo ser dos primeiros anos do século XIX era muito mais completo e detalhado. Nele não apenas se reitera a necessária origem "angolana" do rei e da rainha, mas também se detalham aspectos relativos ao funcionamento dos governos e às cerimônias de posse dos sobera-

24. Luiz Geraldo Silva, "Religião e identidade étnica: africanos, crioulos e irmandades na América portuguesa", *Cahiers des Amériques Latines*, Paris, v. 44, n. 3, 2003, pp. 77-96; Silva, "Da festa à sedição", p. 321; MacCord, *O rosário de d. Antônio*, pp. 62-63; Couto, *Desagravos do Brazil*, p. 158.

25. "Compromisso que novamente faz a Irmandade de Nossa Senhora do Rosário dos Homens Pretos da Vila do Recife neste presente ano de 1782", AHU-PE, cód. 1303, fls. 39-88.

26. Robin Law, "Etnias de africanos na diáspora: novas considerações sobre os significados do termo 'mina'", *Tempo*, Niterói, v. 10, n. 20 (2006), pp. 109-124, 127-131; Robin Law e Kristin Mann, "West África in the Atlantic Community: The Case of the Slave Coast", *The William and Mary Quarterly*, Williamsburg, v. 56, n. 2 (1999), pp. 307-334; Joseph C. Miller, "Central Africa During the Era of the Slave Trade", in Heywood (org.), *Central Africans*, pp. 51, 61.

nos, de sua corte e dos governadores. Conforme o capítulo 28º, cabia à irmandade fazer

> Rei de Congos e Rainha, e ambos serão alistados na Eleição, e cada um dará de esmola de seu cargo quatro mil-réis, e quando se eleger o Rei seja em um dos Irmãos desta Irmandade do gentio do Reino de Angola, isento de escravidão; casado, e de bons costumes, e temente a Deus.

Além das esmolas do rei e da rainha, cabia ainda ao rei "mandar tirar esmolas pelas suas Nações nas quatro Festas do ano para ajuda das obras da Igreja" e "fazer Governador em cada Nação, os quais virão tomar posse nesta Igreja". O compromisso deixa claro, ao mesmo tempo, que as funções sociais de rei e de governadores eram hierarquicamente distintas, uma vez que o "Rei no dia da sua Posse" deveria ser recebido pela "Irmandade com repiques de sinos e o nosso Reverendo Capelão lhe dará a Posse na Capela maior com solenidade". Por sua vez, as "Posses dos Governadores serão só [com] meia solenidade; e entregarão as Patentes passadas pelo Rei para se lançarem no Livro delas, e pagarão ao Escrivão duas patacas de cada um".[27]

Uma preocupação central do compromisso refere-se à reputação dos indivíduos que assumiam as funções de reis e governadores. Tais funções tinham o papel de representar a coesão do grupo social formado por africanos e afrodescendentes livres, libertos e escravos, bem como de defender seu valor humano elevado, em contrapartida à sua condição de outsiders e aos estigmas que lhes eram imputados por outros grupos sociais, mormente em decorrência da escravidão vivida por eles ou por seus antepassados. Assim, "sendo caso não viva como deve, do modo acima o dito Rei, a Irmandade o lance fora do Cargo para não servir de injúrias a esta Irmandade; e a seus vassalos de suas Nações". Para que não esquecesse a probidade de seu cargo, obrigava-se ao "Escrivão ler este Capítulo ao dito Rei de Congos para ficar bem entendido da sua obrigação,

27. "Compromisso da Irmandade de Nossa Senhora do Rosário dos Pretos da Vila de Santo Antônio do Recife", AHU-PE, cód. 1293, fls. 108-136; "Requerimento do juiz e irmãos da Irmandade de Nossa Senhora do Rosário dos Homens Pretos do Recife, a D. Maria I", Recife, 3 jul. 1783, AHU-PE, cx. 148, doc. 10775; "Requerimento do juiz e demais irmãos da Irmandade de Nossa Senhora do Rosário dos Homens Pretos da vila de Santo Antônio do Recife à D. Maria I", Recife, 28 abr. 1796, AHU-PE, cx. 193, doc. 13268.

retidão com os seus vassalos, e o bom regime deles etc.". O mesmo se esperava dos governadores: "quando o dito Rei quiser fazer seus Governadores dará parte a esta Irmandade para o Procurador averiguar se os eleitos podem ocupar o dito Cargo", elegendo-se para este "o mais pacífico e atencioso". O rei deveria, ademais, verificar se os governadores eram excessivamente "ocupados" de modo que "a dita ocupação lhes embarace a cumprir com o dever do seu governo". Ou seja, as funções de representação não deveriam ser estorvadas pelo exercício de ofícios mecânicos ou agrícolas — aos quais praticamente todos os indivíduos dessa figuração institucional estavam sujeitos —, pois, além de libertos, reis e governadores deveriam apresentar sinais daquilo que Miers e Kopytoff chamam de "mobilidade de sucesso mundano", isto é, o controle sobre recursos que lhes permitissem "reduzir a marginalidade de sua existência cotidiana e indicar sucesso nos negócios da vida".[28] Aspecto importante, ao qual voltarei adiante, se refere ainda ao fato de que "também serão obrigados todos os Governadores a tirarem esmolas como acima fica dito, e é de costume, e entregarão em Mesa ao Tesoureiro o qual passará recibo para suas descargas".[29]

Posso estabelecer algumas relações entre esse capítulo e a figuração social que o produziu. De início, sugiro que a função social de "Rei de Congo" e o potencial de retenção de poder que lhe é designado nada tem a ver com sociedades africanas, das quais, aliás, muitos daqueles indivíduos eram egressos. Tanto aquela função como suas atribuições constituem, na verdade, um artifício político americano, ou *crioulo*, que visava garantir a supremacia do grupo formado pelos "angolanos" sobre outros grupos sociais alicerçados em identidades "étnicas" mais ou menos reconhecidas na vila do Recife por aqueles anos. Esse artifício político constituía, pois, um meio de regular as relações de poder no interior da figuração social formada por africanos e afrodescendentes livres, libertos e escravos existente na vila do Recife, ou uma representação do equilíbrio pendular de poder dessa figuração social. Tal equilíbrio favorecia uma maioria de indivíduos cuja identidade "angola" se contrapunha às demais identidades "étnicas", sobretudo aquela atinente ao conceito atlântico de "mina". Como demonstrei antes, 74% dos escravos desembarcados no porto do Recife

28. Miers e Kopytoff, "African 'Slavery' as an Institution of Marginality", pp. 19-20.

29. "Compromisso da Irmandade de Nossa Senhora do Rosário dos Pretos da Vila de Santo Antônio do Recife", AHU-PE, códice 1293, fls. 108-136.

entre 1801 e 1820, ou seja, à época da abertura da devassa de 1814, eram de procedência "angola", ao passo que os "minas" formavam apenas 15% dos desembarcados. A mesma proporção entre essas procedências também se verificava na fase 1751-1800 — ou seja, nas gerações precedentes, cujos indivíduos, sobretudo os mais velhos, ainda estariam ativos ao tempo da devassa. Ao longo dessa segunda metade do século XVIII, desembarcaram em Pernambuco 167008 escravos egressos de Angola, ou 86% do total de almas envolvidas no tráfico, e apenas 20466 indivíduos oriundos da Costa da Mina, ou 14% do total. No entanto, não quero estabelecer uma relação imediata meramente quantitativa entre aquele artifício político e maioria "angola". Na Bahia, por exemplo, indivíduos autodenominados "crioulos" e de procedência "angola" detinham, por esses mesmos anos, maior potencial de retenção de poder que os "minas", tanto nas irmandades mais antigas como nas milícias, embora os últimos constituíssem 60% dos indivíduos escravizados introduzidos nessa figuração social entre 1750 e 1810.[30] A resposta a esse problema se refere a que, do ponto de vista sociológico, os identificados com a procedência "angola" apresentavam maior coesão social que aqueles identificados com a procedência "mina" — ou seja, o primeiro grupo era mais bem capacitado para criar estigmas contra outros grupos, defender seus valores humanos tidos como superiores e depreciar os dos demais, assim como para reiterar suas diferenças perante eles. O compromisso da Irmandade de Nossa Senhora do Rosário, dentre muitos outros documentos que poderiam ser invocados aqui, é um testemunho desse alto grau de coesão social. Portanto, concluo que a função social de "Rei do Congo" conferia uma enorme retenção de poder nas mãos do soberano "angola", a qual se fundamentava não apenas no peso relativo dos grupos étnicos envolvidos nas redes do tráfico, mas também, e talvez principalmente, no alto grau de coesão social de seu grupo em face dos demais existentes nessa figuração social.

Ao mesmo tempo, redes de poder se espraiavam a partir do reinado pelo mundo do trabalho da vila do Recife através dos governos de ofícios e de na-

30. "Aviso do secretário de Estado da Marinha e Ultramar, Tomé Joaquim da Costa Corte Real, ao presidente do Conselho Ultramarino, marquês de Penalva, D. Estevão de Meneses", Belém, 3 dez. 1756, AHU-BA, cx. 137, doc. 77; João José Reis, *A morte é uma festa: ritos fúnebres e revolta popular no Brasil do século XIX* (São Paulo: Companhia das Letras, 1991, pp. 55-56); The Trans-Atlantic Slave Trade Database, <www.slavevoyages.org>, acessado em 9 dez. 2016.

ções. Com efeito, cabia ao Rei de Congo, como já indiquei, "fazer Governador em cada Nação, os quais virão tomar posse nesta Igreja". Os governadores, que não eram apenas de "nação", como diz o compromisso, mas também de ofícios, eram subordinados ao rei, e os cerimoniais de posse alusivos a uma e a outra figura expressavam precisamente isso. Em 4 de dezembro de 1797, o então governador e capitão general da capitania de Pernambuco, d. Thomaz José de Mello, passou carta patente ao governador dos canoeiros — uma corporação importantíssima nos séculos XVIII e XIX, considerando o peso do transporte fluvial de coisas e pessoas na vila do Recife —, na qual se reiterava tal subordinação. Conforme a carta, "havendo respeito ao preto José Nunes de Santo Antônio me ser nomeado em primeiro lugar pelo Rei do Congo para exercer o Posto de Governador dos Canoeiros e ter chegado o tempo de ser mudado o atual Governador", esperava-se que o mesmo rei o "reconheça, honre e estime e lhe confira a posse e juramento do estilo". Ademais, exortava-se "todos os oficiais maiores ou menores seus subordinados que lhe obedeçam e cumpram suas ordens relativas ao Real Serviço e bem comum dos povos como devem e são obrigados".[31]

À medida que se compulsa a documentação sobre o reinado existente na irmandade em foco, percebe-se claramente que o "Rei do Congo" tinha sob si uma hierarquia que incluía vários governadores. Por sua vez, abaixo dos governadores existiam outros postos ocupados por membros de suas nações ou de seus ofícios. Consultando várias cartas patentes e outros documentos vinculados ao reinado, notei que às funções de governadores de nações e de ofícios eram agregadas outras funções menores, cuja nomenclatura remete diretamente a postos e cargos existentes na sociedade de tipo antigo (ou oligárquico). Assim, logo abaixo dos governadores estavam os vice-reis, mestres de campo, capitães mandantes, provedores, juízes de fora, secretários de Estado, generais, tenentes-generais, tenentes-coronéis, marechais, brigadeiros, coronéis e coronéis conselheiros. Como em toda estrutura hierárquica, tornar-se governador equivalia a transitar por vários postos. Em julho de 1776, por exemplo, lavrou-se carta patente de governador ao "preto Ventura Garcez da Nação dos pretos

31. "José Nunes de Santo Antônio, Governador dos Canoeiros", Recife, 4 dez. 1797, APEJE, *Patentes Provinciais*, cód. 9, fls. 136-136v; Luiz Geraldo Silva, *A faina, a festa e o rito: uma etnografia histórica sobre as gentes do mar (sécs. XVII ao XIX)* (Campinas: Papirus, 2001), cap. 5.

Ardas, de que é tenente-coronel". Este fora "eleito em Junta da dita nação dos Ardas da Costa da Mina para exercer o posto de governador da dita nação por desistência do atual, Ventura Vaz Salgado, que se acha com crescida idade". Com efeito, um traço comum na estrutura hierárquica da irmandade do Rosário era a desistência ou a morte de governadores em decorrência de sua "crescida idade" — o que sugere que um critério elementar de estratificação operava poderosamente aí, qual seja, as "classes de idade".[32]

Além dos canoeiros havia outros governos de ofícios na vila do Recife, bem como na vizinha cidade de Olinda, ao longo da segunda metade do século XVIII e dos primeiros anos do século XIX. Considerando o conjunto das cartas patentes que recolhi no Arquivo Público Estadual de Pernambuco, observei a existência de governos dos "Pretos Ganhadores da Praça do Recife", dos "Pretos Carvoeiros do Recife e Olinda", dos "Pescadores da Vila do Recife", dos "Pescadores do Alto da Cidade de Olinda", das "Pretas Boceteiras e Comerciantes do Recife", das "Pombeiras da Repartição de Fora das Portas" do Recife, dos "Canoeiros da Repartição de Olinda", dos "Canoeiros do Recife", dos "Pretos Marcadores de Caixas de Açúcar e Sacas de Algodão", dos "Pretos Camaroeiros desta Vila [do Recife] e seu termo" e dos "Capinheiros da Praça da Polé, Cinco Pontas, Rua da Praia, Quatro Cantos, Boa Vista e Cidade de Olinda".[33] As co-

32. "Ventura de Souza Garcez, Governador dos Pretos Ardas da Costa da Mina", Recife, 14 jul. 1776, APEJE, *Patentes Provinciais*, cód. 2, fl. 133v; sobre os critérios simples e complexo de estratificação, ver o ensaio de Georges Balandier *Antropologia política* (São Paulo: Difel; Edusp, 1969), cap. IV.

33. "Feliciano Gomes dos Santos, Governador dos Pretos Ganhadores", Recife, 14 nov. 1778, APEJE, *Patentes Provinciais*, cód. 3, fl. 158; "O Preto Antônio Duarte, Governador dos Carvoeiros do Recife e de Olinda", Recife, 1791 (mês e dia ilegíveis), APEJE, *Patentes Provinciais*, cód. 07, fl. 51; "Germano Soares, Governador dos Pescadores da Vila do Recife", Recife, 20 fev. 1778, APEJE, *Patentes Provinciais*, cód. 3, fl. 92; "Bernarda Eugênia de Souza, Governadora das Pretas Boceteiras e Comerciantes", Recife, 30 jun. 1788, APEJE, *Patentes Provinciais*, cód. 6, fl. 75 v; "A Preta Josefa Lages, Governadora das Pombeiras da Repartição de Fora das Portas", Recife, 12 nov. 1802, APEJE, *Patentes Provinciais*, cód. 11, fls. 279-279v; "O Preto João Manoel Salvador, Governador dos Canoeiros da Repartição de Olinda", Recife, 4 nov. 1788, APEJE, *Patentes Provinciais*, cód. 6, fl. 102v; "João Gomes da Silveira, Governador dos Pescadores do Alto da Cidade de Olinda", Recife, 16 jun. 1788, APEJE, *Patentes Provinciais*, cód. 6, fls. 74-74v; "O Preto Manoel Nunes da Costa, Governador dos Pretos Marcadores de Caixas de Açúcar", Recife, 13 set. 1776, APEJE, *Patentes Provinciais*, cód. 2, fl. 198; "O Preto Domingos da Fonseca, Governador dos Pretos Camaroeiros desta Vila e seu termo", Recife, 5 dez. 1792, APEJE, *Patentes Provinciais*, cód. 7, fls.

nexões entre essas funções e a do Rei do Congo podem ser demonstradas mediante trajetória do capinheiro Ventura Barbosa. Em 1768, Barbosa foi eleito capitão dos capinheiros, e em 1770 se tornou mestre de campo dessa corporação. Em 1773, foi feito seu governador e em 1802 se tornou vice-rei. Em 1806, Ventura Barbosa faleceu enquanto exercia a função de "Rei de Congos". Não sei o ano exato em que ele se tornou rei, mas, no ofício em que se pede a aprovação do compromisso não datado da Irmandade de Nossa Senhora do Rosário dos Pretos de Santo Antônio, ele assina "Ventura Barbosa, rei de Congo". Desse modo, pude concluir, graças à sua trajetória, que aquele compromisso foi elaborado entre 1802, quando ele ainda era "vice-rei", e 1806, quando veio a falecer "rei do Congo".[34]

Por outro lado, encontrei cartas patentes emitidas entre 1770 e 1802, bem como informações em outros documentos, referentes a governos de "nações". Através da própria devassa, soube da existência dos governos das nações angico e cabundá, ambas concernentes à origem "angola", bem como encontrei cartas patentes referentes a "nações" procedentes da Costa da Mina: a "Nação dos Ardas do Botão da Costa de Mina", a "Nação da Gome", a "Nação da Costa Suvaru" e a nação dos "Pretos Ardas da Costa da Mina".[35] Os governos "minas" da segunda metade do século XVIII sugerem alguns problemas de interpretação. Creio que sua existência não representava nem alianças nem concessões políticas dos angolas. Antes, significava um acréscimo ao seu próprio poder pela simples extensão da estrutura hierárquica do reinado e de sua cadeia subordinada de funções sociais. Assim, os governos "minas" refletiam um adita-

---

114v-115; "Livro de Registro das Missas do Ofício dos Capinheiros da Praça da Polé, Cinco Pontas, Rua da Praia, Quatro Cantos, Boa Vista e Cidade de Olinda (1757-1826)", apud José Antônio Gonsalves de Mello, "Alguns aditamentos e correções", in Costa, *Anais*, v. 10, p. DX; "O Preto Narciso Correia de Castro, Governador da Nação dos Ardas do Botão da Costa da Mina", 10 maio 1795, APEJE, *Patentes Provinciais*, cód. 7, fl. 10.

34. "Compromisso da Irmandade de Nossa Senhora do Rosário dos Pretos da Vila de Santo Antônio do Recife", AHU-PE, cód. 1293, fls. 108-136; o livro de missas dos capinheiros foi examinado por Mello, "Alguns aditamentos e correções"; e Silva, "Da festa à sedição", pp. 319-320.

35. "Devassa", fls. 313-313v; "Simião da Rocha, Governador da Nação Da Gome", APEJE, *Patentes Provinciais*, cód. 2, fls. 114v-115, 23 fev. 1776; "O Preto Bernardo Pereira, Governador da Costa Suvaru", 1779 (dia e mês ilegíveis), APEJE, *Patentes Provinciais*, cód. 2, fl. 129; "Ventura de Souza Garcez, Governador dos Pretos Ardas da Costa da Mina", 14 jul. 1776, APEJE, *Patentes Provinciais*, cód. 2, fl. 133v.

mento ao equilíbrio pendular de poder que estava no centro da figuração social formada por africanos e afrodescendentes livres, libertos e escravos da vila do Recife e cidade de Olinda, e que favorecia aos angolas.

Para além da conformação de sua estrutura interna, também constitui aspecto notável o fato de indivíduos do nível mais alto — em especial governadores e capitães generais — terem emulado a disseminação dessas figurações sociais institucionais entre grupos sociais do nível mais baixo. Assim, percebe-se uma cadeia de interdependência vinculando, por um lado, o Rei do Congo e os governadores de nações e de ofícios e, por outro lado, governadores e capitães generais da capitania, ouvidores e indivíduos ligados à governança municipal. Essa cadeia de interdependência pode ser demonstrada a partir de um exemplo específico. Em setembro de 1800, "Cristina Maria Luiza, Governadora das pretas pombeiras desta Vila do Recife", encaminhou requerimento ao presidente da junta de governo da capitania de Pernambuco, o bispo Azeredo Coutinho, informando "que no dia trinta do mês de agosto deste presente ano às sete horas da noite estando a suplicante em sua banca como é costume e notório vendendo peixe" fora desacatada por outra pombeira, Antônia Bonança. Esta havia incorrido no "despotismo de injuriar a suplicante", proferindo "nomes injuriosos" contra ela e, ainda mais grave, "passando as mãos pelo rosto da suplicante sem atender" ao fato de esta "ser sua superiora". A governadora Maria Luiza, conforme escreveu ela própria, "usou de sua prudência de não responder nada à suplicada", mas em seguida deu queixa junto ao governo da capitania, de modo a "livrar de maior dano e desordem que a suplicada faz e tem feito tanto com a suplicante como com o povo que vem na dita Ribeira comprar seu peixe". A governadora sugeriu punição a Bonança, que consistia em "mandar botar a suplicada fora da Banca em que mora para outra mais longe do lugar", e castigá-la "para exemplo das mais suas companheiras". O então desembargador e ouvidor geral da comarca de Pernambuco, José Joaquim Nabuco de Araújo — tio-avô do mais tarde abolicionista Joaquim Nabuco (1849-1910) —, despachou favoravelmente a solicitação, e enviou seu requerimento ao juiz almotacé da vila do Recife, João Francisco Bastos. Após as investigações, com efeito, Antônia Bonança acabou presa sob a acusação de transgredir posturas da Câmara, "vendendo postas de cação a quatro vinténs quando não valiam o vintém".[36] A existência e a conformação do reinado e dos governos demonstram que havia uma interdependência entre as funções sociais existentes no âmbito da figuração formada por africanos e afrodescendentes livres, libertos e escravos e funções sociais desempenhadas por indivíduos situados no nível mais alto. Indivíduos e grupos sociais dos níveis mais alto e mais baixo estabeleciam, por essa via, relações de poder e de interdependência que, contudo, eram francamente assimétricas, em face do enorme diferencial de retenção de poder que favorecia os primeiros.

RESULTADOS DA DEVASSA

À medida que examinava a devassa do "levante, e sedição dos negros", concluí que as representações mentais que consubstanciaram sua formulação tiveram ligações profundas com a dinâmica do reinado e dos governos da Irmandade de Nossa Senhora do Rosário de Santo Antônio do Recife. No entanto, a maior parte dos libertos e escravos apontados como suspeitos nada tinha a ver, pelo menos aparentemente, com o reinado e com os governos. Assim, num primeiro momento, atenho-me a um exame de como estes últimos se safaram das suspeições que recaíam sobre eles. Num segundo momento, tento demonstrar as conexões entre a devassa, o reinado e os governos, as quais foram derivadas sobretudo de dois ofícios escritos por africanos e afrodescendentes dirigidos ao governo da capitania. Esses ofícios, como demonstro adiante, consubstanciaram as representações mentais construídas pelo governador Montenegro e pelo ouvidor Ferreira em torno do "levante, e sedição dos negros do País".

Como já assinalei, entre os dias 28 e 29 de maio de 1814, dezoito indivíduos foram presos porque pareciam ter algum tipo de ligação com o episódio. Como também destaquei, ao longo das prisões foram achados pertences que, supunha-se, constituíam armas ou recursos para sustentar o suposto levantamento. O africano escravo Manoel, um açougueiro de nação angola, fora preso na casa do liberto Manoel da Costa, na povoação da Boa Vista, onde foram

36. "Certidão do tabelião Público da capitania de Pernambuco, Antônio José Pereira da Silva", Recife, 1º ago. 1805, AHU-PE, cx. 256, doc. 17134.

achados "duas facas, dois chuços, uma foice, além de muitos quiris". Ao perguntarem a Manoel a quem pertenciam aqueles objetos, ele "respondeu que as facas eram ambas dele" e que serviam no "uso do seu trabalho do açougue". A foice, por seu turno, "também era dele, porque é mister para a sua defesa quando se retirava de noite para casa de seu senhor nos Aflitos". Por fim, "os dois chuços eram do dono da casa, e os quiris serviam de armar uma cama com cordas para descansarem".[37] Manoel foi solto após o interrogatório.

O outro africano de Boa Vista, o liberto "mina" Francisco Bento, foi preso por engano. Montenegro o identificou como mais um frequentador da casa de Manoel da Costa e, por essa razão, o ouvidor Francisco Affonso Ferreira lhe indagou "se ele respondente costumava frequentar de dia, ou de noite uma casa no Beco de João Francisco, na Boa Vista, onde costumavam ter entrada diversos negros cativos". Francisco Bento respondeu "que tem conhecimento dessa casa, que é do preto forro Manoel da Costa, contudo nunca lá entrou por vez nenhuma". Tentando desenganá-lo, o ouvidor indagou "como pode isto ser assim, se consta, que ele respondente fora achado e preso na dita casa do Beco de João Francisco". Mostrando que a figuração social formada por africanos e afrodescendentes livres, libertos e escravos era tão profusa e diversa quanto as moradias e os becos das povoações do Recife, Francisco Bento sentenciou "que ele respondente foi achado e preso na casa da sua própria assistência, que é no beco chamado do Quiabo, que ainda que fica na vizinhança da outra é, contudo, casa diferente, e situada em diverso arruamento".[38]

Um objeto mais incriminador fora achado com o escravo João, "nação Angola", que vivia de fazer chapéus de sol na ponte do Recife. O próprio João disse, sem constrangimentos, que sua prisão fora motivada "por causa de uma espingarda, que ele respondente tinha tratado de comprar a um caixeiro de João Muniz". O ouvidor indagou qual a razão de ele querer adquirir aquela arma. Sua resposta foi barroca e festiva: "o dito caixeiro de João Muniz, por saber já servindo dela pelo tempo da festa de Natal, oferecera a ele respondente por sete patacas". A espingarda servia para a pirotecnia, e não para a guerra contra os brancos, como suspeitou Montenegro.[39] Outros suspeitos também

37. "Devassa", fls. 341-341v.
38. "Devassa", fls. 343-344.
39. "Devassa", fls. 345-345v.

desempenhavam a arte caracteristicamente barroca associada "ao afã de deslocar o dia para a noite, vencendo a escuridão por meio do puro artifício humano", como propõe José Antonio Maravall. O escravo Francisco, crioulo, afirmou sem pejos diante do ouvidor que "procurara comprar um barril de pólvora em casa do Coronel Bento José da Costa, e por não o achar aí de preço que lhe fizesse conta, a foi procurar em casa de Domingos Rodrigues do Passo". Ao mesmo tempo, ele também explicou o motivo pelo qual andava de loja em loja atrás daquele gênero: "o fim, para que a queria, era para fazer fogo de artifício", uma vez que, em seu ofício, "usa de o fazer, e vender para diversas partes, e até para satisfazer a muitas encomendas deste gênero, de que costuma ser encarregado". Para tanto, Francisco tinha a "aprovação, e consentimento de seu senhor, como é coisa mui notória em todo este lugar".[40] Com efeito, o próprio Bento José da Costa — senhor de muitos engenhos, proprietário de vários navios, contratador do dízimo da capitania, e delatado pelo escravo como careiro — confirmou em seu depoimento que Francisco "é acostumado a fazer fogo de artifício, para cujo mister tem comprado na casa dele testemunha muita quantidade de barbante".[41]

Também tinham sido supostamente encontrados vários instrumentos e diversas armas e munição — "uma espingarda, dois fechos, dois chuços, duas verrumas grandes, um formão, e uma pouca de pólvora" — sob a guarda do respeitável africano liberto Joaquim da Cunha, casado, de 42 anos, da Costa da Mina, que exercia os ofícios de pescador e canoeiro. Respondendo às indagações do ouvidor Ferreira, ele justificou a existência daqueles pertences em parte como decorrência de seus ofícios, e por outra parte como consequência de sua função de festeiro. Assim, explicou Joaquim, "a espingarda e um dos fechos são dele respondente, os outros fechos achou-os na praia". Por sua vez, "os dois chuços achou-os também dentro da sua canoa na ocasião em que acompanhado de seus genros e aprendizes a foi tomar a uns homens que a tinham levado do porto". Estes, contudo, "encalhando aquela canoa, deixaram nela os ditos chuços que o respondente recolheu, e conservava em casa por não saber de quem eram". Por sua vez, "as duas verrumas são do trem da preta Izabel Nunes

40. "Devassa", fls. 350-351; José Antonio Maravall, *A cultura do barroco: análise de uma estrutura histórica* (São Paulo: Edusp, 1997), p. 384.

41. "Devassa", fl. 318v.

que mora numa camarinha da casa dele respondente". Já o formão também era "dele mesmo respondente, que o comprou para calafetar as suas canoas", ao passo que "a pólvora era o resto de uma libra dela que comprara para a gastar na festividade de Nossa Senhora dos Prazeres de que foi Juiz no corrente ano".[42] Com efeito, o africano "mina" Joaquim da Cunha não escondia sua predileção por essa festa e pela função de juiz que nela desempenhava. Quando lhe perguntaram "para que queria em sua casa a espingarda, e que uso costumava fazer dela", ele respondeu, tal como o escravo João, que esta servia "para atirar com pólvora solta nos dias daquela festividade onde costuma ir todos os anos, mas que ao recolher-se a Praça costuma tirar os fechos da espingarda que por isso lha acharam sem eles". A festa de Nossa Senhora dos Prazeres, ao mesmo tempo cívica e religiosa, era realizada nos montes Guararapes desde as vitórias ali alcançadas contra os holandeses na década de 1640. O fato de esse liberto "mina" ter se tornado um de seus juízes aponta para a transformação de seu status e sua ascensão no ranking de prestígio daquela sociedade escravista.[43]

Por seu turno, a história dos dois escravos presos na casa de Anna Cardoza, na povoação de Santo Antônio — Antônio, capinheiro, benguela, e Joaquim, alfaiate, angola —, revela aspectos da formação de grupos de sociabilidade entre africanos. Ambos argumentaram que frequentavam a "casa da preta Anna Cardoza", na qual costumavam "concorrer os negros da sua nação, sem outro fim mais do que praticarem uns com outros assuntos indiferentes, por ser costume no País cada nação de negros ter casa onde concorram". Ambos se referiam à ideia de que as casas de "nação" eram um costume "do País", isto é, da América portuguesa: aqui a "nação" representando sobretudo indício de criação de figurações sociais tipicamente americanas, ou significando fundamento da coesão de grupos sociais formados por africanos na América, e não recriação de "nações africanas".[44] Assim, cumpre destacar que, no argu-

42. "Devassa", fls. 352-353.

43. Idem, ibidem; Francisco Pereira da Costa, *Anais Pernambucanos*, v. 2, pp. 109-110 e v. 3, p. 438; Mello, "O terceiro volume dos Anais, in: Costa, *Anais Pernambucanos*, v. 3, pp. xix-xx; sobre a noção de ranking de prestígio, ver Patterson, *Slavery and Social Death*, p. 247.

44. É recorrente encontrarmos na literatura formulações ideologicamente envolvidas que sugerem que "a África foi transportada até aos vários destinos do mundo colonial em toda a sua plenitude cultural e social, moldando as instituições criadas pelos africanos e fornecendo-lhes uma lente interpretativa, através da qual puderam compreender a sua condição enquanto escra-

mento apresentado por Antônio e Joaquim, o que menos importa é a "etnia" africana e mais a formação de grupos sociais que constituíam as amplas redes de interdependência da figuração formada pelos indivíduos na vila do Recife. Ademais, enquanto Antônio se dizia "Benguela de nação", Joaquim apresentava-se como "do Gentio de Angola", o que constituía, sob a lógica frouxa dessas "identidades", diferentes "nações", mesmo que aparentadas pela procedência africana centro-ocidental.[45] Essas redes mais amplas, ademais, incorporavam não apenas africanos e afrodescendentes livres, libertos e escravos outsiders, situados no nível mais baixo da sociedade de tipo antigo, mas também indivíduos estabelecidos e do nível mais alto. Esse aspecto pode ser demonstrado pelo fato de um desses africanos, Joaquim, morador na rua dos Martírios, ter como curador, "defendendo-o neste auto como fosse de justiça", o "ilustrado" José Luís de Mendonça, mais tarde membro do governo provisório que depôs o governador Montenegro e autor do famoso manifesto "Preciso", dado a público nos quadros da Revolução de 1817. Em decorrência de seu envolvimento na revolução, Mendonça acabou fuzilado na Bahia a 12 de junho de 1817.

---

vos e enquanto libertos". James H. Sweet, *Recriar África: cultura, parentesco e religião no mundo afro-português (1441-1770)* (Lisboa: Edições 70, 2007), p. 16. Pontos de vista semelhantes e mais sofisticados, embora não menos ideológicos, foram formulados por Gwendolyn Midlo Hall, "África e africanos na diáspora africana: os usos de bancos de dados relacionais", *Topoi*, Rio de Janeiro, v. 11, n. 21, 2010, pp. 318-331. Essas abordagens, na medida em que operam com conceitos estáticos, como o de "cultura" — uma espécie de vale-tudo metodológico que paira sobre as figurações sociais formadas por seres humanos de carne e osso , tendem, ademais, a avaliar de maneira inadequada os equilíbrios pendulares de poder, em geral conferindo aos outsiders do passado chances de poder que eles na verdade não tinham. Um exemplo desse tipo de avaliação pouco realista das chances de poder conferidas a africanos e afrodescendentes no âmbito da sociedade de tipo antigo pode ser lido em Silvia Hunold Lara, "Palmares & Cucaú: o aprendizado da dominação", Tese apresentada para o concurso de Professor Titular, área de História do Brasil, Unicamp, 2008, pp. 174-230. Uma crítica a essas perspectivas foi sintetizada em David Eltis, Philip Morgan e David Richardson, "Black, Brown, or White?: Color-Coding American Commercial Rice Cultivation with Slave Labor", *The American Historical Review*, Oxford, v. 115, n. 1 (2010), pp. 164-171.

45. "Devassa", fls. 347-349; Joaquim Dias Martins, *Os mártires pernambucanos: vítimas da liberdade nas duas revoluções intentadas em 1710 e 1817* (Recife: Typ. de F. C. de Lemos e Silva, 1853 [orig. 1823]), pp. 280-283; João José Reis, *Rebelião escrava no Brasil: a história do levante dos malês em 1835* (São Paulo: Companhia das Letras, 2003), p. 310; Juliana Barreto Farias, Carlos Eugênio Líbano Soares e Flávio dos Santos Gomes, *No labirinto das nações: africanos e identidades no Rio de Janeiro, século XIX* (Rio de Janeiro: Arquivo Nacional, 2005), pp. 54-56.

No âmbito da devassa, ele pareceu instruir ambos os escravos, uma vez que repetiram perante o ouvidor Ferreira o mesmíssimo argumento referente às casas de "nação". Diante de defesa tão bem orquestrada, o ouvidor não teve alternativa senão pô-los em liberdade. Ademais, como mostro adiante, Antônio e Joaquim não foram os únicos indivíduos ensaiados por Mendonça ao longo desses autos.

O africano "mina" Estanisláo Dias, que depôs perante o ouvidor Affonso Ferreira a 6 de junho de 1814, não possuía armas, mas, supostamente, guardava os recursos necessários para sustentar o "levante, e sedição dos negros". Como disse antes, não tenho explicação para o fato de ter sido encontrado na casa desse liberto montante equivalente ao preço de vinte escravos. Afirmando que o dinheiro achado em sua residência pertencia a outro liberto, Domingos, oficial de serrador, e reiterando que "nunca teve com ele relação de sociedade, negócios senão unicamente de morarem em uma mesma casa", Estanisláo também se viu livre da cadeia.[46] Por outro lado, a maior parte dos africanos e afrodescendentes livres, libertos e escravos da povoação dos Afogados havia sido envolvida na devassa devido à delação e à fofoca. Vários indivíduos daquela povoação foram enredados nessa trama graças a esse instrumento de distinção social, cujo papel era servir de base para as dinâmicas de hierarquização e de estigma que se processavam no âmbito daquela figuração social. O escravo africano de "nação Angola" Manoel Jerônimo Reinau, de cinquenta anos, trabalhador da enxada, havia sido preso "por suspeito de que entraria na dita desordem". Quando, todavia, lhe foi perguntado se "ouvira falar de quererem os negros do País levantar-se contra os brancos, e dele respondente ser suspeito de entrar nesta insurreição como um dos levantados", Manoel Jerônimo respondeu secamente que "nunca ouviu falar em semelhante levante senão na sala do governo quando lá o levaram preso". Foi solto imediatamente.[47]

Talvez Manoel Jerônimo tenha sido confundido com outro Reinau, cujo prenome era Francisco. Este, também africano, tinha igualmente cinquenta anos, mas dizia ser de "nação Rebolo" e, diferentemente de Manoel, que era escravo e solteiro, Francisco era casado e liberto. Seu ofício era singularmente tropical: "ocupa-se de tirar cocos em coqueiros". No ato de sua prisão incorreu,

46. "Devassa", fls. 354-355.

47. "Devassa", fls. 363-363v; Elias e Scotson, *Os estabelecidos e os outsiders*, pp. 83-84.

como já observei, "em ato de resistência", e depois tentou subornar seus captores. Santa Anna era, além de cabo de ordenanças, capitão do mato. Quando prestou depoimento, a 18 de junho de 1814, "disse que não tem notícia de disposição nenhuma dos negros do país para se levantarem contra os brancos, nem que façam sobre isto uniões, ou conventículos". Ainda segundo Santa Anna, essa afirmação se apoiava no fato de "que há dezoito anos lida com aquela gente em razão do seu ofício de capitão de campo". Ele afirmou também que Francisco Reinau havia oferecido "dezesseis mil-réis para o soltar", mas que ele estava "mui persuadido que aquilo teve antes origem no medo da prisão, que na consciência de algum delito grave". Afinal, como morador da pequena povoação ao sul da de Santo Antônio, "conhece o dito preto que é humilde e bem-procedido, e não o acha com espíritos para tentar um levante".[48]

Outro africano escravo dos Afogados, "do gentio de Angola", Caetano Inácio Borges, que trabalhava "de agricultura", limitou-se a dizer, quando "perguntado se nem ao menos ouvira falar de se levantarem os negros contra os brancos", que "nunca ouviu falar nisso senão agora neste auto". Por sua vez, outro africano daquela povoação, João, de "nação Cassange", um jovem de vinte anos que exercia o ofício de pescador de caranguejos, foi implicado no levante porque parecia disposto à leviandade. Como disse antes, ele foi preso no dia 28 de maio de 1814 por ter proferido, em plena rua do Motocolombó, no centro da povoação dos Afogados, que, se "os pretos se levantavam", ele haveria "de dar também a sua pancadinha". Tal como os africanos Antônio e Joaquim, já referidos, o jovem João também teve José Luís de Mendonça como curador. No entanto, as várias testemunhas invocadas no seu caso se apressaram em inocentá-lo, ressaltando seu caráter brincalhão e leviano. Matheus de Siqueira, sacristão da igreja de Nossa Senhora da Paz — o templo de uma tradicional irmandade da povoação dos Afogados —, argumentou que ele "dissera na rua gracejando, que se os negros se levantassem, como diziam, também ele havia de dar a sua pancadinha, sem se aplicar a que partido se havia acostar nesse caso". Numa clara estratégia de absolvição, o sacristão pôs em dúvida se João queria distribuir pancadas "nos brancos ou antes nos negros que se levantassem". O que, enfim, lhe parecia "certo", era

48. "Devassa", fls. 331v-332.

> que aquele moleque é mui gracejador, e ele testemunha não o tem visto nunca com uniões com outros negros, senão ocupado em tirar caranguejos, e fora disso não faz senão andar brincando como rapaz que é, sem mostrar espírito, nem disposição alguma para sujeitar sublevações, ou tomar nelas parte.[49]

Única mulher entre os suspeitos, a liberta africana Mariana, de "nação Congo", não tergiversou quando indagada se sabia da razão pela qual havia sido presa. Antes, disse nessa ocasião exatamente o que se esperava dela, isto é, que

> só sabe que ouviram por motivo de prisão dela respondente uma conversa que teve com uma preta desta praça de que não sabe o nome por esta lhe dizer que aqui no Recife se estavam dando busca em diferentes casas a ver se se achava nalgumas delas pólvora, e chumbo.[50]

O ouvidor Ferreira, por sua vez, afirmou que ela mentia, pois não fora uma negra desconhecida, mas ela própria "que dissera que certa pessoa tinha em casa pólvora, e chumbo, que não queria deitar fora". Mariana retrucou taxativamente "que isso era falso, e fora má inteligência de quem ouviu e referiu a prática, porque quem falou da pólvora e chumbo foi a dita preta sem assinalar casa nenhuma onde se achassem". Mariana, outra vítima da dinâmica da fofoca dos Afogados, não assumiu que fora ela mesma que se reportou a um "preto" do Recife que conservava em sua casa pólvora e chumbo. Mas, por outro lado, não entregou ninguém.[51] Por fim, o africano liberto Joaquim Henriques, de "nação Cabundá", casado e com ofício de canoeiro, depôs apenas para reforçar a ideia segundo a qual a povoação dos Afogados constituía uma teia de rancores entretecida em vizinhança. Quando indagado se suspeitava da razão pela qual havia sido preso, respondeu "que não sabe nem tem suspeita alguma da causa de sua prisão, só suspeita ao muito ódio que lhe tem o comandante dos Afogados". Em torno do suposto "levante, e sedição dos negros, contra os bran-

49. "Devassa", fls. 332v-333, 364-365, 368-369v; "Requerimento da irmandade de Nossa Senhora da Paz, por seu procurador Alexandre Pereira Diniz, ao príncipe regente D. João", Recife, 22 fev. 1806, AHU-PE, cx. 259, doc. 17 372.

50. "Devassa", fls. 372-373.

51. Idem, ibidem.

cos", disse apenas, como quase todos, "que nunca ouviu falar em tal levante nem viu disposição alguma para ele".[52]

Ao interpretar depoimentos e acusações que, até aqui, pesavam contra os "suspeitos", é fácil concluir que, entre eles, não havia nenhum passível de ser formalmente acusado do crime de lesa-majestade. Assim também pensavam as testemunhas. Dentre os "homens bons" da praça do Recife — indivíduos estabelecidos e situados no nível mais alto daquela figuração social —, ninguém percebeu qualquer indício de sublevação entre os presos como suspeitos. O mais rico negociante da vila do Recife por aqueles anos, por exemplo, o português Bento José da Costa, afirmou em seu depoimento, prestado a 10 de junho de 1814, que não viu "disposição nenhuma que parecesse tendente ao suposto levante". Ao contrário, os homens bons pareciam tender a proteger os suspeitos da implacável e neurótica governança ilustrada de Caetano Pinto de Miranda Montenegro.[53]

BRINCOS, GOVERNOS E REINADO

Em seu livro *O rosário de d. Antônio*, publicado em 2005, Marcelo MacCord discutiu aspectos de meu texto precedente sobre o evento de 1814. Embora não seja conclusivo em suas considerações, ele parece concordar com minha interpretação, conforme a qual o suposto "levante, e sedição dos negros [...] contra os brancos" de maio daquele ano constituiu um "movimento voltado menos para a construção de uma nova sociedade no futuro e mais para a restauração de formas sociais do passado" — como escrevi naquela ocasião. "Em outras palavras", afirma MacCord, "este movimento teria procurado, entre outros objetivos, o restabelecimento da formalidade das práticas do reinado. Entretanto", sugere, minha análise precedente teria alinhado "todos os implicados numa só motivação e objetivos." Sua crítica dirige-se, pois, para o fato de que, na minha interpretação, o suposto "levante, e sedição" representou apenas "uma insurreição de negros contra a 'boa sociedade' recifense", ou um "movimento" que "causou problemas para a ordem pública". Com base nas parcas

52. "Devassa", fls. 362-362v.
53. "Devassa", fls. 318-318v.

informações contidas na minha análise precedente e numa dissertação de mestrado sobre o mesmo tema, ele sugeriu que havia ali "também um conflito de precedências entre lideranças profissionais, ligadas às 'hierarquias do Rei do Congo'". E, com efeito, a ênfase do meu texto anterior recaía no problema do "controle social", isto é, no confronto entre africanos e afrodescendentes livres, libertos e escravos e "autoridades coloniais". Procurava, enfim, entender como os africanos e afrodescendentes da vila do Recife, acostumados às formas "barrocas" de governo, lidaram com um novo tipo de controle social instaurado na passagem do século XVIII para o XIX, baseado na "ilustração". Pouco explorei as tensões existentes *entre* africanos e afrodescendentes livres, libertos e escravos. Ademais, a documentação de que então dispunha não me permitia ir além dessa fronteira. Contudo, hoje posso elaborar uma análise bem mais vertical e conclusiva em relação às tensões internas ao reinado externadas através do suposto levante de maio de 1814 e, mais importante, posso dizer que Marcelo MacCord tinha, em parte, razão nessa questão central.[54]

Como propus anteriormente, o governador Montenegro deu ensejo à devassa a partir de dois documentos escritos ou encomendados por dois indivíduos que estavam entre os suspeitos. Isto é, não foi o "movimento" ou a "prática" da "resistência" que o levou a ação e à representação mental em torno do suposto "levante, e sedição dos negros", mas o símbolo, a cultura letrada, ou a capacidade de imaginar, criar e interpretar textos escritos demonstrada por africanos e afrodescendentes. Ademais, estes também revelaram que podiam enviar textos em forma de petições ao governador da capitania e ao ouvidor da comarca de modo a externar suas demandas ou a denunciar pessoas que estorvassem ou atentassem contra seus interesses pessoais ou coletivos. Em boa medida isso apenas se tornou possível dentro do quadro urbano no qual tanto africanos e afrodescendentes livres, libertos e escravos como as autoridades se inseriam — a vila do Recife, que aqui encarna à perfeição o conceito de "cidade letrada" ao qual se refere Jouve-Martín.[55] De fato, o governador Montenegro

54. MacCord, *O rosário de d. Antônio*, pp. 143-145; Silva, "Da festa à sedição", p. 330; Cláudia Viana Torres, "Um reinado de negros em um Estado de brancos: organização de escravos urbanos em Recife no final do século XVIII e início do século XIX (1774-1815)", Dissertação de Mestrado, UFPE, 1997.

55. José R. Jouve-Martín, "La difusión de la cultura letrada en la comunidad negra de Lima del siglo XVII", in Verónica Salles-Reese (org.), *Repensando el pasado, recuperando el futuro:*

recebeu apenas uma dessas cartas, cujo "primeiro suplicante" foi o crioulo liberto João Nunes Barbosa, de apenas dezesseis anos. Este, como já disse, era "oficial de barbeiro" e residia na casa do comerciante Luís de Castro Costa. Como mostro adiante, a outra missiva chegou às mãos do governador Montenegro apenas depois de realizadas as prisões dos dias 28 e 29 de maio de 1814.

O ofício do jovem João Nunes Barbosa foi recebido pelo governador a 23 de maio de 1814, e uma cópia dele já havia sido enviada ao ouvidor-geral e intendente de polícia Francisco Affonso Ferreira. É evidente, então, que Barbosa não temia por seu teor nem receava as consequências de sua leitura. Para Barbosa, portanto, seu escrito estava longe de significar uma declaração de "guerra aos brancos", como interpretou Montenegro. Contudo, a decisão tanto do governador como do ouvidor, tomadas no mesmo dia, foi requerer sua presença na sala do governo para que explicasse o teor daquele escrito. O liberto, no entanto, preferiu se evadir, o que despertou as suspeitas do governador Montenegro. Uma vez preso entre 28 e 29 de maio de 1814, Barbosa afirmou que sua carta fora encomendada pelo "crioulinho Ricardo, escravo do Doutor Francisco de Brito [Bezerra Cavalcanti de Albuquerque]", um "ilustrado" bacharel formado em cânones em Coimbra, que exerceu diversos cargos remunerados pela Coroa em Pernambuco. Por outro lado, o organizador do "brinco", também conforme Nunes Barbosa, era "Venceslau, escravo de José Filgueira de Menezes, sem intervenção, ou influência de outra alguma pessoa" Curiosamente, apenas escravos de "homens bons" da vila faziam parte da brincadeira, depois interpretada por Montenegro como pretexto para a revolta. José Fernandes Gama, professo na Ordem de Cristo, administrador da Alfândega do Algodão e filho de família influente na capitania, defendeu, ao longo de seu depoimento, prestado a 14 de junho de 1814, o "brinco militar que os rapazes intentavam praticar no Domingo do Espírito Santo". Em torno desse "brinco", o mais tarde desafeto de frei Caneca disse ter "toda a certeza de não haver desígnio algum criminoso, pois de sua casa entrava também naquele brinco um seu próprio escravo menor de quatorze anos".[56]

---

nuevos aportes interdisciplinarios para el estudio de la América colonial (Bogotá: Editorial Pontificia Universidad Javeriana, 2005), p. 290.

56. "Devassa", fls. 309, 312-312v, 325v-326, 358-359; Costa, *Anais Pernambucanos*, v. 7, p. 525; "Ofício de Caetano Pinto de Miranda Montenegro ao visconde de Anadia", Recife, 18 abr. 1807, AHU-PE, cx. 266, doc. 17808.

O conteúdo da missiva consiste num pedido de permissão para o tal brinco. É o pedido mais respeitoso, ordeiro e decente de que se pode ter notícia. E muito bem escrito. Não creio que saiu da pena de um escravo, ou mesmo de um liberto. Algum senhor letrado, como os elencados acima, deve tê-lo escrito. Era, ademais, tarefa de alguém que conhecia de perto o governador e suas paranoias com africanos e afrodescendentes, pois só faltava escrever ali que nenhuma revolta ocorreria caso se concedesse a licença. Mas é indiscutível que africanos e afrodescendentes livres, escravos e libertos, jovens e festeiros, estavam por detrás de quem o lavrou. Trata-se, enfim, de uma peça escrita por um erudito, mas na perspectiva de meninos escravos ou libertos pertencentes ou agregados a "boas famílias" da vila do Recife. O requerimento foi aqui reproduzido na íntegra ao final deste capítulo, à guisa de apêndice.

Destaco pelo menos dois pontos desse requerimento. Por um lado, nele se reputa o "brinco", como "costume antiquíssimo" dos "meninos" levado a efeito justamente no "Domingo do Espírito Santo". Tal costume, porém, "pelo decurso do tempo, assim como outras coisas, ficou em total esquecimento", razão pela qual os jovens pretendiam "instaurar, e renovar aquele mesmo costume". O "ilustrado" governador Montenegro, contudo, se mostrou amiúde contrário às festas promovidas por africanos e afrodescendentes livres, libertos e escravos no espaço público da vila do Recife e da cidade de Olinda, como manifestou em várias ocasiões.[57] Por outro lado, o ofício se refere ao fato de que licenças para danças, ou para brincos, haviam sido concedidas "às Nações de Guiné", isto é, a grupos sociais formados por africanos, os quais, conforme os formuladores do ofício, não portavam "os requisitos, de que nos revestimos". Esse "nós" se referia, claro está, a outra identidade "étnica", oposta às "Nações de Guiné", provavelmente uma identidade "crioula". Assim, João Nunes Barbosa, um crioulo liberto, escreve ao governador Montenegro em nome de seu grupo social, que ele distinguia de grupos formados por africanos e por escravos. Embora Barbosa e seu grupo social estivessem inscritos no mesmo *continuum* liberdade-escravidão, sua trajetória acenava para um claro processo de mudan-

57. "Caetano Pinto de Miranda Montenegro ao Dr. Desembargador Ouvidor Geral da Comarca de Olinda", Recife, 16 dez. 1815, APEJE, *Ofícios do Governo*, cód. 14 (1811-1815), fls. 159-159v; "Caetano Pinto de Miranda Montenegro ao Desembargador Ouvidor Geral da Comarca de Olinda", Recife, 24 dez. 1815, APEJE, *Ofícios do Governo*, cód. 14 (1811-1815), fls. 160-161v.

ça de status decorrente de sua condição ao mesmo tempo crioula e liberta, a qual lhe permitia situar-se mais próximo da liberdade que da escravidão.

Algumas testemunhas, a exemplo do comerciante de grosso trato Bento José da Costa, descreveram o tal "brinco militar" como um "brinco de rapazes com figura de exercício militar". No ofício enviado ao governador, a diversão era descrita como "uma pequena brincadeira de saírem em forma de Regimento, com suas caixinhas a brincarem pelas ruas desta mesma Vila". O jovem Barbosa também discorreu sobre o brinco e seu funcionamento ao longo de seu depoimento. Quando indagado se sabia o motivo de sua prisão, disse que "fora preso por causa de um requerimento que se apresentou ao Governo em nome dele respondente, e outros rapazes", cujo conteúdo consistia em solicitar que pudessem "pôr em prática um brinco público de figura militar". Quando foi indagado se faria parte do brinco ele não hesitou, e disse que "também entrava, e para a boa execução dele tinham precedido ensaios no pátio de Santa Teresa feitos publicamente". As armas que seriam utilizadas também foram objeto de indagação. Segundo Barbosa, elas consistiam em "espadinhas feitas de pau", as quais seriam destinadas aos oficiais, e os soldados deveriam se servir "de canos como espingardas levando suas bandeirinhas, e tambores, à feição de regimento de infantaria". À luz dessas explicações, parecia impossível deduzir daí os fundamentos da representação mental atinente ao "levante, e sedição dos negros do País, contra os brancos".[58]

O único fundamento do vínculo entre o brinco e a revolta decorreu de rumores divulgados principalmente por comerciantes da praça do Recife. O comerciante Antônio Simões Rosado Freire, por exemplo, soube através de outros indivíduos de sua corporação que os negros já

> tinham mandado fazer barretinas, e havia postos distribuídos por diversos indivíduos, apontando por cabeça um certo pardo da casa de Luís de Castro Costa [o liberto crioulo João Nunes Barbosa], em cujo nome acrescentavam que se tinha feito um requerimento ao Governo para dar licença para um brinco de ficção militar.

Outro negociante da praça do Recife, José Francisco do Rego, se referiu a um "tumulto" do qual "havia cabeças já conhecidas, que eram um rapaz da casa de

58. "Devassa", fls. 318-318v, 322-322v, 358-359v.

Luiz de Castro Costa, outro da casa de José Filgueira de Meneses [o escravo Venceslau], e outro da casa do Doutor João Lopes Cardoso Machado". Outro negociante, José Francisco Belém, "ouviu falar à porta da Alfândega entre várias pessoas no dia vinte e sete do mês passado, dizendo haver suspeita de que debaixo da figura de um brinco militar estava para arrebentar uma sublevação preparada pelos negros do país". Embora esses negociantes ociosos mostrassem que o rumor não era fenômeno exclusivo e inerente à pobre figuração social dos Afogados, eles também disseram, como sintetizou um deles, não ver "disposição nenhuma nos negros daquelas que podiam anunciar uma desordem de tanta gravidade".[59]

O segundo documento escrito que contribuiu para criar a representação mental do "levante, e sedição dos negros do País" apareceu ao governador Montenegro através de manifestação de uma única testemunha. Trata-se de mais um comerciante da praça do Recife, Antônio Álvares Branco, o qual, em conversação entabulada a 27 de maio de 1814,

> ouviu dizer à porta da Alfândega a Domingos José de Oliveira que os negros do país dispunham levantar-se contra os brancos, apontando por fundamento desta suspeita certo requerimento que um escravo do negociante Manoel Rodrigues de Aguiar tinha feito ao Governo em nome do Rei do Congo.

Ainda conforme Álvares Branco, tal "novidade" se "difundiu imediatamente pelos circunstantes, acrescentando cada um o que lhe pareceu, mas com tanta incoerência sobre dados tão gratuitos que ele testemunha não achou por onde se persuadisse do imaginado levante". Embora acrescesse esse fato crucial à devassa, o comerciante em questão concluiu seu depoimento sentenciando que, "ao que tem observado por si mesmo não viu até aqui disposição alguma dos negros com a mínima tendência para semelhante desordem".[60]

O requerimento agora em questão tinha sido apreendido pela patrulha dos Afogados entre os dias 28 e 29 de maio de 1814. Para que o leitor tenha uma ideia do manuscrito, apresento sua fotografia em apêndice no final do capítulo. Uma diferença fundamental entre a peça anterior da devassa — o pedido de

59. "Devassa", fls. 322-322v; 323-323v, 324-324v.
60. "Devassa", fls. 325-325v.

permissão do "brinco militar" — e o requerimento se refere ao fato de que seu autor não foi um letrado, ou um indivíduo estabelecido e do nível mais alto da sociedade. Antes, quem o redigiu, como aparece muito bem atestado nos autos, foi um escravo, João de Aguiar — cujo ofício, aliás, consistia em escriturar a casa de comércio pertencente ao comerciante de grosso trato Manoel Rodrigues de Aguiar. À partida, como sugerem Miers e Kopytoff, a figura de um escravo que escriturava contas numa casa de comércio desafia qualquer estereótipo sobre escravidão produzido pela consciência ocidental, cuja representação mais recorrente é a do escravo subsumido à economia de plantation.[61] Ao mesmo tempo, um aspecto absolutamente central para meu argumento é que, além de saber ler e escrever, o escravo em questão era membro do reinado da Irmandade de Nossa Senhora do Rosário de Santo Antônio do Recife, no qual exercia a função de governador. Outro aspecto central tem relação com o fato ainda mais importante de que o requerimento foi escrito a pedido do "Rei dos Congos, e de todas as Nações do Gentio de Guiné", o africano liberto Domingos do Carmo, como ele mesmo afirmou em seu depoimento diante do ouvidor Ferreira. Conforme disse Domingos do Carmo ao longo de seu depoimento, prestado a 4 de junho de 1814,

> aquele requerimento é o próprio que se achou em casa dele respondente que o tinha para o meter a despacho na sua qualidade de Rei de Congo, e que lhe mandara fazer a seu Governador, ou subalterno que faz as suas vezes nesta Praça, o preto João de Aguiar, escravo do Negociante Manoel Rodrigues de Aguiar.[62]

Foi a leitura desse requerimento — no qual aparecem repetidas vezes as expressões "levante", "levantados", "levantar" e "levantarem" — que deu bases à representação mental do governador Montenegro em torno de um suposto levante, e o fez abrir, junto com o ouvidor Ferreira, a devassa de 1814. Mas em nenhum momento, como mostro a seguir, nele se anuncia o temível "levante, e sedição dos negros [...] contra os brancos", tema da devassa. Conforme o requerimento, havia tensões incontornáveis e a real possibilidade de ocorrer um "levante", dado então como iminente. No entanto, não se fala no docu-

61. Miers e Kopytoff, "African 'Slavery' as an Institution of Marginality", pp. 3-4.
62. "Devassa", fl. 360.

mento de uma revolta ou sedição de africanos e afrodescendentes contra brancos, mas de um "levante" dos governadores de algumas "nações" contra sua majestade, o Rei do Congo. Isto é, o levante a que se referia o requerimento teria lugar não na figuração social mais ampla da vila do Recife, incluindo seus distintos níveis sociais, mas, antes, tão somente no interior do nível mais baixo, onde se situava o equilíbrio instável de poder criado por africanos e afrodescendentes de toda qualidade.[63]

À medida que criavam uma figuração social dotada de dinâmica relativamente autônoma e de seu próprio equilíbrio pendular de poder, e ao passo que estabeleciam e reiteravam diferenças sociais que decorriam em boa medida das distintas posições situadas no *continuum* liberdade-escravidão, africanos e afrodescendentes livres, libertos e escravos, organizados, ademais, a partir de grupos sociais inadequadamente descritos como "étnicos", produziam tensões sociais fundamentais, mas circunscritas à figuração social por eles formada. Na sociedade de tipo antigo (ou oligárquico), indivíduos e grupos sociais outsiders, do nível mais baixo, e indivíduos e grupos sociais estabelecidos, do nível mais alto, tendiam, é evidente, a se confrontar em diferentes momentos ou situações. Contudo, uma vez que na sociedade de tipo antigo o diferencial de retenção de poder em favor de indivíduos e grupos sociais do nível mais alto era muitíssimo desproporcionado, rígido e estável, os confrontos entre indivíduos e grupos sociais de um e de outro nível eram mais pontuais e esporádicos que os verificados, mais tarde, na sociedade de tipo democrático e representativo, na qual o potencial de retenção de poder tendeu a se tornar mais elástico, flexível e muito mais complexo. Não que, no âmbito da sociedade de tipo antigo, indivíduos e grupos sociais do nível mais baixo não confrontassem os do nível mais alto, uma vez que os primeiros, a despeito de seu baixo potencial de retenção, também tinham poder. Afinal, o poder não é um objeto, um amuleto, ou uma coisa, mas uma relação social. Por essa via, indivíduos e grupos sociais do nível mais baixo impunham limites às ações e representações mentais de indivíduos e grupos do nível mais alto.[64] Contudo, a tendência dominante na sociedade de tipo antigo (ou oligárquico) — plenamente vigente na América portuguesa por aqueles anos — acenava para que as principais tensões vividas

63. "Devassa", fls. 313-313v.

64. Elias, *Introdução à sociologia*, pp. 80-81.

tanto nas relações sociais como na estrutura social de personalidade dos indivíduos ocorressem majoritariamente no âmbito das relações de interdependência que se operavam no seu próprio nível social.

As ações e representações mentais sumarizadas na carta escrita a pedido do Rei do Congo pelo escravo João de Aguiar, e endereçada ao governador da capitania, é um exemplo eloquente do problema proposto. Tal como o ofício solicitando licença para o brinco militar, ela segue transcrita como apêndice ao final deste capítulo. Destaco, em primeiro lugar, suas próprias condições de produção. Além de o requerimento ter sido escrito por um escravo que exercia, ao mesmo tempo, as funções de "governador" e de secretário, coube a Domingos do Carmo, sem titubeações, afirmar claramente em seu depoimento, prestado a 4 de junho de 1814, "que o tinha para o meter a despacho na sua qualidade de Rei de Congo". Considerando, como mostrei, as relações interdependentes do governo da capitania com o reinado — as quais cimentavam uma via poderosa de controle social sobre a figuração formada por africanos e afrodescendentes livres, libertos e escravos —, o Rei do Congo, como uma autoridade do nível mais baixo da sociedade, se reportava, através do requerimento, a outra autoridade, esta situada no nível mais alto. Portanto, quando ordenou a redação do requerimento, ele nada tinha a esconder ou a temer. Por essa mesma razão não foi preso, mas "chamado à casa do Comandante" da povoação dos Afogados, à qual compareceu sem nenhum receio. No âmbito de seu nível social, o mais baixo, e de sua figuração, seu potencial de retenção de poder advinha de três fontes centrais: em primeiro lugar, da religião católica, uma vez que se intitulava não apenas "Rei de Congo e de todas as nações do Gentio de Guiné", mas também "Juiz Perpétuo de Nossa Senhora do Rosário". Em segundo lugar, advinha do reinado da irmandade, onde desempenhava função social central, como já visto. Por fim, sua terceira fonte de autoridade era a tradicional relação direta ou semidireta com indivíduos do nível mais alto dotados de funções sociais de prestígio, a exemplo do próprio governador.

Os conflitos apontados no requerimento referiam-se a tensões entre sua função social e a dos governadores e capatazes das nações angico e cabundá, vinculadas à procedência "angola".[65] Contudo, não creio que as explicações do "levante" dos governadores contra o "Rei do Congo" sejam alusivas a al-

65. Filippo Pigafetta e Duarte Lopes, *Relação do Reino do Congo e das terras circunvizinhas*

gum fato ou fundamento africano. Antes, enfatizo que a natureza das tensões que opunham o "Rei do Congo" e os governadores de Angico e Cabundá era essencialmente americana: decorria sobretudo das relações de poder vividas deste lado do Atlântico e, de modo mais específico, no âmbito da figuração social formada por africanos e afrodescendentes livres, libertos e escravos da vila do Recife.

Para o "Rei do Congo", a origem daquelas tensões decorria de governadores e capatazes das "nações" angico e cabundá não obedecerem "ao Suplicante por Rei e nem por coisa alguma", ao mesmo tempo que desejavam se perpetuar no poder, ou estar "de posse do [cargo de] Governador até morrerem". Outra fonte de conflito, esta envolvendo diretamente a gestão da Irmandade do Rosário, devia-se a que governadores e capatazes não prestavam contas das "missas que têm mandado dizer pelas Almas dos mesmos pretos da nação". Como mostrei antes, essa era uma obrigação expressa dos governadores contida nos compromissos da irmandade. Na ótica do rei, a ordem do reinado e a ordem da sociedade eram uma só. Não por acaso, portanto, Domingos do Carmo denunciou no requerimento que subordinados de ambas as "nações" "puxaram armas uns para outros na Rua da Conceição [e] até fizeram descompor ao Suplicante Rei com palavras assaz injuriosas". Por estar perdendo controle sobre angicos e cabundás, o Rei do Congo antevia tensões generalizadas entre as diversas nações sob sua soberania: sem as devidas providências, sentenciava, "as mais nações passarão a andarem fazendo desordem uns com outros". Por isso solicitava ao governador e capitão general, no âmbito de suas relações assimétricas, mas de interdependência, "que o Inferior que tocar a ronda do batuque vá no lugar onde essas duas nações tiram esmola para os defuntos, prendam aos ditos capatazes para Vossa Excelência mandar que eles capatazes obedeçam ao Suplicante por ser Rei das nações".[66] Como já observei, o potencial de retenção de poder do "Rei do Congo" residia não apenas em sua ligação com a religião, por ser irmão de mesa, e em sua posição predominante no âmbito do reinado, era também decorrente de suas relações com indivíduos do nível mais alto, mormente com o governador e capitão general. Assim como fizera em

(Lisboa: Alfa, 1989), pp. 26-27, 68-69; Mary C. Karasch, "Central Africans in Central Brazil, 1780-1835", in Heywood (org.), *Central Africans and Cultural Transformations*, pp. 138-139.

66. "Devassa", fls. 313-313v.

1800 Cristina Maria Luiza, governadora das negras pombeiras, como analisei anteriormente, Domingos do Carmo requisitava ao governador e capitão general a mesma colaboração para manter a ordem e a subordinação à sua figura e à sua função social.

Um problema de peso, porém, era que o governador Montenegro não compartilhava os mesmos valores e significados de seus antecessores. Ele não via no reinado e nos governos um instrumento eficaz de controle social, nem compartilhava a ideia de que eles deveriam ser conservados por uma "razão de Estado", como formulou, em março de 1780, o governador e capitão general de Pernambuco José César de Meneses (1774-1787) em torno de festas publicamente promovidas no Recife e em Olinda por africanos e afrodescendentes livres, libertos e escravos.[67] Antes, conforme escreve em carta de dezembro de 1815 ao proibir uma festa promovida pela Irmandade do Rosário de Olinda, Montenegro empenhou-se em desestabilizar os "Reis e Governadores que por suas cartas patentes" nomeavam

> secretários de Estado, Generais, Tenentes Generais, Marechais, Brigadeiros, Coronéis, e todos os mais postos militares: pois tudo isso havia em Pernambuco: os tratamentos de Majestade, Excelência e Senhoria vogavam entre eles: tal era o desaforo a que os deixaram chegar.[68]

Embora a estrutura social da América portuguesa ainda comportasse uma sociedade de tipo antigo ou oligárquico, como disse antes, sua transformação, sua crise e sua transição para outro tipo de sociedade estavam, então, em curso, aliás não apenas no âmbito específico do império português, mas em todo o mundo atlântico.[69] Valores e significados identificados com aquilo que os his-

67. "José César de Menezes a Antônio Veríssimo de Larre, Arcebispo de Lacedemônia", Recife, 22 mar. 1780, Arquivo do Instituto Histórico e Geográfico Brasileiro, D. L. 864.1-2, Livro III, fls. 101v-102; "Ofício do governador da capitania de Pernambuco, José César de Meneses, ao secretário de estado da Marinha e Ultramar, Martinho de Mello e Castro", Recife, 22 mar. 1780, AHU-PE, cx. 135, doc. 10140.

68. "Caetano Pinto de Miranda Montenegro ao Desembargador Ouvidor Geral da Comarca de Olinda Recife, 24 de dezembro de 1815, APEJE, *Ofícios do Governo*, cód. 14 (1811-1815), fls. 160-161v.

69. David Armitage e Sanjay Subrahmanyam (orgs.), *The Age of Revolutions in Global Context, c. 1760-1840* (Nova York: Palgrave Macmillan, 2010), pp. xii-xxxii.

toriadores costumam chamar de "luzes" e "ilustração" imprimiriam novas marcas nos parâmetros de governação das sociedades ocidentais daí por diante.[70]

Assim, em maio de 1814, quando as tensões que afetavam o equilíbrio de poder mantido por africanos e afrodescendentes livres, libertos e escravos no nível mais baixo vazaram para o nível mais alto da sociedade, os valores e significados partilhados por indivíduos "ilustrados", exemplificado pelo governador Montenegro, já permeavam parte considerável das formas de governação e administração dos súditos da monarquia portuguesa. Não por acaso, durante seu depoimento, Domingos do Carmo manteve um diálogo de surdos com o ouvidor Ferreira. Quando indagado se sabia o motivo de sua prisão, respondeu que "não sabe nem suspeita a causa por que foi preso, senão que sendo chamado à casa do Comandante daquele lugar [dos Afogados] na manhã do dia vinte oito do mês passado dali fora remetido preso para esta Praça sem saber o porquê". O "Rei do Congo", portanto, jamais se autorrepresentou como um suspeito. Quando lhe foi indagado que "casta de levante de negros era aquele de que ele respondente mostrava ter receios no dito requerimento, e por que razão tendo esse receio não deu logo conta do caso ao Governo para prevenir uma desordem tão atroz e de tão más consequências", o "Rei do Congo" respondeu "que aquele levante consistia precisamente dos capatazes seus subordinados não lhe quererem obedecer, antes pelo contrário". Uma vez que ele lhes pedia "contas da aplicação das esmolas que costumam tirar em benefício das almas dos seus defuntos", os governadores e capatazes sublevados, antes, "levantaram-se contra ele com injúrias e sobrançarias negando-lhe o cortejo, e dando lugar com isso a bandos, e partidos entre nação e nação". O fundamento da quebra do equilíbrio de poder, segundo Domingos do Carmo, decorria de "quererem uns que se não tenha, e conserve a subordinação devida a ele, Rei do Congo, e outros do partido daqueles capatazes rebeldes não quererem estar por isso". Foi por sua preocupação com o modo pelo qual a insubordinação e a rebeldia presentes à subfiguração social formada por africanos e afrodescendentes livres, libertos e escravos poderiam impactar a figuração mais ampla da vila do Recife que ele adiou a entrega do requerimento ao governo da capitania: "porque esta desordem não topava no sossego público da terra, por essa razão

70. Wim Klooster, *Revolutions in the Atlantic World: A Comparative History* (Nova York: New York University Press, 2009), pp. 167-170.

retardou o respondente meter o dito requerimento a despacho até ver se por outros meios podia remediar as coisas de seu governo".[71]

Em suma, conforme se depreende da leitura da devassa, não existia nenhum "levante, e sedição dos negros [...] contra os brancos", mas um "levante" que governadores e capatazes angicos e cabundás "querem por esse meio fazer contra o Suplicante", isto é, contra Domingos do Carmo, "Rei do Congo e Juiz Perpétuo de Nossa Senhora do Rosário". Em vão, Domingos do Carmo procurou conter as tensões internas ao nível mais baixo e à sua subfiguração, impedindo, assim, que elas vazassem para o nível mais alto da sociedade. Tentava, desse modo, manter a respeitabilidade de sua função, do reinado e dos governos de "nações" e de ofícios que, ao longo de séculos, os "homens pretos" do Rosário haviam ajudado a construir. No entanto, naqueles primeiros anos do século XIX, tais instituições, originadas no campo religioso da América portuguesa ainda nos primeiros anos da colonização, pareciam estar desmoronando. A estrutura social que as suportava entrava em crise, tal como o pacto entre controladores e controlados.[72]

Os sinais dessa crise estão por toda parte. Como já mostrei, outro membro do reinado, morador na povoação de Santo Antônio, o africano liberto Joaquim Barbosa, de "Nação Benguela", era capataz dos ganhadores da praça do Recife. Esse homem idoso, de 65 anos, foi, como os demais africanos e afrodescendentes envolvidos na devassa, preso entre os dias 28 e 29 de maio de 1814 por "ser suspeita a sua conduta". As informações disponíveis a seu respeito, contudo, não acenam para o perfil de um rebelde ou de um vigoroso comandante de "pretos ganhadores", mas para a de um indivíduo abatido e alquebrado que, "estando em sua casa doente de cama havia já cinco dias, fora preso por uma patrulha militar no dia vinte nove do mês passado". Outro africano de "Nação Benguela", João Maranhão, escravo do padre José Ribeiro de Vasconcellos, foi, por sua vez, "preso por suspeitar-se fosse um dos cabeças de motim, denominando-se Capitão Mor dos Capinheiros, e por dizerem, solicitava também outros pretos para o mesmo fim na referida Povoação dos Afogados". Se

71. "Devassa", fls. 360-361v.

72. Sobre o conceito de "controle social" — cujo aspecto mais importante e central se refere à incorporação no self dos controlados dos princípios definidos pelos controladores —, ver Otávio G. Velho, "Controle social", in Benedicto Silva (org.), *Dicionário de ciências sociais* (Rio de Janeiro: FAE/FGV, 1987), pp. 265-266.

Marcelo MacCord acertou em destacar a tensão interna ao reinado como um aspecto central do suposto "levante, e sedição" de 1814, equivocou-se ao sugerir que João Maranhão seria o "principal acusado" que "deveria incomodar" o "Rei do Congo", uma vez que, graças à sua função de governador dos capinheiros, amealhava "um indesejado prestígio e maior *moral*" (grifo no original). Contudo, já demonstrei que a tensão no interior do reinado não opunha João Maranhão, ou os capinheiros, ao "Rei do Congo", mas este aos governadores angico e cabundá. Ao contrário, o depoimento de João Maranhão é melancólico. Quando indagado se sabia a razão de estar preso, atribuiu o fato à "má vontade que lhe tem o Comandante dos Afogados, escandalizado de governar ele respondente os capinheiros daquele lugar". Mais uma vez, reaparece em seu depoimento a rede de intrigas e delações, e a dinâmica da fofoca, que imperavam na figuração social dos Afogados. Depois, quando "instado a dizer a verdade", pois se suspeitava ser ele "cabeça de motim servindo-se de seu cargo de Capitão Mor dos capinheiros para solicitar os outros negros como ele para se amotinarem", sua resposta traduz com propriedade a crise que se abatia sobre a figuração institucional do reinado:

> Respondeu que isso era falso, porque ele respondente não tem debaixo do seu governo mais que quatro moleques capinheiros, e com outros nunca teve práticas nem inteligência alguma, nem jamais lhe passou pela imaginação uma ideia tão atrás como aquela de levante de negros contra os brancos.[73]

Para concluir, o governador Montenegro encerrou a devassa a 13 de agosto de 1814 e, como "não ficasse ninguém compreendido, mandei soltar a todos imediatamente". Apesar de nada apontar para a materialidade do "levante, e sedição dos negros do País, contra os brancos", ele se jactava: "sem se derramar uma gota de sangue, e sem ser preciso açoitar um escravo, eu consegui tranquilizar tudo, e que o mesmo sossego, e tranquilidade ficam reinando nesta Vila". Embora sua representação mental do "levante, e sedição" tenha se provado falsa, ele tirava partido político dela e investia sobre a figuração social formada por africanos e afrodescendentes livres, libertos e escravos à medida que impedia suas festas, negava suas patentes — que se extinguiram a partir de seu longo governo

73. "Devassa", fls. 370-371.

— e mantinha constante suspeição em torno de suas ações. Por sua vez, creio que a documentação reitera meu antigo ponto de vista, conforme o qual, entre os africanos e afrodescendentes livres, libertos e escravos, "procurava-se restaurar as hierarquias étnicas e profissionais antes existentes e de retomar os rituais, as festas e sociabilidades que elas ensejavam". Todavia, acredito muito mais atualmente que suas tensões acenam sobretudo para a retomada, ou para o abandono definitivo, de suas *antigas formas de relações de poder*, ou para a restauração — ou destruição cabal — do antigo equilíbrio pendular que estava no centro de sua figuração social. Essas tensões, assim, constituíam parte de um "movimento voltado menos para a construção de uma nova sociedade no futuro e mais para a restauração de formas sociais do passado" — mas de um *passado americano, crioulo, e não africano*.[74] Uma vez inseridos em figurações sociais situadas do outro lado do Atlântico, creio que se deve buscar nas relações sociais, de poder e de interdependência vividas por africanos e afrodescendentes, e em seus equilíbrios instáveis de poder, tecidos nessas sociedades, o nexo íntimo que explica a conformação de suas ações e representações mentais.

APÊNDICE 1

Ilustríssimo e Excelentíssimo Senhor, João Nunes Barbosa, e mais meninos, vêm representarem a Vossa Excelência que sendo costume antiquíssimo deles no Domingo do Espírito Santo fazerem uma pequena brincadeira de saírem em forma de Regimento, com suas caixinhas a brincarem pelas ruas desta mesma Vila sem levarem coisa que ofender pudessem, o que pelo decurso do tempo, assim como outras coisas, ficou em total esquecimento; pretenderam porém agora instaurar, e renovar aquele mesmo costume e para isso muniram-se, e aprontaram-se fazendo para este fim alguma despesa, e por ser certo, que aquele brinquedo nada tem de contrário às leis, nem se opõem à boa ordem, e regime prescrito pelas mesmas leis. Vossa Excelência, Senhor, cujas perspicazes Luzes e preclaros conhecimentos são respeitados, conhece de bem perto, e sabe, que de simples brin-

74. Silva, "Da festa à sedição", p. 330.

quedos se não podem originar consequências funestas, que, todavia, se fazem temíveis e se devem embaraçar muito mais, porque de um ajuntamento de pequenas crianças, algumas das quais tem a educação de seus Pais, e bom comportamento de suas casas, não é de crer que façam ações indecentes, que é quando se devem embaraçar. Além de que esta graça que vimos prostrados aos pés de Vossa Excelência rogar humildemente, estamos vendo concedida às Nações de Guiné, que não tendo talvez os requisitos, de que nos revestimos foram de Vossa Excelência e lhes concedeu com uma amplidão muito maior em atenção a que pretendemos.

Excelentíssimo Senhor, as nossas pequenas idades, e a inocência que nos acompanha, são as que vem orar, e esperam de Vossa Excelência nos conceda esta pequena licença, sendo certo que em nada pretendemos ofender, nem a pessoa de Vossa Excelência, e ao decoro que lhe devemos, nem as Leis do Nosso Amabilíssimo, e Augusto Soberano, o que desde já protestamos; portanto sendo que Vossa Excelência assinta a esta deprecação, neste caso com o seu respeitável despacho, faremos certo ao Ajudante para que nos não estorve salvo no caso da necessidade o pedir: e nós vamos todos pedir, e Orar a Deus pela vida, saúde, e paz [de] Vossa Excelência com a conservação neste Governo.

Vossa Excelência foi servido mandar informar sobre outro semelhante requerimento ao Doutor Desembargador Ouvidor Geral, e Intendente da Policia, com o seu parecer e porque esse se perdeu em casa do dito Ministro, por isso os Suplicantes tornam a informar a Vossa Excelência para que se digne deferir-lhes, como já lhes deferiu, mandando informar ao dito Ministro.

E receberá mercê.[75]

APÊNDICE 2

Ilustríssimo e Excelentíssimo Senhor,

Diz Domingos do Carmo Juiz Perpétuo de Nossa Senhora do Rosário, Rei de Congo de todas as nações do Gentio de Guiné, se prostra aos Benig-

75. "Devassa", fls. 312-312v.

nos Pés de Vossa Excelência a representar que os pretos da nação de Cabundá e Angico estão alevantados sem quererem obedecer ao Suplicante por Rei e nem por coisa alguma, procedido tudo pelo o preto Vicente, escravo de Manoel Joaquim, o qual preto é capataz da nação de Cabundás. A razão de eles se levantar é por que já se findou o triênio do seu governo; e como o Suplicante pede que dê conta das missas que tem mandado dizer pelas Almas dos mesmos pretos da nação, e também por dar as mais conta, nada disto quer o dito preto Capataz fazer e só faz seduzir os mais para se levantarem; como também o Capataz dos Pretos Angicos, que estão também alevantados só para estarem de posse do Governador até morrerem, o que não faz conta as mais nações por que eles Capatazes não dão conta de coisa alguma: e como o capataz de Cabundás tem o seu senhor e se fia nele, e por este respeito puxaram armas uns para outros na rua da Conceição até fizeram descompor ao Suplicante Rei com palavras assaz injuriosas. Requer o Suplicante a Vossa Excelência seja servido mandar que no dia de Domingo que se contam 29 do corrente haja de mandar que o Inferior que tocar a ronda do batuque vá no lugar onde essas duas nações tiram esmola para os defuntos, prendam aos ditos capatazes para Vossa Excelência mandar que eles capatazes obedeçam ao Suplicante por ser Rei das nações, e que não quer novidades e desordem, e que eles deem conta das missas e as mais contas que se lhe pede para se fazer outro capataz nas nações por isso que já tem tempo bastante que eles governam sem darem conta alguma, pois se Vossa Excelência não der providência haverá um levante, sem o Suplicante poder dar remédio. Por isso o Suplicante pede a Vossa Excelência seja servido dependerá no que o Suplicante alega, e a vista do levante que eles querem por esse meio fazer contra o Suplicante, as mais nações passarão a andarem fazendo desordem uns com outros, tudo procedidos dos dois Capatazes da nação de Cabundás e de Angicos, e para que nada aconteça é que o Suplicante com tempo requer a providência de Vossa Excelência para com estes dois homens, mandando Vossa Excelência dar o castigo que bem parecer a fim de serem eles expulsados de serem capatazes, e nem coisa alguma.

E receberá mercê.[76]

76. "Devassa", fls. 313-313v.

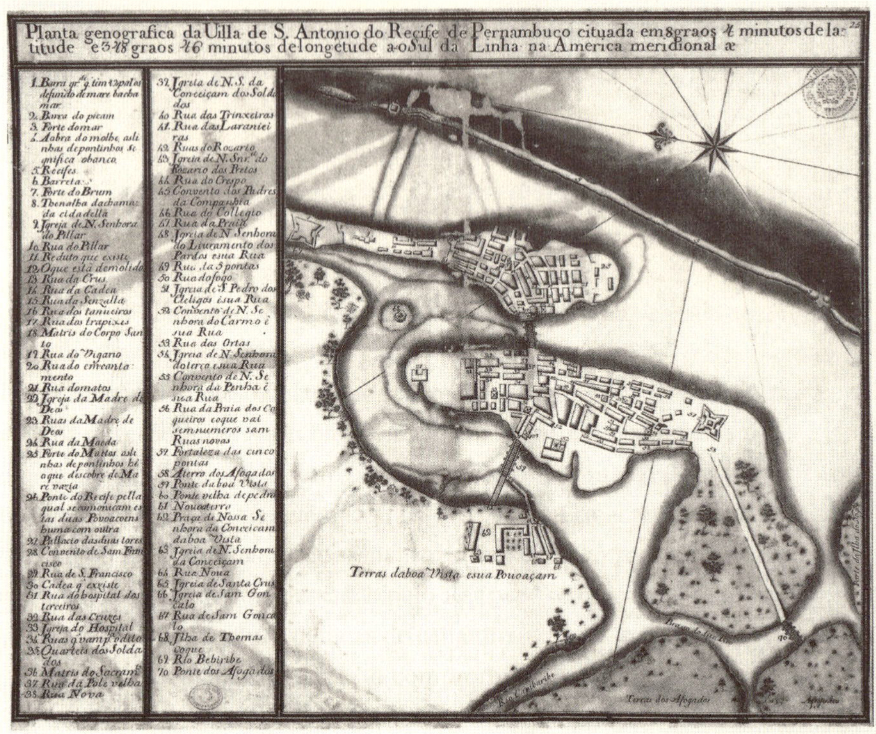

Nesta planta de meados do século XVIII, pode-se constatar a posição central da igreja de Nossa Senhora do Rosário dos Pretos de Santo Antônio (item 43), bem como a abertura da cidade em direção a Afogados, que, até então, fazia parte do termo de Olinda. Fonte: "Planta geográfica da vila de Santo Antônio do Recife de Pernambuco, 1763", in Nestor Goulart Reis, Imagens de vilas e cidades do Brasil colonial *(São Paulo: Edusp; Imprensa Oficial, 2000), p. 102.*

APÊNDICE 4

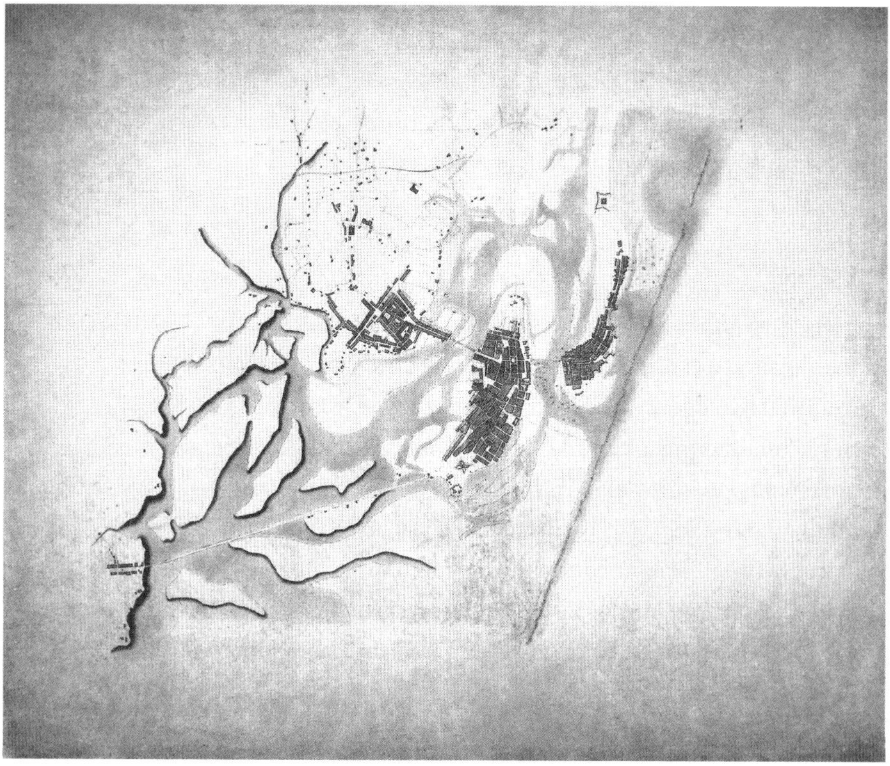

Mapa do Recife por volta de 1820. Neste mapa se percebem o adensamento populacional da povoação de Santo Antônio, a formação da povoação dos Afogados, ao sul, bem como a diversificação da ocupação da Boa Vista e dos Aflitos, a oeste. Fonte: "Recife, c. 1820", in Goulart Reis, Imagens de vilas e cidades, *p. 104.*

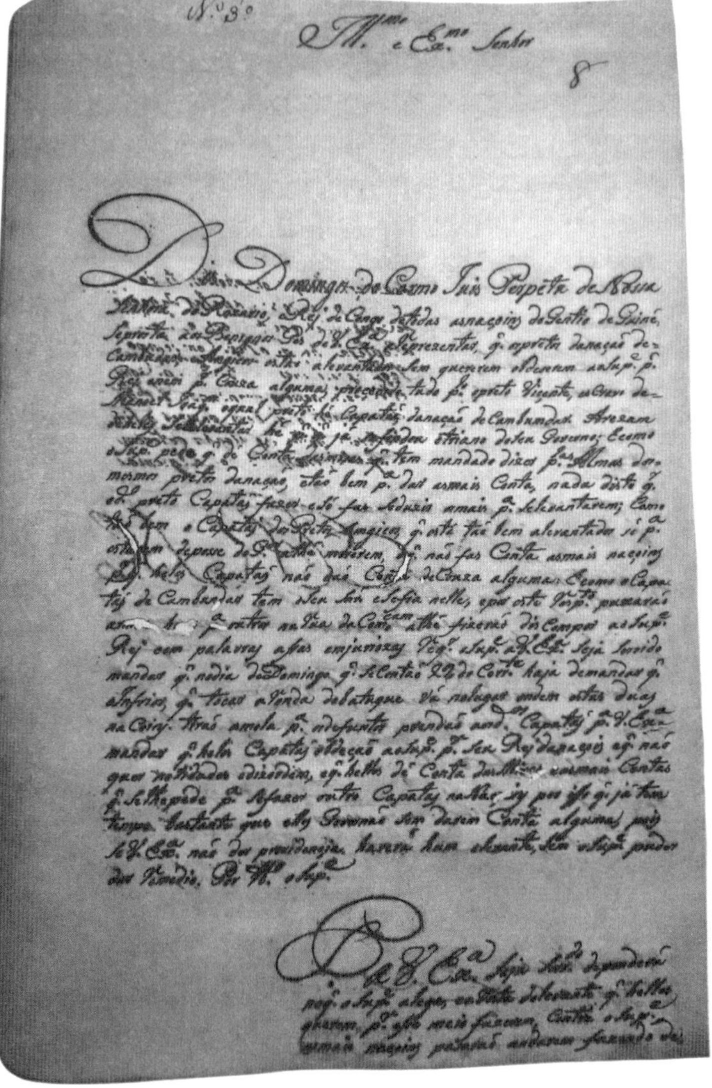

Carta do Rei do Congo Domingos do Carmo, escrita pelo escravo João de Aguiar, contida no "Auto da devassa a que procedeu o Doutor Desembargador Ouvidor Geral, Francisco Affonso Ferreira, pelas suspeitas de levante, sedição dos negros do País, contra os brancos" (Recife, 2 jun. 1814). Fonte: Arquivo Nacional, Ministério do Reino. Interior, *cód. IJJ9 240 (1812-1814), fls. 305-373.*

4. República negra: sublevações escravas na vila de Guaraparim, capitania do Espírito Santo (século XIX)[1]

Thiara Bernardo Dutra

Em estudo sobre um conjunto de capitães-mores e governadores da capitania do Espírito Santo nomeados por despacho régio entre 1781 a 1821, levantei o problema da interferência do Estado nas relações escravistas ao analisar as representações políticas dos governadores no tocante às ações escravas. Deparei-me com a revolta de escravos de duas fazendas de Guarapari, localidade costeira ao sul da capitania, que se prolongou por mais de quarenta anos. Neste capítulo, apresento os levantes escravos nas fazendas do Campo e Engenho Velho, que pertenceram ao arcediago Antônio de Siqueira Quental. Serviu como base das inquirições uma documentação de caráter oficial composta de correspondência administrativa trocada entre os diversos níveis de poder na capitania e a Coroa portuguesa.

Além da revolta, os dados obtidos demonstraram que a escravidão não consistiu em preocupação principal da agenda política das autoridades governamentais. O estabelecimento de acordos entre senhores e escravos surgiu como forma de preservar as relações escravistas e apontaram para a natureza

1. Agradeço a João José Reis pelo convite, por sua leitura atenta e considerações pertinentes. Agradeço também a Adriana Campos pela orientação e cuidado que antecederam a elaboração deste texto.

privada da escravidão nos domínios coloniais lusitanos. O evento aparece como singular aos quadros da capitania capixaba, por ser a única sublevação de escravos encontrada na documentação para o período indicado (1781--1821). Os acontecimentos ocorridos nas fazendas reiteram a complexidade das relações escravistas firmadas no cotidiano da capitania e os limites à ação governamental.

Antes de apresentar os levantes, porém, faz-se necessária uma breve explanação sobre a capitania do Espírito Santo, sua formação e desenvolvimento ao longo do período colonial, a fim de contextualizar as fazendas conflagradas.

A CAPITANIA DO ESPÍRITO SANTO EM PERSPECTIVA

Ao estabelecer o sistema de capitanias hereditárias, o rei d. João III doou ao fidalgo Vasco Fernandes Coutinho a 11ª capitania, com uma extensão de cinquenta léguas de costa, dez léguas em direção ao mar e de fundo "até onde fosse a conquista real, isto é, até o Meridiano de Tordesilhas".[2] Ao aportar em uns terrenos baixos junto ao morro do Moreno, na entrada à esquerda da atual baía de Vitória, em 23 de maio de 1535, o donatário batizou o lugar com o nome de Espírito Santo, haja vista ter desembarcado uma semana após o domingo de Pentecostes, dia dedicado pela Igreja à terceira pessoa da Santíssima Trindade.[3] A chegada de Vasco Fernandes Coutinho marca o início da colonização portuguesa em terras capixabas. Apesar de a capitania não ter alcançado o desenvolvimento observado em Pernambuco e São Vicente, em virtude dos embates com os indígenas e da falta de investimentos financeiros, considera-se bem-sucedida a tarefa iniciada por seu donatário, devido à doação de sesmarias, fundação de vilas, construção de fortes e sua permanência.

Da sua fundação até meados do século XVII, a administração da capitania foi marcada pela "alternância de indivíduos no poder, intimamente ligados, ora

2. João Eurípedes Franklin Leal, *Espírito Santo: história* (Vitória: Instituto Histórico e Geográfico do Espírito Santo, 2016), p. 17.

3. José Teixeira Oliveira, *História do estado do Espírito Santo* (Vitória: Arquivo Público do Estado do Espírito Santo; Secretaria de Estado da Cultura, 2008), pp. 37-38.

às redes de famílias pioneiras, ora aos herdeiros da capitania".[4] A descontinuidade dos donatários no poder, a cessão de cargos públicos aos moradores e a dependência em relação aos colonos para o desenvolvimento local resultaram em desorganização administrativa denunciada à época pelas autoridades. Ainda assim, foi possível verificar certa prosperidade econômica, com o estabelecimento de engenhos e a construção de trapiches dedicados à cultura açucareira que contribuíram para a inserção da capitania no circuito comercial com o reino. No que se destaca a atuação jesuítica, que exerceu importante papel na ocupação e no desenvolvimento locais, e de um grupo de cristãos-novos, formado por homens de negócios responsáveis por investimentos e pela inserção da capitania no comércio de escravos africanos.[5]

Todavia, em meados do século XVII, o desinteresse dos herdeiros em assumir a capitania, deixando a administração sob o comando de capitães-mores, resultou, em 1674, em sua venda a Francisco Gil de Araújo. E, em 1718, após a descoberta de metais preciosos no interior do seu território, a Coroa procedeu à compra da capitania. Manteve a nomeação de capitães-mores, mas restringiu a autonomia vivenciada ao longo dos quase 183 anos de ocupação, na medida em que a capitania se viu subordinada à Bahia, nos aspectos administrativo e militar, e ao Rio de Janeiro, no tocante às questões judiciárias e religiosas. O interesse na obtenção do Espírito Santo deveu-se, acima de tudo, por este ser ponto estratégico da política imperial de resguardar os caminhos e descaminhos do ouro. Apesar de lacunas na trajetória do Espírito Santo entre os séculos XVII e XVIII, sabe-se que a capitania apresentou uma economia de abastecimento, inserindo-se no circuito intracolonial, com o uso do trabalho escravo no cultivo de mandioca, algodão e cana-de-açúcar, na criação de gado e na extração de madeira.[6]

4. Luiz Cláudio M. Ribeiro, "Modos de ver (1534-1643): o governo da capitania do Espírito Santo na sua primeira centúria", in Gabriel Bittencourt e Luiz Cláudio M. Ribeiro (orgs.), *Espírito Santo: um painel da nossa história II* (Vitória: Secult, 2012), p. 196.

5. Juliana Sabino Simonato, "A capitania do Espírito Santo sob a égide dos Filipes: escravidão, comércio de escravos e dinâmicas de mestiçagens (1580-1640)", Tese de Doutorado, Universidade Federal de Minas Gerais, 2017, p. 152.

6. Thiara Bernardo Dutra, "Autoridades coloniais e o controle dos escravos: capitania do Espírito Santo (1781-1821)", Dissertação de Mestrado, Universidade Federal do Espírito Santo, 2016, pp. 28-29.

A vila de Vitória, comarca e capital da capitania, funcionava como entreposto comercial ao estabelecer ligação com as vilas circunvizinhas: Nova Almeida, vila do Espírito Santo, Guaraparim e Benevente. A diversificação de gêneros agrícolas e a dedicação à cultura de alimentos marcaram a economia capixaba desde sua ocupação. Na virada do século XVIII para o XIX, o ressurgimento do comércio de cabotagem e a transformação do desenvolvimento econômico local em política pública favoreceram outro momento de prosperidade econômica. Por meio de uma política de régia nomeação, entre os anos de 1781 e 1821, na tentativa de centralizar a administração e obter maior controle sobre seus domínios, a Coroa passou a escolher as autoridades governamentais da capitania. A partir de 1800 houve uma comunicação mais direta com o reino e, em 1810, ocorreu o fim da dependência administrativa e militar em relação ao governo baiano. Em 1822, o último governador nomeado pela Coroa portuguesa renunciaria em favor de uma junta provisória de governo.[7]

AS FAZENDAS CONFLAGRADAS, A QUESTÃO TESTAMENTÁRIA E AS ESCRAVARIAS

A ocupação das fazendas onde ocorreu a série de levantes escravos aqui discutidos remonta ao momento de prosperidade econômica que marcou a virada do século XVI para o XVII, quando se deu a entrada de novos atores na capitania, dentre os quais, devido à união das Coroas ibéricas, havia cristãos-novos e castelhanos. Entre cerca de 1588 e 1618, o castelhano Marcos Fernandes Monsanto investiu na construção de engenhos de açúcar em Guaraparim, termo de Vila Velha.[8] Monsanto, além de importante mercador, exercia funções na administração e, em 1618, "ocupava o cargo de feitor, principal autoridade controladora do comércio e das autoridades alfandegárias".[9] Todavia, em 1641, com a separação das Coroas ibéricas, Monsanto teve seus bens confisca-

7. Dutra, "Autoridades coloniais", pp. 34-48.

8. Apenas em 1679 o povoado de Guaraparim é elevado à condição de vila pelo donatário Francisco Gil de Araújo, passando a se chamar vila de Nossa Senhora da Conceição de Guaraparim.

9. Ribeiro, "Modos de ver", p. 189.

dos pelo donatário, o que contou com a aprovação do rei d. João IV, em decorrência da lealdade jurada pelo castelhano ao trono espanhol.[10]

Diante da ausência do proprietário, a administração dos bens foi entregue a Gregório de Távora, mediante provisão régia, por apresentar escritura datada de 1635, que, mais tarde, se identificou ser falsa. As propriedades foram novamente revertidas à Coroa, que as conservou até a chegada do frei Simão de Castelo Branco, sobrinho e testamenteiro universal de Monsanto. Este, por sua vez, entregou as fazendas em doação a Fernando Dias Franco, em 8 de outubro de 1694. Com o falecimento de Franco, por partilha amigável, os bens foram divididos entre sua esposa, d. Josefa Maria de Souza, e seus filhos, Ambrósio Isidoro, José de Souza e Antônio de Siqueira Quental. Este último comprara por 16 mil-réis a terça deixada pelo pai a sua mãe e seus dois irmãos.[11]

Assim, por volta de 1732, o arcediago Antônio de Siqueira Quental tornou-se o único proprietário daqueles engenhos, que lhe pertenceram até a sua morte, em 1769, quando teve início novo litígio acerca da propriedade das terras. Isso porque era prática corrente à época deixar consideráveis somas como esmolas e legados pios para a salvação da alma, e Quental instituíra em testamento, como herdeiro universal, o "Coração Santíssimo do Nosso Senhor Jesus Cristo". Todavia, a promulgação da lei de 9 de setembro de 1769, no governo de d. José I, colocou-se contra a vontade última daquele testador, em decorrência da proibição de amortizar bens de raiz para instituição de capela. Assim, o testamento de Quental estava em conflito com a lei.[12]

Vinte e três anos após o falecimento do arcediago Antônio de Siqueira Quental, por meio da correção das contas testamentárias lançadas no livro de registros do Juízo de Resíduos, o então ouvidor-geral da capitania do Espírito Santo, José Pinto Ribeiro, tomou conhecimento da causa e lhe deu continuidade envolvendo a vasta herança deixada pelo padre. Da morte do arcediago à chegada do ouvidor, entre 1769 e 1792, a administração das fazendas ficou sob a res-

10. "Requerimento de Quental ao Rei [D. José I]", vila de Santarém, 5 set. 1777, Arquivo Histórico Ultramarino (AHU), *Documentos manuscritos avulsos da Capitania do Espírito Santo (1585-1822)*, cx. 04, doc. 372.

11. "Carta (cópia) do Ouvidor e Provedor, Francisco de Borges Garção Stockler, ao Príncipe Regente [D. João]", vila da Vitória, 15 maio 1799, AHU, *Documentos manuscritos avulsos da Capitania do Espírito Santo (1585-1822)*, cx. 05, doc. 431.

12. Dutra, "Autoridades coloniais", pp. 108-111.

ponsabilidade dos testamenteiros. Diante do impasse, José Pinto Ribeiro sustou o testamento e, de 1792 a 1799, nomeou administradores para gerenciá-las. A partir de então, procedeu-se ao sequestro dos bens junto ao Erário Régio, e, assim, as fazendas e suas escravarias ficaram de novo sob domínio da Coroa.[13]

A correspondência trocada entre as autoridades da capitania e os representantes do rei, de 1801 a 1805, demonstrou a intenção imperial de incorporar aqueles bens ao Erário Régio. Contudo, em 1805, confirmava-se o cumprimento da resolução real que ordenara "a suspensão de todo e qualquer procedimento" a respeito da matéria. A suspensão ocorreu devido à reivindicação dos bens pelos legítimos herdeiros em Portugal, passados mais de trinta anos da morte do arcediago. Os herdeiros conseguiram reaver sua herança, pois, em 1811, um novo administrador chegava às fazendas, declarando-se representante dos legítimos donos daquelas terras, em referência aos sobrinhos do arcediago.[14]

O impasse quanto à propriedade das terras suscitou indagações sobre o motivo de os escravos continuarem nas fazendas. Por que não aproveitaram a situação e fugiram? O modo como essas escravarias estavam constituídas propicia melhor entendimento acerca da questão. Conforme inventário feito pelo ouvidor José Pinto Ribeiro em 1792, foram avaliados 415 escravos distribuídos nas duas fazendas. Na fazenda de Santa Bárbara do Engenho Velho havia 151 cativos, dos quais 94,7% estavam arranjados em trinta famílias, tendo em média 4,8 membros por família. Na fazenda do Campo havia 264 cativos, 97,4% deles alocados em 55 unidades familiares, com cerca de 4,6 cativos por família. Percebe-se que as escravarias estavam em um ambiente favorável à constituição de famílias e laços parentais, visto que 96% dos indivíduos pertenciam a algum arranjo familiar. Observaram-se também certo equilíbrio sexual, a majoritária presença de crioulos e a expressiva quantidade de crianças e idosos.[15]

13. "Requerimento de Quental ao Rei [D. José I]", vila de Santarém, 5 set. 1777, AHU, *Documentos manuscritos avulsos da Capitania do Espírito Santo (1585-1822)*, doc. 372.

14. "Requerimento do padre Ignácio José da Costa ao governador", 1812, Arquivo Público do Estado do Espírito Santo (APEES), Governadoria, Accioly, *Correspondências recebidas pelo governo do Reino, 1787-1814*, livro 004, doc. 46.

15. "Requerimento de Quental ao Rei [D. José I]", vila de Santarém, 5 set. 1777, AHU, *Documentos manuscritos avulsos da Capitania do Espírito Santo (1585-1822)*, doc. 372.

Tal perfil remete à estabilidade das famílias escravas ali estabelecidas. Ao que parece, na sua grande maioria os cativos inventariados em 1792 nasceram e viveram toda a sua vida naquelas fazendas, assim como o fizeram seus pais e, quiçá, avós. Somado a isso, verificou-se que os escravos possuíam seus próprios meios de subsistência, como o cultivo de alimentos e a extração e coleta de recursos naturais, sobretudo madeira. A constituição de famílias, o alto índice de crianças e idosos, os meios de sustento e o relacionamento pacato com a sociedade local parecem ter sido elementos suficientes para impedir que houvesse uma debandada geral dos cativos durante o período em que se desenrolou a disputa em torno da herança de Quental.

AS SUBLEVAÇÕES ESCRAVAS

Com a chegada do novo administrador e representante dos herdeiros, o padre Domingos José da Silva e Sá, às fazendas do Campo e Engenho Velho, por volta de 1811, os escravos iniciaram uma série de levantes que culminou três anos depois no assassinato dele. A questão, no entanto, envolveu não só divergências entre o padre e os escravos como também entre ele e membros da elite local. O primeiro documento que faz alusão à insubordinação escrava data de 29 de maio de 1811. O padre Domingos solicitara ao governo interino auxílio de um comando militar da vila de Guaraparim para conter os "escravos revoltosos", que precisavam "ser punidos". Segundo ele, para que a punição ocorresse dentro da legalidade, seria preciso a assistência dos oficiais na prisão daqueles "mais turbulentos" e no castigo dos demais. O consentimento do governo veio seguido do despacho para que qualquer oficial daquela localidade cumprisse o que o suplicante requeria.[16] Apesar de não apontar maiores detalhes sobre a ação dos escravos, o uso do termo "revoltosos" parece remeter apenas à desobediência dos escravos em reconhecer a autoridade daquele administrador.

Esse primeiro levante fora uma resposta à intromissão do novo administrador nos negócios estabelecidos entre os cativos e pessoas da vizinhança.

16. "Ofício do padre Domingos José da Silva e Sá ao governador", vila da Vitória, 29 maio 1811, APEES, *Correspondências recebidas pelo governo do Reino, 1787-1814*, livro 004, doc. 45.

Tratava-se de uma rede de contrabando de madeira que havia se instalado naquelas terras e que o padre Domingos descobrira assim que tomou posse das propriedades. Segundo o religioso, várias pessoas haviam se introduzido nas fazendas "ilegítima" e "despoticamente" e desenvolveram junto aos escravos um "tráfico punível". O que poderia acarretar sua "infeliz fortuna", pois, além de o comércio de madeira ser ilegal, ele retirava os escravos dos trabalhos nos engenhos. A ação do clérigo para tentar "persuadir a suspensão" do tráfico fora imediata. Entretanto, não lograria êxito.[17]

Segundo o padre Domingos, os escravos foram aliciados pelos "péssimos" e "pervertidos" moradores do entorno das fazendas a fim de causarem danos às propriedades e atrapalhar seu trabalho. É interessante notar que as visões daqueles que registraram as ações escravas assemelham-se bastante. Todas desconsideram os interesses dos cativos. Esses homens viam os escravos como passíveis de serem manipulados, destituindo-lhes a responsabilidade por suas ações, que recaíra em terceiros supostamente interessados na insubordinação. O emprego dos vocábulos "sedução" e "sedutor", que denotava o "ato de desencaminhar" ou persuadir a fazer o mal, exemplifica como as ações escravas eram representadas.[18]

Poderia haver uma convergência de interesses entre os escravos e os demais envolvidos no contrabando da madeira, sem dúvida. Não parecia conveniente a nenhuma das partes a intromissão do clérigo nos negócios já costumeiros. Apesar disso, não se pode considerar a ação dos escravos apenas como fruto dos interesses de "aliciadores". Ao tentar proibir o comércio ilegal, Domingos interferira também nos espaços de liberdade conquistados pelos cativos. Dessa forma, a revolta de parcela da escravaria aparece, sobretudo, como tentativa de manutenção de um direito costumeiro. Ao que tudo indica, fora estabelecido um acordo entre os escravos e algumas pessoas que habitavam nas proximidades das fazendas. O contrabando apresentava-se como uma das atividades de subsistência para os cativos; e, em contrapartida, poderia, como no caso de quilombolas pernambucanos analisados por Marcus Carvalho, "tam-

17. "Ofício do padre Domingos José da Silva e Sá ao governador", vila da Vitória, out. 1811, APEES, *Correspondências recebidas pelo governo do Reino, 1787-1814*, livro 004, doc. 44.

18. Idem, ibidem.

bém ser fonte de renda para brancos relativamente poderosos, que operavam no limiar da ilegalidade".[19]

O governo interino despachou ordem para que se averiguasse a denúncia. Ao final de 1811, o capitão de milícias da vila de Guaraparim afirmaria ter cumprido o despacho com a maior "vigilância" e "prudência", e declarou que fizera uma relação das pessoas envolvidas e os gêneros extraviados, a fim de convocar aqueles que "ilicitamente negociavam com os escravos da fazenda do suplicante". Mas, pelo visto, as autoridades não procederam em conformidade com o Real Serviço, ou os denunciados conseguiram se desvencilhar da acusação, já que não foi encontrada nenhuma intimação ou menção à prisão dos envolvidos. Ao mesmo tempo, foram encontradas reiteradas denúncias do reverendo administrador incriminando aqueles homens pela insubordinação de seus escravos.[20]

Em menos de um ano, sucederia um segundo levante. A sublevação ocorreu de 23 para 24 de março de 1812. Dessa vez, os escravos espancaram os mestres das fábricas de moer açúcar, os feitores e outros assalariados que ali trabalhavam. A repressão às ações escravas se deu por meio da instauração de devassa e prisão de três cabeças do levante. Após essas ocorrências, a escravaria se negaria ao serviço nos engenhos, e cerca de trezentos cativos fugiram. A debandada coletiva perdurou por um mês. Aparentemente, os escravos encontraram refúgio em senzalas ou outros lugares nas proximidades das fazendas, já que, entre os dias 25 e 29 de abril, estiveram em Ponta da Fruta, onde ficaram à espera do ouvidor, que os conduziria de volta à vila de Guaraparim. O ouvidor, aliás, ofereceu-lhes proteção e os armou com espingardas. Para o padre Domingos, tal atitude fomentara ainda mais "o espírito da sublevação". O ouvidor em exercício era José Freire Gameiro e seu envolvimento com os escravos sublevados, presume-se, devia-se a sua participação no comércio ilegal.[21]

A sublevação chegaria às vias de fato pretendidas se não fosse a presença

19. Marcus Joaquim Carvalho, "O quilombo de Maluguinho, o rei das matas de Pernambuco", in João José Reis e Flávio dos Santos Gomes (orgs.), *Liberdade por um fio: história dos quilombos no Brasil* (São Paulo: Companhia das Letras, 1996), p. 417.

20. "Ofício do padre Domingos José da Silva e Sá ao governador", vila da Vitória, out. 1811, APEES, *Correspondências recebidas pelo governo do Reino, 1787-1814*, livro 004, doc. 44.

21. "Requerimento do padre Domingos José da Silva e Sá ao governador", vila da Vitória, 1812, APEES, *Correspondências recebidas pelo governo do Reino, 1787-1814*, livro 004, doc. 36.

do bispo diocesano, requerida por Domingos, "que com sua autoridade" e "apostólicas exortações" conseguiu que alguns escravos entregassem as armas e ficassem "um pouco mais sossegados". No entanto, muitos ainda se encontravam refugiados nas matas e, por isso, o clérigo solicitou junto ao juiz ordinário da vila da Vitória o direito de castigar seus três escravos apreendidos, na conformidade da lei. A esperança era que a punição servisse de exemplo àqueles que continuavam levantados, o que contribuiria para o restabelecimento da ordem nas fazendas. Todavia, o juiz ordinário, Francisco Xavier Nobre, não acatou o pedido do reverendo administrador, e mais interessante ainda foi a sua justificativa para tanto.[22]

Em ofício de 16 de abril de 1812, Francisco Xavier Nobre comunicava que os escravos presos das fazendas do Campo e Engenho Velho fizeram declarações em benefício da Real Fazenda. E, enquanto não se averiguasse a veracidade das alegações, não deveriam ser castigados, "porque apesar de serem escravos, também são vassalos de Sua Alteza Real [...] e, portanto, merecem toda a proteção".[23] A utilidade à Real Fazenda apareceu como argumento para a decisão tomada pelo juiz ordinário. Observa-se, com isso, que a interferência política na relação senhorial se justificaria nos momentos em que os interesses do Estado pudessem vir a ser prejudicados.

Seguem-se à decisão do juiz ordinário dois despachos que permitem observar a discordância entre as autoridades locais a respeito da punição aos escravos. Em um, considera-se, independentemente da veracidade dos depoimentos, a necessidade de fazer cumprir a lei e castigar os escravos presos, a fim de que sirvam de exemplo aos demais. O outro asseverava que "ninguém poderá pegar em nenhum dos escravos da fazenda do Campo, até segunda ordem".[24] O desacordo entre as autoridades permite conjecturar que aqueles que saíram em defesa dos cativos estivessem ligados, ainda que de maneira indireta, à rede de contrabando. A proteção concedida se configurava como uma forma de resguardar os interesses dos próprios envolvidos,

22. Idem, ibidem.

23. "Resolução do juiz ordinário Francisco Xavier Nobre ao requerimento do padre Domingos José da Silva e Sá", vila da Vitória, 16 abr. 1812, APEES, *Correspondências recebidas pelo governo do Reino, 1787-1814*, livro 004, doc. 38.

24. [Sem identificação], vila da Vitória, 29 out. 1811, APEES, *Correspondências recebidas pelo governo do Reino, 1787-1814*, livro 004, doc. 43.

evitando, por exemplo, que sob interrogatório os nomes dos contrabandistas fossem revelados.

Um mês após o segundo levante, o padre Domingos ainda não tinha conhecimento do motivo de ter perdido seus três escravos. Isso porque, dos três cativos apreendidos, dois vieram a falecer na cadeia e o terceiro conseguira fugir. Diante disso, o administrador das fazendas acusaria essas autoridades de estarem agindo movidas por "paixões particulares", visto que o principal suspeito de ser o "sedutor" daqueles escravos, o padre José Nunes da Silva Pires, era assessor do juiz ordinário Francisco Xavier Nobre.[25] Incluíam-se no rol de acusados pelo padre o próprio governador interino Ignácio Pereira Barcelos, por ter consentido com a decisão do juiz, e os magistrados Antônio da Costa Amorin e Alberto Antônio Pereira.

Com a posse do governador Francisco Alberto Rubim, ao final de 1812, o padre Domingos José da Silva e Sá relataria ao dirigente o ocorrido nas fazendas que administrava. Além de requerer auxílio militar de dez soldados pedestres, sob as ordens do esquadrão de milícias da vila de Guaraparim e, quando conveniente fosse, dos milicianos, o administrador solicitou que esses oficiais ficassem incumbidos de apreender quaisquer pessoas que estivessem "negociando com os escravos dessas fazendas".[26] Após tomar conhecimento das desordens que se instalaram entre os habitantes da vila de Guaraparim, envolvendo a escravaria das fazendas do Campo e Engenho Velho e autoridades locais, o governador designou o capitão do batalhão de artilharia e comandante da vila de Guaraparim, Gaspar Manoel de Figueroa, para assegurar a ordem naquele lugar.

Segundo o memorialista Basílio Daemon, a responsabilidade atribuída ao capitão Gaspar Figueroa não era apenas levar ordem à escravaria, mas também apaziguar a população da vila de Guaraparim, "que se achava dividida em dois partidos, um a favor do padre Domingos da Silva e Sá e outro a favor do vigário da Matriz daquela vila, José Nunes da Silva Pires".[27] Ao mesmo tempo que a dili-

25. "Requerimento do padre Domingos José da Silva e Sá ao governador", vila da Vitória, 26 abr. 1812, APEES, *Correspondências recebidas pelo governo do Reino, 1787-1814*, livro 004, doc. 37.

26. "Requerimento do padre Domingos José da Silva e Sá ao governador", vila da Vitória, 1812, APEES, *Correspondências recebidas pelo governo do Reino, 1787-1814*, livro 004, doc. 36.

27. Basílio Carvalho Daemon, *Província do Espírito Santo: sua descoberta, história cronológica, sinopse e estatística* (Vitória: Typographia do Espirito-Santense, 1879), p. 277.

gência contra os escravos, instaurara-se uma investigação sobre o contrabando de pau-brasil. Logo que Figueroa assumira o comando das diligências nas fazendas do Campo e Engenho Velho, ele procedera a uma devassa a fim de esclarecer a causa daqueles levantes. E constatou o "ódio e o rancor" que o vigário da vila de Guaraparim e seus aliados tinham do reverendo administrador. O capitão parecia compartilhar a mesma opinião que Domingos, e atribuiu ao padre José Nunes da Silva Pires e seus aliados a culpa pela insubordinação dos escravos. Entretanto, apenas os cativos sofreram castigos por suas ações.[28]

Em 31 de janeiro de 1813, o capitão Figueroa afirmou estar ciente das determinações do governador e que, por se tratar da extração de madeira de uma fonte importante de arrecadação para a Real Fazenda, agiria com cautela. Gaspar Manoel de Figueroa averiguou as denúncias do reverendo administrador e confirmou a informação de que, "por omissão", algumas pessoas estiveram fornecendo armas aos escravos e incitando-os a fugir. Observou que em Ponta da Fruta achavam-se, ainda, alguns "vadios". O comandante comunicou ao governador a organização de uma tropa, bem armada e municiada, com homens de sua confiança, que marchariam até aquela localidade a fim de reprimir os cativos nela alojados. O padre Domingos ficaria encarregado dos custos da munição. O desfecho dessa diligência foi a prisão de alguns escravos e o envio deles para a vila da Vitória, onde consta apenas a informação de que foram castigados. Instaurou-se, ainda, uma devassa.[29]

O policiamento da fazenda do Campo era necessário na tentativa de se manter a ordem e evitar outro levante. Nesse sentido, as batidas nas matas eram fundamentais. Viam a repressão e o castigo aos escravos levantados como meios de intimidar os demais e, dessa forma, assegurar a ordem. Apesar dos esforços, as batidas feitas aos cativos fugidos não foram suficientes para aplacar a desordem e retomar a subordinação dos escravos, que se encontravam fugidos pelas matas contíguas às fazendas ou abrigados em "ranchos calhambo-

28. "Ofício de Gaspar Manoel de Figueroa ao governador Francisco Alberto Rubim", vila de Guaraparim, 29 set. 1813, APEES, *Correspondências recebidas pelo governo do Reino, 1787-1814*, livro 004, doc. 231.

29. "Ofício de Gaspar Manoel de Figueroa ao governador Francisco Alberto Rubim", vila de Guaraparim, 29 set. 1813, APEES, *Correspondências recebidas pelo governo do Reino, 1787-1814*, livro 004, doc. 98.

las".[30] O governo lançaria mão das forças militares a fim de conter a ação escrava. Observa-se, no entanto, que a ação do Estado, por meio das forças repressoras, não coibiu os escravos. Ao longo do ano de 1813, o capitão Gaspar Manoel de Figueiroa, no comando da diligência contra eles, representou numerosas vezes ao governador Francisco Alberto Rubim a instabilidade e as desordens que prosseguiam naquelas fazendas.

O último documento produzido pelo capitão Figueiroa no tocante às ações escravas para o ano de 1813 foi um ofício de 29 de setembro, em que participou a morte do escravo Faustino, da fazenda do Campo, ferido com um tiro. Constava também a conclusão da devassa feita contra o padre Domingos José da Silva e Sá. A incapacidade do reverendo para continuar à frente da administração das fazendas fora atestada tanto pela falta de recursos para restabelecer o funcionamento dos engenhos quanto pelos empecilhos criados pelo vigário daquela freguesia. Além disso, o padre Ignácio José da Costa e os capitães Francisco Roiz e Antônio Pereira Couto se negavam a reconhecer o direito de senhorio das terras nas quais habitavam reivindicado pelo padre Domingos. Eles foram apontados como responsáveis pelas insubordinações da escravaria, incitando-a a se levantar por vingança.[31] O capitão Figueiroa representou à Coroa em favor do administrador. Afirmou não ser o rigor com que o padre tratava os escravos a causa das desordens, e sim os maus conselhos que os cativos recebiam daqueles homens.

Sabe-se que o governador comunicou ao ministro do Reino, conde de Aguiar, a opinião do comandante interino Gaspar Figueroa, de que a tranquilidade só seria restituída quando o reverendo administrador ou o vigário da vila de Guaraparim se retirassem daquele lugar. Acrescente-se a participação do padre Domingos ao governador, em 23 de dezembro de 1813, sobre a agitação de sua escravaria devido à notícia da suspensão do ouvidor José Freire Gameiro — fato que, aliás, souberam antes do padre. Conforme Domingos,

30. "Ofício de Gaspar Manuel de Figueiroa a Francisco Alberto Rubim", vila de Guaraparim, 26 fev. 1813, Arquivo Nacional da Torre do Tombo (ANTT), *Projeto Reencontro*, ANRJ e BN do Rio de Janeiro, microfilme n. 131, doc. 66.

31. "Ofício de Gaspar Manoel de Figueroa ao governador Francisco Alberto Rubim", vila de Guaraparim, 29 set. 1813, APEES, *Correspondências recebidas pelo governo do Reino, 1787-1814*, livro 004, doc. 231.

mais de cem escravos se levantaram e se achavam pelos "matos vizinhos das fazendas", mas à noite retornavam a elas e furtavam as lavouras.[32]

Novamente, o administrador requereu junto ao governo o auxílio de dez soldados do Corpo de Pedestres, obrigando-se a pagar para cada um 320 réis a cada cinco dias trabalhados.[33] O padre Domingos comunicara também que partiria em viagem à vila de Campos e, quando retornasse, se apresentaria ao governo para acertar o pagamento dos oficiais. No entanto, foi assassinado logo que voltou. Ao que tudo indica, o assassinato do padre Domingos pelos escravos fugidos, na noite de 12 de fevereiro de 1814, esteve ligado à destituição do ouvidor de seu cargo e à possibilidade de o vigário local e seus aliados serem despojados das terras que ocupavam e que eram reivindicadas pelo padre Domingos como parte da propriedade por ele administrada. Essas ocorrências afetavam diretamente os interesses dos escravos.

Ambas as partes se beneficiariam com o fim daquela administração. No tocante aos escravos, é possível verificar que a preservação do modo de organização de vida por eles conquistado foi a força motriz de suas ações de resistência. Os cativos se levantaram contra seu senhor por não aceitarem se submeter ao novo dono, que, além de tratá-los com rigor, não assentira em seus negócios. Apesar de as autoridades desconsiderarem, eles possuíam seus próprios interesses. A manutenção dos acordos de exploração da madeira com os moradores locais era um desses interesses. Além de o tráfico de madeira configurar uma forma de subsistência, esses homens livres pareciam não interferir na autonomia dos escravos.

O assassinato do padre Domingos foi comunicado pelo juiz ordinário João Trancoso de Lírio, em 13 de fevereiro, ao capitão comandante Gaspar Manoel de Figueiroa. O juiz relatou que, ao averiguar a aglomeração que havia se formado no sítio Una, nas proximidades da fazenda do Campo, deparou-se com a casa de vivenda arrombada, e dentro dela, mortos, o reverendo Domingos e seu feitor João Machado. O juiz relatou tratar-se de um "horroroso espetáculo", uma vez que o padre fora morto "com a maior crueldade possível, tan-

32. "Ofício do governador Francisco Alberto Rubim ao marques de Aguiar", vila da Vitória, 13 fev. 1814, Arquivo Nacional, Rio de Janeiro (ANRJ), Interior, *Negócios da Província e Estado (1813-1820)*, doc. 01.

33. Idem, ibidem.

to de golpes de ferro cortante, quanto de tiros", e "igualmente mataram a tiro e facadas" o seu feitor. Um escravo que conseguiu escapar, escondendo-se debaixo de uma cama, delatara os responsáveis pelo ataque. Tinham sido quatro escravos da fazenda do Campo, João Baptista, Teodósio, Antônio Pereira e Vitorio, e um de fora, o tal João Benguela. Prontamente o juiz participou ao capitão e requereu o auxílio de uma tropa armada.[34]

O capitão Figueroa, por sua vez, informaria o governador sobre os acontecimentos e avisava que prestaria ele mesmo o auxílio requerido, levando consigo a companhia de milícias. No entanto, careciam de armas e munição.[35] Dois dias depois do ocorrido, o capitão foi avisado de que João Benguela e os escravos fugidos retornaram à fazenda do Campo e estavam proferindo ameaças contra o sobrinho do padre, dizendo que cortariam a cabeça dele. Com isso, tencionavam intimidá-lo, para que não ousasse requerer a administração das fazendas em lugar de seu falecido tio. Ciente do perigo, Raimundo Alves Correia partiu da vila de Guaraparim para Meaípe, distrito daquela vila.

Durante os dias em que se ausentou da vila, Raimundo obteve o auxílio de José Cláudio de Oliveira, antigo colaborador de seu tio, que o representara junto ao governo. Em 15 de fevereiro, dois dias após a morte do padre, ele informaria ao capitão não ter meios "para fazer despesas com a tropa".[36] E, nesse mesmo dia, enviou ofício ao governador no qual manifestou o interesse em "entrar para as fazendas" e "continuar no seu arranjo até dar conta aos seus legítimos senhores". Para isso, pediu-lhe assistência, pois os escravos estavam querendo matá lo "quando lá cntrar".[37]

Os escravos fizeram uma leitura correta da situação ao intimidarem o sobrinho do reverendo administrador. Isso demonstra o conhecimento que tinham tanto do valor e importância daqueles bens quanto das pessoas com

34. "Ofício do juiz ordinário João Trancoso Lírio a Gaspar Manoel de Figueroa", vila de Guaraparim, 13 fev. 1814, ANRJ, Interior, *Negócios da Província e Estado (1813-1820)*, doc. 03.

35. "Ofício do comandante do batalhão de artilharia Gaspar Manoel de Figueroa ao governador Francisco Alberto Rubim", vila de Guaraparim, 13 fev. 1814, ANRJ, Interior, *Negócios da Província e Estado (1813-1820)*, doc. 02.

36. "Ofício de Gaspar Manoel de Figueroa ao governador Francisco Alberto Rubim", vila de Guaraparim, 15 fev. 1814, APEES, *Correspondências recebidas pelo governo do Reino, 1787-1814*, livro 004, doc. 364.

37. "Ofício de José Cláudio de Oliveira ao governador Francisco Alberto Rubim," vila de Guaraparim, 15 fev. 1814, ANRJ, Interior, *Negócios da Província e Estado (1813-1820)*, doc. 05.

quem estavam lidando. E usaram da ameaça para conseguir mantê-lo afastado. No entanto, à ação dos escravos resultara a reação do Estado.

A DILIGÊNCIA DA FARINHA

Na participação feita pelo governador Francisco Alberto Rubim ao conde de Aguiar, em 15 de fevereiro de 1814, na qual colocou na presença do ministro "o triste e imoral acontecimento da morte violenta" que os escravos "deram" ao padre Domingos e seu feitor, obtém-se informação sobre as providências tomadas em relação ao crime cometido. Assim que tomou conhecimento do ocorrido, o governador mandou partir por mar quarenta armas de fogo e quinhentos cartuchos embalados. Por terra, despachou o ofício ao juiz ordinário da vila de Guaraparim para que, após os trabalhos funerários, procedesse à devassa. Além disso, ordenou ao capitão Gaspar Manoel de Figueiroa que prestasse o auxílio necessário ao juiz, a fim de prenderem os escravos rebeldes e demais impostores. E todos os comandantes dos regimentos, distritos e portos da capitania foram avisados para apreenderem quaisquer escravos daquelas fazendas.[38]

O conde de Aguiar consentiu com a deliberação do governador sobre o caso e ressaltou "a gravidade de um crime de tão mau exemplo" para os demais escravos do "continente".[39] Observa-se também, para o caso das fazendas do Campo e Engenho Velho, a anuência do poder central, na figura do conde de Aguiar, para com a decisão do governador da capitania. Faz-se notória a preocupação do ministro com a manutenção da ordem social, ao reiterar as graves consequências que o crime poderia acarretar. O que justificaria sua concordância com o governador, que agiu de pronto. A posição do conde de Aguiar aponta a autonomia gozada pela autoridade governamental para reprimir as ações escravas.

A interferência da autoridade governamental na série de ações praticadas pelos escravos deu-se, na maioria das vezes, mediante a solicitação do adminis-

38. "Ofício do governador Francisco Alberto Rubim ao marques de Aguiar", vila da Vitória, 13 fev. 1814, ANRJ, Interior, *Negócios da Província e Estado (1813-1820)*, doc. 01.

39. "Ofício do marquês de Aguiar ao governador Francisco Alberto Rubim", Rio de Janeiro, 11 mar. 1814, ANRJ, Interior, *Negócios da Província e Estado (1813-1820)*, doc. 51.

trador, que ficava encarregado dos custos da diligência, entregando ao arbítrio dos senhores a responsabilidade pelo controle das escravarias. Todavia, o assassinato do padre Domingos pelos escravos ultrapassava a fronteira do domínio senhorial, na medida em que a ação constituía crime. O título 41 do Livro v das Ordenações Filipinas recomendava a execução na forca como punição ao escravo que atentasse contra a vida de seu senhor, sendo antes torturado por tenazes quentes e tendo as mãos decepadas.[40] A gravidade do crime justificava a rapidez com que as autoridades agiram e, entre os meses de fevereiro e março de 1814, iniciou-se a caça aos cativos, sob o comando do capitão Gaspar Manoel de Figueiroa.

Em 15 de fevereiro de 1814, as tropas se encontravam destacadas e armadas com espingardas, pederneiras e pólvora enviadas pelo governador.[41] Por volta de sessenta soldados formavam a diligência, dentre os quais havia cinco ou seis oficiais pedestres que, segundo o capitão, eram temidos pelos negros, além de serem bastante vantajosos a esse serviço.[42] Há que se ressaltar que as matas representavam um obstáculo à repressão, e esses oficiais sabiam como proceder nesse ambiente. Além disso, eles conheciam melhor as estratégias do inimigo, visto constituírem um corpo de oficiais que comportava pretos e pardos, forros ou livres. O baixo número de oficiais, se comparado àquela escravaria, aparecia como obstáculo. A debilidade das tropas trouxe preocupação às autoridades, pois favorecia a movimentação e a fuga dos escravos e outros envolvidos nas desordens.

Outra dificuldade enfrentada pelo comandante foi a falta de farinha. Por causa disso, inclusive, atrasou-se o início da diligência. Desde o dia 15 estava tudo pronto, mas, sem o alimento em quantidade suficiente para o suprimento da tropa, Figueiroa não adentraria o mato com seus soldados. Mesmo tendo um pouco de carne e arroz, alertara o capitão que sem farinha não era possível

40. Silvia Hunold Lara (org.), *Ordenações Filipinas: Livro V* (São Paulo: Companhia das Letras, 1999), p. 158.

41. "Ofício de Gaspar Manoel de Figueroa ao governador Francisco Alberto Rubim", vila de Guaraparim, 15 fev. 1814, APEES, *Correspondências recebidas pelo governo do Reino, 1787-1814*, livro 004, doc. 362.

42. "Ofício de Gaspar Manoel de Figueroa ao governador Francisco Alberto Rubim", vila de Guaraparim, 15 fev. 1814; 24 fev. 1814, APEES, *Correspondências recebidas pelo governo do Reino, 1787-1814*, livro 004, docs. 363 e 366.

fazê-los trabalhar. Aliás, a escassez dela não foi um problema apenas para o comandante interino e sua tropa; a vila de Guaraparim também sofria com isso. Foi necessário mandar vir farinha de outros lugares, como da vila de Benevente. A farinha fazia parte da alimentação dos capixabas e os soldados pedestres pareciam exigi-la, pois o capitão reiterou a importância daqueles oficiais, "aos quais nada deve faltar". Nas fazendas não havia recursos disponíveis para comprá-la, porque tinham sido levados pelos escravos rebeldes. José Cláudio de Oliveira concedera seis a oito alqueires do alimento, que, no entanto, não supria a necessidade da tropa. Para Figueiroa eram necessários por volta de trinta alqueires para um período de quinze dias.[43]

Devido à falta do alimento, em 26 de fevereiro o capitão avisou ter destacado a tropa para a fazenda do Campo e apenas uma patrulha foi colocada no caminho da fazenda Araçatiba. A escolha do lugar se justificava por ser um dos pontos de saída de escravos e outros fugitivos. Em decorrência da debilidade das tropas, a preocupação do governador concentrava-se justamente nesses locais. Os demais pontos estratégicos seriam ocupados pelas tropas assim que chegasse a farinha, o que ocorreu em 28 de fevereiro, quando acostou no porto dessa vila em uma lancha enviada pelo governador. E, assim, pôde-se dar continuidade à diligência.[44]

Nesse ínterim, o capitão soube que foram encontrados quatro negros armados ao sul daquela vila. E que fugira o escravo Manoel, da fazenda do Campo. Esse cativo seria apreendido e colaborou com a tropa, ao ceder informações sobre a localização de "alguns quilombos dos criminosos" e sobre o capitão Antônio Ferreira Couto, irmão do padre Ignácio, que também se encontrava preso. O cativo Manoel havia sido entregue amarrado ao comandante de pedestres André Correia de Alvarenga. A ação de Figueiroa contra Couto fora imediata: pelo desvio de conduta, mandou prendê-lo. No entanto, logo em seguida, teve que soltá-lo por precisar de seus serviços.

O posicionamento do oficial do corpo de pedestres André Correia de Al-

43. "Ofício de Gaspar Manoel de Figueroa ao governador Francisco Alberto Rubim", vila de Guaraparim, 15 fev. 1814; 24 fev. 1814, APEES, *Correspondências recebidas pelo governo do Reino, 1787-1814*, livro 004, doc. 362.

44. "Ofício de Gaspar Manoel de Figueroa ao governador Francisco Alberto Rubim", vila de Guaraparim, 15 fev. 1814; 24 fev. 1814, APEES, *Correspondências recebidas pelo governo do Reino, 1787-1814*, livro 004, docs. 368, 366, 369.

varenga expõe os limites que se impunham à ação governamental. Mesmo que não participasse da rede de contrabando, o fato de ele colocar seus interesses pessoais ou de seu grupo acima dos interesses do Estado permite verificar que a dependência do governador em relação aos oficiais e autoridades locais limitava sua atuação. A divergência de interesses entre alguns oficiais locais e o poder central, representado pelo governador, se fez evidente. Para o regente da capitania, eram escandalosos e danosos à Coroa os acordos entre esses oficiais locais e os escravos.

As investidas oficiais não lograram total êxito. Tem-se notícia de que, em meados do mês de março, alguns cativos ainda estavam fugidos. José Cardoso Rosa informara que foram vistos próximo às fazendas cinco escravos que participaram do assassinato do padre Domingos, em um sítio chamado Guarunhum, na localidade de Barra do Jucu.[45] A proximidade com as fazendas indica o acolhimento por outras pessoas da região, escravos e livres, ou até a existência de refúgios nas matas daquelas propriedades, que poderiam configurar os tais quilombos citados na documentação. A delação de José Cardoso foi o último documento encontrado sobre as desordens escravas no ano de 1814.

Ao que parece, a situação de desgoverno nas fazendas se prolongou depois da morte do padre. Tanto que algumas pessoas se aproveitaram disso para garantir um pedaço daquelas terras, como se pôde verificar com o pedido de sesmaria do capitão Francisco Rodrigues Pereira, que alegou "viver de suas lavouras, engenho de cana e fabricação de farinha" e possuir muitos escravos. O indeferimento do pedido pelos oficiais da Câmara da vila de Guaraparim ocorreu por não serem devolutas as terras requeridas; ao contrário, era de conhecimento público que o sítio Muriquioca pertencia à fazenda Engenho Velho.[46] Tal situação evidencia que entre os vereadores havia consenso da maioria quanto aos desmandos por parte de alguns fazendeiros locais. Em outras

45. "Ofício de José Cardoso Rosa ao governador Francisco Alberto Rubim", vila de Guaraparim, 14 mar. 1814; 24 fev. 1814, APEES, *Correspondências recebidas pelo governo do Reino, 1787-1814*, livro 004, doc. 289.

46. "Pedido de sesmaria do Capitão Francisco Rodrigues Pereira ao governador Francisco Alberto Rubim", vila de Guaraparim, 11 mar. 1814, APEES, *Correspondências recebidas pelo governo do Reino, 1787-1814*, livro 004, doc. 345.

palavras, apesar do bom e lucrativo negócio madeireiro com os escravos, esses homens não possuíam a hegemonia política local.

Em 23 de janeiro de 1815, o capitão Gaspar Figueiroa pediu mais armas e reforços a fim de conter as possíveis desordens que pudessem suceder ao levante escravo na fazenda do Engenho Velho.[47] Podia se tratar da ameaça de outro levante ou da manutenção da diligência instalada no ano anterior. O ofício, porém, indica a contínua instabilidade gerada pelas ações escravas naquele lugar. Tem-se informação de que em abril foram arrematados uma caldeira e um tacho do inventário do arcediago Antônio Quental, sob as ordens do desembargador.[48] Provavelmente, a venda foi revertida para o custeio da repressão aos cativos.

Contudo, é possível conjecturar que as dificuldades impostas pelo ambiente e a falta de recursos, somadas ao domínio que os escravos tinham sobre as matas, concorreram para o enfraquecimento do combate aos levantados e, por conseguinte, para o fracasso das forças repressoras. As notícias que se seguiram indicam a suspensão das diligências de combate aos escravos rebeldes. Informações recolhidas do relato de um viajante, o príncipe Maximiliano de Wied-Neuwied, que passou pela vila de Guaraparim em 1816, são de que viviam por sua própria conta nas fazendas conflagradas cerca de seiscentos escravos. Na fazenda do Campo chegavam a quatrocentos, enquanto no Engenho Velho moravam duzentos cativos. As forças repressoras não foram capazes de submeter as escravarias. Segundo o príncipe Maximiliano, os escravos "tomaram a posse das fazendas, viviam livres sem trabalhar muito, e caçavam nas florestas", além de promoverem a coleta de produtos das matas. Esta última seria uma possível referência à manutenção da extração e do contrabando de madeira.

Todavia, isso não significa que o governo ficou alheio àquela situação. Apontam nesse sentido dois ofícios de 1817 do governador Francisco Alberto Rubim ao então comandante do quartel de Guaraparim, José Borges Machado de Ataíde. O primeiro, datado de 9 de março, ordenava a formação de uma

47. "Ofício de Gaspar Manoel de Figueroa ao governador Francisco Alberto Rubim", vila de Guaraparim, 23 jan. 1815, ANTT, *Projeto Reencontro*, ANRJ e BN do Rio de Janeiro, microfilme n. 131, doc. 03.

48. "Auto de arrematação", vila da Vitória, 20 abr. 1815, ANTT, *Projeto Reencontro*, ANRJ e BN do Rio de Janeiro, microfilme n. 131, doc. 01.

diligência a fim de apreender "os escravos que fugiram das fazendas do já falecido arcediago Antônio de Siqueira Quental" e encontravam-se na vila de Campos. A outra, de 4 de dezembro, alertava "sobre a ocupação clandestina de parte das fazendas pertencentes aos herdeiros do falecido arcediago".[49]

Observa-se, conforme o posicionamento do governador, que as tropas não tinham conseguido assegurar a subordinação dos escravos e ainda se fazia necessário punir os que se achavam fugidos. A punição aos escravos mostrava que o Estado não era tolerante com os delitos por eles cometidos. A prisão dos rebeldes serviria de exemplo aos demais cativos — uma tentativa de inibir outras ações, como a fuga, e manter a ordem. Apesar da repressão empreendida, o governador Francisco Alberto Rubim encerrou seu mandato sem conseguir o restabelecimento da ordem naquelas escravarias.

Em 3 de setembro de 1822, tem-se novamente notícia sobre as fazendas do Campo e Engenho Velho por meio de um ofício da junta provisória de governo da província do Espírito Santo, em que se relatava a ociosidade dos escravos que permaneceram vivendo naquele lugar. O ofício denunciou ainda que, em decorrência da propensão daqueles cativos à revolta e pelos crimes por eles já cometidos, o administrador nomeado após o assassinato do padre renunciara ao serviço nas fazendas.[50]

A última referência encontrada sobre os escravos e as fazendas que foram do arcediago Antônio de Siqueira Quental é de 20 de outubro de 1825. Trata-se de um ofício do presidente da província do Espírito Santo, Inácio Accioli de Vasconcelos, ao marquês de Paranaguá, Francisco Vilela Barbosa, ministro da Marinha, em que relata o "abandono de duas fazendas em Guarapari, devido aos distúrbios e até mortes causadas pelos escravos".[51] Percebe-se então que os escravos alcançaram o êxito pretendido em suas ações, qual seja, a manutenção de seus espaços de liberdade. Ao que tudo indica eles se conservaram naquelas

49. "Ofício do governador Francisco Alberto Rubim a José Borges Machado de Ataíde, comandante do quartel de Guarapari", vila da Vitória, 4 dez. 1817 e 9 mar. 1817, ANTT, *Projeto Reencontro*, ANRJ e BN do Rio de Janeiro, microfilme n. 131, docs. 07 e 09.

50. "Ofício da junta provisória de governo", vila da Vitória, 3 set. 1822, APEES, *Registro de Ofícios expedidos pela Junta de Governo Provisório*, Acciolly, livro n. 14, p. 22.

51. "Ofício do presidente da província do Espírito Santo Inácio Accioli de Vasconcelos ao marquês de Paranaguá, Francisco Vilela Barbosa", Vitória, 20 out. 1825, ANTT, *Projeto Reencontro*, ANRJ e BN do Rio de Janeiro, microfilme n. 136, doc. 48.

terras e desenvolveram uma comunidade autossuficiente. Retiravam sua subsistência das roças e da coleta nas matas, que provavelmente incluía o contrabando de madeira.

UMA REPÚBLICA NEGRA?

O período entre 1781 e 1821 viu o desenrolar de uma história de resistência bastante original envolvendo os escravos das fazendas do Campo e Engenho Velho. Infelizmente, não se pode estabelecer a duração exata dos eventos, que poderiam remontar a mais de cinquenta anos, considerada a morte do arcediago Antônio de Siqueira Quental em 1769. Ressalte-se que, nos próximos trinta anos, as fazendas ficaram sob os cuidados de administradores que parecem ter estabelecido um bom relacionamento com os cativos. Em outras palavras, eles não interferiram na autonomia e nos direitos que o antigo senhor lhes propiciava, dentre os quais se destacavam a constituição de famílias, a posse de roças e a exploração de recursos naturais.

Chama a atenção a maneira como as autoridades locais viam as ações dos escravos das fazendas de Guaraparim. Em 1802, o governador da capitania do Espírito Santo, Antônio Pires da Silva Pontes, forneceu informações sobre o estado e o valor das fazendas que foram do arcediago Antônio Quental e que, naquele momento, pertenciam ao fisco. Silva Pontes denunciou o costume dos administradores de conceder aos escravos terras e folgas semanais para que pudessem garantir sua subsistência e algo mais. A autoridade considerava isso um "insuportável abuso". Julgava ser intolerável o mau uso dos bens da Coroa, entre os quais se incluíam aqueles cativos. Acrescente-se o impedimento de alguns em trabalhar por estarem "entrevados", os quais, por isso, viviam de esmolas ou furtos. E ainda havia, espalhados nas matas contíguas às fazendas, criminosos e escravos fugidos.[52]

Diante do quadro apresentado, Silva Pontes considerou aquela escravaria "um exemplo de uma república sem governo". A autoridade governamental não

52. "Ofício do governador Antônio Pires da Silva Ponte ao conde de Linhares", vila da Vitória, 1 jan. 1802, AHU, *Documentos manuscritos avulsos da Capitania do Espírito Santo (1585--1822)*, cx. 06, doc. 471.

concordava com sua autonomia, muito menos com o "desamparo" em que aquela "economia útil" se encontrava.[53] O mais interessante na fala de Silva Pontes, porém, seria o uso do termo "república" para definir a insubordinação daquela escravaria. Ao empregar a expressão "república sem governo", o governador denotava um estado de coisas que representava um direito costumeiro, que, ao ser ameaçado pela administração do padre Domingos José da Silva e Sá, fizera com que os cativos partissem para a revolta coletiva. Para o governador, era necessário diminuir a organização da comunidade escrava, pois os cativos não teriam capacidade de se autogovernar, precisando sempre de um senhor para governá-los.

É possível que em torno de 1800 os trabalhos nos engenhos tenham cessado, ou se reduzido bastante, visto que a última arrematação de açúcar que consta para as fazendas data de 1799. Além disso, as fábricas estavam arruinadas e precisavam de reparos para voltar a funcionar. Acrescente-se a ausência de um administrador, conforme apontara Silva Pontes: os escravos ficaram por sua própria conta. As circunstâncias pareciam propícias para eles alargarem seus espaços de liberdade. E, de acordo com o que contou a autoridade, assim o fizeram. A situação daquelas fazendas e de suas escravarias, além de acarretar prejuízos aos cofres públicos, representava um ultraje à ordem social. Silva Pontes considerava inadmissível os escravos viverem como se livres fossem.

O uso do termo "república" apareceu de novo nas informações levantadas sobre as fazendas do Campo e Engenho Velho pelo príncipe Maximiliano. Segundo ele, as fazendas destoavam do que vira na região, "geralmente pobre". Mediante o que lhe contaram os escravos, relatou que, após a morte do arcediago Antônio Quental, "sobreveio uma desordem geral: os escravos se revoltaram e cessaram os trabalhos", e, anos depois, o representante dos legítimos herdeiros apresentara-se como administrador disposto a "restaurar a ordem" nas fazendas. Diante disso, "os cabeças dos escravos, mataram-no na cama, armaram-se e formaram, nessas florestas, uma *república negra*, que não foi fácil submeter". O viajante utilizou o termo "república" de modo semelhante ao empregado por Silva Pontes mais de quinze anos antes, no sentido de os cativos habitarem as terras sem prestar obediência a nenhuma autoridade interna ou

53. Idem, ibidem.

externa. Mas, ao contrário do governador, o viajante entendia que a "república negra" era resultado de sublevações escravas, essas que aqui elenquei.

Mas, independentemente de como tivesse sido definida aquela situação, uma coisa se afigurava certa: a necessidade de reprimir os cativos nela envolvidos. Reprimir, contudo, não foi suficiente para reduzi-los. As palavras de Silva Pontes pareciam confirmar que os escravos das fazendas do Campo e Engenho Velho estiveram organizados com bastante autonomia tanto antes quanto depois das sublevações. Estas, na verdade, resultaram da tentativa, por parte da administração do padre Domingos, de retirar direitos tradicionais dos cativos. Estes reagiram e venceram, restabelecendo seus direitos costumeiros.

Quase sempre as revoltas escravas motivaram enérgica reação por parte dos senhores e autoridades. Mas o caso de Guaraparim teve um desfecho diferente: aqui os rebeldes saíram em geral vitoriosos — apesar das baixas pelo caminho —, quando em geral as revoltas escravas foram derrotadas. Aconteceu que as comunidades escravas daquelas duas fazendas conseguiram, através da negociação com as autoridades e a população locais, a sobrevivência de sua república por mais de quatro décadas.

Aliás, muito mais de quatro décadas, pois ainda hoje existe no local das fazendas do Campo e Engenho Velho uma comunidade de descendentes daqueles escravos altaneiros. A comunidade de Alto Iguape, no município de Guarapari, obteve a certidão de remanescente quilombola pela Fundação Palmares em 16 de maio de 2012. Seus membros são de fato descendentes de negros insurgentes, revoltosos. Nos oito hectares de terra demarcados para a comunidade vivem cerca de 24 famílias. A utilização do "quitungo" para a fabricação da farinha assim como a prática do congo, do jongo e da capoeira são meios de ela preservar e também inovar tradições vindas de longe no tempo.

5. A revolta haussá de 1809 na Bahia[1]

João José Reis

A revolta de 1809 foi a segunda de um ciclo de levantes e conspirações escravas que abalaram a Bahia até o ano de 1835, quando aconteceu a mais conhecida Revolta dos Malês. Contei durante esse período mais de trinta desses episódios, entre os executados e os sufocados no nascedouro.[2] O primeiro deles, em 1807, não iria além da fase conspiratória, tendo sido descoberto e rapidamente desbaratado pelo governador e capitão general da capitania da Bahia, João Saldanha da Gama Mello Torres Guedes de Brito, o conde da Ponte. Esse fidalgo português, que pisou na Bahia pela primeira vez no final de 1805, homem riquíssimo no Brasil e em Portugal, destacou-se como ferrenho adversário dos escravos baianos, dos quais possuía centenas, distribuídos por várias fazendas no interior e engenhos no Recôncavo, entre estes o Acupe e o

1. Este é um resultado parcial de projeto apoiado pelo Conselho Nacional de Desenvolvimento Científico e Tecnológico (CNPq). Agradeço, pelos comentários, aos membros da linha de pesquisa "Escravidão e invenção da liberdade", do Programa de Pós-Graduação em História da Universidade Federal da Bahia.

2. Ver João José Reis, "Cor, classe, ocupação etc.: o perfil social (às vezes pessoal) dos rebeldes baianos, 1823-1833", in João José Reis e Elciene Azevedo (orgs.), *Escravidão e suas sombras* (Salvador: Edufba, 2012), pp. 279-320 (especialmente as pp. 315-320 para uma lista parcial das revoltas de livres e escravos entre 1823 e 1838).

da Matta (ver itens #7 e #8 do mapa às pp. 194-195). Segundo sua doutrina, faltavam freios aos cativos por negligência senhorial. Como os senhores falhavam em suas obrigações, ele decidiu entrar em campo, ocupando-se do controle e da repressão aos cativos, pelo menos no espaço público, já que não podia invadir o privado. O controle portas adentro o conde apenas inspirou, e há indícios de que com o tempo seu método vingaria ali também.

Para entender 1809 é preciso repassar os acontecimentos de dois anos antes. Depois de já ter mandado atacar, destruir e dispersar quilombos na periferia de Salvador (#11), no Recôncavo e no sul da Bahia, o conde da Ponte se viu às voltas, em maio de 1807, com uma denúncia de conspiração escrava no coração da capital, sua primeira experiência com um movimento desse tipo. Tratava-se de iniciativa sofisticada, cuja organização contou com "capitães" espalhados pelas freguesias da cidade, os quais eram dublês de conjurados e chefes de *cantos*, que eram grupos de trabalho de rua espalhados pela cidade mas assentados sobretudo na região portuária, as freguesias de Nossa Senhora da Conceição da Praia e de Nossa Senhora do Pilar.[3] Na cabeça da planejada revolta estavam um escravo, que operava em Salvador, e um liberto, conhecido como "Embaixador", responsável por articular os rebeldes da capital com os que viviam no Recôncavo, região dos engenhos de açúcar e lavouras de tabaco, mandioca e outras que abasteciam de víveres a população local e a da capital.

A conspiração de 1807 não teve apenas uma organização surpreendente, seus planos táticos e estratégicos também eram complexos e ousados. Fora concebida por mussulmis (ou muçurumim, muçulmis), como se denominavam os africanos *islamizados* da nação haussá. Os mussulmis planejavam saquear as numerosas igrejas erguidas no Terreiro de Jesus e suas imediações, o centro eclesiástico da capitania da Bahia. No Terreiro, ainda segundo os planos, seriam reunidas e queimadas as imagens católicas retiradas dos altares de templos católicos. Os rebeldes projetavam substituir o governador por um líder político e religioso deles, possivelmente alguém alçado à condição de imã mussulmi. Para garantir a vitória em Salvador, expandir o movimento além da ca-

3. Sobre os cantos de trabalho, ver Ana de Lourdes Ribeiro da Costa, "Espaços negros: 'Cantos' e 'lojas' em Salvador no século XIX", *Caderno CRH*, v. 4, 1991, Suplemento Cantos e Toques, pp. 23-27; e João José Reis, *Ganhadores: a greve negra de 1857 na Bahia* (São Paulo: Companhia das Letras, 2019), cap. 3.

pital e impedir o ataque das forças contrárias por mar, eles idealizaram, ainda, o bloqueio da entrada da baía de Todos-os-Santos, uma fuga em massa dos cativos da capital, a conquista do Recôncavo dos engenhos, o ataque a Pernambuco e a formação de um reino afro-muçulmano nos sertões do Brasil. Um projeto deveras arrojado. Surpreende que tivessem conhecimento tão completo da geopolítica e da economia do Nordeste açucareiro, o que sugere serem seus líderes africanos ladinos, antigos na Bahia, talvez com experiência pernambucana — pelo menos um deles era liberto, com licença para circular —, embora contassem com haussás mais recentemente chegados da África.[4]

Naquela altura do século, os haussás estavam sendo importados em grande número para a Bahia, destino dos prisioneiros feitos em ambos os lados de um jihad, ou guerra santa muçulmana, que tivera início em 1804. Em pouco tempo o movimento envolveria toda a região habitada pelos haussás e outros grupos étnicos menos numerosos, uma vasta área localizada no norte da atual Nigéria, onde em 1809 foi fundado o califado de Sokoto pelos vitoriosos guerreiros santos. Os homens e mulheres capturados no curso daquele longo conflito eram, em parte, escravizados internamente, em parte vendidos a traficantes que operavam no comércio negreiro transaariano, ou ainda, talvez em maior número, levados ao litoral do golfo do Benim — chamado pelos portugueses e brasileiros de Costa da Mina —, onde embarcavam nos tumbeiros que faziam o comércio transatlântico de gente. Nessa época, os negociantes baianos representavam os principais compradores de escravos nos entrepostos daquele litoral, tendência estabelecida, com altos e baixos, desde o início do século XVIII, mas agora acelerada por uma conjuntura atlântica favorável. Por um lado, veio em 1807 a proibição do tráfico pela Inglaterra, esta que fora a nação traficante mais ativa ao longo do Setecentos. Por outro lado, e ainda mais importante, ocorreu a Revolução do Haiti (1791-1804), que aqueceu o mercado negreiro no Atlântico no mesmo ritmo em que prosperavam as colônias produtoras de açúcar.

O Haiti merece mais explicação. A revolução escrava na colônia francesa de Saint-Domingue teve início em 1791 e alcançou seu clímax com a in-

4. Ver, sobre essa conspiração, João José Reis, "Resistência e controle dos escravos na Bahia: a conspiração haussá de 1807", in João Fragoso e Maria de Fátima Gouvêa (orgs.), *Na trama das redes: política e negócios no império português, século XVI-XVIII* (Rio de Janeiro: Civilização Brasileira, 2010), pp. 549-599.

dependência, em 1804, quando uma nova nação foi fundada com o nome de Haiti. Nesse processo, a economia agroexportadora da ilha entrou em colapso, apesar dos esforços de sucessivos governos para mantê-la de pé. Não obstante seu pequeno território, Saint-Domingue era a mais rica colônia caribenha, a joia dos domínios ultramarinos franceses, maior produtora e exportadora de açúcar e café do globo, um verdadeiro fenômeno. Tudo isso desmoronou de uma hora para outra, resultado da única revolta escrava que logrou vitória numa colônia europeia, aboliu a escravidão e ainda fundou uma nação liderada por negros africanos e crioulos. Outro fenômeno extraordinário.[5]

Ao contrário do ocorrido noutras regiões das Américas, não se verificou inspiração haitiana nas revoltas baianas de 1807, 1809 e outras. As repercussões aqui foram de outra natureza, principalmente no plano econômico. A derrocada da economia haitiana favoreceu as demais colônias produtoras de açúcar, no próprio Caribe, a exemplo de Cuba e Jamaica, e no resto das Américas, inclusive no Brasil. Capitania açucareira por excelência, a Bahia estava bem posicionada para herdar parte do mercado perdido pela ex-colônia francesa. A expansão dos canaviais e a multiplicação dos engenhos na Bahia foram alavancadas com um vigor nunca dantes experimentado. Grande parte desse empuxo resultou do fabuloso aumento do tráfico transatlântico de cativos africanos para abastecer de força de trabalho as economias rurais e urbanas da região.[6]

5. Sobre a Revolução do Haiti, ver, entre numerosos títulos disponíveis, o clássico de C. L. R. James, *The Black Jacobins* (Nova York: Vintage, 1963) (há tradução para o português publicada pela editora Boitempo); e Laurent Dubois, *Avengers of the New World: The Story of the Haitian Revolution* (Cambridge, MA: The Belknap Press, 2004). Sobre a repercussão do Haiti em outras regiões escravistas, inclusive o Brasil, ver Norman Fiering e David Patrick Geggus (orgs.), *The World of the Haitian Revolution* (Bloomington: Indiana University Press, 2009). O mais completo trabalho a respeito desse assunto para o Brasil é de Marco Morel, *A Revolução do Haiti e o Brasil escravista: o que não deve ser dito* (Jundiaí: Paco, 2017).

6. Sobre a prosperidade da agricultura açucareira e outras na sequência da Revolução do Haiti, ver Stuart B. Schwartz, *Sugar Plantations in the Formation of Brazilian Society, Bahia, 1550-1835* (Cambridge: Cambridge University Press, 1985), cap. 15 (há tradução desta obra pela Companhia das Letras); B. J. Barickman, *Um contraponto baiano: açúcar, fumo, mandioca e escravidão no Recôncavo, 1780-1860* (Rio de Janeiro: Civilização Brasileira, 2003), sobretudo o cap. 1. Tanto Schwartz como Barickman apontam outros fatores para explicar a prosperidade aqui mencionada, mas ambos destacam o papel da Revolução do Haiti no que o primeiro autor chama de "ressurgimento" da lavoura açucareira.

Em números: nos cinco anos anteriores ao início da Revolução Haitiana (1786-1790), desembarcaram na Bahia 28 238 cativos africanos; no lustro seguinte (1790-1795) já seriam 48 097. Nos cinco anos (1804-1808) que antecederam a revolta de 1809, cerca de 50 mil novos escravos entraram na Bahia. Nesses números se contavam os haussás, que entre 1802-1806 e 1819-1820 vieram a compor em torno de 20% dos cativos de Salvador vindos da Costa da Mina. Em sua grande maioria formada por homens, eles trouxeram a bordo dos tumbeiros uma disposição para a revolta que haviam aprendido nas guerras de que tinham recentemente participado. Muitos também carregavam na alma o fervor islâmico.[7]

Como decorrência do jihad em território haussá, foi fundado o Califado de Sokoto (norte da atual Nigéria), em 1809, mesmo ano da revolta na Bahia. Sokoto se limitava ao sul com o território iorubá, de onde vinham os escravizados chamados nagôs na Bahia. Os africanos traficados dessa região, que também incluíam os jejes do Daomé e vizinhos, eram embarcados em portos da Costa da Mina, como Uidá, Porto Novo e Lagos, entre outros. Fonte do mapa: João José Reis, Rebelião escrava no Brasil: a história do levante dos malês em 1835 *(São Paulo: Companhia das Letras, 2017), p. 166.*

7. A proporção de haussás entre os escravos vindos da Costa da Mina foi calculada a partir de João José Reis, *Rebelião escrava no Brasil: a história do levante dos malês em 1835* (São Paulo:

Mais alguns dados sobre a força da conexão entre o tráfico e a economia baiana na época. O comércio com a Costa da Mina em 1809, o ano da revolta aqui pautada, importou escravos avaliados em 745 200 000 réis, além de 15 887 200 réis em ouro e 4 100 000 réis em panos da costa, estes consumidos principalmente no seio da comunidade africana da Bahia. Os escravos compunham, assim, mais de 97% do comércio baiano com a Costa da Mina. As importações daquela região africana representavam 18% de todo o comércio vindo de fora da capitania, batidas pelas oriundas do conjunto da Europa (32%), exclusive Portugal, e do Rio Grande do Sul e região do rio da Prata (23,5%), que incluía o charque consumido pela população escravizada na Bahia. De Portugal só foram importados 13%, índice relativamente baixo, decerto em decorrência da ocupação daquele país pelos franceses na época, que todavia não bloqueara por completo o comércio entre a colônia e a metrópole. Outro dado relevante é que o valor dos produtos enviados para a Costa da Mina equivalia a apenas 43,5% do valor das importações (leia-se, sobretudo, escravos). Tratava-se de um modelo típico de troca desigual. Ou seja, negociar naquela África era lucrativo, pois se vendiam no Brasil os escravos e outras mercadorias ali compradas por um preço 56,5% superior. Sem falar que os valores declarados na alfândega costumavam ser subestimados para efeito do cálculo dos impostos de importação.[8]

Todos esses números estão relacionados aos escravos que, desembarcados na Bahia nesse período, deram início aos primeiros ensaios de um ímpeto rebelde que iria se tornar crônico ao longo das próximas três décadas. Mas o primeiro round dessa guerra terminou com uma derrota completa dos conjurados. Apesar de a revolta de 1807 nem chegar a acontecer, eles foram duramente punidos. Dois deles, um escravo e um forro, chegaram a ser condenados

---

Companhia das Letras, 2003), p. 309, tabela 5. Sobre o jihad de 1804 na Haussalândia, ver os clássicos de Murray Last, *The Sokoto Caliphate* (Nova York: Humanities, 1967); e Mervyn Hiskett, *The Sword of Truth: The Life and Times of the Shehu Usuman dan Fodio* (Nova York: Oxford University Press, 1973). Fiz em diversos artigos e no livro acima referido resumos do jihad, de sua liderança e doutrina. Ver também João José Reis, "Há duzentos anos: a revolta escrava de 1814 na Bahia", *Topoi*, v. 15, n. 28 (2015), pp. 68-115 (em especial as pp. 70-76). Estimativas do volume do tráfico para a Bahia estão em The Trans-Atlantic Slave Trade Database (TSTD), <www.slavevoyages.org/>, acessado em fev. de 2020.

8. "Mappa de Exportação dos Produtos da Capitania da Bahia para Portugal e outros Portos em 1809"; e "Mappa de Importação que fez Portugal, Feitorias da Costa d'África, e Portos do Brazil sobre a Bahia em todo o anno de 1809", APEB, *Cartas do Governo*, maço 146.

à morte, mas tiveram a sentença reduzida, ao que tudo indica por um raro gesto de indulgência do próprio conde da Ponte, mas sob recomendação da Coroa. O escravo teve sua pena capital substituída pela de mil açoites em praça pública e amargaria degredo em Angola sob regime de trabalho forçado. O forro, que por lei não podia ser açoitado, teve a morte substituída pelo degredo, além de ser obrigado a pagar as custas do processo, 600 mil-réis, valor de uns quatro escravos novos naquela época. Como não conseguiram prendê-lo, ficou ele em dívida com a Justiça e o Erário régios.

Quatro escravos considerados líderes menores, os tais capitães, foram sentenciados a quinhentos açoites e à venda para fora da província. Outros sete acusados receberiam trezentos açoites. Assim, treze pessoas foram sentenciadas em conexão com a conspiração de 1807. Além dessas punições, o governador proibiu rigorosamente as reuniões, batuques e festas africanas e a livre circulação de africanos libertos em Salvador e no Recôncavo.[9]

A REVOLTA DE 1809 SEGUNDO O GOVERNADOR CONDE DA PONTE

Pouco adiantariam as medidas repressivas desencadeadas pelo conde da Ponte em 1807. Dois anos depois, nova revolta — esta efetivada — perturbaria a paz de seu palácio e das casas grandes baianas, com três focos principais: um em Salvador, outro em alguns engenhos do Recôncavo e um terceiro na povoação de Nazaré das Farinhas (#1) e roças vizinhas, termo da vila de Jaguaripe (#2). Essa última região, localizada no Recôncavo sul, produzia sobretudo mandioca, e portanto seus escravos deviam pertencer a pequenos e médios lavradores.

São da lavra do conde da Ponte as primeiras notícias que consegui reunir sobre o episódio de 1809. Embora o governador considerasse importante registrar Nazaré no mapa rebelde, a revolta ali não deixou muito rastro documental. Anotou ele que, no dia 26 de dezembro de 1808 — aproveitando, por certo, o relaxamento senhorial da época natalina —, mais de quarenta escravos haviam fugido, se aquilombaram e foram atacados por pelo menos três indivíduos,

9. Reis, "Resistência e controle dos escravos na Bahia". A repressão se estendeu ao Recôncavo, na caça ao nunca encontrado Embaixador, mas lá muitos "feiticeiros" foram presos e enviados à capital, nenhum deles haussá, nenhum deles envolvido na conspiração de Salvador.

sendo dois brancos e um índio, que mataram dois rebeldes. Isso foi visto como comportamento irregular, no que dizia respeito ao índio, que seria preso, mas normal quanto aos demais porque, considerou o conde,

> a natureza de tais ferimentos talvez percam a qualidade de crime em tais circunstâncias, e como a segurança pública, a defesa do direito de propriedade e o respeito da Régia Autoridade são essenciais objetos a que se dirigem as vistas dos legisladores, é necessário em tais ocasiões que o Governo proteja extraordinariamente os esforços que se dirigirem a estes três fins.

O índio devia ser um despossuído, proprietário apenas de sua força de trabalho, daí poder ser preso. Um raciocínio típico de cara-pálida.[10]

Sobre o grupo de Salvador há mais informações, embora não copiosas. Na noite de 4 para 5 de janeiro de 1809, um grande número de escravos (mais de 140, segundo o conde da Ponte verificou uma semana depois) fugiu da capital para se juntar a outros que haviam escapado de alguns engenhos próximos e da povoação de Nazaré desde 26 de dezembro do ano anterior.[11] Por que os de Salvador esperaram uma semana para se movimentar, ainda não sabemos. Podia ser uma mudança de planos devido a algum percalço ou estratégia para acumular forças fora da cidade antes de os escravos daqui se manifestarem. Sabe-se é que os fugidos de Salvador provocaram mortes, roubos, incêndios, ferimentos, em resumo, "devastação por onde passaram", segundo as palavras do conde da Ponte. Em correspondência posterior, o governador explicaria que os levantados perpetraram "toda qualidade de maldades de que são capazes logo que se lhes represente o serem senhores de suas ações, e que podem haver arbitrariamente a sua liberdade [...]".[12] O conde dava como atitude arbitrária que escravos se levantassem por sua liberdade, que desobedecessem às ordens de seus senhores, tornando-se eles próprios "senhores de suas ações". O escravo ideal era aquele que aceitasse passivamente sua condição, fazendo de sua von-

10. Conde da Ponte para o Ouvidor Interino da Comarca de Salvador, 10 de janeiro de 1809, APEB, *Cartas do Governo a diversas autoridades*, v. 166, fl. 10. Todas as transcrições dos textos de época tiveram sua grafia atualizada, exceto nomes próprios, e as abreviaturas desenvolvidas.

11. Ibidem, fl. 9.

12. "Conde da Ponte para o ministro d. Fernando José de Portugal", 12 jan. 1809; 16 de janeiro de 1809, APEB, *Correspondência para o rei*, v. 145, fls. 181, 198.

tade mero reflexo da vontade senhorial. O escravo desleal se transformava num bárbaro, disposto a espalhar "maldades" por onde passasse, assim desencantando o mundo ordeiro e civilizado dos senhores. Por tais alturas andava a imaginação do nobre português.

Ainda segundo o governador e capitão general, os fugitivos se aquilombaram — sendo mais provável que fossem acuados pelas forças mandadas no seu encalço — a cerca de vinte quilômetros do centro de Salvador, nas margens do riacho da Prata (outras fontes dizem lagoa da Prata), onde foram cercados e atacados por soldados e capitães do mato. Numa primeira notícia enviada pelo conde à Coroa, os rebeldes "atacaram as tropas, as quais, sendo indispensável servirem-se das Armas de fogo, mataram alguns, aprisionaram outros, e grande parte fugiu durante a ação".[13] Antes que chovessem críticas de senhores prejudicados pela morte de seus escravos, o capitão general defendeu o uso da força máxima em razão da resistência renhida dos rebeldes. Talvez, porém, as coisas não tivessem acontecido exatamente como aqui descrito, e sucedera uma chacina, conforme se verá adiante.

Ainda segundo esse relato, em 48 horas o problema estava resolvido, já no dia 6 de janeiro de 1809. Era uma maneira de o governador anunciar ao príncipe regente recém-chegado ao Brasil, que fora rápido na reação e eficiente no esmagamento de uma perigosa rebelião. Mas ele só contou o tempo de duração da revolta a partir da fuga dos cativos de Salvador, no dia 4 daquele mês; tivesse incluído em suas contas o movimento dos que fugiram dos engenhos de açúcar e de Nazaré das Farinhas no dia 26 de dezembro, o resultado seria outro: onze dias de revolta e não dois. O epílogo tampouco estaria de acordo com essa narrativa. Em ofício do próprio conde escrito dois dias antes daquele à Coroa, ele informou ao ouvidor interino da comarca de Salvador, enviado a título de juiz de fora para o Recôncavo, que, tendo sido "destruído" o quilombo do riacho da Prata, os fugitivos que não foram presos ou mortos na ocasião continuariam à solta, "e até amanhã serão igualmente batidos, ou mortos, quando intentem resistir". Ou seja, o governador prometia apenas para o dia 11 de janeiro a derrota completa dos rebeldes, cinco dias após a data anunciada a d. João.[14]

13. "Conde da Ponte para o ministro d. Fernando José de Portugal", 12 jan. 1809, fl. 181v.

14. "Conde da Ponte para o Juiz de Fora do Cível e Ouvidor Interino da Comarca de Salvador", 10 jan. 1809, fl. 9v.

Mas não vamos duvidar da atividade frenética do conde tão logo informado da deserção massiva de escravos em Salvador. Ele não dormiria na noite de 4 para 5 de janeiro. Já na madrugada do dia 5, cuidou de organizar sua resposta ao movimento escravo, escrevendo ofícios a diversas autoridades militares e policiais, às quais designou tarefas, além de prometer recompensa aos caçadores dos fugitivos. Começou pelo capitão Joaquim José dos Passos, homem de sua confiança, que comandava a polícia soteropolitana, para quem escreveu: "Tendo fugido esta noite vários escravos a seus senhores, procurando reunirem-se em grande número, ordeno a Vossa Mercê que sem perda de tempo vá em seguimento dos mesmos para os apreender, requerendo para isso auxílio necessário, que se lhe prestará". E acrescentava um PS: "Os apreendedores [dos fugitivos] receberão dez mil-réis por cabeça logo que os apresentarem, e todos são Aussás, e Nagôs".[15] Não era pouco dinheiro. Em 1809, um litro de farinha de mandioca custava 11,30 réis e o quilo de carne, 75 réis. O sujeito podia abrir um pequeno açougue com os quase 133 quilos de carne que porventura adquirisse com a recompensa; ou montar um negócio de farinha com os 884 quilos do produto que o prêmio pagava, aliás, farinha talvez produzida pelos escravos fujões da povoação de Nazaré.[16]

Esclareço logo que os haussás e nagôs, mencionados pelo governador nas várias missivas que escreveu, formavam nações vizinhas na África. O termo "nação" era usado no Brasil para referir-se a comunidades étnicas aqui formadas pelos cativos africanos em torno de características culturais comuns, mormente a língua. Apesar de oriundos de diferentes Estados independentes, na Bahia os haussás eram conhecidos pelo mesmo etnônimo porque se identificavam e eram conhecidos na África. Nesse aspecto, nada mudaria na diáspora baiana, exceto que indivíduos pertencentes a grupos étnicos pouco numerosos em solo baiano e que na África viviam entre os haussás, ou eram seus vizinhos próximos, pudessem eventualmente ser contados sob a mesma nação haussá. Era o caso dos baribas (de Borgu), dos bornos, dos tapas (o mesmo que nupes)

15. "Conde da Ponte para o capitão comandante da Polícia", 5 jan. 1809, APEB, *Cartas do Governo a diversas autoridades*, v. 166, fls. 4-4v.

16. Richard Graham, *Alimentar a cidade: das vendedoras de rua à reforma liberal (Salvador, 1780-1860)* (São Paulo: Companhia das Letras, 2013), p. 322.

e outros. Mas em geral esses grupos mantiveram seus etnônimos originais e por eles seriam reconhecidos na Bahia.

Quanto aos nagôs, falavam a mesma língua, embora com variações dialetais, mas na África pertenciam a uma multiplicidade de reinos e cidades sem que, ao contrário dos haussás, exibissem uma nomenclatura étnica comum. Somente mais tarde, ao longo da segunda metade do Oitocentos, os diversos grupos da região adotariam aos poucos o etnônimo "iorubá", que era mais ou menos como os vizinhos a norte do poderoso reino de Oyó, inclusive os haussás, chamavam os moradores dali. O termo "nagô" deriva, na África, de um subgrupo iorubá, os *anagôs* ou *anagonu*, vizinho do reino do Daomé (atual República do Benim). Os traficantes daomeanos inventaram o costume de chamar de nagôs todos os cativos trazidos do leste (e falantes da língua anagô/iorubá) para serem vendidos em seus portos. Assim nasceu o etnônimo nagô. Em suma, nagô, nesse sentido amplo, representava uma construção identitária formada no circuito do tráfico e adotada por um grupo específico de africanos escravizados na Bahia, oriundos de uma mesma região e falantes de uma mesma língua.[17]

Retorno agora da África para o escritório onde o conde da Ponte, inquieto, escrevia. Ofícios semelhantes aos enviados por ele ao chefe da polícia de Salvador foram distribuídos aos capitães-mores das mais importantes vilas do Recôncavo dos engenhos, isto é, Cachoeira (#4), Santo Amaro (#5) e São Francisco do Conde (#6). A estes ordenou o governador: "mande V. Mercê sem perda de tempo pelos oficiais de seu distrito fazer toda a diligência para serem apreendidos [os rebeldes] a fim de se interromper qualquer projeto que eles intentem com a presente fuga". Seguia o mesmo PS a respeito da alvíssara ofe-

17. Há muita coisa escrita sobre as nações africanas no contexto baiano. Ver, entre outros, Renato da Silveira, "Nação africana no Brasil escravista: problemas teóricos e metodológicos", *Afro-Ásia*, n. 38 (2008), pp. 245-301; Maria Inês Côrtes de Oliveira, "Quem eram os 'negros da Guiné'? A origem dos africanos na Bahia", *Afro-Ásia*, n. 19/20 (1997), pp. 37-73; idem, "Viver e morrer no meio dos seus: nações e comunidades africanas na Bahia do século XIX", *Revista USP*, n. 28 (1995-1996), pp. 175-193; Reis, *Rebelião escrava no Brasil*, cap. 10; Luis Nicolau Parés, *A formação do candomblé: história e ritual da nação jeje na Bahia* (Campinas: Ed. da Unicamp, 2006); Carlos Francisco da Silva Jr., "Identidades afro-atlânticas: Salvador, século XVIII (1700-1750)", Dissertação de Mestrado em História, UFBA, 2011; e Daniele Santos de Souza, "Entre o 'serviço da casa' e o 'ganho': escravidão em Salvador na primeira metade do século XVIII", Dissertação de Mestrado em História, UFBA, 2010.

recida por escravo capturado.[18] Temia o governador que os escravos tivessem um plano mais vexante de rebeldia, segundo o qual a fuga seria apenas um primeiro ato. Naturalmente passou-lhe pela cabeça o óbvio: que os fugidos corressem ao Recôncavo para incitar à revolta a população escravizada ali concentrada. A região era, pois, um grande parque produtor de açúcar, na época a maior riqueza extraída daquelas partes do império ultramarino português. Tinha o conde em mente, com certeza, a conspiração por ele abatida dois anos antes, cujos rebeldes haviam planejado levantar os escravos do Recôncavo.

Mas o governador, estrategista militar por formação, também se preocupou em vigiar outras rotas de fuga que não os caminhos que levassem aos engenhos do Recôncavo. Ao coronel do Corpo de Caçadores das Marinhas da Torre, assentado no litoral ao norte de Salvador, ele ordenou que fizesse marchar os seus capitães com as mesmas promessas pecuniárias anunciadas noutros ofícios e o aviso de que seriam haussás e nagôs todos os rebeldes.[19]

Mais perto da capital, ao notificar o coronel de milícias das Marinhas da freguesia de Pirajá (#12), subúrbio rural de Salvador, o conde esclareceu que os fugitivos tinham passado pelo local à meia-noite a caminho do Recôncavo. Quanto ao perfil étnico dos levantados, dessa vez Ponte escreveu: "todos são Aussás"; ou seja, num intervalo de poucos minutos, entre um ofício e outro, a revolta deixava de ser haussá-nagô para se fazer exclusivamente haussá. É possível que não passasse de um lapso de alguém àquela altura fatigado pelo adiantado da hora, ou que o conde tivesse sido mais bem informado por seus auxiliares sobre a composição étnica do levante. Mas a incerteza a esse respeito permaneceria, para além daquela noite insone, na correspondência do governador e noutros documentos a respeito da revolta, não obstante a maior ênfase sempre dada ao protagonismo haussá.

Uma das mensagens disparadas naquela noite é de particular interesse. Dirigindo-se ao ouvidor interino da comarca de Salvador, que estava na função de juiz de fora no Recôncavo para investigar a fuga dos escravos em dezembro, o conde explicou que no dia 27 daquele mês havia expedido ordens ao sargento-mor das ordenanças e ao capitão comandante do batalhão de Henrique Dias

18. "Conde da Ponte para o capitão comandante da Polícia", 4 jan. 1809, APEB, *Cartas do Governo a diversas autoridades*, v. 166, fl. 4v.

19. Ibidem, fls. 4v-5.

Capitães-mores de assalto, os comandantes distritais dos capitães do mato, acionados em 1809 para dar caça aos rebeldes haussás. Fonte da ilustração: Luís dos Santos Vilhena, A Bahia no século XVIII *(Salvador: Itapuã, 1968) [orig. 1801].*

para correrem atrás desse primeiro grupo de prófugos. (Para quem não sabe, os Henriques eram milicianos negros.)[20] Esse documento, porém, omite informações importantes, pois não dá nome ao local exato dos acontecimentos de dezembro. Diz que pediu "auxílio [...] ao Juiz Ordinário dessa Vila", sem nomear a vila, provavelmente Jaguaripe; que o juiz lhe respondera sobre "a pouca segurança daquela cadeia" e a da vila de Maragogipe (#3) — agora sim, temos um nome — e por isso pedia licença para remeter os cativos eventualmente presos para as cadeias de Salvador. Esse dado confirma que as fugas verificadas no Recôncavo antecederam em uma semana aquelas da capital.

Outra informação relevante encontrada no ofício está na seguinte passagem: "devem ser remetidos a esta Cidade todos os escravos, que fossem apreendidos, procedendo-se na forma da Lei contra aquelas pessoas, que se opuserem, e obstarem o êxito desta diligência". O governador parecia conhecer bem os senhores da Bahia, que teriam por costume "proteger" seus escravos envolvidos em atos de rebeldia. Faziam-no para evitar prejuízo decorrente de prisão prolongada, de deportação ou até da execução de seus cativos. Para eles, bastavam o castigo privado, o chicote, a palmatória e o tronco, pena executada sem a interferência do governo. Uma vez punido, o escravo retornaria ao trabalho e a vida seguia. Assim pensava a maioria dos senhores baianos, pelo menos por enquanto.[21]

No final da tarde de 6 de janeiro, o conde da Ponte recebeu um ofício do capitão Joaquim José dos Passos que não consegui localizar entre os documentos relacionados com a revolta. Pela resposta do governador, porém, sabe-se que as forças enviadas para combater os rebeldes não conseguiram barrar-lhes a marcha, e por isso eles haviam atravessado o rio Joanes. Suas exatas palavras foram:

20. Ver Hebe Mattos, "'Black Troops' and Hierarchies of Color in the Portuguese Atlantic World: The Case of Henrique Dias and His Black Regiment", *Luso-Brazilian Review*, v. 45, n. 1 (2008), pp. 6-29; e Luiz Geraldo Silva, "Sobre a 'etnia crioula': o Terço dos Henriques e seus critérios de exclusão na América portuguesa do século XVIII", in Renato Pinto Venâncio, Andréa Lisly Gonçalves e Cláudia Maria das Graças Chaves (orgs.), *Administrando impérios: Portugal e Brasil nos séculos XVIII e XIX* (Belo Horizonte: Fino Traço, 2012), pp. 71-96.

21. "Conde da Ponte para o Juiz de Fora do Cível e Ouvidor Interino da Comarca de Salvador", 5 jan. 1809, APEB, *Cartas do Governo a diversas autoridades*, v. 166, fls. 5v-6.

> as tropas mandadas em seu alcance [dos escravos em fuga] já não chegariam a tempo de prevenir a passagem do Rio de Joanes, e como a conseguiram imagino mais difícil o realizar-se a sua apreensão, que se faz sumamente necessária a bem da salvação de bastantes vítimas que dispersamente serão sacrificadas ao brutal frenesi desses malvados [...].[22]

Eis uma informação deveras surpreendente, porque outras fontes dão como certo que os escravos tomaram a direção do Recôncavo, quando a "Passagem do Rio de Joanes" (#16) — registrada com tal nome em mapa da época, provavelmente onde o rio era mais raso e manso, permitindo melhor atravessá-lo — estava localizada a nordeste dessa rota, na Estrada Real das Boiadas (#9), em demanda aos sertões da capitania (ver mapa às pp. 194-195).[23] É possível, no entanto, conforme veremos em breve, que os levantados a que se referia o governador fossem aqueles que escaparam de ser presos e seguiram outro rumo que não o Recôncavo.

Segundo relato do conde à Coroa, os rebeldes "resistiram até serem mortos ou presos". Entre os presos foram contados 95 — sendo 83 homens e doze mulheres, estas ausentes da conspiração de 1807, mas presentes no posterior levante de 1814 —, números que mais tarde ele reduziria a 89, sem distinguir sexo, indicando estarem alguns feridos. De Nazaré, mais 23 escravos seriam enviados presos à capital. Até agora somei 112 presos. Muitos outros, porém, conseguiriam fugir ao cerco das forças do conde. Foi o que informou ao governador o capitão-mor da vila de São Francisco do Conde, uma das mais prósperas do Recôncavo, a sugerir que um grupo de rebeldes conseguira chegar ao coração da região canavieira, ou lá mesmo se rebelaram. No dia 9 de janeiro de 1809, ao responder a uma carta daquela autoridade, o governador acusou o registro de que tinham sido presos "trinta e um Negros dos fugidos aquilombados, ficando alguns mortos, e feridos, e outros dispersos, e refugiados pelas

22. "Conde da Ponte para o capitão Joaquim José dos Passos", "6 de janeiro pelas seis horas e meia da tarde de 1809" (literalmente), APEB, *Cartas do Governo a diversas autoridades*, v. 166, fl. 7.

23. Agradeço a Íris Kantor por compartilhar uma cópia em ótima resolução desse mapa. Sobre essa fonte e outras do gênero, ver Íris Kantor, "Impérios portáteis: três atlas na era das revoluções atlânticas", in Ângela Barreto Xavier e Cristina Nogueira da Silva (orgs.), *O governo dos outros: poder e diferença no império português* (Lisboa: ICS. Imprensa de Ciências Sociais, 2016), pp. 509-524.

matas". Dez dias depois ele dizia ter recebido em Salvador mais dezoito escravos remetidos presos do Recôncavo pelo juiz de fora mandado para investigar o caso em Jaguaripe. O mesmo juiz dali enviaria mais sete em 27 de janeiro. Agora já contei 137 prisioneiros.[24]

Os escravos que lograram escapar ficaram vagando pelo Recôncavo, em pequenos grupos de quatro ou cinco. No dia 11 de janeiro, o conde da Ponte avisou ao capitão de milícias da vila de Cachoeira (#4), Manoel Pinheiro de Almeida, que desse todo apoio aos encarregados pelas diligências contra os "negros fugidos e aquilombados nesse Distrito", de modo a "prestar o auxílio que lhe for requerido [e] não obrigue, nem chame para qualquer outro serviço os indivíduos da sua companhia".[25] Autoridades do povoado de Feira de Santana, localizado na fronteira entre o Recôncavo e o Sertão, noticiaram ter passado os primeiros dias de março a caçar negros fugidos recém-chegados à região, onde haviam matado gente, roubado e incendiado propriedades, ações semelhantes àquelas perpetradas durante a correria que se seguiu à fuga de Salvador. Devem ter ali chegado pela estrada que vinha desde Paripe e desembocava na Estrada Real das Boiadas, que levava a regiões produtoras de gado no noroeste da Bahia e Piauí. A revolta então continuava mais de setenta dias após ter início. Alguns rebeldes podem ter chegado a Sergipe por outra estrada real que corria paralela ao litoral (#10). Em Sergipe, as autoridades acusaram escravos vindos da Bahia de insuflarem um levante.[26]

Algumas autoridades locais deixaram testemunho da dispersão dos rebeldes pelo Recôncavo e vizinhanças. O juiz ordinário e presidente da Câmara Municipal de Maragogipe, alferes Joaquim Ignacio da Costa, relatou no final de janeiro que

24. "Conde da Ponte para o capitão-mor de São Francisco", 9 jan. 1809; "Conde da Ponte para o juiz de fora e ouvidor interino da comarca de Salvador", 19 jan. e 1 fev. 1809, APEB, *Cartas do Governo a diversas autoridades*, v. 166, fls. 8, 18-18v.

25. "Conde da Ponte para o capitão de Milícias da vila de Cachoeira", 11 jan. 1809, APEB, *Cartas do Governo a diversas autoridades*, v. 166, fl. 12v.

26. Howard Prince, "Slave Rebellion in Bahia, 1807-1835", Tese de Doutorado em História, Columbia University, 1972, pp. 102-103; "Conde da Ponte ao ministro do reino", 12 e 16 jan. 1809, APEB, *Correspondência para o rei*, v. 145, fls. 197-199; "Superintendente Geral de Feira de Santana à Câmara de Salvador", 2 mar. 1809, APEB, *Cartas do Senado*, maço 127; Luiz Roberto de Barros Mott, "Brancos, pardos, pretos e índios em Sergipe, 1825-1830", *Anais de História*, n. 6 (1974), p. 175.

> os restantes escravos dos levantados da povoação de Nazaré da Vila de Jaguaribe e roças respectivas têm desertado e entrado pelo distrito desta de Maragogipe, em algumas partes do qual me consta foram vistos em pequenos lotes de 4, 5, e mais, devendo por isso recear que, induzindo e desencaminhado outros que em quietação vivem no cativeiro e poder de seus senhores, entre em massa a fazerem aqui grandes desordens e funestos sucessos semelhantes aos que tem sido presentes a V. Exa.[27]

Alarmado com a possibilidade de contaminação da rebeldia entre os escravos quietos de seu distrito, o juiz pediu (e recebeu) permissão para que os perseguidores dos levantados se equipassem com "toda a qualidade de armas, como para, no caso de haver resistência da parte dos ditos negros, se lhe atirar e dar a morte".[28] A revolta não permitia negociação.

O governador não contou os mortos entre os rebeldes, mas se adiantou em justificar a violência de seus homens, antecipando-se às possíveis queixas feitas, junto ao príncipe regente, pelos senhores prejudicados. Ele afirmou que seus homens usaram de necessária violência, para a qual lançou mão do eufemismo "atividade". "A atividade que empreguei", escreveu, "e que reconheci ser necessária na destruição destes levantados, acautelando que chegassem aos Engenhos notícia da fuga antes da notícia de sua prisão." Como os escravos, ele sabia que quem controlasse o Recôncavo — onde o conde tinha propriedades — aumentaria muitíssimo as chances de ganhar qualquer guerra na Bahia, como seria mais tarde demonstrado por ocasião da Guerra da Independência em 1822-1823.

O conde da Ponte era centralizador. Queria estar a par de todos os detalhes da operação deslanchada para reprimir os escravos fugidos, seus "malvados" adversários. Incansável, não queria ser poupado do trabalho de acompanhar cada lance da campanha contra a escravaria em revolta. Como escreveu ao juiz ordinário de Jaguaripe, também encarregado em investigar os acontecimentos de Nazaré:

27. "Juiz ordinário de Maragogipe Joaquim Ignácio da Costa para o Conde da Ponte", Maragogipe, 31 jan. 1809, APEB, *Correspondência recebida de diversas autoridades, 1800-1811*, maço 216, fl. 194.

28. Ibidem.

Este mapa de Anastassio de Sant'Anna é datado de 1816, sete anos após a revolta de 1809. Feito à guisa de "guia de caminhantes", seu autor registrou detalhes úteis ao viajante oitocentista. Nele foram registrados rios, serras, praias, enseadas, vilas, povoações, arraiais, aldeias indígenas, freguesias, igrejas e capelas, engenhos e fazendas, as principais estradas, entre outras informações a respeito do Recôncavo baiano e um pouco além. O mapa pro-

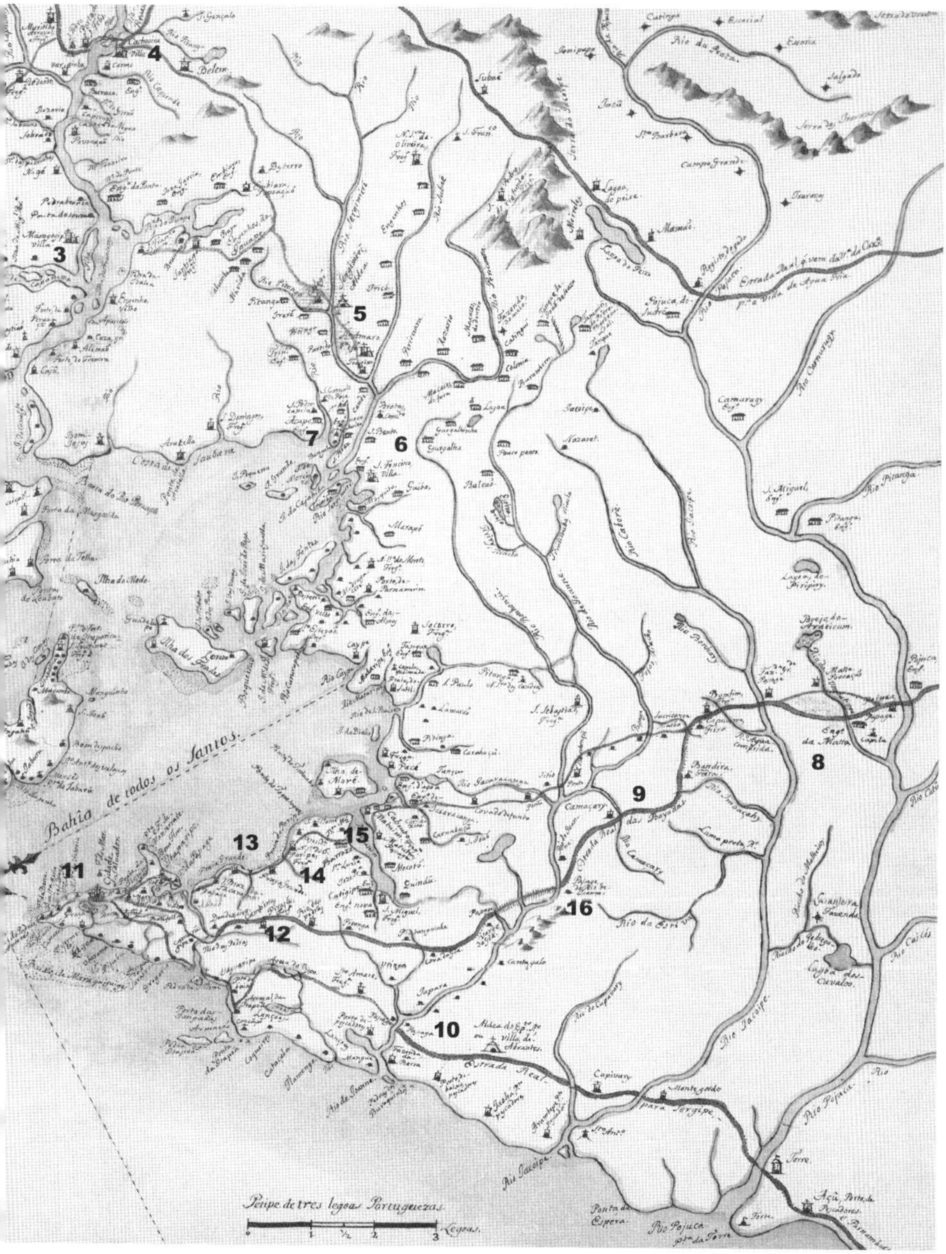

porciona uma vista privilegiada dos caminhos percorridos pelos rebeldes haussás. Segue abaixo a situação dos principais locais mencionados neste capítulo.
1. Nazaré 2. Jaguaripe 3. Maragogipe 4. Cachoeira 5. Santo Amaro 6. São Francisco do Conde 7. Engenho Acupe 8. Engenho da Matta 9. Estrada Real das Boiadas 10. Estrada Real para Sergipe 11. Centro de Salvador 12. Pirajá 13. Caminho de Paripe 14. Freguesia de Nossa Senhora do Ó de Paripe 15. Engenho Aratu (Barrozo) 16. Passagem do rio Joanes

> não se poupe V. Mercê em participar-me todas as circunstâncias, que tiverem acontecido, e forem acontecendo tanto da parte dos Negros fugidos, como do seguimento da nossa Tropa, e mais acontecimentos, e detalhes concernentes a esta diligência, para que sendo necessário se deem outras providências [...].

Dois dias depois ele agradeceria pelo envio dos negros presos em Nazaré e instruiu a mesma autoridade a investigar se uns cativos do poderoso coronel Jerônimo Sodré, também presos, estavam longe de casa porque a serviço de sua senhora, empregados "na condução dos efeitos que com eles se acharam", conforme alegavam.[29] Nada parecia escapar ao radar do conde da Ponte. Mas, segundo as autoridades judiciárias, ele estava desorientado quanto a sua interpretação dos acontecimentos.

A REVOLTA DE 1809 SEGUNDO O ACÓRDÃO JUDICIAL

A narrativa que o conde da Ponte fez sobre a revolta de 1809 não seria de todo confirmada pela devassa a que se procedeu após a derrota dos rebeldes. Isso é natural, por um lado, porque o governador escrevera no calor da hora, sem a percepção de quem na sequência investigou mais a fundo o fato. Por outro lado, o governador provavelmente pensou e agiu tendo em mente o que fora revelado sobre os planos e o perfil dos rebeldes de 1807, uma revolta haussá, imaginando ele que 1809 seria uma nova versão daquela frustrada conspiração. Não disse isso explicitamente, não o escreveu, mas decerto pensou e talvez tenha conversado com seus auxiliares sobre a matéria.

Contudo, o governador não teve a chance de acompanhar o desenrolar do inquérito e o julgamento, uma vez que morreria alguns meses depois, em maio daquele mesmo ano de 1809. É possível que, já enfermo, o estresse experimentado naqueles dias tensos de revolta escrava tivesse contribuído em alguma medida para lhe abreviar a vida. O conde foi substituído por uma junta de governo composta pelo arcebispo da Bahia e primaz do Brasil, d. frei José de Santa Escolástica, pelo chanceler do Tribunal da Relação, desembargador An-

29. "Conde da Ponte para o Juiz Ordinário da Vila de Jaguaripe", 9 e 11 jan. 1809, APEB, *Cartas do Governo a diversas autoridades*, v. 166, fls. 8v, 12-12v.

tonio Luís Pereira da Cunha, e pelo mestre de campo João Baptista Vieira Godinho. Estavam, portanto, representados a Igreja, a Justiça e o Exército, conforme rezava a lei em caso de vacância do cargo de governador.[30]

O tom do julgamento seria dado pela Coroa, quando avisou à junta governativa que, conforme a praxe estabelecida em 1807, os réus deveriam ser julgados, e as penas, impostas, "segundo a gravidade dos delitos e o estado das provas". E mandava observar a estratégia de punição típica do Antigo Regime, que visava estabelecer o exemplo por meio da execução pública das sentenças, com vistas a intimidar potenciais imitadores dos delitos tratados:

> Devendo serem prontos os castigos para se verificarem os efeitos saudáveis, que resultam de não ficarem impunidos os delitos e de se conhecer que as penas foram imediata consequência deles, devereis fazer que se executem as que forem impostas para que o exemplo intimide, e aterre gente que se tem mostrado tão propensa a perturbar o sossego público.

Apesar de pregar que o castigo fosse público, espetacular e aterrador, o príncipe regente sabia ser clemente, ou demonstrar "piedade", conforme se expressou. E, assim, recomendou que, se os réus não tivessem cometido "crimes atrozes" com circunstâncias agravantes, e não sendo cabeças do levante, fosse-lhes aplicada a pena imediatamente abaixo à de morte, "ajustando-se assim a Justiça com a humanidade".[31] Essa pena seria a de açoites com obrigação de venda do castigado para fora da capitania ou, no caso de libertos e livres, o usual banimento para Angola ou Moçambique, que, além de regiões fornecedoras de escravos, também funcionavam como colônias penais para rebeldes escraviza-

30. O governador deixou de despachar no dia 9 de maio de 1809, mas antes dessa data já havia passado várias semanas afastado de uma antes ativíssima correspondência com autoridades em toda a capitania. Foi substituído, de imediato, pelo secretário de Estado Francisco Elesbão Pires de Carvalho e Albuquerque, vindo a falecer no dia 24 de maio daquele ano. Ver, especialmente, correspondência deste a partir de 13 de maio de 1809, APEB, *Cartas do Governo a diversas autoridades*, v. 166, fls. 84v e ss. Ao lamentar sua morte, d. João VI a ele se referiu como "vassalo benemérito, que sempre se empregou no Real Serviço com muita honra, inteligência, e atividade". Conde de Aguiar para o arcebispo da Bahia e demais governadores interinos, Rio de Janeiro, 13 jul. 1809, APEB, *Ordens Régias, 1809-1810*, v. 109, doc. 5, fl. 23.

31. "Príncipe Regente para o Reverendo Arcebispo e mais governadores da Capitania da Bahia", Rio de Janeiro, 2 mar. 1810, APEB, *Ordens Régias, 1809-1810*, v. 109, doc. 73.

dos, além de apenados por outros crimes. O único liberto condenado pela conspiração de 1807, por exemplo, foi sentenciado ao exílio, que ele parece não ter cumprido por ter escapado à Justiça.

A interpretação dos fatos encontrada nas cartas do falecido governador e a disposição da Coroa para punir de maneira exemplar os envolvidos no ato de rebeldia escrava foram, em grande parte, desmontadas pelo que se apurou durante a devassa. Apesar de a devassa não ter sido ainda encontrada, consegui localizar tanto no Arquivo Público do Estado da Bahia como no Arquivo Nacional do Rio de Janeiro cópias do *Acórdão em Rellação*, datado de início de agosto de 1810, seis meses depois de serem desferidas as régias ordens observadas no parágrafo anterior. No documento, como em qualquer acórdão, se encontra um resumo das investigações, além da qualificação dos crimes cometidos, seus autores e respectivas sentenças.[32]

Das várias notícias dadas pelo conde da Ponte sobre o episódio, ficou registrada no acórdão a lista estabelecida pelo governador dos delitos perpetrados pelos revoltosos naqueles dias de janeiro de 1809: fuga, mortes, ferimentos, roubos e incêndios. O acórdão, porém, não confirmaria a suspeita do conde de que as ações dos fugidos resultavam de um projeto conspiratório cultivado às escondidas, que ameaçasse a sociedade escravista e seu arcabouço político. Quanto aos protagonistas das fugas e aos atos de violência praticados, o governador oscilou, conforme já indicado, entre acusar haussás e nagôs, em algumas de suas missivas, ou apenas os haussás, em outras. A autoria destes últimos foi confirmada e prevaleceu ao longo da investigação — com o progresso da devassa, deixou-se de falar em nagôs. Todavia, o escrivão da Ouvidoria Geral do Crime, Germano Ferreira Barreto, ao encaminhar o acórdão ao governo interino, escreveu dois despachos, num dos quais apontava que a Justiça havia agido "contra os Negros Aussás", para logo em seguida, num outro despacho, emendar que os rebeldes seriam "pretos Aussás e da Costa da Mina". Neste último caso é possível que fizesse constar que os haussás haviam sido deportados de portos da Costa da Mina, mas creio que quisesse mesmo significar que, além

32. "Acórdão em Rellação", 18 ago. 1810, APEB, *Ordens Régias, 1809-1810*, v. 109, doc. 73-A. Uma cópia desse documento se encontra no ANRJ, IJJ9, 319 (1810). A cópia do APEB está em melhor estado de conservação. Ao citar trechos do "Acórdão", evitarei referir-me a ele em nota para poupar o leitor de repetidas consultas. Mas ficará sempre indicada, no próprio texto, a origem das citações.

dos haussás, africanos de outras origens ali embarcados estiveram envolvidos no levante. O destaque sempre dado aos haussás, no entanto, aponta para uma indisputável hegemonia daquela nação na efetivação do movimento, o que seria confirmado por outras fontes.

Apesar de faltarem os desejáveis detalhes do inquérito — como depoimentos de réus e testemunhas, corpos de delito, registros de buscas e apreensões, entre outros dados de uma devassa típica —, o acórdão ilumina alguns lances da revolta ausentes da correspondência do finado governador. Por exemplo, as rotas de fuga dos "muitos escravos pretos" de Salvador na noite de 4 de janeiro de 1809. Eles desceram por uma ou mais vias da Cidade Alta para a Baixa, onde se reuniram aos parceiros aqui residentes, e juntos, seguiram pela rua do Noviciado (atual Jequitaia), passaram pela Calçada e tomaram o caminho de Paripe (#13), possivelmente o leito da atual avenida Suburbana, que levava ao povoado com o mesmo nome, hoje um bairro popular. Não longe desse trajeto ficava o povoado e freguesia de Pirajá (#12), cujo comandante militar fora destinatário de uma das ordens de repressão emitidas pelo governador naquela noite. Embora não estivesse no coração do Recôncavo, a freguesia de Nossa Senhora do Ó de Paripe (#14) já era terra de engenhos, como o Santa Cruz de Torres, cujo senhor anunciou sua venda em 1812 nas páginas da gazeta *Idade d'Ouro do Brazil*. No mesmo ano, no mesmo periódico, João Barbosa de Araujo vendia seu engenho "moente, e corrente [...] e toda a sua fábrica correspondente". Ainda na freguesia de Paripe se erguia o grande engenho Aratu, do capitão Manoel de Oliveira Barrozo, indicado no mapa apenas como Barrozo, nas margens do rio Matuim (#15).[33] O mapa adiante (pp. 204-205) estampa uma malha de engenhos, inclusive aqueles localizados no terreno palmilhado pelos rebeldes em 1809.

Detalha o acórdão que no trajeto até Paripe os insurretos "cometeram algumas mortes, roubos, e incêndios de casas palhaças", ou seja, habitações revestidas de palha. Aqui surge melhor definição dos alvos do fogo rebelde: palhoças sem dúvida habitadas por pequenos lavradores, pescadores, a maioria negros e mestiços, muitos africanos, libertos ou escravizados, como eram os próprios levan-

33. *Idade d'Ouro do Brazil*, 17 jan. e 25 jul. 1812; Adriana Dantas Reis Alves, "As mulheres negras por cima: o caso de Luzia jeje. Escravidão, família e mobilidade social — Bahia, c. 1780-c. 1830". Tese de Doutorado em História, UFF, 2010, passim.

tados. Nesse trajeto existiam alguns engenhos, como já dito, de modo que algumas das palhoças incendiadas podiam ser senzalas, talvez ocupadas por escravos que se recusaram a aderir ao movimento e por isso teriam sofrido retaliação; ou ocupadas por insurgidos que queimaram suas senzalas na expectativa de que jamais retornassem a nelas morar. Nenhuma casa-grande e nenhum canavial foram incendiados, aparentemente; do contrário, a notícia constaria da narrativa encontrada no acórdão. Surpreende que assim fosse. Por que não tocar fogo nos engenhos , decerto palco de brutalidades típicas do regime que os oprimia? Seria uma decisão estratégica para evitar desgaste da tropa rebelde em confrontos parciais antes que alcançassem o Recôncavo profundo, onde estavam concentrados os grandes engenhos e os muitos escravos da Bahia? Ou seria porque as forças do conde já chegavam aos calcanhares dos rebeldes?

Com efeito, a pronta reação do governador garantiu que o grosso do movimento fosse logo sufocado por "oficiais do mato" destacados pela autoridade, ainda segundo o mesmo documento. Com isso concordam as ações do conde naquela madrugada, tal qual registradas nos diversos ofícios por ele lavrados e distribuídos. Ficava então estabelecido que as tropas de capitães do mato ocuparam a linha de frente no combate aos levantados. Elas alcançaram os rebeldes na lagoa da Prata, segundo o acórdão, ou riacho da Prata, segundo observação mais pertinente do governador, ou rio da Prata, conforme a toponímia do atual bairro de Periperi, vizinho ao de Paripe.[34] Nas imediações desse riacho, os fugitivos teriam tentado se aquilombar, armando talvez não mais que uma trincheira de resistência. O acesso a um manancial de água deve ter contado para a escolha do lugar. No riacho da Prata, a força repressiva foi recebida com "alguma resistência irregular, em que vários pretos foram mortos e outros feridos, e dispersos". Por "resistência irregular" eu entendo uma em que os africanos não teriam lutado como um corpo único, organizado em ordem de batalha, mas respondendo a seus agressores de forma desordenada ou intermitente. Adiante fica mais detalhada a versão do episódio encontrada no acórdão de sentenças.

Assim como o conde da Ponte, o tribunal omitiu o número de baixas entre os rebeldes, mas confirmou que "vários pretos foram mortos e outros feridos, e dispersos". Por outro lado, aqui temos que durante a devassa foram identificadas

34. Existe no perímetro urbano de Periperi uma rua Rio da Prata. Ver <www.google.com.br/maps/place/R.+Rio+da+Prata+-+Periperi,+Salvador>, acessado em set. 2017.

as vítimas dos rebeldes no caminho da fuga: a crioula Maximiana e os pardos Manoel Luciano, Pedro Barboza e Pio Venâncio. Quatro pessoas. Não foram apontadas as circunstâncias precisas de suas mortes — se, por exemplo, as vítimas foram encontradas no caminho, talvez formando um só grupo, e atacadas aleatoriamente, o que é mais provável; ou se manifestaram alguma hostilidade que pagaram com a vida. Não causa surpresa serem todas elas gente de cor nascida no Brasil, talvez um dado da animosidade que tinham os africanos em relação a crioulos e pardos; categorias, aliás, representadas entre aqueles que, comandados por oficiais brancos, deram caça aos rebeldes. Nenhum branco foi morto, decerto por nenhum se encontrar frente a frente com os pretos em fuga e em fúria. As vítimas não faziam parte das forças despachadas para perseguir e combater o levante; eram, aparentemente, pessoas desarmadas, uma mulher inclusive. Houve também, na povoação de Nazaré, a morte do índio João, no mesmo embate que resultara no ferimento de Francisco do Sacramento Paiva e Amador Pereira da Costa, ambos provavelmente brancos ou pardos.

O acórdão registrou qual deveria ser a linha inicial de investigação, conforme encomenda do falecido conde da Ponte, que mandou verificar se houvera coisa grande, como ele acreditava ter sido:

> rebelião e ânimo de atacarem os habitantes, e de arruinarem o Sistema do governo, constituindo um capaz de destruir o império [português], e [sua] vassalagem, pois que se haviam confederado com outros das vilas do Recôncavo para aquele atrocíssimo crime disposto por emissários tão brutais como os que se diziam havê-los credenciados.

Trocando em miúdos, abriu-se uma devassa com o intuito de investigar um movimento de caráter político, visando não apenas a imediata liberdade de seus participantes, mas a derrubar o governo e, em última instância, destruir o sistema colonial português para substituí-lo por outro. Uma tarefa e tanto! Durante a investigação do suposto grande crime, foram presos em Salvador Rufino, Jacob, Pantaleão, Diogo e outros escravos não nomeados, todos haussás, nação africana que "se afirmava unida", concluíram os juízes no acórdão.

Entretanto, contrariando as expectativas do conde da Ponte, durante a devassa outra verdade foi revelada. Conforme expuseram os magistrados do

Tribunal da Relação, "correndo aquele espaço [de tempo] que a tardia verdade carece para aparecer livre", descobriu-se que

> nada resulta coincidentemente a propósito de Sedição e Rebelião porquanto não se prova que os negros estivessem possuídos de outra ideia que não fosse a do crime particular de se subtraírem pela fuga ao domínio de seus Senhores, e de se refugiarem aquilombados.

Os rebeldes de Nazaré, especificamente, seguiriam na mesma batida, apenas

> indivíduos possuídos de tentação da simples fuga, e tão pouco temíveis, que foram buscados por dezoito pessoas sem cautelas que indicassem receio de consequência alguma, pois que se prova pela falta de armas reconhecidas pelos próprios Senhores, e por muitas testemunhas.

Estariam desarmados, portanto. Um dos argumentos apresentados para atenuar a periculosidade dos cativos sublevados foi apontar a sua pouca cautela quando decidiram reunir-se em quilombo, deixando apenas um vigia encontrado a dormir pela tropa repressora, "e que todos os demais se debandaram, e devidamente foram presos na carreira". A inépcia dos rebeldes seria assim transformada em inocência quanto a crimes mais graves.

Fuga apenas, crime "particular" a ser contabilizado caso a caso, de cada escravo para cada senhor, portanto sem que se caracterizasse delito contra o Estado e seu corpo político, ou que visasse demolir o edifício da escravidão, que fora a presunção quando se abriu a devassa. A investigação concluíra que nada de tão grave teria acontecido na Bahia que merecesse definir as ações dos cativos como *levantamento*, que seria "rebelião premeditada"; ou *rebelião*, um "levantamento dos vassalos contra seu soberano".[35] Para que fosse uma ou outra coisa, presumiam-se planejamento e combinação entre os suspeitos. O que não teria havido. A investigação não logrou levantar evidência de "correspondências entre os réus", reunião em "conventículos" ou a descoberta de armas e munição nas mãos dos rebeldes ou estocadas em algum esconderijo, bem

35. Rafael Bluteau e Antonio de Moraes Silva, *Diccionario da lingua portugueza* (Lisboa: Officina de Simão Thaddeo Ferreira, 1789), v. 2, pp. 17, 291.

diferente do que acontecera dois anos antes, quando se descobriram papéis mussulmis escritos em caracteres árabes, além de reuniões suspeitas, armas estocadas e, o mais grave, a confissão de um plano de ataque frontal aos senhores, à Igreja e ao Estado. Nada parecido resultou da devassa em 1809. No exame sobre posse de armas, por exemplo, os rebeldes foram reprovados. "Os réus não tinham levado no momento da fuga armas algumas, e [...] as apreendidas foram havidas por furto dos moradores, que assaltaram na marcha [...] e estas sem propriedade, ou capacidade de maior uso", lê-se no acórdão. (Teriam sido esses "moradores" os circunstantes mortos pelos rebeldes?) De armas próprias, foram encontrados um arco e uma flecha, mas tão imprestáveis quanto as de fogo que os insurgentes haviam afanado na corrida para o Recôncavo.

Por conseguinte, concluíram os juízes, haveria "razão de se não poder considerar ânimo revolucionário, e de atacar os habitantes, e Autoridades Públicas". (Esqueceram os cinco que tombaram nas mãos dos haussás; mas não eram brancos, afinal.) Assim, não teriam os rebeldes conspirado de modo concertado e coletivo, visando pôr em prática "vasto, e arriscado projeto", este sim considerado pelo tribunal rebelião, levantamento e mesmo revolução, já que, para o último caso, fora usada a expressão "ânimo revolucionário". A pergunta sobre se aquela fuga em massa contara com algum tipo de liderança sequer foi feita no acórdão, embora talvez tivesse sido ventilada durante a devassa. Restou tipificar o levante como crime de "único, e imprudente desejo de recuperarem o estado natural" de liberdade, que seria, por acaso, uma perspectiva comum no discurso abolicionista. Os juízes terminaram admitindo, por vias tortas, que, afinal, os escravos foram, sim, autores de uma rebelião, já que pretendiam realizar um projeto do Iluminismo — a recuperação do estado natural de liberdade — nas dependências de um império do Antigo Regime. Num nível mais básico, ficava sem explicação a finalidade para os fugitivos roubarem aquelas armas de "moradores", se só queriam mesmo fugir. Ou queriam as armas apenas para caçar? Além disso, não constitui a fuga uma forma de rebelião? Ainda volto ao tema.

Houve, porém, o cometimento de mortes, ferimentos e incêndios para alcançar aquele "imprudente desejo" de liberdade, não podendo "os Réus eximir-se da responsabilidade pelas consequências do ajuntamento". Ajuntamento era o novo nome dado a uma fuga em massa. Tratava-se, especificamente, de acusá-los e puni-los por dois arrombamentos e invasões de casas, doze das

Este detalhe do "Guia de caminhantes" permite visualizar o percurso do principal grupo de fugitivos de Salvador. Tomaram o caminho de Paripe, atravessando povoados, arraiais, engenhos, fazendas, sítios e capelas, até serem barrados na freguesia de Nossa Senhora do Ó. Muitos, porém, conseguiram escapar ao cerco em várias direções, fosse do Sertão pela estrada das Boiadas, do Recôncavo seguindo o caminho de Paripe, ou pela estrada real que levava a Sergipe, então parte da capitania da Bahia, entre outras rotas de fuga.

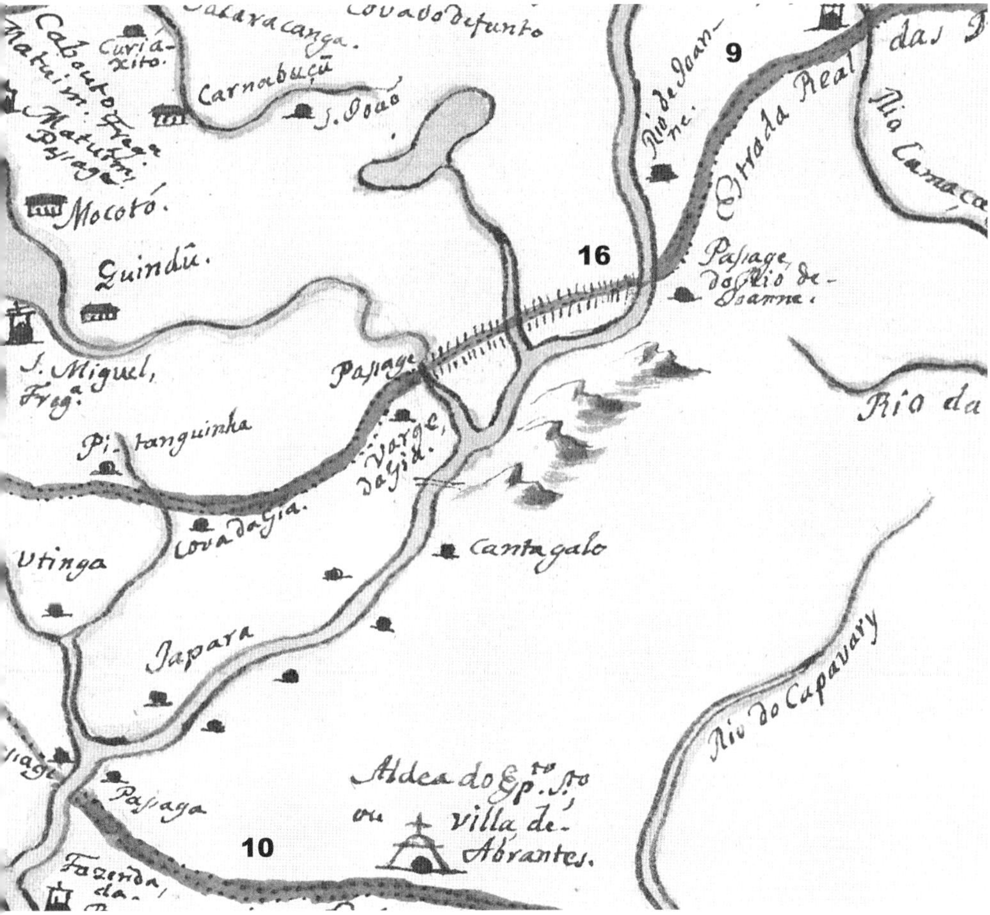

9. Estrada Real das Boiadas 10. Estrada Real para Sergipe 11. Centro de Salvador 12. Pirajá 13. Caminho de Paripe 14. Freguesia de Nossa Senhora do Ó de Paripe 15. Engenho Aratu (Barrozo) 16. Passagem do rio Joanes

quais incendiadas, seis ferimentos graves e cinco mortes. Nesses pontos, porém, a investigação não avançaria muito no sentido de apontar culpados.

Em relação à morte do índio João, única que contou com testemunhas, seus autores foram liquidados durante a refrega, logo não mais havia a quem punir. Quanto às mortes da crioula Maximiana e dos três pardos, careceram de testemunhas. A investigação concluiu pela impossibilidade de atribuir autoria individual àquelas ações e a opção pela autoria coletiva não tinha base legal. Os juízes ponderaram que poderia ter sido qualquer um dos fugitivos da cidade de Salvador, ou dos que se juntaram a eles mais tarde, todos "indivíduos *incapazes de identidade*", ou cujas identidades não se pôde estabelecer, para falar em termos menos barrocos. Talvez já tivessem sido abatidos no riacho da Prata, ou não foram presos, prosseguindo na carreira de quilombolas. Alguns faleceram na prisão e ainda houve os que foram logo devolvidos a seus senhores diretamente pelos captores, ansiosos, como era natural, para receber os 10 mil-réis prometidos por cabeça de escravo apanhado. Esses cativos nem chegariam a enfrentar o inquérito e o julgamento. Em resumo, não houve flagrante, nem provas, confissão ou testemunhas dos crimes de morte. Nada.

Os juízes buscavam a "prova perfeita", como literalmente afirmaram, para indiciar os criminosos — e não a encontraram; pelo contrário, só viram "crescendo a confusão e incerteza pela deposição dos três cabos do mato" que participaram do confronto no riacho da Prata. Eles não conseguiram atribuir os crimes cometidos pelos quilombolas a nenhum dos presos a eles mostrados, "limitando-se, contudo, à afirmativa de serem aqueles os mesmos que haviam prendido, sem referência a atos antecedentes, que não presenciaram e de que positivamente se trata, contradizendo-se, e desmentindo-se do que haviam certificado". Os oficiais do mato foram então desacreditados pelos juízes, por inconsistência de suas informações. Ou seja, eles não haviam testemunhado as agressões, as mortes, as invasões e os incêndios a casas, que os juízes julgavam serem os crimes de fato graves, passíveis de verificação e castigo. Os milicianos só tinham a falar de fuga e enfrentamento, ou seja, do óbvio. Embora de início eles tentassem imputar culpa, no decorrer do julgamento ficou claro que não viram o que alegaram ter visto. Como disse antes, no único caso em que dois rebeldes foram identificados como autores de uma morte, a do índio João, ambos também terminaram mortos, incidente ligado à fuga dos escravos da povoação de Nazaré, mas ocorrido a cerca de duas léguas dali, especificou o acórdão.

Os juízes pareciam inclinados a conduzir a devassa pelo ângulo da clemência recomendada pelo príncipe, mais do que pelo ímpeto de uma punição a qualquer preço, por exemplar que fosse. Chegaram a censurar o emprego de violência excessiva pelas forças despachadas para combater os quilombolas. Os milicianos e capitães do mato teriam atirado em "homens nus e desarmados", o que se provava pelo desenrolar da "ação, da qual não saíram feridos um único encarregado e auxiliante". Com essas palavras os juízes discordaram do conde da Ponte e seus prepostos de que a violência da repressão em 1809 fora necessária para debelar o que o governador acreditava ter sido uma bem urdida rebelião escrava. Fora na verdade um massacre, mas os juízes, tendo censurado, não pareceram preocupados em punir seus executores.

INVESTIGANDO A DEVASSA

A rebelião de 1809 (ou a fuga coletiva, na versão oficial vencedora) foi em muitos aspectos um perigoso precedente para a ordem escravista baiana. Apesar do grande número de participantes, não houve traição ou vazamento de informações, como ocorrera em 1807. O ambiente rural dificultava a ação de espiões e informantes, mais eficazes na cidade. Mesmo em Salvador, de onde teria fugido o maior número de escravos, não houve delação. Pelo número de prisioneiros — e sem considerar os mortos, que não foram contados —, calculo por baixo que, entre a capital e o Recôncavo, pelo menos trezentas pessoas tiveram participação direta no movimento. A combinação entre rebeldes rurais e urbanos, além disso, sugeria ousadia e periculosidade nunca dantes verificadas.

Outro motivo de alarme foi não terem os haussás se intimidado com o espetáculo das chibatadas públicas aplicadas no ano anterior contra os réus de 1807 no pelourinho da Cidade da Bahia. Os haussás, de novo, constituíram a imensa maioria, talvez a única nação entre os insurgentes, apesar de as autoridades, aqui e ali, apontarem membros de outras nações como coadjuvantes. Confirma minha suspeita de quase ou completa exclusividade haussá no movimento de 1809 um documento intitulado "Relação dos pretos do Levantamento, que resistiram e combateram com a tropa que comandava o Capitão das Ordenanças do Norte Joaquim José dos Passos". Os combatentes presos foram remetidos a Salvador no dia 7 de janeiro de 1809, num momento em que ainda se definia a luta deles como "levantamento". Outra lista incluía mais alguns fugitivos "pertencentes ao mesmo combate", presos e enviados à capital nos dias 11 e 12 do mesmo mês, capturados por um civil, Bernardo Francisco de Siqueira, e pelo capitão das milícias da Casa da Torre, Antonio Fogaça de Mendonça. As duas listas totalizavam 56 presos, todos, sem exceção, homens da nação haussá, escravizados em Salvador ou em engenhos próximos a esta, aliás a confirmar a conexão urbano-rural dos rebeldes. Havia uma única exceção na origem de um dos presos, o "crioulinho" Félix, talvez filho pequeno de um dos guerreiros haussás, ou, mais provável, de uma guerreira que continuava fugida ou morrera durante o conflito.[36]

Diante desses dados, acho improvável que os rebeldes contassem com alianças importantes, se alguma, fora de sua nação, embora seja possível que membros de outros grupos fossem rotulados como haussás pelas autoridades. Como dito, no início o governador noticiou que havia fugido da cidade "grande número de Escravos, todos de Nação Ussá, e Nagô", conforme já expliquei. Bem mais tarde, na virada do século XX, Nina Rodrigues não só afirmou a participação nagô como sugeriu que o segredo que cercara a conspiração só seria compreensível pela atuação de uma "poderosa sociedade secreta Ogboni". Contudo, o dr. Nina não chega a defender claramente a participação dessa sociedade no comando do movimento. Eis, completo, o trecho pertinente:

> Causou então surpresa geral o admirável sigilo em que se urdiu e levou a efeito o êxodo dos insurgidos. Mais natural seria considerado o fato, se naquele tempo tivessem os interessados melhor conhecimento do povo escravizado. Então haviam de saber que uma poderosa sociedade secreta *Obgoni* ou *Ohogbo*, verdadeira instituição maçônica, governava os povos iorubanos, com ação muito superior

36. "Relação dos pretos do Levantamento, que resistiram e combateram com a tropa comandada pelo Capitão das Ordenanças do Norte Joaquim José dos Passos, por quem foram presos, e remetidos em 7 de janeiro de 1809", ANRJ, IG[1]-122, Bahia. Além dos presos por esse capitão, outros presos por diferentes milicianos são listados, em número de 56. O documento acrescenta ainda diversos "que chegarão a trinta, pouco mais ou menos". Ou seja, um total por volta de 86 presos.

> mesmo à vontade dos régulos. E em todos os atos desta associação dominava o mais absoluto sigilo.[37]

Não é ambíguo? Dito isso pouco depois de declarar a presença nagô na revolta de 1809, em aliança com os haussás, Nina parece querer atribuir aos nagôs a direção do movimento, diretamente por meio da Ogboni — essa a grafia correta —, ou no mínimo dizer que um certo etos iorubá do segredo, inspirado naquela sociedade, se fez presente na ocasião. Como se os haussás fossem um bando de tagarelas incorrigíveis infensos ao sigilo. A Ogboni era de fato coisa de nagô, uma instituição iorubá dedicada ao culto da terra que tinha importante função política, judicial e legislativa em alguns reinos daquela região. Se a Ogboni possuía ramificações ou alguma influência entre os nagôs na Bahia, suas funções seriam, é evidente, diversas daquelas havidas do lado africano do Atlântico. Mas o que faria a instituição iorubá num movimento predominantemente, talvez cem por cento, haussá? Não faz sentido.[38]

Surpreende que nenhuma mulher conste da relação de presos antes mencionada. No entanto, elas se encontram no relato do levante feito por um dos membros da junta de governo que sucedeu ao conde da Ponte. João Baptista Vieira Godinho, mestre de campo do Exército português, escreveu ao conde de Linhares que coube às mulheres animar os guerreiros a não desistir da luta e a enfrentar com valentia as forças que lhes davam caça. É interessante acompanhar a narrativa desse governante (que por profissão entendia de guerra) sobre as peripécias dos rebeldes naquele longínquo dia de verão:

> fugindo de casa de seus senhores armando-se, unindo-se em um grande corpo, e bem determinados a resistir; mas apenas foram alcançados por um capitão de ordenanças branco, e alguns capitães de Entradas e Assaltos pretos e mulatos, e não se querendo render logo à sua voz, porque as pretas que os acompanharam

37. Nina Rodrigues, *Os africanos no Brasil*, 4ª ed. (São Paulo: Companhia Editora Nacional, 1978), p. 46.

38. Sobre a Ogboni na África, ver Peter Morton-Williams, "The Yoruba Ogboni Cult in Oyo", *Africa*, v. 30, n. 4 (1960), pp. 362-374; e J. A. Atanda, "The Yoruba Ogboni Cult: Did It Exist in Old Oyo?", *Journal of the Historical Society of Nigeria*, v. 6, n. 4 (1973), pp. 365-372, que, discordando de Morton-Williams, contesta a existência da sociedade em Oyó do início do Oitocentos. Agradeço a Lisa Castillo por ter chamado a minha atenção para essa polêmica.

os animaram a se defenderem, apenas fizeram fogo sobre eles, se submeteu parte deles e fugiu o resto, que também depois foi preso.[39]

O leitor observará que se trata de mais uma versão discordante do conteúdo do acórdão, escrita, porém, no início de maio de 1810, quando já se cumprira mais de um ano de investigação dos fatos. Ou seja, tratava-se de notícia já apurada. No acórdão, porém, não se fala em nenhum momento de mulheres entre os combatentes haussás. E nenhuma mulher consta da lista de presos que compulsei, conforme já disse. Resta, naturalmente, a dúvida sobre esse tema, considerando pelo menos duas possibilidades: a primeira é que, sim, as mulheres estiveram lá e se comportaram como aqui descrito — o que se repetirá em revoltas futuras, a de 1814, por exemplo. A outra hipótese é que os militares inventaram o episódio com o intuito de humilhar nos autos os homens haussás, como se a valentia deles dependesse da vontade de suas mulheres, e mesmo aquela valentia cessaria logo que ameaçados pelo fogo inimigo. Fico com a primeira explicação, que me parece mais coerente com o comportamento delas em outras revoltas.[40]

Nada disso, porém, explica a ausência de mulheres entre os prisioneiros. É possível que, ao modo misógino da época, os investigadores as considerassem incapazes de ação autônoma, que apenas seguiram atrás dos homens de sua nação. E uma vez derrotados os revoltosos, elas foram retiradas do processo e logo devolvidas a seus senhores. Infelizmente, sem os detalhes da devassa não é possível ir além da conjectura.

As listas de presos acima mencionadas registram, além dos nomes dos escravos, os nomes de seus senhores. Alguns dos escravos, apesar de terem nomes cristãos, eram na verdade negros *boçais*, como se costumava rotular os recém-chegados da África ao Brasil. Um deles não soube dizer quem era seu senhor, tão desacostumado ainda estava com a vida sob o cativeiro baiano. E ao lado dos nomes de outros três podemos ler a anotação "não sabe falar". Desconhecer a língua dos brancos era a principal característica do negro boçal.

Vinte escravos tiveram seus endereços registrados em conexão com a moradia de seus senhores. O escravo Miguel, por exemplo, teve anotado ao lado do

39. "João Baptista Vieira Godinho para o conde de Linhares", 8 maio 1810, ANRJ, IG[1], 112.

40. Ver exemplos na revolta haussá de 1814, na nagô de 1826, na malê de 1835, em Reis, "Há duzentos anos", pp. 108-110; e idem, *Rebelião escrava no Brasil*, pp. 102, 301-303.

seu nome: "escravo do Pinto à Santa Thereza", significando que o senhor Pinto morava na ladeira de Santa Teresa, nas imediações de famoso convento com igual nome, na freguesia de São Pedro Velho. Um José era escravo de Antônio Pereira, "na Praia", ou seja, morador da freguesia de Nossa Senhora da Conceição da Praia, zona portuária. Dos vinte escravos ao lado de cujos nomes se encontram anotações desse teor, onze viviam nessa freguesia e é provável que fossem, na sua maioria, escravos de comerciantes. Segundo o cronista Luís dos Santos Vilhena, escrevendo cerca de dez anos antes do levante, a "maior parte dos comerciantes mais ricos da Bahia moram nesta freguesia".[41] Os demais rebeldes presos moravam espalhados em outras áreas da cidade. A maioria dos 56 daquela lista, porém, devia pertencer a senzalas rurais localizadas nas imediações ou até mais distantes da capital, quiçá em propriedades sitas na estrada de Paripe.

Os senhores que tiveram suas ocupações definidas estavam assim distribuídos: oito padres, três capitães, dois alferes, um major, um escrivão, um contramestre, um negociante (inclusive de escravos) e um senhor de engenho. O destaque dos padres pode significar que seus escravos mussulmis talvez se sentissem pressionados a abandonar o Islã em favor da religião de seus senhores. Ademais, podem ter considerado particularmente humilhante serem escravos de sacerdotes católicos. Talvez houvesse entre esses escravos — assim como entre os pertencentes aos seis militares (ou milicianos), a segunda profissão mais numerosa entre as declaradas — uma rede de relações sociais resultante da convivência profissional entre seus senhores.

O único senhor de engenho identificado por sua ocupação chamava-se Antonio Vaz de Carvalho — aliás, de poderosa família escravista vítima de outra rebelião haussá, em 1814. Ele era proprietário do engenho da Conceição de Itapagipe, exatamente na freguesia de Nossa Senhora do Ó de Paripe, à beira da estrada das Boiadas percorrida pelos rebeldes. Quando a Corte fez escala na Bahia a caminho do Rio de Janeiro, no início de 1808, o príncipe regente d. João visitou aquele engenho, em seu primeiro contato nos trópicos com a máquina de triturar corpos africanos para produzir açúcar destinado ao mercado europeu.[42]

41. Luís dos Santos Vilhena, *A Bahia no século XVIII* (Salvador: Itapuã, 1968 [orig. 1801]), v. 1, p. 95.

42. APEB, *Matrícula dos engenhos desta Capitania* [1807], v. 632, fl. 5; José Alvares do Amaral,

Vaz de Carvalho figura como o senhor que mais escravos teve envolvidos no levante, dos quais oito seriam presos. Era um importante proprietário rural, embora morador na cidade, freguesia da Conceição da Praia, onde também mantinha escravaria. Não se sabe se seus cativos rebeldes fugiram de Salvador, de seu engenho ou de ambos os locais. Era comum que escravos urbanos também circulassem pelas propriedades rurais de seus donos, sobretudo os do serviço doméstico, pajens, oficiais mecânicos, o que facilitava a tarefa de espalhar a voz da revolta. Mas é provável que a maioria dos escravos presos de Vaz de Carvalho fosse de sua propriedade rural, localizada na rota de fuga dos rebeldes. Registre-se que, além de senhor de engenho, Vaz de Carvalho provavelmente investia no comércio transatlântico de gente, conforme indicam os numerosos africanos por ele batizados entre o final do século XVIII e as primeiras duas décadas do XIX.[43]

Outro senhor teve cinco escravos seus apreendidos — um certo Boaventura, morador no Peso do Fumo, localizado no andar de baixo da Cidade da Bahia, onde vivia na mesma freguesia da Conceição da Praia que Antonio Vaz de Carvalho. Trata-se, possivelmente, de Boaventura da Costa Dourado, comerciante e talvez traficante de cativos, branco, casado. Apesar da infidelidade de seus escravos haussás, ele continuaria a comprá-los. Em novembro de 1809, levou para serem batizados na matriz da Praia dois pretos novos dessa nação, um a quem deu o nome cristão de Guilherme, com cerca de vinte anos, e Theodozia, cerca de 25. No mesmo ato fez batizar dois escravos jejes.[44] Temos assim

---

"Resumo chronologico e noticioso da província da Bahia desde seu descobrimento em 1500", *Revista do Instituto Geográfico e Histórico da Bahia*, v. 47 (1921-1922), pp. 103-108. O engenho Conceição foi incendiado pelos portugueses durante a guerra da independência na Bahia. Ver Antonio Moniz de Souza, *Viagens e observações de um brasileiro*, 3ª ed., org. e notas de Ubiratan Castro de Araújo (Salvador: Instituto Geográfico e Histórico da Bahia, 2000 [1834]), p. 207, onde também localiza o engenho na estrada das Boiadas.

43. Apenas a título de exemplo, ver Arquivo da Cúria Metropolitana de Salvador (ACMS), *Livro de batismos da Freguesia de Nossa Senhora da Conceição da Praia, 1786-99*, fl. 300v (dois escravos), fls. 305v-306 (sete escravos); ibidem, 1800-1806, fls. 73v, 130.

44. ACMS, *Livro de batismos da Freguesia de Nossa Senhora da Conceição da Praia, 1809-1815*, fl. 272. Outra possibilidade é que se tratasse de Boaventura Ferreira, também morador na Conceição da Praia, que em 1806 consta como testemunha de um casamento na freguesia de Santana. ACMS, *Registros de casamento da Freguesia de Santana, 1783-1818*, fl. 134v. Agradeço a Lisa Castillo por mais essa informação.

que os escravos de dois possíveis traficantes moradores na mesma vizinhança se envolveram na revolta, para o que decerto combinaram. Acrescente-se que alguns dos cativos rebeldes de ambos os senhores talvez fossem recém-desembarcados, ou pelo menos ainda não tinham virado ladinos.

Continuando a nominata dos senhores com escravos abrangidos na fuga em massa, lá estavam o alferes Pedro José dos Santos, com quatro, e o vigário da freguesia de Santana, com dois. É provável que outros escravos pertencentes a um mesmo senhor tivessem se evadido em grupo, mas conseguiram evitar a prisão ou foram mortos em combate. Contudo, a pequena amostra aqui apresentada sinaliza ter havido uma conspiração coletiva nas senzalas urbanas e rurais envolvidas, não se tratando, ao contrário do que concluiu a devassa, de um movimento espontâneo, sem planejamento e sem maiores objetivos senão a própria fuga.

Rebelião ou fuga viraram conceitos abstratos para senhores que preferiam ter seus escravos de volta para lançá-los novamente no ganho, no eito ou no serviço de casa. Passado algum tempo, esses senhores manifestaram sua impaciência com a demora das investigações. No início de outubro, o alferes Pedro José dos Santos queixou-se da situação aos membros da junta de governo da capitania, exigindo celeridade nas apurações, visto estar no prejuízo, sem poder contar com o trabalho dos seus quatro cativos. Vale a pena ler na sequência sua petição na íntegra.

> Ilmos. e Ex^os^ Srs.
>
> Diz Pedro José dos Santos, Alferes do 1º Regimento de Linha desta Praça, que em razão de ter quatro escravos presos no Arsenal da Marinha, envolvidos nos do levantamento, se bem que não presos com eles, lhe serve de grande incômodo a demora que há em serem julgados, pois é certo, que tanto os culpados na dita resistência, como os que não têm outro crime mais que a fugida, se acham sofrendo demorada prisão com notável prejuízo dos seus donos, e como a Devassa se acha fechada há muitos dias recorre portanto, e
>
> Pede a V. Ex^as^ sejam servidos mandar que
> o Desembargador Ouvidor-Geral do Crime

apresente a Devassa a que procedeu, para seguir os passos do Direito, sendo punido os culpados e entregues os outros a seus Senhores, que padecem com o Suplicante a falta dos serviços deles.

Espera Receber Mercê[45]

Vamos entender esse protesto contra a lentidão do Judiciário. O alferes quis dizer que seus escravos, embora fugidos, não seriam do lote daqueles que se levantaram. É um ponto interessante. Naqueles dias, escravos que se encontrassem ao largo de seus senhores teriam sido presos e implicados na fuga em massa ou, como definiu o alferes, no "levantamento". Não creio que esse tivesse sido o caso dos presos reivindicados pelo senhor, porque seria improvável coincidência ter quatro escravos em fuga no mesmo momento em que a revolta ocorreu. Mas, como outros senhores, este apostava que o rebelde de um dia seria trabalhador diligente no dia seguinte. Portanto, não queria vê-los presos, muito menos sentenciados, e sim de volta ao batente. Essa a lógica dos senhores baianos, ao contrário, por exemplo, dos norte-americanos, de temperamento mais sanguíneo e assustadiço, que preferiam sacrificar seus cativos ao menor sinal de rebeldia coletiva. Lá os senhores tinham a vantagem de serem indenizados por cada escravo executado. No Brasil, o senhor do escravo executado, espancado ou banido que ficasse no prejuízo.[46]

Entre os presos estavam dois escravos que não constam das listas antes mencionadas — a sugerir que elas não incluíram todos os capturados naquela ocasião — e foram reivindicados por seus senhores, alegando a ino-

45. "Petição de Pedro José dos Santos à junta de governo da Bahia", Salvador, 2 out. 1809, APEB, *Cartas do Governo*, maço 228.

46. Ver, por exemplo, o caso de uma suposta conspiração em 1861, no Mississippi, EUA, que resultou na execução de cerca de quarenta escravos, antecedida de longas sessões de tortura para que confessassem um crime provavelmente fruto do medo senhorial, em alta no começo da Guerra Civil Americana. Winthrop D. Jordan, *Tumult and Silence at Second Creek: An Inquiry into a Civil War Slave Conspiracy* (Baton Rouge: Louisiana State University Press, 1993). Sobre barbaridades semelhantes numa conspiração de 1741, ver Jill Lepore, *New York Burning: Liberty, Slavery, and Conspiracy in Eighteenth-Century Manhattan* (Nova York: Alfred A. Knopf, 2005).

cência deles. No final de outubro de 1809, por exemplo, Manoel Maxado Barbosa pediu que lhe fosse devolvido seu escravo José, o qual, "na qualidade de nação uçá foi capturado e não por andar com outros na sublevação [...], visto que não pode padecer a pena quem não cometeu culpa". Em mais um conflito de narrativas, este senhor qualificou a fuga em massa de "sublevação", observem. O ouvidor-geral do crime — que terminaria por não encontrar provas de "sublevação" — respondeu que não podia liberar José porque ainda corria a devassa. Mas os senhores insistiam em bater na porta dos membros da junta, o que explica por que, três dias depois da petição de Barbosa, o ouvidor-geral do crime atendia a uma ordem do governo para que enviasse a devassa, o que fez em 31 de outubro de 1809. Ou seja, a devassa estava pronta, porém restava "pronunciar e classificar os delitos", função do acórdão.[47]

Na verdade, ainda em novembro daquele ano o ouvidor convocaria alguns réus e três cabos para interrogatório e acareação.[48] O processo estava longe de concluído, assim como os inocentados de serem soltos. Era o caso de um escravo de Custodio Alves da Cunha, que ainda mofava na cadeia em fevereiro de 1810 quando, no dia 2, seu senhor, outro alferes, solicitou sua soltura, alegando que "ainda que fosse apreendido na ocasião da desordem e fugida dos Negros da Povoação de Nazaré [...] não foi cúmplice na mesma nem saiu pronunciado na Devassa". Dessa vez o desembargador ouvidor-geral do crime interino emitiu parecer favorável. Como esse escravo, é provável que outros se encontrassem na mesma situação.[49] Não seriam poucos aqueles que, pelo acaso de pertencerem à nação haussá, ou por terem fugido na hora errada, terminaram encarcerados muito além da conta.

47. "Antonio Garcez Santos, desembargador ouvidor-geral do crime, para junta de governo", 31 out. 1809, APEB, *Cartas do Governo*, maço 228.

48. "Antonio Garcez Santos, desembargador ouvidor-geral do crime, para junta de governo", 7 nov. 1809, APEB, *Cartas do Governo*, maço 228.

49. "Antonio José Osorio de Pessoa Leitão, desembargador ouvidor-geral do crime em exercício, para a junta de governo (com petição anexa de Custodio Alves da Cunha)", 2 fev. 1810, APEB, *Correspondência recebida de autoridades diversas, 1810-1814*, maço 225.

O controle sobre a população escravizada aumentou após essa rebelião. A administração colonial adotaria uma série de medidas para fazer frente ao que o conde da Ponte considerava excessiva liberalidade dos senhores. Permanecia vigente em Salvador um toque de recolher para escravos sem o porte de passes depois das 21 horas, sob pena de açoite e multa. Providências semelhantes foram adotadas por autoridades do Recôncavo, a mando do governador ou nele inspiradas. No dia 27 de janeiro, por exemplo, ele instruía o capitão-mor das ordenanças da vila de Santo Amaro a não permitir de modo algum ajuntamentos de escravos — pensava nos batuques — e fazer "assim saber aos senhores que lhe constar pertenciam os ditos escravos". Estes seriam "recolhidos às cadeias dessa vila, logo que reincidam em tais distúrbios, ou que saiam das Fazendas a que pertencerem sem ser em legítimo serviço de seus senhores".[50] Além dos batuques, ficava então proibido aos escravos circular de um engenho a outro, de uma roça a outra, entre a vila e os arredores rurais, para ver amigos, amores e familiares, para vender os produtos de suas roças, para alugar seus serviços fora de suas moradias.

Alma gêmea do conde da Ponte, um magistrado da vila de Maragogipe — próximo a Nazaré das Farinhas, epicentro da revolta no Recôncavo —, no mesmo 27 de janeiro, ordenou que todos os escravos que vivessem no ganho e morassem longe de seus senhores se recolhessem às suas senzalas no prazo de 24 horas, sob pena de serem presos e açoitados. Os donos de casas e hospedarias que alugassem quartos a cativos seriam punidos com multa de 6 mil-réis por cada inquilino irregular. Foi antecipado o horário do toque de recolher para escravos que circulassem nas ruas sem passes assinados por seus senhores. Os batuques e danças executados de dia ou de noite foram terminantemente proibidos. Por fim, o juiz pediu autorização ao governo para que seus agentes atirassem para matar em qualquer negro suspeito de alevantado que resistisse à ordem de prisão. Em sua sanha repressiva, a autoridade achou que a Bahia enfrentava naquela altura uma revolução ou inconfidência, não conseguiu de-

50. "Conde da ponte para o capitão-mor das ordenanças de Santo Amaro", 27 jan. 1809, APEB, *Cartas do Governo a diversas autoridades*, v. 166, fl. 25.

cidir, e terminou decidindo por ambas. A íntegra das medidas publicadas pelo juiz de Maragogipe se encontra no quadro exibido em seguida.[51]

> O Alferes Joaquim Ignacio da Costa, Juiz Ordinário no presente ano nesta Vila de Maragogipe e seu termo, Presidente do Senado da Câmara, e Superintendente da Real Décima etc. Tendo respeito à crítica estação do presente tempo em que escravos, principalmente de nação Ussá, com total desconhecimento e resistência às Leis da escravidão se têm constituído revolucionários e inconfidentes, formando levantes que têm produzido funestos sucessos, como bem proximamente na Povoação de Nazaré e até na própria Cidade da [Bahia] desta Capitania, ou seus contornos, apesar de se achar tão guarnecida de regulares Tropas debaixo de um Governo assaz Iluminado, vindo por consequência a esperar-se que semelhante ruína vá grassando e entre pelos limites da minha jurisdição, a não se darem as devidas providências, e usarem-se de todas as cautelas que ponham freio a tão grave mal, originado talvez da licenciosa vida em que muitos senhores deixam andar os seus escravos, como acontece nesta vila, por cujas ruas e tabernas se encontram vagando a qualquer hora da noite metidos em tabaques e outros batuques, e em casas em que formam adjuntos e têm a perniciosa liberdade de morarem concubinados pública e escandalosamente com ofensa da Religião, da República, paz e quietação de que devem gozar os Povos: portanto faz saber, e ordeno o seguinte:
>
> Que da publicação deste até 24 horas todo e qualquer escravo que estiver morando fora de casa de morada de seu senhor seja recolhido a ela com pena de prisão e açoites, e os donos dos prédios que lhos alugam e consentir residirem nos mesmos pagarão 6$000 para as despesas do Conselho por cada vez, de cujas achadas farão os oficiais termo para se proceder na imposição das penas, aliás na arrecadação e execução das ditas penas.
>
> Que depois de tanger o sino do conselho como é estilo, passado um quarto de hora, todo escravo que for encontrado não chegando de alguma

51. "Juiz ordinário de Maragogipe Joaquim Ignácio da Costa ao Conde da Ponte", 31 jan. 1809, APEB, *Correspondência recebida de autoridades diversas, 1800-1811*, maço 216, fls. 194-196.

viagem ou indo, e a preciso mandado de seu Senhor, o que se indagará, será preso e açoitado; e do mesmo modo sendo achado em tabaque, e outros batuques tanto de dia, como de noite, nesta Vila, ou seu termo, em cujo caso até os capitães do mato, quadrilheiros, e seus homens poderão fazer as ditas prisões.

Que aparecendo, como me consta, nesta Vila ou seu termo, algum negro desconhecido que se suspeite ser dos levantados e fugidos da dita Povoação e cidade, seja imediatamente preso com segurança e recolhido a estas cadeias para os exames necessários e os ditos oficiais, capitães do mato, seus homens quadrilheiros e qualquer outra pessoa livre, ou escrava autorizada por seu Senhor, poderão seguir os ditos malvados com toda a presteza, até os apreender, com pena de serem punidos como me parecer de justiça.

Este será publicado pelo Porteiro do conselho na forma do estilo e passará Certidão para se registrar nos livros de registros da Câmara por pertencer ao bem público, e se dará cópias para se fixar nos Arraiais, Freguesias, e Capelas deste termo. Vila de Maragogipe, 27 de Janeiro de 1809.

Joaquim Ignacio da Costa

Francisco José Cleto, Porteiro do Conselho desta vila de São Bartolomeu de Maragogipe e seu termo, certifico que fui aos lugares públicos e costumados a publicar estes e outros semelhantes editais em altas vozes, que bem o entenderão todos, do que passo a presente por mim feita e assinada.

Francisco José Cleto

Registrada à folha 36 do livro 5º dos Registros de Ordens Superiores. Maragogipe, 31 de Janeiro de 1809.

Lourenço

FONTE: APEB, *Correspondência recebida de autoridades diversas, 1800-1811*, maço 216, fls. 195-196.

O conde da Ponte respondeu ao juiz de Maragogipe com aprovação condicional. Visando manter a "tranquilidade dos Povos" — leia-se, os interesses dos senhores —, recomendou que não extrapolasse "a lei da polícia estabelecida unicamente para o sobredito fim". Ou seja, nem disse que sim nem que não às medidas draconianas adotadas pela autoridade maragogipense. O juiz deve ter entendido que agira dentro dos limites da lei.[52]

As festas negras representavam costumes que o governador abominava, pois as via como a antessala da revolta.[53] No entanto, até ele evitou demonstrar excessivo entusiasmo pelas ações de uma outra autoridade do Recôncavo, o juiz ordinário de Santo Amaro da Purificação Antonio Joaquim de Magalhães e Castro. A revolta de 1809 devia estar rondando a mente de Castro quando escreveu ao governador, em março daquele ano, sobre sua decisão de reprimir com rigor folguedos de negros e pardos moradores na vila, para "evitar maior ruína". Note o leitor que o vocábulo catastrofista "ruína" se fez presente em diversas missivas oficiais escritas naqueles dias.

> Vejo-me obrigado a por na Respeitável Presença de V. Exª a pública libertinagem, e má ordem em que estão os negros, e mulatos, forros, e cativos desta vila, e fora dela, de forma que tenho passado ao excesso de mandar dar alguns açoites no pelourinho, por querer evitar maior ruína, cujos açoites têm sido com moderação; e como foi sempre inveterado costume nos Juízes ordinários o poder mandar dá-los, e consta-me haver quem se queira opor, quisera positiva deliberação, e ordem de V. Exª ou para abster-me caso assim eu não deva praticar, ou para continuar, se eles não abstiverem igualmente das suas desenvolturas, as quais me têm dado motivo a fazer repetidas rondas, fazendo abrir a porta de algumas pessoas onde me noticiam estarem farranchos de negros e mulatos.[54]

"Farranchos" eram grupos de festeiros, que seriam doravante reprimidos pela autoridade, suas casas invadidas, eles presos e tratados a chicote. Aliás, dos quinze homens livres e libertos que o juiz recrutou à força para a Marinha e enviou para Salvador nessa ocasião, alguns pelo menos deviam ser membros

52. "Conde da Ponte para o juiz ordinário Joaquim Ignacio da Costa", 1 fev. 1809, APEB, *Cartas do Governo a diversas autoridades*, v. 166, fl. 30v.

53. Ver João José Reis, "Tambores e tremores: A festa negra na Bahia na primeira metade do século XIX", in Maria Clementina Pereira Cunha (org.), *Carnavais e outras f(r)estas: ensaios de história social da cultura* (Campinas: Ed. da Unicamp/Cecult, 2002), pp. 101-155.

54. "Juiz Ordinário de Santo Amaro Antonio Joaquim de Magalhaens e Castro para o conde da Ponte", Santo Amaro, 26 mar. 1809, APEB, *Correspondência recebida de autoridades diversas, 1800-1811*, maço 216, fl. 180.

dos farranchos santamarenses: cinco eram pretos, cinco pardos, três cabras (mestiço de preto/a com pardo/a) e apenas dois brancos. Dois dias depois de receber a missiva do juiz, acompanhada dos novos marujos, o conde respondeu e limitou-se a recomendá-lo: "pode Vossa Mercê somente dar aquelas providências que forem ordenadas pelas leis, e que estas lhe permitirem, nada mais tenho que responder sobre o seu conteúdo".[55] O conde não chegou a dar a "positiva deliberação e ordem" solicitada pelo juiz de Santo Amaro em apoio aos procedimentos por ele adotados. Foi tão ambíguo quanto fora, dois meses antes, em sua resposta ao juiz de Maragogipe. Ambos os chefes municipais imaginavam que o governador aplaudiria suas iniciativas coercitivas, por serem afinadas com seu modo de tratar os negros. Rigor policial necessário em face da "crítica estação do presente tempo", como escrevera o juiz Joaquim Ignacio se referindo aos acontecimentos de janeiro daquele 1809.

Passados mais de ano e meio após a revolta, em agosto de 1810, foram anunciadas as sentenças. O conde da Ponte deve ter se revirado na cova porque os réus não foram processados pelo crime de rebelião, conforme já dito. Foram-no pelo delito de fuga apenas, e como tal castigados. O acórdão, ademais, não especificou o nome de todos os sentenciados, apenas anunciando, vagamente, pela pena do escrivão da Ouvidoria-Geral do Crime: "certifico que em meu poder e cartório se acham sentenciados uns Autos de acusação crime de culpa formada, processados entre partes Autora, a Justiça, e Réus, Rufino, Jacob, Pantaleão, digo, e outros muitos mais pretos aussás e da Costa da Mina, escravos de vários Senhores [...]".[56] Sequer o número de condenados foi precisado. Os mencionados nominalmente — Rufino, Jacó e Pantaleão — eram todos escravos de Antonio Vaz de Carvalho e estavam arrolados entre aqueles presos em combate pelo capitão das ordenanças Joaquim José dos Passos.[57] Desta lista com os nomes de 57 africanos, alguns, talvez muitos, morreram na prisão, segundo narrado no próprio acórdão. Os que sobreviveram foram todos sentenciados, juntamente com outros prisio-

55. "Conde da Ponte para o Juiz Ordinário de Santo Amaro Antonio Joaquim de Magalhaens e Castro", Santo Amaro, 28 mar. 1809, APEB, *Cartas do Governo a diversas autoridades*, v. 166, fl. 74.

56. Preâmbulo ao acórdão pelo escrivão da Ouvidoria-Geral do Crime Germano Ferreira Barreto, 4 set. 1810.

57. "Relação dos pretos do Levantamento, que resistiram e combateram com a tropa que comandava o capitão das Ordenanças do Norte, Joaquim José dos Passos, por quem foram presos e remetidos em 7 de janeiro de 1809", já citada.

neiros remetidos a Salvador por diversos oficiais. Em resumo, o número exato dos sentenciados, além de seus nomes, não nos é fornecido pelo acórdão. Em Jaguaripe foram inocentados dois escravos.

Os fugidos de Salvador foram punidos com duzentos açoites no pelourinho, tiveram a letra F (de fujão) carimbada com ferro em brasa sobre a espádua direita e seus senhores obrigados a vendê-los para fora da capitania no prazo de sessenta dias. Os pronunciados no termo da vila de Jaguaripe, cabeça da povoação de Nazaré, seriam apenas vendidos para fora da capitania, sem que fossem antes submetidos a sessões de tortura pelo chicote. Em dezembro de 1810, a Coroa respondeu satisfeita ao ofício em que o governo da capitania da Bahia, já presidido pelo recém-nomeado conde dos Arcos, anunciara a aplicação das sentenças.[58]

Esse desfecho foi bem mais brando do que aquele envolvendo os conspiradores de 1807 — cuja culpa pelo crime de rebelião ficara estabelecida além de qualquer dúvida —, que foram condenados a até mil açoites, com prisão e degredo perpétuos em Angola, outros punidos com quinhentos açoites e a venda para fora da capitania. O abrandamento do rigor punitivo era um sinal de que a política de controle dos escravos havia mudado no palácio do governo da capitania. O interessante é constatar que isso tivesse acontecido antes mesmo de assumir o poder o conde dos Arcos, que se destacaria por uma estratégia de maior relaxamento e tolerância no controle dos escravos baianos.[59]

EPÍLOGO

Embora eu não acredite que as condições materiais de vida dos escravos possam, isoladamente, explicar a revolta — qualquer revolta, escrava ou não —, elas decerto formam um contexto mais propício a ela.[60] Não se deve, portanto, descartar uma circunstância que agravou o sofrimento de gente tanto escraviza-

58. APEB, *Ordens Régias*, v. 109, docs. 73, 73-A e 73-B.

59. Já escrevi em diversas ocasiões sobre os métodos contrastantes de controle escravista dos condes da Ponte e dos Arcos. Ver, por exemplo, Reis, *Rebelião escrava no Brasil*, cap. 3.

60. Desenvolvo o argumento em João José Reis e Gabriela Delfim, "'Carne sem osso, farinha sem caroço': o motim de 1858 contra a carestia na Bahia", *Revista de História*, n. 135 (1996), pp. 133-159. A inspiração vem de E. P. Thompson, *Customs in Common: Studies in Traditional Po-*

da como livre naquele ano de 1809: a severa seca que assolou a Bahia no ano anterior e levou fome, miséria e morte a multidões, e prejudicou o abastecimento de víveres a Salvador e engenhos, fazendas, roças e vilas do Recôncavo.

Uma correspondência recebida pelo secretário de Estado Francisco Elesbão Pires de Carvalho e Albuquerque, segundo no comando da capitania, diagnosticava em agosto de 1808: "A calamidade dos tempos obriga a todo mundo procurar meios para subsistirem, e ver se pode livrar da miséria que o rodeia [...] por causa da terrível seca".[61] O capitão-mor de Santo Amaro noticiou ao governador, em novembro de 1808, que "muitos que deixaram os sertões e vieram povoar este termo", fugindo da fome e da seca, viviam a perturbar a paz no Recôncavo. Os sertanejos, desesperados, eram acusados de assaltar pessoas, de roubar cavalos e gado nos engenhos e roças.[62]

Com o fim da estiagem, não pararam os problemas para a lavoura de abastecimento. Um relato dramático da situação foi escrito pelo senhor do engenho Acarahi (ou Acaraí), o coronel de milícias José de Sá Bitencourt, em missiva para o conde da Ponte. Nessa época o coronel se encontrava no sul da capitania da Bahia como inspetor de minas, residindo em sua fazenda Borda da Mata (atual cidade de Jequié), onde se dedicava à abertura de uma estrada de Camamu para o interior. Datada de 25 de novembro de 1808, a carta informava ao governador que, com o fim da estiagem, chovera muito, o que, no entanto, em lugar de amenizar a situação, piorou-a:

> A seca cessou de continuar; e tem chovido bastante mas nem por isso a estação tem melhorado, os pastos são devorados por uma legião de lagartas, os mantimentos apenas nascem são destruídos, parece-me que as perseguições do Egito se têm derramado neste continente, Lagartas, Gafanhotos, Besouros, e outros insetos, que não cessam de reproduzirem; não há forças que os possa destruir, temo mesmo que faltem as sementes ao todo para se replantarem as lavouras [...] a estação está tão variada que aparece o frio quando não deve ser, ao qual sucede

pular Culture (Nova York: The New Press, 1991), em especial os caps. IV e V. Há tradução dessa obra pela Companhia das Letras.

61. "Antonio Dias de Miranda para o secretário de Estado Francisco Elesbão P. de C. e Albuquerque", 2 ago. 1808, APEB, *Correspondência para o rei*, v. 145, fl. 452.

62. "Antonio Joaquim Pires de Carvalho e Albuquerque para o governador conde da Ponte", engenho Passagem, 10 nov. 1808, APEB, *Capitães-mores. Santo Amaro*, maço 417-1.

> um calor que abrasa tudo e só faz prosperar a desenvolução dos ovos dos insetos que todos os dias crescem, isso faz temer muito do ano e se continuar igual ao [ano] passado, cuido que ficará todo este sertão deserto.[63]

Embora mui distante, a região descrita por Bitencourt era responsável por boa parte do fornecimento de víveres, sobretudo da farinha de mandioca, que alimentavam Salvador e o Recôncavo. Ou seja, os habitantes desses locais, em particular os escravizados, eram afetados pela quebra de colheitas verificada tanto no sul da Bahia como no agreste. A revolta de 1809, portanto, se deu num momento de seca e pragas que devastaram a lavoura alimentar, crise que certamente alcançou as senzalas urbanas e rurais da Bahia.

O historiador Bert Barickman, que estudou a produção de farinha na época, indica que a estiagem começou em 1808 e se estendeu até 1810. Ele aponta 1808 como um dos picos importantes no preço de farinha no início do século XIX, quando o alqueire atingiu 1 mil e 52 réis, enquanto o pico anterior, de 1803, registrara apenas 847 réis. Também sugere que a presença em Salvador, no início de 1808, da família real e sua corte — além de "vários milhares de refugiados e de navios da Marinha britânica" — teria contribuído para o aumento dos preços desse produto e, decerto, acrescento, de outros itens de alimentação.[64] Richard Graham também aponta um forte incremento no preço da farinha de mandioca, cujo litro custava 14,23 réis em 1806, subiu para 20,38 em 1807 e para 29,01 em 1808, tombando para 11,30 réis em 1809, sem que a queda pudesse beneficiar os escravos que se rebelaram nos primeiros dias desse ano.[65] Não digo que barriga vazia explique o protesto escravo, mas ajuda-o a emergir se combinado com outros ingredientes.

A presença do príncipe regente d. João na Bahia pode ter contribuído para a revolta de 1809 de outra forma que não apenas carrear a pouca comida disponível no mercado para a mesa de seus comensais. Segundo o historiador inglês James Henderson, em obra publicada em 1821, a presença da corte em Salvador teria mitigado a sorte dos escravos locais, pelo menos quanto ao tra-

63. "Cel. José de Sá Bitencourt para o governador conde da Ponte", Borda da Mata, 25 nov. 1808, APEB, *Cartas ao Governo, 1805-1809*, maço 211.

64. Barickman, *Um contraponto baiano*, pp. 143, 146.

65. Graham, *Alimentar a cidade*, p. 322.

tamento que lhes dispensava o conde da Ponte. Eles teriam recitado nas ruas versos que celebrariam o desembarque na Bahia do príncipe regente: "Dono da terra chegou/ Cento e cinquenta acabou", ou seja, d. João teria proibido ou pelo menos inibido a política de dilacerar com 150 chibatadas o lombo do cativo resistente. Ainda segundo Henderson, depois da partida do príncipe, o governador teria mandado apregoar pelas ruas de Salvador uma réplica aos escravos, que dizia: "Dono da terra abalou/ Cento e cinquenta voltou".[66]

Havendo introduzido no espírito dos escravos alguma esperança de melhoria no regime punitivo do severo conde da Ponte, a partida do "dono da terra" ensejou o retorno da política do chicote característica do governador. É o que sugere a algo pitoresca narrativa do historiador inglês. Já mostrei alhures que a Coroa apoiava o estilo de política escravista do conde; é possível, no entanto, que os escravos, assim como Henderson, acreditassem no contrário, dentro da lógica de considerar o soberano como fonte de justiça. Se assim foi, eles demorariam um ano para responder, coletivamente, ao retorno do estilo tirânico de controle escravo.[67]

Coletivamente, eu disse. Expus ao longo deste capítulo duas versões sobre o levante de 1809: mera fuga coletiva para alcançar a liberdade *ou* rebelião, levantamento, sublevação e até ação revolucionária, termos que marcam na documentação em diferentes momentos. Não creio que uma tese se choque com a outra, exceto, naturalmente, para efeito de qualificação legal daquilo que se julgava. Pois os elementos descritos pelos juízes para considerarmos a fuga uma rebelião estavam quase todos lá. Uma combinação prévia, por exemplo. Seria impossível a debandada de tantos cativos ao mesmo tempo sem que houvesse planejamento e, a propósito, liderança. Ainda mais que a ação não fora isolada, pois estavam entrelaçadas as fugas em Nazaré, no dia 26 de dezembro de 1808, com as fugas de Salvador, em 4 e 5 de janeiro de 1809.

Além disso, qual o sentido de fugir por fugir? Considere-se que o objetivo fosse instalar um quilombo, então por que se dirigiu o grande grupo de Salvador precisamente em direção ao denso Recôncavo, onde a vigilância senhorial

66. James Henderson, *A History of the Brazil, Comprising Its Geography, Commerce, Colonization, Aboriginal Inhabitants etc.* (Londres: Longman, 1821), p. 339.

67. João José Reis, "'Dono da terra chegou, cento e cincoenta acabou'?: Notas sobre resistência e controle dos escravos na Bahia que recebeu a família real em 1808", *Revista USP*, n. 79 (2008), pp. 106-117.

era maior e a repressão ao movimento, facilitada? Faz mais sentido pensar que tivessem rumado para a região dos engenhos com o fito de angariar a adesão dos escravos de lá para algo maior do que a mera formação de uma comunidade quilombola. A fuga em massa e a tomada do Recôncavo faziam parte do plano dos rebeldes de 1807. Desse projeto, todavia, fazia também parte estabelecer nos sertões da capitania um reino haussá, que não deixava de configurar uma espécie de quilombo, mas de dimensões e com sentidos de verdadeira revolução; um Estado negro, na verdade, plano que não se encaixava na noção de quilombo dos juízes quando apoucaram o movimento de 1809.

No caso da proposta de 1807, talvez estivéssemos diante de uma tentativa de reprodução de famoso episódio de fuga no contexto do jihad de 1804 no país haussá. Pouco antes de ali declarar a guerra santa, seu líder máximo, Usuman dan Fodio, conclamara seguidores a acompanhá-lo para longe da cidade de Gobir, cujo soberano estaria prestes a golpear seu movimento de regeneração do Islã. O celebrado êxodo para Gudo imitava a Hégira de Mohammad/Maomé de Meca para Medina, onde buscara manter-se fora do alcance da perseguição dos infiéis. Caso a fuga efetivada em 1809 na Bahia, como a fuga planejada em 1807, fosse inspirada na tradição islâmica de escapar do meio dos infiéis, estaríamos diante de episódios com importante dimensão religiosa.[68] Não tenho, porém, elementos para afirmar que o movimento de 1809 tivesse uma dimensão religiosa do tamanho que teve o de 1807. O acórdão silencia sobre o tema, até talvez para combinar com a interpretação adotada a respeito do acontecimento — uma fuga coletiva tão somente, crime "particular", não político. Mas, enfim, se somarmos a grande fuga de 1809 com os planos de 1807 de fundação de um reino muçulmano nos sertões, além da ideia de marchar em direção a Pernambuco — daí terem feito ataques em Sergipe —, seria possível chegar a uma conexão entre os dois eventos e até suas implicações doutrinárias. Estranha, no entanto, que em 1809 os rebeldes não tivessem atacado nenhuma das várias igrejas e capelas localizadas na estrada de Paripe por eles percorrida, o que seria coerente com a notícia vazada dois anos antes de que os mussulmis pretendiam saquear as igrejas de Salvador e queimar suas imagens em praça pública.

Apesar de tantos silêncios, 1809 pode ter sido uma tentativa frustrada de

68. Sobre a hégira de Dan Fodio, ver, entre outros, Last, *The Sokoto Caliphate*, pp. 23-29.

reeditar o plano de 1807, não obstante ter desta vez avançado um pouco mais em relação ao projeto anterior, que não passou da fase conspiratória. Nesse sentido, haveria continuidade entre os dois movimentos, continuidade de ideias e talvez de quadros, ou seja, o retorno de conspiradores mussulmis que lograram escapar da repressão do conde da Ponte dois anos antes. É mesmo possível que o "embaixador" Antonio José Ricardo, líder liberto que escapara depois de sufocada a conspiração de 1807, continuasse circulando clandestinamente pelo Recôncavo a pregar a rebeldia haussá em 1809. Por consequência, 1809 também teria sua dimensão islâmica, sem que, porém, o inquérito o tivesse revelado. Ou se o fez, tal notícia seria omitida do libelo acusatório e em seguida abafada pelos sucessores do conde da Ponte.

É pois provável que a junta de governo estivesse mais interessada em fazer constar à corte que não se tratara de movimento planejado com fins insurrecionais, mas mera tentativa de se verem os rebeldes livres da escravidão para formar um quilombo como tantos outros através do Brasil. Interpretação essa incompatível com um bocado de elementos presentes no próprio acórdão. Seria um arremate politicamente inspirado, feito para tranquilizar tanto os donos do setor açucareiro, de vento em popa naquela altura, quanto o governo recém-instalado no Rio de Janeiro, já cheio de problemas com a difícil adaptação aos trópicos, além daqueles que deixara do outro lado do Atlântico, nada menos que um país ocupado por forças estrangeiras. Porquanto, eu insisto, uma fuga com as dimensões verificadas, de resto combinada entre cativos da capital e do Recôncavo, não poderia se concretizar sem um planejamento cuidadoso, envolvendo uma liderança com objetivos mais amplos do que simplesmente fugir do jugo senhorial. Contra a narrativa dos vencedores, tivemos uma revolta em 1809.

6. Laços da rebelião: revolta, etnicidade e família escrava em Campinas (1832)

Ricardo Pirola

Em carta datada de 3 de fevereiro de 1832, o senhor de engenho Antônio Francisco de Andrade relatou ao juiz de paz de Campinas a descoberta de um plano de insurreição escrava. Contou que, desde meados do mês de janeiro, andava desconfiado do comportamento de seus cativos, que já não tinham a mesma presteza na execução das tarefas e abandonavam a fazenda durante a noite, apesar de repreendidos. Disse ainda que suas suspeitas só aumentaram quando seus irmãos e vizinhos de propriedade relataram um comportamento semelhante de suas escravarias. Decidiu então reunir aqueles cativos que lhe pareciam mais propensos a se rebelar e, por meio de castigos físicos a alguns e promessas de perdão a outros, conseguiu que um deles confessasse. Preparava-se uma grande rebelião envolvendo quinze engenhos produtores de cana-de-açúcar e a participação de um liberto conhecido como João Barbeiro, morador da cidade de São Paulo (localizada a cem quilômetros de Campinas).[1]

A análise do plano de revolta de 1832 já foi objeto de estudo de Suely Robles Reis de Queiroz no livro *Escravidão negra em São Paulo*. Queiroz foi, de fato, a primeira pesquisadora a localizar o processo-crime produzido para in-

1. Agradeço a João José Reis pelos comentários feitos às versões prévias deste texto. Sua leitura atenta colaborou enormemente no aprimoramento do formato final deste capítulo.

vestigar e punir a trama dos cativos, transcrevê-lo e analisá-lo ainda na década de 1970. No momento em que seu trabalho foi lançado, a autora discutia com as teses de Gilberto Freyre e de Oliveira Viana sobre a "brandura" e a "suavidade" da escravidão brasileira, o que, em sua opinião, resultava de uma visão empobrecida dos relatos de viajantes do século XIX. O sistema escravista, segundo Queiroz, era marcado pela severidade no trato dos escravos, gerando respostas violentas, a exemplo do plano de 1832. Em tempos mais recentes, a trama de rebelião foi estudada por Regina Célia Xavier em *Religiosidade e escravidão no século XIX: Mestre Tito*. Seguindo a trajetória do forro africano Tito de Camargo na cidade de Campinas, Xavier voltou-se para o plano de insurreição de 1832 para reconstruir parte do mundo em que o liberto viveu no século XIX. Tito tinha catorze anos de idade quando o plano de insurreição foi descoberto. Embora não tivesse sido acusado de envolvimento, ele morava na propriedade que mais contribuiu com cativos para o projeto de rebelião de 1832. Também Martin Lienhard, no livro *O mar e o mato*, dedicou-se ao estudo da conspiração de 1832, destacando o peso das tradições culturais centro-africanas na organização rebelde. Ao comparar movimentos de rebeldia na África e na América, Lienhard ressaltou as semelhanças na mobilização nos dois lados do Atlântico, que seria baseada em uma mesma tradição cultural centro-africana.[2]

Ao revisitar a história do plano de revolta de 1832, meu objetivo é analisar aspectos ainda pouco explorados pelos autores mencionados acima. Refiro-me mais especificamente à trajetória de vida dos 32 escravos e do liberto João Barbeiro, acusados de participação nele. Assim, buscarei construir uma biografia coletiva dos rebeldes a fim de avançar no entendimento da organização do plano e das conexões entre os cativos insurgentes. Para isso, utilizo fontes ainda não analisadas no estudo da trama insurrecional, tais como registros eclesiásticos, censos populacionais, inventários dos proprietários com escravos citados em 1832, além do processo-crime instaurado naquele momento para investigar o plano. Recorrendo ao método de ligação nominativa de fontes, procuro seguir os passos dos escravos e do liberto João Barbeiro antes de se envolverem

2. Suely Robles Reis de Queiroz, *Escravidão negra em São Paulo* (Rio de Janeiro: José Olympio; Brasília: INL, 1997); Regina Célia Lima Xavier, *Religiosidade e escravidão no século XIX: Mestre Tito* (Porto Alegre: Ed. da UFRGS, 2008); Martin Lienhard, *O mar e o mato: histórias da escravidão* (Luanda: Kilombelombe, 2005).

com a revolta.[3] Dessa maneira, dividi este texto em três partes. Na primeira, apresento a estruturação do plano de insurreição de 1832, com base nos depoimentos prestados pelos cativos às autoridades locais. Na segunda, destaco os dados identificados sobre a trajetória dos rebeldes de 1832. E na última parte, falo um pouco mais da principal liderança rebelde em Campinas e dos aspectos religiosos que caracterizaram a organização da revolta.[4]

O PLANO DE REVOLTA EM 1832

No momento em que o plano de revolta escrava foi descoberto, Campinas era uma das principais áreas produtoras de cana-de-açúcar da província de São Paulo. Sua população escrava ultrapassava a casa dos 5 mil indivíduos e superava o número de habitantes livres (a localidade contava, em 1830, com 5087 escravos e 4158 habitantes livres). A região começou a ser colonizada no início do século XVIII, mas a fundação da vila data oficialmente de 1774. Durante muito tempo, a região permaneceu como uma parada para tropeiros, provenientes do sul do país, que se dirigiam à região mineradora de Minas Gerais e Goiás. Esse cenário começou a mudar apenas na década de 1790, quando a revolução de escravos de São Domingos fez disparar o preço do açúcar no mercado mundial. No Rio de Janeiro e em Amsterdam, por exemplo, o preço da arroba do açúcar quase dobrou entre 1790 e 1795.[5] A boa qualidade do solo campineiro para a produção de cana e a existência de uma vasta quantidade de terras para serem colonizadas atraíram muitos migrantes livres e fizeram crescer vertiginosamente o número de cativos. O aumento da população escravizada foi consequência, sobretudo, do tráfico transatlântico, que alimentou a

3. Sobre o método de ligação nominativa de fontes e os procedimentos para a construção de biografias de escravos e libertos, ver Ricardo Pirola, "Desafios e estratégias na construção de biografias de escravos: o caso dos rebeldes envolvidos no plano de insurreição de Campinas (1832)", *Revista Resgate (CMU-Unicamp)*, v. 23, n. 29 (2015), pp. 5-14.

4. Para uma visão mais ampla dessa conspiração, ver Ricardo Figueiredo Pirola, *Senzala insurgente: malungos, parentes e rebeldes nas fazendas de Campinas (1832)* (Campinas: Ed. da Unicamp, 2011).

5. Peter L. Eisenberg, *Homens esquecidos: escravos e trabalhadores livres no Brasil, séculos XVIII e XIX* (Campinas: Ed. da Unicamp, 1989), p. 359.

demanda de mão de obra para as lavouras canavieiras. No começo da década de 1830, por exemplo, 80% da população escravizada era de origem africana, sendo que entre os homens o número passava de 90%.

O plano de revolta de 1832 possuía ramificações em quinze grandes fazendas de Campinas, localizadas principalmente no bairro conhecido como Ponte Alta. Das quinze propriedades, apenas quatro não se encontravam nesse bairro. As investigações das autoridades locais revelaram que em cada uma dessas propriedades existia um escravo "capitão", que tinha a função de convidar outros parceiros para a revolta e também de arrecadar dinheiro. Nas palavras do escravo José Cabinda, "em diferentes sítios tinha um que se intitulava capitão, e era o caixa do dinheiro".[6] Os encontros dos conspiradores ocorriam sobretudo durante a noite nas terras do engenho Ponte Alta, pertencente a d. Ana de Campos Paes. Nesses encontros, apareciam escravos de diversas fazendas, alguns inclusive que diziam não saber da conspiração. Os revoltosos comiam e bebiam com todos os cativos que estavam nos ajuntamentos e só se apartavam dos demais no momento de discutir o projeto de rebelião.[7]

Além de um capitão para cada uma das propriedades, havia ainda uma liderança principal para toda a vila de Campinas, conhecido como pai ou mestre Diogo Rebolo, pertencente ao senhor de engenho Joaquim José dos Santos.[8] Diogo Rebolo, segundo o depoimento de vários escravos, era o responsável por presidir todas as reuniões e também por exercer a função de caixa principal do dinheiro arrecadado pelos capitães. Tudo o que os demais escravos conseguiam juntar era entregue a ele. O cativo Miguel, por exemplo, disse ter visto uma caixa em que Diogo guardava o dinheiro que lhe era entregue e que não era pouco, mas não sabia precisar quanto.[9]

Pai/mestre Diogo tinha ainda outras funções na organização da revolta,

6. "Perguntas a José Cabinda", 11 fev. 1832, Arquivo Público do Estado de São Paulo (AESP), *Ofícios diversos de Campinas*, ordem 850, lata 56, pasta 2, doc. 80. Ver a transcrição na íntegra do processo-crime de 1832 em Pirola, *Senzala insurgente*, p. 259.

7. "Denúncia", 3 fev. 1832, AESP, *Ofícios diversos de Campinas*, ordem 850, lata 56, pasta 2, doc. 80.

8. "Perguntas aos escravos Marcelino Tropeiro e Bento Cassuada", 14 e 21 fev. 1832, AESP, *Ofícios diversos de Campinas*, ordem 850, lata 56, pasta 2, doc. 80.

9. Sobre a liderança de Diogo Rebolo, ver "Perguntas a Marcelino Tropeiro e perguntas aos escravos de Dona Ana de Campos Paes e Floriano de Camargo Penteado", 14 e 17 fev. 1832, AESP, *Ofícios diversos de Campinas*, ordem 850, lata 56, pasta 2, doc. 80. Sobre o dinheiro arrecadado,

destacando-se, segundo os depoentes, pela capacidade de elaborar as chamadas "mezinhas", a partir de um combinado de raízes. As tais mezinhas constituíam elemento fundamental do plano, sendo vendidas pelos capitães do movimento em troca de dinheiro, armas e outros objetos. O cativo Américo disse que entregou cinco patacas e quatro vinténs para conseguir as mezinhas. Já o escravo Joaquim Congo confessou ter entregado algumas calças e um lenço, que custavam, respectivamente, quatro patacas e um cruzado. Outros escravos ainda, como Bento, disseram ter entregue "três lenços, uma carapuça, uma faca, e duas patacas em dinheiro".[10] Na década de 1830, os termos "pataca" e "cruzado" eram utilizados para se referir a 320 réis e quatrocentos réis, respectivamente.[11] Em ambos os casos, era dinheiro suficiente para comprar roupas e acessórios do cotidiano como calças e lenços, citados por Joaquim Congo, ou ainda uma foice nova (quatrocentos réis), uma enxada velha (170 réis), ou então pagar pelos serviços de um sacristão durante um enterro (480 réis).[12] Os escravos normalmente conseguiam essas quantias em dinheiro através do comércio de produtos que plantavam durante seus dias de folga, nas terras dos engenhos em que moravam, ou pela venda de produtos desviados das propriedades de seus senhores.

Ao serem interrogados sobre a função das mezinhas, os cativos responderam que serviam para fechar o corpo durante a revolta, evitando ferimentos e mortes, e também para tornar mais lenta a reação senhorial, ou para "amansá-los", como se dizia dos efeitos de certas ervas conhecidas pelos pretos herbolários.[13] Em depoimento, Tristão Cabinda revelou de maneira clara o significado dos preparados do pai Diogo Rebolo: "iam recebendo mezinhas para casar aos brancos, e amansá-los para não ofenderem a eles pretos com as suas armas

---

ver "Perguntas a Miguel Monjolo", 14 fev. 1832, AESP, *Ofícios diversos de Campinas*, ordem 850, lata 56, pasta 2, doc. 80.

10. "Perguntas a Américo, Joaquim Congo e Bento", 17 e 18 fev. 1832, AESP, *Ofícios diversos de Campinas*, ordem 850, lata 56, pasta 2, doc. 80.

11. Ver história das moedas no Brasil em Álvaro de Salles Oliveira, *Moedas do Brasil* (São Paulo: Instituto Histórico e Geográfico de São Paulo, 1944); e Ney Chrysostomo da Costa, *História das moedas no Brasil* (Porto Alegre: IEL, 1973).

12. Valter Martins, *Nem senhores, nem escravos: os pequenos agricultores em Campinas (1800-1850)* (Campinas: CMU/ Unicamp, 1996), pp. 81, 150.

13. João José Reis, *Domingos Sodré, um sacerdote africano: escravidão, liberdade e candomblé na Bahia do século XIX* (São Paulo: Companhia das Letras, 2008), pp. 147-167.

e chumbo, e depois eles pretos se levantarem [e] matarem aos brancos afoitamente, e ficarem libertos".[14] Outros escravos, quando interrogados sobre o papel das mezinhas no plano de insurreição, respondiam de maneira muito semelhante. Benedito Ferreiro explicou, por exemplo, que "era para animar, livrar de chumbo, e facas dos brancos". Bento Cassuada disse a mesma coisa, voltando a afirmar que as mezinhas ajudariam a amansar os brancos. Já Felizardo crioulo complementou a fala de Bento dizendo que, após amansarem os brancos com as mezinhas, eles se levantariam com destemor ("afoitamente"), matariam seus senhores e ficariam todos forros.[15] As habilidades excepcionais do Diogo Rebolo, contudo, não paravam por aí. Segundo um dos escravos envolvidos, o líder tinha também a capacidade de fazer adivinhações, a partir de um livro com a pintura de um focinho de cachorro na capa.

As autoridades campineiras, por seu turno, não deram muita atenção a essas questões, o que deve ter representado um grande alívio para todos os revoltosos. O silêncio das fontes sobre o que ocorria nas reuniões noturnas dos escravos foi em grande parte resultado do desinteresse senhorial pelo que consideravam meros "feitiços" dos negros. De qualquer maneira, os depoimentos dos cativos apontavam que a liderança de pai/mestre Diogo Rebolo se assentava em uma base em que as esferas política e religiosa estavam imbricadas.

O dinheiro conseguido com a venda das mezinhas, segundo revelaram os depoimentos dos escravos, era enviado ao liberto João Barbeiro em São Paulo. Os contatos entre as duas localidades eram feitos por um cativo tropeiro de nome Marcelino, morador na mesma fazenda onde vivia Diogo Rebolo. De acordo com as investigações, Marcelino Tropeiro levava o dinheiro para João Barbeiro investir na compra de pólvora e zagaias, em São Paulo. Apontado por vários escravos como um dos principais comandantes do plano, o liberto já era um velho conhecido dos campineiros. No ano de 1830, por exemplo, ele fora acusado de liderar outra tentativa de rebelião escrava, sendo então preso e transferido para a cadeia em São Paulo. A Justiça imperial não conseguiu, porém, manter o ex-escravo recluso por muito tempo, talvez por não levantar

14. "Perguntas a Tristão", 17 fev. 1832, AESP, *Ofícios diversos de Campinas*, ordem 850, lata 56, pasta 2, doc. 80.

15. Sobre a função das mezinhas, ver "Perguntas aos escravos de Dona Ana de Campos Paes e Floriano de Camargo Penteado", 17 e 18 fev. 1832, AESP, *Ofícios diversos de Campinas*, ordem 850, lata 56, pasta 2, doc. 80.

provas substanciais contra ele. Fato é que no ano de 1831 João Barbeiro estava livre, morando na região do atual bairro do Bixiga, na capital da província, e havia retomado ainda o contato com os cativos de Campinas. Segundo um senhor de engenho de Campinas, que depôs como testemunha em 1832, dois de seus escravos fugidos foram encontrados na casa de João Barbeiro, no Bixiga.[16] Declarou o depoente que, durante o dia, os cativos trabalhavam no quintal do liberto e, à noite, saíam para vender capim.[17]

As investigações mostraram ainda que João Barbeiro convidara outros escravos moradores da cidade de São Paulo para se juntarem ao levante. Segundo o relato de Marcelino Tropeiro, o liberto iria de São Paulo para Campinas levando novos cativos para a insurreição. O trajeto entre as duas cidades seria percorrido durante a noite para não despertar suspeitas. Chegando a Campinas, João Barbeiro e os escravos da capital se reuniriam com os demais "em um capão de matos, entre o Santo Antônio e o Monjolinho [engenhos]".[18] Fica claro, dessa forma, que para João Barbeiro sua condição de liberto não foi obstáculo suficiente para evitar que ele se envolvesse em um projeto de luta contra a ordem escravista no país.

As investigações revelaram também que a obtenção de armamentos para a revolta não era tarefa exclusiva do João Barbeiro. Em Campinas, os conspiradores haviam combinado com um escravo ferreiro a fabricação de armas. O cativo Benedito Ferreiro, morador da fazenda Duas Pontes, pertencente a Floriano de Camargo Penteado, contou que o escravo Miguel lhe entregou o molde de uma "alabarda com farpa de engonço de sair, e de entrar", a fim de que muitas outras fossem fabricadas para a revolta. A alabarda com farpa de engonço era uma lança, normalmente de madeira, cuja ponta se fazia de ferro cortante, em forma de meia-lua, mas que poderia ser substituída por outro tipo de ponta.[19] O cativo Benedito Ferreiro negou que tivesse aceitado a proposta de produzir armamentos para a revolta. De fato, nenhuma alabarda foi encontra-

16. "Perguntas a Miguel Monjolo, Diogo Rebolo e Marcelino Tropeiro", 14 e 21 fev. 1832, AESP, *Ofícios diversos de Campinas*, ordem 850, lata 56, pasta 2, doc. 80.

17. "Testemunhos de José Leonardo Pereira e João José da Cunha", 14 fev. 1832, AESP, *Ofícios diversos de Campinas*, ordem 850, lata 56, pasta 2, doc. 80.

18. "Perguntas a Marcelino Tropeiro", 21 fev. 1832, AESP, *Ofícios diversos de Campinas*, ordem 850, lata 56, pasta 2, doc. 80.

19. *Michaelis dicionário brasileiro da língua portuguesa* [digital]. São Paulo: Melhoramentos,

da pelos senhores durante as varreduras, o que pode indicar que o armamento realmente não tivesse sido fabricado. Entretanto, não podemos descartar a hipótese de que os revoltosos tenham escondido as armas. De acordo com o escravo José Cabinda, por exemplo, no momento em que o plano foi descoberto, diversos cativos já tinham suas azagaias e outras armas prontas para serem utilizadas, aguardando apenas ordens das lideranças para agir.[20]

A data prevista para a eclosão do movimento, segundo os depoentes, seria "na ocasião da quaresma" daquele ano de 1832, um dia de grande "festa, e ajuntamento dos brancos".[21] Apesar de a documentação não especificar o exato significado da expressão "na ocasião da quaresma", é possível que o caráter festivo e de aglomeração de "brancos", associados à data, se referisse ao domingo de Páscoa. O início da revolta coincidindo com feriados e festas religiosas não chega a ser uma particularidade do caso campineiro. Os estudos sobre as insurreições escravas no Brasil têm mostrado que, de fato, o domingo e os dias santos eram os momentos prediletos dos escravos para iniciar uma rebelião.[22] Nessas datas os escravos ficavam dispensados de suas funções nas propriedades senhoriais e aproveitavam a folga para trabalhar em suas próprias roças ou para participar das celebrações locais. Também os senhores costumavam se dirigir à igreja matriz da vila, onde ouviam a missa e participavam das festividades organizadas pela comunidade. Tratava-se, portanto, de um momento de menor vigilância senhorial nos engenhos e de maiores possibilidades de trânsito dos escravos pela localidade sem despertar grande desconfiança.[23]

O principal objetivo dos escravos no ano de 1832, segundo seus testemunhos, era conseguir a liberdade. O escravo Felizardo, crioulo, foi muito direto quando lhe perguntaram sobre a finalidade dos ajuntamentos noturnos que faziam escondidos dos brancos: "se levantarem afoitamente com os mesmos

---

2015. Disponível em: <michaelis.uol.com.br/busca?r=0&f=0&t=0&palavra=alabarda>, acessado em 7 maio 2017.

20. "Perguntas a José Cabinda", 11 fev. 1832, AESP, *Ofícios diversos de Campinas*, ordem 850, lata 56, pasta 2, doc. 80.

21. "Perguntas a Tristão Cabinda", 17 fev. 1832, AESP, *Ofícios diversos de Campinas*, ordem 850, lata 56, pasta 2, doc. 80.

22. João José Reis, "'Nos achamos em campo a tratar da liberdade': quilombos e revoltas escravas no Brasil", *Revista USP*, n. 28 (1995-1996), pp. 21-35.

23. Reis, "'Nos achamos em campo a tratar da liberdade'", p. 31.

brancos, matá-los, e ficarem eles pretos todos forros". O escravo Tristão, indagado sobre a mesma questão, respondeu de maneira semelhante, destacando que o objetivo das reuniões era justamente preparar uma revolta contra os brancos para se tornarem libertos.[24] A organização da revolta não deixa dúvidas sobre as intenções dos escravos. Buscaram armamentos para a batalha, articularam diferentes fazendas de Campinas, conseguiram estabelecer ramificações em outra cidade, escolheram uma data em que pudessem surpreender os senhores distraídos e invocaram forças espirituais para ajudar na rebelião. Tudo estava sendo preparado com muito cuidado para conseguir a liberdade.

O momento político decerto colaborou para que os cativos acreditassem mais firmemente nas suas possibilidades de vitória. O Império passava, naquelas primeiras décadas do século XIX, por um período agitado de sua história. Os trinta primeiros anos do Oitocentos presenciaram a independência do Brasil, os motins antilusos, a abolição do tráfico atlântico de escravos, as constantes discussões a respeito da política do Primeiro Reinado e a instituição da Regência. Era um momento de fortes disputas ideológicas e de divisões na classe dirigente brasileira.[25] Tudo isso, é claro, não passava despercebido pelos escravos. O cativo Francisco Crioulo, por exemplo, contou em seu depoimento no processo-crime de 1832 que, certa vez, indagara Joaquim Ferreiro sobre a proibição do tráfico atlântico: "ora tio Joaquim, o Imperador [decretou que] os negros já não vêm para o Brasil, não seria justo que nos dessem também a liberdade? Ao que respondera o Joaquim, que alguma coisa disso há de acontecer".[26]

Os escravos Francisco Crioulo e Joaquim Ferreiro foram inocentados de envolvimento com a conspiração de 1832, mas seus depoimentos demonstram que o fim do tráfico atlântico provocou questionamentos a respeito da continuidade da própria escravidão. Por que continuar nela, se os africanos já não

24. "Perguntas aos escravos de Dona Ana de Campos Paes", 17 fev. 1832, AESP, *Ofícios diversos de Campinas*, ordem 850, lata 56, pasta 2, doc. 80.

25. A respeito dos acontecimentos políticos que agitaram as primeiras décadas do século XIX, ver José Murilo de Carvalho, *A construção da ordem: a elite política imperial* (Rio de Janeiro: Campus, 1980); Keila Grinberg, *O fiador dos brasileiros: cidadania, escravidão e direito civil no tempo de Antonio Pereira Rebouças* (Rio de Janeiro: Civilização Brasileira, 2002); e Gladys Sabina Ribeiro, *A liberdade em construção: identidade nacional e conflitos antilusitanos no Primeiro Reinado* (Rio de Janeiro: Relume Dumará, 2002).

26. "Perguntas a Francisco Crioulo", 17 fev. 1832, AESP, *Ofícios diversos de Campinas*, ordem 850, lata 56, pasta 2, doc. 80.

vinham mais para o Brasil? As discussões a respeito da lei do fim do tráfico vinham se prolongando desde, pelo menos, a chegada da família real no Brasil, em 1808. No começo da década de 1830, os debates se tornaram ainda mais agitados, multiplicaram-se as discussões e até propostas que previam a abolição gradual da escravidão começaram a aparecer com maior força no Parlamento nacional. Segundo Jaime Rodrigues, em 16 de junho de 1831, nada menos que três projetos foram lidos na Câmara dos Deputados, todos tratando da abolição gradual da escravidão no Brasil. Um deles previa a libertação dos escravos no prazo de cinquenta anos. No primeiro ano, libertar-se-ia o cinquentavo, no ano seguinte o quarenta e nove avos e assim por adiante.[27] Enfim, o momento político era de fortes tensões e disputas no interior da própria classe senhorial, representada no Parlamento, abrindo espaço para os cativos questionarem a continuidade da escravidão.

Os escravos interrogados em 1832 citaram ainda outros três acontecimentos que os deixaram animados. O cativo Marcelino Tropeiro, em especial, comentou que ouvira de João Barbeiro que "no Rio de Janeiro os escravos já estavam libertos, e em São Paulo já se tinha dado baixa, aos vermelhos e que se iam assentar praça nos pretos, ficando todos libertos".[28] Não sabemos ao certo a qual acontecimento o liberto João Barbeiro se referia quando comentou com Marcelino Tropeiro que, no Rio de Janeiro, os escravos já haviam sido libertados. Talvez fosse uma estratégia para conseguir maior mobilização dos cativos, justo quando se aproximava o momento de eclosão do movimento. Mas pode ser também consequência da maneira pela qual as notícias sobre os debates políticos e as transformações que agitavam a Corte no começo da década de 1830 chegavam a São Paulo. Nesse sentido, é preciso levar em conta que o encontro de ambos ocorreu em dezembro de 1831. Nesse ano em especial, o Rio de Janeiro presenciou importantes mudanças políticas, como a queda do imperador d. Pedro I, o aparecimento de movimentos insurrecionais de militares e as acaloradas discussões sobre a lei de proibição do tráfico transatlântico de escravos.[29] Pode ser, portanto, que as notícias de todas essas possíveis mudan-

27. Jaime Rodrigues, *O infame comércio: propostas e experiências no final do tráfico de africanos para o Brasil (1800-1850)* (Campinas: Ed. da Unicamp/ Cecult, 2000), p. 87.

28. "Perguntas a Marcelino Tropeiro", 17 fev. 1832, AESP, *Ofícios diversos de Campinas*, ordem 850, lata 56, pasta 2, doc. 80.

29. Sobre os acontecimentos políticos que movimentaram a Corte em 1831, ver Sérgio

ças na Corte tivessem chegado aos ouvidos de João Barbeiro em São Paulo como anúncios da libertação dos escravos.

A interpretação de certos acontecimentos políticos pelos cativos, em um sentido completamente diverso do que desejavam as autoridades imperiais, levou, não em poucos casos, a uma forte agitação social. Maria Thereza Petrone reporta, por exemplo, dois projetos de insurreição escrava, um na vila de Porto Feliz e outro em Itu, ambos na província de São Paulo, planejados no ano de 1821. Em ambos, os cativos pretendiam se rebelar contra seus senhores embalados pelas discussões a respeito da Independência do Brasil.[30] Os escravos, comentou Petrone, acreditavam que a escravidão havia sido abolida, mas seus senhores ocultaram esse fato. Também na Bahia, durante o processo de Independência, João José Reis mostra como os escravos se agitaram com a possibilidade de alcançar a liberdade naquele momento de luta e divisões entre os homens livres. Reis menciona que escravos crioulos e os pardos da vila de Cachoeira fizeram requerimentos às Cortes em Lisboa, em 1823, pedindo a alforria. Também comenta que os africanos se animaram com a fermentação política do período e tentaram conquistar sua liberdade por meio de algumas tentativas localizadas de revolta, além de intensificar as fugas individuais.[31] Situações semelhantes, em que notícias de abolição da escravidão serviram como elemento impulsionador de revoltas, são encontradas ainda em outras regiões da América. Em Demerara, por exemplo, no ano de 1823, os escravos se revoltaram achando que os senhores escondiam a abolição decretada pelo rei. Da mesma forma, escravos na Jamaica, em 1831, acreditavam que a escravidão já havia sido abolida pela Inglaterra, apesar de seus senhores insistirem em man-

---

Buarque de Holanda (org.), *História geral da civilização brasileira*, 5ª ed. (São Paulo: Difel, 1985), t. II, v. II.

30. Maria Thereza Schorer Petrone, *A lavoura canavieira em São Paulo: expansão e declínio (1765-1851)* (São Paulo: Difel, 1968), p. 120. Também em Carrancas, Minas Gerais, no ano de 1831, os escravos ensaiaram uma tentativa de sublevação movidos pela ideia de que o ex-imperador os havia libertado. Marcos Ferreira de Andrade, "Rebeldia e resistência: as revoltas escravas na província de Minas Gerais (1831-1840)", Dissertação de Mestrado, Universidade Federal de Minas Gerais, 1996, p. 142. Ver também capítulo do autor nesta coletânea.

31. João José Reis, "O jogo duro do Dois de Julho: o 'Partido Negro' na Independência da Bahia", in João José Reis e Eduardo Silva (orgs.), *Negociação e conflito: a resistência negra no Brasil escravista* (São Paulo: Companhia das Letras, 1989), pp. 79-98.

tê-los em cativeiro.[32] Assim, a maneira como certas notícias chegavam aos ouvidos dos escravos e sobretudo as interpretações que eles faziam dessas notícias — tanto no caso de Demerara como no da Jamaica tratava-se de reformas discutidas no Parlamento para "melhorar" a escravidão e não aboli-la — tornaram-se importantes fatores na concepção de insurreições.

Já a expressão "baixa, aos vermelhos", que também aparece no depoimento de Marcelino Tropeiro, a partir do diálogo que tivera com João Barbeiro, remetia a um acontecimento bastante específico da história de São Paulo. A expressão se referia à abolição da escravidão indígena, promulgada na província paulista em 27 de outubro de 1831. A escravidão dos índios nessa região havia sido retomada, no começo do século XIX, com o beneplácito de uma carta régia de d. João.[33] Esse documento mandou proceder "guerra justa" contra os índios botocudos e permitiu que todos os prisioneiros dessa guerra fossem escravizados. Dizia o tal documento "que não há meio algum de civilizar povos bárbaros, senão ligando-os a uma escola severa, que por alguns anos os force a deixar e esquecer-se da sua natural rudeza, e lhes faça conhecer os bens da sociedade".[34]

Assim, em 1831, quando novamente foi abolida a escravidão, os indígenas tiveram sua situação equiparada à dos órfãos, ficando os juízes de paz de cada vila responsáveis por vigiar os abusos cometidos contra sua liberdade. A lei previa ainda que, em caso de necessidade, os índios seriam socorridos pelo Tesouro até que conseguissem algum ofício e tivessem salário.[35] Uma carta do juiz de órfãos de Campinas, datada de 20 de janeiro de 1832, remetida ao presidente da província, prestava contas da sua atuação para libertar todos os índios em cativeiro. "Em observância da circular de vossa excelência datada de 15 de dezembro de 1831", escreveu ele, "passei a dar providências da mesma

32. Emilia Viotti da Costa, *Coroas de glória, lágrimas de sangue: a rebelião dos escravos de Demerara em 1823* (São Paulo: Companhia das Letras, 1994); Mary Reckord, "The Jamaica Slave Rebellion of 1831", *Past & Present*, Oxford, v. 40, n. 1 (1968), pp. 108-125.

33. No século XVIII o Diretório Pombalino havia libertado todos os indígenas do Brasil. Ver Manuela Carneiro da Cunha, "Política indigenista no século XIX", in Manuela Carneiro da Cunha (org.), *História dos índios no Brasil* (São Paulo: Companhia das Letras/ Secretaria Municipal de Cultura de São Paulo/ Fapesp, 1992), p. 146.

34. Documento citado por Cunha, "Política indigenista no século XIX", p. 147.

35. Perdigão Malheiro, *A escravidão no Brasil: ensaio histórico, jurídico, social*, v. I (Petrópolis: Vozes, 1976), p. 236.

ordenada, e ao primeiro quesito fiquei ciente para pôr em liberdade os índios em que for tendo notícias."[36] Não é difícil imaginar o impacto dessa medida na população de africanos e crioulos, que, ao ver o juiz de órfãos libertando os indígenas e dando ordens aos senhores para que aqueles fossem pagos por seus serviços, pode ter alimentado suas próprias expectativas de liberdade. O cativeiro, aos olhos dos escravos, dava sinais de que poderia estar com os dias contados.[37]

Por fim, o depoimento de Marcelino Tropeiro fez referências ainda ao fato de que "se iam assentar praça nos pretos, ficando todos libertos". Essa expressão no século XIX era normalmente utilizada para se referir aos recrutamentos militares e à formação de guardas civis. No começo da década de 1830, no Rio de Janeiro, a agitação política pode ter levantado boatos de convocação de escravos para formar guardas locais, como chegou a ocorrer durante o período da Independência. Segundo Gladys Sabina, no ano de 1822 d. Pedro I prometeu a liberdade aos escravos que assentassem praça, a fim de que pudessem colaborar nas lutas contra as tropas portuguesas.[38] Assim, a queda do imperador e as disputas militares no começo da década de 1830 podem ter gerado expectativas de que medida semelhante pudesse ser de novo adotada. É possível ainda que a ideia de que se assentariam praça aos negros fosse consequência dos alistamentos realizados para formar a Guarda Nacional. Em outubro de 1831, por exemplo, começaram a ser feitas, em São Paulo, as primeiras listas de indiví duos que comporiam os grupamentos dessa corporação, nos quais só poderiam ser alistados os cidadãos que tinham direito a voto, ou seja, com altos rendimentos anuais.[39] Porém, pode ser, mais uma vez, que a notícia tenha chegado ao conhecimento do liberto — ou reelaborada por ele — como se a convocação valesse também para os escravos. O que importa nesse caso, con-

36. "Carta do juiz de órfãos ao presidente da província", 20 jan. 1832, AESP, *Ofícios diversos de Campinas*, ordem 850, lata 56, doc. 41.

37. Sobre outros movimentos de rebeldia dos escravos na década de 1830 e sua repercussão no debate político, ver Ricardo Pirola, *Escravos e rebeldes nos tribunais do Império: uma história social da lei de 10 de junho de 1835* (Rio de Janeiro: Arquivo Nacional, 2015), especialmente o cap. 1.

38. Ribeiro, *A liberdade em construção*, p. 259.

39. Sobre a Guarda Nacional, ver Jeanne Berrance de Castro, *A milícia cidadã: a Guarda Nacional de 1831 a 1850* (São Paulo: Companhia Editora Nacional, 1979).

tudo, é que o liberto João Barbeiro e os escravos em Campinas estavam agitados, alimentando expectativas de conseguir a liberdade. A formação de uma revolta seria uma maneira, portanto, de precipitar os fatos e pôr um fim definitivo no cativeiro a que estavam sujeitos.

UM PLANO DE LADINOS

Os estudos sobre a escravidão no Brasil imperial têm observado que a formação de famílias e a ocupação de cargos especializados e domésticos acabavam por dificultar a coesão entre os escravizados e sua disposição para lutar coletivamente contra a casa-grande. Manolo Florentino e José Roberto Góes, por exemplo, propõem que o parentesco escravo era o "cimento da comunidade cativa", que permitia estabelecer a paz das senzalas com a casa-grande.[40] Ao cativo, o casamento tornava possível esconjurar a "anomia" pelo estabelecimento de regras através das quais a vida poderia ser vivida.[41] Ao senhor, ávido de homens pacificados, permitia auferir uma renda política porque apaziguava conflitos e desestimulava revoltas escravas. Também Hebe Mattos atribuiu à família escrava um papel importante no enfraquecimento de ações coletivas contra o sistema escravista.[42] Devido às altas taxas de masculinidade, o acesso ao casamento pelo escravo e, por conseguinte, a todos os benefícios provenientes dele — espaço mais privativo nas senzalas, acesso à exploração de uma roça própria e ainda o aumento das chances de alforria — era reservado, sobretudo, a africanos ladinos e escravos crioulos. Assim, a família escrava (com todos os seus benefícios) levava à formação de uma "comunidade diferenciada" dentro das senzalas. Nessa abordagem, tal comunidade, com maiores chances que os demais de alcançar a alforria e outros privilégios, buscaria se aproximar do mundo senhorial em detrimento dos laços de solidariedade com a senzala.

Diferentemente dos autores acima mencionados, Robert Slenes tem argumentado que a proximidade cultural dos centro-africanos trazidos para o Su-

40. Manolo Florentino e José Roberto Góes, *A paz das senzalas: famílias escravas e tráfico atlântico, Rio de Janeiro, c. 1790-c. 1850* (Rio de Janeiro: Civilização Brasileira, 1997), p. 37.

41. Florentino e Góes, *A paz das senzalas*, p.37.

42. Hebe Maria Mattos, *Das cores do silêncio: os significados da liberdade no Sudeste escravista. Brasil, século XIX*, 2ª ed. (Rio de Janeiro: Nova Fronteira, 1998), pp. 123-150.

deste brasileiro no século XIX desempenhou papel fundamental na superação das diferenças provocadas pela conquista de um casamento, a formação de família e o exercício de tarefas especializadas ou domésticas. Isto é, a presença maciça dos centro-africanos nas senzalas favoreceu a formação de uma identidade escrava, delimitada pelos marcadores culturais e religiosos trazidos do outro lado do Atlântico, que reforçava a construção de laços horizontais entre os cativos e facilitava a união em momentos coletivos de rebelião.[43]

A análise da trajetória dos revoltosos de 1832 se mostra como uma boa oportunidade para entrarmos nesse debate, investigando os elementos que estiveram na base da união dos rebeldes em Campinas. Afinal, qual era a origem dos rebeldes? Teve o plano de revolta participação de gente casada e com cargos especializados/domésticos? Havia quanto tempo os revoltosos moravam em Campinas? Qual era o perfil etário?

A maioria dos 32 escravos acusados de envolvimento com o plano de insurreição chegou a Campinas no final da década de 1810. Apenas três haviam nascido nas fazendas produtoras de cana-de-açúcar da cidade; todos os demais foram trazidos pelo tráfico transatlântico de escravos. O local de origem desses cativos era, sobretudo, o Centro-Oeste africano, mais especificamente a área ao norte do rio Congo (atual rio Zaire).[44] Os dados indicam que 71% dos africanos envolvidos na conspiração tinham origem nessa mesma região da África, sendo oito identificados como congos, oito como monjolos e quatro como cabindas. Outros revoltosos vieram de Angola, sendo um cativo proveniente de Rebolo (norte de Angola) e outro vindo do porto de Benguela (sul de Angola). Foram identificados também três escravos provenientes da distante costa oriental africana, da região conhecida como Moçambique. Um escravo chamado Bento Cassuada era proveniente de uma região não identificada. Por fim, o liberto João Barbeiro, segundo a correspondência dos senhores de Campinas, tinha origem na África.

A predominância dos escravos provenientes da área ao norte do rio Con-

43. Robert W. Slenes, *Na senzala, uma flor: esperanças e recordações na formação da família escrava, Brasil Sudeste, século XIX* (Rio de Janeiro: Nova Fronteira, 1999), pp. 16-18.

44. Dos 32 revoltosos escravos, consegui identificar a origem de 28, sendo três crioulos e 25 africanos. Dos africanos com origem identificada, 22 (perto de 90%) vieram do Centro-Oeste da África e apenas três da África Oriental. Entre esses 25 africanos, vinte vieram do Congo Norte, 80%. As origens foram baseadas no processo-crime de 1832.

go na elaboração do plano de revolta não passou despercebida pelas autoridades campineiras. O próprio Antônio Francisco de Andrade, na carta denúncia datada de 3 de fevereiro de 1832 enviada ao juiz de paz da cidade, relatou que nem todos os escravos tinham conhecimento da trama e que os de "nação Monjolo e Congo eram os mais influentes". Isso fica nítido também quando identificamos as procedências das principais lideranças. Dos dez escravos apontados como líderes (incluindo aí nove capitães e o pai/mestre Diogo Rebolo), cinco eram monjolos, um cabinda, um congo, um rebolo e dois de origem desconhecida. Se considerarmos Marcelino Tropeiro (que tinha a importante função de comunicação entre Campinas e São Paulo) também como um dos líderes do movimento, o número de escravos monjolos no comando rebelde sobe para seis. Agrupando as origens por grandes regiões de importação do tráfico de escravo, percebemos que, entre as lideranças com origem identificada, a quase totalidade vinha da região ao norte do rio Congo.

Em Campinas, no começo da década de 1830, a distribuição dos cativos conforme a origem mostrava-se, entretanto, um pouco diferente dos dados encontrados para os rebeldes de 1832. A partir de um estudo dos inventários abertos na localidade entre 1831 e 1835, identificamos que os cativos provenientes do norte do Congo representavam 45% dos escravos africanos na região. Já o segundo grupo mais numeroso era formado pelos provenientes de Angola, com cerca de 25% do total. Na terceira posição estavam empatados os da África Ocidental (os chamados minas) e os da Oriental (moçambiques), com cerca de 8% cada. Por último, temos que lembrar ainda os crioulos, que representavam cerca de 7% da população adulta dos escravos dos engenhos campineiros. Nesse sentido, ao compararmos as origens dos cativos envolvidos na coligação de 1832 com as da população escravizada em Campinas, o que se destaca é a forte presença de gente do norte do rio Congo entre os rebeldes (repito os dados: 71% na conspiração contra 45% entre os escravos). Ao mesmo tempo, percebe-se que os cativos de Angola participaram do plano com presença menor do que a que tinham em Campinas (7% e 25%, respectivamente), enquanto os da África Ocidental estiveram ausentes. Quanto aos demais grupos de procedência, apresentaram porcentagens semelhantes, seja no plano de insurreição, seja na população local.[45]

45. Ver dados em Pirola, *Senzala insurgente*, pp. 63-64.

No que se refere aos escravos da África Ocidental, podemos explicar sua ausência como resultado da sua baixíssima representatividade em Campinas, de eventuais diferenças culturais e até de animosidades com os demais africanos. Nas fazendas do proprietário que mais teve cativos envolvidos na trama, Floriano de Camargo Penteado, por exemplo, não encontramos nenhum escravo da África Ocidental, ou mina. Além disso, muitos minas professavam a religião muçulmana, o que os diferenciava da grande maioria dos africanos que seguiam outras tradições religiosas. Outros, mesmo não sendo adeptos da religião de Maomé, possuíam línguas e tradições culturais bem distintas das dos povos provenientes do Centro-Oeste africano. Em revoltas organizadas por uma maioria de escravos da África Ocidental, por exemplo, como no caso das rebeliões baianas da primeira metade do século XIX, a participação de outras nações africanas era muito baixa, refletindo, possivelmente, suas diferenças de origem.[46]

Já com relação aos angolas, sua menor representatividade no plano em comparação com a população local tende a refletir mais um elemento circunstancial do que eventuais diferenças culturais com relação aos demais grupos, em especial com os cativos oriundos da região ao norte do rio Congo. De fato, a bibliografia sobre a África Central tem mostrado que os africanos de Angola e do norte do Congo compartilhavam uma série de elementos culturais, tais como a língua, os fundamentos da religião e a visão cosmológica. Além disso, é difícil acreditar que em uma situação de forte conflito entre os angolas e os demais grupos de procedência teríamos uma figura como Diogo Rebolo (proveniente da região norte de Angola) liderando um plano de maioria congo e outros grupos do norte. Nesse sentido, o plano de 1832 reuniu os grupos majoritários de africanos das senzalas de Campinas, e também os crioulos, para lutar contra os senhores.

Outro dado que as fontes nos permitiram identificar, com relação aos revoltosos, se refere ao tempo de moradia em Campinas antes da descoberta do plano de insurreição. A grande maioria dos rebeldes morava ali havia mais de dez anos, quando da descoberta da trama. Examinando as listas do censo po-

46. Sobre revoltas baianas da primeira metade do século XIX, ver João José Reis, *Rebelião escrava no Brasil: a história do levante dos malês em 1835*, 2ª ed. (São Paulo: Companhia das Letras, 2003).

pulacional da cidade ao longo das primeiras décadas do século XIX, foi possível identificar o ano de chegada de dezenove escravos africanos, tendo um deles chegado em 1811, outro em 1816, quinze entre os anos de 1819 e 1822, e dois em 1825. Também foram localizados os registros de batismo dos três crioulos condenados: Fabiano, crioulo, nascido em 1804, filho de José e Catharina, escravos de Floriano de Camargo Penteado; Felizardo, crioulo, nascido em 1809, e Américo, crioulo, nascido em 1812, ambos filhos de João e Maria, todos escravos de d. Ana de Campos Paes. Com relação aos escravos apontados como os cabeças da conspiração, os dados não registram diferenças muito significativas em comparação com os demais rebeldes. A maioria das lideranças também chegou às fazendas de Campinas no final da década de 1810 e começo da década seguinte. Dos dez líderes, foi possível identificar para seis deles o ano em que apareceram pela primeira vez no censo populacional da cidade: um chegou em 1811, outro em 1816, e quatro entre os anos de 1819 e 1822.[47]

O fato de chegarem em datas próximas talvez tenha posto grande parte dos rebeldes em situações semelhantes nos engenhos de cana-de-açúcar. Os obstáculos enfrentados, por exemplo, no aprendizado da língua dos senhores, nas tarefas do campo, no ritmo de trabalho podem ter colaborado para a identificação e aproximação desses cativos uns com os outros, desde o primeiro momento em Campinas. Além disso, é possível pensar que, para alguns escravos, os contatos tivessem ocorrido antes mesmo da vinda para o Brasil. Dos quinze escravos chegados a estas terras no final da década de 1810 e começo da década seguinte, doze vieram do norte do rio Congo, dois eram de Moçambique e um não teve a origem identificada. Assim, o encontro entre alguns desses escravos pode ter acontecido ainda na África, nos grandes galpões situados no litoral, aguardando a travessia do Atlântico — não é difícil que os contatos iniciais tenham surgido no porto de Cabinda, por exemplo. Fato, porém, é que os revoltosos passaram por experiências semelhantes em datas próximas. A convergência de interesses e a superação de certas diferenças de origem muito provavelmente foram favorecidas não apenas pela proximidade cultural dos africanos, mas também pela experiência compartilhada enquanto escravos no Brasil.

Outra informação que o cruzamento de fontes nos propiciou se refere às

47. Ver dados em Pirola, *Senzala insurgente*, pp. 78-79.

idades dos revoltosos de 1832. Foram registradas as idades de 22 cativos (os mesmos que tiveram suas datas de chegada identificadas). Dividindo os rebeldes em quatro faixas etárias (15-19, 20-29, 30-39, 40-49 anos), notamos que apenas um escravo (4,5%) estava inserido na faixa de 15-19 anos, catorze (63,6%) na de 20-29 anos, cinco (22,7%) na de 30-39 anos e, por fim, dois escravos (9%) estavam na faixa de 40-49 anos. Entre as lideranças, consegui identificar a idade de seis escravos, sendo quatro na faixa de 20-29 anos e dois na de 30-39 anos.

Os dados sobre as idades dos revoltosos se tornam ainda mais reveladores quando comparados com as idades da população escrava que habitava as médias e grandes propriedades de Campinas (dez ou mais cativos) no começo da década de 1830. Em primeiro lugar, é possível notar que os escravos muito jovens (faixa de 15-19 anos) e os muito velhos (mais de cinquenta anos) estavam praticamente ausentes do plano de rebelião. Esses dois grupos somados compunham 22% da população escrava das fazendas da região, mas contribuíram com apenas 4,5% dos rebeldes. Em segundo lugar, os escravos na faixa de 20-29 anos tiveram uma participação no plano de revolta bem maior do que seu peso na população cativa em geral — 63,6% contra 25%, respectivamente. Por fim, os escravos nas faixas etárias de 30-39 e 40-49 anos participaram do movimento com uma porcentagem semelhante à encontrada na população cativa de Campinas. Os escravos na faixa de 30-39 corresponderam a 22,7% dos revoltosos, sendo a proporção na população das fazendas de 20,9%. Já os cativos na faixa de 40-49 anos representavam 8,1% da população das propriedades de Campinas, mas no plano rebelde contribuíram com apenas cerca de 10%.[48]

Assim, a maior proporção de rebeldes na faixa de 20-29 anos se fez, sobretudo, em detrimento da presença dos muito jovens e dos muito velhos. De qualquer forma, chama a atenção o fato de que, mesmo os escravos com idades relativamente mais avançadas (de trinta a 49 anos), vivendo há mais de dez anos em Campinas, tiveram uma atuação bastante significativa no plano de revolta.[49]

Ao combinarmos as informações sobre o tempo de residência dos revol-

48. Pirola, *Senzala insurgente*, p. 69, tabela 7.

49. É possível que os escravos com idades desconhecidas estivessem todos na faixa de 20-29 anos, o que diminuiria a proporção de escravos com idades mais avançadas envolvidos no plano (faixa de 30-49 anos). Nesse caso, a porcentagem destes últimos cairia de 31,8% para perto de 22%. Ainda assim, uma porcentagem bastante considerável.

tosos em Campinas e os dados sobre suas idades, podemos destacar um aspecto fundamental do projeto de insurreição: este não surgiu da ação de alguns escravos recém-chegados à cidade, tentando resistir imediatamente às agruras do cativeiro no "Novo Mundo". Nem foi resultado da ação de jovens impulsivos, buscando um meio rápido de sair da escravidão. O plano estava sendo preparado por um grupo de escravos ladinos, com mais de dez anos de residência em Campinas, que conheciam bem diversos aspectos do mundo senhorial e de suas formas de controle e repressão. Tal característica se mostra bastante visível na própria estrutura e organização do plano de revolta.

Podemos citar, em primeiro lugar, que os revoltosos conheciam a língua de seus senhores; pelo menos, não é indicado que precisassem de intérpretes durante os interrogatórios. A percepção das várias mudanças políticas que marcaram o país em 1831 decerto foi facilitada pela capacidade dos cativos de entender a língua portuguesa. Esses escravos também dominavam e conheciam muito bem o cenário local. Conseguiram esconder de seus senhores as armas e o dinheiro arrecadado. Segundo os depoimentos, vários deles possuíam suas zagaias e alguns teriam espingardas prontas para serem utilizadas, porém as autoridades não conseguiram encontrá-las. A escolha da data de eclosão do movimento também demonstra o conhecimento de vários aspectos do controle senhorial. Os cativos definiram para o início da rebelião um momento em que enfrentariam menor resistência, data festiva em que seus senhores estariam menos vigilantes e seria, portanto, mais fácil surpreendê-los. Isso não significa, contudo, que os revoltosos desprezassem a ajuda dos recém-chegados no momento da rebelião. Pelo contrário, os conspiradores indicados no processo-crime de 1832 sem dúvida sabiam que as possibilidades de vitória viriam apenas com a adesão maciça dos demais cativos das senzalas.

De qualquer forma, os vários anos de vivência na escravidão em Campinas, do aprendizado da língua e de vários outros aspectos da cultura senhorial não teriam sido suficientes para tornar esses cativos identificados com o mundo dos senhores, a ponto de evitar confrontos diretos. Ao contrário, todo o controle da cultura local serviu para que os escravos preparassem um bem elaborado plano de insurreição.

Outro dado que as fontes nos permitiram identificar se refere ao trabalho desempenhado pelos revoltosos nas fazendas de cana-de-açúcar. A maioria dos condenados trabalhava dia após dia nas lavouras e roçados da região, e apenas um número menor tinha profissão especializada ou doméstica. A documentação indica que, dos 32 escravos condenados, cinco tinham uma ocupação mais específica (16%), sendo três tropeiros, um ferreiro e um cozinheiro. Além disso, o plano contava com o liberto João Barbeiro, que tinha sua ocupação inscrita no próprio nome.[50]

Esses dados mostram, em primeiro lugar, que a conspiração conseguiu reunir tanto escravos da lavoura como escravos domésticos (cozinheiro) e também aqueles com ocupação mais especializada (tropeiro e ferreiro). Analisando os inventários post mortem de dois grandes produtores de açúcar com escravos seus envolvidos na trama de 1832, Francisco Ignácio de Souza Queiroz, aberto em 1831, e de Floriano de Camargo Penteado, aberto em 1838, podemos avaliar um pouco melhor essas informações. Nos dois documentos, os cativos adultos dedicados às tarefas do campo representavam perto de 75% do total. Já os escravos com profissão especializada e doméstica variavam de 21% (propriedades de Floriano de Camargo) a 24% (fazendas de Francisco Ignácio) dos escravos adultos.[51]

A partir desses dados podemos perceber que a atuação dos cativos especializados/domésticos no plano de revolta ficou um pouco abaixo do peso desse grupo nas fazendas de cana-de-açúcar da região. De qualquer forma, não deixa de ser bastante significativo que 16% dos principais articuladores e líderes da trama exercessem algum tipo de trabalho especializado ou doméstico. Essas tarefas com frequência possibilitavam uma maior autonomia e mobilidade dentro das próprias fazendas e, às vezes, dentro de uma grande região, como era o caso das tarefas desempenhadas pelos tropeiros, facilitando o contato com outros escravos, com libertos e com gente livre. Nesse sentido, representavam a chance de acesso a informações antecipadas a res-

50. "Denúncia", 3 fev. 1832, AESP, *Ofícios diversos de Campinas*, ordem 850, lata 56, pasta 2, doc. 80.

51. No inventário de Francisco Ignácio identifiquei 230 escravos (48 mulheres e 182 homens). Já no inventário de Floriano de Camargo Penteado foram identificados 126 escravos (23 mulheres e 103 homens). Inventário de Francisco Ignácio de Souza Queiroz, 1831, Arquivo Edgar Leuenroth (doravante AEL), *Fundo Peter Eisenberg*, microfilme MR/0031. Inventário de Floriano Camargo Penteado, 1838, Centro de Memória da Unicamp (doravante CMU), *Inventários de Campinas*, 1º ofício, caixa 82, n. 1941. Para uma análise mais aprofundada desses inventários, ver Pirola, *Senzala insurgente*, pp. 87-88.

peito de algumas decisões senhoriais (como a venda de algum cativo, os rumos de uma partilha de inventário, a ausência de senhores e feitores), além do conhecimento de determinadas mudanças nos rumos políticos do país e, mais especificamente, da mobilização de policiais e tropas para reprimir ou prender escravos rebeldes, quilombolas etc. Além disso, tais ocupações ampliavam as chances de acúmulo de pecúlio e criavam boas possibilidades de trabalho em caso de conquista da alforria. Manolo Florentino e José Roberto Góes argumentam que os escravos especializados/domésticos costumavam ter índices de casamentos legítimos superiores aos demais, o que garantiria uma maior estabilidade conjugal, sobretudo na hora da partilha de bens.[52]

Portanto, o fato de encontrarmos três cativos tropeiros, um cozinheiro e um ferreiro envolvidos na articulação e liderança do plano rebelde em 1832 me parece um dado bastante significativo para o debate sobre os elementos envolvendo os processos de mobilização ou desmobilização das senzalas. Mesmo usufruindo de condições que os diferenciavam dos demais, esses escravos com profissão especializada/doméstica não viraram as costas para os parceiros de senzala no momento de organização de uma revolta coletiva contra a casa-grande. De fato, fizeram uso de seus ofícios para contribuir com a rebelião. Basta lembrar, nesse sentido, do papel fundamental de Marcelino Tropeiro na ligação entre as cidades de Campinas e São Paulo, e da atuação de Joaquim Ferreiro na produção de alabardas para a revolta. De maneira semelhante, podemos pensar ainda que Francisco Cozinheiro possa ter aproveitado sua ocupação para eventualmente adicionar preparados medicinais na comida senhorial, como sói ocorrer em outros planos de rebelião no século XIX. A própria fala dos rebeldes de que as mezinhas serviriam para deixar seus senhores lentos para responder aos ataques dos cativos pode indicar que elas estavam sendo misturadas à comida e à bebida de membros da casa-grande. Junto com os poderes espirituais, os rebeldes talvez estivessem também contando com o princípio ativo de certas raízes para afetar seus senhores. Enfim, o plano de 1832 mostra que os escravos especializados/domésticos, mesmo tendo um capital importante em risco, em determinadas conjunturas se postaram ao lado dos demais para uma grande rebelião.

52. Florentino e Góes, *A paz das senzalas*, p. 108.

Outra informação fundamental se refere ao estado matrimonial dos rebeldes. Percorrendo as listas do último censo populacional de Campinas elaborado antes da descoberta da conspiração, foi possível identificar o estado civil da maioria dos conspiradores. Dos 32 escravos envolvidos, foram encontrados dados do estado civil de 22 deles, catorze dos quais estavam classificados como solteiros e oito como casados. Entre os capitães da trama cativa, a proporção dos casados é ainda maior. Das dez lideranças, localizei informações para seis escravos, três solteiros e três casados.[53]

A análise inicial desses números impressiona pela proporção de escravos casados entre os envolvidos. A população escrava das quinze fazendas relacionadas aos rebeldes, na década de 1830, era majoritariamente masculina. A proporção de homens entre os escravos adultos estava perto dos 75%, o que representava, entre outras coisas, poucas possibilidades de acesso a um casamento para a grande maioria deles. Segundo o censo populacional de Campinas do ano de 1829, essas mesmas propriedades tinham uma proporção de homens adultos casados de 23%, ou seja, abaixo daquela existente entre os revoltosos de 1832 — mesmo na hipótese de que todos os escravos que não tiveram o estado civil identificado estivessem na categoria de solteiros, ainda haveria uma proporção maior de cativos casados na trama do que a encontrada no censo populacional de 1829, ou seja, 24 solteiros (75%) e oito casados (25%); seguindo o mesmo raciocínio para as lideranças, teríamos onze escravos solteiros (68,8%) e cinco casados (31,2%), um número ainda maior do que o encontrado nas escravarias da região.[54]

A significativa presença de escravos casados e com laços familiares entre os revoltosos pode ser mais bem analisada quando a apresentamos graficamente, a exemplo da Figura 1. Os revoltosos estão representados por uma linha dupla. Já as linhas tracejadas indicam relações de compadrio registradas na igreja matriz de Campinas. Seguindo os casos mostrados no gráfico, é possível notar que os laços de parentesco uniam a escravaria de nove diferentes proprietários (o plano de 1832 envolveu escravos pertencentes a onze senhores). E que muitos dos escravos casados estavam ligados entre si por meio de extensas redes de parentesco consanguíneo e ritual. A família do rebelde Francisco (cen-

53. Pirola, *Senzala insurgente*, p. 107.

54. Pirola, *Senzala insurgente*, pp. 108-109.

tro do gráfico), por exemplo, se ligava por meio de relações de compadrio a dois outros escravos rebeldes, Ignácio e Fabiano. Já a família deste último estava conectada à parentela dos irmãos rebeldes Felizardo e Américo, e ainda à de Januário. Importante destacar também que as famílias de Fabiano, dos irmãos Américo e Felizardo e de Januário eram bem antigas em suas senzalas, com até três gerações na mesma fazenda. Os membros mais velhos dessas famílias estavam no rol de escravos que com mais frequência eram acionados para apadrinhar os recém-nascidos. Também faziam parte desse seleto grupo de apadrinhadores pai/mestre Diogo Rebolo e sua esposa Joana, com dois afilhados batizados na igreja.

Assim, se por um lado a constituição de família podia tornar o cativo mais suscetível à repressão senhorial (por conta de uma eventual venda e separação da família), por outro as relações familiares estavam na base da construção de laços de solidariedade horizontais nas senzalas. A ligação entre os revoltosos de 1832 não se formou para a urgência da revolta: já existia havia muito tempo por meio dos vínculos de parentesco, além da parceria no trabalho, de laços de amizade e do pequeno negócio. Nesse sentido, a família escrava não apenas não desmobilizou as senzalas como pode ter desempenhado seu papel na união de cativos pertencentes a diversas propriedades. De fato, criou os fundamentos que conectavam as fazendas envolvidas no plano de revolta na Campinas de 1832.

CULTURA CENTRO-AFRICANA E REBELIÃO

Importante dizer, entretanto, que, se, por um lado, diversos elementos da estruturação do plano conspirativo de 1832 se explicam pelo fato de que boa parte dos cativos envolvidos era composta de ladinos, parceiros de trabalho e ligados por laços de parentesco, por outro, a bagagem cultural trazida da África parece ter também desempenhado papel fundamental. De fato, os depoimentos dos suspeitos revelam que tradições africanas podem ter cumprido função importante na construção de um sentido de comunidade entre os cativos, viabilizando a superação de divisões provenientes de políticas de domínio senhorial. Os argumentos de Robert Slenes, apresentados acima, de que a proximidade cultural dos povos da África Central esteve na base da formação de uma identidade escrava no Sudeste brasileiro oitocentista nos ajudam a enten-

FIGURA 1

Relações de parentesco entre os conspiradores de 1832*

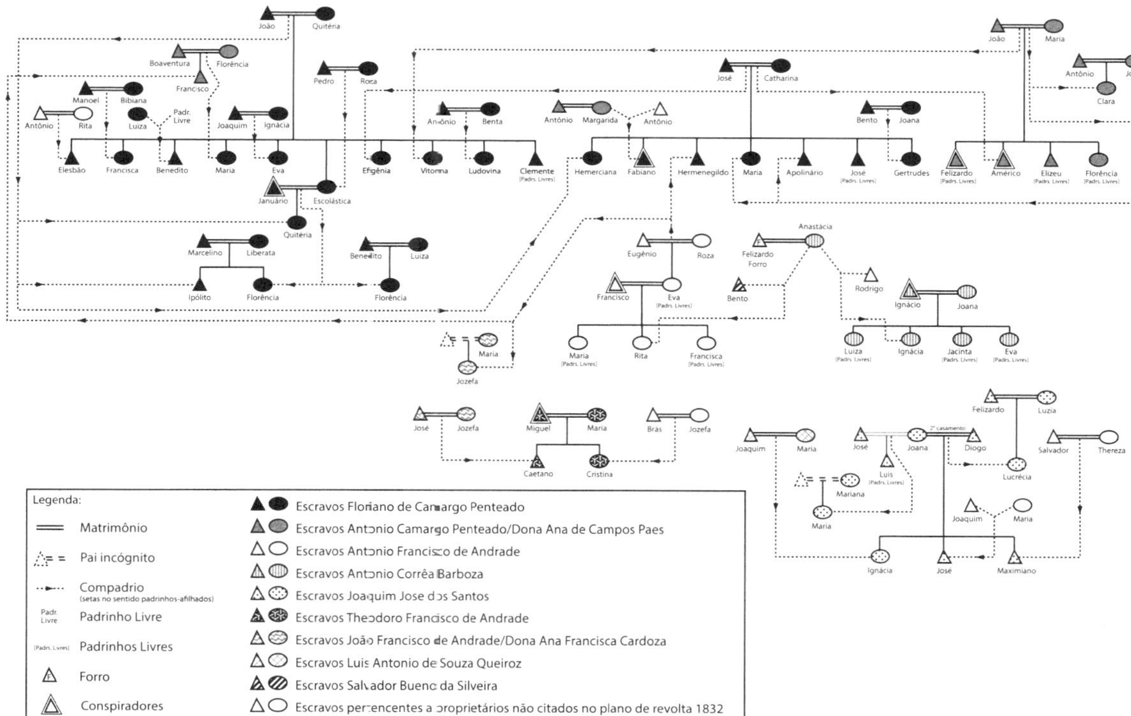

* Estão representadas as relações de parentesco de oito dos trinta e dois escravos condenados no processo-crime de 1832.
Fonte: Registros de batismo, casamento escravo e censo populacional

der aspectos essenciais da mobilização dos rebeldes de 1832.[55] Mesmo casados, com extensos laços de parentesco nas senzalas e exercendo ofícios especializados ou domésticos, eles não abandonaram a trilha do protesto coletivo. O que não quer dizer que não apostassem na aproximação com a casa-grande, almejando a conquista da alforria e de outros benefícios — mas parecem ter mantido apertados os nós que os ligavam aos demais escravizados e aos libertos, como sugere a própria liderança do liberto João Barbeiro em 1832.

Assim, quando a situação política apontou para uma divisão entre os homens brancos e as condições demográficas indicavam uma superioridade numérica dos escravizados, como ocorreu em Campinas no final da década de 1820, ampliando neles o sentimento de força, alguns cativos acionaram os laços que os uniam aos demais parceiros de senzala e partiram para a rebelião. A liberdade parecia estar próxima, precisando, porém, ser arrancada das mãos dos senhores, que a seguravam. Uma pintura apreendida pelas autoridades durante o inquérito é bastante reveladora do clima de inquietação entre cativos. Trata-se da representação de um homem negro sendo coroado por um branco. O mundo parecia, de fato, estar prestes a ser virado de ponta-cabeça.[56]

Para tentarmos avançar no entendimento do papel desempenhado pelas tradições centro-africanas na organização da revolta e também na formação de um sentimento de unidade entre os cativos, retomo alguns dos elementos destacados nos depoimentos dos rebeldes, buscando interpretá-los. É importante ressaltar, de início, que a intenção não é postular a transferência de uma cultura africana intacta para o Brasil. De fato, o próprio conceito de cultura implica a junção de tradições diversas em constante mutação e ressignificação.[57] Dessa maneira, a análise que pretendo desenvolver nesta seção visa justamente tentar

55. Slenes, *Na senzala, uma flor*, pp. 250-253.

56. "Perguntas a Joaquim Congo e Manoel Rebolo", 23 fev. 1832, AESP, *Ofícios diversos de Campinas*, ordem 850, lata 56, pasta 2, doc. 80.

57. Para uma análise sobre os processos de contatos culturais no contexto escravista da América, ver Sidney W. Mintz e Richard Price, *O nascimento da cultura afro-americana: uma perspectiva antropológica* (Rio de Janeiro: Pallas/ Universidade Candido Mendes, 2003). Para uma crítica ao trabalho de Mintz e Price, ver Paul E. Lovejoy, "The African Diaspora: Revisionist Interpretations of Ethnicity, Culture and Religion under Slavery", *Studies in the World History of Slavery, Abolition and Emancipation*, Toronto, v. 2, n. 1 (1997), pp. 1-23. Ver resposta de Price ao texto de Lovejoy em Richard Price, "O milagre da crioulização retrospectiva", *Estudos Afro-Asiáticos*, v. 25, n. 3 (2003), pp. 383-419.

entender a maneira pela qual a presença maciça de centro-africanos nas senzalas campineiras (cerca de 90% dos cativos adultos) contribuiu para compor os significados cosmológicos compartilhados pelos escravizados.[58] Assim, volto-me para a bibliografia sobre a África Central para discutir aspectos mencionados pelos revoltosos em seus depoimentos que talvez ficassem nebulosos quando pensados unicamente a partir de tradições locais.

Comecemos com a questão da designação "pai" ou "mestre" que os escravos utilizavam para se referir a Diogo Rebolo. Na África Central, a palavra "pai" (*táata* em kikongo, *tatá* em kimbundu e *tate* em umbundu, línguas dos povos congoleses, ambundus e ovimbundus, respectivamente) não tinha apenas o significado de progenitor, mas carregava, também, o de liderança. O respeito aos anciões e a identificação de idade com liderança são praticamente universais nas culturas africanas, sendo perfeitamente natural chamar de pai pessoas com autoridade, mesmo que a rigor não sejam pais ou idosos.[59] Entre os congos e também entre os ambundus a palavra "pai" se referia ainda aos homens consagrados, aqueles que desempenhavam o papel de sacerdotes-adivinhos. A mesma lógica que levava o escravo Marcelino tropeiro a chamar Diogo pelo termo "pai" fazia com que o escravo Bento chamasse o líder de 1832 de "mestre". Dotado de habilidades especiais, que inspiravam admiração e respeito, Diogo Rebolo era tratado com reverência. A designação "mestre" representava justamente o reconhecimento de seus dons especiais e sua ascendência sobre os demais. Também pelo termo "mestre" era conhecido na cidade de Campinas, no século XIX, outro especialista religioso centro-africano, mestre Tito. Destaco ainda que, em um plano coletivo de fuga e insurreição ocorrido em 1838 em Vassouras (RJ), a liderança principal dos rebeldes era chamada de pai Manoel Congo pelos escravos. Assim como o pai/mestre Diogo Rebolo,

58. Para as análises empreendidas neste texto sobre o contato de diferentes culturas no contexto da escravidão nas Américas, inspiro-me no conceito de "transculturação", empregado por Robert Slenes, "Saint Anthony at the Crossroads in Kongo and Brazil: 'Creolization' and Identity Politics in the Black South Atlantic, ca. 1700/1850", in Livio Sansone, Elisée Soumonni e Boubacar Barry (orgs.), *Africa, Brazil and the Construction of Trans Atlantic Black Identities* (Trenton: Africa World Press, 2008), pp. 209-254.

59. Robert Slenes "'*Malungu, ngoma* vem!': África encoberta e descoberta no Brasil", *Revista USP*, n. 12 (1991-1992), p. 61.

mestre Tito e pai Manoel Congo também tinham poderes e respeito reconhecidos pelos demais companheiros na senzala.[60]

Outro elemento constantemente mencionado durante os depoimentos e que pode ganhar novas significações à luz das tradições culturais centro-africanas refere-se ao poder sobrenatural das mezinhas. A acepção mais comum do termo "mezinha" tanto no século XIX como hoje em dia é a de remédio ou medicamento caseiro. A sua etimologia está ligada, ainda, à arte da cura ou à prática da medicina.[61] Alguns escravos, durante os interrogatórios, em vez de falar em mezinhas, contudo, usaram o termo "raízes".[62] As duas expressões, de fato, não chegam a ser excludentes. Na verdade, pode-se pensar que as mezinhas eram um preparado feito à base de uma raiz ou raízes com poder de cura. Em primeiro lugar, é importante mencionar que a produção de mezinhas, ou de preparados à base de raízes, para curar encontra ressonâncias na cultura ibérica e também em tradições indígenas.[63] Não se pode dizer, portanto, que estamos diante de prática inaugurada por escravos africanos. O que a grande concentração de gente da África Central em Campinas, no começo do século XIX, pode ter representado para o ato de se produzir e consumir mezinhas, porém, é reforçar o caráter religioso associado ao seu poder de cura. A chave para entender as mezinhas como raízes ou preparados de raízes ligados a forças religiosas está registrada no depoimento dos cativos Joaquim Congo e Francisco Congo, que diziam que as mezinhas serviam para livrar ou curar feitiço.[64]

60. Ver a biografia de mestre Tito em Xavier, *Religiosidade e escravidão*, pp. 75-114. Flávio dos Santos Gomes, *Histórias de quilombolas: mocambos e comunidades de senzalas no Rio de Janeiro, século XIX* (São Paulo: Companhia das Letras, 2006), pp. 144-247.

61. Para definição atual da palavra "mezinha" e sua etimologia, ver *Michaelis dicionário brasileiro da língua portuguesa*, <michaelis.uol.com.br/busca?r=0&f=0&t=0&palavra=mezinha>, acessado em 7 maio 2017. Para definição do século XIX, ver Antônio de Moraes Silva, *Dicionário da Língua Portuguesa* [reprodução da segunda edição datada de 1813] (Rio de Janeiro: Litho-Typographia Fluminense, 1922), p. 290.

62. "Testemunho de José Francisco de Andrade", 3 fev. 1832, AESP, *Ofícios diversos de Campinas*, ordem 850, lata 56, pasta 2, doc. 80. Ver "Perguntas aos escravos Joaquim Congo e Felizardo Crioulo", 17 fev. 1832, AESP, *Ofícios diversos de Campinas*, ordem 850, lata 56, pasta 2, doc. 80.

63. Para uma análise das práticas de cura baseadas em preparados de raízes, ver Luiz Otávio Ferreira, *Medicina impopular: ciência médica e medicina popular nas páginas dos periódicos científicos, 1830-1840* (Campinas: Ed. da Unicamp, 2003), pp. 101-122. Xavier, *Religiosidade e escravidão*, pp. 149-190.

64. "Perguntas a Joaquim Congo e Francisco Congo", 17 fev. 1832, AESP, *Ofícios diversos de Campinas*, ordem 850, lata 56, pasta 2, doc. 80.

O entendimento das mezinhas/raízes como elementos de combate ao feitiço encontra forte correspondência com um ponto fundamental da cosmologia religiosa dos centro-africanos, aquilo que Fox, Vansina e Craemer analisaram como o princípio de ventura e desventura.[65] Segundo esses autores, o feitiço, no entendimento dos centro-africanos, resultava da mobilização de forças do mundo espiritual (que era também o mundo dos mortos) para benefício próprio ou para prejuízo de alguém. O uso, por exemplo, dos poderes do outro mundo para provocar o mal, causar doenças, gerar infertilidade, pobreza etc. era visto como feitiçaria. Tratava-se de uma atitude condenada socialmente, mas que nem sempre era possível evitar. A feitiçaria poderia vir a qualquer hora e de qualquer lugar, de uma pessoa ou de um grupo, podendo ser tanto consciente como inconsciente.[66] Nesse sentido, o significado das mezinhas como raízes que curam ou livram de feitiço liga-se à ideia de que elas combatiam ou preveniam coisas ruins. Em um momento de preparação para uma batalha, o que mais diretamente representaria o mal (ou as coisas ruins) eram exatamente as balas e facas do inimigo. Fechar o corpo dos revoltosos, portanto, para evitar ferimentos ou mesmo a morte decorrente da batalha por suas liberdades era função primordial de um líder espiritual como Diogo Rebolo, ao consagrar substâncias como as mezinhas/raízes.

Os suspeitos afirmaram que as mezinhas/raízes serviam também para deixar os senhores lentos, mansos, incapacitados para revidar os ataques dos revoltosos. Argumentei acima que é provável que os escravos estivessem adicionando preparados medicinais à comida dos senhores (com a ajuda dos cativos domésticos). Mas, do ponto de vista da religiosidade, a dupla função das mezinhas (proteger os escravos e enfraquecer os senhores) encontra respaldo nas concepções dos centro-africanos sobre o feitiço. Segundo elas, os habitantes do outro mundo podem, ao mesmo tempo, causar o bem ou fazer o mal. O espírito de um ancestral, por exemplo, que garante saúde, fertilidade, prosperidade e abundância para uma determinada comunidade, pode também promover doença, infertilidade e pobreza quando desobedecido em seus preceitos ou esquecido pelo grupo. Assim sendo, destaca Thornton, o mal para os centro-

65. Willy de Craemer, Jan Vansina e Renée C. Fox, "Religious Movements in Central Africa: A Theoretical Study", *Comparative Studies in Society and History*, v. 18, n. 4 (1976), p. 461.

66. Craemer, Vansina e Fox, "Religious Movements", pp. 461-462.

-africanos nunca é mal por excelência, como no caso do pensamento cristão, que tem na figura do diabo uma representação de tudo o que é ruim.[67] Na África Central, aquilo que provoca o mal pode também trazer o bem; basta cultuar de forma adequada e seguir os preceitos corretamente. Assim, não é de estranhar que as mezinhas/raízes fechariam o corpo dos revoltosos e, ao mesmo tempo, amansariam seus senhores. As forças espirituais que o pai/mestre Diogo Rebolo cultuava deveriam promover o bem para a comunidade escrava que o cercava e, ao mesmo tempo, causar o mal aos seus senhores.

Outro elemento mencionado nos depoimentos que pode ser mais bem compreendido a partir das tradições culturais centro-africanas refere-se ao poder de adivinhação de pai Diogo Rebolo por meio de um livro que tinha o desenho do focinho de um cão na capa. Em primeiro lugar, podemos nos perguntar se os escravos utilizaram mesmo o termo "livro" para se referir ao objeto empregado por Diogo Rebolo. Pode ser que durante os depoimentos os escravos tenham se referido a um instrumento em que o pai lia os sinais do outro mundo, o que, por sua vez, acabou sendo interpretado pelo escrivão como um livro. Contudo, é bem possível também que Diogo Rebolo de fato utilizasse um livro como instrumento de adivinhação e que tal prática fosse resultado do encontro de diversas tradições culturais. Para os cristãos, por exemplo, é justamente na Bíblia que está registrada a palavra divina, ou seja, os ensinamentos enviados por Deus. E é por meio das escrituras que os cristãos buscam se conectar com o mundo espiritual. Assim, o emprego de um livro para adivinhações pode significar justamente a maneira pela qual os centro-africanos incorporaram ensinamentos católicos, no processo de catequização que possivelmente se iniciou ainda na África e se aprofundou no Brasil.

Por seu turno, a associação do cão à prática de adivinhação é um elemento que encontra forte ressonância da cosmologia centro-africana, em especial para os congos. Da mesma maneira que os especialistas religiosos, os cães também eram considerados portadores de quatro olhos, dois para ver as coisas deste mundo e dois para ver as do outro. Eram animais que ajudavam os homens durante as caçadas, ou, metaforicamente falando, transitavam entre a vila

67. John K. Thornton, "Religious and Ceremonial Life in the Kongo and Mbundu Areas, 1500-1700", in Linda M. Heywood (org.), *Central Africans and Cultural Transformations in the American Diaspora* (Cambridge: Cambridge University Press, 2002), p. 81.

(representando o mundo dos vivos) e a floresta (local onde ficam os mortos).[68] A secreção que sai dos olhos dos cães, de acordo com MacGaffey, era considerada, na cultura centro-africana, muito poderosa.[69] Segundo a crença dos congos, ao ser aplicada nos olhos de uma pessoa, ela permitia a comunicação com os mortos.

Os cachorros, portanto, eram animais especiais pelas habilidades que tinham de enxergar o outro mundo e favorecer a comunicação com os espíritos. Robert Farris Thompson relata que os congos utilizavam um inquice (amuleto consagrado) em formato de cachorro com duas cabeças, ou seja, com quatro olhos, para ver além do nosso mundo e se comunicar com os antepassados.[70] Portanto, a arte divinatória de Diogo Rebolo, associada ao animal, repetia o significado que este tinha do outro lado do Atlântico, em especial para os congos, maioria entre os rebeldes de 1832. Se para ter poderes especiais e fazer adivinhações era necessária a comunicação com o mundo dos mortos, nada melhor do que invocar um animal que possuía quatro olhos, que transitava entre este e o outro mundo e que conseguia ver além das coisas reveladas à luz do dia.

Mas que tipo de adivinhações fazia pai Diogo Rebolo? O adivinho era procurado com frequência por sua capacidade de entender e decifrar as mensagens dos espíritos. Uma das funções de um adivinho era interpretar sonhos. Os sonhos seriam uma forma de contato com o outro mundo, revelando sinais e mensagens que muitas vezes só podem ser decifrados por um bom sacerdote-adivinho. No caso dos congos, por exemplo, alguns sinais são bastante conhecidos, podendo estar relacionados com coisas boas ou ruins. Sonhos com

68. Sobre a importância dos cachorros para os congos, ver Slenes, "L'arbre nsanda replanté: Cultes d'affliction kongo et identité des esclaves de plantation dans le Brésil du sud-est (1810--1888)", *Cahiers du Brésil Contemporain*, Paris, n. 67/68, parte 2, pp. 217-314; John M. Janzen e Wyatt MacGaffey (orgs.), *An Anthology of Kongo Religion: Primary Texts from Lower Zaire* (Lawrence: University of Kansas, 1974), p. 7; Wyatt MacGaffey, *Religion and Society in Central Africa: The Bakongo of Lower Zaire* (Chicago: University of Chicago Press, 1986), p. 132; e Robert Farris Thompson, *Flash of the Spirit: African and Afro-American Art and Philosophy* (Nova York: Random House, 1984), p.121.

69. Wyatt MacGaffey, "The Eyes of Understanding: Kongo Minkisi", in: Wyatt MacGaffey e Michael D. Harris (orgs.), *Astonishment & Power: Kongo Minkisi and the Art of Renée Stout* (Washington, D.C.: National Museum of African Art, 1993), p. 42.

70. Thompson, *Flash of the Spirit*, p. 121.

água, túmulo, rego, fantasmas, grandes vilas, por exemplo, representariam experiências com a morte; já sonhos com nozes de cola, frutos de palmeira, sal e sexo representariam experiências que envolvem promessa de vida.[71] Alguns sonhos, contudo, são mais cifrados e necessitam da interpretação de alguém que tenha poderes para se comunicar com o mundo espiritual no sentido de conseguir entender os seus significados. Aqui entra o trabalho do especialista.

O adivinho também era quem conseguia ver a causa da aflição de uma pessoa. Era ele que determinava, por exemplo, qual espírito estaria por trás de uma doença. Na África Central era comum, antes mesmo da iniciação em um culto coletivo de cura, a consulta a um sacerdote-adivinho para determinar o ritual mais adequado para aplacar certa aflição. O adivinho tinha, ainda, habilidades para identificar feiticeiros(as), ou seja, pessoas que utilizavam em segredo seus poderes sobrenaturais para fazer mal a um indivíduo ou a um grupo.[72] Nesse sentido, as habilidades de sacerdote-adivinho de mestre Diogo Rebolo em Campinas tinham grande importância para a população escrava. Ele podia ver coisas que afetavam a vida dos cativos no cotidiano, determinar suas causas e encontrar soluções. E podia ajudar nas horas de crise da coletividade, como seria a preparação de uma revolta.

O estudo da cultura centro-africana nos permite avançar também no entendimento do que ocorria nos encontros noturnos dos revoltosos. De fato, o conjunto dessas evidências sugere que essas reuniões tinham não apenas um caráter político de preparação para a revolta, mas guardavam também um significado religioso. Isto é, política e religião estavam imbricadas na trama dos revoltosos em Campinas. Regina Xavier e Martin Lienhard já haviam apontado para essa questão ao falarem da revolta de 1832, mas não avançaram na análise a respeito do que se passava nesses encontros.

Dessa maneira, baseado nos estudos de Robert Slenes sobre movimentos religiosos de escravos e seus descendentes no Oitocentos, minha hipótese é que as tais reuniões noturnas, lideradas por pai/mestre Diogo Rebolo, seriam cultos coletivos de aflição semelhantes àqueles que proliferaram na África Central,

71. MacGaffey, *Religion and Society*, p. 50.

72. Sobre as funções do adivinho, ver MacGaffey, *Religion and Society*, pp. 148, 152, 166, 225-226; Janzen e MacGaffey, *An Anthology of Kongo Religion*, pp. 69-70, 75-77, 79-83; e John M. Janzen, *Ngoma: Discourses of Healing in Central and Southern Africa* (Berkeley: University of California Press, 1992), pp. 90-101.

desde pelo menos o século XVI. A identificação de três movimentos religiosos, ao longo do século XIX, no Brasil, com características semelhantes aos cultos de aflição do tipo Kimpasi, da África Central, segundo Slenes, sugere que esse tipo de manifestação religiosa era "onipresente", em particular no Sudeste brasileiro. Os movimentos foram registrados na região norte do Espírito Santo, no ano de 1900; na vila de São Roque, interior de São Paulo, próxima a Campinas, no ano de 1854; e em Vassouras e municípios vizinhos, no Vale do Paraíba, em 1848 — neste último caso envolvendo um grande plano de insurreição escrava.[73] De fato, os diversos elementos que caracterizam os cultos coletivos de aflição em suas variadas manifestações no Centro-Oeste africano coincidem com características fundamentais das reuniões de 1832. Por exemplo, a realização de encontros coletivos e noturnos de fiéis, a presença de um sacerdote-adivinho conduzindo as reuniões, a busca de proteção espiritual para a comunidade (fechar o corpo) e a crença em substâncias consagradas (a bebida feita a partir de raízes) na luta contra o feitiço, considerando que a escravidão fosse entendida como feitiço de homem branco.

O aparecimento dos cultos coletivos de aflição no Centro-Oeste africano e as feições que adquiriram sobretudo em momentos de crise social ou ecológica reforçam ainda mais a ideia de que os escravos na América possam ter se apoiado neles para imaginar planos de revolta. A lógica subjacente a esses cultos, embora normalmente orientados para resolver preocupações individuais, podia ser facilmente redirecionada contra males sociais. Os momentos de epidemia, mudanças no modo de produção, declínio de reinos, intensificação do tráfico de escravos ou de avanço dos europeus no continente africano eram com frequência marcados pela proliferação de cultos coletivos de aflição.[74] Eram momentos, segundo a crença de grande parte dos povos do Centro-Oeste africano, de "feitiçaria em larga escala". John Janzen destaca ainda que os cultos de aflição representaram importantes fontes de oposição aos Estados nos períodos colonial e pós-colonial na África.[75] No começo do século XX, os líderes desses cultos chegaram a organizar uma oposição às práticas de recrutamento

73. Slenes, "L'arbre nsanda replanté", p. 309.
74. Slenes, "L'arbre nsanda replante", p. 291.
75. Janzen, *Ngoma*, pp. 75-79.

de trabalhadores na Rodésia e inspiraram greves de trabalhadores nas minas. Assim, indaga Slenes,

> se os kongo [e outros povos da África Central] recorriam a seus recursos culturais para confrontar, como comunidade, as consequências do tráfico de escravos e do expansionismo europeu na sua terra de origem, não teriam eles agido da mesma forma no Novo Mundo, contra a "feitiçaria" da escravização?[76]

Assim, as habilidades sobrenaturais de pai/mestre Diogo Rebolo serviriam, ao que tudo indica, para difundir um sentimento de força e proteção para a batalha, atraindo mais e mais rebeldes para o projeto de insurreição. O sucesso das reuniões noturnas conduzidas por ele acabou despertando a atenção senhorial. No ano de 1832, as saídas frequentes dos cativos para se encontrarem nos rituais do mestre e o comportamento indisciplinado de certos escravos, que se tornava cada vez mais comum conforme se aproximava o início da insurreição, fizeram com que o senhor de engenho Antônio Francisco de Andrade desconfiasse de que algo estava sendo tramado. Ao que parece, Diogo Rebolo era um líder espiritual eficaz. Seus rituais atraíam cada vez mais gente e reforçavam a ideia de que as forças do outro mundo estariam ao lado dos rebeldes na luta contra a escravidão. Nem tudo, porém, acabou como o esperado. O plano foi descoberto e os rituais noturnos de Diogo Rebolo decerto cessaram. Mas os germes de um novo movimento religioso e, possivelmente, de uma nova tentativa de insurreição permaneceram. Nenhum objeto ritual foi apreendido, pouquíssimas armas foram encontradas e, o que é muito provável, nem todas as lideranças foram identificadas.

CONCLUSÃO

Apesar de todo o esforço dos revoltosos para manter em segredo a trama rebelde, os senhores de engenho de Campinas frustraram seus projetos. Era o ponto-final de uma história que havia começado vários meses antes e que sem dúvida empolgou muitos escravos com a possibilidade de conquista da liber-

76. Slenes, "L'arbre nsanda replanté", p. 291.

dade. Na documentação consultada, não foi registrada a sentença final dos escravos e do liberto João Barbeiro. O Código Criminal do Império, de 1830, previa que as lideranças escravas envolvidas em um projeto de insurreição deveriam ser condenadas com penas que variavam desde galés perpétuas (pena máxima), passando por galés de vinte anos (pena média), até chegar a galés por dez anos (pena mínima).[77] Aos que não fossem apontados como cabeças da insurreição, a pena era de açoites, estabelecida de acordo com o arbítrio do juiz responsável pelo caso. Os libertos teriam a mesma pena que os acusados de liderar uma insurreição, mas, ao contrário dos escravos, não podiam ser açoitados.

Seguindo à risca as sentenças estipuladas pelo Código Criminal, podemos imaginar que os líderes escravos e João Barbeiro foram condenados à pena de galés. O liberto, em particular, pelo fato de ter sido apontado como o principal cabeça, deve ter recebido a pena máxima, galés perpétuas. A pena de galés sujeitava os condenados ao trabalho em obras públicas, com uma argola de ferro presa ao tornozelo, que se ligava, através de uma corrente, à cintura ou ao pé de outro prisioneiro. Era classificada, de acordo com o Código Criminal, como a segunda maior condenação, atrás somente da pena de morte.

Quanto aos outros rebeldes, a pena deve ter sido a de açoites, aplicada no pelourinho da cidade onde havia ocorrido o crime. Para os senhores a pena de açoites era mais interessante que as anteriores porque evitava a perda do serviço do escravo, que logo após cumprir a sentença retornava ao trabalho na propriedade em que morava. Além disso, permitia aos proprietários a eventual venda do cativo rebelde para outra região. Quanto a João Barbeiro, o mais provável é que os senhores de Campinas e autoridades locais o quisessem bem longe do contato com os cativos. A última pista que tive sobre o seu paradeiro está registrada na carta de um senhor, dirigida ao presidente da província, em que sugeria que o liberto fosse enviado para o serviço em uma embarcação da Marinha, para navegar em águas bem distantes da província paulista.

77. As penas indicadas no corpo do texto resultam da combinação do artigo 113 (insurreição) com o artigo 34 (tentativa) do Código Criminal do Império de 1830. Cf. <http://www.planalto.gov.br/ccivil_03/leis/lim/lim-16-12-1830.htm>.

7. "Nós somos os caramurus e vamos arrasar tudo": a história da Revolta dos escravos de Carrancas, Minas Gerais (1833)

Marcos Ferreira de Andrade

No dia 13 de maio de 1888 foi decretado o fim da escravidão no Império do Brasil, a última nação a abolir a escravatura nas Américas. Este capítulo se propõe a analisar outro 13 de maio, que ainda precisa ser mais bem conhecido pela historiografia da escravidão. Trata-se de um levante de escravos ocorrido naquela data, 55 anos antes da abolição da escravatura no Brasil, nas propriedades da família Junqueira, na freguesia de Carrancas, termo da vila de São João del-Rei, em Minas Gerais (ver Figuras 1 e 2). Parte da família senhorial foi brutalmente dizimada pelos cativos rebeldes e cinco deles pagaram com a própria vida pelo ato de se rebelarem e ao se confrontarem com os senhores e a Guarda Nacional. Para parte dos sobreviventes, a punição foi exemplar. Dezesseis escravos foram condenados à pena de morte e enforcados, sem direito a solicitar a petição de graça à Regência para que suas vidas fossem poupadas. Os únicos cinco que tentaram tiveram o pedido negado pela Regência. Portanto, trata-se da história da revolta escrava mais impactante do Sudeste escravista e da maior condenação coletiva à pena de morte aos insurretos de que se tem notícia, efetivamente aplicada, da história da escravidão brasileira.[1]

1. A Revolta de Carrancas foi o principal objeto de investigação de minha Dissertação de Mestrado, quando tive oportunidade de divulgar este episódio completamente desconhecido pela his-

O levante ocorreu em um contexto muito particular da história do Império brasileiro. O período das Regências iniciou-se após a abdicação do trono por parte do imperador d. Pedro I, em 1831, e se encerrou com a antecipação da maioridade de seu filho, d. Pedro II, em 1840. Mais que um interregno do primeiro e o segundo reinados, ele foi determinante na construção do Estado nacional brasileiro. Foi uma época marcada por muitas tensões, dissensões entre as distintas facções políticas, violentos protestos coletivos (sedições militares, levantes liberais e republicanos, protestos de rua, revoltas escravas etc.) e por grande experimentação política. A província de Minas Gerais foi palco de uma breve disputa e dissensão entre dois grupos políticos (liberais moderados

---

toriografia da escravidão brasileira. Dentre as publicações que produzi sobre o tema, destacam-se as seguintes: "Rebeldia e resistência: as revoltas escravas na província de Minas Gerais (1831-1840)", Dissertação de Mestrado, Universidade Federal de Minas Gerais, 1996; "Rebelião escrava na comarca do Rio das Mortes, Minas Gerais: o caso Carrancas", *Afro-Ásia*, Salvador, n. 21/22 (1998-1999), pp. 45-82; "Violência, criminalidade e controle social: rebeliões escravas nas Minas Gerais — Século XIX: o caso Carrancas", *Actas do Congresso Luso-Brasileiro Portugal-Brasil: Memórias e Imaginários* (Lisboa: Fundação Calouste Gulbenkian, 2000), pp. 437-452; "Revolta de Carrancas", in Ronaldo Vainfas (org.), *Dicionário do Brasil Imperial: 1822-1889* (Rio de Janeiro: Objetiva, 2002), pp. 635-637; "Negros rebeldes nas Minas Gerais: a revolta dos escravos de Carrancas (1833)", disponível em: <documenta.direito.ufmg.br/modules/wfdownloads/singlefile.php?cid=8&lid=15>; "O outro 13 de maio", *Revista de História da Biblioteca Nacional*, Rio de Janeiro, v. 1, n. 2, ago. 2005, pp. 69-73; *Elites regionais e a formação do Estado imperial brasileiro: Minas Gerais — Campanha da Princesa (1799-1850)* (Belo Horizonte: Fino Traço, 2014); "Massacre em Carrancas" e "Depois do massacre", disponível em: <www.historia.uff.br/impressoesrebeldes/?temas=massacre-em-carrancas>; <www.historia.uff.br/impressoesrebeldes/?temas=depois-do-massacre>; "A pena de morte e a revolta dos escravos de Carrancas: A origem da 'lei nefanda' (10 de junho de 1835)", *Tempo*, Niterói, v. 23, n. 2 (2017), pp. 264-289; e "*Horrenda Exceptione*: antecedentes da lei n. 4 de 10 de junho de 1835 e o levante dos escravos de Carrancas", in Arno Dal Ri Jr., Diego Nunes e Ricardo Sontag (orgs.), *História do Direito Penal: confins entre o direito penal e política na modernidade jurídica (Brasil e Europa)* (Florianópolis: Habitus, 2020), pp. 117-144. Venho empreendendo uma releitura da revolta através de projetos de pesquisa que, em momentos distintos, contaram com o apoio do Conselho Nacional de Desenvolvimento Científico e Tecnológico (CNPq), da Fundação de Amparo à Pesquisa do Estado de Minas Gerais (Fapemig) e da Coordenação de Aperfeiçoamento de Pessoal de Nível Superior (Capes), através do Procad (Programa de Capacitação Docente/Projeto "Memória e comunidades de sentido: percursos historiográficos"), desenvolvido em parceria com os Programas de Pós-Graduação em História das seguintes universidades: Universidade Federal Fluminense (UFF), Universidade Federal do Pará (UFPA) e Universidade Federal de São João del-Rei (UFSJ). Agradeço a João José Reis pela leitura crítica cuidadosa e pelas sugestões feitas à primeira versão do texto, que, na medida do possível, foram incorporadas. Mas a responsabilidade pelas ideias aqui apresentadas está restrita a mim.

e restauradores) que ficou conhecida como Revolta do Ano da Fumaça ou Sedição Militar de 1833.[2] Também foi uma época expressiva no que se refere à entrada de cativos africanos no país e, particularmente, em Minas Gerais. Esta acabou se tornando a província que mais importou escravos naquele período, através do mercado do Valongo, na cidade do Rio de Janeiro.

Para entender melhor esse capítulo importante da história das rebeliões escravas no Brasil, será necessário traçar um quadro geral da região em que ocorreu o conflito, a comarca do Rio das Mortes, considerando as principais atividades econômicas ali desenvolvidas e o crescimento demográfico, marcado pela dependência expressiva da mão de obra escrava e do tráfico transatlântico de cativos africanos. Ainda é preciso analisar as características das unidades produtivas e a procedência da população escrava. Apresentarei algumas considerações sobre a família senhorial envolvida no confronto e a composição de suas escravarias, além do contexto político dos anos iniciais do período regencial. Por fim, discuto a insurreição propriamente dita, sua repressão, a relação com a Sedição Militar, a ação e a motivação dos escravos, a questão étnica, além do impacto causado entre as elites senhoriais e as instâncias políticas do Império, e sua relação com a origem da lei de 10 de junho de 1835.

ECONOMIA E POPULAÇÃO NA COMARCA DO RIO DAS MORTES

Em 1821, a comarca do Rio das Mortes detinha 41,6% dos habitantes da capitania, ou seja, 213617 pessoas.[3] A força da economia local, voltada para o abastecimento interno, se acentuou no século XIX, em especial pela proximidade dos caminhos e estradas que davam acesso à Corte do Rio de Janeiro, con-

2. Além dos liberais moderados e dos restauradores (caramurus), havia o grupo dos liberais exaltados. Os dois últimos tinham atuação mais destacada na cidade do Rio de Janeiro. Para um maior aprofundamento sobre o tema, ver Marcello Basile, "O Império em construção: projetos de Brasil e ação política na Corte Regencial", Tese de Doutorado, Universidade Federal do Rio de Janeiro, 2004; Marcos Ferreira de Andrade e Janaína de Carvalho Silva, "Moderados, exaltados e caramurus no prelo carioca: os embates e as representações de Evaristo Ferreira da Veiga (1831-1835)", *Almanack*, Guarulhos, n. 4, 2012, pp. 130-150, <www.almanack.unifesp.br/index.php/almanack/article/viewFile/834/pdf>, acessado em 13 mar. 2021.

3. Kenneth Maxwell, *A devassa da Devassa: a Inconfidência Mineira — Brasil e Portugal 1750-1808* (Rio de Janeiro: Paz e Terra, 1978), p. 110.

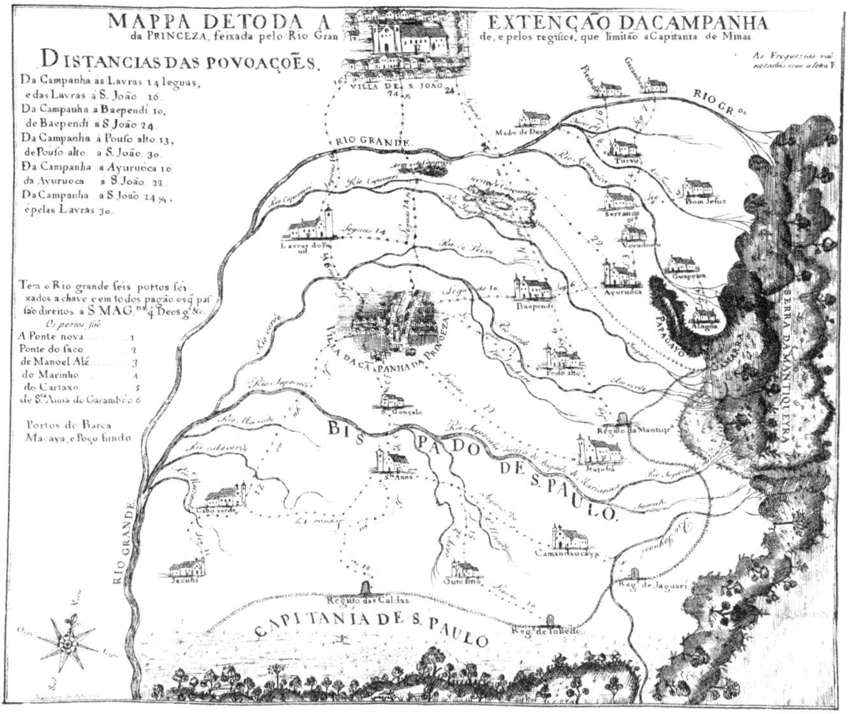

1. *Mapa da extensão do termo da Vila da Campanha da Princesa. Fonte: Livro de Criação da Vila da Campanha da Princesa [1799-1800], AHU, Conselho Ultramarino/ Brasil, cód. n. 2166, anexo.*

tribuindo para que algumas vilas se tornassem destacados entrepostos comerciais, como São João del-Rei, Barbacena e Campanha da Princesa.[4]

A importância da mão de obra escrava na região é confirmada pelos dados que constam dos mapas populacionais de 1833 a 1835. A população cativa atingira índices superiores a 40% nas comarcas do Rio das Mortes e do Rio Paraibuna, esta criada recentemente (1833). Nas de Ouro Preto e Rio das Velhas, os cativos representavam pouco mais de 30% da população. E na do Rio Sapucaí (termos de Campanha, Pouso Alegre e Jacuí) os índices ficaram abaixo de um terço da população total.[5]

4. Alcir Lenharo, *As tropas da moderação: o abastecimento da Corte na formação política do Brasil, 1808-1842* (Rio de Janeiro: Símbolo, 1979); Andrade, *Elites regionais.*

5. Mapas de População de 1833-1835, documentação pertencente ao Arquivo Público Mi-

Em boa parte da província de Minas Gerais, um fazendeiro podia ser dono de engenho, criar gado, produzir alimentos, dedicar-se ao pequeno comércio de loja ou ao comércio de tropas e, ainda, à mineração. Na comarca do Rio das Mortes, grande parte da economia estava assentada nas atividades voltadas para o abastecimento interno, sendo grandes destaques a produção agrícola e a pecuária, embora a mineração ainda exercesse algum atrativo. O aumento populacional e a expansão econômica se deram nas primeiras décadas do século XIX, notadamente após a chegada da Corte ao Brasil, em 1808. A necessidade de abastecer a cidade do Rio de Janeiro de gêneros como gado bovino e suíno, queijo e fumo acabou contribuindo para o comércio e as atividades agrícolas e pastoris naquelas localidades, já praticadas em larga escala desde meados do século XVIII.[6]

Quadro semelhante encontrei para a região do sul de Minas, área que pertenceu à comarca do Rio das Mortes, durante todo o século XVIII e as três primeiras décadas do século XIX, e que também possuía fortes laços mercantis com o Rio de Janeiro. O plantio de cana e a produção de açúcar, rapadura, aguardente, alimentos e a criação de animais estavam entre as principais atividades que garantiram o enriquecimento dos proprietários mais abastados daquela área (ver Figura 2). Alguns deles também plantavam fumo e até um pouco de café. Era em torno dessas atividades que se montavam as grandes unidades escravistas, fazendo surgir as casas de vivenda, as senzalas, as benfeitorias (moinhos, monjolos, engenhos, paióis, casas de tropa) e as plantações. Para a sua execução, a mão de obra escrava foi fundamental. Nos inventários e listas censitárias da época, muitos cativos foram qualificados como tropeiros, arrieiros, carreiros, carpinteiros, roceiros, indicando que constituíam "as mãos e os pés" dos senhores, como o jesuíta Antonil definiu os escravos dos engenhos coloniais.[7] Parte do excedente da produção agrícola e da criação de ani-

neiro (doravante APM), apud Maria do Carmo Salazar Martins, "Revisitando a província: comarcas, termos, distritos e população de Minas Gerais em 1833-1835", *Anais do V Seminário sobre a Economia Mineira* (Belo Horizonte: UFMG/ Cedeplar, 1990), pp. 12-29.

6. Lenharo, *As tropas da moderação*.

7. André João Antonil, *Cultura e opulência do Brasil* (Belo Horizonte: Itatiaia; São Paulo: Edusp, 1982), p. 89.

mais podia ser comercializada nos mercados locais, regionais ou mesmo fora da província, em especial a Corte do Rio de Janeiro.[8]

Uma fonte nos fornece informações mais pormenorizadas sobre a população cativa de algumas localidades da comarca do Rio das Mortes: as listas nominativas de habitantes de 1831-1832. Nos distritos que compunham o termo de Baependi, a população cativa atingiu a proporção de 43,9% dos habitantes. Dos dez distritos para os quais existem listas nominativas, mais da metade estava acima desse percentual. Em alguns distritos, os escravos representavam mais de 60% da população, como eram São José do Favacho e Varadouro.[9] Na realidade, esses distritos eram formados por grandes áreas rurais e forte concentração de escravos nas mãos de poucos proprietários, entre estes alguns da família Junqueira. A fazenda do Favacho, por exemplo, estava localizada no primeiro distrito e possuía uma capela dedicada a São José.

Esses índices apontam o peso da mão de obra escrava para a economia da região e da sua dependência do tráfico transatlântico de africanos. Isso pode ser visualizado pela proporção dos africanos na população escrava. Em Baependi, por exemplo, três distritos possuíam mais de 45% dos cativos nascidos na África, sendo que em dois deles, a capela do Espírito Santo e a de Carmo do Pouso Alto, esse percentual ultrapassava 60%. Em estudo anterior, constatei alto índice de concentração da população cativa, sobretudo a de origem africana, em alguns distritos selecionados da freguesia de Carrancas. Os do Espírito Santo de Carrancas, São Tomé das Letras e o curato do Saco ultrapassavam 45% de africanos e, em alguns casos, chegavam a mais de 60%.[10]

Esses dados confirmam o que a historiografia tem demonstrado, ou seja, que várias regiões da província de Minas Gerais, com uma economia orientada para o abastecimento interno, participaram ativamente do tráfico ne-

8. Andrade, *Elites regionais*, pp. 33-76, 104-132.

9. APM, Listas nominativas de 1831/1832 para o termo de Baependi. Todas as informações referentes às listas nominativas de habitantes de 1831/1832 e de 1838/1839, utilizadas no presente texto, foram localizadas a partir da consulta do banco de dados Poplin-Minas-1830, organizado pelos professores Clotilde Andrade Paiva, Mário Marcos Sampaio Rodarte e Marcelo Magalhães Godoy, do Cedeplar/ FACE/ UFMG. O referido banco de dados pode ser baixado, na íntegra, através do seguinte site: <www.nphed.cedeplar.ufmg.br/poplin-minas-1830/>, acessado em 13 mar. 2021.

10. Andrade, "Rebeldia e resistência", pp. 147-150.

greiro internacional, pelo menos até os anos iniciais da década de 1830. Desde os anos 1980, o debate historiográfico contribuiu para relativizar a visão tradicional acerca da decadência da economia de Minas Gerais, em virtude da redução da atividade mineradora e da associação unívoca que se fazia entre trabalho escravo e economia de exportação. Mas as pesquisas de caráter demográfico constataram um vigoroso crescimento populacional na província de Minas Gerais ao longo do século XIX, em especial do contingente escravo. Em 1819, Minas possuía 170 mil cativos e, em 1873, esse número correspondia a quase 400 mil indivíduos, ou seja, a província possuía o maior número de cativos do Império.[11] Entre 1825 e 1833, Minas Gerais absorveu nada menos que 48,4% da escravaria africana que chegava ao Brasil através dos portos cariocas, contrastando com as áreas exportadoras do Vale do Paraíba e do Norte Fluminense, que juntas absorviam 36,5% dos cativos importados.[12] Até a extinção do tráfico negreiro internacional, havia um processo de renovação constante das escravarias com a chegada de "negros novos", homens na sua grande maioria. Isso acabava se refletindo na composição do contingente escravo em Minas Gerais.[13]

Embora o padrão de posse de cativos nas Minas Gerais fosse o da pequena propriedade (de um a cinco cativos), havia uma grande concentração nas mãos

11. Roberto B. Martins, "Growing in Silence: Slave Economy of Nineteenth-Century Minas Gerais, Brazil", Tese de Doutorado, Vanderbilt University, 1980; Roberto B. Martins, *A economia escravista de Minas Gerais no século XIX* (Belo Horizonte: Cedeplar/ UFMG, 1982); Douglas Cole Libby, *Transformação e trabalho em uma economia escravista: Minas Gerais no século XIX* (São Paulo: Brasiliense, 1988); Francisco Vidal Luna e Wilson Cano, "Economia escravista em Minas Gerais", *Cadernos IFCH/Unicamp*, Campinas, n. 10, 1983; Robert W. Slenes, "Os múltiplos de porcos e diamantes: a economia escravista de Minas Gerais no século XIX", *Cadernos IFCH/Unicamp*, Campinas, n. 17, 1985.

12. João Luís Fragoso, *Homens de grossa aventura: acumulação e hierarquia na praça mercantil do Rio de Janeiro (1790-1830)* (Rio de Janeiro: Civilização Brasileira, 1998), p. 177.

13. Manolo Florentino, *Em costas negras: uma história do tráfico de escravos entre a África e o Rio de Janeiro* (São Paulo: Companhia das Letras, 1997). Os estudos demográficos têm confirmado que a primeira metade do século XIX foi marcada pelo recrudescimento da escravidão no Brasil e pela intensificação do tráfico internacional de africanos escravizados. O porto do Rio de Janeiro foi responsável pela importação de mais de 1 milhão de escravos, seguido pelo da Bahia, com 400 mil, e o de Pernambuco, com quase 200 mil. Ver o trabalho coletivo realizado por vários historiadores em The Transatlantic Slave Trade Database: Voyages, <www.slavevoyages.org/voyage/database>, acessado em 13 mar. 2021.

de poucas famílias proprietárias. A família Junqueira, alvo da revolta de 1833, possuía grandes escravarias, com números que oscilavam entre trinta e até mais de cem pessoas. Os Junqueira consorciavam várias atividades, produziam cereais, criavam gado e porcos, além de plantar cana e fumo, sendo que boa parte da produção e dos derivados era destinada à capital fluminense. Alguns deles se dedicaram, de maneira esporádica, ao tráfico de cativos do Rio de Janeiro para Minas Gerais.[14]

ESCRAVOS E SENHORES EM CONFRONTO: A REVOLTA DE CARRANCAS

Assim, as principais freguesias que compunham a comarca do Rio das Mortes e a região mais ao sul da província de Minas Gerais eram altamente dependentes de "negros novos", o que se intensificou nas primeiras décadas do século XIX. Pode-se afirmar que as estratégias senhoriais de controle dependiam da própria conjuntura do tráfico internacional, ainda que tivessem alguma margem de manobra na composição de suas escravarias, como, por exemplo, ao possibilitarem e até incentivarem a formação de laços parentais entre os cativos. Em algumas unidades mais antigas, como a fazenda Campo Alegre, a opção dos proprietários parece ter sido estimular a reprodução natural entre os cativos através da formação de famílias. Mas isso não foi suficiente para garantir a "paz das senzalas", para usar a expressão de Manolo Florentino e José Roberto Góes, que consideram a existência da família escrava um fator de acomodação ao cativeiro.[15] O temor de uma rebelião coletiva dos escravos se concretizou nas terras dos maiores proprietários da freguesia de Nossa Senhora da Conceição de Carrancas.

14. Foi o caso do tenente João Pedro Diniz Junqueira, proprietário da fazenda Traituba, que foi quatro vezes ao Rio, no período de 1815 a 1830, e em cada viagem trouxe sempre mais de cinquenta escravos. Na primeira, em 1815, foram nada menos que 93 cativos. Andrade, *Elites regionais*, pp. 243-245.

15. Manolo Florentino e José Roberto Góes, *A paz das senzalas: famílias escravas e tráfico atlântico, Rio de Janeiro, c. 1790-c. 1850* (Rio de Janeiro: Civilização Brasileira, 1997).

2. *Localização das fazendas onde ocorreu a revolta e as divisas atuais dos munícipios de Carrancas, Cruzília e São Tomé das Letras. Mapa elaborado por Sonia Vaz.*

A revolta ocorreu no final da manhã do dia 13 de maio de 1833. Começou na fazenda Campo Alegre, de Gabriel Francisco Junqueira, o principal representante local da facção liberal moderada, eleito deputado em 1831 para a Assembleia Geral do Império. Os escravos, liderados por Ventura Mina, mataram o filho do deputado enquanto ele supervisionava o trabalho dos cativos na roça da fazenda. O morto, Gabriel Francisco de Andrade Junqueira, era conhecido pelos escravos como "senhor moço". Na época, ocupava um cargo de importância na sociedade local: juiz de paz de São Tomé das Letras, um dos distritos da freguesia de Carrancas. Assim que chegou à roça, ainda montado em seu cavalo, foi surpreendido por Ventura Mina, que o derrubou do animal e, logo em seguida, junto com os escravos Domingos e Julião, deu-lhe "muitas porretadas na cabeça e corpo, tirando-lhe a vida no mesmo instante".[16]

16. Escritório Técnico do IPHAN — Seção São João del-Rei, doravante IPHAN-SJDR, Processo-crime de Insurreição (1833), cx. PC 29-01, Libelo Acusatório, fl. 117.

Os insurgentes só não atacaram a sede da fazenda Campo Alegre porque o moleque Francisco, provavelmente um escravo de confiança da família, aproveitando o momento em que Ventura Mina e os demais acabavam de matar o senhor moço, rapidamente pegou o cavalo deste, montou-o e seguiu em disparada para avisar os moradores da fazenda sobre o que acabara de presenciar. Ventura e mais sete companheiros tentaram atacar a casa-grande, mas encontraram o terreiro guarnecido por capitães do mato, dando tempo para que os familiares do deputado abandonassem, às pressas, "a casa e mandado buscar socorro".[17]

Na fazenda Bela Cruz, José Francisco Junqueira e sua família não tiveram a mesma sorte[18] (ver Figura 3). Foram pegos de surpresa. Antes de atacarem a sede da fazenda, Ventura Mina e outros escravos da Campo Alegre se encontraram com Joaquim Mina e outros escravos da Bela Cruz, que trabalhavam na roça naquele instante. Assim que chegaram à casa-grande, assassinaram brutalmente todos os brancos que ali residiam, sete integrantes da família, incluindo três crianças, uma delas de poucos meses de idade, e mais duas escravas (mais detalhes adiante).[19] Não houve tempo para que as vítimas esboçassem qualquer reação, porque foram atacadas inesperadamente pelos próprios escravos, unidos aos de Campo Alegre. A determinação de matar toda a família senhorial fez com que parte do grupo de insurretos permanecesse à espera do genro de José Francisco, Manoel José da Costa, que se encontrava na fazenda Campo Alegre quando fora morto o filho do deputado. Mas ele tinha sido avisado do que acontecera na fazenda do sogro, onde ele morava com a mulher e os filhos. Suspeitando que os rebeldes não mais se encontravam na Bela Cruz, partiu para tentar acudir a esposa, os sogros e demais aparentados.[20] Mal sabia que parte dos insurgentes o

17. Depoimento de Antônio Francisco Dias, homem branco, morador da freguesia de Baependi, que socorreu a família na qualidade de guarda nacional. Idem, fl. 46.

18. Tâmis Parron, ao fazer um resumo da chacina cometida pelos escravos, em *A política da escravidão no Império do Brasil, 1826-1868* (Rio de Janeiro: Civilização Brasileira, 2011), p. 94, comete um equívoco quando afirma que, na Bela Cruz, os insurretos mataram o pai do deputado. O patriarca da família, João Francisco Junqueira, falecera catorze anos antes. Sobre a história dos Junqueira, ver Andrade, *Elites regionais*, pp. 229-298.

19. O juiz de paz de Carrancas, Antônio Nogueira Gomes Freire, informou que também foram mortas duas escravas. "Comunico os tristes acontecimentos de Campo Alegre e Bela Cruz, donde tiraram a vida a Gabriel moço, José Junqueira, mulher, filha, netos, nora e duas escravas", IPHAN-SJDR, Processo-crime de Insurreição (1833), cx. PC 29-01, fl. 21.

20. Infelizmente não há maiores detalhes nos autos de como ele teria sido avisado, mas sem

esperava atrás da porteira e de uma construção coberta de capim. Foi morto a pauladas e foiçadas assim que adentrou a sede da fazenda.[21]

Os demais rebeldes, ainda sob a liderança de Ventura, marcharam para a fazenda do Jardim[22] (ver Figura 2). No caminho, encontraram e mataram um agregado que ia para a Bela Cruz. À noite, chegando à Jardim, encontraram forte resistência do proprietário e de seus escravos de confiança. Ventura Mina foi baleado e morto. João Cândido da Costa Junqueira, proprietário da referida fazenda, já tinha sido informado do levante e do banho de sangue provocado pelos escravos na fazenda Bela Cruz, pois estava em Campo Alegre quando se iniciou o levante. Imediatamente prendeu a maioria de seus escravos na senzala, armou dois deles que sabia serem leais,[23] reuniu-os em uma sala da casa-

dúvida sabia que os escravos, liderados por Ventura Mina, marcharam para a fazenda Bela Cruz, uma vez que a sede da fazenda Campo Alegre não havia sido atacada.

21. Em certos aspectos, o massacre promovido pelos escravos de Carrancas, embora o número de brancos mortos fosse bem menor, lembra a revolta liderada pelo escravo e líder religioso Nat Turner, nas fazendas do condado de Southampton, Virgínia, Estados Unidos, no dia 22 de agosto de 1831. A revolta também foi curta, durou menos de 24 horas, com ataque a várias fazendas e morte de dezenas de brancos, gerando pânico e terror entre os senhores. Ao contrário da de Carrancas, essa revolta marcaria profundamente a memória dos americanos e dos afro-americanos. A coletânea organizada por Kenneth Greenberg traz ensaios que exploram a revolta de diversas perspectivas. Kenneth S. Greenberg (org.), *Nat Turner: A Slave Rebellion in History and Memory* (Nova York: Oxford University Press, 2003).

22. Nos autos, a fazenda aparece denominada de duas formas: "do Jardim" e "Bom Jardim". Utilizo as duas, pois o nome Bom Jardim aparece em um dos depoimentos mais importantes dos autos, como o da testemunha Maria Joaquina do Espírito Santo, fiandeira e agregada da fazenda, analisado mais adiante, que revela a leitura política feita pelos escravos da Sedição de 1833 e a incorporação de uma das identidades políticas em disputa, no caso, os caramurus.

23. "[M]archaram para a fazenda de João Candido da Costa, onde chegaram já à noite, da qual *foram rechaçados pela forra de fogo com que o dito João Candido e dois escravos vigorosamente se defenderam*" (grifo meu). Juiz de Paz de Carrancas, José Raimundo Barbosa, ao presidente da Província, 16 maio 1833, IPHAN-SJDR, Processo-crime de Insurreição (1833), CX. PC 29-01, fl. 19. A preocupação de João Cândido era bastante justificável, pois possuía grande escravaria, nada menos que 86 escravos em 1839. Será que um desses escravos seria seu feitor, como era o caso de Joaquim Mina, da fazenda Bela Cruz? Difícil saber, pois os nomes dos dois escravos que o acompanharam não aparecem nos autos e não há lista para o ano de 1831 para o distrito de São Tomé das Letras. No censo nominal de 1839, seis anos após o levante, José Francisco Caldeira, homem branco de apenas 22 anos, aparece como feitor da fazenda do Jardim. Lista nominativa de São Tomé das Letras, 1839, APM, <www.nphed.cedeplar.ufmg.br/poplin-minas-1830/>, acessado em 13 mar. 2021.

3. *Vista frontal da fazenda Bela Cruz, Cruzília (MG). Percebe-se que foram retiradas duas janelas de ambos os lados, que faziam parte da estrutura original da construção. Fonte: Acervo Família Junqueira. Foto de Lilo, nov. 2003.*

-grande e ficou à espera dos insurgentes. Depois de algum tempo, estes apareceram e foram dispersados com alguns tiros.[24]

Tenho poucas informações sobre esse confronto e o que se sucedeu em seguida. Mas parece que durou alguns instantes, e a perseguição aos insurretos, alguns dias. Os autos indicam que foram mortos mais quatro escravos, a saber: João Inácio, Firmino, Matias e Antônio Cigano. Os rebeldes sobreviventes embrenharam-se nas matas e evitaram, por algum tempo, a captura. É o que se depreende do depoimento de algumas testemunhas e dos relatos dos juízes de paz que se ocuparam da devassa.[25]

No dia 21 de maio de 1833, o juiz de paz de Baependi, Antônio Gomes Nogueira Freire, em ofício dirigido ao presidente da província, Manoel Iná-

24. IPHAN-SJDR, Processo-crime de Insurreição (1833), cx. PC 29-01, Libelo Acusatório, fl. 116v.
25. Idem, Depoimento de José Bento de Araújo, fl. 44.

cio de Melo e Souza, que se encontrava na vila de São João del-Rei, informou sobre os procedimentos adotados para debelar a insurreição. Junto com outros proprietários vizinhos, foram os primeiros a prestar socorro aos Junqueira, colocar as outras fazendas sob vigilância permanente e partir no encalço dos insurgentes. O juiz informou sobre a suspeita que tinha em relação aos sediciosos da capital, na medida em que o "exército da legalidade" ganhava força e acenava com a vitória dos moderados, e daí os seus "inimigos [...] poderiam lançar mão de algum plano haitiano".[26] Disse ainda que, no dia 14 de maio, por volta das nove horas da noite, fora informado dos "acontecimentos desastrosos" de Campo Alegre e Bela Cruz. Achando-se na sua fazenda, logo partiu para a vila de Baependi, onde convocou uma reunião da Câmara Municipal, que encaminhou à presidência da província a solicitação de envio de forças para socorrer a região. O temor era de que a insurreição se estendesse. Em seguida, foi para as fazendas do Jardim e Favacho. Até a data de envio da carta, tinha "prendido mais seis dos insurgentes: entre estes três dos mais criminosos, restando apenas cinco", um da fazenda Campo Alegre e o restante, da Bela Cruz. Não fez menção a quem seria, mas informou que, "por julgar-se morto outro [...], sendo atirado por um pedestre ou guarda, lançou-se ao rio".[27]

O depoimento de Antônio Moreira da Silva, morador no Favacho, traz elementos interessantes sobre a ação dos escravos durante o levante.[28] Segundo ele, já havia contato anterior de Ventura Mina com os escravos de outras fazen-

26. O haitianismo constituía "um desses pesadelos senhoriais que retornavam a cada rumor de revolta, não só na Bahia, mas em todo o Brasil — na verdade em toda a América escravocrata", como afirma João José Reis em *Rebelião escrava no Brasil: a história do levante dos Malês em 1835* (São Paulo: Companhia das Letras, 2003), p. 534. Sobre o uso retórico do haitianismo por parte dos redatores da imprensa periódica e das autoridades políticas e a interrupção temporária desse recurso como resultado da Revolta de Carrancas e da reformulação dos agrupamentos políticos pós-1834, ver Alain El Youssef, *Imprensa e escravidão: política e tráfico negreiro no Império do Brasil* (*Rio de Janeiro, 1822-1850*) (São Paulo: Intermeios, 2016), pp. 141-161.

27. IPHAN-SJDR, Processo-crime de Insurreição (1833), cx. PC 29-01, Correspondência do juiz de Paz de Baependi, Antônio Gomes Nogueira Freire, fls. 13-13v.

28. Idem, Depoimento de Antônio Moreira da Silva, dezoito anos de idade, fl. 29. Esse depoimento vem arrolado antes do de um homônimo, de 42 anos. Como moravam na mesma aplicação e ambos exerciam o ofício de sapateiro e há muita coincidência em ambos os relatos, presumo que sejam pai e filho. Outro aspecto a considerar é que tudo indica que conheciam muito bem a rotina das fazendas dos Junqueira. Suspeito que seriam agregados da fazenda do

das e com os do Jardim. Depois de emboscarem o genro de José Francisco Junqueira e o matarem, alguns partiram naquela mesma noite para a referida fazenda e o restante fora

> de manhã cedo com todas as negras e crianças [...] que era o ponto dado para a reunião deles, onde contavam que [já] tivessem sido assassinados todos os brancos, mas como já tivesse acudido gente em socorro, foram surpreendidos, desarmados e presos, fugindo outros que estão pelos matos vizinhos e não chegaram a aparecer no terreiro.[29]

Quanto ao número de cativos que participaram do levante, as informações também são imprecisas. Alguns juízes de paz informaram que ultrapassou sessenta. Em outros depoimentos, há referências de que até mulheres e crianças acompanharam o grupo liderado por Ventura Mina em direção à fazenda do Jardim. No processo foram indiciados 31 escravos, sendo que cinco, incluindo o líder Ventura Mina, tinham sido mortos no confronto que ocorreu nesta última fazenda.

Nos autos de corpo de delito e no libelo-crime acusatório é possível encontrar uma descrição detalhada de como foram mortos os membros da família Junqueira. O relato foi elaborado com base no depoimento de três testemunhas, todas moradoras no arraial de São Tomé das Letras, que viram o estado em que se encontravam os corpos, algum tempo depois de sufocada a insurreição. O juiz de paz da freguesia de São Bento do Campo Belo, Manoel Joaquim Álvares, ficou encarregado de proceder ao corpo de delito indireto, uma vez que o distrito de São Tomé se encontrava sem autoridade competente para fazê-lo, por ter sido o seu juiz de paz, Gabriel Francisco de Andrade Junqueira, o "senhor moço", assassinado pelos escravos logo no início do levante.[30]

Conforme dito, o momento mais dramático da revolta ocorreu na fazenda Bela Cruz (ver Figuras 3, 4, 5 e 6). Os rebeldes invadiram a sede da fazenda, investindo primeiro contra José Francisco Junqueira e sua mulher, Antônia

---

Favacho, que era mais próxima da Traituba e não tão distante das de Campo Alegre e Bela Cruz. Das quatro fazendas citadas só não existe mais a de Campo Alegre.

29. Idem, fl. 29.

30. Idem, fls. 9-12.

4. *Uma das senzalas da fazenda Bela Cruz, a única que resistiu à ação do tempo. Fonte: Acervo do autor, nov. 2003.*

5. *Vista da senzala pelos fundos. Destaque para a construção em pau a pique. Fonte: Acervo Família Junqueira. Foto de Lilo, nov. 2003.*

6. Curso d'água para atender as diversas demandas da fazenda, especialmente para o funcionamento do moinho. Fonte: Acervo do autor, nov. 2003.

Maria de Jesus, que se trancaram num quarto. Nem por isso escaparam da violência dos cativos. O escravo Antônio Retireiro buscou um machado na senzala e o "entregou a Manoel das Vacas, que ficou trabalhando para arrombar a porta, enquanto aquele voltou à senzala, e trouxe uma pistola carregada, saltando o muro, e foi arrombar a outra porta de trás".[31] Depois de arrombarem a porta do quarto, Antônio Retireiro disparou na face de seu senhor, ficando este mortalmente ferido e

> ainda teve que sofrer muitos maiores tormentos, com sua mulher, filha e neta, os quais foram todos massacrados com inaudita crueldade dentro daquele quarto a

31. Idem, fl. 118. Alguns rebeldes interrogados afirmaram que o escravo Antonio Retireiro buscou uma pistola na senzala e disparou um primeiro tiro no terreiro e o segundo, à queima-roupa na face de seu senhor. Assim, a arma na senzala pode estar associada ao fato de Joaquim Mina ser feitor dos escravos de José Francisco e ter permissão para andar armado. José Francisco era sexagenário e cego. Em sua propriedade vivia cercado de mulheres e crianças e de muitos escravos. Exceto o seu genro, todos os filhos homens já não viviam mais na casa.

> olho de machado, tendo parte nesta incrível matança todos os escravos vindos de Campo Alegre [...] e grande parte dos da Bela Cruz.[32]

No corpo de delito consta que a mulher de José Francisco Junqueira, além de apresentar ferimentos no rosto, couro cabeludo e grande efusão de sangue, de feridas provocadas por instrumento cortante, também se encontrava bastante mutilada da cintura para baixo, causando constrangimento às testemunhas e impedindo que dessem prosseguimento ao exame cadavérico.[33]

Ana Cândida da Costa, viúva de Francisco José Junqueira, e duas crianças foram as próximas vítimas dos escravos. Ela foi morta a golpes de foice e cacetadas no quintal da Bela Cruz por Sebastião, Pedro Congo, Manoel Joaquim e Bernardo, todos escravos da mesma fazenda. O estado em que foi encontrada era lastimável, pois sua cabeça e rosto estavam irreconhecíveis e não se achava "unida ao corpo". Fora decapitada. Já o menino José

> foi morto pelo crioulo André, e o mesmo Pedro Congo e Manoel Joaquim, a menina Antonia [...] foi morta pelo Manoel das Caldas, Sebastião e Bernardo, e a criança de peito [...] foi morta pelo crioulo Quintiliano, que a mandou lançar pelo Euzébio no cubo do moinho.[34]

Os acontecimentos de Carrancas tiveram grande repercussão e um clima de terror atingiu toda a vizinhança, sobretudo devido ao grau de violência com que foram executadas as mortes. As primeiras cartas trocadas entre parentes, apensas aos autos, atestam o desespero da família, seja pela falta de notícias, seja pelo temor de que a insurreição se estendesse a outras fazendas. No dia 15 de maio, José Flauzino Junqueira, sobrinho do deputado, morador da fazenda do Favacho, se encontrava na Traituba, de propriedade de seu primo, o tenente-coronel João Pedro Diniz Junqueira. As duas fazendas eram muito próximas e possuíam numerosa escravaria.[35] José Flauzino informou ao primo das mortes ocorridas em Campo

32. Idem, fl. 118v.
33. Idem, fl. 10.
34. Idem, fl. 118v.
35. Em 1831, a fazenda do Favacho contava com 66 escravos e a da Traituba, com oitenta. Listas nominativas da aplicação de São José do Favacho, 1831, APM, <www.nphed.cedeplar.ufmg.br/poplin-minas-1830/>, acessado em 13 mar. 2021.

Alegre e Bela Cruz e da morte de Manoel José da Costa. E que "João Cândido também já estava em Campo Alegre, e logo acudiu o Jardim e ninguém sabe notícia dele e nem do Jardim, porque ninguém se anima a ir lá hoje". Disse ainda que havia seguido "grande força de Baependi e Favacho atrás dos matadores, que dizem serem muitos, e que da Bela Cruz se reuniu quase tudo, e mesmo negras".[36]

As câmaras municipais das áreas mais próximas foram logo informadas da rebelião e, por sua vez, comunicaram o fato às vilas limítrofes, localizadas nas províncias do Rio de Janeiro e de São Paulo. No dia 15 de maio de 1833, o juiz de paz de Pouso Alto colocou a Câmara Municipal de Resende a par dos acontecimentos de Carrancas, pois os escravos planejavam atacar outras fazendas, como a do Favacho e Traituba, e depois se dirigir a Baependi e outros lugares (ver Figuras 7 e 8). O juiz lembrou ainda o risco que poderia representar a dispersão dos insurgentes e a necessidade de se tomarem medidas preventivas no sentido de evitar novos levantes, já que a vila de Resende era limítrofe à freguesia. Ainda recomendou aos vereadores que repassassem as informações às Câmaras Municipais de Areias e de Bananal e a outras que julgassem conveniente. Seis dias depois do levante, o presidente da Câmara de Resende informara à de Bananal que a "insurreição de escravos que rompeu na província de Minas" se estenderia "a outros muitos pontos", daí a necessidade de providenciarem "todas as medidas que julgarem convenientes a fim de que não participassem da mesma desgraça".[37] Como eram regiões com grande concentração de escravos em virtude da expansão da cultura cafeeira, os vereadores de Bananal foram imediatamente convocados para uma sessão extraordinária e secreta, no dia 21 de maio, na qual ficou acertada uma série de medidas para que se evitassem maiores repercussões dos acontecimentos de Minas na região. Por exemplo, no centro da vila se colocaria uma força de quarenta soldados, parte da cavalaria e parte da infantaria, devidamente munida de pólvora e bala. A Câmara estava em sessão permanente e determinou que "nenhum escravo preto ou pardo possa seguir viagem sem passaporte de seu senhor, isto com muito mais restrição a partir de hoje".

Houve uma recomendação explícita em relação ao cuidado com a posse,

36. IPHAN-SJDR, Processo-crime de Insurreição (1833), cx. PC 29-01. Carta de José Flauzino Junqueira ao primo Antônio, datada de 15 de maio de 1833, Idem, fls. 23-23v.

37. Arquivo Público do Estado de São Paulo (doravante APESP), Ofícios diversos de Bananal, cx. 28, doc. 58.

pelos escravos, de foices e outros instrumentos de trabalho, além de vigilância cerrada das senzalas. "Que V. Sa. ordene fazendeiros que guardem em segurança as foices e todas as ferramentas de lavoura, que os fazendeiros façam seus escravos deitarem-se ou fecharem-se em suas senzalas às oito horas da noite." Aconselhava-se ainda que os feitores ou administradores revistassem "em horas incertas se os escravos se acham em seus lugares". A insurreição de Carrancas causou grande terror entre a elite proprietária da região e era preciso vigilância constante dos escravos para que ali não ocorresse um massacre de natureza semelhante. Por isso os escravos deveriam ser vigiados e ficar longe das foices e demais instrumentos de trabalho. Apenas os "cidadãos probos" poderiam andar "armados com armas ofensivas e defensivas".[38]

O impacto causado pela Revolta de Carrancas não ficou restrito às vilas limítrofes das províncias de São Paulo e do Rio de Janeiro. Acabou circulando nos bastidores da política imperial, em especial no Senado, e foi informada ao governo americano. Pelo menos é o que se pode depreender do ofício redigido pelo representante dos Estados Unidos na Corte, Ethan A. Brown, a Edward Livingston, 25 dias após o levante. O conteúdo da carta informava que o Senado se reunira em sessão secreta por dois dias por temer "que os escravos estavam prestes a se revoltar na Província de Minas Gerais instigados por alguns dos implicados em Ouro Preto".[39]

Segundo os autos, o projeto de insurreição era bem maior e pretendia atingir as fazendas de Campo Belo, Prata, Penhas, João Pinto, Sobrado, Traituba, Favacho e Santo Inácio.[40] Muitas delas pertenciam à família Junqueira e aparentados e estavam localizadas em vários distritos da freguesia de Carrancas. Algumas ali se encontram até os dias de hoje nos atuais municípios de Carrancas, São Tomé das Letras, Luminárias e Cruzília. Vários depoimentos de testemunhas

38. Idem, doc. 62. No dia 24 de maio a Câmara Municipal de Guaratinguetá também foi informada da Revolta de Carrancas e noticiava uma extensão maior do levante, ao registrar que "em vários pontos da província de Minas não longe desta, como Rio Verde, São Tomé, Campo Belo e outros tem havido uma insurreição de escravos, cometendo assassínios, roubos e outros muitos insultos". Idem, Ofícios diversos de Guaratinguetá, cx. 231, doc. 98B.

39. Ofício de Ethan A. Brown a Edward Livingston, U. S. National Archive, 7 jun. 1833, apud Tâmis Peixoto Parron, "A política da escravidão na era da liberdade: Estados Unidos, Brasil e Cuba, 1787-1846", Tese de Doutorado, Universidade de São Paulo, 2015, p. 314.

40. IPHAN-SJDR, Processo-crime de Insurreição (1833), cx. PC 29-01, fl. 119.

e juízes de paz relataram que outras famílias senhoriais abastadas da região de Carrancas também seriam vítimas dos escravos. Depois de atacarem as fazendas dos Junqueira e os matarem, os rebeldes se dividiriam "em duas porções das quais uma seguiria para o [distrito de] Espírito Santo a extinguirem a família dos Andrades e outra para Carrancas a extinguirem as famílias dos Machados e mais fazendeiros desse lado".[41] Não tenho indicações que possam confirmar se houve articulação dos escravos para um plano de insurreição geral, além dos ataques às propriedades da família Junqueira e aparentados.

O objetivo dos escravos seria matar todos os brancos da região. Esses relatos devem ser interpretados com ressalvas. O medo que se instaurou após as mortes brutais de membros da família Junqueira pode ter contribuído para superdimensionar o plano de levante. Mas, por outro lado, as projeções poderiam se confirmar, se por acaso as medidas de repressão não tivessem sido logo tomadas. Senhores, autoridades administrativas e judiciárias, de fato, temiam uma ampliação da insurreição. Se assim não fosse, por que razão as câmaras de Resende, Areias e Bananal foram logo avisadas e orientadas a controlar suas escravarias e manter toda a vigilância possível nas vilas? E por que o Senado se reuniu em sessão secreta por dois dias e até o representante dos Estados Unidos na Corte ficou sabendo da revolta? Decerto a revolta dos escravos de Carrancas não tinha articulação para além da província de Minas Gerais e das famílias abastadas da região de Carrancas, mas a violência extrema contra os Junqueira deixou os proprietários sobressaltados e temerosos, marcou profundamente a memória dos contemporâneos e requereu medidas exemplares e extremas contra os insurretos. Outro aspecto particular da insurreição de Carrancas é que ela não atingiu só a elite escravista, mas a família de um representante dos liberais moderados da província de Minas Gerais, a principal força política dos anos iniciais da Regência.

A REVOLTA DE CARRANCAS E A SEDIÇÃO DE 1833

A insurreição deflagrada por Ventura Mina e os escravos do deputado Gabriel Francisco, depois engrossada por Joaquim Mina e grande parte dos

41. Idem, fl. 56. Depoimento da testemunha Vicente Ribeiro da Silva, homem branco, natural e morador da Freguesia de Carrancas.

7. *Vista frontal da fazenda do Favacho, Cruzília (MG). Fonte: Acervo Família Junqueira. Foto de Lilo, nov. 2003.*

8. *Vista frontal da fazenda Traituba, Cruzília (MG). Fonte: Acervo do autor, nov. 2003.*

cativos da Bela Cruz, ocorreu no momento em que a família Junqueira adquirira grande expressão socioeconômica e política no cenário provincial e imperial.[42] Também é preciso ressaltar que, naquela ocasião, vários projetos políticos estavam em discussão e a elite, dividida em diversas tendências. Assim como a Corte, Minas Gerais foi palco de disputas entre os principais grupos políticos da época, destacando-se os liberais moderados e os restauradores. A face mais visível desse conflito na província se deu com a Sedição Militar de 1833, quando um grupo alcunhado de "restauradores" tomou o poder na capital. É de fundamental importância entender o que representou esse conflito, pois a revolta está intrinsecamente ligada a ele.

A "Revolta do Ano da Fumaça", como ficou conhecida a Sedição Militar de 1833, teve início no dia 22 de março, quando o grupo liderado pelo conselheiro Manoel Soares do Couto tomou o poder na cidade de Ouro Preto, no momento em que o então presidente de Minas Gerais, Manoel Inácio de Melo e Souza, se encontrava em Mariana. O movimento durou dois meses, até as tropas legalistas retomarem o poder no dia 23 de maio, e no dia 26 Manoel Inácio reassumiu a presidência. A sedição foi qualificada pelos moderados como um "governo intruso",[43] de desordeiros e de inspiração caramuru (como eram identificados os partidários da restauração do trono de d. Pedro I). O governo provisório decretou várias medidas: libertou militares acusados de restauradores, reduziu o imposto sobre a aguardente e suspendeu a proibição dos enterramentos nas igrejas. A articulação de forças moderadas para retomar a capital ocorreu principalmente a partir da vila de São João del-Rei, para onde se transferira o governo legal, no dia 5 de abril, primeiro com a presença do vice-presidente, Bernardo Pereira de Vasconcelos, e, mais tarde, de Manoel Inácio de Melo e Souza.[44] Além de ter se tornado a sede do governo legal, São

42. Além de Gabriel Francisco, outros membros da família tiveram uma atuação mais discreta no plano local, ao exercerem as atividades de juízes de paz e de fiscais, além de possuírem patentes da Guarda Nacional. Andrade, *Elites regionais*, pp. 229-273.

43. Expressão que foi utilizada nos documentos oficiais produzidos pelos legalistas e pela imprensa periódica moderada. *Astro de Minas*, São João del-Rei, n. 903, 27 ago. 1833, p. 1.

44. As interpretações mais antigas sobre a Sedição de 1833 podem ser encontradas em Francisco Iglésias, "Minas Gerais", in Sérgio Buarque de Hollanda (org.), *História geral da civilização brasileira — O Brasil Monárquico* (São Paulo: Difel, 1985, t. II, v. 2), pp. 364-412; e Paulo Pereira de Castro, "A 'experiência republicana', 1831-1840", in Hollanda (org.), *História geral*, pp. 9-67.

João transformou-se no principal polo de aglutinação da Guarda Nacional da comarca do Rio das Mortes, que se preparava para combater os sediciosos de Ouro Preto.

As interpretações mais recentes alertam para outros aspectos da sedição. Para alguns autores, a ameaça caramuru ou restauradora parece ter sido muito mais uma construção dos liberais, grupo político hegemônico alijado do poder. Foram eles que identificaram os sediciosos como caramurus, restauradores, anarquistas e absolutistas. O movimento teria, ao contrário, congregado segmentos sociais distintos e grupos políticos diversos, inclusive moderados.[45] Para outros intérpretes, a dimensão restauradora não pode ser descartada e eles também consideram o conflito como um marco decisivo de subordinação das câmaras municipais ao poder provincial.[46]

Neste texto, a questão central é compreender em que medida as dissensões entre os grupos políticos em disputa abriram espaço para que os escravos se rebelassem e o papel que tiveram os boatos de liberdade para que o projeto insurrecional fosse levado adiante. Mas antes de discutirmos a ação dos escravos e a apropriação que fizeram do contexto político, precisamos nos ater, ainda que brevemente, à trajetória de Gabriel Francisco Junqueira e às acusações que pesaram sobre Francisco Silvério Teixeira de ser o incitador e conselheiro dos escravos rebeldes.

No início de 1831, Gabriel Francisco Junqueira conquistara uma vaga de deputado na Assembleia Geral do Império por Minas Gerais, depois de sair vitorioso, com folga, na disputa contra o candidato de d. Pedro I à reeleição, o ministro e secretário de Estado dos Negócios do Império José Antônio Maia. A viagem do imperador a Minas teve por objetivo recompor as forças políticas fragilizadas no Rio de Janeiro e conseguir o apoio das lideranças liberais locais. O ministro Maia fez parte da comitiva imperial com a finalidade de intensificar

45. Wlamir Silva, *Liberais e povo: a construção da hegemonia liberal-moderada na província de Minas Gerais (1830-1834)* (São Paulo: Hucitec; Belo Horizonte: Fapemig, 2009).

46. Andréa Lisly Gonçalves, *Estratificação social e mobilizações políticas no processo de formação do Estado nacional brasileiro: Minas Gerais, 1831-1835* (São Paulo: Hucitec, 2008), pp. 55-98; Francisco Eduardo de Andrade, "Poder local e herança colonial em Mariana: faces da revolta do 'Ano da Fumaça' (1833)", in *Termo de Mariana: história e documentação* (Mariana: Ed. da Ufop, 1998), pp. 127-135; Alexandre Mansur Barata, "A revolta do Ano da Fumaça", *Revista do Arquivo Público Mineiro*, Belo Horizonte, ano L, n. 1 (2014), pp. 78-91.

sua campanha à reeleição ajudada pela presença do ilustre cabo eleitoral. A resposta dos mineiros foi a derrota do ministro e a vitória exemplar de Gabriel Francisco Junqueira.[47] Na legislatura anterior, Gabriel já havia tentado se eleger, sem sucesso. A partir de 1831, juntava-se ele, em definitivo, ao grupo liberal moderado, de grande destaque em Minas Gerais e na capital da província do Rio de Janeiro. Passou a atuar ao lado de políticos de expressão, como Evaristo Ferreira da Veiga, cônego José Bento Leite Ferreira de Melo, Custódio José Dias e Bernardo Pereira de Vasconcelos, todos deputados que compunham a bancada mineira, dentre outros. A sua trajetória política tivera início dois anos antes, quando foi eleito vereador da Câmara da vila de São João del-Rei, entre 1829 e 1830.[48] Ao que tudo indica, sua participação e integração ao grupo liberal moderado mineiro e carioca já vinham se consolidando havia alguns anos. Isso talvez explique por que conseguira derrotar o ministro Maia[49] (ver Figura 9).

Situar, ainda que brevemente, a trajetória do deputado Gabriel Francisco Junqueira é essencial para se compreender a relação entre a Sedição Militar e a revolta de seus escravos e os de sua família. Em alguns depoimentos há indicações claras de que sua vitória como deputado não foi vista com bons olhos por alguns membros da elite de Carrancas e São João del-Rei. Assim como a família acumulara fortuna (em terras e escravos) e poder (cargos públicos e patentes) ao longo das primeiras décadas do século XIX, é muito provável que também tenha colecionado inimigos. Pelo menos é o que se pode depreender das falas dos depoentes registradas nos autos de 1833.

Algumas testemunhas relataram notícias de que o deputado pudesse ser assassinado nas suas idas e vindas entre Carrancas e a Corte. José Rodrigues Carneiro, homem branco, natural da freguesia de Aiuruoca e morador no termo de Lavras do Funil, quando esteve na vila de São João del-Rei, em abril de 1831, se lembrara de uma conversa com Manuel José da Costa Machado, no balcão da loja deste. Naquela ocasião, Gabriel Francisco Junqueira passava pela

47. Para maiores detalhes sobre a trajetória socioeconômica e política do deputado Junqueira, ver Andrade, *Elites regionais*, pp. 253-273.

48. Em março de 1829, foi o quarto candidato a vereador mais votado, tendo sido eleito com 372 votos. *Astro de Minas*, São João del-Rei, n. 206, 12 mar. 1829, p. 1.

49. Em vários distritos eleitorais, Gabriel Junqueira recebeu a totalidade dos votos, como em Campanha (106) e São João del-Rei (33); em Baependi, recebeu quarenta votos e Maia só teve um. Andrade, *Elites regionais*, p. 265.

9. *Gabriel Francisco Junqueira, barão de Alfenas. Óleo sobre tela de Nicolau Antônio Facchinetti, 1876. Reprodução de Fernanda Tozzo Machado e Raquel Teixeira.*

rua e Costa Machado lhe dissera: "ali vai o seu deputado de merda", mostrando descontentamento por ele ter sido eleito e por ter derrotado o ministro Maia, conversa que foi ouvida por outra testemunha. José Rodrigues se hospedara no sobrado de Costa Machado e, naquela mesma noite, ainda na loja, estando ele a conversar sobre "negócios políticos e divisões de partido" com o anfitrião, este dissera que, "para as coisas tomarem jeito, e ficarem em sossego, era necessário tirar-se um par de cabeças na freguesia de Carrancas". A conversa se estendeu noite adentro, quando já estavam na cama, e o anfitrião acabou mencionando que os escravos do deputado e de seus familiares preparavam uma insurreição já naquela época, 1831. Disse-lhe que "constava que os negros escravos dos Junqueira e do mesmo deputado Gabriel traziam em vista matarem os senhores".[50] Ainda segundo o depoimento da testemunha Ana Matildes de Nazareth, mulher branca, viúva e natural da freguesia de Carrancas, pouco mais de uma semana antes da insurreição, quando o deputado já seguira para a Corte, "havia pessoas que apostavam contos de réis, em como o deputado Gabriel Francisco Junqueira seria morto em caminho, na ida [ou] na volta da sessão presente".[51]

Desvendar a natureza das disputas entre os grupos políticos da comarca do Rio das Mortes é necessário para a compreensão das duas revoltas, a dos escravos e a dos livres, em toda a sua complexidade. Mas nem sempre é isso uma tarefa fácil, pois muitas vezes não é possível obter informações mais detalhadas sobre as personagens envolvidas e vislumbrar suas reais motivações. Se considerarmos as versões apresentadas nos autos, não há como negar que os escravos dos Junqueira foram influenciados pelos inimigos da família, o que de forma alguma desqualifica a ação deles, como terei oportunidade de discutir adiante. As fontes confirmam que a vitória de Gabriel Francisco Junqueira, apesar do apoio das forças moderadas, não foi bem recebida pelos seus opositores. A Sedição de 1833 seria uma demonstração clara da cisão das forças políticas mineiras, ainda que, na interpretação de alguns historiadores, possa ser qualificada como um movimento restaurador. A família Junqueira esteve no cerne do conflito, devido à eleição de Gabriel Junqueira. A ameaça de morte ao deputado e de que estava sendo tramada uma insurreição por parte de

50. IPHAN-SJDR, Processo crime de insurreição (1833), cx. PC 29-01. Depoimento de José Rodrigues Carneiro, fls. 93v-94.

51. Idem, Depoimento de Ana Matildes de Nazareth, fl. 95.

seus escravos havia pelo menos dois anos também são elementos muito importantes a serem considerados.

Outro indício da relação entre a revolta escrava e a sedição dos livres se encontra na figura de Francisco Silvério Teixeira, que foi indiciado e preso por dezenove meses como principal suspeito de incitar os escravos dos Junqueira. O artigo 115 do Código Criminal de 1830 definia as penalidades para os acusados de "ajudar, excitar, ou aconselhar escravos a insurgir-se, fornecendo-lhes armas, munições, ou outros meios para o mesmo fim".[52] A punição no grau máximo era de vinte anos de prisão com trabalhos, de doze no grau médio e de oito no grau mínimo.

Praticamente todos os escravos e testemunhas denunciaram Francisco Silvério, articulado com Ventura Mina, de ser o principal responsável pelo levante. Pesou sobre ele a acusação de espalhar o boato de que a escravidão havia sido abolida em Ouro Preto pelos caramurus, no contexto da Sedição de 1833. Segundo Domingos Crioulo, escravo da fazenda Campo Alegre, ele "era a causa disso dizendo que no Ouro Preto havia muitas pessoas voltadas com a boca para cá a fim de matarem todos os brancos e ficarem os negros forros".[53]

Além de ser acusado de promover a rebeldia escrava, recaía sobre ele a suspeita de fazê-lo com o objetivo de deter a marcha de combatentes que se formava na vila de São João del-Rei, a fim de lutar contra os sediciosos de Ouro Preto. Segundo os autos, Francisco Silvério

> se encontrou tanto interessado na sedição de 22 de março do Ouro Preto, que dissuadiu aos guardas nacionais para não marcharem contra os sediciosos, e ele mesmo nessa ocasião girava continuamente do Ouro Preto para as partes de Carrancas e vice-versa.[54]

Como vimos, durante a Sedição Militar, o governo legal fora transferido para São João del-Rei. Todas as ações relativas ao combate dos sediciosos, como a

52. Código Criminal do Império do Brasil. Coleção das Leis do Império do Brasil, 1830, Parte Segunda, Dos Crimes Públicos, Título IV, Capítulo IV, p. 163, <www2.camara.gov.br/legislacao/publicacoes/doimperio>, acessado em 13 mar. 2021.

53. IPHAN-SJDR, Processo crime de Insurreição (1833), cx. PC 29-01. Auto de perguntas feitas a Domingos Crioulo, fl. 129.

54. Idem, Libelo-crime acusatório contra o réu Francisco Silvério Teixeira, fl. 201.

arregimentação da Guarda Nacional e mesmo o envio de reforços por parte da Regência, se deram a partir dali. Se atentarmos para a data prevista para se iniciar o levante e os rumos da Sedição de 1833, a acusação contra Francisco Silvério parece procedente. Quando estourou a revolta, em 13 de maio de 1833, as forças legalistas se preparavam para atacar Ouro Preto e retomar o poder. A insurreição de Carrancas foi antecipada em treze dias; estava programada para acontecer a 26 de maio, no domingo em que se celebraria a festa do Divino Espírito Santo. Coincidência ou não, foi nesse mesmo dia que Manoel Inácio de Melo e Souza reassumiu a presidência da província na capital, Ouro Preto. O importante a destacar é que, se a insurreição se estendesse, muito provavelmente o fim da sedição poderia ser retardado.

Quem era esse homem que teria conseguido instruir os escravos a se rebelarem? Que interesses moviam Francisco Silvério contra a família Junqueira? As informações que constam do processo nos informam que ele era natural de Ouro Preto, morava havia mais de vinte anos no distrito do Rio do Peixe, freguesia de Três Corações do Rio Verde, termo de Campanha, onde vivia da agricultura, da criação de animais e de negócios. Possuía uma prole numerosa, catorze filhos no total, além de dezenove cativos.[55] Em dezembro de 1833, época de seu interrogatório, estava com 73 anos.

Sua atividade de negociante também pode ser confirmada por alguns indícios nos autos. Ao que tudo indica, essa ocupação lhe exigia uma circulação mais ou menos frequente entre os caminhos e as propriedades da região. No dia da rebelião, Francisco Silvério passou pelas fazendas da família Junqueira, acompanhado de um cargueiro e de seu pajem, pois, "achando-se caída a ponte do rio Grande do Saco, em maio de 1833, o réu teve a necessidade de ir passar na ponte dos Tavares, e por isso foi que seguiu sua jornada da fazenda do Campo Alegre à do Campinho e Pitangueiras". Em seu interrogatório, afirmou ter caído um carro de boi na tal ponte, e era necessário que o juiz de paz, Gabriel Francisco de Andrade Junqueira, despachasse logo um requerimento

55. Dois anos antes, na lista nominativa de 1831, no distrito de Três Corações, ele aparece recenseado com sua esposa, quatro filhos, quinze escravos e dono de roça. Documentação original pertencente ao APM, <www.nphed.cedeplar.ufmg.br/poplin-minas-1830/>, acessado em 13 mar. 2021.

que "ele respondente lhe tinha entregue sobre uma estrada a respeito da qual ele [tinha] demanda".[56]

Na contestação do libelo, Francisco Silvério afirmou ter passado pela fazenda do deputado para pedir um despacho a respeito da abertura de "uma estrada litigiosa com Antônio da Costa Silva e outros".[57] O adendo ao libelo acusatório, interposto pelo autor da queixa, o deputado Gabriel Francisco Junqueira, contribui para elucidar alguns pontos. Tudo indica que essa contenda já durava alguns anos e que Francisco Silvério não conseguira do presidente da província, Manoel Inácio de Melo e Souza, um despacho favorável à construção da estrada. Assim que o presidente foi deposto, logo depois de iniciada a Sedição de 1833, Manuel Soares do Couto, líder dos revoltosos, autorizou a abertura da estrada. Ora, o despacho deveria ser emitido pelo filho do deputado, Gabriel Francisco de Andrade Junqueira, que era juiz de paz de São Tomé das Letras.

Parece que Francisco Silvério necessitava de acessos a esses caminhos para passar com sua carga e tinha certa proximidade com a família Junqueira, pois era compadre de Gabriel, e almoçara em Campo Alegre algumas horas antes de o filho do deputado ser assassinado pelos insurretos. Algumas testemunhas afirmam que ele acompanhou, à distância, o momento em que os escravos mataram o "senhor moço", para se certificar de que haviam iniciado o levante. Como mencionei antes, no início da década de 1830, os Junqueira conquistaram significativa projeção no cenário mineiro e no Império. Suas fazendas dependiam do controle e do acesso aos caminhos que ligavam a região de Carrancas às principais vilas da comarca do Rio das Mortes (São João del-Rei, Campanha, Pouso Alto etc.) e à cidade do Rio de Janeiro. A demanda antiga por uma estrada de alguns proprietários da região, incluindo os Junqueira, parece ter sido uma das razões que motivou Francisco Silvério a incitar a escravaria da família de seu compadre, combinada com suas simpatias políticas, que incluíam os sediciosos que naquela altura ocupavam Ouro Preto.

Tratava-se de uma estratégia arriscada para um proprietário que também possuía uma escravaria razoável, mas que não era incomum naqueles tempos.

56. IPHAN-SJDR, Processo crime de Insurreição (1833), cx. PC 29-01. Interrogatório do réu Francisco Silvério Teixeira, fl. 205.

57. Idem, Contestação do libelo acusatório, fl. 212.

Os grupos políticos da Regência, especialmente, fossem eles restauradores ou liberais exaltados, tinham o costume de estimular o apoio das camadas pobres livres ou de se utilizar delas nas suas lutas políticas, mas também dos escravos, pelo menos em algumas ocasiões. Da mesma forma, os cativos poderiam ser armados pelos senhores para o combate, o que se passava na maioria dos sistemas escravocratas conhecidos.[58] Como vimos, no caso da Revolta de Carrancas, o proprietário da fazenda do Jardim, João Cândido da Costa, armou aqueles escravos em quem confiava para enfrentar os rebeldes vindos das fazendas Campo Alegre e Bela Cruz.

Em relação ao levante dos escravos de Carrancas, essa é uma dimensão importante, que não pode ser de forma alguma descartada. As forças políticas em disputa, identificadas na imprensa periódica e nos pronunciamentos parlamentares como "partido da ordem" e "partido caramuru", acusaram-se mutuamente de estarem envolvidas na tragédia que se abateu sobre a família Junqueira. A Sedição de 1833 e a Revolta de Carrancas foram eventos cronologicamente entrelaçados. Daí a importância de compreender a sua correlação e em que medida essas acusações teriam fundamento ou não.

Mas os rebeldes tinham seus próprios planos e interesses. A Revolta de Carrancas confirmou a possibilidade de articulação coletiva entre escravos com a finalidade de "matarem os brancos",[59] ainda que houvesse muitas divergências e disputas entre eles e que nem todos tenham participado. A contínua entrada de "africanos novos" e o aumento da população cativa em algumas regiões do Império contribuíram para elevar a tensão nas senzalas e exacerbar o temor de vários segmentos da elite em relação à rebeldia escrava. Foi o caso de Minas.

Embora os senhores possuíssem alguma margem de manobra na escolha dos escravos que iriam compor suas escravarias, investindo na mistura de afri-

58. Alberto da Costa e Silva, *A manilha e o libambo: a África e a escravidão, de 1500 a 1700.* (Rio de Janeiro: Nova Fronteira, 2002), p. 94. Sobre o tema, ver Christopher Leslie Brown e Philip D. Morgan (eds.), *Arming Slaves: From Classical Times to the Modern Age* (New Haven: Yale University Press, 2006); e Ana Paula Pereira Costa, "Armar escravos em Minas colonial: potentatos locais e suas práticas de reprodução social na primeira metade do século XVIII. Vila Rica, 1711-1750", Tese de Doutorado, Universidade Federal do Rio de Janeiro, 2010.

59. Expressão que aparece com recorrência no processo-crime de insurreição produzido depois da Revolta de Carrancas.

canos de diversas nações, apostando na lógica do dividir para dominar, e no incentivo à formação de laços familiares, havia sempre um limite imposto pela conjuntura internacional do tráfico. As escravarias da família Junqueira não fugiam ao padrão das encontradas em outras grandes áreas escravistas do Sudeste do Império do Brasil, no mesmo período. Ou seja, nem os traficantes nem os compradores dos escravos tinham muita escolha no que se referia à origem daqueles disponíveis nos mercados africanos. Os tumbeiros eram abastecidos com os escravos oferecidos nos entrepostos do litoral africano. No máximo os senhores podiam escolher entre "minas" e "angolas", por exemplo, já que cada grupo vinha de regiões muito distantes umas das outras. Mas, mesmo assim, nem sempre era possível fazer essa escolha, pois o que o senhor buscava nem sempre encontrava à venda. O certo é que a população cativa da região de Carrancas era majoritariamente africana e a grande maioria, proveniente da África Centro-Ocidental, com alguns poucos cativos da Ocidental — nesse caso, inclusive, o líder do levante, Ventura Mina. Mas a diversidade étnica e o número expressivo de crioulos em algumas propriedades dos Junqueira também não representaram um impedimento para que vários deles participassem juntos da insurreição.

A MOTIVAÇÃO DA REVOLTA E A AÇÃO DOS ESCRAVOS

Os escravos da família Junqueira também se apropriaram, a seu modo, do contexto de disputas entre as elites naquele instante. Apropriaram-se até dos apelidos que os membros da elite liberal moderada utilizavam para desqualificar ou enquadrar os seus oponentes, os caramurus. Os depoimentos de Maria Joaquina do Espírito Santo, fiandeira, mulher parda, agregada e moradora na fazenda Bom Jardim, e de seu marido são reveladores nesse aspecto. Ambos confirmaram o que teria dito um dos escravos do grupo liderado por Ventura, que se dirigiu àquela fazenda, na noite do dia 13, passando antes pela casa das testemunhas. Depois de ameaçá-las, exigiu que entregassem logo as espingardas que havia ali. Um dos escravos, o preto Antônio Benguela, "pulava no seu terreiro e batia nos peitos dizendo para ela e seu companheiro: vocês não costumam a falar nos Caramurus [...]. Nós somos os caramurus, e vamos arrasar tudo".[60]

Para entender o protagonismo dos escravos em 1833 é preciso atentar para alguns aspectos: 1) a leitura política que fizeram da dissensão entre as elites ao incorporarem a identidade caramuru; 2) a crença de que a escravidão havia sido abolida em Ouro Preto pelos caramurus e que estes estavam matando os brancos; e 3) a liderança de Ventura Mina e a composição étnica dos insurretos.

O fato de alguns escravos se autodenominarem caramurus é de grande relevância. Os anos iniciais da década de 1830 foram particularmente tensos em todo o Império. As notícias acerca das disputas políticas e dos protestos de rua, em especial na cidade do Rio de Janeiro, circulavam na imprensa e na correspondência entre as autoridades administrativas e judiciárias, mas mormente através do vaivém de tropeiros que se deslocavam entre as províncias de Minas Gerais, São Paulo e Rio de Janeiro.

As tropas e os tropeiros tiveram importância destacada na formação social e econômica mineira desde o início do século XVIII, contribuindo para o surgimento e o desenvolvimento de vários núcleos populacionais, constituídos em torno dos pousos, das tavernas e das áreas de invernadas, existentes ao longo dos caminhos que ligavam Minas às principais províncias do Império. Também na comarca do Rio das Mortes e no sul de Minas, o "tropeirismo"[61] foi responsável pela articulação entre o mundo rural e o urbano, pelo surgimento e desenvolvimento de várias unidades agropastoris e povoações. Algumas cidades ainda conservam uma toponímia relacionada a esse tipo de atividade, como é o caso de Pouso Alto e Pouso Alegre.

Na documentação que pesquisei sobre a família Junqueira, encontrei fortes indícios da relação de complementaridade entre atividade agropecuária e

60. IPHAN-SJDR, Processo-crime de Insurreição (1833), cx. PC 29-01, fl. 49.

61. Termo cunhado pela historiografia para definir as atividades relacionadas com a criação de tropas de mulas, oriundas dos campos do Rio Grande do Sul, desde o século XVIII. Também se refere ao comércio de mercadorias realizado em lombo de burros para atender às necessidades de consumo do interior da colônia e, posteriormente, do Império. Esse tipo de transporte dominou a paisagem brasileira até a segunda metade do século, quando começou a sofrer a concorrência das estradas carroçáveis e, mais tarde, da chegada da ferrovia, a partir dos anos 1850. Ver Sheila de Castro Faria, "Tropeirismo", in Ronaldo Vainfas (org.), *Dicionário do Brasil Imperial (1822-1889)* (Rio de Janeiro: Objetiva, 2002), pp. 705-707.

mercantil, incluindo o tráfico interno de escravos. Os proprietários mais bem-sucedidos da família exerciam, ainda que esporadicamente, a atividade de tropeiros. Esse parece ter sido o caso do proprietário da fazenda Traituba, coronel João Pedro Diniz Junqueira, que algumas vezes adquiriu passaporte para transportar mercadorias e escravizados da Corte para Minas Gerais.[62]

A atividade de tropeiro não estava restrita a pessoas livres e muito menos só aos proprietários. Vários escravos a exerciam, inclusive os da família Junqueira. O capitão João Francisco, por exemplo, possuía dois escravos tropeiros, Antônio Angola e João, que fizeram algumas viagens entre Minas Gerais e o Rio de Janeiro nos anos de 1809 e 1811. João partiu para Minas Gerais, passando pelo registro de Paraibuna, acompanhado de mais três escravos, que faziam a viagem com ele, provavelmente também tropeiros, e mais um camarada livre.[63]

Outro aspecto a salientar é que Roque e Jerônimo, ambos crioulos, cativos de Ana Luiza Gonçalves, dona da fazenda da Prata, no curato de São Bento de Campo Belo, eram escravos tropeiros. Também foram acusados de serem cabeças do levante de 1833, pois teriam a função de trazer os armamentos do Rio de Janeiro, denúncia que os interrogados não negaram. Quando se iniciou o levante, foram presos no distrito de Serranos, quando retornavam do Rio com a tropa de sua senhora. Como não ficou provada a participação deles, pois não estavam na região quando ocorreu o levante, depois de duramente açoitados, a proprietária alegou inocência dos réus e conseguiu suas absolvições.[64] Não é difícil supor que Roque e Jerônimo pudessem captar o clima de perturbação política reinante na Corte e dar notícias aos escravos da fazenda da Prata e de outras com as quais porventura tivessem contato. Mas não era preciso ir tão longe. Ali mesmo, na comarca do Rio das Mortes, as disputas entre os grupos políticos já se delineavam desde a visita do imperador a Minas Gerais e se tornaram ainda mais acirradas após a sua abdicação.

A Revolta do Ano da Fumaça representou o ápice das disputas entre as elites, e os escravos o perceberam. Essa é a chave para entender por que os escravos acreditaram no boato repassado por Francisco Silvério a Ventura Mina,

62. Arquivo Nacional, doravante AN, códice 421, v. 5, 2 mar. 1815, "João Pedro Diniz Junqueira remete para a vila de Resende noventa e três escravos novos do que prestou a competente fiança"; Andrade, *Elites regionais*, pp. 183-189; 243-245.

63. ANRJ, cód. 421, v. 1, p. 189, 30 out. 1809; v. 2, p. 3, 1º out. 1811; v. 2, p. 94, 4 maio 1811.

64. Andrade, "Rebelião escrava", p. 71.

que, por sua vez, persuadiu Joaquim Mina de que os caramurus haviam abolido a escravidão. Ainda que haja uma coincidência de narrativas nas respostas atribuídas aos escravos em seus interrogatórios — o que pode caracterizar um procedimento padrão na formatação do processo-crime e uma predisposição a condená-los, em virtude do horror causado pela carnificina —, se analisarmos com mais cuidado alguns desses registros, revela-se o que teria motivado um recurso tão extremo na busca da liberdade. Os escravos perceberam que os brancos estavam em guerra uns com outros e que esse era o momento mais propício para se rebelarem e se tornarem forros. Todos os insurretos interrogados confirmaram essa versão, mas a resposta de Antônio Resende, escravo cabinda da fazenda Campo Alegre, que depois se tornou o carrasco dos condenados à pena máxima, nos ajuda a compreender melhor o objetivo dos rebeldes. Depois da morte do "senhor moço", quando iam em direção à sede da fazenda Campo Alegre, no caminho avistaram um "cavaleiro com um cargueiro atrás" e Ventura Mina lhe dissera que aquele era Francisco Silvério, aquele que lhe

> havia aconselhado que matassem os brancos para ficarem forros e repartirem o dinheiro entre si, que no Ouro Preto havia muitas pessoas, e que os caramurus vinham matando os brancos de lá para cá, e que fizessem de cá o mesmo para se irem encontrar com eles.[65]

Não teria sido a primeira vez que um boato de libertação de escravos seria utilizado para incitá-los contra senhores, e sequer esse fenômeno ficou restrito ao Brasil.[66] Ali mesmo em Carrancas, dois anos antes, o vigário Joaquim José Lobo fora acusado de aconselhar os escravos a se rebelarem com o boato de que o imperador fora expulso do Brasil porque queria libertá-los.[67] Inclusive, a primeira suspeita sobre a participação de algum branco no aconselhamento

65. IPHAN-SJDR, Processo-crime de Insurreição (1833), cx. PC 29-01, Interrogatório de Antônio Resende, fl. 133.

66. Eugene Genovese, *Da rebelião à revolução: as revoltas de escravos nas Américas* (São Paulo: Global, 1983), p. 43.

67. Andrade, "Rebelião escrava", pp. 54-59. Foi também de uma opção arriscada para o referido vigário, pois na lista nominativa de 1831, para Carrancas, foi recenseado com nada menos que 24 escravos. APM, <www.nphed.cedeplar.ufmg.br/poplin-minas-1830/>, acessado em 13 mar. 2021.

dos escravos na revolta de 1833 recaiu justamente sobre o dito vigário. Praticamente todas as testemunhas relembraram o fato e levantaram a probabilidade de ele estar de novo envolvido, o que não ficou provado.

Ainda que essa informação venha filtrada pelo depoimento das testemunhas, o fato de uns escravos terem dito "nós somos os caramurus" não deixa de ser indicativo da percepção política deles.[68] Embora Francisco Silvério tivesse iludido os escravos com falsas promessas de que ficariam livres se matassem os seus senhores e se unissem aos caramurus, a identificação com estes últimos teria contado para que procedessem com enorme violência contra seus proprietários e oponentes desse grupo político. Decisão tão arriscada e que poderia representar, como de fato representou, a morte de tantos deles só poderia ter sido tomada se os escravos de fato acreditassem ser aquele o momento certo para se insurgirem. Pois não só os brancos estavam divididos, mas uma parcela deles estaria do lado dos rebeldes, segundo propagou Francisco Silvério.[69]

Um outro caso, não menos importante, foi citado no relato da testemunha Gabriel Ozório das Dores. Ele informou que o escravo "Antônio Retireiro, que se apelidava caramuru, juntamente com André Crioulo tomaram a direção da Vila de São João del-Rei com o intuito de matarem a um filho de José Francisco Junqueira de nome Antônio, que lá se achava como declararam, indo aquele Antônio [Retireiro] com uma pistola carregada para o dito fim".[70] A determinação dos escravos para matarem os membros da família Junqueira e talvez o que eles representavam em termos políticos constituem elementos funda-

68. Para uma perspectiva semelhante de análise, ver Maria Tereza Pereira Cardoso, "Caramuru somos nós", *Revista Eletrônica de História do Brasil*, Juiz de Fora, v. 2, n. 1 (1998), pp. 30-33, <www.gunteraxt.com/imagens/v2-n1-1998.pdf>, acessado em 13 mar. 2021.

69. Como vários estudos têm demonstrado, os momentos de disputa entre as elites foram aproveitados pelos escravos, tanto para ações autônomas quanto para associação com um dos grupos oponentes. Marcello Basile parte da mesma premissa, embora não faça qualquer menção à Revolta de Carrancas, justamente quando trata das revoltas caramurus na cidade do Rio de Janeiro, algumas das quais teriam contado com a participação de escravos. E, como terei oportunidade de demonstrar mais adiante, os caramurus do Rio de Janeiro se lastimaram pela sublevação dos escravos em Minas, sem fazer referência direta a Carrancas, e responsabilizavam o governo moderado pelo aumento da violência no Império. Basile, "O Império em construção", pp. 411-412.

70. Depoimento da testemunha Gabriel Ozório das Dores, homem casado, de 37 anos, alfaiate, natural da vila de São João del-Rei e morador no arraial de Carrancas. IPHAN-SJDR, Processo-crime de Insurreição (1833), cx. PC 29-01, fl. 58 v.

mentais para compreendermos a apropriação que fizeram das identidades políticas em disputa e de se autodeclararem caramurus.

Mas qual seria a origem do termo "caramuru"? Embora ele tenha se configurado como identidade política de um dos "partidos" nos primeiros anos da década de 1830, com periódicos na corte que até tinham essa designação como título, a sua origem remonta ao período colonial. É bastante conhecida a história do português Diogo Álvares Correia, náufrago na Bahia, por volta de 1510. Teria sido salvo da captura dos tupinambás depois de disparar o seu arcabuz, logo identificado como "homem do fogo", "filho do trovão", algumas das acepções na língua tupi para o termo "caramuru". Daí em diante, passou a ser admirado pelos índios e se casou com a lendária índia Paraguaçu. Foi um personagem que acabou se tornando um mito da "fundação do Brasil", imortalizado na literatura, no conhecido poema *Caramuru*, de Santa Rita Durão, em 1781. Para a história, Diogo Álvares Correia, ou simplesmente Caramuru, foi um importante aliado da Coroa portuguesa e dos jesuítas e contribuiu sobremaneira para o empreendimento colonizador da primeira metade do século XVI, na Bahia.[71] Seria daí que viria a associação do termo ao agrupamento político alinhado, em parte, com o imperador d. Pedro I[72] e opositor dos liberais moderados, estes também conhecidos como "chimangos"?[73] É o que parece indicar um artigo publicado no periódico O *Verdadeiro Caramurú*, do Rio de Janeiro, quando criticava duramente os chimangos, representando-os virulentamente como "animais de patas como de burros, sem vergonha como o cão, e feroz

71. Ronaldo Vainfas, "Caramuru", in Ronaldo Vainfas (org.), *Dicionário do Brasil Colonial (1500-1808)* (Rio de Janeiro: Objetiva, 2000), pp. 96-97. Para uma análise detalhada da relação entre o mito, a ficção e a história em torno do personagem, ver Janaína Amado, "Míticas origens: Caramuru e a fundação do Brasil", *Estudos Históricos*, Rio de Janeiro, v. 14, n. 25 (2000), pp. 3-39, disponível em: <www.bibliotecadigital.fgv.br/ojs/index.php/reh/article/view/2110/1249>, acessado em 13 mar. 2021.

72. Mas, como acertadamente alerta Marcelo Basile, "se todo restaurador era caramuru, nem todo caramuru era restaurador". Essa máxima também vale para a província de Minas Gerais. Basile, "O Império em construção", p. 350.

73. Segundo a versão dada pelo periódico *O Universal*, o nome era derivado de "um pássaro que [havia] na Província do Rio Grande do Sul, [...] dado primeiramente a um Corpo de tropas que ali existia, trazido depois por analogia aos adidos à Guarda Municipal Permanente do Rio de Janeiro e aplicado finalmente pelos Caramurús ao partido da revolução de 7 de abril". *O Universal*, Ouro Preto, n. 975, 7 jan. 1834, p. 2.

como o tigre" em oposição aos caramurus: "denodados Indios Brasileiros Caramurú e Carijo".[74] Em maio de 1833, os escravos de Carrancas, liderados por Ventura Mina, se apropriaram da identidade caramuruana e se viram como "os *caramurus negros*, 'filhos do trovão', que se apropriam do direito de definir os rumos dessa história, embora tenham naufragado no último momento".[75]

Outros aspectos a serem problematizados para entender o protagonismo dos escravos no levante são o papel do líder Ventura e a composição étnica dos rebeldes. Apesar de ter sido morto em confronto, quando atacou a terceira fazenda, sua liderança foi inconteste no aconselhamento e na arregimentação dos demais escravos. Todos os insurgentes interrogados e algumas autoridades destacaram sua atuação e personalidade carismática.

Ventura Mina foi apontado como o líder e o principal articulador da revolta, fazendo contatos com escravos das diversas fazendas da família Junqueira. Na noite que antecedeu à rebelião, foi à Bela Cruz e "estivera na senzala de Joaquim Mina, onde mandara chamar alguns outros escravos da mesma fazenda, e aí trataram de romper insurreição no outro dia".[76] Parece que Ventura tinha alguma liberdade de circulação entre as fazendas dos Junqueira e dos aparentados, o que poderia ser feito com certa facilidade, pois eram próximas umas das outras.[77] Mas não há maiores informações sobre Ventura, por exemplo sua idade ou ocupação. Já que havia sido morto no confronto, só temos o que disseram a seu respeito, fossem seus companheiros de revolta, os juízes de paz ou os autores da queixa-crime. Contudo, não resta a menor dúvida de que sua liderança foi fundamental para a organização e realização do levante.

74. *O Verdadeiro Caramurú*, Rio de Janeiro, n. 52, 28 nov. 1833, p. 3.

75. Maria Tereza Pereira Cardoso termina o texto com essa frase muito instigante, ao se reportar ao sentido do termo dicionarizado e à apropriação cultural feita pelos escravos insurretos de Carrancas. Cardoso, "Caramuru somos nós", p. 33, disponível em: <http://www.gunteraxt.com/imagens/v2-n1-1998.pdf>, acessado em 13 mar. 2021.

76. Versão dada conforme o depoimento de João Leonardo Cressoil, homem branco, solteiro, natural dos Estados Unidos, morador na Aplicação do Favacho, onde vivia de seu ofício de carpinteiro, Idem, fl. 79.

77. A família Junqueira deu origem à criação do cavalo manga-larga marchador e, sem dúvida, alguns escravos sabiam montar e podiam circular entre as fazendas. Esse parece ser o caso de Julião Crioulo, escravo da fazenda Bela Cruz. Quando interrogado sobre sua ocupação, respondeu que, além de trabalhar na roça, era "pajem de seu senhor e também amansava cavalos", Idem, fl. 150. Sobre a trajetória da família Junqueira, ver Andrade, *Elites regionais*, pp. 229-298.

Pode-se argumentar que, para os insurretos sobreviventes, culpar Ventura — que já estava morto — representava uma estratégia de defesa. Mas creio ser mais que isso. Se ele não fosse de fato um líder no levante, por que seu nome e sua atuação foram constantemente mencionados nos autos? As qualificações que apareceram no libelo acusatório indicam que ele estava longe de ser um escravo dócil, pois tinha um "gênio fogoso e ardente, era empreendedor, ativo, laborioso, tinha uma grande influência sobre os réus e estranhos de quem era amado, respeitado e obedecido".[78] Os companheiros de cativeiro confirmaram a combinação entre Ventura e Francisco Silvério e os escravos de outras fazendas, mas também o respeito e o temor que ele causava entre os demais escravos. Vários rebeldes interrogados ressaltaram que participaram da revolta porque foram ameaçados de ser degolados com foice, e o nome de Ventura Mina aparece como o principal articulador do levante.[79]

Cabe indagar por que razão Ventura é descrito dessa forma, se não mais poderia ser condenado nem responder por si mesmo e se defender, uma vez que fora também uma das vítimas do levante. Por que lhe deram esses atributos no libelo acusatório?

Acrescente-se que, no dia 16 de maio de 1833, o juiz de paz de Baependi informou que haviam sido capturados 28 escravos, "tendo morrido um, que havia se coroado Rei deles, pertencente ao Deputado Gabriel Francisco".[80] Ventura seria esse "rei". Não se tratava de nenhum rei africano; no máximo, podia pertencer a alguma extensa parentela de algum chefe político africano. É também possível que tivesse sido uma liderança militar em sua terra de origem. Podia ainda ser um rei da Irmandade do Rosário. O mais provável, contudo, é que fosse assim chamado porque os escravos se referiam como tal a um chefe político como ele

78. Idem, Libelo acusatório, fl. 116v. Esses atributos aparecem também na fala de algumas testemunhas e do juiz de paz de Baependi, que acabaram servindo de base para a fundamentação do libelo acusatório.

79. Os escravos José Carneiro Congo e José Mina, ambos da fazenda Campo Alegre, disseram que participaram do levante por medo e por terem sido ameaçados pelos demais cativos armados de foice. Alguns escravos da fazenda Bela Cruz também fizeram alegações parecidas em sua defesa, com destaque para a ameaça de serem degolados com foice, caso não acompanhassem os demais insurgentes e o líder Ventura Mina. Essas justificativas estiveram presentes nos interrogatórios do moleque Manoel Joaquim e de Manoel das Caldas. Idem, fls. 130-131, 147, 153.

80. Correspondência do juiz de Paz de Baependi ao Presidente toda província, 16 de maio de 1833, APM, Seção Provincial, Presidência da Província, 1/18, cx. 86, doc. 32.

deve ter se transformado, porque essa era a terminologia de referência para um líder máximo. Aqui a relação entre revolta e congado faz sentido, pois os reis do congo ou do Rosário eram figuras políticas e podem ter oferecido um modelo ou pelo menos uma nomenclatura para a liderança dos rebeldes. Mas não há indícios nos autos de que Ventura Mina seria um rei de congado.[81]

Não seria coincidência que a revolta estivesse marcada para acontecer em 26 de maio, festa do Espírito Santo. As revoltas escravas costumavam ser combinadas para dias de folga porque a mobilização era facilitada, ao mesmo tempo que se relaxava a vigilância senhorial. Por outro lado, era uma festa popular e, muito provavelmente, vários escravos se identificavam com a devoção ao Divino e até dela participavam.[82] Ali mesmo em Carrancas, dois anos antes, houvera uma tentativa de insurreição, liderada por Domingos Crioulo, que foi acusado de promover um terço com o objetivo de recolher esmola entre a escravaria para a festa do Rosário, na verdade para preparar o levante com a suposta anuência do vigário Joaquim José Lobo.[83] Embora as fontes indiquem que Ventura já vivesse na fazenda Campo Alegre na época, não há indícios nos autos de que ele estivesse envolvido naquela conspiração.[84]

Ventura Mina foi o líder inquestionável do levante de 1833. Dele pouco se sabe. Por ironia, na primeira espécie de censo da província de Minas Gerais, as

81. No primeiro artigo que publiquei sobre a Revolta de Carrancas, com base no relato do juiz de paz de Baependi, especulei que Ventura talvez tivesse sido um rei mina e recriado o seu reinado na experiência do cativeiro, mas, como a historiografia tem demonstrado, não há notícias de reis escravizados nas Américas. Andrade, "Rebelião escrava", p. 69. Para uma discussão acerca da importância da figura do rei na tradição histórico-cultural da África Centro-Ocidental e das festas de coroação de reis congo no Brasil, de modo particular no Sudeste escravista, durante os séculos XVIII e XIX, ver Marina de Mello e Souza, *Reis negros no Brasil escravista: história da festa de coroação de Rei Congo* (Belo Horizonte: Editora UFMG, 2002).

82. Sobre a festa do Divino Espírito Santo na cidade do Rio de Janeiro, no século XIX, e as possíveis aproximações entre os povos africanos de tradições culturais religiosas bantu, ver Martha Abreu, *O império do Divino: festas religiosas e cultura popular no Rio de Janeiro (1830-1900)* (Rio de Janeiro: Nova Fronteira, 1999), pp. 26-27.

83. Sobre a tentativa de insurreição de 1831 ver Andrade, "Rebelião escrava", pp. 54-59.

84. Quase todos os levantes e tentativas de insurreição liderados por escravos estiveram associados ao calendário das festas religiosas católicas. A maioria dos estudos aponta para o afrouxamento da vigilância senhorial e das autoridades nessas ocasiões, uma vez que eles estariam nas cidades e vilas, longe de suas propriedades durante as festividades. Ver João José Reis, "Quilombos e revoltas escravas no Brasil", *Revista USP*, v. 28 (1995), pp. 14-39.

listas nominativas de 1831/1832, o curato de São Tomé das Letras não foi recenseado ou a lista se perdeu. Saberíamos ao menos a sua idade presumível, o seu estado civil e, provavelmente, a sua ocupação. Só existe a lista de 1839, na qual aparecem Gabriel Francisco Junqueira, ex-deputado na época, e seus familiares, num total de sete indivíduos, moradores da fazenda Campo Alegre, cercados por 103 escravos.[85] Só podemos ter um retrato muito pálido de Ventura pelo que dele disseram nos autos do processo. Não sabemos, por exemplo, quando chegara da África. Alguns cativos de origem africana decerto viviam havia muito tempo nas propriedades da família Junqueira. Esse parece ter sido o caso do escravo Joaquim Mina, da fazenda Bela Cruz, um dos líderes do levante. Quando interrogado sobre sua idade, ele respondeu ter uns trinta anos e ser natural da Costa da África. Foi contestado pela parte acusadora, que "observou que ele tinha muito mais anos, pois que há vinte e cinco que ele tinha sido comprado".[86]

Em relação a Ventura, existem fortes indícios de que já vivesse há um certo tempo na fazenda Campo Alegre. João Manuel de Almeida, homem pardo, casado e morador na freguesia de Baependi, bem próximo das fazendas dos Junqueira, junto com alguns companheiros, foi responsável por prender vários insurgentes, depois que eles se dispersaram. Antes do interrogatório oficial dos réus, realizado em São João del-Rei, os rebeldes sobreviventes foram presos na fazenda Campo Alegre, onde também foram tomados os depoimentos de testemunhas. O relato de João Almeida é rico em informações, pois, segundo ele, ouvira da boca dos próprios escravos como foram executadas as mortes, o que acabou servindo de subsídio, junto com o depoimento de outras testemunhas, para a elaboração do libelo acusatório contra os insurgentes e Francisco Silvério Teixeira. Sobre Ventura Mina, ele disse que, depois de amarrar José Mina, este lhe contara que "há mais de dois anos, Ventura tratava dessa insurreição e lhe comunicara isto mesmo assim que seu senhor [o] comprou [José Mina] e o trouxe do Rio de Janeiro para esta fazenda".[87] Então, Ventura vivia na fazenda dos Junqueira havia mais de dois anos, no mínimo. O aspecto mais relevante a ser destacado no depoimento da testemunha é a informação de que Ventura

85. APM, Lista nominativa de 1839, distrito de São Tomé das Letras, <www.nphed.cedeplar.ufmg.br/poplin-minas-1830/>, acessado em 13 mar. 2021.

86. IPHAN-SJDR, Processo-crime de Insurreição (1833), cx. PC-29-01. Interrogatório de Joaquim Mina, fl. 141v.

87. Idem, Depoimento de João Manuel de Almeida, fl. 43.

Mina já preparava o levante fazia mais de dois anos, o que reforça o protagonismo escravo em face da suposição de que agiam manipulados por Francisco Silvério Teixeira. Parece que houve um período longo de maturação da revolta na cabeça de sua principal liderança.

Ventura, inclusive, tinha um filho crioulo, chamado André, que também participou do levante. No interrogatório dele, o escrivão o registrou como natural de Campo Alegre. Não disse a sua idade, mas suspeito que fosse ainda menino ou rapaz. Junto com o moleque, Manoel Joaquim, foi responsável pelo assassinato do menino José, na fazenda Bela Cruz, no qual dera a primeira paulada. Trabalhava "na roça e andava com o carro [de bois]". Quando lhe foi perguntado por que razão comparecia perante o conselho, respondeu que era por "ter acompanhado seu pai, Ventura, depois de morto o senhor moço".[88] Como disse, vários membros da família Junqueira atuavam no tráfico interprovincial de escravos. Ventura e o filho podem ter vindo numa das levas de escravos que saíram do Rio de Janeiro. Como não tenho nenhum registro que reporte a chegada de Ventura Mina a Carrancas, a não ser o depoimento já mencionado, não tenho como afirmar se André nasceu em Campo Alegre ou em outra propriedade da família Junqueira. Também não tenho como afirmar se Ventura veio sozinho ou constituiu família sob cativeiro. Mas o silêncio sobre a mulher dele e mãe de André é suspeito: ela pode ter morrido ou sido separada da família.

A QUESTÃO ÉTNICA EM 1833

Se na sua grande maioria os escravos rebeldes eram oriundos da África Centro-Ocidental, por outro lado, a liderança de minas e crioulos é digna de nota. Mas antes de me debruçar sobre essa questão, é importante considerar a

88. Idem, Interrogatório de André Crioulo, fl. 132. O nome de Pedro Congo aparece no Auto de Corpo de Delito, mas não é citado por André. Este era filho de Ventura Mina. Nesse caso, parte da família se uniu ao levante, confirmando a perspectiva de que, na primeira metade do século XIX, os crioulos estavam muito mais próximos do universo cultural dos africanos, sobretudo se considerarmos os laços parentais no cativeiro. Robert W. Slenes, *Na senzala, uma flor: esperanças e recordações na formação da família escrava — Brasil, Sudeste, Século XIX* (Rio de Janeiro: Nova Fronteira, 1999).

origem da população escravizada, que se divide em dois grandes grupos: os nascidos no Brasil e os vindos da África. Do primeiro grupo fazem parte crioulos (os de cor preta), pardos, cabras e mulatos/pardos (ou mestiços com várias tonalidades de cor da pele). O segundo grupo está definido por critérios de origem, por exemplo, minas, angolas, benguelas, cabindas, cassanges e muitos outros. Esses termos, na maior parte das vezes, não correspondem a denominações étnicas típicas da África, representando uma nomenclatura do tráfico que se refere a regiões, portos, mercados, reinos etc.[89]

Mais de dois terços dos escravizados que desembarcaram na cidade do Rio de Janeiro, na primeira metade do século XIX, procediam do Centro-Oeste africano. Mesmo no período em que houve um decréscimo na representação desse grupo, ele nunca ficou abaixo de 66%. Os escravos da África Oriental (leia-se Moçambique) vinham em segundo lugar, oscilando entre 16% e 26%, seguidos, por último, pelos cativos da África Ocidental, os minas, com cifras que não ultrapassavam 7%. Estes últimos eram assim denominados por terem sido, na maior parte, embarcados nos portos do golfo do Benim, cujo litoral era conhecido pelos portugueses e brasileiros como Costa da Mina. O Centro-Oeste africano era dividido, para efeito do tráfico transatlântico de escravizados, em três regiões principais: Congo Norte (Cabinda), Angola e Benguela. Como alerta Mary Karasch, "o significado desses termos variava muito e o uso deles no tráfico de escravos não era consistente com a verdadeira identidade étnica, nem com os nomes nacionais cariocas".[90] Isso não quer dizer que essas referências devam ser menosprezadas, pois os africanos se apropriaram dessa nomenclatura para a configuração de novas identidades ou "nações". A força dessas nações — angola, benguela, cabinda, mina etc. — na vida dos cativos

89. Mariza de Carvalho Soares, "Mina, Angola e Guiné: nomes d'África no Rio de Janeiro setecentista", *Tempo*, Niterói, v. 3, n. 6 (1998), pp. 73-93. Sobre a presença dos courás do Golfo do Benim em Vila Rica e Vila do Carmo, na capitania de Minas Gerais, ver Moacir Rodrigo de Castro Maia, "De reino traficante a povo traficado: a diáspora dos courás do Golfo do Benim para as minas de ouro da América Portuguesa (1715-1760)", Tese de Doutorado, Universidade Federal do Rio de Janeiro, 2013, em especial o cap. 2, pp. 79-131.

90. Mary C. Karasch, *A vida dos escravos no Rio de Janeiro (1808-1850)* (São Paulo: Companhia das Letras, 2000), p. 50.

pode ser verificada nas relações de compadrio, na formação da família, na escolha das irmandades religiosas e nas revoltas.[91]

As informações encontradas nos despachos e nos passaportes da Intendência de Polícia da Corte, entre 1819 e 1833, indicam que, entre 1795 e 1840, 81,8% dos navios negreiros procediam da África Central. Em 1831, por exemplo, 63% dos escravos registrados nos despachos e nos passaportes eram provenientes da África Central, 24% da Oriental e 9% da Ocidental.[92]

Para algumas localidades de Minas Gerais, os inventários post mortem também têm apontado a procedência dos cativos. Laird Bergad, em estudo sobre São João del-Rei, Vila Rica e Mariana (1715-1888) e Diamantina (1790-1888), constatou que os escravos africanos mais numerosos eram benguelas (28,3%), angolas (23,9%) e congos (10,7%), totalizando 62,9%.[93] A grande maioria dos cativos era procedente da África Centro-Ocidental. Os minas (nagôs, jejes etc.) correspondiam a apenas 10,5%.[94] O levantamento foi realizado a partir das informações de 110 mil cativos listados nos inventários.

Para a região de Carrancas, como esperado, constatei tendência semelhan-

91. A historiografia brasileira sobre o tema já é bastante significativa. Registro apenas alguns títulos: Slenes, *Na senzala, uma flor*; Mariza de Carvalho Soares, *Devotos da cor: identidade étnica, religiosidade e escravidão no Rio de Janeiro do século XVIII* (Rio de Janeiro: Civilização Brasileira, 2000); Juliana Barreto Farias, Carlos Eugênio Líbano Soares e Flávio dos Santos Gomes, *No labirinto das nações: africanos e identidades no Rio de Janeiro* (Rio de Janeiro: Arquivo Nacional, 2005); Reis, *Rebelião escrava*, cap. 10. Em relação à vila de São João del-Rei, é importante destacar a constituição da Congregação da Nobre Nação Benguela na Irmandade do Rosário. Ver Silvia Brügger e Anderson de Oliveira, "Os Benguelas de São João del-Rei: tráfico atlântico, religiosidade e identidades étnicas (séculos XVIII e XIX)", *Tempo*, Niterói, v. 13, n. 26 (2009), pp. 177-204.

92. João Luís Fragoso e Roberto Guedes Ferreira, "Alegrias e artimanhas de uma fonte seriada: os códices 390, 421,424 e 425: despachos de escravos e passaportes da Intendência de Polícia da Corte, 1819-1813", in Tarcísio Rodrigues Botelho et al. (orgs.), *História quantitativa e serial no Brasil: um balanço* (Goiânia: Anpuh-MG, 2001), pp. 267-269; Florentino, *Em costas negras*, p. 234.

93. A mesma tendência é verificada nos registros paroquiais da vila de São João del-Rei, no período de 1782 a 1822. Os angolas e benguelas representavam mais de 60% nos registros de óbitos, seguidos dos minas, que representavam quase 20% entre 1782 e 1790, mas que, nas décadas seguintes, diminuem significativamente, atingindo pouco mais de 6% entre os anos de 1821 e 1822. Ver Brügger e Oliveira, "Os benguelas de São João del-Rei", pp. 185-187.

94. Laird Bergad, *Slavery and the Demographic and Economic History of Minas Gerais, Brazil, 1720-1888* (Cambridge: Cambridge University Press, 1999), pp. 148-152.

te em alguns inventários da família Junqueira, que cobrem a primeira metade do século XIX. Vejamos, primeiramente, o caso da escravaria do casal fundador da família. O inventário de Elena Maria do Espírito Santo foi realizado em 1811. Ela residia na fazenda Campo Alegre, no curato de São Tomé das Letras, freguesia de Carrancas, e possuía mais de cinquenta cativos. O que logo chama a atenção é o percentual de crioulos, mais de 60%. Os africanos eram, na sua grande maioria, procedentes da África Centro-Ocidental, predominando os benguelas, congos, rebolos, cabundás, cassanges e angolas. Também foram relacionados dois escravos minas. Mais de 25% da escravaria era composta de crianças entre zero e dez anos, a indicar a existência de famílias.[95] Os dados sugerem que o viúvo João Francisco Junqueira, pelo menos até aquele momento, estaria criando oportunidades para a reprodução natural de sua escravaria. É importante colocar essa ressalva, pois o inventário tratado dessa forma nos permite apenas um retrato parcial e circunstancial da vida material do proprietário. A situação poderia inverter-se dali a cinco, dez ou vinte anos. Uma série de fatores poderia influir na composição das escravarias, e não apenas o tráfico internacional. Também dependia do cabedal de cada proprietário, da extensão dos empreendimentos e do tempo de existência da unidade produtiva.

Foi sobretudo na década de 1830 que a família Junqueira atingiu grande projeção, tanto do ponto de vista econômico quanto do político. Foi na conturbada conjuntura das Regências que Gabriel Francisco Junqueira, filho de João Francisco, tornou-se um dos principais representantes da facção política liberal moderada na província de Minas, conforme já mencionei. Dois anos após o encerramento de seu mandato, seu nome aparece arrolado na lista nominativa de 1839. Nesse ano, contava 57 anos de idade residia em sua propriedade, com a esposa, Elena Constança, acompanhado de quatro filhos, um cunhado e 103 cativos. Tudo indica que o filho acabou seguindo a mesma estratégia do pai na composição da escravaria, pois os crioulos representavam 72% do total. Os de origem africana não chegavam a 30% da escravaria, totalizando 29 cativos.[96]

As oportunidades para a constituição de laços familiares não estavam restritas aos escravos crioulos, embora representassem a maioria. Dos 38 casados,

95. IPHAN-SJDR, Inventário de Elena Maria do Espírito Santo (1811), cx. 227.

96. Listas nominativas de 1839, distrito de São Tomé das Letras, APM, <www.nphed.cedeplar.ufmg.br/poplin-minas-1830/>, acessado em 13 mar. 2021.

22 eram crioulos e dezesseis, africanos. A reprodução natural da escravaria também pode ser percebida pelo número de crianças de zero a dez anos, que representavam pouco mais de 30% dos cativos do deputado. Embora se perceba uma opção pela crioulização crescente da escravaria, a desproporção entre os sexos não era desprezível. Os homens totalizavam pouco mais de 60%, sendo 35% deles de origem africana.

Os inventários da década de 1830 se referem aos cativos de José Francisco Junqueira e Manoel José da Costa, proprietários da fazenda Bela Cruz, que foram assassinados pelos escravos em 1833. Os avaliadores não deram mais informações sobre origem e procedência, nem sobre o estado civil dos cativos. Por outro lado, constata-se que a maioria dos cativos daquela propriedade que participaram da rebelião vinha da África Centro-Ocidental e estava assim distribuída: cinco angolas, cinco benguelas, quatro congos, dois cassanges, um mofumbe e um mina.[97] Para a fazenda do Jardim, de propriedade de João Cândido da Costa, na qual Ventura Mina e os insurgentes foram derrotados, temos a lista nominativa produzida seis anos depois do levante. Nela, os africanos representavam mais de 45% da escravaria, num total de 86 cativos.[98]

Como se pode perceber, os Junqueira compuseram suas unidades escravistas de acordo com os limites impostos pelo tráfico transatlântico de africanos. As unidades mais antigas puderam investir na reprodução natural dos cativos, como foi o caso da fazenda Campo Alegre. Portanto, se considerarmos as informações sobre as procedências dos escravos, veremos que as propriedades da família não fugiram ao padrão da demografia do tráfico para o Sudeste. A grande maioria era proveniente da África Centro-Ocidental, daí a presença expressiva de escravos da região do Congo e de Angola.

Em relação aos 31 escravos indiciados no levante de 1833, nove (29%) eram crioulos, dezessete (54,8%) da África Centro-Ocidental, dois minas e dois moçambiques. Constata-se a presença significativa de escravos de origem bantu,[99] considerados pela historiografia como mais acomodados e me-

97. IPHAN-SJDR, Inventário de José Francisco Junqueira e Antônia Maria de Jesus (1833), cx. 377; Inventário de Manoel José da Costa e Emiliana Francisca Junqueira (1833), cx. 351.

98. Listas nominativas de 1839, distrito de São Tomé das Letras, APM, <www.nphed.cedeplar.ufmg.br/poplin-minas-1830/>, acessado em 13 mar. 2021.

99. A interação cultural da cosmologia bantu com o catolicismo já foi objeto de análise por diversos autores, e poderia resultar em formas de solidariedade e de associação comunitária

nos afeitos a revoltas, ao contrário dos minas, sobretudo, entre estes, os subgrupos haussás e nagôs.

Diferentemente de outras regiões, em especial a Bahia, não houve uma clivagem entre africanos e crioulos. Não que não houvesse disputas e rivalidades entre eles no cotidiano da escravidão, mesmo ali nas propriedades dos Junqueira. Mas vários crioulos participaram ativamente da revolta e até foram citados como "cabeças", como Roque e Jerônimo, da fazenda da Prata, e Damião, no curato de Campo Belo. Isso talvez se explique por ser uma revolta ambientada em área rural, onde africanos e crioulos conviviam em maior proximidade. O caso do líder Ventura é emblemático nesse sentido, pois seu filho André, que era crioulo, o acompanhou e teve participação ativa no levante.

Mas não podemos esquecer o papel da liderança dos minas na insurreição. Apesar de negar ser líder, Joaquim Mina não negou sua participação na revolta e incriminou Ventura Mina, dizendo que teria sido aconselhado por ele. Talvez tenha sido uma estratégia dele para se livrar da condenação à forca, o que não ocorreu. Ventura Mina foi a liderança mais importante do levante, capaz de mobilizar os escravos africanos e crioulos da sua e de outras fazendas e superar as disputas entre eles, mesmo que para isso tivesse que ameaçar os que hesitassem em participar da insurreição.

Alguns estudos destacam a participação e a liderança de escravos minas na organização e liderança de insurreições escravas, sobretudo as ocorridas na província da Bahia.[100] Considerando esse aspecto, parece que a Revolta de Carrancas não foge à regra, embora, em termos quantitativos, o levante tenha contado com maioria oriunda da África Centro-Ocidental e de crioulos. Contudo,

---

entre os diversos grupos étnicos da África Centro-Ocidental. Ver John Thornton, *Africa and Africans in the Making of the Atlantic World, 1400-1680* (Nova York: Cambridge University Press, 1992); Karasch, *A vida dos escravos*; Márcio de Sousa Soares, "A doença e a cura: saberes médicos e cultura popular na Corte imperial", Dissertação de Mestrado, Universidade Federal Fluminense, 1999. Já Robert Slenes defende a possibilidade de constituição de uma identidade social dos escravos de origem africana no Sudeste do Brasil, na primeira metade do século XIX, formando o que autor denomina de "protonação" bantu. As diferenças étnicas seriam de certo modo superadas em virtude da redefinição e da reelaboração de suas referências culturais de origem. Robert Slenes, "'*Malungu, Ngoma* vem'!: África coberta e descoberta no Brasil", *Revista USP*, n. 12 (1992), pp. 48-67.

100. Reis, *Rebelião escrava*; João José Reis, "Há duzentos anos: a revolta escrava de 1814 na Bahia", *Topoi*, v. 15, n. 28 (2014), pp. 68-115.

muito mais que uma questão de números ou de porcentagens, há que se atentar para as especificidades de cada revolta. E no caso de Carrancas, além das variáveis demográficas, há que se ter em conta o tempo de constituição das unidades escravistas, a experiência do cativeiro e o fato de a revolta ter ocorrido numa área rural.

Se, por um lado, a diversidade étnica e cultural dos escravos da freguesia de Carrancas não impediu que eles se associassem, por outro, as rivalidades e o temor em participar de uma empreitada tão arriscada aparecem claramente em alguns dos interrogatórios dos escravos inquiridos. Não poucos relataram ter acompanhado os rebeldes por medo ou depois de terem sido ameaçados. Aqueles que não tiveram participação direta nas mortes utilizaram-se desses argumentos em sua própria defesa. Ao final do julgamento, dez escravos que não estiveram envolvidos no massacre propriamente dito foram absolvidos, e quatro foram "apenas" açoitados.

Alguns escravos apresentaram argumentos de defesa muito interessantes, que revelam o lugar diferenciado que possuíam no cotidiano da escravidão. Alguns mais novos foram pressionados pelos mais velhos, inclusive pelo líder Ventura, até com ameaça de terem a cabeça cortada à foice, caso não participassem do levante.[101] No caso dos mais velhos, alguns disseram que acompanharam o grupo até certo ponto, depois se esconderam nas matas e foram presos dias mais tarde.[102] Outros, talvez por desfrutarem de uma relação de maior proximidade com a família senhorial, não tomaram parte no massacre ou não tiveram coragem de entrar na casa da Bela Cruz porque lhes "batera o coração".[103] Essa foi a justificativa de Joaquim Mina, que era feitor dos escravos de José Francisco Junqueira.

Já Julião Crioulo teve participação nos assassinatos. Também era um escravo de confiança. Exercia a função de pajem de seu senhor e o conduzia para onde houvesse necessidade, pois José Francisco era sexagenário e cego (devido a uma doença congênita que acometeu vários membros da família Junqueira).[104] Apesar de ele e Joaquim desfrutarem de relações próximas com o senhor,

101. Interrogatório do escravo crioulo Manoel Joaquim, IPHAN-SJDR, Processo-crime (1833), cx. PC-29-01, fl. 147.

102. Esse foi o caso Pedro Velho, benguela, que não sabia que idade tinha. Idem, fl. 154.

103. Interrogatório de Joaquim Mina, Idem, fl. 142.

104. Interrogatório de Julião Crioulo, Idem, fl. 150.

o que poderia implicar algumas regalias, isso não os impediu de participar ativamente no levante. Ambos foram levados ao patíbulo e enforcados.

Julião Congo, da fazenda Campo Alegre, foi o único escravo a lançar mão de uma justificativa clássica para se rebelar contra seu "senhor moço", que havia ajudado a matar porque este o "tratava de mandrião, não estava contente com o seu serviço, dava-lhe pancadas, ainda mesmo quando estava doente". A justificativa foi contestada com veemência pelo deputado, dizendo que uma das queixas que tinha contra seu próprio filho era que ele tratava os escravos "com demasiada brandura".[105] Outros disseram que não participaram da revolta porque tinham "mulher e filhos", no que a família emerge como obstáculo à rebeldia.[106]

Outro aspecto a considerar é que a maioria dos escravos da Campo Alegre não participou da revolta. É muito provável que, em 1833, a escravaria do deputado totalizasse quase uma centena de cativos, se considerarmos os dados da lista de 1839, já mencionados, quando foram registrados 103 escravos naquela propriedade. A grande maioria dos insurgentes era da fazenda Bela Cruz. Da Campo Alegre foram apenas oito, contando com o líder Ventura Mina. Uma insurreição, ainda que houvesse planejamento, era sempre um empreendimento perigoso e podia resultar em mortes no confronto e em futuras condenações à prisão e à pena máxima. Os enforcamentos de escravos não eram algo corriqueiro nem faziam parte do cotidiano da escravidão, embora não tenham sido poucos ao longo do Brasil Império, e deviam ser conhecidos pela maioria deles.[107] As vilas mais importantes do Império possuíam a macabra rua da Forca. Era o caso das vilas da região onde aconteceu o levante de Carrancas (São João del-Rei e Campanha). Os castigos aplicados pelos senhores e seus feitores, sem

105. Interrogatório de Julião Congo, Idem, fl. 128.

106. Foi o caso do escravo Rafael Crioulo, que acompanhou o líder Ventura e os demais insurgentes até certo ponto. Veio mais atrás, porque estava com o carro de boi. Ao perceber que as mortes já haviam acontecido, pegou a mulher e os filhos e seguiu em direção à fazenda Campo Alegre, sendo preso no dia seguinte. Idem, fl. 158. Nesse caso, procede a hipótese de que a formação de laços familiares representava uma estratégia senhorial que poderia resultar na "paz das senzalas". Ver Florentino e Góes, *A paz das senzalas*.

107. O levantamento mais completo das condenações e execuções dos escravos à pena máxima durante o Império, ricamente documentado, pode ser encontrado em João Luiz Ribeiro, *No meio das galinhas as baratas não têm razão: a lei de 10 de junho de 1835 — os escravos e a pena de morte no Império do Brasil, 1822-1889* (Rio de Janeiro: Renovar, 2005).

dúvida, eram a face mais conhecida da punição aos escravos indolentes e rebeldes. Portanto, é bastante compreensível que muitos cativos se recusassem a participação ou temessem as consequências de uma insurreição.

Ao mesmo tempo, não deixa de impressionar o massacre levado a cabo pelos insurgentes. É bastante provável que a expectativa de liberdade e o boato de que a escravidão havia sido abolida em Ouro Preto tenham sido fundamentais para que os escravos de Carrancas achassem que podiam tudo, até porque muitos devem ter acreditado nos rumores de que os caramurus estavam também matando brancos. Não creio que os escravos se revoltaram apenas contra a família Junqueira por causa de castigos excessivos e outros maus-tratos. Decerto esse era o argumento utilizado com certa frequência para justificar o assassinato de senhores, prepostos, familiares, mesmo no caso de insurreições. No caso de Carrancas, como vimos, só um escravo apresentou esse tipo de argumento para se defender. A meu ver, o que estava em jogo naquele contexto era a promessa de liberdade e a cisão dos senhores, materializada na Sedição de 1833, que foram vitais para o surgimento do levante. Assim, a revolta não ficaria restrita à família Junqueira, caso não fosse prontamente reprimida.

Se o massacre da família senhorial aterrorizou a população de Carrancas, São João del-Rei, Campanha, vilas limítrofes das províncias de São Paulo e do Rio de Janeiro e até mesmo parte da elite política do Império, a condenação dos insurgentes foi exemplar — dezessete deles foram condenados à pena máxima (morte por enforcamento em praça pública), efetivamente aplicada a dezesseis escravos. Trata-se da maior condenação coletiva à pena de morte da história da escravidão brasileira. O que justificara uma medida tão extrema? E qual a relação da revolta com a lei de 10 de junho de 1835, uma jurisprudência específica que aplicava com mais celeridade a pena de morte a escravos rebeldes? É o que discutirei a seguir.

REPRESSÃO E PUNIÇÃO: A ORIGEM DA LEI DE 10 DE JUNHO DE 1835

Como apontei acima, os acontecimentos de Carrancas não ficaram restritos à família Junqueira e à região de Carrancas, na comarca do Rio das Mortes. Num primeiro momento, representaram um duro golpe para uma família poderosa. Atemorizaram a elite senhorial do sul da província de Minas Gerais e as notícias da rebelião repercutiram nas províncias limítrofes do Rio de Janeiro e de São Paulo, especialmente nas áreas cafeeiras em expansão, como as vilas de Areias, Bananal, Lorena, Resende e até Guaratinguetá.

A Regência também deles se ocupou. O então presidente da província de Minas Gerais, Manoel Inácio de Melo e Souza, com o governo sediado na vila de São João del-Rei, tratou logo de informar o ministro da Justiça, Honório Hermeto Carneiro Leão, sobre a rebelião e suas consequências dramáticas.

> Infelizmente, no dia 13 do corrente mês alguns escravos do deputado Gabriel Francisco Junqueira assassinaram a um filho deste, estando na roça, que fica no distrito de Carrancas, e daí partiram para a fazenda de um irmão do mesmo, onde reunindo-se com outros escravos daquele assassinaram a todas as pessoas brancas da família, e a duas de cor preta.[108]

O deputado Gabriel Francisco Junqueira se encontrava no Rio de Janeiro, participando das atividades do Parlamento, quando os escravos assassinaram parte de sua família. Só recebeu a notícia alguns dias após o ocorrido, devido ao tempo que se levava para estabelecer comunicações entre Minas e Rio de Janeiro. Cinco dias depois, apresentou ao Parlamento um ofício, solicitando "licença para ir à sua casa, na Província de Minas Gerais, pela urgentíssima necessidade que o obriga a ir com violência dar indispensáveis providências à sua família".[109] A comissão concedeu a licença no dia 21 de maio de 1833. Provavelmente, nessa data o deputado já estava a caminho de Minas, atordoado com as notícias e talvez sem entender muito bem o que havia ocorrido em sua propriedade e por quais motivos seus escravos se rebelaram e assassinaram seus familiares.

Outros indícios relativos à Revolta de Carrancas também apareceram no pronunciamento do deputado Bernardo Pereira de Vasconcelos na Assembleia Geral, na sessão do dia 4 julho de 1833, quase dois meses após a rebelião. Logo

108. ANRJ, Série Justiça, IJ1 763. Correspondência do presidente da província de Minas ao ministro da Justiça do Império, 18 maio 1833.

109. *Annaes do Parlamento Brazileiro.* Sessão de 21 de maio de 1833 (Brasília, Câmara dos Deputados, Centro de Documentação e Informação, Coordenação de Publicações, 1982), Tomo Primeiro, p. 171.

no início de seu discurso, ele fez referência a uma carta remetida de Minas Gerais, afirmando que aquela província "estava em guerra civil, que a maior perturbação ali existia".

Bernardo Pereira de Vasconcelos afirmou que a ordem já estava restabelecida, mas não deixou de responder aos comentários do deputado baiano Francisco Jê Acaiaba Montezuma sobre a perseguição que alguns proprietários de Minas vinham sofrendo, depois da Sedição de 1833. Há um trecho do discurso de Bernardo Pereira de Vasconcelos que é fundamental para se compreender algumas das estratégias utilizadas pelas autoridades legislativas naquele contexto.

> Diz o ilustre deputado: "Os proprietários de Minas estão assustados!". Que proprietários? A sedição limitou-se à capital da província; um ou outro proprietário de fora, muito poucos tiveram nela parte, porque um proprietário não pode deixar de ter o maior horror a tudo quanto tenda a perturbar a tranquilidade pública.
>
> Mas disse-se: Joaquim Silvério é proprietário e está preso.
>
> Nisto há inexatidão: Joaquim Silvério está preso no Ouro Preto, por suspeito de ter concorrido para um assassinato, cometido em um velho pai de família, em mulher, filhos e filhas, assassinando-se até crianças de peito. Eis por que está preso.[110]

Em nenhum momento de sua resposta a Montezuma o deputado Vasconcelos fez referência à revolta escrava em Carrancas, embora não deixasse de citar as mortes que dela resultaram na família Junqueira, sem mencionar que se tratava da família de um colega de Parlamento. Na realidade, o que se apresenta em seu discurso era uma tentativa de desqualificar os acontecimentos, tanto a Revolta de Carrancas quanto a Sedição Militar de 1833, com a finalidade de demonstrar que a ordem havia sido restabelecida e a província de Minas Gerais gozava de tranquilidade sob a direção liberal moderada. Essas estratégias não eram incomuns em momentos de dissenso e de conflito na história do Brasil Império. É preciso analisar com bastante cuidado em que medida as

110. Discurso de Bernardo Pereira de Vasconcelos na Câmara dos Deputados, sessão de 4 de julho de 1833, in José Murilo de Carvalho (org. e introd.), *Bernardo Pereira de Vasconcelos*. São Paulo: Ed. 34, 1999, p. 206. Parece que nessa publicação houve um erro de digitação, pois aparece a expressão "assuntados" em vez de "assustados". Optei por utilizar a grafia correta como aparece no mesmo discurso, publicado três meses depois, na íntegra, no periódico *O Universal*, de Ouro Preto. *O Universal*, 7 out. 1833, pp. 1-5.

notícias relativas à revolta se tornaram públicas, aferir o que foi noticiado, especular sobre as omissões e verificar em quais veículos foram divulgadas.

Entre autoridades locais, provinciais e nacionais, a notícia circulou na forma de correspondência privada e foi bastante divulgada, conforme já demonstrei, mormente logo após debelada a revolta. Em relação aos discursos políticos, alguns meses depois o discurso de Bernardo Pereira de Vasconcelos seria reproduzido no jornal *O Universal*. Os debates em torno da Sedição Militar ganharam as páginas da imprensa, perdurando por todo o ano de 1833 e adentrando 1834. Mas, em relação à Revolta de Carrancas, as referências foram bem pontuais. Ela foi tratada com extremo cuidado, de forma esparsa, e com acusações mútuas de incitamento, a depender da tendência política do periódico (se liberal ou caramuru). A estratégia adotada por Bernardo Pereira de Vasconcelos e a maioria dos redatores dos jornais estaria muito próxima daquela empregada pelas autoridades policiais e políticas em outros momentos da história da escravidão no Brasil. Houve uma estratégia de "desinformação e censura",[111] que tinha como objetivo evitar o pânico entre os senhores e uma parcela da população livre.[112] Considero ser essa a hipótese mais provável para entender como as elites políticas do Império e a imprensa lidaram com a Revolta de Carrancas. Se, por um lado, há uma publicidade inegável do acontecimento, não só por suas proporções e pelo terror causado, mas também pelas execuções dos culpados em praça pública na vila de São João del-Rei, por outro, o silêncio na imprensa e a divulgação seletiva de algumas notícias estiveram diretamente ligados à postura dos agrupamentos políticos de se desvencilhar de qualquer envolvimento no levante ou de responsabilizar os oponentes pelo seu surgimento.[113]

111. Esta foi a hipótese central do estudo de Maria Helena Machado sobre os conflitos suscitados a partir da década de 1880, na desagregação do sistema escravista. Maria Helena Machado, *O plano e o pânico: os movimentos sociais na década da abolição* (São Paulo: Ed. UFRJ/ Edusp, 1994), p. 15.

112. Segundo Tâmis Parron, Bernardo Pereira Vasconcelos e seus correligionários se utilizaram do perigo das revoltas regenciais para favorecer a aprovação da centralização judiciária, nos debates travados no Parlamento. Parron, *A política da escravidão*, pp. 101-102. Pelo menos em relação à Revolta de Carrancas, com base nos argumentos apresentados acima, creio que Bernardo e a bancada moderada adotaram a estratégia do silenciamento e da desinformação.

113. Alguns autores já problematizaram essa questão com conclusões semelhantes. João Luiz Ribeiro definiu o silêncio sobre a revolta na imprensa como "censura oficiosa": por "razões de

Na perspectiva dos moderados, a insurreição teria sido obra do "partido caramuru" e não do "partido da ordem", como acusara anteriormente o senador José Teixeira da Fonseca de Vasconcelos, visconde de Caeté, em pronunciamento realizado no Senado, no dia 27 de junho de 1833.[114] A troca de acusações tornou-se pública em uma matéria divulgada no *Astro de Minas*, dois meses depois.[115] O redator publicou trechos do pronunciamento do senador, em que este dizia que a sedição não teria sido restauradora e se defendia ao afirmar que não teria sido "da parte do partido Caramuru, que se cometeram atos de barbaridade, e ideias, e princípios da Sociedade Gregoriana,[116] se não diga-o a desgraçada família do Deputado Junqueira". A acusação de que o "partido da ordem" estava envolvido na tragédia que se abatera sobre os Junqueira foi rechaçada com veemência pelo redator do *Astro de Minas*. Considerando a asserção do senador "cheia de veneno", ele procurava dar provas ao leitor de que o "decantado partido Caramuru", defendido pelo visconde de Caeté, era o prin-

Estado" a publicidade deveria ficar restrita "ao lugar do suplício". Ribeiro, *No meio das galinhas*, p. 50. Já Alain El Youssef argumenta que, depois de Carrancas, não era oportuno falar em haitianismo, pois isso poderia politizar as disputas entre os agrupamentos políticos e potencializar o surgimento de novas revoltas escravas. Youssef, *Imprensa e escravidão*, p. 72.

114. A vila de Caeté foi uma das primeiras a reconhecer o governo do conselheiro Manoel Soares do Couto. Na ocasião do pronunciamento do visconde de Caeté, na sessão do Senado, em 27 de junho de 1833, estava em debate uma mensagem do ministro dos Negócios Estrangeiros que tratava do retorno do ex-imperador. A notícia serviu para inflamar os debates em torno do fantasma da restauração e a Sedição de 1833 também foi objeto de discussão. O levante de Carrancas é sutilmente mencionado pelo senador, mas como patrocínio do "partido da ordem", ou seja, dos moderados. *Annaes do Senado do Imperio do Brazil*, 1833, v. 2, p. 44, <www.senado.leg.br/publicacoes/anais/pdf/Anais_Imperio/1833/1833%20Livro%202.pdf>, acessado em 13 mar. 2021.

115. Publicado na vila de São João del-Rei, o periódico pertencia ao deputado liberal moderado Batista Caetano de Almeida e era redigido pelo padre José Antônio Marinho. Wlamir Silva, *Liberais e povo*, p. 111; Luciano da Silva Moreira, "Imprensa e política: espaço público e cultura política na província de Minas Gerais — 1828-1842", Dissertação de Mestrado, Universidade Federal de Minas Gerais, 2006, p. 113.

116. O senador fazia referência a uma sociedade de cunho abolicionista, que existia na cidade do Rio de Janeiro, liderada pelo cirurgião Joaquim Candido Soares Meireles, influenciada pelas ideias do abade francês Grégoire, defensor da revolta dos negros do Haiti. Nos meses que se seguiram à abdicação do imperador d. Pedro I, Joaquim Meireles foi acusado de formar uma sociedade secreta que tinha por objetivos o assassinato de brancos e o cruzamento de raças. Ver Marco Morel, "O abade Grégoire, o Haiti e o Brasil: repercussões no raiar do século XIX", *Almanack Brasiliense*, São Paulo, n. 2 (2005), p. 87.

cipal responsável pelo "massacre daquelas desgraçadas famílias".[117] Para isso, publicou extratos do que seriam os depoimentos de alguns escravos que participaram da insurreição, e Francisco Silvério Teixeira foi citado como o principal incitador do levante, pois "havia dito a Ventura (negro) depois que veio de Vila Rica, que os Caramurus ali estavam matando os brancos, e que era preciso, que eles ali, e nas outras fazendas vizinhas fizessem o mesmo para ficarem forros".[118] Infelizmente, os exemplares do principal periódico opositor aos moderados em Minas Gerais, *O Telegrapho*, não foram preservados.[119] Dele só podemos saber por aquilo que vem à tona dos redatores moderados, que, algumas vezes, publicavam excertos de matérias dos jornais caramurus com o intuito de demarcar um posicionamento político.

O Universal, principal periódico de tendência moderada da capital de Minas Gerais, também se defendeu das acusações do visconde de Caeté de forma veemente e também mencionou partes do discurso do senador, mas não os depoimentos dos insurgentes. O redator questionava a afirmação do senador. "Que essa catástrofe foi obra do partido contrário ao Caramuru?" E se defendia.

> Mas nada há tão injurioso, nem tão falso como pretender-se que um assassinato tão bárbaro, e tão cruel fosse feito por aqueles mesmos que estavam intimamente ligados com esse Deputado, que constantemente se há prestado ao serviço da Pátria, sem poupar sacrifício algum.

117. *Astro de Minas*, São João del-Rei, n. 903, 27 ago. 1833, p. 2. Os excertos publicados no periódico se referem aos interrogatórios feitos ainda na fazenda Campo Alegre. Os trechos selecionados constam do depoimento de algumas testemunhas. Os interrogatórios dos réus, que fazem parte dos autos, foram feitos em novembro de 1833, na sala de sessões dos jurados da vila de São João del-Rei, conduzidos pelo juiz de direito Gabriel Mendes dos Santos. Essa ressalva é importante, pois a intenção do *Astro de Minas* era se defender das acusações do visconde de Caeté. A divulgação parcial e pontual da revolta nos periódicos envolvia interesses de ambos os agrupamentos políticos. João Luiz Ribeiro também faz referência à publicação desses extratos, mas sem problematizá-los. Ribeiro, *No meio das baratas*, p. 45.

118. Extrato do depoimento do escravo Manoel Crioulo, Idem.

119. Luciano da Silva Moreira constatou, com acerto, que a existência da coleção completa do periódico *O Universal* está associada ao governo de tendência moderada, entre 1831 e 1835, e que esteve "sob os aconselhamentos de Bernardo Pereira de Vasconcelos". Silva Moreira, "Imprensa e política", p. 29.

E afirmava que um "magistrado íntegro" havia colhido indícios veementes e provas "contra esses homens do partido" que o visconde teimava em defender. E chamou a atenção para o terror causado pela chacina, ao afirmar que "a razão natural mostra que um atentado que feriu de espanto, de dor, e de consternação a todos os patriotas, não podia ser promovido senão por homens de diversa comunhão política, se nele teve a política alguma parte".[120]

O redator reforçava a ideia de que o massacre teria sido patrocinado pelos caramurus, mas ao mesmo tempo lançava a dúvida sobre se a política teve alguma parte naquela tragédia. Embora não deixe de ser intrigante, parece mais tratar-se de uma estratégia dos moderados para se dissociarem de qualquer ligação com a revolta escrava.

Fora de Minas Gerais, o único periódico moderado a fazer referência direta à revolta foi *A Verdade*, folha da cidade do Rio de Janeiro. Nos dias 17 e 19 de setembro de 1833, o redator reproduziu parte da matéria publicada no *Astro de Minas* em 27 de agosto, e divulgou depoimentos dos escravos que incriminavam os caramurus, mas sem qualquer comentário adicional. Os comentários sobre o discurso do visconde de Caeté foram suprimidos.[121] Curioso observar que dois periódicos combativos e importantes na cena política das Regências, *O Sete d'Abril*, atribuído a Bernardo Pereira de Vasconcelos, e *A Aurora Fluminense*, de Evaristo Ferreira da Veiga, não fizeram menção alguma ao ocorrido

120. *O Universal*, Ouro Preto, n. 928, 13 set. 1833, p. 3. Concordo com El Youssef quando afirma que a divulgação da revolta de Carrancas na imprensa foi breve e pontual, e que houve referências mais explícitas na imprensa mineira, sobretudo em *O Astro de Minas*. Youssef, *Imprensa e escravidão*, pp. 153-154.

121. *A Verdade*, Rio de Janeiro, n. 222, 17 set. 1833, p. 3, n. 223, p. 4, 19 set. 1833. El Youssef também faz referência aos resumos dos interrogatórios publicados no referido jornal e afirma que *O Carijó*, outro periódico carioca da mesma tendência, também teria feito uma menção breve à Revolta de Carrancas. Creio que o autor acabou cometendo um equívoco. Trata-se de uma matéria sobre a Sedição de Ouro Preto, em que o redator criticava os seus principais protagonistas e inimigos políticos (Manuel Inácio de Melo e Sousa e Bernardo Pereira de Vasconcelos), publicada dezenove dias antes do levante de Carrancas. O autor sugere que poderia ter ocorrido um erro de registro da data do jornal, o que considero pouco provável. O redator de *O Carijó* afirmava que a província de Minas Gerais havia se transformado em um "horroroso teatro [da] *facção jacobina*" (referência aos moderados), e que "lançaram mão do mais nefando recurso, qual o apoio de desgraçados africanos". Como o próprio autor chama atenção para o uso retórico do haitianismo, o mais provável é que redator de *O Carijó* se utilizasse do mesmo recurso. Youssef, *Imprensa e escravidão*, p. 153.

nas fazendas da família do colega de Parlamento, enquanto a Sedição de 1833 foi bastante noticiada.[122] Impossível imaginar que ignorassem o fato e que não o tivessem comentado largamente nos bastidores.

A resposta dos caramurus, ainda no mês de maio, foi registrada de forma breve em um dos seus periódicos cariocas, mas fazendo uma acusação sutil aos moderados. Em *O Verdadeiro Caramurú*, o redator noticiava que "o nosso coração se parte de dor [...] quando sabemos que os escravos em Minas começam a sublevar-se, e a fazer massacres horríveis". E aproveitou a ocasião para alfinetar o governo da Regência "em suas pertinazes medidas de violência, sendo as conciliatórias as únicas que nos podem ainda salvar".[123]

Talvez pela proximidade geográfica do levante e por ser a principal folha moderada de São João del-Rei, o *Astro de Minas* foi o único jornal que registrou alguma referência à execução da pena máxima.[124] No dia 8 de abril de 1834, poucos dias antes do enforcamento dos quatro últimos condenados, o jornal publicou ofícios trocados entre o juiz de paz de São João del-Rei, José Joaquim Corrêa, e o presidente da província, Antônio Paulino Limpo de Abreu, no período de novembro de 1833 a março de 1834. No dia 30 de novembro de 1833, quando todos os escravos condenados à morte ainda estavam na cadeia, o juiz de paz ressaltava a necessidade de manter a força permanente na vila para que se conservassem "a guarda dos presos, e a segurança e tranquilidade".[125] O juiz de paz temia pela segurança pública, já que os enforcamentos não faziam par-

122. Marcello Basile analisa as ideias e as ações dos três principais agrupamentos políticos (moderados, exaltados e caramurus) da Corte Regencial através de seus escritos e de suas associações. Basile, "O Império em construção", caps. 11 e 14, em especial as pp. 337-347.

123. Nesse caso, a referência sutil e não denominada, em virtude da data da publicação da matéria, parece tratar da Revolta de Carrancas. *O Verdadeiro Caramurú*, Rio de Janeiro, n. 5, 31 maio 1833, p. 4.

124. Nos anos iniciais da década de 1830, havia outros periódicos de tendência política moderada mais ao sul da comarca do Rio das Mortes, a saber, *Opinião Campanhense*, redigido por Bernardo Jacinto da Veiga, irmão de Evaristo da Veiga, em Campanha; *Recompilador Mineiro* e *Pregoeiro Constitucional*, em Pouso Alegre, ambos redigidos pelo padre José Bento Leite Ferreira de Melo. Silva Moreira, "Imprensa e política", p. 56. João Luiz Ribeiro não encontrou referência às execuções nos periódicos de Ouro Preto e da Corte, exceto a menção do *Astro de Minas*. Ribeiro, *No meio das galinhas*, pp. 50-51. Já a Revolta dos Malês foi largamente divulgada na imprensa e o espectro do Haiti novamente utilizado como recurso retórico pelos grupos políticos e publicistas. Youssef, *Imprensa e escravidão*, pp. 161-176.

125. *Astro de Minas*, São João del-Rei, n. 997, 8 abr. 1834, p. 2.

te do cotidiano da escravidão, e a execução de dezesseis escravos era um acontecimento excepcional que poderia atrair um grande número de pessoas, inclusive cativos, e resultar em alguma desordem.

A resposta do presidente da província, em 4 de dezembro de 1833, informava que já havia ali "metade da força", composta de 22 praças, e que o comandante estava "autorizado para alistar, e preencher a companhia, acrescendo que tendo cessado atualmente o motivo, que mais justificaria [...] a execução da sentença de morte proferida pelo júri contra doze escravos, necessário é que se cumpra a ordem do governo".[126] Depois de muita insistência do juiz de paz, em ofício dirigido ao presidente da província, em 22 de janeiro de 1834, poucos meses antes das execuções dos últimos escravos, ele disse que "a guarda dos presos [era] de urgente precisão para a segurança dos criminosos sentenciados à pena última". O presidente da província autorizou, no dia 2 de março de 1834, que o comandante da guarda permanente pudesse "assentar praça a onze soldados", que era o que faltava "para preencher-se [...] o mesmo destacamento".[127]

Os escravos rebeldes de Carrancas foram exemplarmente punidos. Dos 31 indiciados e julgados, quatro foram condenados à pena de açoite e ferros e dez foram absolvidos por não terem participação direta na execução das mortes na família Junqueira. A maioria foi condenada à pena de morte por enforcamento, sendo dezesseis enforcados. Foram "conduzidos pelas ruas públicas [da] Vila [de São João del-Rei] até o lugar da Forca com baraço e pregão [...] onde morreram os réus de morte natural para sempre com a sentença do Juiz Municipal [...] de três sacerdotes da Irmandade da Misericórdia que os acompanhou, da Força Nacional, e de grande concurso de espectadores".[128] Doze escravos foram enforcados nos dias 4, 5 e 6 de dezembro de 1833, a saber, Julião Congo, Domingos Crioulo, Antônio Retireiro e Manoel das Vacas; Julião Crioulo, Quintiliano Crioulo, Pedro Congo e Sebastião Angola; Bernardo Congo, Manoel Joaquim, Lourenço da Costa e Manoel das Caldas, respectivamente. Como já disse, a execução demorou alguns meses no caso dos quatro últimos: Joaquim Mina, João Cabundá, André Crioulo e José Mina, enforcados no dia 23 de abril de 1834. Fazia parte desse grupo o escravo Antônio Resende, que acabou ser-

126. Idem.

127. Idem.

128. IPHAN-SJDR, Processo-crime de Insurreição (1833), cx. PC 29-01, fls. 170v.

vindo de algoz de todo o grupo, uma vez que teve sua pena comutada para galés perpétuas. O saldo final de mortos entre os rebeldes foi de 21 negros, somados os que foram enforcados aos cinco que morreram no confronto.

Alguns dos condenados à pena máxima foram enquadrados como "cabeças" da insurreição, de acordo com o artigo 113 do Código Criminal, que estabelecia a pena capital para crimes dessa natureza. Outros foram condenados pelo crime de homicídio qualificado, artigo 192 do mesmo código. Trata-se de uma das maiores condenações coletivas à pena de morte aplicada a escravos na história do Brasil Império. Embora na Revolta dos Malês, ocorrida em Salvador, houvesse número semelhante de condenados à pena capital, apenas quatro escravos foram fuzilados, e o restante teve a sentença convertida para açoites ou galés em segundo julgamento.[129]

Somente os últimos condenados conseguiram impetrar uma petição de graça ao imperador, e apenas Antônio Resende, escravo do deputado Gabriel Francisco Junqueira, teve a vida poupada, pois serviu de algoz de seus companheiros, em acordo feito com o juiz municipal da vila de São João devido à falta de carrasco para cumprir tantas sentenças. Primeiro, ele foi preso na cadeia de Ouro Preto, de onde fugiria em 1835. Tinha "estatura ordinária, cheio de corpo, beiços grossos, ponta de buço, rosto liso, chato".[130] Em julho de 1848, encontrava-se preso na cadeia de São João del-Rei e solicitava a transferência para a Santa Casa de Misericórdia, a fim de tratar de inflamações e dores no peito, sendo identificado na petição como Antônio Resende, "o carrasco".[131] As fontes indicam que a função de algoz lhe serviu de alcunha para o resto de sua vida. São fortes indícios de que continuou a exercer a atividade de carrasco dos sentenciados à pena de morte.[132] Depois dessa data, não consegui localizar mais nenhuma informação sobre ele. É provável que tenha morrido na cadeia de São João del-Rei.

Os acontecimentos de Carrancas atemorizaram o governo da Regência. Dentre os quatro projetos enviados à Câmara dos Deputados no dia 10 de junho de 1833, um era referente ao julgamento dos crimes de escravos. Esse projeto

129. Reis, *Rebelião escrava*, pp. 452-466.

130. APM, Seção Provincial, Presidência da Província, 1/18, cx. 42, doc. 14.

131. IPHAN-SJDR, Petição de Antônio Resende (1848), cx. 05-14.

132. O periódico *Astro de Minas* noticiou que, no dia 6 fevereiro, já tinha sido preso "Antônio Rezende, que serve de carrasco". *Astro de Minas*, São João del-Rei, n. 1128, 10 fev. 1835, p. 4.

tem ligação direta com os acontecimentos de Carrancas, foi amplamente discutido na Câmara e no Senado e antecipava, em muitos pontos, o texto da lei nº 4, de 10 de junho de 1835, que estabeleceu a pena de morte para escravos envolvidos no assassinato de seus senhores, familiares e prepostos. No projeto de 1833, previa-se a supressão do júri para julgamento de crimes dessa natureza, sendo substituído por uma junta de juízes de paz da região onde ocorressem.[133]

Se atentarmos para a memória da Revolta de Carrancas entre os políticos do Império, veremos que, bem antes dos historiadores, a hipótese da relação dessa lei com a revolta mineira foi aventada em pelo menos dois registros. O primeiro consta do discurso proferido pelo senador Joaquim Delfino Ribeiro da Luz, em 1879, natural de Cristina, sul de Minas. O senador fez um breve histórico da origem da lei de 10 de junho e deu destaque às revoltas da Bahia e à ocorrida em São Tomé das Letras, nas propriedades da família Junqueira, seu parente.

> Na Bahia houve assassinatos e mesmo tentativas de insurreição; *na província de Minas Gerais houve a grande insurreição de São Tomé das Letras, onde foram vítimas duas famílias aparentadas com o ilustre barão de Alfenas, hoje falecido.* Entenderam os poderes do Estado que era preciso uma medida extraordinária para conter o espírito de insubordinação, que lavrava pela escravatura e pois publicou-se a lei de 10 de junho de 1835.[134]

133. Essa hipótese foi pioneiramente levantada por João Luiz Ribeiro, que apresentou indícios claros de que o texto do projeto tinha relação direta com a Revolta de Carrancas. O primeiro artigo do projeto de 10 de junho de 1833, mantido com poucas alterações, na lei nº 4, aprovada em 10 de junho de 1835, retratou o massacre da família Junqueira. Ribeiro, *No meio das galinhas*, pp. 43-70. Nos últimos anos, tenho abordado a questão em artigos e capítulos de livros, a saber, "Revoltas escravas e pena de morte na história do Império do Brasil: considerações sobre a origem da lei de 10 de junho de 1835", in Álvaro de Araújo Antunes e Marco Antonio Silveira (orgs.), *Dimensões do poder em Minas (séculos XVIII e XIX)* (Belo Horizonte: Fino Traço, 2012), pp. 155-176; "A pena de morte", pp. 264-289, e "*Horrenda Exceptione*", pp. 117-144.

Alguns estudos historiográficos recentes têm acrescido contribuições ao debate. Ver Parron, *A política da escravidão*, pp. 94-95; Ricardo Pirola, *Escravos e rebeldes nos tribunais do Império: uma história social da lei de 10 de junho de 1835* (Rio de Janeiro: Arquivo Nacional, 2016), pp. 31-87.

134. *Annaes do Senado do Imperio do Brazil.* Sessão de 8 de março de 1879, p. 127, <www.senado.leg.br/publicacoes/anais/pdf/Anais_Imperio/1879/1879%20Livro%203.pdf>, acessado em 13 mar. 2021. Grifos meus. Parte desse discurso também é analisada por Pirola, *Escravos e*

Seu discurso tinha um forte traço familiar, tanto no passado quanto no presente. O senador devia conhecer bem a história da Revolta de Carrancas, pois era aparentado com o deputado Gabriel Junqueira, barão de Alfenas. Seu primo, José Ribeiro da Luz, era casado com a filha de Gabriel Francisco Junqueira, Mariana Vitória de Andrade Junqueira. Em 1879, a tragédia mais uma vez se abateu sobre seus parentes, na vila de Itu, província de São Paulo. O escravo Nazário matou o dr. João Dias Ferraz da Luz, duas filhas, uma mulher idosa e uma escrava, o que provocou a ira de parte da população da vila, que conseguiu arrancá-lo da cadeia, na segunda tentativa, e matá-lo "a pedradas, arrastando o cadáver pelas ruas, levando-o depois à porta da mesma cadeia". Em 1879 o senador buscava a origem da lei de 10 de junho de 1835 na tentativa de demonstrar que a rebeldia escrava vinha de longa data e continuava a "contristar e afligir", e questionava as comutações da pena capital a escravos concedidas pelo imperador d. Pedro II.[135]

O segundo registro foi feito pelo memorialista Francisco de Paula Ferreira de Resende. Era formado na Faculdade de Direito de São Paulo, seguiu carreira política e judiciária durante o Império e se tornou ministro do Supremo Tribunal Federal, em 1892, um ano antes de falecer. Escreveu as suas memórias em 1887, publicadas um século mais tarde. Como pertencia a uma família de elite, ainda muito jovem pôde presenciar vários eventos marcantes da história política das Regências, na vila de Campanha da Princesa, onde residia. Ao se reportar à Sedição Militar de 1833, acabou fazendo referência à "insurreição de escravos que se deu na fazenda de um dos [seus] parentes Junqueiras" e aos serviços prestados por seu avô, na qualidade de comandante superior da Guarda Nacional, para combater os insurgentes. "Os escravos cometeram contra a família do senhor as maiores atrocidades; a insurreição se estendia; e as circunstâncias se tornavam extremamente graves."[136]

Sem conseguir precisar bem a data dos acontecimentos de Carrancas, o

---

rebeldes, pp. 50-52. Mas o autor não aborda o que teria motivado o discurso inflamado do senador. Os acontecimentos de Itu só são abordados no último capítulo do livro. Tive oportunidade debater esses e outros aspectos com o autor no seguinte artigo: Andrade, "A pena de morte", pp. 285-289.

135. *Annaes do Senado do Imperio do Brazil*, Sessão de 8 de março de 1879, p. 127.

136. Francisco de Paula Ferreira de Rezende, *Minhas recordações* (Belo Horizonte: Imprensa Oficial, 1987), pp. 65-66.

memorialista campanhense também presumiu que a lei de 10 de junho poderia ter sido consequência da revolta de Carrancas: "É, pois, de supor que fosse antes de 1836 e se foi, como suponho, em 1834 ou no princípio talvez de 1835, é muito provável, que essa insurreição fosse a causa ocasional dessa tão célebre lei de 10 de junho, de cuja revogação se trata agora".[137]

Se, por um lado, os proprietários, os parlamentares, as autoridades e até mesmo o governo regencial se utilizaram de "uma estratégia de desinformação e censura" para evitar o pânico entre a população e a ocorrência de novos levantes, por outro, a publicidade da revolta aconteceu no lugar do suplício exemplar. Mas o governo da Regência dela se ocupou. Não ousou dizer às claras quais foram os "atentados recentemente cometidos" pelos escravos africanos, porém afirmou que o Legislativo seria informado e convencido "desta verdade",[138] como de fato deve ter sido informado, só que nos bastidores, e deu origem à discussão de uma nova jurisprudência, que demorou dois anos para se transformar em lei, poucos meses após a Revolta dos Malês, em Salvador, Bahia.

CONSIDERAÇÕES FINAIS

O 13 de maio aqui retratado marcou profundamente a história dos escravos da região sul de Minas Gerais, na luta desesperada pela liberdade, em um contexto em que essa palavra era repetida à exaustão, tanto no prelo quanto nas ruas e nas bocas, mas com múltiplos significados e apropriações diversas, em uma época de construção das bases do Estado imperial brasileiro.

Não se pode subestimar a capacidade dos cativos de ficarem a par das dissensões políticas entre as elites e de tomarem partido. As disputas pelo significado da liberdade também acalentaram o sonho deles, que organizaram levantes de grande expressão, como o caso aqui analisado. É importante chamar a atenção para o sentido de alforria propagado durante a Sedição de 1833 e que teve efeito catalisador para que a insurreição fosse deflagrada e resultasse

137. Rezende, *Minhas recordações*, p. 66.

138. Justificativa do ministro Aureliano de Souza e Oliveira Coutinho que fazia parte do preâmbulo do projeto de lei de 10 de junho de 1833, enviado à Assembleia Geral. *Annaes do Parlamento Brazileiro.* Tomo I. Sessão de 10 jun. 1833, p. 243.

num massacre de dezenas de escravos e de vários membros da família Junqueira. Não se trata da alforria conquistada na dura negociação com o senhor ou fruto do pecúlio acumulado pelo cativo ou de relações de proximidade construídas na experiência do cativeiro. Ou ainda como resultado de um projeto familiar ou de grupos e que poderia levar anos e não raras vezes implicava uma relação de dependência com o antigo proprietário. A falsa notícia de que os caramurus estavam matando os brancos e alforriando os escravos em Ouro Preto e que era a ocasião de se fazer o mesmo na região de Carrancas representou para Ventura Mina e dezenas de escravos a possibilidade de conquistar a liberdade, de pôr fim à escravidão e de se apossarem das terras de seus senhores: "Nós somos os caramurus e vamos arrasar tudo". Tratou-se de um projeto, em parte, coletivo de conquista da liberdade através do confronto direto contra seus senhores, ainda que houvesse discordância entre eles e nem todos os cativos estivessem dispostos a participar do levante.

Os escravos tinham conhecimento das implicações de se tentar obter "a liberdade por meio da força"[139] e de matar seus senhores, familiares e feitores. As penas previstas no Código Criminal de 1830 eram severas. As consequências foram terríveis para muitos deles, como pude demonstrar e analisar. Ventura Mina, João Inácio, Firmino, Matias e Antônio Cigano foram mortos em combate. Outros dezesseis escravos foram levados ao patíbulo e enforcados na vila de São João del-Rei. E como se não bastasse, a Revolta de Carrancas, que resultou na maior condenação coletiva à pena de morte aplicada a escravos na história da escravidão brasileira, ainda deu origem ao projeto de lei nº 4, de 10 de junho de 1833, que punia com mais celeridade e exemplaridade a rebeldia escrava. O projeto foi aprovado dois anos depois, com algumas modificações substantivas, embora preservasse seu conteúdo na essência: a lei de 10 de junho de 1835. Sem desconsiderar, de forma alguma, a importância da rebeldia escrava em toda a extensão do Império do Brasil ao longo das primeiras décadas do século XIX, em especial, da Revolta dos Malês, em Salvador, Bahia, e de várias tentativas de insurreições abortadas, não deixa de ser muito curioso o fato de que o número do projeto continuou o mesmo e a lei também foi aprovada no

139. Código Criminal do Império do Brasil. Coleção das Leis do Império do Brasil, 1830, Parte Segunda, Dos Crimes Públicos, Título IV, Capítulo IV, p. 163, <www2.camara.gov.br/legislacao/publicacoes/doimperio>, acessado em 13 mar. 2021.

dia 10 de junho. Intencionalidade ou não, o Parlamento deixou cravada na história a origem da lei de exceção: a Revolta de Carrancas. Espero ter possibilitado ao leitor conhecer um pouco mais desse capítulo dramático, mas tão importante, da história da escravidão e da luta dos escravos pela liberdade nas terras do sul de Minas.

8. Escravos abolicionistas nas terras diamantinas (Minas Gerais, 1864)[1]

Isadora Moura Mota

As rebeliões escravas do Brasil oitocentista chegaram aos dias de hoje através de narrativas centradas nas derrotas sofridas pelos negros. Escritos pelos brancos, os documentos oficiais tratam as rebeliões como atos criminais isolados, como tentativas de subversão social que haviam de ser erradicadas por aqueles tementes à ordem escravista ou, ao menos, por quem tinha o que perder com o descontrole da força de trabalho. Em tais narrativas, o conteúdo político das lutas escravas desaparece em argumentos sobre a suposta incapacidade organizacional das "classes inferiores", seus significados culturais apagados pelos narradores diante do mundo social no qual foram concebidos. Sempre temerosos, senhores previram a condução de massacres por "selvagens africanos", falaram em negros sedentos do sangue de mulheres e crianças e imaginaram atos bárbaros de feitiçaria.

Se lidos para além da crua superfície, porém, relatos fantásticos sobre o poder ameaçador dos escravos revelam mais do que uma tipologia crimi-

1. Este capítulo é baseado em questões aqui bastante revistas, mas antes tratadas em "O 'vulcão' negro da Chapada: rebelião escrava nos sertões diamantinos (Minas Gerais, 1864)", minha Dissertação de Mestrado em História, Unicamp, 2005. Para a presente versão, agradeço a Robert W. Slenes, pelos comentários, e a João Reis, pela revisão cuidadosa.

nal calcada na discriminação dos negros no Brasil. Eles demonstram que, ao longo de todo o reinado de d. Pedro II (1840-1889), insurreições foram parte significativa da vida no Império. Apesar de constantes, porém, as revoltas escravas não foram sempre as mesmas: dependendo de quando, como e onde aconteceram, carregaram significados muito mais complexos do que a pronta exigência da liberdade. Expectativas de ação governamental em prol da abolição, assim como noções de que o progresso do abolicionismo no mundo atlântico anunciava o fim da escravidão no Brasil, vazam pelas brechas de relatos dramáticos das autoridades nas décadas de 1850 e 1860. Elas nos convidam a conhecer uma versão específica de abolicionismo negro criada por afrodescendentes escravizados imersos em práticas culturais da diáspora africana.

Em 1864, escravizados, quilombolas e libertos puseram em prática ideias abolicionistas nos antigos municípios de Serro e Diamantina, norte da província de Minas Gerais. Descendentes de africanos trazidos para as lavras diamantinas até pouco depois da proibição do tráfico transatlântico em 1831, escravos crioulos daquela região organizaram um levante de grandes proporções, inspirados naquilo que descobriram nas páginas dos jornais oitocentistas sobre o futuro incerto da escravidão nas Américas. No entender dos rebeldes mineiros, projetos emancipacionistas discutidos no Parlamento brasileiro e o desenrolar da Guerra de Secessão nos Estados Unidos (1861-1865) se combinavam para prenunciar uma reviravolta na sorte dos cativos no Brasil. Mobilizando indivíduos impossibilitados de se representar como atores políticos na arena formal, a circulação de notícias sobre a iminência da abolição na década de 1860 levou os trabalhadores escravizados de Minas a se imaginarem parte de um mundo atlântico para além de sua experiência direta, alicerçado na partilha de experiências sob o cativeiro.[2]

Dito de outra forma, a rebelião de 1864 tinha raízes no que podemos chamar de *alfabetização geopolítica da comunidade rebelde*, ou seja, uma for-

2. Discutindo o papel da disseminação de notícias através das diversas redes de comunicação que ligavam os afro-americanos caribenhos nas décadas em torno da Revolução Haitiana, Julius Scott refere-se, por exemplo, à partilha entre eles de uma cultura da expectativa, alimentada permanentemente pela troca de informações sobre os desenvolvimentos históricos do mundo atlântico. Julius Scott, *The Common Wind: Afro-American Currents in the Age of the Haitian Revolution* (Londres; Nova York: Verso, 2018).

ma específica de ler o mundo moldada por relações de poder e contingências da vida cotidiana sob a escravidão.[3] Os cativos interpretavam a realidade ao seu redor a partir do filtro formado por suas histórias de migração forçada, destituição e ruptura recorrente de relações familiares e outros modos de organização coletiva. Assim, era raro falarem nos mesmos termos do discurso nacionalista das elites, preferindo desenhar a geografia do mundo que conheciam em termos de espaços marcados pela liberdade ou pela escravidão.[4] O avanço do abolicionismo pelas Américas durante o século XIX reforçou essa lógica alternativa e, em 1864, inspirou escravizados do Serro e Diamantina a declararem que era chegada a hora de universalizar os direitos já conquistados pelos negros nos Estados Unidos. Neste capítulo, contaremos a história da rebelião de 1864, com o intuito de compreender melhor a visão crítica dos rebeldes acerca do processo de tornar-se livre durante o segundo boom da produção de diamantes em Minas Gerais. Pensando sobre a abolição na sua dimensão transnacional, trataremos de incluir o movimento liderado por um interessante grupo de escravizados crioulos e letrados na reflexão sobre as últimas décadas da escravidão no Brasil.[5]

3. Paulo Freire e Donaldo Macedo, *Alfabetizaçao: leitura do mundo e leitura da palavra* (Rio de Janeiro: Paz e Terra, 1990); Grey Gundaker, *Signs of Diaspora, Diaspora of Signs: Literacy, Creolization, and Vernacular Practice in African America* (Oxford: Oxford University Press, 1998); Phillip Troutman, "Grapevine in the Slave Market: African American Geopolitical Literacy and the 1841 'Creole' Revolt", in Walter Johnson (org.), *The Chattel Principle: Internal Slave Trades in the Americas* (New Haven: Yale University Press, 2004), pp. 203-233.

4. *Keila Grinberg*, "The Two Enslavements of Rufina: Slavery and International Relations on the Southern Border of Nineteenth-Century Brazil", *Hispanic American Historical Review*, Durham, v. 96, n. 2 (2016), pp. 259-290.

5. Buscamos seguir no rastro de estudos importantes da história social da escravidão no Brasil, tais como: João José Reis, *Rebelião escrava no Brasil: a história do levante dos malês em 1835*, 2ª ed. (São Paulo: Companhia das Letras, 2003); Flávio dos Santos Gomes, *A hidra e os pântanos: mocambos, quilombos e comunidades de fugitivos no Brasil (séculos XVII-XIX)* (São Paulo: Ed. Unesp, 2005); Sidney Chalhoub, *A força da escravidão: ilegalidade e costume no Brasil oitocentista* (São Paulo: Companhia das Letras, 2012); Maria Helena P. T. Machado e Celso Castilho (orgs.), *Tornando-se livre: agentes históricos e lutas sociais no processo de abolição* (São Paulo: Edusp, 2015).

No quinquênio 1860-1864, o Ministério da Justiça do Império registrou a ocorrência de 63 insurreições escravas em todo o Brasil.[6] Apesar de significativa, a contagem não era exaustiva e excluía diversos planos frustrados e fugas coletivas bem-sucedidas após conflitos nas fazendas. Para além dos números oficiais sobre a criminalidade escrava, a revolta de 1864 especificamente foi discutida por importantes historiadores do protesto escravo no Brasil. Clóvis Moura escreveu a primeira narrativa do levante de que se tem notícia, com base nos autos criminais de 1864. Situando o movimento em continuidade com a tradição de lutas escravas em Minas Gerais desde o século XVIII, Moura destacou o papel central dos quilombolas na sua organização. Segundo o autor, o levante teria sido o mais bem organizado pelos escravos na história da província, e tal avaliação reapareceu em todas as menções posteriores sobre o evento feitas por Luís Luna, José Alípio Goulart e Waldemar de Almeida Barbosa.[7]

A insurreição do Serro impressiona pelo grau de articulação entre escravizados, forros e quilombolas, mas não constituiu uma exceção na história de lutas escravas em Minas no século XIX. Ao contrário, como argumentou Clóvis Moura, ela se insere numa longa linha de protestos na província, dos quais os diversos levantes ocorridos na década de 1830 são talvez os mais conhecidos.[8] Marcos Ferreira de Andrade mostrou, por exemplo, que a rebelião dos escravizados da família Junqueira, em Carrancas, centro-sul mineiro, no ano de 1833, refletiu a predominância africana numa região ainda bastante dependente do tráfico transatlântico, mas sem jamais excluir os crioulos. Assim como no Serro na década de 1860, os rebeldes de Carrancas conheciam a conjuntura polí-

6. Ministério da Justiça, *Relatório do Ano de 1864 apresentado à Assembléa Geral Legislativa na 3ª sessão da 12ª Legislatura pelo Respectivo Ministro e Secretário de Estado Francisco José Furtado* (Rio de Janeiro: Typographia Nacional, 1865), "Estatística Criminal", p. 1.

7. Clóvis Moura, *Rebeliões da senzala: quilombos, insurreições e guerrilhas* (São Paulo: Zumbi, 1959), pp. 178-180; Luiz Luna, *O negro na luta contra a escravidão* (Rio de Janeiro: Leitura, 1968), pp. 149-151; José Alípio Goulart, *Da fuga ao suicídio: aspectos de rebeldia dos escravos no Brasil* (Rio de Janeiro: Conquista, 1972), pp. 178-180; e Waldemar de Almeida Barbosa, *Negros e quilombos em Minas Gerais* (Belo Horizonte: [s.n.], 1972), p. 75.

8. Refiro-me aqui às conspirações e rebeliões ocorridas em Carrancas (1831 e 1833), Santa Rita do Turvo (1831), Itabira do Campo (1831) e Mariana e Ouro Preto (1835).

tica do período regencial e tomaram conta das propriedades em que trabalhavam, certos de que os *restauradores* que acabavam de realizar uma sedição militar em Ouro Preto os ajudariam a conseguir a liberdade. Dois anos depois, em 1835, escravizados centro-africanos de Mariana e Ouro Preto se revoltaram e convidaram forros crioulos e homens livres pobres para juntos matarem seus senhores e invadirem a Casa do Tesouro Público na capital, Ouro Preto. Tal como os rebeldes do Serro, eles trocaram cartas e encontraram na politização do seu cotidiano os argumentos para conseguir aliados.[9]

Situada na zona do Alto Jequitinhonha, nordeste de Minas Gerais, a chamada comarca do Serro abrigava os municípios de Serro, Diamantina e Conceição. As cidades beiram as encostas da seca serra do Espinhaço, cordilheira que divide as águas dos rios Jequitinhonha, Doce e das Velhas. O Serro, antiga Vila do Príncipe, era o núcleo administrativo da comarca, mas havia muito perdera a importância que a extração de ouro lhe proporcionara no século XVIII. A apenas sete léguas de distância, seguindo para o norte, Diamantina — antes arraial do Tijuco — despontava como centro econômico regional, graças à renovação do comércio de diamantes. Avançando poucas léguas em direção ao sul, encontrava-se o termo da Conceição, cujo desenvolvimento se deu mais tarde que os demais, com base na exploração de uma enorme reserva de minério de ferro.[10]

Lidamos com uma região cuja história é ainda pouco conhecida ao longo do Segundo Reinado. No terceiro quartel do século XIX, a comarca do Serro abarcava uma vasta zona agrícola e pastoril, mas permanecia dinamizada pela mineração do ouro e, sobretudo, dos diamantes. A produção de açúcar e aguardente em pequenos engenhos era a atividade mais próspera no Serro, ao lado do cultivo de milho, arroz, feijão, algodão e fumo. As fazendas espalhavam-se por toda a região, enquanto as lavras estendiam-se sobretudo pelos leitos dos rios e cumeeiras das elevações ribeirinhas nos arredores de Diamantina. No interior do comércio regional, Diamantina era o principal comprador dos produtos serranos, já que a dedicação às lavras e a aridez de seus arredores prejudicavam o plantio e aumentavam o preço dos víveres em face de uma crescen-

9. A respeito do assunto, ver o capítulo de Marcos Ferreira de Andrade nesta coletânea; e Andréa Lisly Gonçalves, "Crime e revolta: relações entre senhores e escravos em Minas Gerais nas primeiras décadas do século XIX", *Registro*, Mariana, v. I, n. 1 (1994), p. 5.

10. Aires da Mata Machado Filho, *Arraial do Tijuco, Cidade Diamantina* (Belo Horizonte: Itatiaia; São Paulo: Edusp, 1980), pp. 220, 272 e 278.

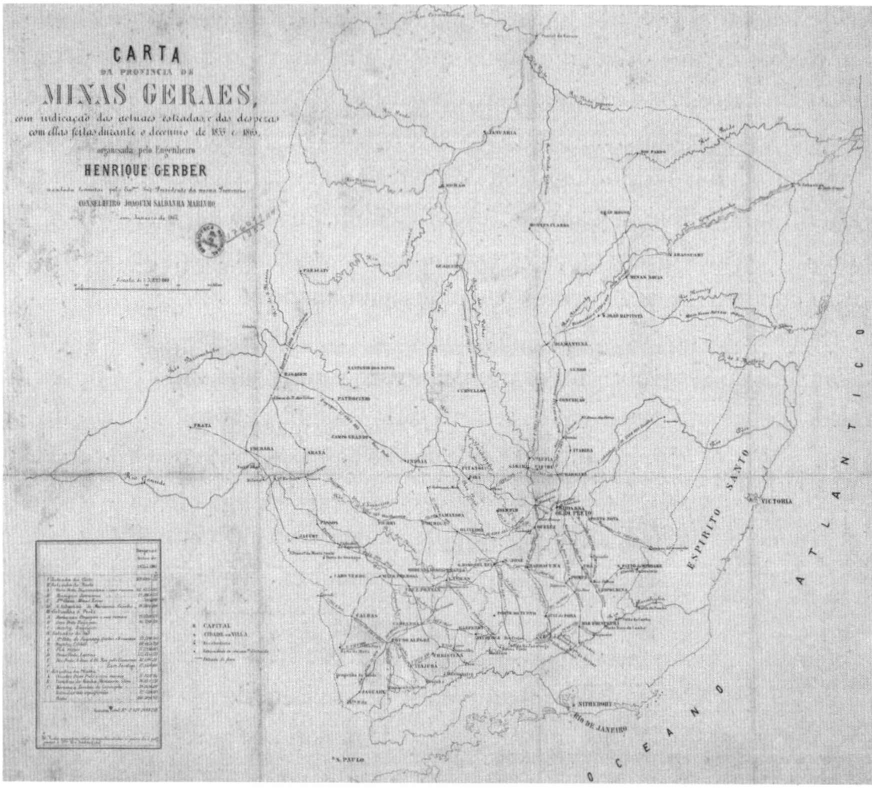

Mapa da província de Minas Gerais em 1868, segundo a divisão administrativa por comarcas e municípios apresentada no Atlas do Império do Brasil. Mapa de Henrique Gerber, Carta da província de Minas Geraes: com indicação das actuaes estradas e das despesas com ellas feitas durante o decennio de 1855 e 1865 *(Rio de Janeiro: Imperial Instituto Artístico, 1867).*

te demanda. A cidade mantinha laços fortes com o Rio de Janeiro, para onde eram vendidos os diamantes brutos com destino aos mercados europeus e de onde se importavam diversos produtos de luxo.

A partir da década de 1830, o norte mineiro tornou-se foco do segundo boom da mineração de diamantes (1832-1870). Embora os depósitos auríferos de aluvião ou de encostas já não fossem mais abundantes, a exploração mais custosa dos veios subterrâneos abriu novas fronteiras de mineração.[11] De acor-

11. Robert Slenes estimou que em 1854 a produção de ouro e diamantes respondera por 22% do valor total das exportações provinciais. Ver Robert W. Slenes "Os múltiplos de porcos e dia-

do com dados gerais para a província de Minas Gerais, a produção de pedras preciosas em Diamantina cresceu 334% entre 1819 e 1854.[12] Suas lavras foram abertas à mineração como resposta à grande seca que assolou a região entre 1832 e 1833, muito embora a Real Extração tivesse permanecido ativa até 1841. Confrontado à penúria de uma população que vivia do garimpo ocasional e perdera para a estiagem os poucos campos cultivados com alimentos, o Intendente dos Diamantes concedeu aos faiscadores (pequenos mineradores) o direito de explorar alguns terrenos já lavrados, e reservou outros como reserva nacional. O garimpo foi, então, descriminalizado e os arrendamentos, permitidos aos cidadãos "suficientemente abonados".[13]

O desimpedimento das lavras diamantinas garantiu o influxo continuado de africanos escravizados, que, junto aos crioulos e à enorme população de cor, em crescimento desde os tempos coloniais, configuraram um terreno fértil para o desenvolvimento de culturas negras originais na comarca do Serro.[14] Assim nasceram diversos arraiais, como Datas, São João da Chapada e Curralinho. O número de habitantes da cidade do Serro teve um crescimento espantoso na década de 1850, passando dos 5195 que constavam no censo provincial de 1840 para 10584 em 1856.[15] De acordo com o censo realizado em 1840, os brancos perfaziam apenas 29% dos moradores do Serro, enquanto 54% das pessoas livres eram consideradas pardas. Diamantina, por sua vez, tinha em

---

mantes: a economia escravista de Minas Gerais no século XIX", *Cadernos IFCH/ Unicamp*, n. 17 (1985), p. 57.

12. Slenes, "Os múltiplos de porcos e diamantes", p. 57.

13. Joaquim Felício dos Santos, *Memórias do Distrito Diamantino* (Petrópolis: Vozes; Brasília: INL, 1978), p. 391.

14. Sobre a importância do tráfico negreiro para Minas, ver Douglas Cole Libby, "Minas na mira dos brasilianistas: reflexões sobre os trabalhos de Higgins e Bergad"; e João Luís Fragoso, "Alegrias e artimanhas de uma fonte seriada. Os códices 390, 421, 424 e 425: despachos de escravos e passaportes da Intendência de Polícia da Corte, 1819-1833", in Tarcísio Rodrigues Botelho et al. (orgs.), *História quantitativa e serial no Brasil: um balanço* (Goiânia: ANPUH-MG, 2001), pp. 279-304 e pp. 239-278, respectivamente.

15. "Relação Nominal dos Habitantes do Distrito da Cidade do Serro, Freguesia de N. S. da Conceição, Município da mesma Cidade, e Comarca do Serro Frio", 22 dez. 1840, Arquivo Público Mineiro (APM), *Mapas de População*, cx. 9, inventário 15, microfilme 68; "Mapa das Freguesias, Distritos, Fogos, Populações parciais e geral do Município do Serro", elaborado pelo delegado de polícia Bento Carneiro, jan. 1856, APM, Seção Provincial, *Presidência da Província*, cx. 50, documento 24.

1832 uma população de 12 354 pessoas, na qual os cativos eram maioria, representando cerca de 56% dos habitantes. Somados, eles chegavam a 6617 indivíduos.[16] Duas décadas mais tarde, em 1856, o vigário local estimou que a população total do distrito de Diamantina chegava a 17 mil habitantes, não havendo números precisos quanto à participação dos escravos.[17] Sabemos, no entanto, que eles continuaram presentes na região. O Recenseamento Geral de 1872 mostrou que a população cativa compunha, nessa época, cerca de 12% dos habitantes de Diamantina e 14% do vizinho Serro.[18]

Nas vésperas da rebelião de 1864, os cativos eram ainda maioria no trabalho de extração mineral em Diamantina. Segundo a Junta da Administração Diamantina, as atividades ligadas à mineração do diamante empregavam o equivalente a 15% da população mineira em 1840.[19] No início de 1863, o relator de contas da cidade assim informou o governo provincial sobre o estado das minas do município:

> a câmara informa-se [sic] ao Exm. Governo o seguinte: quanto ao 1º, que o diamante, ouro e ferro são os únicos minerais extraídos no município; e ao 2º que a quantidade do diamante anualmente extraída é de 2.000 oitavas aproximadamente; a do ouro, cuja mineração não é especial, orça de 15 a 20 mil oitavas; e a do ferro em 2 mil arrobas mais ou menos, porque apenas existem 6 fábricas neste município; que as máquinas empregadas, à exceção de duas de vapor de pequena força, e de algumas bombas de ferro, ainda são as do antigo sistema. Ao 4º quesito orça a comissão o número de trabalhadores mineiros em 12 mil; dois terços escravos e um de pessoas livres, compreendendo administradores e feitores, oficiais mecânicos e faiscadores.[20]

Apesar dos dividendos que rendia, a explosão da produção de diamantes abriu um período de sangrentos conflitos sociais envolvendo faiscadores, gran-

16. Censo provincial do distrito da cidade de Diamantina (1832), citado em José Moreira de Souza, *Cidade: momentos e processos — Serro e Diamantina na formação do norte mineiro no século XIX* (São Paulo: Anpocs; Marco Zero, 1993), pp. 116, 123.

17. "Mapa das Freguesias [...] do Município do Serro".

18. *Annuario Estatistico de Minas Gerais*, Belo Horizonte, v. I, n. 2 (1921), pp. 16, 25.

19. Slenes, "Os múltiplos de porcos e diamantes", p. 54.

20. *O Jequitinhonha*, Diamantina, 21 fev. 1863, p. 3.

des mineradores e escravizados. Não havia regularidade na concessão de licenças para a extração de diamantes ou consenso sobre a melhor forma de regulamentar o acesso às lavras. Negociantes arrematavam os lotes mais ricos e enfrentavam a escassez das reservas superficiais com o emprego de máquinas e centenas de escravos na exploração dos veios subterrâneos. Os faiscadores, por sua vez, lavravam os terrenos reservados a eles, mas prosseguiam com prospecções em outras terras. De almocafre no ombro e bateia debaixo do braço, eles passavam a vida a se movimentar pelo município. Uma vez descobertas as pedras, porém, dificilmente levavam adiante o trabalho ao esbarrar em alguma legislação polêmica e nos destacamentos policiais.

De 1840 até o fim dos anos 1860, essa população pobre — quase sempre de cor — se organizou em grupos dispostos a garantir o acesso às lavras. Na luta para derrotar os latifundiários escravistas, fez da ocupação de lotes devolutos ou mal aproveitados sua principal estratégia política. Os sertões diamantinos eram terra em movimento, cujas fronteiras mudavam de acordo com o resultado das disputas entre diferentes interpretações do direito à terra.[21] Os faiscadores o atribuíam à necessidade de subsistência numa região em que haviam sido os primeiros desbravadores.[22] Em vez de escolher seus lotes, no entanto, eles tinham de minerar nos distritos que fossem assinalados pelas autoridades. As faisqueiras eram permitidas em Bonsucesso, Curralinho, Datas e Lagoa Seca, terrenos quase esgotados por antigas explorações que remontavam ao tempo dos contratadores.

Do outro lado dos conflitos fundiários, mineradores abastados e o Estado pareciam concordar que a terra era antes de tudo um bem lucrativo, cuja distribuição deveria obedecer às hierarquias já existentes na sociedade brasileira. Os mineradores, entretanto, buscavam driblar as leis através de prepostos que arrematavam diversos terrenos em seu nome, mesmo que não tivessem interesse em explorar todas as jazidas disponíveis. Diante da dificuldade de acesso às lavras, muitos faiscadores independentes se viram transformados em jorna-

21. Sobre o assunto, ver Márcia Maria Menendes Motta, *Nas fronteiras do poder: conflito e direito à terra no Brasil do século XIX* (Rio de Janeiro: Vício de Leitura; Arquivo Público do Estado do Rio de Janeiro, 1998). Note-se que a Lei de Terras de 1850 nada estabelecia sobre os terrenos diamantinos.

22. Laura de Mello e Souza, *Desclassificados do ouro: a pobreza mineira no século XVIII* (Rio de Janeiro: Graal, 1986).

leiros ou mineradores autônomos que trabalhavam por uma diária ao lado de escravos nas grandes minas.

Faiscadores livres e escravizados eram o grupo mais temido pela polícia na década de 1860. O perigo morava na contínua participação dos cativos em ocupações de terras, assim como no envolvimento de faiscadores em revoltas escravas e quilombos. A disputa por terra era a causa que unia a todos, reforçando laços de parentesco já existentes e as trocas realizadas no âmbito da economia informal. A possibilidade de assentamento de um campesinato negro no nordeste mineiro horrorizava a elite serrana, que se defendia com o mote: "somos liberais e prezamo-nos de sê-lo; mas não queremos o comunismo".[23] Os grandes proprietários temiam que homens livres e escravizados forçassem a abertura dos terrenos diamantinos através das "invasões" e tomassem de uma vez por todas os lucros da exploração do diamante.

Além dos conflitos no campo, os trabalhadores da década de 1860 enfrentaram grandes mudanças no processo de extração diamantina. A mineração ganhou nova face com a descoberta de jazidas em profundidades até então inatingíveis. A riqueza das lavras não provinha mais da lavagem dos gorgulhos que margeavam os rios de Diamantina, mas sim do trabalho de extração realizado na base da massa cristalina ou "barro" encontrado no fundo dos córregos. Esse achado mudou o curso do desenvolvimento de diversas povoações, como foi o caso de São João da Chapada, pequeno arraial erguido nos anos 1830, a cerca de quatro léguas de Diamantina. A Chapada alcançava 4700 pés de altura e, embora sua exploração não fosse fácil, atraiu grandes investimentos na década de 1850. Suas terras foram divididas entre os mineradores com capital suficiente para explorar o abundante "barro" diamantino e logo se tornaram sede das célebres minas do Duro e do Barro.[24]

A Sociedade da Lavra de Baixo deu início a seus trabalhos nos lotes do córrego do Duro em 1854, sob a direção de Felisberto Ferreira Brant, tenente-coronel da Guarda Nacional. Ele era conhecido em Diamantina por sua participação ativa na vida política do município, onde atuou como membro do Partido Liberal e procurador-geral dos Diamantes. Em 1860, possuía várias

23. *O Jequitinhonha*, Diamantina, 11 jul. 1863, p. 2.

24. Antônio de Assis Martins e José Marques de Oliveira, *Almanak Administrativo, Civil e Industrial da Província de Minas Gerais* (Rio de Janeiro: Typographia do Minas Geraes, 1864), p. 269.

Lavra do Duro em São João da Chapada, Diamantina, cenário de invasões de terras e da rebelião escrava de 1864. Fonte: Biblioteca Nacional, Coleção Thereza Christina Maria. Augusto Riedel, Lavra de diamantes do sr. Felisberto d'Andrade Brant: São João da Chapada *(Diamantina, MG: [s.n.], [1869]), 1 foto, papel albuminado, p&b, 23,6 × 27,9 cm.*

lavras e um negócio de fazendas secas em Diamantina, e costumava patrocinar apresentações de uma famosa banda de escravos em São João.[25] Muitos mineiros julgavam a exploração da lavra do Duro impossível, tamanha a profundidade dos depósitos preciosos. Cerca de noventa pés de terra deviam sofrer a operação de desmonte, começo do processo de mineração, que correspondia à remoção e transporte das areias e cascalhos considerados inúteis. Segundo a velha rotina da atividade, esse trabalho era feito por escravos que, em fila, carregavam o material retirado em *carumbés* equilibrados na cabeça.[26]

25. Aires da Mata Machado Filho, *O negro e o garimpo em Minas* (Belo Horizonte: Itatiaia; São Paulo: Edusp, 1985), p. 28.

26. Segundo Richard Burton, a lavra do Duro possuía "não menos de duzentas cabeças de

Para desbarrancar o terreno, aproveitavam-se geralmente as águas das chuvas, mas água era recurso escasso nas lavras, situadas no alto das serras. Felisberto Brant enfrentou dificuldade com a aplicação de técnicas ainda não testadas em Diamantina. Máquinas a vapor foram importadas da Inglaterra para bombear água do rio para uso na lavra, e após cinco anos de investigação, Brant por fim encontrou o primeiro diamante na nascente do Duro, a seis pés de profundidade. Daí em diante, o local se desenvolveu exponencialmente, produzindo cerca de 3 mil oitavas de diamantes nos dez anos seguintes.[27]

O uso de força hidráulica na lavra do Duro inspirou iniciativas semelhantes no contíguo serviço do Barro.[28] A mina era maior do que a do Duro e tinha Rodrigo de Souza Reis como proprietário. Aberta na nascente do rio São João, a lavra possuía 1700 pés de circunferência e 165 pés de profundidade. Na lavra do Barro, os diamantes também só podiam ser extraídos pelo sistema de desmonte, dada a impossibilidade de se construir galerias subterrâneas.

A chamada Sociedade da Lavra de Cima iniciou seus trabalhos na mina do Barro em 1861.[29] Explorando as vertentes opostas da mesma mineira diamantina, Reis, Brant e outros poucos sócios tinham, somados, mais de 450 escravos. As fugas daquelas lavras eram constantes e notórias, assim como a solidariedade entre os escravizados do "barro" e os quilombolas da periferia de São João. Em pouco tempo, as lavras da Chapada se transformaram em símbolo da prosperidade econômica trazida pelos diamantes. No entanto, ao excluir qualquer possibilidade de ganho para os trabalhadores, elas logo passaram a servir também como importante campo de luta para os faiscadores.

A natureza extenuante das tarefas desempenhadas no interior das minas e a rígida vigilância faziam da extração de pedras preciosas uma atividade es-

---

escravos". Richard Burton, *Viagens aos planaltos do Brasil*, t. II (São Paulo: Companhia Editora Nacional; Brasília: INL, Fundação Pró-Memória, 1983), p. 320.

27. Esse montante é calculado por Joaquim Felício dos Santos, amigo próximo de Felisberto Brant, para o período compreendido entre 1854 e 1863. Ver *O Jequitinhonha*, Diamantina, 5 set. 1863, p. 2.

28. Carta de Felisberto Ferreira Brant publicada em *O Jequitinhonha*, Diamantina, 30 nov. 1861, p. 4.

29. Rodrigo de Sousa Reis tinha como sócios seu sogro, Joaquim da Paula Costa, e o major Alexandre Gomes da Silva Chaves. Ele mantinha relações amistosas com Felisberto Brant, com quem intercambiava muitos serviços em São João da Chapada. Inventário de Rodrigo de Sousa Reis (1870/1872). Biblioteca Antônio Torres (doravante BAT), *Diamantina*, maços 226 e 227, p. 79.

pecialmente árdua. Em cada etapa do processo de mineração, muitos fiscais eram alocados a fim de garantir que os diamantes não acabassem nas mãos dos escravos e fossem comercializados com *capangueiros* (pequenos compradores) nas tavernas e caminhos dos arraiais de mineração. Nos serviços mecanizados como o Duro e o Barro, a dureza do regime de trabalho era ainda maior, pois as máquinas haviam contornado o caráter sazonal da atividade mineradora e agora permitiam que as lavras funcionassem durante o ano todo. Assim, os trabalhadores passavam mais tempo no interior das escavações ou na etapa final de lavagem dos diamantes, deixando de ser transferidos para o desempenho de outras atividades durante a estação das chuvas.[30]

Dadas as terríveis condições de trabalho e a dificuldade de acesso à terra, não surpreende que, em maio de 1863, a lavra do Duro tivesse sido palco do embate mais sangrento daquela década. No dia 20 de maio, centenas de faiscadores enfrentaram a Guarda Nacional e cidadãos armados na serra onde corria o córrego do Duro. Levaram consigo armas, bandeira e cantaram hinos, como aquele definido por Joaquim Felício dos Santos como a "Marselhesa" dos "invasores". Diziam eles:

> *Quem está no bom está calado,*
> *Quem está no ruim está danado*
> *Por Deus, e João Furado*
> *Que o Duro vai desovado.*[31]

Ainda que em grande número, os faiscadores foram rechaçados pela Guarda Nacional. O combate nas terras do Duro deixou seis mortos, dezenas de feridos e doze presos — todos do lado dos faiscadores. Uma vez contida a luta armada em São João da Chapada, sua lembrança permaneceu viva nas disputas políticas no norte mineiro. A invasão do Duro teve lugar numa época de renhida luta eleitoral e ganhou destaque nas campanhas que antecederam o

30. Todo esse processo foi testemunhado pelo capitão Richard Burton em sua viagem pelo nordeste mineiro, em 1867. Hospedado na casa de Felisberto Brant, ele conheceu de perto as lavras do Duro e do Barro. Burton, *Viagens aos planaltos do Brasil*, em especial o v. I, cap. l.

31. Para esclarecimento de seus leitores, Felício observou que "João Furado é um ladrão muito conhecido por aqui" (São João da Chapada) e que "Desovar é uma palavra baixa da gíria inventada pelos invasores: significa invadir, matar". *O Jequitinhonha*, Diamantina, 27 maio 1863, p. 1.

pleito local em agosto de 1863. Tendo liderado os esforços contra os "invasores", os liberais foram acusados pelos conservadores de haverem conduzido um verdadeiro massacre do povo. Em contrapartida, os liberais argumentaram que seus adversários falsamente apoiavam as "invasões" como meio de forçar a reforma da legislação sobre os terrenos diamantinos.

Contudo, dentre todas as repercussões da conflagração nas lavras de Diamantina, houve uma que acabou sendo negligenciada pela elite proprietária local. Os relatos oficiais sobre o conflito de 1863 só marginalmente mencionaram os escravizados, mas revelaram o suficiente para constatar que eles estavam envolvidos em diferentes lados do conflito. Alguns senhores temiam que seus cativos aproveitassem o momento para fugir, enquanto Brant deslocava os seus para defender a posse de sua lavra. O ano de 1864 veio a demonstrar que, apesar das ambiguidades, as relações entre escravizados e faiscadores livres eram fortes a ponto de sedimentar uma rebelião abrangente, em que todos lutariam contra o mesmo inimigo pela liberdade dos cativos.

RUMORES E REBELIÃO: NO RASTRO DAS ÚLTIMAS NOTÍCIAS

Era época da festa do Divino Espírito Santo, uma das mais importantes do calendário religioso de Diamantina. Em 1864, os festejos atravessaram dias inesquecíveis, financiados pelo tenente-coronel Felisberto Ferreira Brant. Fogos de artifício abrilhantaram as ruas do antigo arraial do Tijuco e serenaram, mesmo que temporariamente, os ânimos dos que ali viviam como proprietários de terras ou faiscadores. Aos olhos dos mais abastados, aquele era um raro momento de trégua numa década marcada por sangrentos conflitos fundiários e pelo crescimento dos quilombos nos arraiais de mineração. Aos olhos da população de cor, todavia, o momento era de ação. O ferreiro Nuno aproveitou a oportunidade para tratar de um plano de fuga com seus companheiros escravizados no Serro. Clementino, Chico, Luís e Adão discutiram longamente a ideia de fugirem para o sertão mineiro, mas, apesar da boa disposição de Nuno, resolveram voltar para suas senzalas por medo de serem mortos no caminho por Adão e Chico.[32]

32. 1º Interrogatório de Nuno, escravo de Veríssimo Pereira dos Reis, 24 out. 1864, Arquivo

Nuno não desistiu. Saindo num domingo em direção ao arraial do Rio do Peixe para exercer seu ofício de ferreiro na Sesmaria, fazenda onde se plantava desde milho e arroz com casca a aguardente para venda no comércio local, ele contou aos companheiros José Cabrinha e Demétrio o que tinha em mente.[33] Reunidos no quarto da escola da fazenda de Francisca de Araújo Padilha, os escravizados conversaram sobre a possibilidade de sucesso da "fugida", mas logo passaram a debater a organização de uma rebelião. Dirigindo-se ao pedreiro Cabrinha, Nuno "contara a notícia que vinha dos jornais a respeito da guerra, e disse-lhe que tinha vindo ordem para a liberdade dos escravos, e que os brancos estavam escondendo essa ordem".[34] Ele se referia à Guerra de Secessão americana e à possibilidade de que o conflito tivesse gerado um decreto abolindo a escravidão no Brasil.[35] Na avaliação de

---

Nacional do Rio de Janeiro (doravante ANRJ), *Processo crime de insurreição, José Cabrinha (escravo), 1865*, fl. 22.

33. Inventário de Francisca de Araújo Padilha, 1872, Arquivo do Fórum do Serro, cartório do 1º Ofício, cx. 1 (1871 a 1873).

34. Interrogatório feito ao escravo José Cabrinha, 24 out. 1864, ANRJ, *Processo crime de insurreição, José Cabrinha (escravo)*, fl. 24.

35. Sobre os significados da Guerra de Secessão no Brasil, ver Maria Helena Pereira Toledo Machado, "Os abolicionistas brasileiros e a Guerra de Secessão", in Martha Abreu e Hebe Mattos (orgs.), *Caminhos da liberdade: histórias da abolição e do pós-abolição no Brasil* (Niterói: PPG História/ UFF, 2011); Silvana Motta Barbosa, "A imprensa e o ministério: escravidão e Guerra de Secessão nos jornais do Rio de Janeiro (1862-1863)", in José Murilo de Carvalho e Adriana Pereira Campos (orgs.), *Perspectivas da cidadania no Brasil Império* (Rio de Janeiro: Civilização Brasileira, 2011), pp. 139-141; Luciana da Cruz Brito, "Impressões norte-americanas sobre escravidão, abolição e relações raciais no Brasil escravista", Tese de Doutorado, Universidade de São Paulo, Brasil, 2014; Maria Clara Sales Carneiro Sampaio, "Não diga que não somos brancos: os projetos de colonização para afro-americanos do governo Lincoln na perspectiva do Caribe, América Latina e Brasil dos 1860", ph.D. Dissertation, USP, 2013; Clícea Maria Augusto Miranda, "Repercussões da Guerra Civil Americana no destino da escravidão no Brasil, 1861-1888", Tese de Doutorado, USP, 2017; Sven Beckert, "Emancipation and Empire: Reconstructing the Worldwide Web of Cotton Production in the Age of the American Civil War", *The American Historical Review*, Bloomington, v. 109, n. 5 (2004), pp. 1405-1438; Douglas R. Egerton, "Rethinking Atlantic Historiography in a Postcolonial Era: The Civil War in a Global Perspective", *The Journal of the Civil War Era*, Chapel Hill, v. 1, n. 1 (2011), pp. 79-95; Tâmis Parron, *A política da escravidão no Império do Brasil, 1826-1865* (Rio de Janeiro: Civilização Brasileira, 2011); Rafael de Bivar Marquese, "The Civil War in the United States and the Crisis of Slavery in Brazil", in *American Civil Wars: The Entangled Histories of the United States, Latin America, and Europe in the 1860s*, ed. de Don H. Doyle (Chapel Hill: University of North Carolina Press, 2017), pp. 222-246.

Nuno, o contexto internacional sugeria que "melhor seria fazer uma porcaria na Cidade do Serro com a rapaziada".[36]

José Cabrinha ouviu tudo com atenção, mas explicou que os jornais prometiam "coisa melhor" para os escravos. Citando o seu companheiro Demétrio, Cabrinha disse que, "pela leitura que tinham das folhas, viam que os Liberais tratavam da liberdade dos escravos, e que por isso deviam estes tratar de havê-la imediatamente por suas mãos".[37] Convencidos de que a abolição era medida legal iminente no Brasil, mas que jamais seria implementada pelos senhores sem resistência, Cabrinha e Nuno decidiram iniciar os preparativos para a insurreição. Nuno afirmou que só podia arranjar uma boa porção de escravizados pelas oito léguas ao redor do Serro, mas, conhecendo a boa vontade de Cabrinha, sugeriu-lhe que viesse à cidade conversar com Adão, que era "um rapaz astucioso, e armático".[38]

O pardo Adão trabalhava na loja de alfaiate que sua senhora, Ermelinda Cândida Perpétua, mantinha na rua das Flores, centro do Serro. Dias depois do encontro na Sesmaria, José Cabrinha para lá se dirigiu, seguindo a sugestão de Nuno. Ao ver Adão, perguntou-lhe sobre o paradeiro de seu irmão, sem dar maiores detalhes. Adão respondeu-lhe que Alexandre estava trabalhando na pedreira e logo quis saber de que negócio os dois estavam a tratar. Cabrinha de pronto desfez o mistério, explicando que ele, Nuno, Demétrio e Sebastião — todos "parceiros" na fazenda da Sesmaria — tinham "formado um plano para haver a liberdade, pois que estavam lendo as folhas, e por ela, viam que todos os escravos estavam livres, mas que os brancos ocultavam isso, para não chegar ao conhecimento dos escravos". Adão não acreditou em tudo de imediato e ouviu seu parceiro, irritado, responder que valia "era que os insurgentes não contavam com os escravos de dentro da Cidade, mas sim com os de fora".[39]

Diante do desafio, Adão resolveu colher mais informações. Em suas andanças pelo Serro, ele confirmou a existência de uma "guerra para a liberdade dos escravos em outro país" e, então, se transformou num dos principais líderes da revolta. Em pouco tempo, recrutou diversos rebeldes e fez dos es-

36. Depoimento da testemunha Joaquim Bernardino Pereira de Queiroz, 21 nov. 1864, ANRJ, *Processo crime de insurreição, José Cabrinha (escravo)*, fl. 66.

37. 2º Interrogatório do escravo Nuno, 22 nov. 1864, idem, fl. 87.

38. Depoimento da testemunha Miguel Pereira Luís, 21 nov. 1864, idem, fl. 64.

39. 3º Interrogatório feito ao escravo Adão, 21 nov. 1864, idem, fl. 75.

cravos domésticos da fazenda Sesmaria portadores de mensagens orais e escritas para José Cabrinha. A Leonel pediu que levasse o recado de que as coisas iam muito bem e acrescentou depois, através de Demétrio e Sebastião, "que já tinham até forros e gente de gravata" envolvidos.[40] Os rebeldes contavam, portanto, com o apoio de gente livre branca sensível ao programa abolicionista dos escravos, mas sua identidade jamais veio a público. Por outro lado, antes mesmo de investigar as alianças que deram vida à conspiração de 1864, as autoridades mineiras haviam decidido que homens forros eram os principais cúmplices dos rebeldes. Pareciam estar ainda comprometidas em retaliar esse grupo tão envolvido nos conflitos fundiários locais, a exemplo da invasão da lavra do Duro, em 1863.

Cabrinha, por sua vez, seguiu promovendo encontros na Sesmaria. Certo domingo, chegando a um pasto fora da fazenda, Adão crioulo o encontrou conversando com uns oito escravizados.[41] Dirigindo-se ao grupo, Cabrinha revelou "que na Cidade ia haver guerra, ou levante dos escravos com os brancos a fim de ficarem forros".[42] Disse ser ele o cabeça das fazendas, e Adão de d. Ermelinda e David, de Domingos Augusto, os líderes na cidade do Serro. Ele contou também que Adão havia convidado Mestre Herculano, homem forro que todos conheciam. Pediu, então, que Adão crioulo ajudasse a convencer os cativos de sua fazenda, mas este não quis aderir, "dizendo que sendo isto negócio tratado por eles na Cidade, os da roça ou da Mata não se deviam entrar nisso", ao que respondeu José Cabrinha que ele e seus parceiros por força haviam que entrar e ajudar, "porque eram cativos, e que se não entrassem tinham de ser mortos por serem falsos".[43]

Apesar da relutância de Adão crioulo, José Cabrinha considerou a reunião um sucesso. Dias depois, ele enviou uma carta a Adão por intermédio de Leonel, dizendo que a "rapaziada" já estava pronta e que tinha boas notícias de Diamantina. Muitas outras cartas foram trocadas entre os escravos nos meses

40. 1º Interrogatório de José Cabrinha, idem, fl. 24.

41. Para que não haja confusão entre esse escravo e Adão pardo, de Ermelinda Cândida Perpétua, vamos nos referir a ele como Adão crioulo, seguindo a forma como é chamado no processo.

42. Interrogatório de Adão crioulo, 28 out. 1864, ANRJ, *Processo crime de insurreição, José Cabrinha (escravo)*, fl. 32.

43. Idem, p. 33.

de setembro e outubro de 1864. José Cabrinha e Adão eram os principais autores das missivas dirigidas a Nuno, na fazenda da Liberdade, e a David e Francisco, em Diamantina. Note-se que os portadores das cartas — Leonel e Timóteo — eram escravizados que trabalhavam junto com Cabrinha nas várias partes da fazenda Sesmaria pertencentes aos membros da família Fonseca. Francisca de Araújo Padilha, proprietária de Cabrinha e Demétrio, era mãe de Gabriel de Araújo Fonseca, senhor de Timóteo, e tia de Cândida Orlinda da Fonseca, proprietária de Leonel.[44]

Por toda a comarca do Serro, escravizados e forros davam a revolta como certa. O comerciante Vicente Gonçalves de Queiroz presenciou uma conversa entre José e o tropeiro africano Faustino, ambos escravos de Thereza Joaquina de Jesus, na qual Faustino teria afirmado "que a galinha estava morta e pronta e só faltava assar-se".[45] De novo num domingo, o oficial de alfaiate Francisco foi "levar uma obra" na lavra de Antônio Correia e, estando com o faiscador Jerônimo, soube que no caminho do Rio do Peixe se dizia que "os rapazes da Cidade queriam fazer uma dúvida, que era levantarem-se para ficarem forros".[46] Ao ser chamado por Antônio para integrar o levante, Jerônimo ouviu os detalhes:

> o plano projetado consistia em reunirem-se todos os escravos por fora da Cidade no fim do corrente mês [outubro], dirigirem-se a esta Cidade, e no alto do Rosário onde tinham de fazer ponto de reunião entrarem nesta Cidade, munidos de feixes de capim cabeçudo seco, e com este auxílio pôr fogo nas casas do Tenente Coronel Sebastião José Ferreira Rabello, e o cidadão José Bento de Mello, pondo-se de observação a espera que se reunisse o povo para apagarem o fogo devendo nesta ocasião atacarem eles insurgentes ao mesmo povo tirando-lhes a vida.[47]

44. Escravos alfabetizados estiveram presentes em outras revoltas na província de Minas. Em setembro de 1865, por exemplo, o delegado do termo de Paraibuna descobriu que um levante estava acertado no distrito de São José para o dia 17, data em que a Guarda Nacional se reuniria na cidade. Das informações colhidas, chamou a atenção do delegado o perfil dos quatro autores do plano, dois dos quais sabiam ler e escrever, "viviam como se fossem livres" e haviam confessado ter o apoio de alguns italianos, que logo foram expulsos de Paraibuna. Despacho do Ministro da Justiça, 30 set. 1865, ANRJ, *Ofícios da Presidência da Província de Minas*, IJ1, maço 630.

45. Depoimento de Vicente Gonçalves de Queiroz, 21 out. 1864, ANRJ, *Processo crime de insurreição, José Cabrinha (escravo)*, fl. 9.

46. Interrogatório de Francisco pardo, 11 out. 1864, idem, fls. 27-28.

47. Interrogatório de Jerônimo crioulo, 13 out. 1864, idem, fl. 34.

Os rebeldes pretendiam começar o ataque pelos brancos "principais" e esperavam o apoio de muitas pessoas livres. Jerônimo guardava segredo sobre o fato de que Adão planejava invadir a casa do tenente Sebastião Rabello a fim de se apoderar do armamento da Guarda Nacional ali guardado, prevendo que "depois de estarem senhores destes objetos tornar-se-iam invencíveis".[48] Jerônimo, entretanto, teria tentado demover os demais escravos da ideia de participarem da insurreição, "pois que os escravos não tinham outro meio de se libertar se não pelo seu dinheiro", ou seja, comprando sua alforria.[49] Com o mineiro Ernesto ocorreu coisa semelhante. Passando uma noite pela porta da senzala de Benedito, ouviu de fora algo sobre a insurreição. Reconheceu logo a voz de João, que dizia a Benedito que a "gente do Moinho dos Macacos" o tinha avisado sobre o movimento, mas que o melhor meio de ficarem forros era com o dinheiro.[50]

Inabalados pela hesitação ou desistência de alguns escravizados, os rebeldes deram continuidade ao planejamento para o levante. Na cidade do Serro, Adão promoveu reuniões em sua senzala com os escravizados das redondezas. Certa vez, Alexandre foi atraído para um desses encontros e acabou entrando para fazer um cigarro. Ouviu naquele dia as notícias que contaria mais tarde a Clementino, no arraial do Gambá. Para sua surpresa, seu parceiro já estava informado de que os escravos das fazendas vinham para o Serro no último domingo de outubro e se dizia pronto, com espada colada ao corpo. Martiniano e Otaviano foram convidados por Adão em setembro, quando insistiu que os dois fossem sondar o Mestre Herculano se não acreditavam nele. O sapateiro Martiniano só não tinha sido avisado há mais tempo porque andava junto com Joaquim, ex-escravo do alfaiate Pedro, em quem Adão não se fiava. Uma vez ciente do levante, Martiniano teria sido desaconselhado por sua parceira Inês a entrar nas "armadas" de Adão.

Otaviano, por sua vez, passou adiante a informação, esquecendo a "dúvida" que tivera com Adão a respeito de Júlia, escrava de Joaquim Gomes. No caminho para Lages, ele encontrou Maria Severina dos Santos no dia "em que passou uma força". Temendo os soldados que andavam por ali, Maria pediu

48. Interrogatório de Antônio, 13 out. 1864, idem, fl. 37.
49. Interrogatório de Jerônimo crioulo, 13 out. 1864, idem, fl. 34.
50. Interrogatório de Ernesto crioulo, 25 out. 1864, idem, fl. 26.

para ir em sua companhia à chácara de José Vieira. Otaviano contou-lhe, então, que "estava para haver fogo na Cidade do Serro, da rapaziada sujeita das matas". Assustada, Severina saiu correndo pelo Serro a gritar que "já era o fogo para se arrasar a Cidade".[51] Do mesmo modo, a lavadeira Eva Joaquina de Campos voltava da casa de caridade do Serro quando encontrou Adão e foi avisada sobre a "sedição para a liberdade dos cativos", que ela havia de ver por aqueles dias.[52]

E TUDO TORNOU-SE PÚBLICO

Na noite de 9 de outubro de 1864, rompeu-se o segredo. Vicente resolveu denunciar a seu senhor a rebelião negra que estava para rebentar no Serro e em Diamantina. Uma vez avisado, Francisco Cornélio Ribeiro apressou-se em levar Vicente, sem que fosse visto, à presença do delegado do Serro e de mais seis "cidadãos notáveis" do lugar. Estiveram presentes ao interrogatório negociantes de diamantes e fazendeiros abastados, dentre eles José Bento de Mello, Sebastião José Ferreira Rabello e José Joaquim Ferreira Rabello. Todos ouviram ali notícias aterradoras sobre o andamento da insurreição, seus prováveis líderes e pontos de encontro. Adão foi preso pouco depois de ser denunciado por Vicente. Ele negou a conspiração. Numa das fontes da cidade do Serro, declarara apenas como por graça a outros escravizados que todos ficariam logo forros, porque os rapazes da fazenda da Sesmaria "estavam para fazer um alevante [sic] em favor da Liberdade, segundo as notícias que liam nas Folhas".[53] Tal brincadeira rendeu-lhe o encarceramento na cadeia da cidade, da qual só saiu após receber oitocentos açoites e um gancho no pescoço, apesar dos esforços de sua senhora para provar que ele havia sido induzido à rebeldia por escravos de Diamantina.

Na noite do dia 11 de outubro, mais de quarenta escravizados já se encontravam encarcerados. Castigando rigorosamente os presos com açoites e palmatória, o delegado José Maria Brandão obteve diversas confissões e esperava

51. Depoimento de Maria Severina dos Santos, 21 out. 1864, idem, fl. 10.
52. Depoimento de Eva Joaquina de Campos, 21 out. 1864, idem, fl. 12.
53. 3º Interrogatório de Adão pardo, 21 nov. 1864, idem, fl. 75.

em breve conhecer os homens livres solidários com a insurreição. Dentre os suspeitos ainda em liberdade, Brandão recomendou com especial ênfase a seu colega de Diamantina que prendesse o cabra David, escravo que atuava havia tempos como alfaiate naquela cidade e era tido como uma das principais ligações com o Serro.

O deputado provincial José Joaquim Ferreira Rabello escreveu de imediato ao presidente de Minas Gerais, Pedro de Alcântara Cerqueira Leite, a respeito da "terrível trama" que estava a colocar os municípios do Serro e Diamantina "em um estado da mais mortificante e ansiosa expectativa".[54] Segundo ele, Vicente contara que havia sido convidado por Adão para entrar na insurreição. Querendo averiguar se o evento era real ou não, soube depois através de outro escravo que o centro do movimento era a cidade de Diamantina, onde se achavam prontos mais de 150 indivíduos no último domingo de outubro. O plano consistia em provocar um incêndio no prédio do cidadão mais reputado do lugar, num sinal para que os cativos invadissem a cidade e matassem todos, começando por aqueles que fossem acudir ao sinistro. Convencido de que os escravos contavam com a ajuda de homens livres, o futuro barão do Serro relembrou o conflito que presenciara na lavra do Duro em 1863 e definiu o letramento como arma poderosa nas mãos dos cativos:

> Infelizmente várias circunstâncias, que passaram despercebidas no meio da tranquilidade e sossego em que vivíamos, tornam-se hoje indícios veementes. Tais são: instrução de alguns escravos, que lendo as ocorrências da guerra civil nos Estados Unidos as transmitem aos que não sabem ler, compras de armas de fogo feitas por alguns mais audaciosos, certo estado de agitação entre eles, ajuntamentos e grupos de quatro [ou] mais indivíduos, conversações figuradas e enigmáticas. Poucos ou nenhuns meios de detê-la temos.[55]

Rabello descreveu a circulação de rumores e o letramento como indicadores certeiros de vigor do protesto escravo em Minas Gerais. A disseminação de

54. Carta enviada por José Joaquim Ferreira Rabello ao presidente da província de Minas, Pedro de Alcântara Cerqueira Leite, 11 out. 1864, ANRJ, *Ofícios de Presidentes de Província (MG)*, IJ1, maço 628 (1864).

55. Idem.

rumores foi parte importante do discurso político das camadas populares no Brasil oitocentista e tinha especial significado para as comunidades cativas. Circulando em geral por canais da vida cotidiana e abertos à contínua improvisação e aprimoramento por seus interlocutores, os rumores articulavam aspirações e ansiedades que dificilmente poderiam ser expressas de outra forma.[56] Em 1864, atos de leitura coletiva dos jornais e escrita de cartas de fato abriram espaço para que os rebeldes tecessem uma interpretação abrangente de suas perspectivas de libertação, incluindo a um só tempo a urgência imposta pela ação política dos negros norte-americanos e pela discussão de projetos emancipacionistas no Brasil. Muitos dos líderes do levante de 1864 tinham algum grau de familiaridade com as letras. Os artesãos Demétrio, Cabrinha e David declararam saber ler e escrever, assinando por conseguinte todos os seus depoimentos.[57] Sebastião disse "ler muito mau a letra redonda", ou seja, a palavra impressa.[58] E é certo que Adão e Nuno também lidavam de alguma forma com a língua escrita, tendo este último pelo menos a habilidade de ler.[59] Além deles, Herculano Manoel de Barros foi o único liberto indiciado a declarar "saber ler e escrever mal".[60]

Por razões óbvias — e aqui me refiro ao alto grau de analfabetismo no Brasil —, era raro escravizados serem treinados na capacidade de leitores e escritores. De acordo com o censo brasileiro de 1872, apenas 15,75% da população do país (incluindo escravos) sabia ler e escrever no final do Império.[61] Dito de outra forma, a maioria dos brasileiros na segunda metade do século XIX ainda vivia num mundo em que a oralidade não apenas coexistia com a

56. Steven Hahn, *A Nation Under Our Feet: Black Political Struggles in the Rural South from Slavery to the Great Migration* (Cambridge: Belknap, 2003), pp. 57-58; Robert Darnton, *Poetry and the Police: Communication Networks in Early Eighteenth-Century Paris* (Cambridge: Belknap, 2010).

57. David assinava como David Augusto de Carvalho.

58. Interrogatório ao réu Sebastião, 23 nov. 1864, ANRJ, *Processo crime de insurreição, José Cabrinha (escravo), 1865*, fl. 98.

59. Em uma das diversas contradições encontradas em seus interrogatórios, Adão afirmou que "José Cabrinha lhe mandara por Leonel uma carta, que ele interrogado rasgou e não leu". Idem, fl. 79.

60. Auto de Qualificação do réu Herculano Manoel de Barros, idem, fl. 7.

61. Brasil, Diretoria Geral de Estatística, *Recenseamento da população do Império do Brazil a que se procedeu no dia 1º de agosto de 1872* (Rio de Janeiro: Typ. de G. Leuzinger e Filhos, 1876).

língua escrita, mas predominava na vida cotidiana. A alfabetização, no entanto, podia denotar algo diferente e mais amplo do que o seu significado corriqueiro. Mais do que a habilidade literal de ler e escrever, escravos possuíam múltiplas formas de letramento e as usavam de forma criativa para interpretar o mundo ao seu redor. Em todo o Brasil oitocentista, por exemplo, escravos alfabetizados costumavam ler jornais em voz alta para seus companheiros escutarem, criando um ambiente em que pessoas de tradição oral pudessem também participar da cultura escrita dominada pelos brancos. Tal prática esteve na raiz de diversas rebeliões escravas na década de 1860, como as ocorridas em Pernambuco, em 1862, e no Pará, em 1865.[62]

No caso de Minas Gerais, periódicos como o *Minas Geraes* e *O Jequitinhonha* repercutiram nos sertões mineiros detalhes sobre a vida política da Corte e sobre conflitos internacionais. Ao citar os jornais, os cabras e crioulos do Serro provavelmente se referiam a *O Jequitinhonha*, único periódico produzido na comarca do Serro na década de 1860. Fundado em 1860 pelo deputado e escritor Joaquim Felício dos Santos, o jornal de tradição liberal demonstrou grande interesse na guerra civil que conflagrava os Estados Unidos e sua possível influência sobre o futuro da escravidão no Brasil. A cobertura jornalística iniciou-se com força a partir do final de 1861, sempre lado a lado com a discussão de projetos emancipacionistas em debate no Parlamento Imperial. Os liberais de Diamantina acreditavam que a guerra nos Estados Unidos tinha sua origem na manutenção da escravidão e deveria ser encarada como grande alerta para o Brasil, que continuava inerte quanto aos males que o poderiam assolar no futuro. Embora atuassem como ardorosos constitucionalistas e defensores de maior poder para as províncias, eles partilhavam com os liberais em geral a certeza de que a escravidão era ainda um mal necessário e que a abolição no

62. Em 1862, escravos dos engenhos de Muribeca, nos arredores de Recife, se insurgiram por imaginar que o governo brasileiro já lhes houvesse concedido a liberdade. Um dos escravos africanos presos disse às autoridades pernambucanas que ideias de liberdade "tinham sido publicadas [sic] por negros que leem jornais em voz alta para os outros escutarem". ANRJ, IJ1-332, 1862. Em 1865, escravos de um engenho carmelita de Belém organizaram uma revolta parecida com a ocorrida em Minas Gerais. A leitura coletiva de jornais nas senzalas disseminou notícias sobre a Guerra de Secessão e levou os escravos a assassinarem o administrador da fazenda Pernambuco. ANRJ, IJ1-792, 1865.

futuro não deveria representar um rompimento com as relações de trabalho construídas sob a escravidão.

Nas páginas de *O Jequitinhonha*, portanto, leitores escravizados encontravam apenas vozes que pediam por uma legislação gradualista capaz de purgar o cativeiro de seus aspectos mais abjetos e encaminhar medidas emancipatórias no futuro distante.[63] Mesmo que de maneira indireta, o periódico sancionava a visão que os senhores partilhavam sobre o conflito americano. Para estes, a Guerra de Secessão parecia prenunciar que a reforma do "elemento servil", como gostavam de dizer, podia teimar em acontecer de forma rápida e revolucionária no Brasil.[64] Acreditamos que os insurgentes de 1864 aprenderam no jornal sobre a atuação de "abolicionistas" e sobre a "guerra pela liberdade" que parecia prenunciar a abolição no Brasil. Mais que isso, eles radicalizaram a visão emancipacionista de *O Jequitinhonha*, escolheram aliados de acordo com sua leitura do momento histórico e, assim, intervieram de forma drástica no debate público em torno da abolição.[65]

Quando a revolta foi descoberta, no início de outubro de 1864, o município do Serro encontrava-se desguarnecido. As forças policiais eram minguadas e o destacamento da Guarda Nacional mais próximo ficava em Diamantina, a quase

63. Sobre as múltiplas formas de letramento dos escravos no Brasil, ver Maria Cristina Cortez Wissenbach, "Cartas, procurações, escapulários e patuás: os múltiplos significados da escrita entre escravos e forros na sociedade oitocentista", *Revista Brasileira de História da Educação*, Maringá, n. 4 (2002), pp. 103-122; Marcus Vinicius A. Fonseca, *A educação dos negros: uma nova face do processo de abolição da escravidão no Brasil* (Bragança Paulista: Edusf, 2002); Marcus J. M. de Carvalho, "'Fácil é serem sujeitos, de quem já foram senhores': o ABC do Divino Mestre", *Afro-Ásia*, v. 31, n. 1 (2004), pp. 327-338; Sandra L. Graham, "Writing from the Margins: Brazilian Slaves and Written Culture", *Comparative Studies in Society and History*, Cambridge, v. 49, n. 3, pp. 611-636, 2007; Marialva Carlos Barbosa, *Escravos e o mundo da comunicação: Oralidade, leitura e escrita no século XIX* (Rio de Janeiro: Mauad, 2016); e Flávio dos Santos Gomes, Marcelo MacCord e Carlos Eduardo Moreira de Araujo (orgs.), *Rascunhos cativos: educação, escolas e ensino no Brasil escravista* (Rio de Janeiro: 7Letras / Faperj, 2017).

64. Para uma análise das relações entre Brasil e Estados Unidos e diferentes perspectivas sobre o regime escravista durante a Guerra de Secessão, ver Gerald Horne, *O Sul mais distante: os Estados Unidos, o Brasil e o tráfico de escravos africanos* (São Paulo: Companhia das Letras, 2010).

65. Sobre o caráter abolicionista de algumas revoltas escravas oitocentistas, ver João José Reis, "'Nos achamos em campo a tratar da liberdade': a resistência negra no Brasil oitocentista", in Carlos Guilherme Mota (org.), *Viagem incompleta: a experiência brasileira (1500-2000). Formação: histórias* (São Paulo: Senac, 2000), v. 1, pp. 241-263.

noventa quilômetros. Muitas autoridades locais não depositavam a menor confiança nas praças da Guarda, imaginando que no momento do conflito elas poderiam ser seu mais terrível inimigo, unindo-se à "desordeira" população de cor. Até porque suas fileiras eram formadas por gente recrutada nesse estrato social.

Todavia, o presidente da província de Minas, Pedro de Alcântara Cerqueira Leite, acreditava que o levante seria facilmente sufocado. Oficiando ao ministro da Justiça, ele ponderou que o alerta feito pelo deputado Rabello não o assustava, já que este era conhecido como muito "impressionável" e que, em caso de revolta escrava, "o interesse de todas as classes da Sociedade é uniforme, com raríssima exceção". Seu otimismo, escreveu, tinha raízes nas "boas disposições dos moradores daquelas localidades, que disto já deram belo exemplo no ano passado desbaratando centenares de homens resolutos, quando invadiram a Lavra chamada do Duro".[66] De todo modo, Cerqueira Leite enviou 24 praças de cavalaria ao Serro, recomendou vigilância às autoridades policiais de toda a comarca — sobretudo nos termos em que era maior a concentração de escravos — e concordou com a reunião de quarenta praças da cavalaria e sessenta da infantaria da Guarda Nacional na Casa do Contrato, no centro de Diamantina. A seu pedido, os africanos livres que chegavam a Ouro Preto foram logo encaminhados pela polícia direto para as companhias inglesas de mineração, onde o presidente julgava haver sempre trabalho e ordem.

A onda de prisões chegou cedo ao conhecimento dos escravizados e poucos duvidavam que a insurreição fosse de fato rebentar no último domingo de outubro. Chamado a colaborar na repressão, o juiz de direito da comarca do Serro, João Salomé Queiroga, achava imprescindível a presença do chefe de polícia na região. Ele estava especialmente preocupado com o escandaloso "patronato" dos senhores, já que "grande parte das principais famílias do lugar tem escravos comprometidos e por eles se empenha a fim de que se nulifique a ação da Justiça".[67] Os proprietários de escravos não queriam ouvir falar em galés (prisão com trabalho) e eram contra qualquer pena que não pudesse ser reduzida a açoites. O chefe de polícia seria talvez a única autoridade com força su-

66. Ofício enviado pelo presidente da província de Minas, Pedro de Alcântara Cerqueira Leite, ao ministro da Justiça, Francisco José Furtado, 20 out. 1864, ANRJ, *Ofícios de Presidentes de Província (MG)*, IJ1, maço 628 (1864).

67. Juiz de direito João Salomé Queiroga ao presidente da província de Minas, Pedro de Alcântara Cerqueira Leite, 23 out. 1864, idem.

ficiente para fazer valer a premissa de que cabia ao poder público administrar a justiça.

Cerqueira Leite ordenou que os senhores de cativos suspeitos assinassem termo de segurança ou os vendessem para fora da província de Minas. Destino diferente teve o denunciante Vicente, a quem foi garantida a liberdade assim que se dispôs a contar tudo que sabia. Os "cidadãos beneméritos" que o interrogaram fizeram correr uma subscrição pelo Serro e em pouco tempo conseguiram arrecadar dinheiro suficiente para alforriá-lo.[68] No início de novembro de 1864, as autoridades do Serro arriscaram anunciar a destruição total da conspiração. Dos interrogatórios até então realizados, coligiram que o plano fora elaborado por José Cabrinha, Nuno e Demétrio na fazenda da Sesmaria, estando convidados para o levante geral todos os cativos dos fazendeiros e mineradores dos distritos do Serro, Itambé, Milho Verde, São Sebastião das Correntes e Rio do Peixe.

Antes mesmo do fim de outubro, porém, chegaram ao presidente de Minas novidades que contrariavam aquele otimismo. O juiz de direito lhe escrevera contando que

> ficou evidente que a insurreição se acha ramificada neste Município [Diamantina], sendo o seu mais temível núcleo a lavra do Barro, onde existem reunidos para mais de 400 escravos em uma circunferência menor de vinte mil braças, os quais, além de acharem-se quase à fala, dispõem de meios pecuniários pela riqueza da referida lavra [...].[69]

Mesmo surpreendidos pela repressão policial que se seguiu à denúncia da conspiração, os escravizados do Barro resolveram resistir. Foi ali, nos caminhos tortuosos de uma enorme lavra diamantina nas margens do rio Jequitinhonha, que a rebelião de fato viu a luz do dia na forma de uma espécie de guerra de guerrilha. Mais de cem praças da Guarda Nacional foram deslocados para prender os escravos do tenente-coronel Felisberto Ferreira Brant e de Rodrigo

68. *Jornal do Commercio*, Rio de Janeiro, 7 dez. 1864, p. 1.

69. Cópia de ofício enviado pelo juiz João Salomé Queiroga, ao presidente de Minas, Pedro de Alcântara Cerqueira Leite, 29 out. 1864, ANRJ, *Ofícios de Presidentes de Província (MG)*, IJ1, maço 628 (1864).

Souza dos Reis, que permaneceram armados na lavra por dois meses. No entanto, o cerco da lavra do Barro não encheu as cadeias de Diamantina, como esperavam as autoridades. Curiosamente, apenas cativos do Serro foram presos, julgados e condenados em 1864. Com a prisão da quilombola Vitória da Costa, em novembro, o delegado João Raymundo Mourão apenas confirmou que os escravos das lavras estavam articulados aos quilombos de Diamantina. Vitória informaria que, na rancharia do Barro, ouvira os cativos Lucas e Cesário dizerem que "eles estavam para ficarem livres, e Ricos e os brancos pobres".[70] Os rebeldes achavam ser possível virar o mundo de ponta-cabeça.

Os senhores se esforçaram para impedir que notícias da revolta alcançassem a escravatura de fora da comarca do Serro. Poucas informações ganharam as páginas impressas. Na Corte imperial, o combate ao levante foi noticiado com certo atraso, em dezembro de 1864, no *Jornal do Commercio*, a partir de transcrições resumidas do *Minas Geraes*, principal periódico de Ouro Preto.[71] Depois disso, nada mais se publicou sobre a revolta. No Serro, José Cabrinha continuava preso e não havia previsão sobre a conclusão do processo criminal em andamento.

A revolta do Serro desgraçou a vida dos seus protagonistas, muito embora a polícia considerasse as penas infligidas demasiado "brandas". Concluído em novembro de 1865, o julgamento dos nove rebeldes serranos pronunciados não condenou nenhum deles à morte. O pedreiro José Cabrinha, considerado cabeça da revolta, recebeu a pena mais pesada e foi condenado a vinte anos de galés. Nuno, Demétrio, Adão, Leonel e Sebastião foram submetidos à pena de açoites, que variara entre duzentas e novecentas chibatadas, combinadas com o uso de ferro no pescoço por períodos de três meses a um ano. Pronunciado como um dos líderes, o cativo Antônio chegou a ser preso, mas fugiu antes que pudesse ser julgado. Alexandre, irmão de José Cabrinha, e o tropeiro Faustino, único escravo africano indiciado por participação na conspiração de 1864, foram absolvidos. Os alfaiates David e Francisco, vendidos havia pouco tempo do Serro para aquela cidade, foram interrogados, mas apenas David parece ter sido doado por seu senhor para o recrutamento em Ouro Preto.

70. Interrogatório feito pelo delegado de polícia João Raymundo Mourão a Vitória da Costa, 19 nov. 1864, BAT, *Processos criminais, 1864*.

71. *Jornal do Commercio*, Rio de Janeiro, 7 dez. 1864, p. 1.

As autoridades locais estavam apreensivas e, além do que já haviam descoberto, preocupavam-se agora com a conjuntura de guerra contra o Paraguai. Ao expor as razões do Tribunal da Relação de Diamantina para a condenação de Cabrinha, o promotor público João Batista de Almeida e Silva Barca argumentou que,

> na Atualidade, quando no sul do Império os inimigos, segundo consta dos Jornais, sublevam grande número de escravos a insurgirem-se, e que mesmo entre nós ainda lavra esse espírito de insurreição, havendo grande número de escravos fugidos, e ambulantes, o que tudo demonstra que ainda continua em agitação, ou continuações, havendo finalmente há poucos dias fugido, ou talvez insurgido de um *olineiro* da Cidade Diamantina, o número de vinte e cinco escravos, entendo que menos prudente tem sido a agitação deste processo ainda em Juízo pelo meio da apelação que por demais não deveria ter sido admitida [...].[72]

As opiniões do promotor foram respaldadas na Corte. Em junho de 1865, o Tribunal da Relação do Rio de Janeiro julgou improcedente o recurso interposto por d. Francisca Padilha e ordenou a transferência de José Cabrinha para a cadeia de Ouro Preto, onde cumpriria sua pena.[73] Em 1867, Francisca Padilha submeteu um recurso de graça em favor de Cabrinha e a petição subiu à apreciação do Poder Moderador. Mais uma vez, porém, o perdão da pena de galés foi indeferido. Nas páginas do recurso, consta a última nota a dar conta do destino de Cabrinha pela pena do então conselheiro da Secretaria de Estado da Justiça, José da Cunha Barbosa. Em tom sóbrio, Barbosa reconheceu que o escravo José Cabrinha havia sido castigado de maneira abusiva com oitocentos açoites no Serro, em 1864, mas recomendou ao imperador que aguardasse para comutar a pena. A medida seria inconveniente "nas circunstâncias atuais", disse Barbosa, quando o Brasil se via embrulhado na Guerra do Paraguai.[74]

72. "Olineiro" aparece aqui provavelmente como referência a uma olaria em Diamantina. Petição do promotor público de Diamantina, João Batista de Almeida e Silva Barca, 9 mar. 1865, ANRJ, *Processo crime de insurreição, José Cabrinha (escravo), 1865*, fl. 140.

73. Em Ouro Preto, como em todo o país, a lei reservava aos presos condenados a galés o trabalho nas igrejas matrizes, nos estabelecimentos de caridade, além de obras e instalações públicas. *Minas Geraes*, Ouro Preto, 12 jul. 1864.

74. Despacho Imperial, Petição de Graça, Minas Gerais, 21 jul. 1867, ANRJ, GIFI 5H-367.

A liderança de 1864 era representativa da população escravizada em Minas na segunda metade do século XIX. Na revolta, estiveram envolvidos escravos nascidos nos limites da província e residentes havia bastante tempo nas propriedades locais. Dos quarenta indiciados no processo de insurreição, 21 foram identificados segundo sua naturalidade: dezesseis haviam nascido em distritos do Serro e Diamantina, quatro foram denominados "crioulos" e um, africano. Este, Faustino, era um tropeiro com mais de cinquenta anos, assim como muitos de seus companheiros da África que ainda compunham parte das escravarias de onde vieram os rebeldes, nas décadas de 1860 e 1870. Quanto às suas diferentes "cores", dentre os vinte escravos com alguma referência a esse respeito, havia oito crioulos, sete cabras, quatro pardos e um preto.

As proporções dos segmentos representados no grupo rebelde de 1864 se assemelhavam àquelas vigentes no quadro mais amplo dos habitantes de cor do Serro. Distinções detalhadas de cor perpassam a documentação relativa à insurreição, apontando para diferentes experiências de inserção na sociedade escravocrata do norte mineiro. Podemos atribuir a elas quase os mesmos significados usados por Júnia Ferreira Furtado para descrever a população de cor de Diamantina, no fim do século XVIII. Segundo a autora,

> enquanto os africanos eram designados pela nação de origem na África, os escravos nascidos no Brasil eram classificados de acordo com a cor, e não pelo local de nascimento. Essas designações incluíam os *crioulos*, cuja pele era mais escura (filhos de pais negros, quase sempre africanos), os *mulatos* e os *pardos*. Eram denominados *cabras* e considerados inferiores aos demais os indivíduos resultantes de diversas misturas raciais, muitas vezes de sangue índio.[75]

Observamos apenas que, ao longo do século XIX, os escravos trazidos da África deixaram cada vez menos de ser identificados por suas nações para constituírem a ampla categoria dos "africanos". Assim, por exemplo, foi denominado o escravo Faustino, também chamado de *preto*, termo que se usava

75. Júnia Ferreira Furtado, *Chica da Silva e o contratador dos diamantes: o outro lado do mito* (São Paulo: Companhia das Letras, 2003), p. 49.

para os nascidos na África, sendo *crioulos* os pretos nascidos no Brasil. Quanto aos *cabras*, eram em geral fruto da miscigenação entre crioulos e os ditos "homens do sertão".

Sob o comando dos cabras, em 1864 reuniram-se cativos com ofícios especializados, atuantes nos meios urbano e rural. Os rebeldes eram alfaiates, pedreiros, tropeiros, garimpeiros, ferreiros, sapateiros, marceneiros e carpinteiros.[76] É razoável supor que um bom número dos cativos sem ocupação identificada trabalhasse na lavoura e na exploração das lavras diamantinas, emprego esse que exigia alto grau de especialização.[77] A predominância de escravos qualificados entre os rebeldes está ligada a diversos fatores, a começar pela sua mobilidade. A rotina de trabalho os punha em contato constante, já que eles circulavam entre diversas propriedades das mesmas famílias e eram com frequência alugados para o desempenho de serviços entre o Serro e Diamantina. Se o aluguel ampliava o campo de atuação dos escravos, era não raro também uma situação bastante perversa.[78]

Os cativos alugados podiam estar entre os que recebiam o pior tratamento de senhores que visavam extrair deles o máximo de trabalho no menor tempo possível. O sistema de aluguel quebrava os direitos costumeiros a que tanto crioulos quanto africanos estavam habituados em suas propriedades de origem, abrindo espaço à resistência. Em alguns casos, o aluguel podia ser até uma espécie de punição ou recurso utilizado pelos proprietários para se desvencilhar temporariamente de escravos insubordinados. É possível que a rebelião de 1864 tenha se beneficiado de experiências como essa, que alimentavam ainda mais o descontentamento de cativos que contavam com a ajuda de uma conjuntura política favorável à emancipação.

O levante de 1864 foi concebido antes de tudo como uma guerra de negros contra brancos pela liberdade. Esta, no entanto, assumia diferentes significados

76. Sobre os artesãos de Minas Gerais, ver Douglas Cole Libby e Júnia Ferreira Furtado (orgs.), *Trabalho livre, trabalho escravo: Brasil e Europa, séculos XVIII e XIX* (São Paulo: Annablume, 2006).

77. Timóteo aparece descrito como escravo sem ofício. Já que Leonel foi designado no processo, alternadamente, como escravo "sem ofício" e dedicado ao "serviço doméstico", acreditamos que a mesma ocupação possa ser atribuída a Timóteo.

78. Sobre o tema, ver Emilia Viotti da Costa, *Coroas de glória, lágrimas de sangue: a rebelião dos escravos de Demerara em 1823* (São Paulo: Companhia das Letras, 1996), pp. 85-86.

na comunidade negra mineira, que muitas vezes remetiam a clivagens que dificultavam a organização coletiva. Alguns escravizados se mostravam prontos a pegar em armas; outros preferiam alcançar a liberdade, individualmente, através da compra. Os líderes da rebelião de 1864 reconheciam os diferentes blocos que precisavam organizar taticamente — cativos urbanos ("da cidade"), rurais ("da roça") e quilombolas ("da mata") — e a dificuldade em convencê-los de que a alforria só viria com um movimento coletivo. Ao que tudo indica, a emancipação através da compra era sonho complicado de realizar na década de 1860. Os cativos convidados para a insurreição eram homens e mulheres no auge de sua capacidade de trabalho vistos como mercadorias de alto preço numa economia diamantina em expansão. A elite local também não queria aumentar a população de faiscadores libertos que se engajariam em ocupações de terras.

De modo geral, os índices de manumissão nas zonas mineradoras foram sempre expressivos desde o século XVIII e ajudaram a compor a numerosa população livre de cor residente em Minas.[79] Numa região voltada para a atividade extrativa, a compra da liberdade fora um horizonte possível sobretudo para os mineradores escravizados. Nos anos 1860, porém, as oportunidades de alforria haviam diminuído bastante. A escassez de diamantes no cascalho dos rios e a exigência cada vez maior de capitais para aplicar métodos de extração mais sofisticados deixaram os garimpeiros fortuitos para trás. Eram cada vez mais raros os casos de escravos "dinheirosos", como os faiscadores da lavra do Barro. Mesmo eles, empregados numa das lavras mais ricas de Diamantina, estiveram no centro da rebelião de 1864 e, em sua defesa, resistiram por mais de dois meses ao cerco policial. Ao que parece, os insurgentes do Barro preferiram arriscar a vida para obter a emancipação que talvez não pudessem comprar.

Durante as investigações, a polícia mineira fez de tudo para provar o envolvimento do liberto Herculano Manoel de Barros na conspiração contra os brancos, mas nada encontrou para incriminá-lo além da proximidade com o pardo Adão — líder do movimento na cidade do Serro —, de quem era provavelmente irmão.[80] Nascido na ilha do Governador, no Rio de Janeiro, ele tinha

79. "Relação Nominal dos Habitantes do Distrito da Cidade do Serro, Freguesia de N. S. da Conceição, Município da mesma Cidade, e Comarca do Serro Frio", 22 dez. 1840, APM, *Mapas de População*, cx. 9, inventário 15, microfilme 68.

80. Digo "provavelmente" porque o parentesco não está referido nos autos. Consta apenas que ambos eram filhos de Joana, escrava já falecida, e que Adão convivia com Herculano.

56 anos na época da rebelião. Era filho da africana Joana, casado e morador do Serro havia muitos anos. Possuía uma venda na cidade por onde passaram muitos dos escravos envolvidos na revolta, em especial Adão, que costumava ir ali para conversar. Certa vez, estando Herculano à espera de um freguês que vinha pagar-lhe uma dívida e já se demorava, Adão ouviu um inesperado desabafo. Herculano descreveu na ocasião o seu passado na escravidão. Ele disse a Adão que

> já tinha sido alfaiate, boleeiro, tropeiro, pescador e soldado, e que nunca tinha sido logrado, e que agora nesta taverna estava ameaçado a ser logrado, e no ato de dizer ele interrogado que já tinha sido soldado, Adão lhe perguntara se tendo ele sido soldado como tinha voltado de novo ao Cativeiro.

Herculano respondeu que "servira em uma fortaleza cercada pelo mar, aonde havia muralhas [...] e disse a Adão que voltou para casa por ter mandado avisar ao então seu senhor, que ele se achava com praça na dita Fortaleza por ter sido recrutado, ignorando-se a sua condição".[81]

Logo depois da conversa, Adão passou a espalhar entre os demais escravizados que havia conversado com "Mestre Herculano" sobre a liberdade dos cativos e garantido a sua participação. Apesar do depoimento de Adão, a polícia não conseguiu encontrar evidências da participação de Herculano na conspiração de 1864 e ele acabou libertado ainda no mês de outubro. É difícil acreditar que Herculano estivesse dizendo a verdade, já que sua casa era ponto de encontro dos rebeldes. Ao que parece, os cativos o respeitavam tanto que nada denunciaram às autoridades.[82] Outros libertos chegaram a ser interrogados, mas ninguém foi preso.

No Serro e em Diamantina, escravizados e libertos teciam redes de solidariedade por meio do convívio proporcionado pelo cotidiano de trabalho e la-

81. Interrogatório de Herculano Manoel de Barros, 24 out. 1864, ANRJ, *Processo crime de insurreição, José Cabrinha (escravo)*, fl. 21.

82. Herculano disse ter sido denunciado por Adão em virtude de uma "dúvida" que tivera com ele. Adão abrira uma venda nos arredores do Serro e dissera a sua senhora que a loja pertencia a Herculano. O liberto foi chamado por d. Ermelinda para esclarecer os fatos e contou a ela que a venda era de Adão e "que ele não servia de capa para os cativos". A conversa resultou no imediato castigo de Adão por sua senhora, que também lhe tomou o negócio. Idem, p. 20.

zer. Essa proximidade beneficiou enormemente a insurreição. Na região do Serro, os libertos atuavam como pequenos proprietários, dedicavam-se a algum ramo das artes manuais, negociavam — como Eva — ou trabalhavam como "jornaleiros", por exemplo, na mineração de ouro e diamantes. No trabalho coletivo de extração e lavagem das pedras nas lavras, labutavam lado a lado com os cativos. Além de minerar, desempenhavam muitas outras atividades conjuntas: escravizados e forros buscavam lenha nas matas, dormiam nos ranchos dos caminhos diamantinos, bebiam nas mesmas tavernas, atravessavam as estradas entre as cidades e arraiais carregando mantimentos e frequentavam igrejas e irmandades locais.

Em 1864, a convivência com os libertos inspirou e reforçou as esperanças dos cativos em tornarem-se livres. Sua coadjuvação no levante era dada como certa tanto por senhores quanto por escravos. Os homens e mulheres forros da comarca do Serro desfrutavam de uma liberdade precária, vivendo sob a opressão de um regime escravocrata que não os integrava como iguais depois da alforria. Não era raro encontrar nos jornais denúncias como a que se segue:

> Chamamos a atenção do Illmo Senhor Dr. Promotor público desta comarca para a correspondência assinada por Manuel de Paula Ferreira, no periódico — *O Jequitinhonha* — em o nº 113, sobre o fato em que diz "comprar para vender rapazes forros sabendo que o eram" em S. Joaquim, perto de S. Domingos de Minas Novas: enquanto o Illmo Senhor Dr. Promotor não fizer a justiça de seu costume, continuaremos a lembrar-lhe com esta mofina.
>
> Dois assinantes amigos da liberdade.[83]

A carta referia-se ao conflito existente entre João Dias de Andrade e Manuel de Paula Ferreira em torno de uma letra no valor de 650 réis que restara da venda de dois libertos e se encontrava agora em poder de Manuel, que não queria pagá-la. Tal exemplo ilustra o fato de que não era só a longa experiência de trabalho conjunto e convivência social que conferia foros de liberdade aos cativos e sentidos de escravidão aos libertos. A ameaça de reescravização era real.[84]

83. *O Jequitinhonha*, Diamantina, 16 maio 1863, pp. 3-4.

84. Sidney Chalhoub, *A força da escravidão: ilegalidade e costume no Brasil oitocentista* (São Paulo: Companhia das Letras, 2012).

As autoridades mineiras perseguiam especialmente os libertos que atuavam como "falas" dos quilombolas, ou seja, informantes que os alertavam sobre a organização de expedições para combatê-los, transmitiam notícias diversas ouvidas pelas cidades, mantinham com eles relações comerciais ou ofereciam refúgio, quando necessário. Com frequência, homens e mulheres libertos também abrigavam reuniões conspirativas em suas casas ou atuavam como líderes espirituais. Em 1864, muitos deles ajudaram os escravizados a conseguir armamento e a espalhar a notícia da insurreição, servindo como ponte de comunicação entre as cidades e as matas da comarca do Serro. Outros, como Mestre Herculano, tinham familiares ainda no cativeiro e outros, ainda, habitavam os quilombos da periferia de Diamantina, vivendo sob a liderança de escravos fugidos.[85]

Foi o caso da preta Vitória da Costa, única mulher presa por participação na insurreição de 1864. Filha de Clemência da Costa, natural do Pinheiro e moradora do Inhaí, Vitória era provavelmente forra. Sua captura resultara das inúmeras diligências realizadas em Diamantina com o objetivo de "bater" quilombos ou, ao menos, recapturar alguns "negros do mato".[86] Conhecida pela alcunha de "Vitório", Vitória andava sumida no mato havia mais de um ano. Arguida pela polícia, ela alegou ter sido capturada "à força" por três escravos e levada para o quilombo dos Ferreiros "sob ameaça de morte". A história de uma mulher liberta arrastada para o mato por escravizados com quem convivia não soou verídica para a polícia, que preferiu mantê-la presa. O quilombo dos Ferreiros abrigava escravos de alguns dos principais mineradores de Diamantina — tais como Felisberto Ferreira Brant e d. Senhorinha Carlota Henriqueta da Fonseca[87] — e sua eliminação era vista como ta-

85. Um exemplo dessa convivência foi o quilombo do "Buraco do Facho", localizado no Mendanha, subúrbio de Diamantina, onde viviam dois homens forros considerados "companheiros e falas" dos quilombolas, além de cinco mulheres libertas. Ver "Ofício do delegado de Diamantina, João Nepomuceno Aguilar, ao Chefe de Polícia da província de Minas Gerais (19/08/1865)", ANRJ, *Ofícios de Presidentes de Província (MG)*, IJ1, maço 630 (1865, segundo semestre).

86. Interrogatório feito pelo delegado de polícia João Raymundo Mourão à Vitória da Costa, por alcunha o Vitório, 19 out. 1864, BAT, *Processos criminais*, maço 81, pp. 1-2.

87. No seu auge, o quilombo dos Ferreiros chegou a reunir por volta de 21 escravos. Entre os nove homens e quatro mulheres nomeados por Vitória em 1864 — incluindo forros e escravos —, havia apenas um cativo africano.

refa urgente pelas autoridades. Afinal, Vitória afirmara que todos os "negros do mato" portavam foices e que tinha visto uma arma de fogo entre eles. Como esperavam os rapazes da Sesmaria, eles de fato estavam prontos para participar da insurreição e, apesar da prisão de alguns de seus membros, o quilombo resistiu à repressão policial até 1865.

As relações entre quilombolas, cativos e moradores do Serro e Diamantina eram cheias de ambiguidades. A carne-seca produzida com o gado furtado das fazendas locais era o produto central das trocas feitas pelos quilombolas com os demais, verdadeira "moeda" alternativa para os que viviam "no mato". Os escravizados se engajavam nessa espécie de economia informal como produtores e consumidores e escoavam a produção de suas roças a ponto de juntar pecúlio suficiente para fomentar seu pequeno comércio. Trocando mantimentos com o quilombo, escravizados sustentavam seus espaços de autonomia dentro da escravidão e, simultaneamente, apoiavam a sobrevivência de seus companheiros fugidos. Inspirados pela experiência do cultivo de roças próprias, muitos fugitivos perseguiam o ideal de uma vida camponesa nas matas ou aceitavam o pedaço de terra que lhes ofereciam os coiteiros em troca de algum trabalho. O treinamento para a vida de quilombola começava ainda no cativeiro.[88]

Por outro lado, arengas amorosas, roubos e arruaças nos arraiais eram fonte de muitos conflitos entre moradores e escravizados, sobretudo quando o caso envolvia denúncias sobre a localização de um quilombo. Pequenos e grandes mineradores de Diamantina disputavam com os quilombolas as terras mais afastadas do núcleo urbano e organizavam expedições armadas para garantir a posse e a lucratividade de suas lavras. Para não mencionar, é claro, as tentativas de prevenir rebeliões escravas, já que os momentos de mais in-

88. A reflexão sobre a integração de concepções de liberdade e resistência vem aqui ao encontro do argumento de Flávio Gomes sobre essa face tão particular da comunidade escrava: "em alguns momentos, as práticas econômicas desenvolvidas nos quilombos circunvizinhos podem ter significado menos uma alternativa do que uma extensão da economia própria para os que permaneciam escravos. Meu argumento aqui vai no sentido de apontar como as experiências de luta dos escravos e quilombolas em determinadas regiões podem ter interagido, visando conquistar acesso a uma economia camponesa, destacando-se aí o direito ao produto de seu trabalho, às trocas mercantis e aos mercados locais". Flávio dos Santos Gomes, *Histórias de quilombolas: mocambos e comunidades de senzalas no Rio de Janeiro — Séc. XIX*. (Rio de Janeiro: Arquivo Nacional, 1995), p. 385.

tensa atuação dos quilombolas eram também os mais favoráveis às barganhas tentadas pelos cativos.

A trajetória de solidariedade entre fugitivos do quilombo dos Ferreiros e cativos reforça o argumento de Flávio dos Santos Gomes no sentido de considerar a complementaridade entre insurreição e aquilombamento. Refletindo sobre a insurreição de 1838, em Vassouras, o autor destacou que,

> ao invés de mundos diferentes, representavam eles uma extensão um do outro, no qual cativos e quilombolas, juntamente com outros personagens podiam lutar, por exemplo, em torno de maior autonomia e acesso à terra. Nesse sentido, esta luta, que começava no interior das senzalas, se estendia aos quilombos, ao passo que as variadas formas de enfrentamento dos quilombolas, para manter seus mocambos fora do alcance das mãos reescravizadoras de fazendeiros e autoridades, reforçavam a luta cotidiana dos escravos nas plantações, ajudando assim a modificar suas vidas e as relações com seus senhores.[89]

A rebelião do Serro teria sido provavelmente impensável sem o auxílio dos quilombolas e, muito mais do que uma alternativa à fuga, foi idealizada como ação conjunta por negros que partilhavam expectativas semelhantes quanto à possibilidade de acabar com o cativeiro.

As parcas indicações sobre o engajamento africano na rebelião de 1864, sobretudo no Serro, em vez de sugerir rupturas no interior da comunidade escrava, podem apontar justamente o contrário, se considerarmos que muitos africanos faziam parte do cenário rebelde, mas jamais foram presos, como Felipe, do quilombo dos Ferreiros. A solidariedade dos africanos era esperada pelas autoridades provinciais, que, em 1864, deslocaram imediatamente para as companhias inglesas de mineração os africanos livres recém-chegados a Minas. Nesse sentido, a conspiração de 1864 revela que os rebeldes construíram um repertório de luta vinculado às tradições de resistência de comunidades escravizadas espalhadas por Minas. Na rebelião de Carrancas em 1833 nove escravos crioulos se juntaram a vinte africanos numa "guerra contra os brancos" planejada para tomar partido do enfrentamento político entre restauradores e liberais no sudoeste mineiro. A revolta foi liderada pelos africanos ainda

89. Idem, p. 295.

muito numerosos na região, dada a dependência do tráfico internacional, mas crioulos também foram punidos como "cabeças" da insurreição. Tanto ali quanto no Serro, a experiência do cativeiro, relações de parentesco e a expectativa da liberdade parecem ter sido os principais elementos da associação entre os cativos.[90]

CONCLUSÃO

A insurreição de 1864 nos leva a conhecer melhor uma região de grande projeção no século XVIII, mas largamente esquecida pela historiografia brasileira na centúria seguinte. Quem poderia imaginar que o subúrbio do Palha, morada de quilombolas como Vitória da Costa, havia sido antes o lugar da famosa chácara de Chica da Silva? A desatenção dos especialistas, no entanto, não corresponde ao papel econômico desempenhado pelo norte mineiro ao longo do século XIX. Como vimos, o período compreendido entre 1830 e 1860 foi marcado por grandes transformações nas vidas de investidores e trabalhadores das lavras. O avanço da economia mineradora trouxe novos conflitos fundiários e a modernização do processo de extração, sem abandono da escravidão.

A rebelião escrava de 1864 veio como surpresa para os que apostavam no promissor comércio de diamantes. Suas raízes podem ser buscadas na dureza do cativeiro nos pequenos engenhos e lavras de Minas; nas percepções cativas sobre as guerras e o abolicionismo na década de 1860; nas solidariedades criadas entre escravizados e livres em meio às ocupações de terras; e no papel que os quilombos desempenhavam na organização social das comunidades cativas da comarca do Serro. A "rapaziada sujeita" das senzalas e a "rapaziada sujeita das matas" tinham muito em comum, a começar pelo interesse em conservar seu precário acesso à terra, ameaçado pela repressão policial e pelo avanço do loteamento de terrenos diamantinos para o assentamento de mineradores.

Nesse contexto, cresceu entre os senhores de escravos a preocupação com o efeito perturbador da discussão pública sobre a emancipação e a guerra civil nos Estados Unidos. Conforme previram, diversos levantes ocorreram no Brasil durante a década de 1860 com forte inspiração no que acontecia no exte-

90. Ver o capítulo de Marcos Ferreira de Andrade nesta coletânea [pp. 259-320].

rior.[91] A abolição era, afinal, assunto de dimensões hemisféricas e ganhava repercussão entre os escravizados ao ser estampada nos jornais e correr por canais de comunicação que atravessavam rotas marítimas, cidades portuárias, caminhos de mineração e comunidades quilombolas. Senhores descreviam a alfabetização geopolítica dos cativos como indício de que eles eram vulneráveis ao "contágio de ideias de liberdade" e à ação filantrópica de abolicionistas estrangeiros. Preferimos sugerir que rebeldes como os do Serro e Diamantina desenvolveram sua própria versão de abolicionismo num momento em que o fim imediato da escravidão era ainda considerado impensável pelas elites políticas brasileiras. Para estas, o impacto da guerra no exterior se fez sentir não como imperativo à abolição do cativeiro, mas como lembrança da necessidade urgente de iniciar uma reforma gradual da instituição controlada pelo Estado imperial, como viria a ser a Lei do Ventre Livre, de 1871.[92]

Atores subalternos do segundo boom da extração de diamantes em Minas, os rebeldes do Serro e Diamantina desencadearam um período de acirramento do protesto escravo em toda a província de Minas Gerais. Mais de vinte revoltas foram registradas pelo Ministério da Justiça no ano de 1865, quase todas embaladas pela esperança de que a Guerra do Paraguai fizesse desaparecer o cativeiro.[93] Os escravizados se organizaram em razão do desfalque que o recrutamento impôs às forças da polícia e da Guarda Nacional. Consta que alguns se articularam entre distantes pontos de Minas; os rumores eram de que os escravos das lavras de Diamantina trocavam cartas com seus congêneres da Companhia do Morro Velho, em Sabará.[94]

As guerras da década de 1860 foram importantes para a resistência escrava em Minas. O comentário do escravo Nuno sobre a "sedição para a liberdade dos cativos" que ocorria em outro país, por exemplo, aponta para o desenvol-

91. Ver Mota, "O 'vulcão' negro", em especial o cap. 4.

92. Luiz A. Moniz Bandeira foi talvez o primeiro historiador brasileiro a estabelecer a ligação entre a guerra civil nos Estados Unidos e a lei de 1871. Luiz A. Moniz Bandeira, *Presença dos Estados Unidos no Brasil: dois séculos de história* (Rio de Janeiro: Civilização Brasileira, 1978), pp. 155-161. Sobre o tema, ver também: Sidney Chalhoub, *Machado de Assis, historiador* (São Paulo: Companhia das Letras, 2003), pp. 139-142; e Eduardo Spiller Pena, *Pajens da casa imperial: jurisconsultos, escravidão e a lei de 1871* (Campinas: Ed. da Unicamp/ Cecult, 2001).

93. APM, Códigos provinciais (1865) e BNRJ, *Relatórios da Província de Minas Gerais.*

94. Barbosa, *Negros e quilombos em Minas Gerais*, pp. 75-76.

vimento de uma identidade coletiva que reconhecia um denominador comum na opressão sofrida por negros em outras partes do Atlântico. Do mesmo modo, as notícias que se espalhavam sobre os projetos de emancipação do Parlamento brasileiro falavam de um sistema escravista que não privilegiava o indivíduo, mas abarcava todos os negros do Império. A compreensão de que era chegada a hora de abolir o cativeiro estimulou o levante, mas, sobretudo, reiterou sua definição em termos raciais: a rebelião era a guerra dos negros contra os brancos no Brasil.

9. A *Syá* ancestral: cosmologia e revolta na comunidade negra de Capão Alto, Paraná (século XIX)

Eduardo Spiller Pena

A experiência religiosa de uma comunidade rural escrava na região paranaense dos Campos Gerais foi crucial para o estopim de uma revolta de seus integrantes, ocorrida em 1864, contra os interesses do tráfico inter-regional de escravos (Sul-Sudeste) que se acirraram no Brasil na segunda metade do século XIX. A comunidade era composta de unidades familiares, reunindo, no ano da revolta, cerca de 370 escravos e um número ainda não mensurado, mas provavelmente expressivo, de libertos e seus descendentes livres. Os escravos viviam e trabalhavam em fazendas de propriedade da ordem religiosa carmelita, estabelecidas, desde 1751, na região de Castro, sul da capitania de São Paulo e depois província do Paraná, no Brasil meridional.[1]

1. A estimativa numérica de escravos na época da revolta foi feita a partir da consulta aos seguintes documentos: "Escritura de arrendamento de uma fazenda na província do Paraná que fazem os religiosos do Carmo a Bernardo Gavião, Ribeiro & Gavião [...] em 9 de dezembro de 1863, Juízo dos Feitos da Fazenda Provincial da Província do Paraná", Justiça Federal, Biblioteca do Núcleo de Apoio Judiciário, Seção Judiciária do Paraná, fls. 5v-7; "Resolução imperial de cinco de novembro de 1864", in *Consultas do Conselho de Estado sobre negócios eclesiásticos compiladas por ordem de s. ex. o sr. Ministro do Império* (Rio de Janeiro: Typographia Nacional, 1870), t. 3, p. 164; Departamento Estadual de Arquivo Público do Paraná (DEAP-PR), *Correspondência recebida do Ministério dos Negócios do Império — 1867*, cód. 140, folhas não numeradas; e "Batismos dos cativos de 2 de janeiro de 1846 até 20 de maio de 1872. Cidade de Castro", Ar-

A maior parte desse grupo (327 pessoas) trabalhava na fazenda Capão Alto e os demais em pastos próximos às fazendas Cunhaporanga, Vassoural e Fundão, todas pertencentes à ordem carmelita. Durante os séculos XVIII e XIX, essas unidades abasteceram com gêneros agropecuários diversificados os colégios e conventos de Nossa Senhora do Carmo das cidades de Itu, Santos e São Paulo. Não considerando os parentes libertos e nascidos livres que viviam e trabalhavam como agregados nessas propriedades, a quantidade de trabalhadores escravizados é realmente significativa e comparável, nesse período, à reunida nas grandes unidades de plantation cafeeiras das províncias de São Paulo e do Rio de Janeiro.[2]

Em 1864, a quinta geração dessas famílias, que residia nas "senzalas" da fazenda Capão Alto, rebelou-se ao saber que havia sido "arrendada" pelos carmelitas a traficantes da cidade de São Paulo. Estes eram negociantes da firma comercial e bancária Bernardo Gavião, Ribeiro & Gavião, muito conhecida no período no circuito financeiro paulista e de outras províncias do Império.[3] Os

---

quivo da Paróquia Santana de Castro, 95 fls. A pesquisa, ainda em andamento, dos demais registros paroquiais desse arquivo fornecerá a estimativa do número de parentes libertos e nascidos livres dos escravos pertencentes aos carmelitas. Esta é uma versão aumentada e revista de artigo publicado em Martha Campos Abreu, Sidney Chalhoub, Jonis Freire e Gladys Sabina Ribeiro (orgs.), *Escravidão e cultura afro-brasileira: temas e problemas em torno da obra de Robert Slenes* (Campinas: Ed. da Unicamp, 2016), pp. 87-125.

2. Em termos comparativos, o número de 327 escravos da fazenda Capão Alto superava o número médio de escravos das grandes unidades cafeeiras da região de Campinas (SP) e de Paraíba do Sul (RJ), na segunda metade do século XIX. Em 1872, em Campinas, cinco fazendas com mais de cem escravos reuniam o total de 1203 trabalhadores, uma média de 240,6 escravos por propriedade. As oito maiores fazendas de Paraíba do Sul, entre as décadas de 1870 e 1880, possuíam em média 242,1 escravos. Ver Robert W. Slenes, *Na senzala, uma flor: esperanças e recordações na formação da família escrava — Brasil, Sudeste, século XIX* (Rio de Janeiro: Nova Fronteira, 1999), p. 265, apêndice A, tabela A3; e João Luís Ribeiro Fragoso e Manolo G. Florentino, "Marcelino, filho de Inocência Crioula, neto de Joana Cabinda: um estudo sobre famílias escravas em Paraíba do Sul (1835-1872)", *Estudos Econômicos*, São Paulo, v. 17, n. 2 (1987), p. 165, tabela 12.

3. Para uma análise dos meandros políticos e jurídicos do contrato de arrendamento feito entre os traficantes e os frades carmelitas, ver Eduardo Spiller Pena, "Burlas à lei e revolta escrava no tráfico interno do Brasil meridional, século XIX", in Silvia Hunold Lara e Joseli Maria Nunes Mendonça (orgs.), *Direitos e justiças no Brasil: ensaios de história social* (Campinas: Ed. da Unicamp, 2006), pp. 161-197. A família Gavião desenvolveu seus negócios no circuito mercantil e financeiro do café (incluindo a construção de obras públicas como as estradas de ferro), no Brasil Sudeste do

escravos se recusaram a sair da região onde estavam, por temer a transferência para as fazendas de café ou para os serviços nas obras públicas da província vizinha, onde estariam submetidos a um ambiente desconhecido de relações de controle e vigilância e a ritmos mais intensos e extenuantes de trabalho. Esse receio por parte dos escravos foi apontado pelo próprio chefe de polícia paranaense em relatório sobre os acontecimentos remetido à presidência da província. Nesse documento, ele comentou que um dos sócios da firma paulista, Camillo Gavião Peixoto, estava ciente do clima de apreensão entre os escravos, tentando, por meio de presentes, convencê-los a seguir para São Paulo.

> Chegando à fazenda o Dr. Camillo Gavião, pensando sem dúvida a dificuldade de mover o grande número de escravos que habituados à *quase liberdade*, com repugnância deixariam o lugar em que nasceram e por tantos anos têm vivido, sobretudo tendo a certeza de que vão pôr-se ao serviço de quem deles procuraria tirar pelo trabalho maior proveito do que os frades carmelitas, procurou adoçar-lhes os ânimos, mimoseando-os com roupas e outros donativos.[4]

Os escravos não aceitaram os mimos oferecidos e, ante a iminência de serem transferidos, articularam-se para um confronto armado com os traficantes e as autoridades policiais da província. O chefe de polícia, em nome da "ordem e da tranquilidade pública" e da salvaguarda dos direitos de posse dos traficantes, ordenou a invasão da fazenda, prendendo os "cabeças" do movimento, onze homens, todos escravos: Firmino e Tristão (que eram irmãos), Florencio, Elesbão, Estolano e Mauricio (que possuíam relações de compadrio com o grupo familiar de Firmino e Tristão), Clemente, Juvencio, Modesto, Samuel e Salvador. Para espanto das autoridades, os negros haviam preparado um

---

século XIX, circulando também nas esferas da política provincial de São Paulo e da Corte. Ver Antonio Egydio Martins, *S. Paulo antigo (1554 a 1910)* (São Paulo: Francisco Alves, 1911), pp. 123-131; "O brigadeiro Bernardo Gavião", *O Polichinello*, v. 1, n. 26, 8 out. 1876, p. 7; e Marly Rodrigues, *A Companhia Paulista de Estradas de Ferro* (São Paulo: Emdec, 2002).

4. "Correspondência reservada às diversas autoridades de 2 de junho de 1862 a 21 de maio de 1870", DEAP-PR, *Coleção da Correspondência do Governo Provincial*, apenso 537, fl. 72v (grifo no original). Camillo Gavião Peixoto era o filho mais moço da família Gavião e o sócio da firma que foi responsável pela transação comercial com os carmelitas, vindo pessoalmente a Castro para providenciar a transferência dos escravos.

arsenal para a luta, que não tiveram tempo de usar, havendo a presença nas senzalas de "um grande número de facas do serviço de campo [...], espingardas e pistolas carregadas com bala", material suficiente para um confronto de grandes proporções.[5]

Embora a resistência armada não tivesse se efetivado, mais de uma centena de escravos (106 pessoas), incluindo até famílias nucleares completas, conseguiram escapar do "arrendamento" para São Paulo. No período que vai da assinatura do contrato entre os frades e os traficantes, em dezembro de 1863, e a revolta, em maio de 1864, os escravos tomaram ciência da transação e tiveram tempo suficiente para se organizar a fim de evitar a transferência de numerosos parentes (quase 40% deles com menos de quinze anos). Nesses meses de tensão, em meio ao calor das negociações e dos conflitos que culminaram com a revolta, os integrantes das famílias arrendadas conseguiram, de alguma forma, ou arrancar dos frades a permissão para escolher quem seguiria para São Paulo, ou ocultar, à revelia deles, parte de seus parentes entre outras famílias escravas e/ou libertas (consanguíneas ou não) que permaneceram na região.[6]

Com o fim da revolta, 240 escravos foram transferidos para São Paulo, incluindo os líderes que foram detidos. Um pouco mais da metade deles (124 pessoas) foi vendida posteriormente pela firma Gavião para Francisco Teixeira Vilella, fazendeiro de café em Campinas. O restante foi alugado ao governo da província para trabalhar na construção de estradas de ferro que escoavam a produção do café de Campinas até o porto de Santos. O diretor da firma, Bernardo Avelino Gavião Peixoto, foi um dos sócios fundadores da Companhia Paulista de Estradas de Ferro, que, na época, lucrou com a construção da malha ferroviária na região.[7]

5. Idem, fl. 74. A relação dos onze escravos presos na cadeia de Castro aparece em diversos ofícios produzidos entre maio e outubro de 1864. DEAP-PR, *Coleção de Correspondência do Governo Provincial*, cód. 0188 (fls. 64, 65), 0190 (fls. 264-266v), 0547 (fls. 23v, 28v-29) e 0568 (fls. 112-122v).

6. Na reconstituição das famílias escravas de Capão Alto, cruzando os dados dos registros paroquiais com os da lista dos que foram transferidos para São Paulo, pudemos identificar os parentes escravizados que escaparam do tráfico, permanecendo em Castro. Ver Eduardo Spiller Pena, "Para o *mais-além-da-morte*: religião, família e revolta escrava no Brasil meridional — século XIX", Projeto e Relatório de Pós-Doutorado, CNPq, processo n. 150 155/2005, pp. 31-32.

7. Inventário post mortem do comendador Francisco Teixeira Vilella (1873), Setor de Arquivos Históricos, Casa da Memória/ Unicamp, Fundo Tribunal de Justiça de Campinas, primeiro

Ocorreram algumas tentativas de fuga e retorno, e a presença de parentes que permaneceram em Castro parece ter estimulado isso. A correspondência de segurança entre as províncias de São Paulo e Paraná e as listas de escravos do inventário de Francisco Teixeira Vilella registram fugas de cativos que se dirigiram para "as proximidades da fazenda do Capão-Alto" e de lá para as províncias mais ao sul. Em 1873, Ladislau, de dezoito anos, e Amâncio, de 24, foram apontados como fugitivos no inventário de Vilella. Ambos, mais jovens (Ladislau com oito anos e Amâncio com catorze), fizeram parte do grupo transferido para São Paulo e tinham ligação direta de parentesco com dois dos líderes da revolta de 1864. Ladislau era sobrinho de Estolano e Amâncio, primo em primeiro grau de Mauricio, sendo os pais deste último o casal João e Delfina, padrinhos de batismo de Ladislau. Esse casal de escravos escapou da transferência para São Paulo. Os dois jovens faziam parte, portanto, de uma mesma família extensa, com dois de seus ascendentes envolvidos diretamente nos acontecimentos de 1864. Fugiram para longe do encalço da polícia e dos capitães do mato, possivelmente com a esperança de serem acolhidos entre seus parentes, escravos e/ou libertos, que ainda viviam em Castro. Com a abolição da escravidão, é provável também que outros tivessem voltado para reencontrar os seus parentes na localidade, mas isso ainda é uma hipótese a ser investigada.[8]

A historiografia vem comprovando, tanto em áreas urbanas como rurais, um crescimento das revoltas escravas e do temor senhorial na conjuntura do tráfico interno (1850-1881), uma vez que os cativos transferidos não costumavam ceder com tanta facilidade aos desígnios do novo domínio senhorial em que eram obri-

---

ofício, caixa 257, n. 4359. Sou grato a Robert W. Slenes, que me chamou a atenção para esse documento. Sobre a parcela dos escravos da firma que foi trabalhar nas estradas de ferro, ver "Resolução imperial de cinco de novembro de 1864", p. 163; José Luiz Alves de Oliveira, "Tempo, história e nanquim", in *História de Osasco* (Prefeitura Municipal de Osasco, [s.d.]); e Rodrigues, *A Companhia Paulista de Estradas de Ferro*.

8. Ver Inventário post mortem do comendador Francisco Teixeira Vilella (1873) e os ofícios de segurança, entre 1876 e 1877, DEAP-PR, *Coleção de Correspondência do Governo Provincial*, cód. 0712, fls. 28v-32v. Alguns dos fugitivos foram recuperados, como o "indivíduo de cor preta capturado no distrito de São José da Boa Vista e que diz ser um dos escravos que pelo convento do Carmo foram vendidos à casa Gavião", como informou, em 1877, o chefe de polícia interino da província do Paraná em ofício remetido à Chefia de Polícia de São Paulo, DEAP-PR, *Coleção de Correspondência do Governo Provincial*, cód. 0712, fl. 32.

gados a ingressar. Os escravos reagiram, sobretudo, quando os novos senhores das fazendas de café do Sudeste brasileiro, impelidos por seus interesses econômicos, tentaram cercear "práticas costumeiras" conquistadas havia tempos nas regiões onde antes trabalhavam.[9] No caso da revolta de Capão Alto, os cativos decidiram reagir antecipadamente. Em mais de um século de enfrentamento e negociações com a administração carmelita, eles haviam conseguido alcançar uma autonomia significativa na organização e condução dos trabalhos na fazenda e, paralelamente, um controle efetivo sobre boa parte de suas vidas. A natureza e as condições materiais de produção da escravidão local — como o "absenteísmo" dos frades-proprietários e a mobilidade proporcionada pelas atividades da "invernagem" de muares, do tropeirismo e da agropecuária de abastecimento — ensejaram também uma prática sistemática de fugas ou "ausências" dos trabalhadores nos períodos condizentes com essas atividades de produção e comercialização. Tais condições, aliadas à capacidade de negociação da comunidade, acabaram por gerar uma estável e expressiva economia interna dos escravos nas fazendas carmelitas.

Como parte integrante dessa economia, e reforçando-a ainda mais, formaram-se nesse período grupos de parentesco entre os escravos. Famílias nucleares, intergeracionais e extensas (reunindo parentes não consanguíneos, como os padrinhos) proporcionaram uma maior capacidade para tecer alianças e trocas entre seus membros, facilitando o acesso a mais recursos materiais e alimentares, o que reforçava seus espaços e tempos livres fora do controle escravista dos carmelitas.[10] Por diferentes maneiras, essa economia interna e a

9. Ver, entre outros trabalhos, Robert W. Slenes, "Confidence and Crisis in a Peculiar Market: The Brazilian Internal Slave Trade during a Period of Mobilization against Forced Labor, 1850-1888", paper apresentado na Universidade Yale, out. 1999; Celia Maria Marinho de Azevedo, *Onda negra, medo branco: o negro no imaginário das elites — século XIX* (Rio de Janeiro: Paz e Terra, 1987); Sidney Chalhoub, *Visões da liberdade: uma história das últimas décadas da escravidão na Corte* (São Paulo: Companhia das Letras, 1990); Hebe M. Mattos de Castro, "Laços de família e direitos no final da escravidão", in Fernando A. Novais (coord.) e Luiz Felipe de Alencastro (org.), *História da vida privada no Brasil: Império — a Corte e a modernidade nacional* (São Paulo: Companhia das Letras, 1997), pp. 355-360; Hebe Maria Mattos, *Das cores do silêncio: os significados da liberdade no Sudeste escravista — Brasil, século XIX* (Rio de Janeiro: Arquivo Nacional, 1995), em especial o cap. VIII; e João José Reis, "Quilombos e revoltas escravas no Brasil", *Revista USP*, n. 28 (1995-1996), pp. 14-39.

10. O exame preliminar da "economia interna" e da rede de parentesco da comunidade escrava e liberta nas fazendas carmelitas de Castro está em Pena, "Para o *mais-além-da-morte*".

estabilidade secular dos laços familiares possibilitaram a criação de uma coesão comunitária (que incluía parentes libertos e livres, como já dissemos) que se reiterava, ainda, através de práticas culturais e religiosas. Estas, por sua vez, influenciaram a própria vida econômica e familiar do grupo, como também o seu embate com os poderes escravistas locais e regionais.

Tanto os traficantes como as altas autoridades políticas do Império estavam cientes dos perigos advindos dessas experiências de "quase liberdade" entre os escravos pertencentes a algumas ordens religiosas. Na Resolução de 6 de julho de 1854, o Conselho de Estado explicitou essa preocupação. Os conselheiros foram chamados a opinar sobre uma revolta de duzentos cativos acontecida em outra propriedade dos carmelitas, na região da província do Pará, dez anos antes da ocorrida em sua unidade no Paraná. Eles ressaltaram o perigo de haver, num país escravista, uma porção tão grande de escravos "sem governo, insubordinados e desmoralizados". Criticaram duramente os carmelitas pela "negligente" administração de suas fazendas e propuseram uma solução imediata: dispor os escravos o mais rápido possível para o mercado interno, ávido por mão de obra, sobretudo após a recente interrupção do tráfico transatlântico de africanos. Dessa maneira, os cativos passariam para o poder de proprietários que os vigiariam, corrigiriam e os fariam trabalhar de forma controlada e disciplinada.

Ao final do parecer, os conselheiros sugeriram estender a solução do caso carmelita aos escravos de todas as demais ordens regulares do país. Na prática, legitimaram com essa decisão a livre transação comercial dos religiosos com os traficantes, pois as ordens regulares estavam proibidas por lei de se desfazer de seus bens sem a licença do governo imperial. Mas, além de atender apenas aos interesses do mercado de escravos, a resolução teve a clara intenção política de terminar de vez com a autonomia dos grupos escravos ligados a ordens religiosas, reconhecendo o fator desestabilizador dessas experiências para o funcionamento da própria escravidão.[11] A intenção do Conselho de Estado, como a

11. "Resolução de 6 de julho de 1854", in José Prospero Jehovah da Silva Caroatá, *Imperiais resoluções tomadas sobre consultas da seção de justiça do Conselho de Estado. Desde o ano de 1842, em que começou a funcionar o mesmo Conselho até hoje* (Rio de Janeiro: B. L. Garnier, 1884), pp. 476-477. Por lei, antes da interrupção do tráfico de africanos, as ordens regulares estavam proibidas de alienar quaisquer de seus bens ou de celebrar qualquer tipo de contrato oneroso com terceiros (compra e venda, alocação, penhora, arrendamento etc.) sem a prévia licença do gover-

dos traficantes e fazendeiros, continuou a esbarrar, entretanto, nas atitudes dos escravos que, isoladamente ou em grupos familiares, tentaram fazer valer os seus "direitos" até o fim da escravidão (e mesmo depois de ela ser abolida). No caso das famílias da fazenda Capão Alto, esses direitos ou práticas costumeiras, como também a revolta, que visou preservá-los, revestiram-se de uma profunda dimensão religiosa que proponho investigar.

"A SINHARA NÃO NOS DISSE NADA...": A RELIGIÃO NA REVOLTA

Nos últimos dias do mês de abril de 1864, o delegado de polícia de Castro, enviado previamente ao local para indagar sobre a manifestação de "desobediência" dos cativos, recebeu como resposta de um deles que

> estavam resolvidos a não seguir enquanto o não fosse ordenado por Nossa Senhora de quem só eram escravos; que nestas disposições estavam todos os seus companheiros e que se o Delegado melhor o quisesse saber chamasse à revista a todos que eles assim o declarariam.

O autor dessa resposta foi o escravo Firmino, visto pelo delegado como um dos "cabeças" do movimento. Mesmo alertado sobre "os inconvenientes dessa obstinação", Firmino respondeu ainda que "eles tinham a cabeça em seu lugar e sabiam o que faziam". Numa fonte diversa do registro policial — o terceiro Livro do tombo da paróquia de Castro — foi registrada novamente a recusa dos escravos de sair das fazendas da região e a sua relação de cumplicidade com a santa: "a Sinhara [sic] não nos disse nada. Se ela mandar iremos com gosto, senão, não".[12]

Embora essas declarações fossem citadas de passagem na correspondência trocada pelos agentes de segurança da província (o delegado enviado ao

no imperial. Lei de 9 de dezembro de 1830, *Consultas do Conselho de Estado sobre negócios eclesiásticos*, p. 153; ver Pena, "Burlas à lei e revolta escrava", p. 167, nota 11.

12. DEAP-PR, *Coleção da Correspondência do Governo Provincial*, apenso 537, fls. 73 e ss., e *III Livro do Tombo*. Castro, "Capelas nas Fazendas", Arquivo da Paróquia Santana de Castro, [s.d.], fl. 235.

local e o chefe de polícia) e pela pena do vigário-escrivão da paróquia de Castro, a evidência contida nelas é importante para a historiografia sobre a escravidão. Em primeiro lugar, porque são poucos os registros históricos no Brasil que explicitam a fala dos escravos em ocasiões de revolta e, ainda mais, as motivações ou razões que estiveram por detrás delas. Em Capão Alto, a devoção religiosa a uma divindade feminina como Nossa Senhora, denominada peculiarmente pelos escravos de Sinhara, é apontada em dois documentos de origens distintas para justificar o ato da revolta.[13] Em segundo lugar, a evidência apresenta um catolicismo escravo atuante, que conduziu uma comunidade inteira a resistir contra a escravidão a que estaria submetida nos cafezais e obras públicas de São Paulo. Em outras palavras, a demonstração de devoção a uma santa católica, no âmbito de uma rica e complexa experiência religiosa quiçá não reduzida apenas a elementos da cosmologia cristã, constituiu-se em componente-chave para os escravos se posicionarem diante de uma conjuntura de acirramento do poder escravista marcado pelos negócios do tráfico interno.

Em texto sobre as revoltas escravas no Brasil, João José Reis apresentou casos analisados pela historiografia em que as crenças religiosas tiveram influência determinante. Além dos levantes promovidos por escravos africanos, motivados por suas religiões de origem, o autor lembra "que os escravos cristianizados criaram no Novo Mundo uma forma peculiar de catolicismo crioulo que às vezes inspiraram-nos à revolta".[14] Reis cita casos de revoltas ocorridas em datas ou períodos de festas religiosas, como Natal, Semana Santa e em celebrações de Corpus Christi. Lembra que essas ocorrências não podem ser explicadas apenas — como faziam as autoridades públicas — por estarem os escravos de folga nesses dias e os senhores, desprevenidos ou ausentes de suas propriedades. Não negando essa razão estratégica para iniciar uma revolta, ele acrescenta que o tempo da festa era propício para a organização de levantes, pois reforçava os laços de solidariedade e identidade do grupo, fazendo surgir um "espírito de redenção" entre os escravos.[15]

13. O termo "Sinhara", longe de ser um deslize ortográfico cometido pelo vigário-escrivão da paróquia de Castro, foi expressão usada entre os escravos do século XIX. Ver o verbete "Sinhara" em *Dicionário Houaiss da língua portuguesa* (Rio de Janeiro: Objetiva, 2001).

14. Reis, "Quilombos e revoltas escravas no Brasil", pp. 33-34, e as obras ali comentadas pelo autor.

15. Reis, "Quilombos e revoltas escravas no Brasil", p. 31.

Esse "espírito de redenção" e a escolha dos dias santos e sagrados para se rebelar demonstram não apenas a realização de um possível charivari escravo, mas o peso dos atributos simbólicos e religiosos que marcaram a experiência de certas comunidades e de suas revoltas contra a opressão da escravidão. Os tempos da festa e da religião eram indissociáveis e explicam juntos o tempo da revolta.[16] O movimento de Capão Alto comprova que crenças religiosas oriundas de um cristianismo popular, de raízes africanas, foram veiculadas por alguns grupos ou comunidades no contexto de suas lutas e conflitos com os poderes escravistas e, no caso em que analisamos, ante o poder escravista exercido por religiosos católicos (os carmelitas) e pelos traficantes de São Paulo.

Esse dado e outros apontados pela historiografia mais recente põem em xeque a interpretação simplista de um catolicismo apresentado no singular como totalmente atrelado aos interesses escravistas. Houve, na verdade, uma pluralidade de catolicismos, isto é, uma coexistência, tensa em determinados momentos, entre diferentes formas de expressão do catolicismo, muitas vezes decorrente da origem de classe dos integrantes dos grupos religiosos. Como em diversas localidades rurais do Brasil escravista, desde os idos coloniais, difundiram-se nos Campos Gerais paranaenses, em especial entre as classes populares (a maior parte camponeses pobres e escravos, de ascendência indígena ou africana), práticas religiosas cristãs bem diferentes ou até divergentes das doutrinas católicas. Criou-se um catolicismo popular marcado por expressões de penitência e, até mesmo, em momentos de intenso conflito e violência, de uma antevisão do apocalipse, característica básica dos movimentos que os estudiosos denominam como "messiânicos". Devido à escassez de sacerdotes e capelães nas fazendas, os grupos ou comunidades rurais costumavam tocar por conta própria os ritos, orações e ladainhas, vivendo e marcando o tempo religioso por festas, procissões e romarias de devoção aos santos e santas de sua predileção. Os clérigos, estrangeiros ou nacionais, vindos de regiões urbanas — incluindo aqui também os frades nomeados para administrar as propriedades agrárias de ordens regulares —, não compreenderam as práticas religiosas

16. O próprio João José Reis analisou, de forma profunda, essa problemática das relações entre religião e revolta escrava em seu livro *Rebelião escrava no Brasil: a história do levante dos malês em 1835*, ed. rev. e ampl. (São Paulo: Companhia das Letras, 2003).

rurais, decorrendo daí numerosos conflitos e desentendimentos com as populações locais.[17]

No caso da comunidade de Capão Alto, a autonomia identificada na constituição de seus laços familiares e na organização da economia interna da fazenda esteve presente também na construção de sua experiência religiosa. Os frades designados para administrar as fazendas dirigiram-se sempre em pouco número para região. Nos primeiros 42 anos de posse das suas propriedades em Castro (1751 a 1793), um único frade foi listado junto ao rol dos escravos. De 1793 em diante, até a revolta de 1864, não há nenhuma menção a religiosos no local, tendo a ordem carmelita delegado aos próprios escravos a gestão de suas fazendas. Por sua vez, a Província Carmelita, por meio de seus capítulos internos, costumava combater a prática dos irmãos administradores das fazendas que pensavam mais na valorização dos seus negócios particulares, à revelia dos interesses da ordem, do que nas obrigações de culto e doutrinação.[18]

É plausível supor, portanto, que, mesmo no período em que foi mantido um administrador no local, a comunidade das fazendas organizava por conta própria suas práticas devocionais, junto ou independentemente do representante religioso. Quando os frades se ausentaram, a comunidade praticou suas devoções de forma autônoma por seis décadas, até o estopim da revolta. Em suma, o afrocristianismo de Capão Alto e das demais fazendas carmelitas da região foi de longa duração, forjado por mais de um século e no mínimo por cinco gerações de famílias escravas com parentes libertos e nascidos livres consanguíneos. Ele se reproduziu quase que sem intermediários da Igreja, tendo, quando muito, uma relação superposta com os clérigos locais (fossem eles o frade administrador da fazenda ou o vigário da paróquia de Castro). Uma re-

17. Sobre o catolicismo popular e a ausência de sacerdotes em áreas rurais brasileiras, ver Renato da Silva Queiroz, "Mobilizações sociorreligiosas no Brasil: os surtos messiânico-milenaristas", *Revista USP*, São Paulo, n. 67 (set./out./nov. 2005), pp. 132-149.

18. Sobre os capítulos reguladores da atuação dos frades nos conventos e fazendas da ordem, ver Sandra Rita Molina, "Des(obediência), barganha e confronto: a luta da província carmelita fluminense pela sobrevivência (1780-1836)", Dissertação de Mestrado, Unicamp, 1998, e sobre a "corrupção" entre os frades, "Resolução imperial de cinco de novembro de 1864", p. 164. Para um caso diverso, no Recôncavo baiano, em 1882, em que a presença de um frade carmelita foi assídua e rigorosa no controle dos escravos do engenho, ver Walter Fraga Filho, *Encruzilhadas da liberdade: histórias de escravos e libertos na Bahia (1870-1910)* (Campinas: Ed. da Unicamp, 2006), cap. 2.

lação, guardadas as diferenças, semelhante ao "diálogo de surdos" que Wyatt MacGaffey identificou nos séculos XVII e XVIII entre o cristianismo africano bakongo e as autoridades públicas e religiosas do reino do Congo, que adotaram as instituições do catolicismo português.[19]

Durante a segunda metade do século XVIII, os frades carmelitas e os escravos de suas fazendas desenvolveram percepções religiosas distintas, a partir da experiência de cada grupo. Tanto no núcleo urbano do Iapó (denominação antiga de Castro no período) como nas fazendas, os frades tentaram impor ou, pelo menos, reforçar a devoção à Virgem do Carmo. Nomearam-na como a santa padroeira de sua maior fazenda, a de Capão Alto, e, embora não tenhamos localizado a documentação, há indícios de que criaram uma irmandade dedicada a Nossa Senhora do Carmo. No entanto, as centenas de escravos espalhados entre Capão Alto e as demais fazendas da ordem — Cunhaporanga, Fundão e Tabor (esta, até então, ainda pertencente aos carmelitas) — formaram, segundo a investigação de José Pedro Novaes Rosas, diversos "centros religiosos com seus oratórios e novenas" com devoção não apenas à Virgem, mas a diferentes santos. Além disso, uma pesquisa arqueológica descobriu ter existido em Capão Alto uma pequena capela dedicada a santo Antônio, antes da construída para Nossa Senhora do Carmo.[20] O achado é relevante, pois são conhecidas a admiração e a devoção a santo Antônio — o *Toni Malau*, como era chamado — entre os centro-africanos, tanto de Angola e do Congo como entre seus descendentes escravizados em terras americanas. A elevação, em plena fazenda carmelita, de um "centro religioso" a esse santo revela possivelmente que os primeiros escravos da comunidade conseguiram, de alguma for-

19. Wyatt MacGaffey, "Dialogues of the Deaf: Europeans on the Atlantic Coast of Africa", in Stuart B. Schwartz (org.), *Implicit Understandings* (Cambridge: Cambridge University Press, 1994), pp. 249-267. Congo, aqui, como no decorrer do texto, refere-se ao antigo reino do Congo, situado na região do baixo rio Zaire, ao norte ocidental da atual Angola. A expressão bakongo, de cunho cultural mais amplo, abrange povos das áreas circunvizinhas ao reino, falantes da língua kikongo e dialetos afins.

20. José Pedro Novaes Rosas, *A fundação da cidade de Castro (apontamentos históricos)* (Curitiba: Gráfica Vicentina, [s.d.]), p. 58. Sobre a capela de Santo Antônio, ver Maria Teresa B. Lacerda, *Fazenda Capão Alto* (Curitiba: Secretaria da Cultura e do Esporte, Coordenadoria do Patrimônio Cultural, Curadoria do Patrimônio Histórico e Artístico do Paraná, 1982), p. 3; e a pesquisa arqueológica (inédita) elaborada pelo Instituto do Patrimônio Histórico e Artístico Nacional-PR.

ma, reelaborar e reiterar a sua devoção em terras do Brasil meridional setecentista, ao mesmo tempo que cultuavam a santa carmelita.[21]

Na segunda metade do século XIX, o culto à Virgem do Carmo continuava expressivo e frequente entre os negros das fazendas, repercutindo até na imprensa da província. Um articulista do jornal *Gazeta Paranaense* afirmou, em 1886, 22 anos depois da revolta e da transferência de parte dos escravos carmelitas para São Paulo, que a tradição religiosa ainda se manifestava no local, transformando-se em verdadeira festa popular. O artigo intitulado "Os escravos do Capão Alto" ressaltou que os negros, mesmo tendo sido "arrancados" da fazenda, foram os grandes incentivadores do culto na região. E que, mesmo sem a presença deles, a devoção permanecia com "fé e ardor" em meio à população local, que em datas festivas ainda organizava procissões, deslocando-se da casa da fazenda às ruas da cidade de Castro, com o andor da santa, banda de música e foguetório.[22] À população mencionada no artigo, somaram-se decerto os parentes escravos, libertos e livres das famílias de Capão Alto que permaneceram na região e que devem ter tido participação direta na continuidade dos festejos à santa.

O articulista também narrou de forma detalhada os afazeres cotidianos dos escravos, quando ainda estavam na fazenda, deixando outra evidência bastante significativa de que suas práticas econômicas autônomas eram organizadas pelo recorte de suas crenças religiosas.

> Viviam eles em uma república, cujo chefe supremo era a Santa, a quem proviam e de quem recebiam todas as manhãs com a bênção as ordens do dia. Assim que amanhecia entravam todos os escravos na capela, prostravam-se com todo respeito e recolhimento diante da Imagem, resmungavam uma longa oração, e depois iam saindo um a um, osculando os pés da protetora e pedindo-lhe a bênção.

21. Sobre a devoção a santo Antônio na África Centro-Ocidental (especialmente no Congo), nos séculos XVII e XVIII, ver John K. Thornton, *The Kongolese Saint Anthony, Dona Beatriz Kimpa Vita and the Antonian Movement, 1684-1706* (Cambridge: Cambrige University Press, 1998). Entre o Congo e o Brasil (séculos XVIII e XIX), ver Robert W. Slenes, "Saint Anthony at the Crossroads in Kongo and Brazil: 'Creolization' and Identity Politics in the Black South Atlantic, ca. 17000/1850", texto inédito, 2006; e Marina de Mello e Souza, "Santo Antônio de nó-de-pinho e o catolicismo afro-brasileiro", *Tempo*, Niterói, v. 6, n. 11 (2001), pp. 171-188.

22. *Gazeta Paranaense*, Curitiba, n. 218, 30 set. 1886, p. 1.

> Nomeavam entre si por eleição um *diretor* cada semana. Este *diretor* devia receber da Santa as inspirações do que era obrigado a fazer executar. [...] Todo este povo trabalhava e produzia muito. Criava muito gado e comia muitos produtos da terra. Para as suas necessidades vendiam em Castro o que dava o suficiente. O mais pertencia à Santa N. Senhora do Carmo e era conservado com escrupuloso cuidado.[23]

Uma situação parecida com essa — que apresenta a interseção do sagrado com o trabalho feito pelos escravos — foi testemunhada por Henry Koster em visita que fez às fazendas de plantação de cana pertencentes a monges beneditinos, em Pernambuco, na primeira metade do século XIX. Porém, ao contrário do que ocorria em Capão Alto, os escravos das fazendas beneditinas eram controlados por feitores, não tendo autonomia na gestão da produção. Mesmo assim, Koster relatou que em uma das fazendas eram os "negros velhos" que instruíam as crianças nas orações e que um "hino à Virgem" era entoado por todos quando regressavam do eito para a senzala, por volta das sete horas da noite. E da mesma forma como os negros de Capão Alto se dirigiam diretamente a Nossa Senhora, que lhes ordenava o que haviam de fazer, um dos "negros velhos" afirmou para o inglês que "ele e seus companheiros não eram escravos dos monges, mas do próprio São Bento, e consequentemente os monges eram apenas os representantes do seu senhor, encarregados de administrar os bens que o Santo possuía neste mundo".[24] A afirmação revela uma tensão existente entre os escravos e os monges, mais explicitada do que no caso paranaense, pelo menos antes da época da revolta. Os beneditinos visitados por Koster não eram absenteístas como os carmelitas. Mesmo quando não estavam em suas propriedades, designavam feitores entre seus escravos de confiança para dirigir os trabalhos, indo ao menos uma vez por semana para rezar missas.[25] No entanto, mesmo controlando a produção, os religiosos não foram

23. Idem, p. 1 (grifo no original).

24. Henry Koster, *Viagens ao Nordeste do Brasil*, trad. e notas de Luís da Câmara Cascudo (São Paulo: Companhia Editora Nacional, 1942), pp. 511-512 e 532, nota 27.

25. Koster, *Viagens ao Nordeste do Brasil*, pp. 512-513, em que afirma que somente em uma propriedade, a fazenda Jaguaribe, os monges não residiam, mas vinham todos os domingos e dias santos celebrar missa e, provavelmente, vigiar a administração do feitor. Para uma análise da escravidão nas propriedades beneditinas comentadas por Koster, ver Robson Pedrosa Costa,

considerados, pela fala do "velho" escravo, como senhores a quem deviam direta obediência, mas como uma espécie de feitores, que, como ele, deveriam prestar contas ao santo. A fala revela mais uma vez a coexistência de distintos catolicismos e a influência dos seus aspectos devocionais no âmbito dos trabalhos praticados tanto pelo grupo escravo como pelos monges administradores de uma ordem regular.

As observações do articulista da *Gazeta Paranaense* ratificam que as práticas religiosas da comunidade de Capão Alto possuíam relativo grau de autonomia e ditavam a maneira pela qual o grupo agia sobre o mundo, nos planos cognitivo, material e simbólico. As linguagens e os comportamentos religiosos estavam imbricados nas relações de produção, constituindo-se em realidade tão objetiva quanto estas, ao conferir um significado profundo e determinante à vida dos escravos. Portanto, como observou o antropólogo Duglas Teixeira Monteiro, é necessário que os historiadores se situem no nível desses agentes para compreender a construção de coletividades cujas vidas, organização e formas de resistir aos adversários se deram no interior de um espaço e tempo míticos.[26]

Como notamos no trecho citado do articulista paranaense, a gestão econômica ou, mais especificamente, as relações de trabalho no interior da fazenda Capão Alto, eram organizadas pelos escravos como ato religioso e de forma independente. A expressão "Viviam eles em uma república" é sugestiva, uma vez que na época o termo "república" possuía forte conotação política, significando exatamente um regime de liberdade e independência ante o poder imperial. Seu uso confirma a observação feita pelo chefe de polícia da província de que os escravos viviam num estado de "*quase liberdade*". Porém, no campo da experiência religiosa, a autonomia, ou a liberdade do grupo, não excluía também certa atitude de obediência à dimensão do sagrado, o que está longe de poder ser interpretado como um ato de mera alienação. Pelo contrário, a intimidade com a esfera do sagrado, muito comum na religiosidade popular,

---

"A Ordem de São Bento e os Escravos do Santo, Pernambuco, séculos XVIII e XIX", Tese de Doutorado, Universidade Federal de Pernambuco, 2013, pp. 170-179. Uma síntese dos relatos de viajantes que estiveram em fazendas beneditinas foi realizada por Flávio dos Santos Gomes, "Cativeiro, memória social e parentesco (primeiras questões)", *Revista do Mestrado de História*, Vassouras, v. 4, n. 2 (2001-2002), pp. 7-44.

26. Duglas Teixeira Monteiro, *Os errantes do novo século: um estudo sobre o surto milenarista do Contestado* (São Paulo: Duas Cidades, 1974).

conferiu coesão e identidade ao grupo, definindo tanto as suas relações de troca e convivência diárias como estimulando-o para enfrentar as adversidades nos momentos de grande tensão e perigo. O discurso e o comportamento religiosos se constituíram, assim, em discurso e prática *políticos*, com influência decisiva tanto na organização da produção econômica da fazenda como no plano da revolta contra carmelitas e traficantes.

Duas estratégias de inflexão ao domínio escravista se apresentaram. No tempo do trabalho, em meio às relações econômicas diárias, os bens que não se destinavam ao consumo próprio pertenciam diretamente à santa, não havendo qualquer menção por parte do articulista aos administradores da ordem (ao contrário do caso beneditino narrado por Koster). Embora seja inegável que parte de toda essa produção se dirigia obrigatoriamente ao abastecimento das unidades paulistas da ordem, a inflexão se apresenta na forma autônoma (com viés religioso) pela qual os escravos organizavam o trabalho na fazenda. No tempo atribulado e adverso da revolta, a inflexão, como vimos, está na própria fala de Firmino, um dos líderes do movimento. Os negros resistiram à atitude dos carmelitas, que haviam "lavado as mãos", arrendando-os de forma repentina aos traficantes. E, por meio da invocação religiosa, inverteram contra os próprios frades décadas de doutrinação escravista católica ao se declararem escravos diretos de "Nossa Senhora", e não mais dos religiosos.

OS CENTRO-AFRICANOS EM CASTRO

A análise sobre os atributos políticos do discurso e comportamento religioso da comunidade de Capão Alto, mais especificamente de seu afrocristianismo, pode ser aprofundada ao se examinar, nesse aspecto, os povos da África Centro-Ocidental. Wyatt MacGaffey notou que os valores religiosos entre os bakongos, que habitavam o baixo rio Congo (também conhecido como rio Zaire), estavam inextricavelmente ligados às suas relações sociais e econômicas. Religião e sociedade possuíam a mesma estrutura e os atores sociais se relacionavam entre si e com o mundo por meio de invocações e atos sagrados. MacGaffey e John Thornton ressaltaram também a forma como os congoleses se apropriaram, entre os séculos XV e XVIII, do discurso religioso dos colonizadores portugueses, criando um catolicismo africanizado que, em situações de crise, deu origem a movimentos e ritos sincréticos que se voltaram contra o próprio domínio português.[27] Essas análises da bibliografia africanista, conjugadas às pesquisas demográficas que apontam uma presença significativa de centro-africanos em Castro, desde meados do século XVIII, nos levam a conjecturar em que medida a inflexão religiosa e política dos ritos sagrados da economia interna e da revolta escrava nas fazendas carmelitas esteve embasada igualmente em matrizes religiosas africanas das regiões de origem dos antepassados próximos desses escravos.

Para tanto, é necessário, de início, analisar a proporção e a provável origem (étnica/regional) dos africanos chegados àquela região. Embora, na época da revolta, a quase totalidade dos escravos da província do Paraná fosse "crioula" (inclusive os que estavam nas fazendas carmelitas), nas décadas anteriores, em especial na segunda metade do século XVIII, a presença de africanos não parece ter sido tão ínfima como se pode imaginar, sobretudo quando enfocamos a região dos Campos Gerais. Na pesquisa de Horacio Gutiérrez, a vila de Castro, de todas as localidades paranaenses, foi a que mais concentrou escravos africanos no período e, também, nas primeiras décadas do século XIX — absorção sem dúvida relacionada ao crescimento da economia tropeira e agropastoril que, nesse período, marcou a região. Os escravos eram comprados, na sua maior parte, de traficantes da vizinha província de São Paulo, que os haviam adquirido, por sua vez, dos mercados de Santos ou do Rio de Janeiro. A lista de habitantes da vila, de 1804, apresenta 26% de africanos entre os cativos (de vinte a 59 anos) dos fogos analisados. A participação aumenta para 41% na faixa etária dos adultos mais velhos (de quarenta a 59 anos), revelando uma maior quantidade de africanos entre os escravos de Castro nas décadas finais do Setecentos. Destes, 95,2% eram de origem bantu, provenientes de regiões da

27. Wyatt MacGaffey, *Religion and Society in Central Africa* (Chicago: The University of Chicago Press, 1986), pp. 9-10 e 199-211; Thornton, *The Kongolese Saint Anthony*; e idem, *A África e os africanos na formação do mundo atlântico, 1400-1800* (Rio de Janeiro: Elsevier, 2004), cap. 9. Um apanhado sobre as obras desses autores e sobre a noção de "catolicismo africano" foi feita por Ronaldo Vainfas e Marina de Mello e Sousa, "Catolização e poder no tempo do tráfico: o reino do Congo da conversão coroada ao movimento Antoniano, séculos XV-XVIII", *Tempo*, n. 6 (1998), pp. 95-118. Ver, também, o trabalho de Margaret Washington Creel, *"A Peculiar People": Slave Religion and Community-Culture among the Gullahs* (Nova York: New York University Press, 1988), que explica as práticas e o desenvolvimento religioso da comunidade escrava *gullah* a partir dos parâmetros da religião e da religiosidade africanas.

África Centro-Ocidental: a maioria saída pelos portos de Benguela (63,3%), ao sul de Luanda, seguida de "angolas", "rebolos" e "cassanges" (24,5%), embarcados pelos portos de Luanda e Ambriz, ao centro-norte de Angola, e de "congos" e "cabindas" (7,5%), saídos provavelmente dos portos de Loango, Cabinda e outros da região norte do Congo.[28]

A pesquisa de Bruna Marina Portela constatou, nos inventários da região de Castro, entre 1800 e 1830, uma participação de quase 30% de proprietários que possuíam africanos entre seus escravos. A maior parte, mais uma vez, oriunda da África Centro-Ocidental, destacando-se, porém, uma participação bem mais elevada de pessoas da região norte-congolesa ("congo", "monjolo" e "cabinda"), com 52,6%, vindo em seguida, com taxas mais ou menos próximas, as saídas pelos portos de Benguela, ao sul (23,7%), e pelos portos da região centro e norte de Angola (Luanda e Ambriz), com 21,1%. Por último, uma pequena participação de Moçambique, com 2,6%.[29] Nota-se que entre a data fixa de 1804, examinada por Gutiérrez, e o período mais largo de três décadas, escolhido por Portela, houve uma queda acentuada dos africanos provenientes de Benguela (de quase quarenta pontos percentuais) e um aumento também acentuado daqueles provenientes do "Congo" (Congo-Norte), com variação para cima de 45,1 pontos percentuais.

Os dados de ambas as pesquisas são coerentes com os estudos sobre as diferenças temporais do tráfico entre as regiões da África Centro-Ocidental e os portos do Centro-Sul do Brasil. O comércio de escravos em Benguela cresceu muito em fins do século XVIII, e 67% do tráfico dessa localidade, de acordo com as pesquisas de Joseph C. Miller e José Curto, se dirigiu na época para a baía da Guanabara.[30] Do Rio, os africanos eram depois deslocados para a venda nas capitanias vizinhas, entre elas a de São Paulo. Logo, é provável que a expressiva presença em Castro de africanos provindos de Benguela, no início do século XIX (1804), apontada no artigo de Gutiérrez, tenha sido um reflexo

28. Horacio Gutiérrez, "Crioulos e africanos no Paraná, 1798-1830", *Revista Brasileira de História*, São Paulo, v. 8, n. 16 (1988), pp. 161-188 (pp. 170-171 para os dados aqui usados).

29. Bruna Marina Portela, "Caminhos do cativeiro: a configuração de uma comunidade escrava (Castro, São Paulo, 1800-1830)", Dissertação de Mestrado, UFPR, 2006, pp. 49-57.

30. José C. Curto, *Álcool e escravos: o comércio luso-brasileiro do álcool em Mpinda, Luanda e Benguela durante o tráfico atlântico de escravos (c. 1480-1830) e o seu impacto nas sociedades da África Central Ocidental* (Lisboa: Vulgata, 2002), p. 280 (Miller citado).

dessa conjuntura internacional do tráfico. Os dados da pesquisa de Portela, por sua vez, por abrangerem um período mais amplo, oferecem um quadro mais representativo dos diferentes portos de origem dos africanos que se estabeleceram em Castro, na primeira metade do século XIX. Os historiadores que analisaram o tráfico transatlântico reconhecem ter havido, após 1810, um aumento substancial da exportação de escravos para o Brasil saídos dos portos ao norte do Congo (Loango e Cabinda). Como quase dois terços dos inventários analisados pela autora foram elaborados após a data de 1810, é compreensível que ela tenha encontrado a participação significativa de africanos vindos de portos ou ligados a grupos étnicos dessa região.[31]

Infelizmente, as pesquisas de Gutiérrez e Portela não englobaram as duas últimas décadas do tráfico "ilegal" (1830 e 1840), de longe as que apresentaram o maior fluxo de centro-africanos traficados para o Centro-Sul do Brasil. Examinando, porém, outro conjunto de fontes (os livros de batismo da paróquia de Castro), constatamos para esse período a presença marcante de pais e/ou mães africanos no total dos escravos que tiveram seus filhos batizados na localidade. Em alguns anos da década de 1840, a participação dos filhos de africanos chegou a alcançar mais de 40% dos batizandos. Em 1846, 24 dos 52 escravos batizados na paróquia (46,2%) eram filhos de africanos (seis de ambos os pais mencionados como "africanos"; sete de mãe africana e pai incógnito e onze de pai africano e mãe crioula). No ano seguinte, o padrão permaneceu com 45,2% dos escravos batizados sendo descendentes diretos de africanos.[32]

As informações dos livros de batismo não discriminam, entretanto, a nação ou etnia africana dos pais mencionados. É provável, contudo, que a mesma correspondência que encontramos nos estudos de Gutiérrez e Portela — entre o tráfico interno local e o tráfico transatlântico internacional para o Brasil —

31. Portela, "Caminhos do cativeiro", pp. 66-67, em que lista os inventários de sua amostra por ano. Sobre os dados do tráfico transatlântico de centro-africanos para o Brasil, no período mencionado, ver Joseph C. Miller, *Way of Death: Merchant Capitalism and the Angolan Slave Trade, 1730-1830* (Londres: James Currey, 1988); Manolo G. Florentino, *Em costas negras: uma história do tráfico de escravos entre a África e o Rio de Janeiro (séculos XVIII e XIX)* (Rio de Janeiro: Arquivo Nacional, 1995); Mary C. Karasch, *A vida dos escravos no Rio de Janeiro (1808-1850)* (São Paulo: Companhia das Letras, 2000); e Robert W. Slenes, "The *Nsanda* Tree Transplanted: Kongo Cults of Affliction and Plantation Slave Identity in Brazil's Southeast, ca. 1810-1888", trabalho apresentado na linha de pesquisa da Pós-Graduação em História, Unicamp, versão nov. 2005.

32. "Batismos dos cativos de 2 de janeiro de 1846 até 20 de maio de 1872", fls. 01-05v.

tenha se reiterado mais uma vez nessas duas últimas décadas. Se os historiadores do tráfico africano para o Brasil apontaram uma recuperação, após 1830, do comércio de escravos por Benguela, em comparação aos portos de Luanda e Ambriz, havendo um avanço significativo do tráfico pelo Congo Norte, o mesmo pode ter se refletido na região de Castro. Essa hipótese é reforçada por Robert W. Slenes, que, baseando-se nos estudos sobre o tráfico da África Centro-Ocidental, enfatizou a predominância de cativos da região congolesa para todo o Sudeste do Brasil, entre as décadas de 1830 e 1840. O autor aponta que o porto de Ambriz estava, nesse período, sob o controle de comerciantes congoleses e que o estudo de Roquinaldo Ferreira "havia mostrado que uma larga proporção dos escravos vendidos em Luanda nos anos 1840 veio do 'Congo', o que sugere que muitas pessoas exportadas de Luanda/Ambriz para o Brasil e registradas nos documentos como de 'Angola' de fato eram da região costeira ou do interior do Congo Norte".[33]

Todos esses dados nos levam à conclusão de que, entre os centro-africanos vindos para Castro, houve no Setecentos uma participação significativa de "benguelas" (provavelmente dos povos ovimbundu) e "angolas" (do grupo etnolinguístico ambundu) saídos dos portos de Luanda e Ambriz, na região centro-norte angolana. Esses dois grupos eram falantes das línguas umbundu e kimbundu, respectivamente. Mais tarde, das primeiras décadas do século XIX em diante, os habitantes de diferentes etnias da região do Congo, que integravam o grupo etnolinguístico bakongo (falantes do kikongo), tornaram-se a maioria entre os africanos da localidade. E, por fim, nas duas últimas décadas do tráfico, estabeleceu-se um relativo equilíbrio entre os centro-africanos vindos dessas três diferentes regiões da África Centro-Ocidental, com uma provável predominância dos bakongos (conforme as evidências de Slenes e Ferreira). Em suma, em todo o período citado, podemos inferir que os centro-africanos e as três línguas trazidas por eles se misturaram às falas e aos costumes dos escravos "crioulos" existentes em Castro.

A reconstituição das famílias escravas das fazendas carmelitas ainda não nos permitiu identificar os antepassados centro-africanos do grupo. Nosso recorte se deteve, por enquanto, nos casais fundadores das famílias intergeracionais, nascidos entre as décadas finais do século XVIII e início do XIX. Todos são

33. Slenes, "The *Nsanda* Tree Transplanted", p. 7.

designados como naturais da região de Castro, havendo a menção a apenas dois ascendentes africanos de dois dos nove casais "fundadores" da comunidade de Capão Alto (sem detalhes sobre a nação ou região africana de onde vieram). É provável que, com a continuidade da pesquisa para as décadas mais anteriores do século XVIII, os registros paroquiais venham a mencionar a presença de mais africanos do grupo. De toda maneira, no decorrer do século XIX, não encontramos evidência de ingresso de novos africanos no conjunto dos escravos pertencentes à ordem.

Os pais e mães africanos escravos que localizamos nos registros de batismo, nas décadas de 1830 e 1840, pertenciam em sua quase totalidade a proprietários leigos da região. Porém, a falta de ingresso de novos africanos nas fazendas da ordem não significa que diferentes práticas de suas tradições religiosas (incluindo as de um cristianismo sincretizado já presente em regiões centro-africanas) não tenham se reiterado, sob novas formas, em unidades com grande número de escravos, como era o caso das fazendas carmelitas. A expressiva autonomia dos escravos nas fazendas incentivou a criação de laços de convivência e sociabilidade com cativos de outros proprietários, muitos deles africanos recém-comercializados pelo tráfico. Alguns destes foram assimilados aos grupos familiares de Capão Alto por meio de relações de parentesco por extensão ao se tornarem padrinhos e madrinhas de crianças recém-nascidas.[34] Além disso, havia uma presença significativa de escravos adultos e idosos na comunidade. No ano da revolta (1864), cerca de setenta pessoas (21,4% do total de escravos da fazenda) tinham mais de quarenta anos, e é possível que alguns deles fossem netos ou bisnetos de africanos. O número dessa faixa etária aumentaria se incluíssemos os padrinhos libertos ou escravos de outros proprietários relacionados aos grupos familiares de Capão Alto. A presença de famílias intergeracionais, consanguíneas e extensas, com a participação significativa de adultos e idosos em seu interior, permitiu, em perío-

34. Dos padrinhos e madrinhas mencionados nos registros de batismo, 27,6% eram escravos pertencentes a outros proprietários e/ou libertos que viviam como agregados em fazendas ou próximos ao núcleo urbano de Castro. Dentre estes, alguns eram africanos, como, por exemplo, o casal de escravos Balduino e Emiliana, padrinhos de duas filhas escravas, que foram transferidas com seus pais para a província de São Paulo. "Batismos dos cativos de 2 de janeiro de 1846 até 20 de maio de 1872", fls. 01-95v; e os demais livros de batismo de brancos, libertos e escravos, de anos anteriores a 1795 ("infólios") até 1889, no Arquivo da Paróquia Santana de Castro.

dos mais amplos de tempo, uma partilha profunda e frequente de experiências, memórias e saberes, que certamente reiterou, mesmo com reelaborações ou modificações, os traços das culturas africanas de origem (cristianizadas ou não) trazidos por seus antepassados.[35]

A *SYÁ* ANCESTRAL

Considerando a reflexão acima, podemos interpretar as evidências da devoção religiosa a uma divindade feminina na comunidade escrava de Capão Alto a partir de elementos das cosmologias centro-africanas, em especial a dos bakongos (antigo reino do Congo, norte da atual Angola) e a dos ambundus (Centro-Norte de Angola). Toda cosmologia religiosa se estrutura por um conjunto de símbolos, crenças, mitos e ritos cujos significados marcam e orientam a existência de indivíduos, grupos e sociedades, entre si e entre eles e o cosmos. Em regiões da África Central, conforme o ensaio clássico de De Craemer, Vansina e Fox, o conjunto de crenças, valores e ritos que compunham as suas cosmologias era veiculado para, entre outras metas, estimular a fecundidade entre as mulheres, garantir bons suprimentos de caça e pesca e manter a fertilidade das terras, por meio de chuvas suficientes para se alcançar abundantes colheitas. Era também acionado em momentos de perigo e conflito, visando a invulnerabilidade e a proteção dos adeptos contra a possibilidade de morte ou escravização iminentes. Tinha como objetivo maior, portanto, manter ou restabelecer, em épocas ou situações de crise, a força e o bem-estar da comunidade e a capacidade de reprodução de sua descendência.[36] Essas práticas reli-

35. Cabe aqui a ressalva de Sidney W. Mintz e de Richard Price sobre o imenso desafio que esse tipo de investigação acarreta para o historiador: "parece razoável esperar que qualquer subsistema de uma cultura afro-americana — quer de música, de fala ou de religião — seja altamente sincretista em termos das contribuições provenientes das fontes europeias (e, com frequência, de outras); e devemos esperar que ele possua também um dinamismo interno e uma acentuada capacidade de adaptação a condições sociais mutáveis. Isso implica que a tarefa de reconstituir a história de qualquer desses sistemas ou complexos institucionais é imensamente desafiadora, mas repleta de armadilhas", in Sidney W. Mintz e Richard Price, *O nascimento da cultura afro-americana: uma perspectiva antropológica* (Rio de Janeiro: Pallas e Universidade Candido Mendes, 2003, p. 88).

36. Willy de Craemer, Jan Vansina e Renée C. Fox, "Religious Movements in Central Africa", *Comparative Studies in Society and History*, v. 18, n. 4 (1976), pp. 467-468.

giosas tinham como principal fundamento cosmológico a comunicação entre o mundo dos vivos (o mundo material) e o outro mundo, invisível, formado por divindades e espíritos de ancestrais do grupo.[37]

Alguns desses elementos e práticas cosmológicos estiveram presentes, com modificações e adaptações, na devoção a Nossa Senhora do Carmo dos escravos de Capão Alto. Os negros resistiram a sair das terras onde viviam "enquanto não fosse ordenado por Nossa Senhora", porque acreditavam que essa divindade "habitava" e regia esse território e era a responsável pela geração dos "produtos da terra" que conseguiam e a quem destinavam uma parte deles. De maneira análoga, os bakongos e os ambundus acreditavam que as divindades espirituais eram essencialmente territoriais, isto é, "viviam" ou "habitavam" em lugares sagrados como altos platôs ou montanhas, nascentes ou cursos d'água e áreas virgens ou não cultivadas (como bosques, matas e capões). Em regiões dos ambundus, segundo Thornton, as pessoas consideravam o seu bem-estar geral a partir da proteção dessas divindades territoriais (*kilundu*, na língua kimbunda). A elas eram levantados santuários (*kiteke*) próximos aos povoados (os mais simples constituídos por cabanas de sapê decoradas por esteiras). Neles, a fim de manter a fertilidade das terras, os habitantes praticavam o ritual das "primícias", depositando parte da produção dos primeiros gêneros que cultivavam, tanto para agradecer pelas colheitas passadas como para garantir boas no futuro. O cuidado com a preservação desses lugares de devoção e com a permanência dos rituais de culto fica explícito num exemplo citado pelo autor. Em 1672, ante a ameaça do padre jesuíta Manoel Ribeiro de queimar um *kiteke* de um povoado, um idoso implorou para que não o fizesse

37. Sobre a distinção entre esses dois grupos de seres supranaturais (as divindades e o espírito dos ancestrais) nas cosmologias da África Centro-Ocidental, há controvérsias entre os adeptos e estudiosos, como nos afirma Thornton: "Os documentos contemporâneos enfatizam que a adoração religiosa envolvia dois tipos distintos de seres supranaturais: os espíritos poderosos e remotos que devemos descrever como divindades, e as almas dos parentes ancestrais recentemente mortos. Alguns estudiosos modernos relacionam ambas as categorias aos mortos, argumentando que as divindades eram simplesmente ancestrais falecidos há muito tempo, embora isto seja controverso entre os iniciados e os antropólogos". John K. Thornton, "Religious and Cerimonial Life in the Kongo and Mbundu Areas, 1500-1700", in Linda M. Heywood (org.), *Central Africans and Cultural Transformations in the American Diaspora* (Cambridge: Cambridge University Press, 2002), p. 75.

porque "o deus, disse, havia dado a eles boas colheitas, aos caçadores sucesso e ao chefe boa sorte nas suas guerras e alianças".[38]

De maneira semelhante, entre os bakongos, segundo MacGaffey, acreditava-se que a fertilidade dos campos e das mulheres estava a cargo dos espíritos *simbi* (no plural, *basimbi* ou *bisimbi*), também chamados de *nkita* (pl., *bankita*). Outro exemplo revela a mesma necessidade da mediação desses espíritos para se conseguir a fertilidade nos campos e a importância que se dava à "moradia" ou à fixação da divindade a um determinado território. Conforme o relato do frade capuchinho Girolamo da Montesarchio, de 1651, os habitantes de Nsevo, localidade situada ao sul do rio Congo, receavam que se as "pedras", consideradas sagradas e deixadas pelos "antigos", fossem removidas das terras onde viviam, "a pequena nascente que irrigava o país esgotar-se-ia", ocasionando a seca e a destruição da comunidade. Em outras palavras, a remoção dos objetos sagrados interromperia o equilíbrio cosmológico, conduzindo à desarmonia ou ao rompimento da mediação com o mundo dos ancestrais ("antigos") e à extinção imediata de sua força protetora.[39]

Uma parte significativa dessas divindades poderia ser considerada "feminina", embora entre os bakongos algumas representações de *basimbi* que controlavam a fertilidade das plantações e das mulheres possuíssem forma fálica. Cavazzi da Montecuccolo, frade capuchinho que esteve nas regiões do Congo, Matamba e Angola na segunda metade do século XVII, listou 36 santuários dedicados a divindades "femininas" e 39 a "masculinas".[40] Não há, de fato, muita precisão sobre esse assunto, considerando-se os preconceitos religiosos e de gênero da época por parte dos capuchinhos. Entretanto, em regiões da África Central, a dimensão feminina, tanto em termos materiais quanto simbólicos, sempre esteve ligada à fertilidade. No Congo, a maior parte da comida consu-

38. Thornton, "Religious and Cerimonial Life", p. 76. O episódio foi relatado pelo próprio padre jesuíta.

39. MacGaffey, *Religion and Society*, p. 85; Thornton, "Religious and Cerimonial Life", p. 78. Sobre como os centro-africanos, no Rio de Janeiro do século XIX, percebiam a presença dos *basimbi* "habitando" em rochas, montanhas, cachoeiras e cursos d'água, ver Robert W. Slenes, "The Great Porpoise-Skull Strike: Central African Water Spirits and Slave Identity in Early-Nineteenth-Century Rio de Janeiro", in Heywood (org.), *Central Africans and Cultural Transformations*, pp. 183-208.

40. Sobre os *basimbi* fálicos, ver MacGaffey, *Religion and Society*, p. 179. A lista de Cavazzi é mencionada em Thornton, "Religious and Cerimonial Life", p. 77.

mida, como tubérculos (mandioca, inhame), grãos e leguminosas, era cultivada por mulheres, que em geral trabalhavam a sós ou acompanhadas por parentes em pequenos lotes de terras. Era por meio delas que se gerava biologicamente a vida, como era também por meio do trabalho delas que a terra se engravidava de alimentos.

Dessa maneira, simbolicamente, o princípio da feminilidade representava a intermediação ou a passagem entre o mundo dos vivos e o mundo dos "mortos", uma vez que tanto os líquidos seminais no ventre das mulheres como as chuvas que fertilizavam as terras por elas cultivadas eram atributos diretos das divindades espirituais. Por isso, MacGaffey acrescenta que entre os bakongos a feminilidade era associada tanto à vida nascente quanto à morte, sendo o útero comparado por analogia ao túmulo, "ambos considerados como passagens entre os [dois] mundos".[41] No diagrama cosmológico circular bakongo, analisado por Robert Farris Thompson, a feminilidade está simbolicamente ligada ao hemisfério sul do círculo, lugar dos espíritos e dos ancestrais mortos, invisível à luz e, portanto, representado pela noite (a "meia-noite") ou pela escuridão das águas profundas. Nestas se encontra a pemba (a lama branca do leito dos rios), de grande poder espiritual, considerada ela mesma um espírito *simbi* (daí, igualmente, a cor branca simbolizando o mundo dos mortos ou dos espíritos).[42]

No cristianismo bakongo, a divindade feminina de Nossa Senhora (também chamada de Virgem Maria ou *Mamanzambi* — Mãe de Deus —, ou mesmo *Nsundi Malau*) foi cultuada a partir dos fundamentos dessa cosmologia tradicional e adquiriu as funções associadas aos espíritos *basimbi*: entre outras, a de proteção, em tempos de conflito e guerras, e a de "fazedora de chuvas" para garantir a fertilidade das colheitas.[43] Em 1740, na região de Soyo, no baixo rio

41. MacGaffey, *Religion and Society*, pp. 25 (sobre a atuação das mulheres nos cultivos agrícolas), 129.

42. Robert Farris Thompson, *Flash of the Spirit* (Nova York: Vintage, 1984), pp. 108-111.

43. Na designação *Nsundi Malau*, a expressão (Ma) Lau designava a ideia de "boa fortuna", "boa conquista" ou "boa sorte", mas no baixo rio Congo, do século XIX, referia-se, também, a uma espécie de *nkisi* utilizado para caçar. A associação do termo a Nossa Senhora (*Nsundi* significando jovem mulher) poderia ser uma evidência de que os bakongos acreditavam que ela era uma divindade "caçadora" de chuvas ou de terras férteis contendo muitas águas e, consequentemente, animais. Sobre o assunto, ver Robert L. Wannyn, *L'Art ancien du métal au Bas-Congo* (Champles par Wavre: Éditions du Vieux Planquesaule, 1961), pp. 27, 42-43, apud Hein Vanhee,

Congo, havia um santuário dedicado a Nossa Senhora de Mpinda, controlado pelos padres capuchinhos, que se tornou um ponto de convergência importante para cultos que pediam chuvas, fertilidade e cura para doenças. O santuário recebia não apenas os cristãos locais, mas também os "pagãos" do reino de Ngoyo, situados nas terras ao norte da foz do rio Congo, local de um importante porto (Cabinda) exportador de escravos para as Américas.

Para MacGaffey, que nos narra essa história a partir do relato de um frade capuchinho, a população dessas regiões considerava a imagem da santa um *nkisi*, objeto com poderes especiais em seu interior, oriundos do próprio espírito *simbi*, e a quem se destinavam cerimônias de oferendas, orações e sacrifícios, a fim de manter a sua proteção. Aqui também (como entre os povos ambundus) muitos praticavam o costume de presentear a divindade com os primeiros frutos de suas colheitas, mantendo-se a harmonia com o mundo dos espíritos e a contínua fertilidade das terras. Num episódio citado pelo autor, foi o agrado a Nossa Senhora/*simbi* (por meio do seu *nkisi*) realizado inconscientemente pelo frei capuchinho, mas interpretado como tal pelos devotos locais, que possibilitou a chegada das chuvas em profusão para o sucesso das colheitas.

> Numa ocasião, o padre Hyacinthe (Giacinto) (da Bologna) decidiu restaurar a estátua do santuário, que tinha sido danificada por cupins; ele se surpreendeu ao constatar que a pequena procissão que havia planejado para a recolocação da estátua em seu lugar se transformara num evento público maior, no qual multidões de pessoas traziam oferendas. Evidentemente, elas acreditavam que o padre estava respondendo de modo apropriado à prevenção da seca ao (re)sacralizar (*sidika, byeka*) o seu *nkisi*; de fato, um enorme aguaceiro se sucedeu e a colheita subsequente foi duas vezes mais abundante do que a usual.[44]

A associação de Nossa Senhora como a fazedora e/ou a Mãe (ou *Simbi*) das Chuvas fica ainda mais patente ao se examinar os significados da expressão

---

"Central African Popular Christianity and the Making of Haitian Vodou Religion", in Heywood (org.), *Central Africans and Cultural Transformations*, p. 257, nota 64.

44. MacGaffey, *Religion and Society*, pp. 207, 270, nota 8, em que afirma que, segundo John Thornton, o autor da crônica não foi o padre Giacinto (Hyacinthe), mas provavelmente Ignazio della Vezza, e que o santuário mencionado ainda existia no local, na década de 1980, com o nome sugestivo de "Santa Maria das Chuvas".

Mpinda, que dava nome à cidade/porto da região de Soyo, onde se localizava o santuário. O nome é oriundo do verbo *pinda* (variação de *vinda*, na língua kikongo), que significa tornar escuro ou nublado (donde *zulu vinda* significa "céu chuvoso"). O vocábulo derivado *mpindi* se referia a um amuleto (*nkisi*) específico para se pedir chuvas, daí *ngang'a mpindi*, que designava os sacerdotes "fazedores de chuvas".

Beatriz Kimpa Vita, cujo movimento religioso escapou ao controle dos missionários, no início do século XVIII, além de devota de santo Antônio — considerado por ela o chefe ou o pai (*Funza*) de todos os santos (*basimbi*) —, reconhecia também a Virgem Maria como uma poderosa *nkita*. Ela mesma, antes de iniciar sua pregação com os antonianos (seus seguidores), havia sido, segundo MacGaffey, uma sacerdotisa do culto *Marinda* (var. *mavinda*), igualmente relacionado ao chamamento das águas. No século XVII, inclusive, o primeiro movimento religioso conhecido no Congo, que se autointitulava "cristão" (liderado pelo catecúmeno e "famoso curandeiro" Francisco Casolla) e que havia também escapado ao controle dos missionários, teve funções religiosas dirigidas explicitamente para "fazer chover". Os missionários, embora engajados na crítica aos "curandeiros" ou "fazedores de chuva", introduziram eles mesmos rituais em que plantavam, em meio às terras semeadas, palmas consagradas no Domingo de Ramos a fim de que as sementes se tornassem férteis.[45]

Em diferentes localidades das Américas onde a escravidão se reproduziu, foram frequentes as práticas de devoção a "Nossa Senhora" por parte de africanos originários do antigo reino do Congo e por seus descendentes. É bom ressaltar que não se trata de examinar aqui "sobrevivências" de formas africanas de devoção em diferentes contextos americanos. Como afirma Margaret W. Creel, não se deve indagar "a respeito de 'sobrevivências', termo um pouco sem vida que implica existência passiva", mas "sobre a presença de tendências dinâmicas, criativas e culturais" ativadas por diferentes comunidades negras que,

45. Sobre os significados dos termos *pinda/vinda*, de *mpindi* como amuleto das chuvas e sobre o movimento religioso de Francisco Casolla, ver, respectivamente, Karl E. Laman, *The Kongo* (Uppsala: Almqvist & Wiksells, 1962), v. III, p. 78; Francis Bontinck, *Diaire congolaise (1690-1701) de Fra Luca de Caltanisetta* (Louvain: Nauwelaerts, 1972), p. 155; e L. Jadin, "Les Sectes religieuses secrètes des Antoniens au Congo (1703-1709)", *Cahiers des Religions Africaines*, Kinshasa, v. 2, n. 3 (1968), p. 110, apud MacGaffey, *Religion and Society*, p. 271, nota 11, que cita também a participação de Beatriz Kimpa Vita no culto *Marinda*.

em meio à escravidão, reelaboraram as suas tradições de proveniência africana junto a conceitos muito próprios e peculiares de cristianismo.[46]

Partindo desse pressuposto, Terry Rey analisou as influências que o cristianismo congolês exerceu sobre o afrocristianismo do Haiti, demonstrando que os ritos a "Nossa Senhora" continham até aspectos similares, porém com dinâmicas próprias, em ambos os lados do Atlântico. E, no interior deles, novamente se reproduziam os elementos simbólicos dos cultos *simbi*. Tanto em regiões do Congo como no Haiti, em tempos de seca, fome, doenças e morte, procissões eram realizadas aos sábados, em que os devotos levavam, a despeito da escassez, inúmeras oferendas — vegetais, mandioca, milho (ou painço no lado africano), frutas, ovos etc. — às capelas, cruzes ou santuários da Virgem, para que ela mais uma vez trouxesse as chuvas que iriam curar e restaurar a vida. Rey afirma que no Haiti esses cultos e peregrinações se organizaram de forma autônoma e sem vínculo com o clero local, intensificando-se justamente entre 1804 e 1860, período de quase total ausência de padres devido, segundo o autor, ao rompimento de relações do Vaticano com o recém-independente Haiti. Com o enfraquecimento da ortodoxia e do controle institucional por parte dos representantes da Igreja (como ocorria no contexto africano, segundo Thornton, e nas áreas rurais brasileiras, como comentado acima), os praticantes africanos e seus descendentes, no Haiti, tiveram ampla liberdade para adotar, traduzir e veicular os rituais e símbolos católicos, atendendo às suas próprias necessidades e interesses religiosos. Um dos poucos padres remanescentes de 1804 afirmou que "em muitas paróquias os Negros tomavam os cálices e os ornamentos sagrados e, embora não soubessem ler, eles administravam todos os sacramentos e até celebravam missas".[47]

Em Capão Alto, a autonomia religiosa dos escravos foi favorecida ainda mais pelo já mencionado absenteísmo dos frades carmelitas por seis décadas. As formas como se produziram as práticas devocionais à "imagem" de Nossa Senhora no interior da fazenda — descritas pelo articulista da *Gazeta Paranaense* — correspondem em alguns aspectos aos cultos de Nossa Senhora entre os bakongos e entre os escravos vindos do Congo, estabelecidos no Haiti. Se-

46. Creel, *"A Peculiar People"*, p. 6.

47. Terry Rey, "Kongolese Catholic Influences on Haitian Popular Catholicism: A Sociohistorical Exploration", in Heywood (org.), *Central Africans and Cultural Transformations*, p. 279.

gundo as próprias palavras do articulista, parte do "gado" e de "muitos produtos da terra" era destinada como oferenda à "Imagem" de Nossa Senhora; pertencia a ela, sendo conservada com "escrupuloso cuidado". Esse ato religioso revestiu-se de um significado político de autonomia da comunidade negra ante o domínio escravista dos frades, uma vez que os bens produzidos nos pastos e plantações das fazendas deveriam a rigor ser destinados à satisfação das necessidades básicas dos escravos e ao abastecimento dos conventos carmelitas de São Paulo, Itu e Santos.

A oferenda de uma parte da produção à santa, que escapava às duas funções econômicas da escravidão local, remonta à citada prática religiosa das "primícias" reiterada entre os bakongos e entre os seus descendentes nas Américas: o ato sagrado de uma comunidade oferecer, em primeiro lugar, do pouco mesmo que possuía ou do que havia desviado da exploração econômica da escravidão a que estava obrigada (portanto, num contexto de extrema escassez e dificuldades), a fim de manter e garantir a fertilidade da terra, a abundância de colheitas futuras e a reprodução de sua descendência. Em Capão Alto, porém, a prática religiosa atuou de tal forma sobre as trocas econômicas que poderíamos afirmar que se produziu ali uma autêntica economia (moral) do sagrado, experimentada e praticada pelos cativos em meio à escravidão promovida por religiosos. No contexto do tráfico interno, a experiência acabou se tornando, como dissemos, uma contradição aos próprios interesses econômicos dos frades e dos traficantes e ao ordenamento político e econômico da escravidão, como revelado pela atitude do Conselho de Estado, ao legitimar a intervenção e a eliminação desses grupos "insubordinados" em fazendas de ordens religiosas.

As correspondências com elementos da cosmologia centro-africana e do cristianismo bakongo não param por aí. De acordo com o relato do articulista, a Nossa Senhora cultuada em Capão Alto foi também uma "fazedora de chuvas". Mesmo reconhecendo as dificuldades que teve para "colher todos os dados e informações necessárias para uma notícia completa", o autor anônimo afirmou que, "em tempos de seca", as procissões com a "Imagem" saíam ao alvorecer da fazenda em direção à vila de Castro, pela estrada ou descendo em canoas pelo rio Iapó, um rio "muito pitoresco, cheio de muitas voltas, bordadas às margens de bosques e relvas". Os escravos acreditavam que a santa enviaria a chuva para irrigar as plantações e, segundo o articulista, "de fato, afirma-se que uma só vez não deixou ainda de fazer ela o milagre implorado".[48]

Descontado o possível exagero da observação, a descrição do rito da procissão inclui aspectos condizentes com a cosmologia congolesa. A cena de uma "imagem"/*nkisi* flutuando sobre as águas nas primeiras horas do amanhecer ou caminhando em meio à densa névoa branca comum aos vales e rios dessa fria região do Sul (sobretudo em períodos de seca, no inverno) corresponde, em termos simbólicos, ao exato momento de interseção ou ruptura entre o mundo dos mortos e o mundo dos vivos representado no diagrama cosmológico tradicional africano. O branco/névoa associado à semiesfera invisível dos mortos ou dos espíritos, que também "habitavam" o fundo dos rios ou os "bosques", capões e áreas não cultivadas que os margeavam, e o sol/vermelho, a semiesfera visível e material dos vivos, relacionada à chegada no dia já iniciado à área povoada da vila de Castro.[49] De maneira correspondente, no plano simbólico, a divindade feminina de Nossa Senhora, como uma divindade *simbi*, irrompe igualmente, em meio à procissão, do mundo dos mortos, trazendo as águas que fertilizarão as terras e restaurarão vida à região.

Não se pode mesmo descartar a influência de práticas religiosas indígenas nessa crença dos escravos paranaenses numa Nossa Senhora "fazedora de chuvas". Boa parte da mão de obra submetida à escravidão no local, sobretudo no Setecentos, era composta de integrantes das nações *tupi-guarani* ou *kaingang*, que não deixaram de interagir biológica e culturalmente com os africanos e seus descendentes. Essas trocas ocorriam sobretudo no âmbito da simbologia religiosa, uma vez que era costume entre os escravos da matriz cosmológica bantu respeitar e adotar as divindades das novas terras em que se instalavam, transformando-as em *basimbi*. Essa possibilidade de interação é ainda maior se considerarmos as similitudes entre a Nossa Senhora/*Simbi* — mãe das chuvas ou das águas — e as mais expressivas divindades femininas da cosmologia indígena ligadas às águas e à fertilidade da terra.[50]

48. *Gazeta Paranaense*, Curitiba, n. 218, 30 set. 1886, p. 1.

49. Esses mesmos elementos simbólicos entre os "dois mundos" da cosmologia bakongo foram analisados por Thompson, *Flash of the Spirit*, pp. 105-111; e Slenes, "'*Malungu, ngoma* vem!'", pp. 19-20.

50. Sobre a adoção de divindades de outros territórios e culturas pelos centro-africanos, reelaboradas a partir de suas matrizes religiosas de origem, ver Slenes, "The *Nsanda* Tree Trans-

Assim como em Capão Alto, em outras localidades do Brasil escravista os cultos de devoção a Nossa Senhora e aos demais santos católicos por parte das comunidades escravas se constituíram a partir dessas adaptações ou recriações dinâmicas de elementos simbólicos de cosmologias centro-africanas. Elizabeth W. Kiddy, estudando as irmandades de Nossa Senhora do Rosário na Minas colonial, afirma que os escravos concebiam a imagem da Virgem como um objeto, no mesmo sentido conferido ao *nkisi*/inquice centro-africano. Os novos grupos que se formavam no interior das irmandades não teriam se constituído como comunidades se não tivessem reelaborado uma "coerente cosmologia", em que a Virgem do Rosário se tornou "uma figura em torno da qual moldaram seu novo complexo religioso/comunitário".[51]

Mary C. Karasch afirma que no Rio de Janeiro os escravos procuravam "maximizar a boa fortuna" (procedimento cosmológico centro-africano) por meio de uma série de costumes, entre eles o da devoção a imagens da Virgem Maria, do Cristo e de demais santos católicos. Os escravos "prostravam-se diante de estátuas, tocavam e beijavam repetidamente as imagens e rezavam por longos períodos de tempo diante delas". Costumavam, em vez de assistir às missas, rezar diante das imagens nas capelas laterais das igrejas; carregavam-nas em procissões pelas ruas e levantavam fundos para a construção de oratórios ou capelas para elas. Pequenas imagens de santos ou de Nossa Senhora eram levadas junto ao corpo, servindo como inquices de proteção contra o mal ou infortúnios, como doenças e a morte. Os viajantes estrangeiros do século XIX, segundo ela, ficaram impressionados com a quantidade de negros "que se reunia nas ruas diante dos muitos santuários da Virgem Maria". Karasch relacionou mais de quarenta nomes de Nossas Senhoras no Rio de Janeiro nesse período. As mais cultuadas pelos escravos eram Nossa Senhora do Rosário,

---

planted", pp. 14 e ss., e Karasch, *A vida dos escravos no Rio de Janeiro*, p. 571, nota 81, em que comenta a presença nas imagens oitocentistas de Nossa Senhora de luas e serpentes colocadas a seus pés, afirmando que, "entre os ameríndios, a lua era amiúde símbolo de uma divindade feminina, ligada à fertilidade e à terra, ao passo que para os africanos, a imagem poderia representar a 'Mãe das Águas', que é frequentemente representada com uma cobra, símbolo também de fertilidade".

51. Elizabeth W. Kiddy, *Blacks of the Rosary: Memory and History in Minas Gerais, Brazil* (State College: The Pennsylvania State University Press), 2007, pp. 58-59.

Nossa Senhora de Belém, Nossa Senhora da Lampadosa, Nossa Senhora da Conceição, Nossa Senhora das Dores e Nossa Senhora do Carmo.[52]

No Rio, a imagem da padroeira dos carmelitas tinha, segundo a autora, um "séquito fiel" de negros que organizava a procissão do Encontro: em festa, conduziam a Virgem para encontrar-se com a estátua de santa Isabel, mãe de são João, o Batista, cuja data de comemoração marcou o início de algumas sublevações de escravos no Brasil.[53] A associação das duas mulheres com a dimensão da fertilidade foi decerto imediata para os negros, uma vez que na narrativa bíblica Isabel, mesmo idosa e estéril, engravidara por força espiritual divina, o mesmo acontecendo com Maria/Nossa Senhora. No momento do encontro, os ventres férteis de ambas se tocam, umbigo contra umbigo, e Isabel, ao ouvir a saudação de chegada da Mãe do Senhor, sente seu filho estremecer em sua barriga. Como o umbigo feminino representava na cosmologia bakongo o ponto de comunicação e interseção entre os dois mundos, os dois inquices grávidos, ao se tocarem nesse ponto, poderiam representar para os africanos cariocas a boa notícia de que duas divindades de grande prestígio e poder nasceriam em breve, rompendo a barreira do mundo invisível para auxiliá-los na vida presente.

Os cabindas do Rio de Janeiro denominavam sugestivamente Nossa Senhora das Dores, a quem cultuavam, de Sinhá *Samba* — o termo kikongo *sàmba* referia-se a uma espécie de dança em que os participantes se batiam um contra o peito ou o umbigo do outro. A derivação do termo em umbundu, *semba*, significa "apartar", "separar" referindo-se igualmente a uma dança caracterizada pela apartação de duas pessoas que se encontravam e se tocavam no meio de uma arena. E o plural *masemba* é traduzido literalmente por "umbigada", origem de uma dança popular, raiz antiga do samba conhecido na atualidade. É bem provável que, nas procissões do Encontro dos ventres das santas Isabel e Maria, a "umbigada" fizesse parte dos festejos, uma vez que as danças e o estremecimento dos corpos, bem como dos ventres, se constituíam

52. Karasch, *A vida dos escravos no Rio de Janeiro*, pp. 347, 361.

53. Karasch, *A vida dos escravos no Rio de Janeiro*, p. 358; e sobre a noite de São João como data para as revoltas, Reis, "Quilombos e revoltas escravas no Brasil", p. 32.

em elemento litúrgico fundamental dos ritos ancestrais centro-africanos, como também do cristianismo bakongo.[54]

Mas outra possível interpretação para *samba* vem do kimbundu, cujo significado no substantivo feminino é "pessoa que vive na intimidade de alguém ou faz parte de sua família". O mesmo ocorre com a variação do termo "sinha" ou "sinhá", em kikongo *syá*, que quer dizer "parente".[55] Já a expressão *samba*, entre os bakongos, costuma vir acompanhada pelo termo *nsi* — *samba nsi* —, possuindo um profundo significado religioso que pode ser traduzido por velhos ou ancestrais das terras, vales ou águas de um determinado território (do kikongo *samba* [sem acento grave no /a/] = inclinar, curvar, daí a ideia de pessoa idosa + *nsi* = lugares de um território). Zdenka Volavka, que estudou o povo bakongo do reino de Ngoyo, onde habitavam os cabindas, afirma que a expressão *nsi* significava justamente todo o território pertencente aos habitantes, "com sua terra, a variedade de seus ambientes, seus riachos, e, no caso de um país litorâneo como Ngoyo, sua porção de acesso ao oceano, e o oceano propriamente dito".[56] Logo, o termo composto *syá samba*, pelo qual os integrantes do povo cabinda designavam Nossa Senhora das Dores no Rio de Janeiro do século XIX, pode ser uma referência direta a *Syá Samba Nsi*: velha senhora parente ou uma *simbi* ancestral (ou outra divindade correlata) que habita as terras, vales ou águas do seu território.[57]

54. Karasch, *A vida dos escravos no Rio de Janeiro*, p. 370, sobre a denominação de "Sinhá Samba" pelos cabindas. Sobre os significados dos termos derivados de *sàmba* em kikongo, Karl E. Laman, *Dictionnaire kikongo-français* (Bruxelas: Institut Royal Colonial Belge, 1936), v. III, p. 870; e Pe. Albino Alves, *Dicionário etimológico bundo-português* (Lisboa: Silvas, 1951), apud Nei Lopes, *Dicionário banto do Brasil: repertório etimológico de vocábulos brasileiros originários dos centro, sul, leste e sudoeste africanos* (Rio de Janeiro: Prefeitura da Cidade do Rio de Janeiro, 1996), pp. 229-230.

55. Lopes, *Dicionário banto do Brasil*, pp. 230, 236.

56. Zdenka Volavka, *Crown and Ritual: The Royal Insignia of Ngoyo* (Toronto: University of Toronto Press, 1988), p. 113. A autora ainda afirma que "não apenas em Ngoyo, mas também em outras regiões do Congo, o culto dos *bankisi ba nsi* (as divindades protetoras de *nsi*) é considerado como o mais antigo e elevado entre os cultos praticados pelos bakongos".

57. Zdenka Volavka acrescenta que, embora distintos, os espíritos dos mortos, *bisimbi*, acompanhavam e auxiliavam as divindades protetoras de *nsi*. Para uma interpretação oposta, que identifica *nkisi nsi* com *simbi*, o espírito dos mortos, ver John M. Janzen e Wyatt MacGaffey (orgs.), *An Anthology of Kongo Religion* (Lawrence: University of Kansas, 1974), p. 77, apud Volavka, *Crown and Ritual*, pp. 114, 341, nota 4.

Durante a primeira metade do século XIX, foi registrada a vinda para Castro de africanos provenientes da região de Cabinda. As pesquisas mencionam Cabinda como a procedência ou área de embarque de uma parte dos escravos nas listas nominativas e inventários desse período.[58] Esses africanos e seus descendentes nascidos em Castro podem ter compartilhado diversos elementos simbólicos em suas crenças e cultos relacionados à Virgem/Nossa Senhora ou à Mãe das Águas/Fazedora de Chuvas. E é também a partir dessa gramática espiritual compartilhada que podemos, então, decifrar os outros possíveis significados que os membros da comunidade negra das fazendas carmelitas conferiam à expressão "Sinhara", pela qual designavam a divindade que marcava suas vidas no tempo cotidiano do trabalho e/ou no tempo de grande intensidade da revolta. Longe de ser apenas uma derivação simples ou direta de "senhora", a etimologia do termo, embora ainda controversa entre os dicionaristas atuais, aponta para uma origem "africana" da expressão que teria sido um étimo, isto é, uma "forma antiga [que serve de base para a formação de uma palavra] (do mesmo idioma ou de outro)", de que se originou a expressão mais abreviada de "sinhá" (com variantes de "siá" ou "sá"), pela qual, segundo os mesmos dicionaristas, os "escravos brasileiros designavam a senhora ou a patroa".[59]

Contudo, se considerarmos o étimo *syá*, do outro idioma (o kikongo), como uma das possíveis raízes originárias da expressão "sinhá", presente também como prefixo de "Sinhara", constatamos outra interpretação do termo. Ela seria bem diferente da conferida ao correlativo coloquial pelo qual os escravos em geral se dirigiam às proprietárias; ainda mais quando se tratava, no caso dos escravos de Capão Alto, não de um "proprietário" qualquer, mas de uma divindade espiritual. A expressão "Sinhara", como étimo de profunda conotação religiosa, teria sido uma derivação do vocábulo *syá* (parente), acrescido do substantivo feminino *nhamanhara*, cujo significado é "velha" ou "duas vezes senhora", num processo de reduplicação do termo *ngala* (do umbundu) ou

58. Portela, "Caminhos do cativeiro", p. 56, tabela 5; Gutiérrez, "Crioulos e africanos no Paraná", p. 177, tabela 3.

59. Ver *Dicionário Houaiss da língua portuguesa* (Rio de Janeiro: Objetiva, 2001), p. 2580 (verbetes "sinhá", "sinhaninha", "sinhara"); José Pedro Machado, *Dicionário onomástico etimológico da língua portuguesa* (Lisboa: Editorial Confluência e Livros Horizonte, 1993); e Antenor Nascentes, *Dicionário etimológico resumido* (Rio de Janeiro: MEC - Instituto Nacional do Livro, 1966).

ngana (do kimbundu), que, entre os ambundus (de Angola) e os ovimbundus (de Benguela e adjacências), significava "senhora".[60]

Não se pode descartar, também, outra possível origem de composição para a palavra, sobretudo entre os bakongos, que viria da junção do vocábulo *nsi* com os demais termos mencionados, em especial o termo quicongo *syá*. Logo, "Sinhara" ou *Syá Nhamanhara* (ou mesmo *Syá*[*nsi*]*Nhamanhara*) poderia ser simbolicamente reconhecida como uma velha parente ou velha ancestral de um outro mundo — que "habitava" as terras, bosques e águas ainda intocadas do território (*nsi*) onde viviam os escravos, que recorriam todos os dias a ela em sua vivência cosmológica e a quem invocavam em momentos de grande desarmonia e perigo.

Esse significado cosmológico da expressão é corroborado por outra de suas variantes, de grande importância para o povo bakongo, em especial os cabindas. Segundo Mary C. Karasch, além de "Sinhá Samba", os africanos vindos dessa região e seus descendentes cultuavam, no Rio de Janeiro do século XIX, a divindade denominada "Sinhá Renga", também conhecida entre eles como "mãe-d'água" ou "uma santa do mar".[61] Para os escravos de Castro, descendentes de antepassados bakongos, as associações ou correspondências simbólicas de atribuição espiritual entre "Sinhara"/"Fazedora de Chuvas" e "Sinhá Renga"/"Mãe-d'Água" podem ter sido frequentes. Ainda mais se considerarmos as conotações etimológicas e cosmológicas centro-africanas da segunda palavra do nome composto que designa a segunda divindade. As interpretações possíveis para o significado do vocábulo "renga" em kikongo apontam, por um lado, para a noção de permanência por um longo tempo (supostamente num determinado lugar ou território). "Renga", nesse caso, pode ser tanto uma variante de *ndenga*, lentidão, como do verbo derivado desse substantivo, *lènga*, que significa permanecer, durar muito tempo; de modo que, junto ao

60. Lopes, *Dicionário banto do Brasil*, p. 189; e do mesmo autor, *Bantos, malês e identidade negra* (Rio de Janeiro: Forense Universitária, 1988) (vocabulários). Sobre as formas redobradas na região Sul brasileira para *-nhá*, da qual se criaram os termos *nhanhã*, *nhanhá* e *nhanhara*, ver Zeno Cardoso Nunes e Rui Cardoso Nunes, *Dicionário de regionalismos do Rio Grande do Sul* (Porto Alegre: Martins, 1982); e *Dicionário Houaiss da língua portuguesa*, p. 1558 (verbete "iaiá").

61. Karasch, *A vida dos escravos no Rio de Janeiro*, p. 370, que se baseou, por sua vez, nas anotações de João do Rio, *As religiões no Rio* (Rio de Janeiro: Garnier, 1906), pp. 16, 208.

termo *syá*, e da mesma maneira que o significado de *nhamanhara*, pode traduzir uma pessoa (parente) de idade bastante avançada. Por outro lado, considerando propriamente a dimensão simbólico-religiosa, o termo "renga" pode ser uma alteração posterior de um vocábulo que designava uma importante divindade entre os ambundus, chamada Lemba ou Lembá, divindade relacionada à procriação e, também, conhecida como a denominação de um inquice congo ligado à paz e à tranquilidade.[62] Entre os bakongos, segundo MacGaffey, *lemba-lemba* era o nome de uma árvore sagrada (*Brillantaisia alata*) "muito usada em magia", que era plantada no entorno de novos estabelecimentos ou na entrada de vilas e povoados com propósitos simbólicos e políticos, entre os quais o de "pacificá-las(os)" (*lembikisa)* ou de "protegê-las(os)".[63] Entre os ambundus, Joseph C. Miller identificou um complexo de símbolos religiosos e de linhagem centrados, de maneira similar, em outra árvore sagrada, a *mulemba*, por meio da qual a autoridade do grupo ou de um povoado (*lemba dya ngundu*) realizava ritos que "asseguravam colheitas abundantes, traziam chuvas copiosas, atraíam caça com fartura e garantiam a fertilidade das mulheres da linhagem".[64]

Portanto, Sinhara ou *Syá Nhamanhara*, como Sinhá Renga ou *Syá Lemba*, carregam em suas denominações todos esses significados simbólicos presentes nas divindades centro-africanas ligadas à fecundidade ou à fertilidade das terras e das mulheres. Como espíritos *basimbi*, da cosmologia bakongo, elas também "habitavam" os locais ainda virgens ou pouco visitados dos territórios

62. Lopes, *Dicionário banto do Brasil*, pp. 145, 225 (a variação adjetiva "rengo", que significa inclinar-se de lado ou mancar, transmite a mesma ideia de pessoa mais idosa e lenta); sobre *lènga-lènga* como o que é demorado e permanece por muito tempo, ver Antonio de Morais Silva, *Diccionario da lingua portugueza*, 6ª ed. (Lisboa: Typographia de Antonio José da Rocha, 1858, 2 v.), apud *Dicionário Houaiss da língua portuguesa*, p. 1741; sobre a divindade Lemba, ver ainda Oscar Ribas, *Uanga (feitiço)* (Luanda: União dos Escritores Angolanos, 1985), p. 78; e Olga Gudolle Cacciatore, *Dicionário de cultos afro-brasileiros*, 3ª ed. rev. (Rio de Janeiro: Forense Universitária, 1988).

63. MacGaffey, *Religion and Society*, pp. 129-130.

64. Joseph C. Miller, *Poder político e parentesco: os antigos estados mbundu em Angola* (Luanda: Arquivo Histórico Nacional, Ministério da Cultura, 1995), p. 46, que afirma ainda que o *lemba dya ngundu* "era também o mediador entre os membros do *ngundu* [grupo ou linhagem] e os espíritos da terra e das águas". Slenes examinou a mesma simbologia para a árvore *nsanda* entre os bakongos, que teria sido trazida pelos centro-africanos para o Sudeste do Brasil no século XIX. Ver Slenes, "The *Nsanda* Tree Transplanted".

(*nsi*) onde os grupos, povoados ou comunidade se estabeleciam e se reproduziam. Muitas vezes, os poderes desses espíritos ou divindades estavam concentrados em pedras, árvores ou outros elementos da natureza, como também em amuletos ou estátuas (*minkisi e malunga*), e tanto Sinhara, Sinhá Renga, como Sinhá Samba, as Velhas Senhoras, Mães-d'Água ou Fazedoras de Chuvas, foram representadas por esses objetos de culto e adoração.

Como as suas correlatas, a *Syá Nhamanhara* de Capão Alto "habitava" e fertilizava o território onde a comunidade dos escravos vivia há décadas. No momento da revolta, foi invocada como força protetora para torná-los invulneráveis ou imunes à ação destruidora dos agentes do tráfico e da escravidão. As frases proferidas pelos escravos — "a Sinhara não nos disse nada. Se ela mandar iremos com gosto, senão, não" — se revestem, portanto, desse significado cosmológico profundo e de longa duração, que demonstra uma forte correlação do grupo ao mundo supranatural, dos espíritos e ancestrais; um mundo que apenas os escravos dominavam e que era totalmente desconhecido ou demonstrou ser incompreensível para as autoridades provinciais responsáveis pelo combate ao levante, como também para o capelão da paróquia de Castro (que registrou a afirmação dos escravos) e os frades-proprietários da ordem carmelita. Por essas frases, Nossa Senhora, Sinhara ou *Syá Nhamanhara* desvela-se como o espírito de uma velha parente ancestral ou de uma *simbi* que irrompe do outro mundo para respaldar o desejo dos escravos de manter a longa permanência no território de "*quase liberdade*" que tinham conquistado depois de mais de um século de convivência e negociações com os frades carmelitas.

PARA O "MAIS-ALÉM-DA-MORTE" E DA ESCRAVIDÃO

Em alguns aspectos, a iconologia de Nossa Senhora do Carmo pode ter reforçado ainda mais as leituras que os escravos faziam de "Sinhara" ou de "Nossa Senhora" como uma divindade de proteção ante as forças escravistas da destruição e da morte. As imagens da santa (dos séculos XVIII e XIX) na estatuária ou em emblemas confeccionados sobre estandartes e tecidos variados, como os conhecidos escapulários, ou "bentinhos", representavam-na com um manto branco sobre todo o corpo (da cabeça aos pés). Em um dos braços, em geral o esquerdo, conduzia o menino Jesus, que às vezes também estava coberto por um manto branco. Na maior parte das imagens, ela era representada pairando ou flutuando sobre as águas, em outras sobre nuvens ou mesmo sobre a lua. Mas há imagens que a representam também sobre o fogo do Inferno ou as tormentas do Purgatório, demonstrando sua força de anteparo às forças inimigas da divisão e do mal, e de intercessão para salvar seus devotos e guiá-los para o outro mundo. Dava-se alguma ênfase, por fim, aos dois escapulários, de tamanhos expressivos (em forma quadrada ou retangular), que eram oferecidos pela Virgem e que pendiam de uma de suas mãos, a qual segurava por vezes também um cetro. Normalmente, os dois escapulários pendiam da mão direita de Nossa Senhora, mas há casos em que as duas mãos oferecem, cada uma, um deles, e há ainda imagens em que uma das mãos do menino Jesus oferece um ou dois deles (ver Figura 1).

Na tradição espiritual carmelita, o escapulário foi um novo hábito oferecido diretamente por Nossa Senhora a um dos santos fundadores da ordem, são Simão, no século XIII. Em êxtase, este teria escutado a santa afirmar que todos que o usassem estariam protegidos e aqueles que à morte estivessem com ele "nunca sofreriam o fogo eterno". No século XIV, essa visão miraculosa foi institucionalizada pelo papa João XXII. Em sua *Bulla sabbatina*, ele relatou que a Virgem lhe havia aparecido e revelado que desceria ao Purgatório para livrar da agonia e das tormentas todos aqueles que estivessem usando o escapulário. Essa "visitação", segundo disse a própria Virgem, ocorreria no primeiro sábado após a morte dos fiéis devotos.[65] O novo hábito (usado até hoje pelos monges, e não apenas da ordem carmelita) é uma faixa estreita e longa, com uma abertura ao meio para se enfiar a cabeça. Ao ser vestido sobre o hábito principal, ele se estende sobre as clavículas ou escápulas (daí a designação do termo "escapulário"), cobrindo a frente e as costas do corpo e indo até um pouco além da altura dos joelhos, o que confere à vestimenta justamente a sua função sagrada de proteção.[66]

Com o passar dos anos, a representação dos escapulários na iconologia de

65. "The Brown Scapular of Carmel", <www.catholicism.org/brown-scapular.html>, acessado em 21 jul. 2007; José Alberto Pedra, *Escapulário do Carmo: dom e compromisso* (Curitiba: Ed. do autor, 2000).

66. Sou grato ao padre Paulo Cezar Loureiro Botas pela descrição do escapulário, como hábito. Ele era considerado de tal forma sagrado pelos monges que quando iam se sentar retiravam-lhe cuidadosamente a parte posterior para que não fosse profanada.

1. *Nossa Senhora do Carmelo. Xilogravura de autoria desconhecida, século XVIII. Fonte: Jaime Esteva,* Jesus, María, Joseph: el mistico tri-estrellado Monte del Carmelo *(Barcelona: Imprenta de San Juan de Bezares, 1758), <udayton.edu/imri/mary/s/scapular-what-is-a.php>, acessado em 21 jul. 2018.*

Nossa Senhora do Carmo sofreu modificações, criando-se uma versão reduzida em tamanho, no formato de pequenas bolsas costuradas em tecido e atadas por cordas (os ágnus-dei de combate aos espíritos maléficos, comuns no imaginário católico medieval). Mais tarde, por volta do século XVI, deu-se origem aos bentinhos, que eram colocados no pescoço dos adeptos, ficando um à frente sobre o peito e outro às costas, mais uma vez denotando a sua força de proteção espiritual. Toda essa tradição indumentário-religiosa deu ensejo a numerosos relatos miraculosos, na maior parte europeus, em que o uso do escapulário (tanto como hábito e como ágnus-dei) teria sido crucial para o restabelecimento das forças em meio a doenças; para a cura de endemoniados; para acalmar as tormentas e tempestades, quando eram atirados ao mar; para chamar as chuvas quando eram conduzidos em procissões nos períodos de secas; mas, sobretudo, para a proteção contra a morte quando eram vestidos ou pendurados no corpo em meio às batalhas.[67]

No cristianismo bakongo e nos afrocristianismos do Brasil e das Américas, o escapulário carmelita foi interpretado e utilizado como uma espécie de inquice para proteção contra inimigos e para a cura de doenças. Mary Karasch explica que Nossa Senhora do Carmo possuía grande número de adeptos entre os escravos e libertos cariocas, justamente "porque acreditavam que seu bentinho afastava 'inimigos invisíveis'".[68] Wyatt MacGaffey, citando Louis Jadin, reproduz o relato de um capuchinho no Congo impressionado com a insistência dos camponeses, quando regressavam de um ritual de batismo, para que um missionário benzesse os seus escapulários:

> eles usavam sobre seus braços e pescoços, em sinal de servidão à Madona, pequenas correntes abençoadas e também o escapulário carmelita, feito de nosso hábito ou pelo menos de outro material juntamente com um pequeno pedaço do nosso hábito, que era então abençoado pelo missionário. Nisto, eles insistiam até quase à força.[69]

67. "The Brown Scapular of Carmel".

68. Karasch, *A vida dos escravos no Rio de Janeiro*, pp. 358, 370.

69. Louis Jadin, "Le Congo et la secte des Antoniens", *Bulletin de l'Institut Historique Belge de Rome*, n. 33 (1961), pp. 411-614 (pp. 482-483), apud MacGaffey, *Religion and Society*, p. 206.

De acordo com MacGaffey e Robert F. Thompson, na cosmologia bakongo, a expressão *n'kisi* (inquice) costumava ser usada para se referir a "medicamentos" nativos do Congo e a amuletos e objetos ("folhas, conchas, pacotes, sachês, sacolas, vasilhas de cerâmica, imagens de madeira, estatuetas, saquinhos de tecido") que contivessem esses "medicamentos". A existência desses elementos é que dava vida e poder espiritual ao inquice, ou, em outras palavras, fazia habitar nele um espírito (ou pelo menos uma centelha dele) que guardaria o corpo do usuário, conferindo-lhe boa sorte e protegendo-o do perigo. Esses elementos consistiam muitas vezes em um punhado de terra de jazigos de antepassados, na lama branca do fundo dos rios (a pemba) ou no pó vermelho de madeiras especiais (além de outros elementos da natureza ou mesmo da cultura bakongo), todos simbolizando a transição ou a mediação entre o mundo dos vivos e o mundo de divindades e espíritos de ancestrais.[70]

Um dos inquices de proteção utilizados no Congo para caçar o mal ou mesmo para acalmar tornados e trovões (tanto em termos literais como metafóricos, referindo-se a situações de perigo) consistia num objeto similar aos escapulários de tamanho maior representados na iconologia de Nossa Senhora do Carmo: uma bolsa relativamente pesada feita de tecido de ráfia, amarrada ao pescoço por uma corda. Seu conteúdo era composto de terra muito branca ao fundo (caulim, uma espécie de argila feita de barro branco) e de diversos seixos, pedaços de pedra e de cristal, sementes e outros materiais não naturais, como a lâmina de uma faca, que servia para proteger a pessoa de doenças e da morte, causadas, segundo os bakongos, por facas e agulhas sobrenaturais atiradas sobre ela. Na descrição de Robert F. Thompson, o interior desse inquice era semelhante à transparência da água clara e cristalina de um rio que deixa entrever, através do espelho de sua superfície, as pedras, cristais, folhas, caroços e sementes coloridos que jazem no fundo de seu leito branco; uma imagem de forte conotação simbólica, que remonta ao hemisfério inferior do diagrama cosmológico bakongo, ligado ao mundo das águas onde residem os espíritos dos ancestrais mortos ou das divindades, entes representados pela cor branca (ver Figura 2).[71]

70. MacGaffey, *Religion and Society*, pp. 137-141; Thompson, *Flash of the Spirit*, p. 117.

71. Thompson, *Flash of the Spirit*, pp. 117-119. *Nkisi Nkita Nsumbu*, nome do amuleto descrito, exemplifica para o autor "toda a simplicidade exterior e a complexidade interior dos amuletos

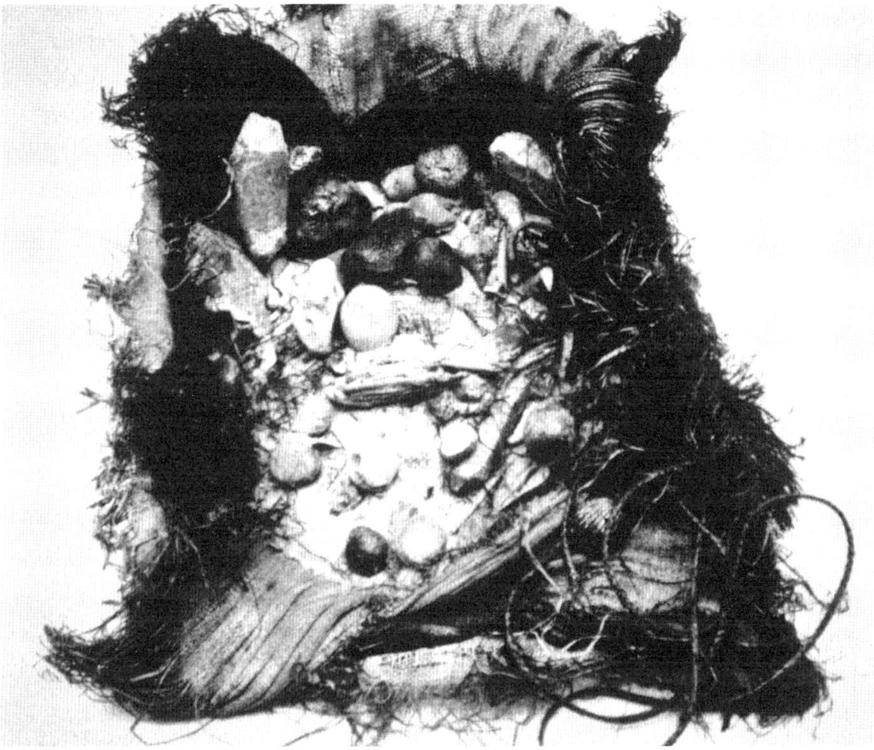

2. *Nkisi Nkita Nsumbu, saco bakongo de proteção, na imagem rompido, revelando os materiais em seu interior. Fonte: Robert Farris Thompson,* Flash of the Spirit: African and Afro-American Art and Philosophy *(Nova York: Random House, 1984), p. 119.*

Como os escravos cariocas analisados por Karasch, e os camponeses cristianizados do Congo citados por Jadin e MacGaffey, os adeptos da comunidade de Capão Alto provavelmente "leram" a imagem de Nossa Senhora do Carmo existente na capela da fazenda a partir desses mesmos arquétipos religiosos de

existentes no Congo". Sobre o uso de amuletos ao pescoço, com a finalidade de proteção corporal ou de cura de doenças, entre escravos oriundos da África Central, em diferentes localidades das Américas, ver ainda Jane Landers, "The Central African Presence in Spanish Maroon Communities", in Heywood (org.), *Central Africans and Cultural transformations*, p. 231; Márcio de Sousa Soares, "Cirurgiões negros: saberes africanos sobre o corpo e as doenças nas ruas do Rio de Janeiro durante a primeira metade do século XIX", *Locus — Revista de História*, Juiz de Fora, v. 8, n. 2 (2002), pp. 43-58; e Anderson José Machado de Oliveira, *Devoção negra: santos pretos e catequese no Brasil colonial* (Rio de Janeiro: Quartet; Faperj, 2008), pp. 222-223.

longa duração das cosmologias centro-africanas. O manto de cor branca, que cobria a totalidade de seu corpo (assim como o do menino Jesus), e o fato de ela estar representada flutuando sobre as águas (do rio ou do mar) ou sobre nuvens associavam-na diretamente ao mundo dos mortos, como uma divindade ou um espírito ancestral que intercederia por todos e à qual todos estariam, do ponto de vista religioso, atados ou amarrados. Os escapulários (e o que havia em seu interior) oferecidos pela *simbi* das águas funcionariam como inquices que, ao serem carregados ou amarrados ao corpo, seriam como uma "centelha do espírito" (Thompson), dando força vital e proteção contra doenças e os "inimigos invisíveis" (Karasch).

Muito significativa é a menção, na narrativa do capuchinho do Congo, à inclusão de "outro material", junto com um "pedaço do nosso hábito", no interior dos escapulários, referência direta à existência nele dos outros "medicamentos" necessários para transformá-lo num verdadeiro e eficaz inquice. Muito significativa também é a colocação de que, aos olhos do frade capuchinho, o uso deles nos braços ou no pescoço era um sinal de "servidão à Madona". Na verdade, aos olhos e segundo a cosmovisão dos "camponeses" citados pela narrativa, ter os escapulários *amarrados* ao corpo teria um duplo e simultâneo significado: o de estarem ligados e atados ao espírito (daí, talvez, a noção de "servidão" a ele), mas também o de conseguirem assegurar ou aprisionar o poder desse mesmo espírito sobre seus corpos, por meio do inquice/escapulário e serem salvos por ele.

Em rituais bakongos, o ato de amarrar (traduções do verbo *kanga*, em kikongo, que também quer dizer parar ou fechar) descrevia a ação do próprio *nganga* (feiticeiro), representada em sonhos pelo uso de correntes, cordas, garrafas tampadas ou grutas subterrâneas que mantinham "a alma da vítima aprisionada"; ou, de forma oposta, quando ela era liberada ao ser "desatada" por outro *nganga* capaz de "descobrir onde a alma havia sido tomada e forçar ou negociar o seu retorno".[72] Entre os antonianos, segundo Thornton, as mulheres que desejavam ter mais filhos, ou as inférteis que desejavam engravidar, amarravam cordas ou fios nos pés e mãos da *nganga* Beatriz Kimpa Vita, acreditando que ela, ou melhor, que o *Simbi*/santo Antônio que ela havia encarnado, as

72. MacGaffey, *Religion and Society*, p. 162.

atendesse, salvando-as da esterilidade, que era, naquela época, considerada uma verdadeira maldição.

Além disso, o autor afirma que, para os cristãos do Congo, o verbo *kanga* significava também "salvar", no sentido católico do termo. A expressão estava presente na versão do "Salve Regina" (hino dedicado a Nossa Senhora) impressa no catecismo congolês do século XVII (*o Deos cucanga*, Deus salve), e em frases do período como *Dezu ucucanga* (Jesus o salve) e *Nzambi Mpungu ucucanga* (Deus o salve), coletadas pelo padre Manuel Robredo em seu dicionário de 1648.[73] Os crucifixos esculpidos no Congo do século XVIII eram denominados *nkangi kiditu* (*nkangi* derivando de *kanga* e *kiditu*, como corruptela de Cristo), o que poderia ser traduzido por Cristo Salvador, mas também materializar, como de fato ocorreu, mais um inquice "amarrado" do qual retiro a força (ou o espírito) que me salva e que me afasta de todo infortúnio. E, de maneira significativa, muitos *nkangi kiditu* eram realmente amarrados com uma corda que circundava todo o corpo do Cristo, da cabeça aos pés.[74]

Ora, a afirmação de um dos cabeças da revolta de Capão Alto, de que todos "estavam resolvidos a não seguir enquanto o não fosse ordenado por Nossa Senhora de quem só eram escravos", revela novamente os dois simultâneos significados de estar "amarrado" ou "escravizado", por meio do inquice/escapulário, a um espírito ou divindade. O de manter atados ao outro mundo, alimentando-o ou agradando-lhe com oferendas (as "primícias" das colheitas, como vimos) e, portanto, se submetendo a ele como "escravos". E, ao mesmo tempo, o de aprisionar o poder de Nossa Senhora ou de Sinhara no interior do corpo/comunidade a fim de que ela os livrasse ou salvasse dos inimigos e das tormentas, representados aqui pela iminente ação dos traficantes, auxiliados pelas for-

73. Thornton, *The Kongolese Saint Anthony*, pp. 115, 133. De maneira significativa, a frase "Deus a salve" só existe nessa versão congolesa do "Salve Regina", não estando presente em suas versões latinas. Na versão criada por Kimpa Vita da oração — a "Salve Antoniana" —, ela enfatiza, o que não deixa de ser significativo, a necessidade de se explicar o primeiro termo, "salve" (escrito em português ou em latim, na versão congolesa): "*Salve* vocês dizem, e vocês não sabem a razão de dizer isto. Vocês recebem *Salve* e não sabem por quê. Vocês repetem *Salve* e não sabem por quê" (p. 116).

74. Sobre imagens desses crucifixos, ver Wannyn, *L'Art ancien du métal au Bas-Congo*, apud Hein Vanhee, "Central African Popular Christianity and the Making of Haitian Vodou Religion", in Heywood (org.), *Central Africa and Cultural Transformations*, p. 257, nota 63.

ças do governo provincial, que os conduziriam à escravidão nos cafezais e nas obras públicas de São Paulo.[75]

Os escravos de Capão Alto não estavam sozinhos nessa sua invocação de Nossa Senhora para a revolta ou para a batalha final. Para conseguir proteção ou invulnerabilidade em situações de conflito, o chamado e a presença da Virgem Maria foram recorrentes tanto nas batalhas europeias como nas guerras civis em territórios africanos cristianizados e, por fim, em outras revoltas de escravos em diferentes locais das Américas negras.[76] Nestas últimas, ela surgiu como inspiradora de movimentos e rebeliões liderados mais uma vez por africanos (a maior parte congoleses) ou por seus descendentes diretos.

Foi o caso, por exemplo, do movimento liderado em São Domingos, em 1791, por Romaine Rivière, também chamado de Romaine-la-Prophétesse, um entre vários movimentos insurgentes liderados pelos congos que Toussaint Louverture e outros grandes líderes da Revolução do Haiti tentaram controlar com muita dificuldade. Sua rebelião armada reuniu nas montanhas ao sul da ilha um considerável número de escravos, parte deles alojada em uma igreja na qual Romaine alegava estar em "comunicação direta com a Virgem Maria". Missas foram rezadas por ele para que a santa protegesse seus soldados das balas inimigas e garantisse a vitória nas batalhas.[77] O uso de escapulários foi também comum entre os adeptos do afrocristianismo de São Domingos, como entre os que migraram para a religião dos voduns, mas que continuavam ainda adorando a Deus e fazendo devoções a Nossa Senhora. Mesmo em cerimônias exclusivas de vodu, organizadas pelos *makendal* (líderes espirituais de ascendência congolesa), foram incorporados elementos católicos, em especial na feitura dos amuletos/inquices, que incluíam, entre outros itens tipicamente ligados à natureza, terra de túmulo de criança batizada, água benta, hóstia, cera de velas e incenso,

75. Em sua pesquisa de campo no Haiti, Terry Rey também constatou, entre os peregrinos da festa de Nossa Senhora do Monte Carmelo, o uso de cordas coloridas em volta dos quadris ou da cabeça e a crença ainda difundida de que elas tornavam possível para os devotos "abraçar a ela [a Virgem] verdadeiramente e manter o poder dela dentro de você". Rey, "Kongolese Catholic Influences", p. 280.

76. Sobre a invocação da Virgem Maria em conflitos no "Velho Mundo" e na África Central, ver, respectivamente, Groupes des Dombes, *Marie: Dans le desein de Dieu et la communion des saints* (Première partie: Une lecture œcuménique de l'histoire et de l'Écriture) (Paris: Bayard/ Centurion, 1997), t. 1, pp. 19-57; e Thornton, *A África e os africanos*, pp. 334-343.

77. Vanhee, "Central African Popular Christianity", p. 259.

todos amarrados numa bolsa que, por sua vez, era de novo submergida em água benta, a fim de que o amuleto se tornasse poderoso e eficaz.[78]

Outro caso, estudado pela historiografia norte-americana, foi o do levante dos escravos da Carolina do Sul, em 1739, a chamada *Stono Rebellion*. A pesquisa de Mark M. Smith, considerando as análises anteriores sobre a relevância da participação dos africanos do Congo na liderança e organização da revolta, desvendou as motivações religiosas que a embasaram. Segundo o autor, a data escolhida para o levante (8 e 9 de setembro de 1739, respectivamente, sábado e domingo) ilumina a importância da memória dos rebeldes com relação ao catolicismo africano, em geral, e a veneração dos congoleses pela Virgem Maria, em particular. Tanto no Congo como em localidades das Américas onde o catolicismo vigorava, o dia 8 de cada mês e os sábados de cada semana eram dedicados à devoção de Nossa Senhora, com entoação de rosários e a prática do jejum ou interdição do consumo de determinados alimentos.[79] Anne Hilton afirma também que no Congo o culto à Madona estava associado com o sábado, dia de oração, descanso e devotado à lembrança dos mortos. Por exercer funções religiosas e militares em batalhas, a Virgem Maria era alvo de veneração seguida com rigor pelo *mani Kongo*, que, aos sábados, mandava rezar missas em que se apresentava com o toque do *ngoma* (tambor), considerado insígnia da realeza.[80]

Ora, dc acordo com Mark M. Smith, o dia 8 de setembro era a data de celebração da natividade de Nossa Senhora (conforme o calendário protestante dos colonos da Carolina do Sul). Segundo os relatos dos capuchinhos, como os congoleses sempre festejaram os dias dos aniversários de seus senhores e patronos, a escolha da data religiosa foi um fator crucial para o chamado à revolta. O uso de roupas brancas e o toque de tambores pelos rebeldes da Carolina do Sul foram também interpretados pelo autor como evidências da estrei-

78. Idem, pp. 250, 258-259.

79. Mark M. Smith, "Remembering Mary, Shaping Revolt: Reconsidering the Stono Rebellion", *The Journal of Southern History*, Athens, v. 67, n. 3 (ago. 2001), pp. 513-534; e a coletânea organizada pelo mesmo autor em que reúne os trabalhos de estudiosos sobre a revolta, ver *Stono: Documenting and Interpreting a Southern Slave Revolt* (Columbia: University of South Carolina Press, 2005).

80. Anne Hilton, *The Kingdom of Kongo* (Oxford: Clarendon), 1985, pp. 96-103, apud Smith, "Remembering Mary, Shaping Revolt", p. 525.

ta identificação deles com a Nossa Senhora de matriz bakongo. Nas batalhas, como no levante, invocado pelos tambores, a *simbi*, vestida de branco, reluziu e ofuscou os inimigos, surgindo do domínio dos mortos e trazendo consigo as forças protetoras da *nkadi mpemba*, a lama branca do fundo das águas, no caso as águas do rio Stono.[81]

Conforme a documentação da chefia de polícia da província do Paraná, as primeiras manifestações de insubordinação dos escravos de Capão Alto ocorreram no final do mês de abril de 1864, quando o representante da firma dos traficantes de São Paulo esteve no local para organizar a sua transferência. Durante os primeiros dias do mês de maio, o clima de animosidade se acirrou, exigindo a presença, como vimos, do próprio chefe de polícia da província, que comandou as tropas da cavalaria e da Guarda Nacional que invadiram a fazenda, na manhã do dia 10 de maio (terça-feira). Pela tradição carmelita, justo nos dias da primeira semana de maio que antecederam a invasão os escravos celebravam os festejos dedicados a Nossa Senhora. Nessa semana, todos os rituais diários de devoção à santa convergiram para a celebração final da eucaristia no domingo, 8 de maio. Os escravos seguiam aqui a tradição de mais de oito séculos, oficializada pelo dogma da Imaculada Conceição de Nossa Senhora, instituído pelo papa Pio IX, em 1854: em todo dia 8 que caísse num domingo, ou no primeiro domingo após essa data, deveria ser celebrada uma missa votiva (dedicada exclusivamente) a Nossa Senhora, com cânticos e procissão, "com a sagrada Imagem da Virgem" e todos os estandartes e distintivos dos fiéis — aparatos e adereços litúrgicos que, segundo o articulista da *Gazeta Paranaense*, nunca faltaram aos escravos dos carmelitas em suas devoções à santa.[82]

Na véspera, sábado (dia 7), também não faltaram as invocações a Sinhara. Isso porque, de um lado, como já foi dito, na tradição bakongo os sábados eram dedicados à lembrança dos mortos e à devoção da *Simbi*/Nossa Senhora, ela

81. Smith, "Remembering Mary, Shaping Revolt"; sobre a importância das datas religiosas para os congoleses, ver o relato, citado pelo autor, do frei capuchinho Jerom [Girolamo] Merolla da Sorento, *A Voyage to Congo, and Several other Countries, Chiefly in Southern-Africa*, in Awnsham Churchill e John Churchill (trad. e ed.), *A Collection of Voyages and Travels* (Londres: Awnsham and John Churchill, 1704, 4 v.).

82. Sobre a tradição e o dogma referidos, ver Dombes, *Marie*, e Enzo Lodi, "8 de dezembro, Imaculada Conceição de Nossa Senhora (séc. VIII/XII)", in *Os santos do calendário romano* (São Paulo: Paulus, 2001), pp. 586-590.

mesma uma divindade vinda do mundo dos mortos. Por outro lado, porque era obrigatória, fazia mais de cinco séculos e entre todos os devotos de Nossa Senhora do Carmo, a realização de uma missa em todo primeiro sábado de cada mês (a *Bulla sabbatina*). Tratava-se de um dia especial em que os adeptos do Carmo se entregavam a devoções místicas, ratificando o pacto espiritual de oferecer todo o seu "ser" e sua vida à divindade em troca de seu auxílio para que superassem a maior de todas as situações-limite: a transição dos fiéis mortos (logo no primeiro sábado após o falecimento) para um "mais-além-da-morte" ou para o "outro mundo", sem passar pelos tormentos e aflições do Purgatório.[83]

Em outras palavras (ou em outra matriz cosmológica), era o mesmo pacto de reciprocidade ou mutualidade representado pelas cordas dos escapulários/inquices amarradas ao corpo dos adeptos, que os "prendiam" ao espírito, mas que arrancavam deles a força necessária para protegê-los das "tormentas" e dos perigos. Nos ritos de devoção, esse laço atávico com a divindade foi marcado pela entoação de rezas e cânticos populares tradicionais, denominados jaculatórias, que podem ter sido reproduzidos, com nuances próprias, nas orações à santa nessa tensa semana vivida pelos escravos.

Não conseguimos, infelizmente, identificar a "longa oração" que era pronunciada por eles todos os dias na capela da fazenda, conforme o relato do articulista da *Gazeta Paranaense*. Entretanto, no *Decor Carmeli*, uma espécie de breviário de orações dos terceiros carmelitanos de São Paulo, editado em fins do século XIX, localizamos entre as orações "obrigatórias" — aquelas que deviam ser recitadas diariamente pelos adeptos — uma jaculatória que exprime a relação de intimidade e de apelo à proteção da Virgem do Carmo em situações de aflição e de proximidade da morte. Com algumas variações ou adaptações, pode ter sido recitada ou cantada pelos escravos de Capão Alto, nesses seus últimos dias em Castro, às vésperas da invasão da fazenda pelas tropas de segurança: "Senhora do Carmo,/ Mãe dos Carmelitas,/ Socorrei as almas/ Que vivem aflitas/ Senhora do Carmo,/ Virgem Maria,/ Vinde em meu socorro/ Na

83. *Decor Carmeli ou manual dos terceiros carmelitanos da cidade de S. Paulo no Brazil*, 3ª ed. rev. e ampl. (São Paulo: Cardozo, Filho & Mota, 1905 [orig. 1894]), pp. 42, 376. A expressão em latim *Decor Carmeli* quer dizer "Esplendor do Carmelo", referindo-se a Nossa Senhora do Carmo, também designada como *Regina Decor Carmeli* [Rainha do Esplendor do Carmelo].

última agonia/ No transe horrendo da morte/ Valei-nos compadecida,/ Para que com vosso Filho/ Gozemos da eterna vida".[84]

Logo, a semana da revolta foi aquela por excelência em que se manifestou, também com toda a força, a devoção religiosa à principal divindade que regia o cosmos material e espiritual dos escravos da comunidade de Capão Alto. Daí se compreende a força simbólica (e política) da invocação à Sinhara/*Syá Nhamanhara*/Nossa Senhora feita por um dos líderes da comunidade como chamado à resistência e à recusa de se submeterem aos interesses dos frades carmelitas e dos agentes do tráfico interno do Brasil meridional, nessa segunda metade do século XIX. Como analisamos no decorrer do texto, essa invocação espiritual, em tempos de revolta, integrou um universo mais vasto e complexo de práticas religiosas que marcaram (desde a esfera econômica diária dos trabalhos na fazenda até as relações de confronto com as forças da escravidão) o afrocristianismo de uma comunidade rural escrava ainda marcado por elementos simbólicos de longa duração das cosmologias centro-africanas. Nossa investigação sobre esses fundamentos religiosos da revolta de Capão Alto vem se somar às realizadas por Mark M. Smith para os escravos revoltosos da Carolina do Sul e às de Hein Vanhee e de Terry Rey para os do Haiti (para ficarmos apenas com alguns dos trabalhos citados no âmbito deste texto). Elas demonstram, em suma, como a análise dos diferentes afrocristianismos pode ajudar os historiadores a estudar, em meio à exiguidade das fontes, "os valores culturais, as consciências temporais e os modos de resistência" dos escravos (incluindo as revoltas) em diferentes regiões das Américas negras.[85]

84. *Decor Carmeli*, p. 139. Nos ritos do catolicismo popular do século XIX (no batismo e em unções para proteção ou "fechamento de corpo") foram comuns as orações de consagração a Nossa Senhora. Há um exemplar da tradição oral brasileira, de domínio público, cujas palavras finais evidenciam mais uma vez o "nó" de obediência (em troca de proteção) que unia os devotos à Virgem: "Ó, minha senhora/ Ó, minha mãe/ Eu me ofereço todo a vós/ E em prova da minha devoção para convosco/ Vos consagro neste dia/ Os meus olhos/ Os meus ouvidos/ A minha boca/ O meu coração/ E inteiramente todo o meu ser/ E como assim sou vosso/ Oh, incomparável Mãe/ Guardai-me e defendei-me/ Como coisa e propriedade vossa/ Amém".

85. Smith, "Remembering Mary, Shaping Revolt", p. 517.

10. "Porque os brancos eram uns pelos outros, os negros também deviam fazer o mesmo": revoltas escravas no Rio Grande do Sul na segunda metade do Oitocentos[1]

Paulo Roberto Staudt Moreira

Ações coletivas como as insurreições não foram acontecimentos corriqueiros. Elas requeriam planejamento, liderança, coletividades com razoável capacidade organizacional e coesão interna, conjuntura propícia. Havia muito a perder: as conquistas negociadas em cativeiro, as relações familiares e de parentesco, outras relações afetivas, a própria vida. Portanto, os cativos não se envolviam em empreitadas desse tipo com tanta facilidade.[2] Conforme Emilia Viotti da Costa, empreitada arriscada, "a rebelião era possível, mas a repressão implacável. De modo que a maioria dos escravos preferia outras formas de resistência. Fugir era uma das estratégias usadas".[3] Mas, como sugere a historiadora, fuga e rebelião não eram opções inconciliáveis, ainda mais em locais fronteiros a países que haviam abolido a escravidão e ansiavam por desestru-

1. Agradeço a João José Reis pelos comentários e pela revisão.

2. Segundo a historiadora Isadora Moura Mota, através do relatório do ministro da Justiça de 1865, o governo imperial admitiu a ocorrência de mais de vinte insurreições escravas em todo o Brasil no ano anterior. Ver capítulo de sua autoria nesta coletânea.

3. Emilia Viotti da Costa, *Coroas de glória, lágrimas de sangue: a rebelião dos escravos de Demerara em 1823* (São Paulo: Companhia das Letras, 1998), p. 107. Ver também Ricardo Pirola, *Senzala insurgente: malungos, parentes e rebeldes nas fazendas de Campinas (1832)* (Campinas: Ed. da Unicamp, 2011).

turar seus vizinhos ambiciosos e (sub)imperialistas, como o Brasil. O Rio Grande do Sul era uma dessas fronteiras.[4]

Sem dúvida, muitos planos, por fatores diversos, não saíram da mente de seus idealizadores. O segredo era ingrediente essencial dessas mobilizações. Só aos iniciados, aqueles que mereciam a confiança dos cabeças, os planos seriam revelados na íntegra. Tais cuidados procediam, provam-no os episódios que abordaremos, em sua grande maioria denunciados antes de se concretizar o levante.

Procurei cercar-me do maior número e tipo de fontes possível, porém, é evidente, os documentos mais manuseados foram produzidos por indivíduos responsáveis pelo controle social.[5] Contudo, ao cruzarmos documentos diversos, percebemos que existem diferentes aspectos destacados em uns e descartados ou obliterados em outros, assim como certa atenuação das ocorrências, quando relatadas em jornais e relatórios de presidentes de província.[6]

VAGOS BOATOS EM RIO GRANDE, 1854

O presidente da província, João Lins Vieira Cansanção de Sinimbu, em relatório de 3 de outubro de 1854, destacou que não

> merece ser mencionado o boato vago que em dias de fevereiro se espalhou na cidade de Rio Grande relativo a um projeto de levante de escravos, porque a po-

4. Diz Viotti da Costa sobre rebelião e resistência cotidiana: "Mas essas duas formas de protesto não devem ser vistas como mutuamente excludentes. Embora nem todo ato de resistência leve à rebelião, sem atos de desafio e sabotagem diários e persistentes a rebelião seria difícil, se não impossível. Foi na resistência cotidiana que os escravos reafirmaram o apego aos seus 'direitos' e testaram os limites do poder senhorial. Foi na resistência cotidiana que o ressentimento dos escravos cresceu, que laços de solidariedade se fortaleceram, que líderes se formaram e que atos de desafio individuais se converteram em protesto coletivo". Costa, *Coroas de glória, lágrimas de sangue*, p. 109.

5. "Mais uma vez a história dos dominados vinha à tona pela pena dos escrivães de polícia", escreveu João José Reis sobre a Revolta dos Malês em *Rebelião escrava no Brasil: a história do Levante dos Malês em 1835*, 2ª ed. (São Paulo: Companhia das Letras, 2003), p. 10.

6. Conforme Maria Helena Machado: "[...] porém, a checagem dos dados contidos nos papéis policiais frente ao material jornalístico indica que uma das táticas da polícia era manter os assuntos mais explosivos sob censura". Maria Helena Machado, *O plano e o pânico: os movimentos sociais na década da abolição* (Rio de Janeiro: Editora da UFRJ/ Edusp, 1994), p. 73.

lícia, tendo procedido às mais minuciosas investigações, não achou nem o mais leve indício de fundamento.[7]

Esses boatos foram divulgados pelo jornal *Diario do Rio-Grande*, daquela cidade portuária, fundado e dirigido pelo ex-administrador da Mesa de Rendas daquela cidade, Antonio José Caetano da Silva.[8] Em ofício reservado, conforme convinha a fato dessa magnitude, mesmo quando falso, Sinimbu atribuía finalidades políticas à nefasta ação de Caetano da Silva:

> Tendo um jornal da Cidade de Rio Grande redigido pelo Ex-Administrador da Mesa de Rendas daquela cidade, Antonio José Caetano da Silva, publicado alguns artigos com o único fim de assustar a população, ou mais certo ainda de produzir efeito nessa Corte, pintando o estado da Província em situação desagradável, pela ameaça de uma insurreição na Cidade do Rio Grande, isto é, na mais populosa Cidade da Província, e a mais habitada pela população de raça branca, recomendei ao Chefe de Polícia que mandasse proceder a algumas indagações, e é com as informações constantes do seu ofício, junto por cópia, que me cabe a satisfação de afiançar a V. Exa. que semelhantes boatos não passam de pura invenção do referido jornalista, como estratagema de oposição.

UM NEGRO CASTELHANO CHAMADO ANTONIO BARBAT: SANTANA DO LIVRAMENTO, 1858

Quatro anos depois, em 9 de fevereiro de 1858, um ofício reservado remetido da vila de São José do Norte comunicava ao ministro da Guerra, Je-

7. Helga Iracema Landgraf Piccolo, "A resistência escrava no Rio Grande do Sul", *Cadernos de Estudos da UFRGS*, Porto Alegre, n. 6 (1991), p. 30.

8. Antônio José Caetano da Silva exerceu também as funções de administrador da Mesa de Rendas de Itaqui (nomeado em 5 fev. 1859). Ofício do presidente da província do RGS ao Ministério dos Negócios da Justiça, 4 mar. 1854, Arquivo Nacional do Rio de Janeiro (ANRJ), IJ1850; Cláudia Simone de Freitas Munhoz, "A Associação Comercial de Rio Grande de 1844 a 1852: interesses e atuação representativa do setor mercantil". Dissertação de Mestrado, Universidade do Vale do Rio dos Sinos, 2003, p. 122; Mariana Thompson Flores, "Contrabando e contrabandistas na fronteira oeste do Rio Grande do Sul — 1851-1864", Dissertação de Mestrado, Universidade Federal do Rio Grande do Sul, 2007, p. 128.

rônimo Francisco Coelho, as providências tomadas "sobre a guarda de nossas fronteiras com o Estado Oriental, demorando-me em Bagé, Jaguarão e Chui". A situação beligerante assustava mais uma vez as autoridades imperiais, em decorrência das

> muitas violências que [se] tem cometido contra Brasileiros no território vizinho os Comissários e autoridades do Estado Oriental com o intuito de forçá-los a servir nas forças militares que organizam e até consta que três Brasileiros foram mandados degolar porque a isso se recusaram.

Essa situação se espraiava por ambos os lados da fronteira e o presidente, Ângelo Muniz Ferraz, comunicou ainda que:

> Em Santana do Livramento descobriu-se uma combinação e acordo entre os escravos seduzidos por um negro castelhano de nome Francisco Antonio Dias, conhecido pela alcunha de Antonio Barbat, que se acha preso, com o fim de se evadirem para o Estado Oriental e Corrientes. Não sei se este acordo teria outro alcance, além do da fuga, parece porém que segundo cartas que tive, essa gente se destinava a engrossar alguma força militar.[9]

Movimentação coletiva e fuga de escravos logo tomavam uma roupagem mais séria nos documentos das autoridades, traduzindo-se como sedições e insurreições. Isso se explica pelo medo que existia sobre esse tipo de movimento, mas também pela consciência que tinham os senhores de escravos de que fuga e revolta seriam ações complementares.

Quando coligimos vários documentos sobre o mesmo acontecimento, nos sentimos montando um estranho quebra-cabeça. Alguns detalhes aparecem várias vezes, outros só emergem aqui e ali. O delegado de polícia em exercício de Bagé, José Luiz da Costa, comunicou ao comandante da fronteira que essa suposta sedição de escravos tinha o fim de "se evadirem para o Estado Oriental e Corrientes". Essa autoridade, talvez por estar mais próxima do cotidiano dos

9. "Ofício do presidente da província do RGS para o ministro da Guerra", 9 fev. 1858, ANRJ, IG1192.

insurgentes, pôde fornecer dados mais pormenorizados. Segundo o delegado, os cativos, seduzidos pelo negro castelhano, portavam um distintivo:

> sendo certo que todos os escravos que entraram em tal combinação tinham por sinal, para serem reconhecidos, o cabelo rapado à navalha em circunferência da cabeça, havendo já o Delegado daquele termo, apreendido alguns destes escravos, que fizeram as competentes declarações, e como semelhante sedição pode ter ramificação por este termo, por isso previno a V. Sa. a fim de tomar qualquer providência que julgue necessária a semelhante respeito, caso tentem levar a efeito suas pretensões.[10]

O "preto oriental" ou "negro castelhano" Francisco Antonio Dias — "cabeça da insurreição de escravos que teve lugar na Vila de Santa Ana do Livramento" — foi mandado para a Corte em abril de 1858.[11] As autoridades estavam convencidas de que ele deveria ser deportado e não só removido da província, mas a situação fronteiriça demandava sutilezas. Sendo consultado, o ministro dos Negócios Estrangeiros, Caetano Maria Lopes Gama, foi contra a deportação, baseando-se na obviedade da situação fronteiriça:

> Como V. Exa. sabe não pode o governo Imperial impedir que o indivíduo deportado regresse ao Estado Oriental, de que é cidadão, e, se assim acontecesse, aproximando-se ele da fronteira do Rio Grande do Sul — achar-se-ia novamente habilitado para prosseguir nos atos criminosos que obrigaram o Chefe de Polícia a afastá-lo daquela Província como perigoso.

A argumentação de Gama parece bem apropriada e emitida por um conhecedor dos assuntos fronteiriços. Gama — o visconde de Maranguape — sabia do que falava, pois fora presidente da província entre novembro de 1829 e abril de 1830. Ainda mais: o preto oriental apontado como cabeça do levante e da

10. "Ofício do presidente da província do RGS para o ministro da Justiça", 23 abr. 1858, ANRJ, IJ1850.

11. Santana do Livramento, em 1858, possuía uma população de 2468 indivíduos, sendo 64,75% (1598) livres, 2,71% (67) libertos e 32,54% (803) escravos. Fundação de Economia e Estatística, *De Província de São Pedro a Estado do Rio Grande do Sul: censos do RS 1803-1950* (Porto Alegre: FEE, 1981).

fuga coletiva tinha como alcunha Antonio Barbat. Parece-nos inacreditável que as autoridades militares e policiais da zona limítrofe não tivessem percebido a referência a Jacinto Barbat, chefe político do departamento uruguaio de Tacuarembó, o que poderia indicar interferência direta do país vizinho em delicado assunto brasileiro, qual seja, o controle escravo. Teria o suspeito alguma relação com a família desse chefe político uruguaio? Seria talvez ex-escravo deste?

O ofício reservado do presidente da província do Rio Grande do Sul, de 15 de dezembro de 1853, relata a derrota de Barbat em Tacuarembó e sua fuga para Entre Ríos.[12] Mas no relatório do ministro dos Negócios Estrangeiros de 1862 um item específico foi dedicado aos "Abusos e violências cometidas contra brasileiros por autoridades do departamento de Taquarembó", durante a administração de Barbat, antecessor do chefe político Tristan Azambuja. Barbat teria sido demitido pelo governo de Montevidéu após reclamações do governo imperial brasileiro.[13]

DESERTORES, CRIMINOSOS E CATIVOS EM CAPIVARI, 1859

Passado mais um ano, e o novo presidente da província, Joaquim Antão Fernandes Leão, parece ter redigido seu relatório relativo a 1859 com o alívio de alguém que viveu momentos de grande apreensão:

> Cabe aqui consignar dois fatos de insurreição de escravos, que infelizmente teriam lugar em alguns pontos da Província, se enérgicas providências, tomadas a tempo, não os fizessem abortar, mesmo antes de se manifestarem. A primeira tentativa era promovida em Capivari, Encruzilhada e Herval pelos desertores do Exército de nome Botelhos, e vários outros criminosos. O movimento de forças para esses pontos, a atividade das autoridades policiais respectivas, e do comandante superior do Rio Pardo, fez recuar esses criminosos do propósito em que estavam. Tempo depois a tranquilidade pública daquelas paragens estava comple-

12. "Ofício do presidente da Província do RGS para o ministro da Guerra", 15 dez. 1853, ANRJ, IG1184.

13. *Relatório da Repartição dos Negócios Estrangeiros apresentado à Assembleia Geral Legislativa na segunda sessão da 11ª Legislatura pelo respectivo ministro e secretário de Estado conselheiro Benvenuto Augusto de Magalhães Taques* (Rio de Janeiro: Laemmert, 1862), pp. 36-38.

> tamente estabelecida, desaparecendo qualquer receio de perturbação. Um dos promotores desse levantamento, Feliciano Botelho, foi preso em Maio em Taquari, devendo-se essa importante prisão à diligências do Delegado de Polícia José de Azambuja Villa Nova. Já estava por assim dizer esquecida a tentativa dos Botelhos quando em Piratini correu o boato de que se tramava outra insurreição. Fiz seguir para ali uma força de polícia; as autoridades locais porém, com a atividade e zelo que desenvolveram, e as providências que tomaram, fizeram desaparecer os receios, que se tinham manifestado. Alguns escravos comprometidos no plano de insurreição foram convenientemente corrigidos; todas as combinações se desfizeram, e a confiança voltou de novo ao ânimo dos habitantes de Piratini.[14]

Sobre a movimentação de Piratini não foi possível obter informações, mas com relação à primeira citada tenho alguns dados.

Às nove horas da manhã do dia 28 de março de 1859, o comandante da Guarda Nacional de Rio Pardo, José Joaquim de Andrade Neves, recebeu participação oficial do capitão da companhia do distrito de Capivari sobre escravos que, seduzidos por alguns desertores e criminosos evadidos da prisão, planejavam uma sedição. Depois de se reunirem em um ponto determinado, os insurgentes atacariam primeiro Capivari, depois marchariam em direção às vilas de Encruzilhada e Herval. O capitão de Capivari já havia se antecipado e prendido dez cativos, e Andrade Neves informava que para aquele ponto estava seguindo de imediato com vinte guardas nacionais.[15]

Conforme planejado, Andrade Neves chegou a Capivari — local previsto para o primeiro assalto dos sediciosos — ainda na noite do dia 28 e tratou de postar "partidas em diversos pontos até as imediações da Encruzilhada". Os esforços, porém, foram baldados, pois os suspeitos,

> prevenidos a tempo [...] se dispersaram, evadindo-se para o Distrito de Santo Amaro quatro irmãos Botelhos (todos desertores), embrenhando-se nas matas o

14. *Relatório apresentado à Assembleia Provincial de S. Pedro do Rio Grande do Sul na 2ª sessão da 8ª Legislatura pelo conselheiro Joaquim Antão Fernandes Leão* (Porto Alegre: Typ. do Correio do Sul, 1859); Ofícios da polícia para o presidente da província, Arquivo Histórico do Rio Grande do Sul (AHRS), maço 3; Piccolo, "A resistência escrava no Rio Grande do Sul", p. 32.

15. "Ofício do presidente da província para o ministro da Guerra", 15 abr. 1859, ANRJ, IJ 1582.

criminoso Laurindo, por antonomásia o *pescoço grosso* (fugido da cadeia), um Valeriano, um fulano Meireles e outros que não se sabe ainda o nome.

O plano seria "gritar Liberdade" e assassinar "os Senhores dos pretos, tomando-lhes as filhas para suas amásias!".

Os senhores escravistas do distrito de Capivari foram avisados desse sucesso de antemão e "agarraram e castigaram convenientemente" seus cativos envolvidos ou suspeitos de participação. Malogrados os planos da insurreição, os desertores trataram de fugir para o Estado Oriental.

Abortado o plano insurrecional, presos e castigados duramente os cativos suspeitos, tratou-se de montar um processo criminal para punir os homens livres envolvidos. Preso em maio de 1859 na vila de Taquari, o agricultor Manoel José Botelho foi o principal réu do processo. Tinha na época 43 anos, era casado, natural do distrito de Capivari, analfabeto e morador no termo de São Jerônimo havia 22 anos. Apesar de ausentes — supostamente acoitados no Estado Oriental —, foram também citados seus irmãos Laurindo (o Pescoço Grosso) e Manoel Joaquim (o Menino Diabo).[16]

Quem descobriu — e revelou — a insurreição aos senhores locais, permitindo a rápida reação, foi o preto Joaquim, escravo de José de Souza Jardim. Joaquim contou que fora convidado por Manoel José Botelho para se reunir com outros cativos nos campos ou matas de Manoel Simões. Dali partiriam para saquear algumas casas e roubar gado do distrito de Capivari e depois, em maior número, marchariam para Encruzilhada "para se munirem de armamento e o mais que preciso fosse para saquearem". Os envolvidos eram escravos trabalhadores do campo, como João, cativo de Bartolomeu Luiz Barreto, filho legítimo de Rita e Antônio, escravos de Pedro Soares, vinte anos, solteiro, campeiro, nascido no distrito de Capivari. João depôs que não convidou ninguém para o "barulho" e que apenas foi sondado por Manoel José Botelho "para seguir com ele para os castelhanos, ao que ele interrogado respondeu que não ia, por estar bem em casa de seu Senhor".[17] Fuga e não revolta, quis ele convencer seus interrogadores.

16. Processo-crime n. 4696, Arquivo Público do Estado do RGS (APERS), 1º Cartório do Cível e Crime de Rio Pardo, maço 93.

17. Outro indicado como aliciador foi o preto Marcolino, africano, dezoito anos, solteiro, campeiro, que residia com seu senhor, Fortunato Luiz Barreto, em Capivari, havia cerca de qua-

As autoridades policiais receavam que a onda insurrecional se espraiasse por áreas mais longínquas, talvez observando que Manoel José Botelho morava em São Jerônimo, mas transitava por uma região ampla, atingindo até a fronteira e mais além. Foi expedido um ofício ao delegado de polícia de Rio Pardo, pedindo que atentasse para tais conspirações em seu termo, "pois é de presumir que este movimento tivesse ramificações ocultas, que cumpre não desprezar, ao contrário, o fim a que se propunham de saquear Povoações e dar o grito de liberdade, revela que não era este ajuntamento isolado".

A sedição de escravos de 1859 deveria começar com a concentração dos sediciosos — escravizados, desertores e criminosos fugidos — nos matos, no dia 27 de março de 1859. Não à toa, esse dia caía em um domingo, quando os cativos tinham algumas horas, ou mesmo o dia todo, para descansar ou se dedicar a seus misteres: momentos afetivos, sociais ou religiosos, atividades de economia própria (como pequenas roças e criações). Nesse dia os cativos podiam circular com mais liberdade, sem levantar suspeitas.

O espaço por onde esses cativos transitavam e pensavam fazer eclodir uma revolta era habitado por farta escravaria. Era notável a alta densidade da população escrava, chegando a quase 50% em Capivari e em nenhuma das vilas abaixo de 29%, como mostra a Tabela 1, com os dados populacionais relativos a 1858. Isso dá a dimensão do perigo que seria uma sublevação geral da escravaria local.

TABELA 1: POPULAÇÃO DE VILAS AMEAÇADAS PELA CONSPIRAÇÃO (1858)

	Livres		Libertos		Escravos		
	Número	% do total	Número	% do total	Número	% do total	Total
Capivari	480	49,18	34	3,48	462	47,34	976
Encruzilhada	1741	56,84	34	1,11	1288	42,05	3063
Herval	505	65,07	4	0,52	267	34,41	776
Rio Pardo	1065	68,62	35	2,26	452	29,12	1552
Total	3791	59,54	107	1,68	2469	38,78	6367

FONTE: Fundação de Economia e Estatística, *De província de São Pedro a estado do Rio Grande do Sul: censos do RS 1803-1950*. Porto Alegre: Ed. FEE, 1981, p. 66.

tro anos e disse que "sabia por ouvir dizer que estava preso por causa de um barulho em Capivari em que Manoel Botelho ia avançar na Encruzilhada e de lá seguir para fora".

A tabela revela uma elevada densidade escrava, sendo a porcentagem de escravos das vilas entre 29% e quase 50% da população total. Tal presença acentuada de cativos na população local fronteiriça evidencia o risco e o consequente temor de que uma sublevação de escravos ocorresse. Manoel José Botelho e dois de seus irmãos foram processados por "furtar fazendo violência a pessoas ou as coisas, o que não conseguiram levar a efeito, por circunstâncias alheias a sua vontade". Nota-se que os réus foram processados por furto, mas não por sublevação, o que talvez derive do fato de as autoridades não quererem mexer com a sensibilidade da escravaria local ou então de pensarem que eles haviam se servido dos escravos para seus intentos criminosos. As peças finais do processo, entretanto, nos fazem perceber que determinadas conjunturas e favorecimentos (que ainda não conseguimos compreender com clareza) os fizeram gozar de impunidade. Vinte e dois anos depois, em abril de 1881, Manoel José Botelho, ainda morando no termo de São Jerônimo, junto ao arroio Francisquinho, pediu a prescrição do delito. Três "cidadãos" depuseram a seu favor, confirmando que desde o processo que sofrera nunca havia se mudado do local original de residência, com perfeito conhecimento das autoridades. Em 26 de abril daquele ano o juiz de direito da comarca, dr. James de Oliveira Franco e Souza, julgou prescrito o crime pelo qual Botelho fora processado em 1859.[18]

18. Acho pertinente mencionar que, anos depois da sedição de 1859, em 4 de junho de 1877, ocorreu um conflito entre uma quadrilha de ladrões que infestava o termo de Capivari e uma escolta da polícia, que demonstra que a família Botelho continuava em atividade em Capivari: "uma caterva de ladrões e assassinos, por alcunha Tatús e outros com o sobrenome de Botelhos, foram encontrados a conduzir cavalos furtados, do que tendo aviso o subdelegado, reuniu a gente que pôde, principalmente de sua parentela, e foi tomar a cavalhada e prender os ladrões. Dividiu sua gente em duas escoltas e os ladrões, fazendo o mesmo, os atacaram, de modo que aquelas não se podiam avistar e socorrer mutuamente. Da escolta do subdelegado morreu um indivíduo e ficaram dois feridos, e dos ladrões um morto e outro ferido e três presos. Procederam-se às necessárias diligências". Contrabando e abigeato, quando praticados em zonas fronteiriças, exigem de seus praticantes o conhecimento de vias alternativas de transporte e redes de relações sociais. Esses recursos os tornavam aliados potenciais para escravos em fuga, muitos dos quais talvez engrossassem essas *catervas*. "Ofício reservado do presidente da província do RGS ao ministro da Guerra n. 1942", 10 jul. 1877, ANRJ, IJ1605.

O LIBERTO SEBASTIÃO MARIA E A DIPLOMACIA INGLESA: PELOTAS, 1863

O primeiro semestre de 1863 foi marcado pela troca de ofícios reservados entre várias autoridades provinciais e imperiais. O sigilo era necessário para que outro caso de suspeita de revolta escrava fosse resolvido sem que nefastas notícias se propagassem.[19] Em 10 de fevereiro de 1863 o delegado de Pelotas, José Rafael Vieira da Cunha, notificou ao chefe de polícia que prendera o preto liberto Sebastião Maria, maior de cinquenta anos,

> por ter chegado a meu conhecimento, e verificado certo, que este indivíduo tratava de propalar ideias subversivas aos seus iguais e aos cativos, aliciando-os para que em caso de guerra do Brasil com a Inglaterra, tomassem eles o partido a favor dos ingleses como seus protetores, e contrários à escravidão, que nenhum receio lhes podia inspirar uma sublevação, por não haver aqui força para resistir-lhes. Não receio que se dê um tal incidente, porém gosto de acautelar, porque entendo que é esta a forma de evitar os atentados.[20]

Sebastião Maria tinha conhecimento e havia feito uma leitura própria dos conflitos diplomáticos entre Brasil e Inglaterra, que ficaram conhecidos por Questão Christie, em referência ao embaixador britânico no Brasil, William Douglas Christie. Em junho de 1861, o navio inglês *Prince of Wales* navegava de Glasgow (Escócia) para Buenos Aires quando naufragou nas traiçoeiras costas sulinas. Doze marinheiros faleceram, e, como era costume arraigado nas populações locais, o navio encalhado, abandonado pelos sobreviventes, foi saqueado. Outros fatos posteriores foram desgastando as afinidades entre os dois países, culminando com o rompimento das relações diplomáticas em 1863, que só seriam reatadas no início da Guerra do Paraguai, em 1865.[21]

19. "Ofícios do presidente da província do RGS ao ministro da Guerra", ANRJ, IJ1853; "Ofícios de autoridades policiais para o presidente da província do RGS", AHRS, *Secretaria de Polícia*, 14 mar. 1863, maço 5 e cód. A.5.110.

20. Quando da confecção da Lista Geral dos Cidadãos Qualificados Votantes no 1º distrito de Pelotas, em 3 de fevereiro de 1865, José Rafael Vieira da Cunha tinha 45 anos, era casado, negociante e residia no terceiro quarteirão daquele distrito. AHRS, *Eleições*, maço 2.

21. O barão de São José do Norte, Eufrásio Lopes de Araújo, em carta remetida ao médico e

O delegado e negociante Vieira da Cunha estava assustado com o grande número de escravatura em Pelotas, acrescentando que na "sua maior parte é gente que pelo hábito de seu trabalho se tornam assomados e indiferentes à impressão que a outros pode causar o assassinato, e que, portanto, não se devem desprezar as consequências das ideias que principiam a germinar-se". A autoridade policial estabeleceu uma relação entre o comportamento e o tipo de trabalho a que se dedicava uma grande parte dos cativos daquela zona. O "hábito" do trabalho escravo nas charqueadas se caracterizava pelo abate e corte diário de gado, numa jornada estafante. Na visão do delegado, por conviverem com sangue e morte dos animais, os cativos desenvolveriam certa insensibilidade quanto à vida humana, tornando-se facilmente movidos por ideias de sublevação e, portanto, de violência.[22]

O presidente provincial, Espiridão Eloy de Barros Pimentel, ao ser comunicado, pediu que tudo fosse investigado "sem o menor estrépito possível", sendo removido imediatamente o liberto Sebastião Maria do teatro de suas seduções e que "tanto na cadeia em que ora se acha, como naquela para que tem de ser removido, não tenha comunicação com os escravos, ou qualquer liberto que não inspire inteira confiança". O presidente se preocupava muito em saber

político José Martins da Cruz Jobim, repelia as denúncias de terem sido assassinados os marinheiros ingleses ("laçados e arrastados para a praia") e defendia ser o saque um costume das populações litorâneas: "Todas as vezes que acontecem esses sinistros, e os habitantes querem roubar, não precisam matar, porque os náufragos são os primeiros a fugir, e a pedir condução para a primeira povoação, a que os habitantes se prestam e lhes facultam o que desejam". As relações íntimas de Cruz Jobim com o Paço Imperial faziam-no um ótimo intermediário entre a população e o imperador, a quem repassava várias das correspondências que recebia. Correspondência de 19 jun. 1863, Arquivo Histórico do Museu Imperial (AHMI), maço 132.

22. Destacamos que março é parte central do ciclo produtivo charqueador, portanto, o delegado deveria estar preocupado com a insatisfação que tomava conta dos cativos e sua disposição à rebeldia. Gabriel Berute, "Rio Grande de São Pedro do Sul: uma análise do tráfico doméstico de escravos (1788-1822)", Dissertação de Mestrado, Universidade Federal do Rio Grande do Sul, 2006. Fernando Henrique Cardoso desmontou a tese da benevolência que caracterizaria os senhores de escravos sulinos, fazendo uma relação entre o tipo de trabalho a que se dedicavam e a mentalidade deles: "No Rio Grande do Sul, em particular, havia uma dimensão que, se não era nova, exteriorizava-se mais abertamente no comportamento senhorial. A rusticidade e a violência da atividade prática do gaúcho tornaram o senhor ainda mais rude". Fernando Henrique Cardoso, *Capitalismo e escravidão no Brasil meridional: o negro na sociedade escravocrata do Rio Grande do Sul* (Rio de Janeiro: Paz e Terra, 1977), p. 177.

> o alcance dos meios por ele postos em ação, como também, e principalmente, para verificar-se se ele obra por movimento próprio, ou se é o instrumento de algum plano tenebroso da parte de quem quer que seja, com fim de produzir alguma conflagração na Província, cumprindo muito investigar, atendendo ao estado atual de desinteligência entre o Brasil e a Inglaterra, se de algum agente ou súdito desta nação partiram sugestões, em virtude das quais obrasse o referido liberto.[23]

De conformidade com as ordens da presidência da província, o aliciador Sebastião Maria foi transportado para a cadeia da cidade de Rio Grande "em um dos vapores de Guerra que passava de Jaguarão conduzindo tropas, sem que este fato provocasse a atenção pública". Na sequência das investigações o chefe de polícia, Dario Rafael Callado, comunicou ao presidente da província que o preto livre Sebastião Maria

> assim procedia por sua própria conta e sem sugestões, por ser dotado de um natural persuasivo, e de espírito ativo, sendo dessa opinião quase todas as pessoas que sobre o fato depuseram na Delegacia do dito Termo, acrescentando o Delegado que as ideias enunciadas por este preto que a princípio pareceram calar no ânimo de alguns escravos, completamente se desvaneceram depois de sua prisão.[24]

Em 17 de abril, a delegacia de Pelotas concluiu o processo instaurado contra o "preto livre" Sebastião Maria, sendo os autos remetidos ao juiz municipal. Em junho do mesmo ano o presidente da província informava ao ministro da

23. Em Porto Alegre, nos primeiros dias de 1863, um conflito entre brasileiros e alemães quase ocorreu por conta de alguns artigos provocativos publicados no jornal *Deutsche Zeitung*, escritos por seu editor, Karl von Koseritz. Segundo o presidente da província, havia algum tempo o jornal, que era publicado em alemão, inseria em suas colunas "artigos ofensivos aos Brasileiros, aos quais apelidava de raça degenerada e podre, com quem os alemães se não deviam misturar, aconselhando-os que conservassem, isento de toda a nodoa e impuro contato, o seu germanismo". Mas no dia 21 de janeiro o periódico teve a grave imprudência de publicar "um artigo, em que ridicularizava ao Brasil, chamando-o de rapazote malcriado que tinha a petulância de travar contendas com o *homem sério*, a Inglaterra, que o teria castigado severamente a não ser a proteção de um *tio*". "Ofício do presidente da província do RGS ao ministro da Guerra", 29 jan. 1863, ANRJ, IJ1853.

24. As autoridades mencionam Sebastião Maria às vezes como livre, outras como liberto. Não encontrei sua carta de alforria ou outro documento que esclarecesse a respeito.

Justiça que o juiz municipal de Pelotas inocentara, por falta de provas, o réu Sebastião Maria, que havia sido enquadrado no artigo 115 do Código Criminal.[25] Descontente, um assessor do ministro anotou na margem do documento: "Parece que não há mais que fazer".

NEGROS DA COSTA PARA INFANTARIA E CRIOULOS PARA A CAVALARIA: GRAVATAÍ, 1863

Em um domingo, 30 de agosto de 1863, o sargento José Antonio de Oliveira, cumprindo ordens, saiu em busca de "negros insurgentes" que trilhavam o distrito de Santa Cristina. Entre as catorze e as quinze horas, o sargento encontrou os sete acoitados dentro dos potreiros da propriedade de d. Joaquina Constancia e do capitão Israel de Souza Bitencourt. Os sediciosos, segundo Oliveira, resistiram "com armas de fogo disparando-nos tiros e em consequência da resistência lhes mandei fazer fogo", morrendo no confronto dois dos apontados como cabeças do movimento — Alexandre e Nazario —, sendo aprisionados outros três, Antonio, José e Luiz, conseguindo escapar dois (Bento e Manoel). Foram apreendidos quatro armas de armas de fogo, duas facas e um facão.[26]

Segundo as averiguações policiais, desde pelo menos maio daquele ano os cativos da fazenda de Francisco Maciel "aliciavam" escravizados dos arredores para promover um levante contra os senhores, tomar armas e dinheiro e reclamar sua liberdade, "exigindo-a pela força se lha não dessem". A fazenda de Maciel localizava-se na Aldeia dos Anjos — atual Gravataí —, não muito distante da capital da província, mas aproveitando os "passeios" de domingo os cativos já haviam angariado cúmplices em Pinhal, Passo Grande e Sapucaia.[27]

25. Código Criminal do Império, cap. IV, art. 115: "Ajudar, excitar, ou aconselhar escravos a insurgir-se, fornecendo-lhes armas, munições, ou outros meios para o mesmo fim".

26. Processo-crime n. 1060, APERS, *Sumários-Júri*, Porto Alegre, maço 35; "Ofício da Presidência da Província do RGS ao ministro da Justiça", 29 ago. 1863, ANRJ, IJ1585. Ver também Wagner de Azevedo Pedroso, "Escravos, senhores, posses, partilhas e um plano insurrecional na Freguesia de Nossa Senhora da Aldeia dos Anjos, RS (1863)", Dissertação de Mestrado, Universidade Federal do Rio Grande do Sul, 2013.

27. Francisco Antonio Maciel faleceu em 13 de novembro de 1868. Era casado em segundas

O plano dos insurgentes não contemplava, num primeiro momento, rumar para fronteira. Iriam reunir-se no Passo do Butiá, onde se alistariam, indo acampar no Campo do Cará,[28] "para no domingo 30 atacarem a povoação da Aldeia, seguindo depois para o Passo Grande, onde reunidos todos, deviam marchar para a capital". Gravataí era, na época, distrito de Porto Alegre, tornando-se vila apenas em 1880. Considerando o ano de 1858, os três distritos que compunham a Aldeia possuíam uma população de 5387 habitantes, dividida em 3887 livres (72,16%), 109 libertos (2,02%) e — o que não era proporção desprezível — 1391 escravos (25,82%).

Catorze cativos foram considerados cabeças ou cúmplices da sedição. Dois morreram no embate com a polícia e deles, infelizmente, só sabemos que Nazário seria mulato ou pardo. Os doze restantes foram removidos para a capital da província, devidamente castigados e processados. Eram oito crioulos e quatro africanos. Estes últimos eram do serviço da roça e lavoura. Luiz era moçambique, José, nagô, Manuel Capitão, português da Costa da África, e Antônio, congo, mas uma testemunha o mencionou como angola. Os oito crioulos também eram roceiros e lavradores, exceto Aniceto, de vinte anos, que além de lavrador era campeiro. Sete desses insurgentes tinham nascido na região onde promoveram o levante, sendo exceção apenas Feliciano, nascido no Rio Grande do Norte, mas que residia na Aldeia havia sete anos mais ou menos.

Os cativos foram transportados para julgamento em Porto Alegre. A culpa recaiu principalmente sobre o pardo (ou mulato) Nazario, morto durante o levante. Aproveitando-se do "ajuntamento" durante a festa do Espírito Santo, em 24 de maio de 1863, ele "agenciou aliados". Nas palavras das autoridades, Nazario era o chefe supremo, Alexandre, o segundo em comando, e os demais, pequenos chefes.[29] O rompimento do sigilo, entretanto, fez com que os cativos fugissem e fossem batidos pelo subdelegado na margem esquerda do rio dos Sinos. Como já vimos, Nazário e Alexandre foram mortos e o subdelegado responsável tratou de informar ao chefe de polícia que considerava difícil pren-

---

núpcias com Inácia Antonia de Jesus, com quem não tivera filhos. Do primeiro casamento tinha dois filhos. Maciel deixou uma escravaria com dezesseis pessoas, sendo nove homens e sete mulheres. Inventário post mortem n. 351, APERS, Cartório de Órfãos de Porto Alegre.

28. Um dos sediciosos disse que o local no campo chamava-se Figueira Grande.

29. O preto Bento, 23 anos, em seu depoimento destacou que a liderança dependia da capacidade de arregimentar gente, pois, "segundo o ajuste, quem tivesse mais gente seria o chefe".

der outros cúmplices, pois "poucos são os escravos que não sabiam da insurreição".[30] Como o plano original foi malogrado pela mobilização de policiais, guardas nacionais e dos próprios senhores, os envolvidos trataram de fugir para o mato, onde bolaram a alternativa de ir para os castelhanos, servindo Alexandre como vaqueano, ou guia.

Assim como em outros levantes, muitos dos envolvidos só saberiam na hora da eclosão do movimento. O lavrador Antonio, um preto congo, alegou nada saber, pois seus parceiros "não se fiavam dele respondente, por ser linguarudo". No caso dessa insurreição em Gravataí, o convite era para um fandango, e talvez para isso Nazario e outros já tivessem desviado das casas de seus senhores carne e milho.

Crioulos e africanos aparecem juntos nesse levante, mas, segundo alguns depoimentos, divididos quanto à função na luta. Conforme depôs o preto Justo, seu parceiro Quinto o convidara dizendo "que reuniam os negros da Costa para Infantaria e os crioulos para Cavalaria e que [...] ia saber disso para também se reunir, porque os brancos eram uns pelos outros, por isso os negros também deviam fazer o mesmo". "Negros da Costa" parece ser a denominação usada pelos próprios escravos para definir os da África, sem distinção de nação ou procedência. O crioulo Feliciano confirmou o depoimento de Justo, acrescentando que deveriam escolher os melhores cavalos, "porque os seus companheiros lhe diziam que a Rainha em meados de setembro vinha a Porto Alegre e havia gritar liberdade e [se] a vista disso não [dessem] que então iam brigar", daí precisarem de uma boa cavalaria.[31]

A divisão entre infantaria e cavalaria não tinha relação com a ocupação dos envolvidos, pois constatamos que eram na maioria lavradores e roceiros. A figura da rainha, que constou de dois dos depoimentos, é indício de que a figura da realeza tinha considerável força entre os escravos. Segundo Flávio dos Santos Gomes, os escravizados percebiam nas discussões sobre a emancipação ocorridas na década de 1860, e que culminaram com a lei de 1871, sinais de uma cisão entre o poder público (o imperador) e o privado (os senhores): "o

30. Antonio, Bento e Luiz — incursos no art. 113 do Código Criminal — foram condenados a cinquenta açoites cada e a trazer um ferro ao pescoço por trinta dias. Feliciano, Mateus, Aniceto, Manoel Rafael, Quinto, Claudino e Salvador foram absolvidos.

31. O réu Bento disse que, após se reunirem, os revoltosos viriam até o presidente da província, "porque este lhes havia de dar suas cartas de liberdade".

Imperador libertara todos os escravos, e que só por despotismo dos senhores é que ainda se conservavam" escravizados, segundo uma denúncia de conspiração reproduzida por aquele historiador.[32]

A GUERRA NOS CASTELHANOS ESTAVA MUITO FORTE: TAQUARI, 1863 E 1864

Às vezes empregamos formas de raciocínio demasiado esquemáticas para perceber o que ocorria entre os cativos, seus senhores e os vários indivíduos encarregados da vigilância. Pensamos em tipos rígidos de resistência escrava, quando esta podia ser bem mais fluida e estratégica, possuindo numerosas fases e mediações, em conformidade com as circunstâncias, se favoráveis ou não. O caso a seguir, ocorrido nas imediações de Porto Alegre, ajuda a ilustrar o que estou a dizer, caracterizando um processo de negociação entre escravos e senhores, que vai do acordo à desordem e a tentativa de levante.

No início do ano de 1863, a Secretaria de Polícia da província recebeu informações de que escravos da fazenda Conceição, do cirurgião Antônio José de Moraes, em Taquari, haviam se rebelado, e logo foram enviados tropas e armamentos para a região. Na verdade, as autoridades não sabiam ao certo o que ali ocorria, com o chefe de polícia declarando haver "indícios de insubordinação" e ordenando que os cabeças fossem remetidos para a capital para serem interrogados e "descobrirem-se o intento que levam", apesar de já terem prestado "obediência" e pedido "perdão" ao seu senhor.[33]

O caso na verdade não configurava uma insurreição ou rebelião antissistêmica, mas uma disputa em torno da estrutura de poder na fazenda Conceição. O cirurgião Moraes havia herdado essa e mais duas fazendas de seu compadre, Manoel Alves dos Reis Louzada, barão de Guaíba, sendo certo que o ocorrido era uma manifestação pela manutenção de direitos já negociados com o senhor anterior.[34] Em negociações com o cirurgião Moraes — um proprie-

32. Flávio dos Santos Gomes, *Histórias de quilombolas: mocambos e comunidades de senzalas no Rio de Janeiro — século XIX* (Rio de Janeiro: Arquivo Nacional, 1995), p. 332.

33. Correspondência policial, 9 jan. 1863, AHRS, *Polícia*; "Ofícios do presidente da província do RGS ao ministro da Justiça", 11 jan. 1863 (ofício n. 64), ANRJ, IJ1585.

34. Paulo Moreira, Miquéias Mügge e Raul Cardoso, "Gozam no mercado da fama de bem

tário absenteísta —, os cativos acertaram a demissão do capataz, João, por maus-tratos.[35] Entretanto, com a volta de Moraes para a sede do município, seu filho (senhor moço) tratou de reconduzir o capataz ao cargo. João — elemento vingativo no dizer dos cabeças da "desordem" —, sem qualquer provocação da escravaria, reuniu um grupo de homens e, numa terça-feira, à meia-noite, cercou a senzala. Pela janela da senzala um dos homens deu voz de prisão, com os escravos respondendo de dentro que "não tinham cometido crime nenhum", e nesse momento o cativo Justo "abriu a porta pela parte de dentro" e saiu portando uma faca. Como oito homens cercavam a senzala, provavelmente bem armados, os escravos simularam um ataque saindo "cada um com o seu cacete", ficando presos os cabeças Manoel e Francisco, enquanto os demais escapavam para o mato.

A senzala era dividida em duas partes, uma para os casados e outra para os solteiros, sendo a primeira provavelmente dividida em cubículos, com um corredor comum. O ataque fora feito na seção dos casados, até que os solteiros, percebendo a invasão, atacaram os intrusos. Dois escravos casados (Venceslau e Mateus Moçambique) e três solteiros (Romão, Cândido e Pedro Pernambuco) já haviam fugido na véspera, ao perceberem que alguma "amarração" estava planejada, principalmente quando o feitor recolhera todas as chaves das senzalas, contrariando o costume de uma delas ficar "na mão de um preto".[36]

O odiado capataz não só era vingativo como imprevidente, pois ao voltar ao seu antigo cargo causara insegurança nos cativos, ameaçando-os e "andando todo armado na fazenda". Sob interrogatório da polícia, o escravo Francisco descreveu uma cena que ilustra bem o clima entre capataz e escravos. No domingo, com o capataz "todo armado" e acompanhado de um peão e do administrador da fazenda, Francisco aproximou-se para uma conversa de trabalho "armado de facão" (isso nas palavras da polícia). Com o argumento de que

---

morigerados e obedientes: trajetórias transcontinentais mercantis no Oitocentos (Barão de Guaíba, 1785/1862)", in Tiago Cesar (org.), *História, cultura e patrimônio: experiências de pesquisa* (Recife: Ed. UFPE, 2016), pp. 91-122.

35. Francisco dizia que eles estavam "jurados" pelo feitor por terem se queixado ao proprietário da fazenda, "que tinha maltratado a gente, tirando até as rações para dar aos cachorros".

36. Dormiam lá naquela noite Pedro Cabinda, Pedro Crioulo, Justo, Antônio, José Maria, Manuel e Chico Alfaiate, além do preto velho Luiz e de dois crioulinhos, Miguel e Ventura. Em nenhum momento da investigação são citadas mulheres.

trazia no cinto o facão que usava em seu serviço de falquejador, Francisco procurou se isentar da acusação de ameaça, mas imagina-se a elevada tensão daquele encontro.

No caminho para a cidade, os guardas encontraram alguns parceiros dos escravos presos e tiveram que recuar, temendo que um confronto direto pudesse alastrar o conflito para outras fazendas vizinhas. Nos interrogatórios, a polícia logo quis saber se existiam contatos e conversas entre escravos das várias fazendas da região e se os escravos tinham o hábito de usar cacetes. Quanto ao segundo quesito, o preto Manoel respondeu que sempre portavam cacetes "para passear".

A descrição da senzala da fazenda esclarece que várias providências haviam sido tomadas para melhorar a vida dos cativos. Nada feito com prejuízo para o senhor, já que o tráfico internacional de escravos havia sido proibido e era recomendável o aumento das taxas da natalidade escrava. Outras informações indicam que os escravos da Conceição há tempos vinham conseguindo alguns direitos, como o trânsito pelos arredores da propriedade (Francisco havia conseguido um cavalo emprestado para ir à casa de seu sogro, um negro forro), além de algum controle de sua moradia (a chave da senzala) e outras regalias (cativos haviam pedido ao senhor para comprar um cavalo, o qual "não deu com certeza, mas que prometeu se cumprissem com suas obrigações").

A situação na fazenda parece ter se acalmado, pois não foi instaurado inquérito, dando a crer que apenas o habitual *tratamento* policial (chicotadas etc.) fosse implementado. Mas a tranquilidade não permaneceria por muito tempo na região. No final de novembro de 1864, o delegado de Taquari pediu auxílio às autoridades provinciais para debelar uma conspiração, e os "cinco principais cabeças" foram identificados e remetidos para a capital.[37] O município de Taquari era então dividido em dois distritos, com trinta quarteirões e 1177 fogos, sendo sua população total de 9932 habitantes, dividida em 6995 livres (70,43%), 236 libertos (2,38%) e 2701 escravos (27,19%).

Além da prisão e envio dos líderes para fora do município, o chefe de polícia enviou para o local "força, armamento e munições necessárias". Alguns dias depois, o delegado informou que a conspiração "não estava tão adiantada

37. "Ofício do chefe de polícia para o presidente da província do RGS n. 644", 19 nov. 1864, AHRS, *Secretaria de Polícia*, maço 8.

como se supunha", e por essa razão achava-se "desvanecido o pânico de que se possuíram as famílias e habitantes daquele termo", pedindo apenas "algumas algemas e machos".[38] Em 29 de novembro, com as investigações concluídas, o presidente da província oficiou ao ministro da Justiça descrevendo os acontecimentos e as providências tomadas.

Dessa vez o trabalho do historiador foi facilitado pela certeza dos contemporâneos quanto à natureza do planejado levante. Indiscutivelmente, as autoridades acreditaram na conspiração — confirmada por depoimentos de numerosos cativos —, pois um processo-crime foi instaurado.[39] Seis escravos foram indiciados como réus. Eram todos crioulos e podemos perceber que algumas características comuns os uniam. Todos tinham entre vinte e trinta anos, no auge da força física e capacidade de trabalho, ocupavam-se em atividades eminentemente rurais (lavradores/campeiros) — com exceção de Carlos, que trabalhava na navegação fluvial — e eram originários de Taquari ou de seus arredores, ou moravam no termo havia muitos anos. Pelos depoimentos, essas características comuns eram reforçadas por fortes laços de amizade, solidariedade de classe e gênero e, no caso de Joaquim e Domingos, por relações de parentesco: eram irmãos.[40]

Domingos foi o primeiro a falar, após receber alguns "laçaços" de seu senhor. Foi torturado para falar. Foram arrolados como testemunhas quinze escravos e quatro pretos livres, os quais confirmaram a movimentação entre a escravaria de Taquari. Apenas os cativos Bento, Simião, João e Benedito negaram qualquer conhecimento a esse respeito. No auto de perguntas de Benedito, "mandou o Juiz declarar que apesar da negativa do informante, contudo se conhecia que ele por alguma forma se negara de dizer a verdade". Já no de João, que apenas afirmou total desconhecimento do levante, "mandou o Juiz declarar que se conhecia estar o interrogado em negativa por não querer comprometer aos demais". O inquérito serviu para que juízes e advogados conhecessem a trama, mas na etapa seguinte, presidida por um juiz de direito, sete

38. "Ofício da autoridade policial para a presidência da província (n. 646)", AHRS, 21 nov. 1864, *Secretaria de Polícia*, maço 8.

39. Processo judicial n. 2116, 1865, APERS, Cartório Cível e Crime de Porto Alegre, maço 28.

40. Existe a possibilidade de que Ventura e Carlos também fossem irmãos de Joaquim e Domingos, mas nossa única pista a esse respeito é a referência ao mesmo nome da mãe, Maria.

comerciantes e lavradores brancos testemunharam que só sabiam "por ouvir dizer" ou por terem assistido aos interrogatórios.

Alguns escravos duvidaram da possibilidade de êxito, ironizando os preparativos, e com isso se tornaram alvo de ódio dos rebeldes. O preto Batista,[41] ao encontrar Antônio numa venda, fora convidado por este para "se aliciar com ele e outros a fim de fazerem uma reunião e passarem na Vila de Taquari, e depois irem para os castelhanos". Batista então respondeu que

> em nada se metia, e que o que eles queriam eram uma corsa de laço, ao que respondeu-lhe o preto Antônio que ele se havia de arrepender, por que depois de eles se reunirem, os primeiros a quem matarão era ele interrogado e os que se quisessem furtar-se de os acompanhar, e que era uma lástima ele ter vestidas aquelas calças.

O promotor Eugênio Cardoso Malheiros concluiu que os réus deveriam ser incursos no crime de insurreição escrava (artigo 113 do capítulo IV, do Código Criminal de 1830).

> Das diligências efetuadas se depreende que [os réus] concertaram entre si para se reunirem, animados do propósito de se dirigirem à vila de Taquari, e aí assaltarem diversas casas, matando os que lhes resistissem e subtraindo o dinheiro nelas encontrado, seguindo logo depois para o Estado Oriental, onde pretendiam recuperar a liberdade. Para este fim já haviam convocado um avultado número de escravos, muito superior ao de vinte, que deviam aguardar a designação do dia em que a insurreição devia ser levada a efeito. Consta mais que o liberto João Marçal foi um dos mais empenhados no plano da insurreição, aliciando escravos, principalmente pelo intermédio do escravo Joaquim, com quem entretinha estreitas relações de amizade.

Como se suspeitou da participação de um liberto, João Marçal, que não chegou a ser indiciado, Malheiros apelou para o artigo 114 ("Se os Cabeças da insurreição forem pessoas livres, incorrerá nas mesmas penas impostas, no Artigo antecedente, aos cabeças, quando são escravos"). O plano — que, *di-*

41. Trinta anos, solteiro, lavrador, filho da preta Angélica, de Triunfo.

ziam, seria executado em 23 de novembro — tinha alguma semelhança com o de Porto Alegre (que veremos depois). A revolta começaria em um fandango numa chácara fora da vila, onde uma terneira seria carneada, sendo provável que nem todos fossem avisados da conspiração, mas tão somente de um encontro lúdico. Nessa reunião de parceiros, após terem convidado as escravarias de fazendas vizinhas, partiriam para tomar a vila, matando em primeiro lugar "a seus senhores, e depois [...] os mais brancos, e mesmo os pretos que não quisessem reunir com eles".[42]

O ponto de encontro dessa segunda parte do plano era o cemitério, onde pretendiam "forçar as grades [...] arrancando dali barras de ferro que têm a configuração de lanças", e desse ponto elevado desceriam invadindo Taquari.[43] Tencionavam ocupar a vila não só para conseguir armamento, roupa e dinheiro, mas para "escangalharem tudo", o que facilitaria a fuga.[44] O plano discriminava quatro indivíduos de Taquari que seriam atacados: o tenente-coronel Francisco Patrício Xavier de Azambuja, comandante do 10º Corpo da Guarda Nacional; o delegado de polícia, João Ferreira Brandão;[45] o tenente-coronel Albino José Pereira, vereador e comandante do 21º Corpo da Guarda Nacional;[46] e o major Fernando Augusto Maximiliano Kersting,[47] juiz municipal suplente.

O esquema, que mobilizaria entre vinte e cinquenta cativos, mapeava com clareza instituições municipais de poder — Guarda Nacional, polícia, Câmara Municipal e Justiça —, as quais, devidamente desorganizadas, não só forneceriam "o que precisavam", mas retardariam a reação das autoridades. Com o ataque à casa do tenente-coronel Patrício, os revoltosos tinham também o ob-

42. Depoimentos de Boaventura, preto, escravo de Damásia Joaquina da Silva, 23 anos, solteiro, filho da preta Maria, de Taquari, lavrador, e Domingos, preto, escravo de Antônio Caetano de Oliveira, 28 anos, solteiro, filho da preta Maria, de Taquari, lavrador.

43. Depoimento de Afonso Luiz Esteves, solteiro, 21 anos, de Rio Pardo, morador em Taquari, proprietário de uma casa de comércio.

44. Depoimento do crioulo Pedro, escravo de Francisco Luiz da Silva, vinte anos, filho da preta Cândida, de Taquari, lavrador.

45. Delegado de Polícia até meados de 1866, quando pediu sua demissão, sendo substituído pelo major Kersting; vereador entre 1865-1867; juiz municipal em 1856. Requerimentos, 1866, AHRS, maço 131.

46. Vereador de 1853 a 1869, AHRS, Guarda Nacional, maço 102.

47. Delegado de Polícia do termo em 1867, juiz municipal e órfãos de Taquari entre 1866/1868, AHRS, *Justiça*, maço 100.

jetivo de obter o seu fardamento de oficial, o qual seria usado pelo líder Ventura,[48] e dali partiriam para a campanha ou ao Estado Oriental, "aonde prestariam seus serviços contra o Brasil se preciso fosse ou permaneceriam no gozo da liberdade, distribuindo entre eles o gozo do saque".[49]

Com exceção de Bento — que disse só ter tomado conhecimento do plano após a prisão —, os demais denunciaram Joaquim como cabeça e autor dos convites para a revolta. Em seus dois depoimentos, Joaquim demonstrou muita coragem, não negando participação, mas apontou o tenente Bernardo dos Santos Praia como mentor da insurreição:

> o qual declarou que havia de levantar um Batalhão de escravos para irem para a Campanha depois que se acabassem as eleições, e que depois de terem os negros passado a linha, o Tenente Praia voltava, e que havia o mesmo Praia concebido o projeto de saquear várias casas, e depois dos negros arregimentados haviam de ter um instrutor que era Bernardino Dominguinho.

O tenente Praia era bem conhecido na cidade. Nascido em Triunfo, com 49 anos, filho de Antônio dos Santos Praia e Ana dos Santos Praia, era o coletor das rendas provinciais da vila de Taquari, e tenente quartel-mestre do 10º Corpo de Guardas Nacionais.[50] Acareados, Joaquim sustentou a acusação e Praia disse que nada sabia e que nem conhecia o cativo.

No seu primeiro depoimento, na presença do delegado Brandão e do promotor Eugênio Cardoso Malheiros, Joaquim foi ainda mais específico na sua denúncia. Disse que havia um mês mais ou menos, passando pela rua das Flores, fora chamado por Bernardo dos Santos,

> e este lhe dissera que se preparassem para daí há um mês mais ou menos ir com outros pretos à Casa da Câmara e algumas outras casas mais, para tirarem o di-

48. Depoimento de José Rodrigues dos Santos, 34 anos, casado, natural e morador de Taquari, proprietário de uma casa de comércio.

49. Depoimento de Silvério José Marques, casado, 59 anos, natural e morador de Taquari, vivia de sua lavoura.

50. No mesmo ano de 1865 Praia conseguiu sua transferência para a reserva, escapando, assim, da marcha de seu corpo para a campanha, alegando ter 51 anos e várias enfermidades. Requerimentos, AHRS, *Guarda Nacional*, maço 118.

> nheiro nelas existente e seguir com este Praia para os Castelhanos; dizendo-lhe o mesmo Praia que podia falar a tal respeito com alguns outros pretos mais fiéis, de modo que não transpirasse entre os brancos; depois do que ele respondente comunicou o que lhe havia dito Praia, a Domingos [...], Carlos [...] e Antônio [...], ao que estes responderam que sim, que estavam prontos para quando houvesse qualquer barulho. Disse mais ele respondente, que Praia na ocasião que conversava com ele, dissera que Bernardino José Correia era aquele que tinha de ensinar-lhe e aos seus companheiros, o manejo de espada e de lança, para ficarem preparados, que tinha lugar perto do cemitério dos Alemães. Disse mais que do dinheiro subtraído havia de se fazer distribuição entre os que se tivessem levantado, de modo a que chegasse a todos [...]. Acrescentou mais [...] que Praia dissera que indo eles para os castelhanos, não voltariam mais e ficariam livres. Disse mais [...] que conversando com seu parceiro Domingos, este lhe dissera que estavam preparados para a insurreição alguns escravos de Albino de Freitas Travassos, entre os quais um de nome Cândido, que disse-lhe Domingos saber que não deixava de entrar no barulho, assim como os escravos Frederico, de Albano de Paula Guedes e alguns outros moradores do rio. Lino, de João Antônio de Sousa, Boaventura, de Damásia Joaquina da Conceição, Bento, que não sabe o nome do senhor, e Antônio [?] de Pedro Gomes. Disse mais [...] que Praia quando lhe fizera o convite dissera que havia muito armamento preparado em casa de José Russo, e nas colônias da Estrela. Disse mais, que há dias andava fugido da casa de seu senhor, por causa de uma sova que havia levado e que nesse tempo esteve em casa de Manuel da Fazenda, aonde o filho do mesmo deu-lhe um escrito a entregar a seu senhor, para que o desculpasse, ao que ele respondente não anuiu.

A palavra de um escravo não sensibilizou minimamente os juízes, até porque o nome desse *mentor* não apareceu em nenhum outro depoimento. Fica-nos a possibilidade de que Praia tivesse o projeto, não de liderar ou estimular uma insurreição, mas tumultuar o período eleitoral, e que seu plano tenha sido assumido por Joaquim, que tratou de levá-lo adiante. Um dos escravos que receberam o convite, o preto Adão, depôs que Joaquim o havia informado de que "a guerra nos castelhanos estava muito forte", informação esta que talvez Praia tivesse dado a Joaquim por descuido, fornecendo assim informações sobre o andamento do conflito e das possibilidades que ele abria para seus sonhos de liberdade.

Joaquim, Domingos, Bento e Carlos foram condenados por unanimidade pelos jurados, por terem combinado entre si o levante para "obterem a liberdade através da força", conforme se caracterizava o crime na legislação. Joaquim foi considerado o "principal cabeça", pois os demais tiveram sua pena diminuída pela circunstância atenuante de não terem pleno conhecimento do mal e direta intenção de o praticar.

Pela última parte da disposição do artigo 113 do Código Criminal, Joaquim recebeu 150 açoites e os demais 75, sendo depois entregues a seus respectivos senhores, que se obrigaram a mantê-los com ferro ao pescoço por dois meses, além de pagarem as custas. O carcereiro, em 18 de maio de 1865, expediu um atestado comprovando a aplicação dos castigos, distribuídos em três dias.

Antônio, filho da preta Joaquina, e que nos depoimentos se mostrou contraditório em dizer a sua idade e local de nascimento, foi absolvido. Seu proprietário, Cândido Dobril, apresentou seis testemunhas que afirmaram que seu cativo costumava embriagar-se sempre que ia à vila, mas não era turbulento e nunca havia sido acusado de crime algum, apesar de ser um "preto idiota — ou um tanto gira — como vulgarmente se diz".

Mas alguns dos interrogados deixaram pistas claras de que procedimentos repressivos recém-introduzidos na região tiveram a ver com a decisão de alguns escravos de aderir ao movimento. Segundo teria dito ao pardo João,[51] Domingos participara da insurrcição

> por causa de uma patrulha que foi posta nos subúrbios desta vila, para obstar os passeios e mesmo alguns furtos e queima de casa, que tem aparecido, ele ia ajuntar uma porção de parceiros para virem acampar no alto do Cemitério, e dai atacar esta vila para dar muita bordoada e é provável que matar o que pudesse.

Pode-se traduzir essas palavras como um comentário à suspensão de uma maior liberdade de circulação que tinham os escravos. O campeiro Serino,[52] que declarou ter demonstrado oposição ao levante por achar que era "loucura", foi

51. Vinte anos, solteiro, filho da preta Eva, de Taquari, lavrador, escravo de Isidoro Teixeira Santiago.

52. Preto de Albano de Paula Guedes, quarenta anos, filho da preta Maria, de São Jerônimo, campeiro.

ainda mais direto, ao dizer que o motivo de terem projetado "semelhante atentado" era por uma patrulha que o subdelegado Vila Nova "tinha posto nos subúrbios desta vila, para obstar os passeios que costumavam fazer os mesmos pretos".[53]

Os passeios costumeiros desses pretos eram vitórias cotidianas conquistadas a duras penas, e não podem ser menosprezados. Ao perceberem a imposição de limites aos seus passeios, eles decidiram abandonar uma estratégia de resistência "passiva" e passaram ao plano de insubordinação aberta. Assim, percebemos que revolta e negociação cotidiana não eram antagônicas, mas estratégias de resistência/sobrevivência postas em ação conforme o entendimento das possibilidades de êxito ou fracasso em determinados contextos. No caso, a Guerra do Paraguai criara um quadro favorável para insurreições, que em outros momentos pareceriam uma espécie de suicídio coletivo e por isso seriam descartadas pelos cativos tendentes à rebeldia.[54]

O acesso aos documentos e à correspondência enviados ao Ministério da Justiça pelo presidente da província nos traz sempre algumas informações extras, que não aparecem nas partes policiais e processos judiciais. Sabemos, por exemplo, que a insurreição chegou ao conhecimento das autoridades porque "em uma noite em que conversavam diversos pretos em uma das ruas desta Vila, em horas adiantadas, foram ouvidos por uma preta em lugar oculto, algumas palavras deles, em que convidando a algum dos presentes relataram alguma cousa de seus projetos". O nome da preta não foi divulgado, mas sabemos que pertencia ao senhor Francisco Caminha. O projeto dos insurgentes era "reunirem uma grande porção de escravos das Fazendas deste distrito, em numero de mais de 800 [...] saquear a povoação, roubar as mulheres e com elas fugirem para o Estado Oriental". As averiguações policiais não descartaram a ligação entre os sediciosos de 1863 e os do ano seguinte. Quanto ao plano de seguirem para os "castelhanos", corria a notícia "de ter chegado a este termo, vindo do Estado Oriental, onde se achava refugiado, um preto irmão de dois dos escravos implicados". Esse escravo fugido devia ser um vaqueano que poderia guiar os levantados até a fronteira e mais além. Depois de muita investi-

53. Trata-se de José de Azambuja Vila Nova, nascido em Triunfo, 49 anos, vivia das rendas de sua fazenda, vereador na legislatura 1865/1867.

54. O escravo Martinho, em 1868, tentou assassinar seu senhor Urbano Correia de Melo em Porto Alegre, quando este quis impor obstáculos ao *costume* que tinha de liberá-lo aos domingos e dias santos. Processo judiciário n. 1176, APERS, *Tribunal do Júri*, maço 40.

gação, a polícia considerou que o plano ainda não estava maduro, "sendo o susto dos habitantes mais imaginário do que real".[55]

UM ALICIADOR DE ESCRAVOS ORIENTAL: ARROIO GRANDE, 1864

Em fevereiro de 1865, foi embarcado em um vapor que zarpou em direção à província de Santa Catarina o oriental José Benito Varela, ex-vice-cônsul na cidade de Jaguarão, preso "por suspeita de aliciador de escravos para se insurgirem". Indagações posteriores convenceram o presidente da província rio-grandense de que a acusação não tinha fundamento, apesar de ele considerar o uruguaio "um destes espiões que dizem ter o Governo Oriental nesta Província":

> Há um estremecimento geral em toda a província por causa de algumas suspeitas mais ou menos fundadas de insurreição de escravos. De um número tão avultado de autoridades policiais não se pode exigir de todas a prudência e critério para não aceitar como suspeitos ditos vagos e sem importância. O resultado tem sido muitas prisões e castigos sem razão alguma a esse terror de que se apoderou toda a população que em cada um Oriental enxerga um aliciador e exigem a sua prisão e deportação. Tenho procurado conter o excesso de zelo das autoridades, tenho posto em liberdade muitos orientais presos por essas autoridades, homens pacíficos que emigraram para procurar trabalho, e que perseguidos aqui irão engrossar as fileiras das tropas blancas.[56]

Apesar do otimismo da presidência da província, havia evidências de tratativas entre dois uruguaios e alguns escravos da região de Jaguarão.[57] O delegado Henrique Bernardino Marques Canarim, após receber a denúncia alar-

55. "Ofício do presidente da província do RGS ao ministro da Justiça", 29 nov. 1864, n. 274, ANRJ, IJ1586.

56. "Ofício do presidente da província do RGS ao ministro da Guerra", ANRJ, IJ1587. Ver, a respeito do cônsul Varela, Rafael Peter de Lima, "Andrés Lamas e a atuação da Legação Oriental na Corte imperial brasileira: escravidão e relações internacionais (1847-1869)", Tese de Doutorado, Universidade Federal do Rio Grande do Sul, 2016.

57. "Ofício do presidente da província do RGS ao ministro da Guerra", ANRJ, maço IJ1854.

mada do subdelegado de Arroio Grande, para lá se dirigiu e fez as averiguações necessárias, relatando não haver "plano de insurreição dos escravos das charqueadas ali estabelecidas".[58] Das pesquisas feitas, Canarim constatou que o oriental Benito Varela, ex-cônsul uruguaio em Jaguarão,

> por concessão do charqueador Manoel Antonio Lopes, edificou junto a sua charqueada em Santa Isabel, uma pequena casa a título de fábrica de sabão, e aí teve ocasião de entreter relação com o preto Bomfim, escravo de Dona Clara Altina Augusta, sogra do dito Lopes, em cuja charqueada estava alugado, seduzindo-o para que convidasse a seus parceiros para estarem prontos para fugirem para o Exército do Governo de Montevidéu, quando ele entrasse em Santa Isabel, e que as armas ele fornecia. Este preto Bomfim também foi aliciado pelo emigrado oriental Bráulio Correia, de cor preta, residente da estância de Domingos Faustino Correia, para seduzir seus parceiros para que logo que se aproximasse o Exército Oriental eles fugirem; este mesmo convite Bráulio Correia fez a um outro preto de nome Faustino, escravo de Antonio José Teixeira. Também outro oriental branco, magro, cabelos grandes, cujo nome não pude saber, e que constantemente vive na venda de André Coelho, em Santa Isabel, convidou ao preto André, escravo de Manoel Antonio Lopes para o mesmo fim. O preto Bomfim chegou a falar com um de seus parceiros, que não teve resultado pela circunstância de se terem aproximado as forças orientais a Jaguarão, e eles terem se submetido as ordens de seu senhor, por que os fez embarcar em número de quarenta para esta cidade, sem a menor demonstração de insubordinação. O preto oriental Bráulio foi preso e interrogado e negou ter aliciado o escravo Bomfim para seduzir seus parceiros. Fiz entrega dele ao respectivo subdelegado. Em meu conceito não houve combinação entre estes três orientais para aliciarem escravos, porque Bráulio há um mês pouco mais ou menos foi que falou a Bomfim, e não o procurou mais. Benito Varela, ao aproximar-se das forças a Jaguarão, retirou-se para aquela cida-

58. Em março de 1865 o subdelegado de Bagé comunicava a formação de uma polícia local com dez praças, a fim de evitar os intentos de sublevação da escravatura por parte dos "bárbaros assassinos do governo de Montevidéu". Também o subdelegado do 5º distrito de Cruz Alta comunicou, em 4 de julho de 1865, a formação de uma polícia local de cinquenta homens, precavendo-se contra uma possível invasão, que poderia ser aproveitada pelos escravos, "como já se propala". "Ofícios para o presidente da província", 4 jul. 1865, AHRS, *Subdelegacia de Polícia*, maços 1 e 7.

de, onde foi preso, segundo me informou o subdelegado do Arroio Grande, por se lhe ter encontrado armamento em casa, e outro oriental, cujo nome ignoro, encontrando o preto André na venda de Roque no dia 26 do passado foi que lhe falou. Isso tudo mostra que não passa de um plano vago porque estes convites não se estenderam a outras charqueadas, tanto do lado de lá do rio São Gonçalo, como do lado de cá. Julguei a retirada de todos os orientais emigrados daquelas proximidades, para evitar contatos com os escravos, e neste sentido dei instruções ao subdelegado de Tahim e o mesmo pedi ao subdelegado do Arroio Grande o fizesse.[59]

Rafael Peter de Lima, ao estudar os conflitos diplomáticos entre autoridades brasileiras e uruguaias em virtude do tráfico de negros orientais livres, encontrou uma variada documentação indicando que, em meados do século XIX, Brasil e Uruguai viviam uma conjuntura política muito delicada. Segundo Lima,

assim ocorreu com o vice-cônsul oriental em Jaguarão, José Benito Varella, que havia assinado documentos declarando serem livres alguns negros escravizados por terem nacionalidade uruguaia. [...] Em jornal da cidade é publicado um artigo contendo claras ameaças ao vice-cônsul. Diz o texto: "Esperamos que o Sr. Varella, se compenetrará de que tem errado, e que de hora em diante evitará a

59. Em ofício reservado, de 2 de fevereiro de 1865, o delegado de polícia de Jaguarão informou a invasão do território brasileiro por 1500 homens liderados pelo general Basilio Muñoz, os quais, além de causarem vários estragos, levaram os escravos que encontraram "à força para o meio deles, com o prometimento de serem libertados, conseguindo dessa maneira levarem alguns". Em ofício de 7 de fevereiro, a mesma autoridade comunicava: "Do 2º distrito da freguesia de Arroio Grande, me foram remetidos 8 escravos, sendo ali presos como suspeitos e coniventes na insurreição da escravatura que devia ter lugar na ocasião em que fosse invadida nossa fronteira pelas forças de Montevidéu. Pelo depoimento do preto Florêncio, escravo de Marcos José da Porciúncula, que parece ser o que se encarregou de falar aos escravos, e declara que foi convidado para isso pelo oriental José Benito Varela que, muitos dias antes da invasão, o convidara para que passasse para o lado oriental, dizendo que seria esse o meio de gozar a liberdade. Me parece que algum plano estava combinado e por qualquer circunstância, por ora desconhecida, abortou! Continuo as mais severas indagações, a ver se posso descobrir os agentes de semelhante conspiração, porque tenho notícias de alguns escravos moradores nesta cidade, como cúmplices nesse atentado e contra eles estou procedendo as indagações". "Ofícios ao presidente da província do RGS", AHRS, *Polícia*, maço 7.

reprodução desses erros, e remediará os que têm praticado, sob pena de ter de passar por alguns dissabores se assim o não fizer".[60]

ESCRAVOS E PRISIONEIROS DE GUERRA PARAGUAIOS: PORTO ALEGRE, 1868

A comemoração do Divino Espírito Santo, ou simplesmente festa do Divino, era a mais popular dentre as festas de Porto Alegre no século XIX.[61] Grande concentração de povo de todas as classes tomava a praça Dom Pedro II ou do Palácio — atual Deodoro da Fonseca ou da Matriz —, com danças, brinquedos, queima de fogos e bancas de comidas diversas. Tão tradicional era essa festa e tamanha era sua importância para a sociabilidade urbana e comemoração coletiva que nem a Guerra do Paraguai interrompeu a sua realização. Aliás, talvez a persistência das autoridades e do povo na sua continuidade demonstre o quanto a capital ganhava com o conflito internacional, que, longe de seu território, trazia consideráveis lucros com os preparativos militares, materiali-

60. Rafael Peter de Lima, "Escravidão e liberdade na região fronteiriça Brasil Uruguai (séc. XIX)", in *Anais do VIII Encontro Regional de História* (Caxias do Sul: Anpuh, 2006). Jornal citado: *Echo do Sul*, Rio Grande, ano 2, n. 115, 15 ago. 1857. Em 1861, José Benito Varela foi processado por irregularidades na arrematação dos impostos municipais de Jaguarão. Na verdade, Varela aparece apenas como fiador, mas o arrematante José Bernardino Dutra alegava que ele era o "verdadeiro arrematante", pois este não podia participar dessa negociata "por sua qualidade de estrangeiro e proibição da lei, e por isso pediu ao embargante para por ele representar". A Câmara Municipal exigia o reembolso de 2:151$ réis e testemunhas comprovaram que Varela tinha tal quantia, possuindo uma casa na cidade (com mobília e piano de jacarandá), uma carretinha, duas mulatas e um mulatinho, além de uma chácara nas imediações da vila. Processo judiciário n. 476, APERS, Tribunal da Relação, caixa 239. Para prevenir uma sedição de escravos na freguesia do Herval, seguiu em 1867 para Jaguarão o vapor de guerra *Apa*; a revolta seria "dirigida por pessoa incógnita que, segundo as indagações que foram tomadas, pretendiam arregimentá-los com o fim de passarem para o Estado Oriental". Ofícios do presidente da província do RGS, AHRS, *Correspondência dos Governantes*, maço 110. Através de correspondência reservada enviada ao chefe de polícia, o delegado de São Gabriel comunicou o envio do correntino Pedro Montiel, que constava estar aliciando escravos em Rosário, para passarem a fronteira e se unirem aos *blancos*. "Ofícios para o presidente da província do RGS", 6 nov. 1870, AHRS, *Polícia*, maço 27.

61. Dante de Laytano, *Folclore do Rio Grande do Sul: levantamento dos costumes e tradições gaúchas* (Caxias do Sul: Educs; Porto Alegre: EST; Martins, 1984), p. 321.

zados no crescimento das atividades do Arsenal de Guerra e de outras fábricas médias e pequenas.[62]

Nos últimos dias de maio de 1868, os habituais cuidados das autoridades em evitar as frequentes brigas entre praças da polícia e soldados do Exército e controlar os bêbados habituais ou ocasionais passaram à margem de um perigo sempre presente nos períodos colonial e imperial: a revolta da escravaria. Alguns dias depois da festa, na terça-feira 9 de junho, apresentou-se na delegacia de polícia da capital Gabriel Francisco de Oliveira, trazendo consigo o seu escravo Antônio Maria, que tinha algumas revelações a fazer.

Gabriel Francisco de Oliveira tinha por volta de 46 anos, foi descrito como branco, analfabeto, nascido em Porto Alegre e morador na estrada do Mato Grosso — atual avenida Bento Gonçalves —, distrito de Belém, onde vivia de lavouras.[63] Antônio era preto, solteiro, nascido nessa província, com trinta anos de idade e campeiro. O cativo contou ao chefe de polícia, Belarmino Peregrino da Gama e Melo, que fora contatado pelo cativo Dioniso, do negociante Francisco Ferreira Porto,[64] para uma insurreição na noite do Espírito Santo, para a qual já estava "muita gente pronta e o necessário armamento".[65] Receando participar de uma empreitada que não parecia fadada ao êxito, Antônio Maria optou por denunciá-la ao seu senhor. Com promessas de gratificação, o chefe de polícia ordenou ao cativo que voltasse a encontrar Dioniso e "procurasse entrar no segredo do plano", descobrindo qual era o esconderijo do armamento.

Na quarta-feira, Antônio Maria voltou a Belarmino, deixando-o desanimado, pois nada havia descoberto de novidade, sendo mais uma vez mandado a espionar seus companheiros revoltosos. Antônio Maria, ao que parece, assustou-se com a possibilidade de ser apontado como denunciante, pois, segundo o chefe de polícia, "retirando-se o escravo, não me apareceu mais, deixando-me ver neste seu procedimento o receio, talvez, de ser descoberto". Era, sem dúvida, o medo da cidade solidária, na qual a população negra cativa ou liberta poderia tomar a justiça nas próprias mãos, vingando-se do delator. As próprias

62. Sérgio da Costa Franco, *Porto Alegre e seu comércio* (Porto Alegre: Associação Comercial de Porto Alegre, 1983), p. 55.

63. Processo judiciário n. 1000, APERS, *Sumários Júri*, Porto Alegre, maço 33.

64. Porto tinha um armazém de couros. AHRS, *Requerimentos*, maços 89, 90, 91, 141.

65. Correspondência das autoridades policiais, AHRS, *Secretaria de Polícia*, maço 11.

autoridades tomaram todas as medidas para que tudo fosse apurado em segredo, evitando-se o nome do denunciante mesmo no ofício do chefe de polícia ao presidente da província, sendo apenas entregue em correspondência à parte, em mãos.

Não conseguindo informações por espionagem, a polícia tratou de seguir as vias habituais de investigação. O delegado Cláudio José Monteiro foi incumbido de prender o pardo Dioniso, que foi interrogado "minuciosamente". Não é preciso muita imaginação para perceber o que significava, numa sociedade escravista, um interrogatório *minucioso* de um cativo; as técnicas de tortura em nosso país sempre foram por demais sofisticadas, e não demorou para que a confissão fosse obtida. Foram apontados como cabeças da conspiração dois escravos do mesmo Francisco Ferreira Porto: Teodoro e Patrício.

A festa do Espírito Santo transcorreu sem incidentes naquele ano, pois a multidão foi considerada um obstáculo pelos insurretos. Patrício calculou que a invasão da praça do Palácio na noite da festividade poderia causar "muitas desgraças desnecessárias [...] como mortes de mulheres e crianças, pois teria de reinar grande confusão". Assim, o levante foi adiado para a festa de São João, em 24 de junho. A escolha de um dia festivo para a revolta fazia parte das tradições relacionadas às sedições de escravos. Em virtude da aglomeração de gente, ocorria uma momentânea confusão dos encarregados de controlá-los, e a reunião de cativos, com a justificativa da festa, corria menos risco de ser percebida.

Já nas vésperas do Natal de 1864, era "dada como certa" uma insurreição de escravos, durante os festejos na capela do Menino Deus. Essa igreja, inaugurada no Natal de 1853, era palco de grandes celebrações anuais, oriundas de crenças vindas dos Açores.[66] O delegado local, a bem "da boa ordem e tranquilidade pública", requisitou da Guarda Nacional vinte praças de cavalaria para "coadjuvarem o serviço da polícia", e vinte espadas e talins do Arsenal de Guerra para armá-los. Os boatos do levante chegaram ao domínio público, e um grupo de alemães e teuto-brasileiros ofereceu-se "para correrem ao lugar do perigo".[67] Após os agradecimentos pela iniciativa, a autoridade policial orde-

66. Francisco Riopardense de Macedo, *Porto Alegre: história e vida da cidade* (Porto Alegre: Ed. da UFRGS, 1973), p. 192.

67. À revelia das autoridades imperiais, formou-se um sólido núcleo de imigrantes alemães

nou que, "em caso positivo", deveriam "reunir-se no Quartel da Polícia". Dizia o ofício:

> Os abaixo assinados, tendo conhecimento de que V. Exa. tem tomado providências acerca dos boatos de uma próxima insurreição de escravos, e tendo em consideração as faltas de tropas que possam garantir a vida e propriedades dos cidadãos e suas famílias, os abaixo assinados reunidos com seus companheiros, em número de 60, tem resolvido oferecerem seus serviços na ocasião de perigo, dignando-se V. Exa. providenciar o lugar de reunião e fornecimento de armamento e cartuxame.[68]

Na sedição planejada em 1868, verifica-se que o dia de festa também seria utilizado para mobilizar cativos que não eram da inteira confiança dos chefes, os quais seriam convidados "simplesmente para um baile". A "reunião" fora marcada na chácara do capitão Manuel Joaquim, morador no Caminho do Meio, atual avenida Protásio Alves, onde um cativo deste já teria providenciado "doze dúzias de cabos de lança para neles encravar-se facas e quaisquer outros instrumentos de forma a servirem de lança". Esses lanceiros sairiam em quatro divisões, três delas visando obter armamento mais consistente, com que atacariam o quartel da Guarda Nacional, o laboratório pirotécnico — onde conseguiriam dois rodízios — e o Arsenal de Guerra. A quarta divisão "iria à cadeia

---

e seus descendentes em Porto Alegre. Magda Roswita Gans, *Presença teuta em Porto Alegre no século XIX (1850-1889)* (Porto Alegre: Ed. da UFRGS, 2004).

68. Em aviso reservado de 28 de novembro de 1865, o ministro da Justiça pediu que as autoridades provinciais diligenciassem os autores de uma sublevação que deveria ocorrer em Porto Alegre, denunciada por uma carta anônima a ele remetida. A polícia tratou de montar atenta vigilância sobre esses pretos escravizados, mas nada apontava que tivessem intenções sediciosas. A carta apontava vários "pretos", entre eles Manoel, de um alemão chamado Lourenço de Tal, que já havia sido vendido para fora da província. Além dele, eram citados Augusto, de José Inocêncio Pereira, e Pompeu, de dona Maria Joaquina Corte Real, e Manoel Martinho e Clemente, não sendo apontados os senhores destes dois últimos. O subdelegado do 2º distrito da capital informou ao chefe de polícia que, "depois das mais minuciosas indagações a que tenho procedido com o maior empenho, cautela e reserva, cheguei à íntima convicção de que semelhante denúncia anônima não tem o menor fundamento". "Ofícios para o presidente da província", AHRS, *Polícia*, maço 8; "Ofício do presidente da província do RGS para o ministro da Justiça", 28 nov. 1865, ANRJ, maço IJ1856.

soltar os presos que por certo auxiliariam a insurreição como retribuição da liberdade que obtinham".

Mas, afinal, qual teria sido de fato o plano dos insurgentes? Claro que não se envolveriam em tamanha empreitada se não tivessem alguma esperança — mesmo que remota — de obterem a liberdade. Não possuindo dados suficientes, seguiremos as pistas dadas pela esparsa documentação, sem receio de acrescentar mais uma representação/interpretação do ocorrido. Não nos escapa, pois, a possibilidade de que essa sedição não tenha passado de uma "fantasia" de alguns escravos, ou mesmo de excesso de zelo das altas autoridades. Entretanto, a atenção que estas lhe deram merece interesse pela dose de medo que supõem, e o fato de alguns cativos terem pensado em um projeto como esse pode revelar aspectos interessantes da mentalidade deles.

Em primeiro lugar, devemos salientar que a tentativa insurrecional de 1868 unia dois medos fundamentais no imaginário das elites — medo da escravaria e dos estrangeiros. Pensar em uma ação conjunta desses dois atores sociais era um pesadelo recorrente. Como já salientei, uma das divisões dos insurretos iria atacar o Arsenal de Guerra para conseguir armamento. Entretanto, esse não era o único objetivo do ataque a essa importante fábrica e depósito de equipamento bélico. Os choques entre os exércitos brasileiro e paraguaio geraram considerável número de mortos e de prisioneiros. Estes foram retirados do palco do conflito internacional e alguns estavam em Porto Alegre trabalhando no Arsenal de Guerra, envolvidos compulsoriamente no reforço do potencial bélico do Exército brasileiro.

Os prisioneiros paraguaios estavam encostados à Companhia de Operários Militares e eram descritos nos relatórios dos diretores da época como "subordinados e bons trabalhadores", havendo poucas deserções. Segundo o relatório relativo ao ano de 1868, em 1º de janeiro daquele ano existiam 49 prisioneiros paraguaios naquela instituição, "pagos em dia de seus vencimentos" e comportando-se bem. Ao longo do ano foram incluídos mais onze e capturados de deserção cinco, somando 65. Destes, foram excluídos treze por deserção e dois por falecimento, permanecendo ao final do ano cinquenta prisioneiros de guerra.[69]

69. Esses dados podem ser encontrados nos relatórios anuais do diretor interino, tenente-coronel Joaquim Jerônimo Barrão. ANRJ, maços IG1590, ofício n. 141, de 1 jul. 1868; maço IG1196,

Os paraguaios Gabino Flores, Floribio Palácios, Julián Flores e Miguel Cácere já haviam sido contatados pelos escravos. Procurando escapar da culpa, Gabino depôs reconhecendo que Patrício lhe falara de um "barulho semelhante", mas pensou que ele estivesse ébrio. Os prisioneiros paraguaios, ao que parece, tinham uma mobilidade considerável no espaço urbano, se considerarmos que ocorria um conflito internacional de grandes dimensões. Gabino, apesar de não ter dado importância ao convite de Patrício, "por prevenção comunicou a seus patrícios e disse-lhes que era conveniente dormirem no quartel na noite do Espírito Santo, para evitarem qualquer coisa que se pudesse dar". Um dos elementos que apontam para a participação efetiva ou a tentativa de mobilização dos paraguaios seriam informações que os cativos possuíam sobre as instituições que pretendiam atacar, o armamento e o número de pessoas que nelas encontrariam. O chefe de polícia, Belarmino, apesar de nada ter encontrado que confirmasse a cumplicidade dos prisioneiros paraguaios, considerou-os de "má vontade" e recomendou que fossem retirados da capital.

Belarmino considerou que "o movimento tinha por fim obterem os escravos a sua liberdade, à qual viriam dando vivas ao entrar na cidade". Por mais improvável que parecesse o êxito desse plano, devemos considerar que três elementos — unidos estrategicamente — devem ter sido pesados pelos envolvidos como promissores: a Guerra do Paraguai, o dia de festa e a participação dos prisioneiros estrangeiros no levante. A inclusão destes últimos deve ter partido da constatação de que um plano que os tivesse como aliados multiplicaria o pânico — fundamental no momento da revolta, possibilitando uma fuga rápida — e, talvez, auxiliasse no caso de uma remota possibilidade de atravessarem a fronteira. Ou, quem sabe, a ideia — fosse dos cativos ou dos paraguaios — seria iniciar uma sublevação da escravaria para tentar mudar o próprio rumo da guerra.

Os boatos da tentativa insurrecional vazaram e chegaram às ruas, gerando receio e estimulando vinganças. Belarmino enviou um ofício ao comando superior da Guarda Nacional de Porto Alegre e São Leopoldo, informando que o guarda nacional Manuel Polidoro havia se altercado na fábrica de erva-mate do

---

ofício de 13 fev. 1869; maço IG1195, ofício de 16 jan. 1867; e maço IG1197, ofício de 31 jan. 1870. Os documentos policiais apenas mencionam os prisioneiros paraguaios, mas sabemos que o Arsenal de Guerra também era habitado por menores, órfãos e cativos insubmissos.

espanhol d. Pedro com o preto Rafael, escravo do major João Tomas de Andrade Lobo. Segundo os trabalhadores que presenciaram a briga, Polidoro não tinha razão alguma para iniciar o conflito, chegando mesmo a espancar o cativo. Sabendo da sensibilidade das autoridades com a ameaça de insurreição, Polidoro acusou Rafael de conspirador:

> veio a esta repartição denunciá-lo como entrado num plano de insurreição ultimamente descoberto, pelo que foi preso à minha ordem. Tendo incumbido ao Dr. Delegado de Polícia desta Capital de sindicar deste fato, foi ele àquela fábrica e soube quanto acima fica expendido, verificando que só por despeito e desfaçatez, fez o dito G. N. tal denúncia.[70]

O chefe de polícia levou ao conhecimento do comando o "reprovado procedimento" desse guarda nacional, pedindo que fosse castigado por ter "iludido a autoridade, denunciando-lhe falsamente e com má-fé aquele escravo".

Patrício, o pardo Dioniso e Teodoro foram presos, castigados e devolvidos a seus senhores.[71] Não foi possível obter mais informações a respeito deles, sendo de supor que tenham sido punidos com a venda para outra província ou para o interior da província, para longe de suas relações afetivas, de amizades e familiares. O plano de Antônio Maria, o escravo delator, parece ter dado certo. Por ter entregado seus parceiros, ele conseguiu sua liberdade. De início, as autoridades acenaram com a possibilidade de pagar ao seu senhor a quantia por ele requerida, de um conto e 400 mil-réis, com a condição de Antônio Maria assentar praça nas Forças Armadas (afinal, o denunciante não levara ao extremo seu papel de delator), mas Gabriel Francisco de Oliveira negou-se: "neste caso não o venderia, porque também para semelhante fim não queria o mesmo escravo ser liberto".[72]

Ao tomar o partido de seu cativo, o senhor Gabriel Francisco de Oliveira exteriorizava as relações de proteção e nos sugere que nem toda liberdade era melhor do que o cativeiro. Não temos como dizer com clareza as características

70. "Ofício para o presidente da província do RGS", jun. 1868, AHRS, *Polícia*, cód. n. 248.

71. "Ofícios para o presidente da província do RGS", 27 jun. 1868, AHRS, *Polícia*, maço 11.

72. "Ofício do Chefe de Polícia Interino Luiz de José de Sampaio ao Presidente da Província do RGS", 28 ago. 1868, AHRS, *Polícia*, maço 12.

da escravaria possuída por Oliveira, pois, quando faleceu, em 13 de julho de 1892, a abolição já havia sido decretada.[73] A única alforria que encontramos por ele registrada em cartório foi a de Antônio Maria. Mas além de Antônio e sua esposa Inocência, Gabriel possuiu, pelo menos, mais dois cativos. Em 9 de junho de 1873, faleceu o seu africano Francisco, com cinquenta anos de idade, de enterite, na Santa Casa de Misericórdia de Porto Alegre. Em 13 de dezembro de 1876, foi registrado o óbito, na capela de Nossa Senhora de Belém, do também africano Manuel, solteiro, de 64 anos, do qual não constava a causa da morte.[74]

Especulamos que Gabriel Francisco de Oliveira fosse um lavrador, proprietário de uma pequena escravaria. Planos e ações tanto de escravizados como de senhores tinham autonomia relativa, já que não podiam, na maioria dos casos, isentar-se de considerar os demais atores sociais, com os quais coexistiam proximamente. Segundo Norbert Elias:

> Só a conscientização da autonomia relativa dos planos e ações individuais que se entrelaçam, da maneira como o indivíduo é ligado pela vida social a outros, permite uma compreensão mais profunda do próprio fato da individualidade. A coexistência de pessoas, o emaranhado de suas intenções e planos, os laços com que se prendem mutuamente, tudo isso, muito longe de destruir a individualidade, proporciona o meio no qual ela pode desenvolver-se. Estabelece os limites do indivíduo, mas, ao mesmo tempo, lhe dá maior ou menor raio de ação. O tecido social, nesse sentido, forma o substrato a partir do qual e para dentro do qual o indivíduo gira constantemente e tece suas finalidades na vida.[75]

Antônio Maria tinha seus motivos para recusar a alforria condicional que lhe ofereciam, com a cláusula de servir no Exército. Além do risco de ir à guer-

73. Quando da avaliação de seus bens, em 1895, Gabriel tinha uma casa de moradia no distrito de Belém, junto da estrada da Piririca, que segue para o Mato Grosso, coberta de telhas e paredes de pedra (em mau estado) e dois potreiros de campo e matos junto a essa casa, tudo avaliado por quatro contos de réis. Inventário n. 566, APERS, 3ª Vara Civil de Porto Alegre, maço 23.

74. Arquivo Histórico da Cúria Metropolitana de Porto Alegre (AHCMPA), Livro 2º de óbitos da Capela Curada de Nossa Senhora de Belém, p. 13v.

75. Norbert Elias, *O processo civilizador: formação do Estado e civilização* (Rio de Janeiro: Zahar, 1993), v. 2, p. 289.

ra, esse cativo provavelmente tinha um contato amistoso com seu senhor e estava envolvido em uma relação afetiva com uma escrava da mesma escravaria. Alforriado em 21 de outubro de 1868, quatro meses depois, em 27 de fevereiro de 1869, Antônio Maria casou-se com Inocência, na casa de seu ex-senhor. O próprio Gabriel apadrinhou esse consórcio, junto com o também lavrador Baltazar Cardoso de Oliveira, relação abençoada pelo monsenhor Vicente Ferreira da Costa Pinheiro.[76] No cálculo entre participar da arriscada empreitada insurrecional, podendo perder o que conquistara em anos de trabalho duro, Antônio resolveu trair seus parceiros de cativeiro, os quais talvez conhecesse superficialmente, apenas de vista.

Infelizmente, a vida afetiva daquele casal cujo matrimônio fora sacramentado na Igreja durou pouco. A crioula Inocência, nascida em Porto Alegre, faleceu em 12 de novembro de 1872, aos 36 anos, de "espasmo". Observando os dados esparsos que temos sobre a escravaria de Gabriel Francisco de Oliveira, constatamos uma consistente presença de africanos. Assim, será que esse casal de crioulos era filho de pais africanos? E indo um pouco mais longe, não teria a resistência de Antônio em participar da insurreição de 1868 sido provocada, além de suas boas relações com seu senhor, pelo fato de essa sedição ser organizada por pardos?

Em tempos de conflito internacional, o dinheiro não estava disponível com tanta facilidade. Assim, somente em 21 de outubro de 1868 o Ministério da Fazenda liberou a quantia para a alforria, sendo a carta de liberdade registrada cinco dias depois. Nesse documento, omitia-se o real motivo da concessão, constando no texto apenas uma vaga referência a "remuneração aos bons serviços".[77]

As autoridades envolvidas — provinciais e imperiais — concordavam que remunerar Antônio Maria com a alforria seria muito eficiente em termos de reforço do controle social.

76. AHCMPA, Casamentos de Belém Velho, livro 1º, p. 30.

77. APERS, 1º Tabelionato de Porto Alegre, n. 19, p. 195. A demora também foi ocasionada por uma querela financeira. O governo imperial havia garantido a quantia, mas o Tesouro ordenou que a presidência da província do Rio Grande do Sul indenizasse o senhor de Antônio Maria com a verba destinada às despesas secretas da polícia. "Ofícios do presidente da província do RGS ao ministro da Justiça", n. 141, de 1 jul. 1868, ANRJ, IJ1590.

> Se se realizasse esse atentado muitas desgraças se dariam, e como prêmio do escravo denunciante, que as evitou, não vejo outro senão dar-se a sua liberdade, que deve ser proposta amigavelmente pelo Chefe de Polícia ao senhor do dito escravo. Essa liberdade servirá para tornar vigilantes outros escravos, que decerto procurarão denunciar ao Governo iguais atentados. Creio, finalmente, que se deve louvar em Nome de S. M. o Imperador o Chefe de Polícia, pelo importante serviço, que acaba de prestar ao Governo e à causa pública.

ESTAMOS SOBRE UM VULCÃO

Ao que tudo indica — pelo menos é o que mostram as pesquisas feitas até agora —, em relação à resistência escrava a conjuntura pós-1870 seria outra. Abrandam as referências das autoridades quanto ao papel subversivo de "pretos orientais" e outros indivíduos do outro lado da fronteira. As ações dos cativos continuaram a ocorrer, mas percebe-se uma mudança de padrão, pois não parecem mais ter como foco a alternativa da fuga pela fronteira. As movimentações se fizeram, a partir de então, sobretudo com aliados locais. Os estratagemas das fugas, das movimentações coletivas, dos quilombos não foram abandonados, mas o investimento primordial parecia retesar as relações escravistas até o limite do rompimento.[78] Vestígios documentais nos apontam que se altera o estilo de rechaço ao cativeiro, por parte dos cativos e de eventuais aliados.

Mesmo que cartas de alforria fossem passadas ao longo de praticamente toda a trajetória do escravismo sulino, foi no período final do Império que elas proliferam. Das 10055 cartas de liberdade registradas nos cartórios de Porto

78. Machado, *O plano e o pânico*, p. 92, argumenta que, na década de 1880, a rebeldia escrava tomou novas conotações. Tais alterações, segundo Clóvis Moura, eram características do período do escravismo tardio, após 1850, quando os escravos constataram que não estavam mais sozinhos em suas estratégias de luta contra o sistema: "Enquanto o escravismo era uma instituição sólida e reconhecida, somente os escravos lutaram radicalmente para extingui-lo". Agora não mais. Clóvis Moura, *Rebeliões da senzala*, 4ª ed. (Porto Alegre: Mercado Aberto, 1988), p. 29. Ver também Beatriz Ana Loner, "1887: a revolta que oficialmente não houve, ou de como abolicionistas se tornaram zeladores da ordem escravocrata", *História em Revista*, Pelotas, n. 3 (1997), pp. 29-52.

Alegre, por exemplo, entre 1748 e 1888, 3843, perfazendo 38,24% do total, foram registradas nos últimos vinte anos, entre 1868 e 1888.[79]

No "Mapa dos Crimes e Fatos notáveis ocorridos no Rio Grande em 1873", sob a rubrica "Insurreição e ferimentos", o ministro da Justiça comunica um acontecimento peculiar ocorrido em Pelotas. Na noite de 11 de abril, um grupo de pretos cativos de João Mendes de Arruda e outros livres, em número de dez, entrou na cidade "dando vivas à liberdade e à república, alarmando o povo daquela cidade, e ferindo gravemente a 3 praças da polícia". O delegado local reuniu tropa e povo e saiu em perseguição dos desordeiros, que "se reuniram em uma casa onde tinham preparado um baile, mas sendo avisados por um espia, fugiram todos para a casa do referido Arruda, conseguindo apenas prender uma preta escrava do mesmo Arruda, que confessou quem eram os autores, e quais os seus planos". O delegado de Pelotas, nas vésperas do Natal de 1870, contava ao chefe de polícia que um grupo de escravos da charqueada do major Joaquim Rasgado, receosos do castigo deste ou do capataz, passou pela cidade. Os sete cabeças do movimento foram presos, conduzidos até a cadeia civil e "moderadamente castigados".[80]

João Mendes de Arruda tinha na época uns 66 anos de idade, era criador de gado, charqueador e residia em Pelotas.[81] Segundo o historiador Mario Osório Magalhães, ele tinha uma charqueada nas margens do arroio Fragata e uma mansão no bairro de mesmo nome, onde ocorriam "inesquecíveis saraus".[82] O termo "insurreição" aparece no documento policial apenas exteriorizando o pânico das autoridades e do povo com a movimentação dos cativos. O porquê dessa comemoração fica no nível das cogitações. Intensificava-se no Brasil o movimento republicano e, no caso do Rio Grande do Sul, a experiência da guerra civil farroupilha talvez tivesse tornado os cativos ainda mais sensíveis a esse tipo de propaganda, conectando república e abolição. É possível que os

79. Paulo Roberto Staudt Moreira e Tatiani de Souza Tassoni, *Que com seu trabalho nos sustenta: as cartas de alforria de Porto Alegre (1748-1888)* (Porto Alegre: EST, 2007).

80. "Ofícios do presidente da província do RGS ao ministro da Justiça", 31 maio 1873, ANRJ, IJ1596; "Ofícios ao presidente da província do RGS", 23 dez. 1870, AHRS, *Polícia*, maço 10.

81. "Lista Geral dos Qualificados Votantes no 1º Distrito de Pelotas", 3 fev. 1865, AHRS, *Eleições*, maço 1.

82. Fernando Luis Osorio, *A cidade de Pelotas*, 3ª ed. (Pelotas: Armazém Literário, 1998), v. 2, p. 37.

cativos de Arruda estivessem promovendo (ou acompanhando) uma manifestação republicana em comemoração ao Sete de Abril, a data da abdicação de d. Pedro I. No ano anterior, em Porto Alegre, uma celebração da efeméride no Teatro São Pedro, promovida pelo redator do jornal republicano *A Democracia*, Francisco Xavier da Cunha, foi reprimida pela polícia.[83]

O título desta seção é uma referência a um artigo publicado no *Correio Mercantil*, em 6 de julho de 1881, que relatava a fragilidade da tranquilidade pública na cidade de Pelotas, pois "se tramava e caminhava em via de rápida realização uma revolta de escravos, combinados os da cidade com os das charqueadas". Segundo o periodista,

> Sem sermos timoratos, sem tenções de espalhar o terror entre os nossos concidadãos, nem fazer ao longe recear pela nossa tranquilidade, podemos afoitamente dizer: estamos sobre um vulcão. Sim. A Cidade de Pelotas, a terra da Ordem e do Progresso, do trabalho e da riqueza, está, infelizmente, ameaçada de uma calamidade, de uma desgraça que compromete o seu futuro, os seus interesses, a segurança e a honra de suas famílias. Não alarmamos, não exageramos, nem mentimos. Dizemos a verdade.[84]

Insurreições e fugas coletivas foram projetos muitas vezes complementares. Mas fugir não era, normalmente, uma opção por viver uma vida à deriva. É claro que às vezes a fuga era intempestiva, sem planejamento. Fugia-se para evitar um castigo injusto, para passar alguns dias envolvidos em tramas afetivas e religiosas, para se dedicar sem atropelos a formas diversas de economia própria.[85] A fuga definitiva tinha o risco do desenraizamento e as raízes (familia-

83. "Ofícios do presidente da província do RGS ao ministro da Justiça", maço IJ1596.

84. *Correio Mercantil*, ano VIII, 6 jul. 1881, p. 2, Museu da Comunicação Hipólito José da Costa.

85. Eduardo Silva alerta para a existência de diferentes tipos de fuga. Existiam as "fugas rompimento", que declaravam o fim das negociações e a busca de alternativas de vida fora de qualquer acordo com os senhores, mas também existiram as "fugas reivindicatórias", espécie de greve que funcionava como um protesto por melhores condições de vida e trabalho e que tinham na maioria dos casos curta duração, acabando com o retorno espontâneo do escravo ou da obtenção por ele de um "padrinho" que agenciasse sua venda (com a permissão do senhor) ou o retorno para sua antiga senzala. Gabriel Debien chama essas curtas escapadas de "*pequeño cimarronaje*" ou "*cimarronaje ligero*", na tradução espanhola do original francês "*petit marronna-*

res, afetivas) construídas em cativeiro não eram pouco profundas. Muitos cativos fugiam e procuravam voltar para a senzala onde tinham familiares. Assim, quando optavam pelo corte drástico de sua experiência de cativos, atravessando a fronteira, muitos deles deviam estar sendo estimulados por parceiros e parentes que já haviam percorrido esse caminho. Ou então o deslocamento em grupo preenchia essa deficiência de quebra dos laços forjados em cativeiro.

Se as fugas individuais, em dupla ou pequenos grupos, foram possíveis (mesmo que difíceis) de empreender no Brasil meridional, as leituras políticas dos cativos lhes permitiam saber que fugas coletivas ou insurreições eram facilitadas em momentos específicos de dissensão entre os grupos de elite. Mas, uma vez que os escravos nos últimos anos já haviam atingido, no olhar historiográfico, o status de seres humanos, nossa dúvida passa a ser como eles alimentavam suas interpretações políticas, de onde vinham as informações que os estimulavam a recorrer à tão drástica decisão de se rebelar.

Bezerra Neto menciona o uso de marinheiros escravos na navegação entre Caiena e o território brasileiro, que traziam informações sobre o que viam e sentiam, fazendo essas notícias "circular nas senzalas".[86] Os presidentes de província, em sua movimentação pelo país, sabiam ser essa uma realidade presente em várias regiões, se não em todas. Jerônimo Francisco Coelho foi presidente da província sulina no período de abril de 1856 a março de 1857 e quando exercia esse mesmo cargo no Pará, em 1848, mandou prender e castigar o escravo José Antonio, que estaria proferindo "palavras subversivas e perigosas nas circunstâncias atuais", que eram "não ter medo de quem o governava pois que sabia o caminho de Cayena, onde o podiam ir buscar". A abolição, sob pressão inglesa, fora proclamada havia pouco na Guiana Francesa.

Segundo Eugene Genovese, "os brancos falavam demais e os escravos ouviam tudo".[87] Leituras em voz alta dos jornais diários nas tabernas, conversas

---

ge" ou "*marronnage léger*". Gabriel Debien, "Cimarronaje en el Caribe Francés", in Richard Price, *Sociedades cimarronas: comunidades esclavas rebeldes en las Américas* (Madri: Siglo Veintiuno, 1981), p. 104; Eduardo Silva, "Fugas, revoltas e quilombos: os limites da negociação", in João José Reis e Eduardo Silva (orgs.), *Negociação e conflito, a resistência negra no Brasil escravista* (São Paulo: Companhia das Letras, 1989), pp. 62-78.

86. José Maia Bezerra Neto, "Ousados e insubordinados: protesto e fugas de escravos na província do Grão-Pará — 1840/1860", *Topoi*, Rio de Janeiro, v. 2, n. 2 (2001), pp. 73-112.

87. Eugene Genovese, *Da rebelião à revolução* (São Paulo: Global, 1983), p. 42.

dos senhores durante as refeições, escutadas discreta e atentamente pelos cativos domésticos, e informações que vinham do outro lado da fronteira através de cativos que de lá vinham — todas formas de circulação de notícias de outros mundos onde a escravidão já inexistia. Quando dizemos que a fronteira não é uma linha que divide radicalmente as culturas, mas um local de circulação, de trânsito, de pessoas, de mercadorias, de ideias, pensamos em uma via dupla: escravos iam, fugidos ou não, e voltavam, clandestina ou legalmente.[88]

Na verdade, zona de litígio e intercâmbio, o Rio Grande do Sul possuía parte de sua escravaria formada por indivíduos que gozaram da experiência direta de residir, mesmo que temporariamente, do outro lado da linha. Transportar mercadorias diversas de um lado para outro das zonas fronteiriças era uma situação permanente para muitos. O pardo Francisco, que escapou do cativeiro em 1848, era muito alto, de corpo regular, vestia uma jaqueta de pano azul e "falava muito bem o espanhol". Em 1863, o senhor Antonio Diehl comunicava que, de bordo do vapor *Brasileira*, fugira um mulato de estatura baixa, de pouca barba, que caminhava ligeiro e com passos curtos, "muito conversador" e que falava castelhano. Esse escravo era fujão habitual e quando assim procedia trocava de nome e engajava-se como peão. Seu senhor alertava que se "supunha que ele procurava caminho para a fronteira". O crioulo fula João Barbosa, de 26 anos, quando fugia de seu senhor costumava mudar de nome e dizer ser forro. Ele tinha os "dentes arreganhados para fora", estatura baixa e "falava castelhano", pois afinal, durante a guerra civil Farroupilha, havia residido no Estado Oriental.[89] Seu senhor, ao levar o cativo para o outro lado da linha

88. A fronteira foi uma variável que apareceu reiteradamente nos documentos pesquisados, seja como objetivo principal dos planos sediciosos, seja como alternativa quando os intentos insurrecionais eram frustrados. Nos últimos anos vários historiadores têm explorado as tensões escravistas nas bordas entre os estados nacionais. Ver, por exemplo, Silmei de Sant'Ana Petiz, *Buscando a liberdade: as fugas de escravos da província de São Pedro para o além-fronteira (1815--1851)* (Passo Fundo: Ed. UPF, 2006); Jônatas Marques Caratti, *O solo da liberdade:* as *trajetórias da preta Faustina e do pardo Anacleto pela fronteira rio-grandense em tempos do processo abolicionista uruguaio* (*1842-1862*) (São Leopoldo: Oikos; Ed. Unisinos, 2013); Keila Grinberg, "'The Two Enslavements of Rufina': Slavery and International Relations on the Southern Border of Nineteenth-Century Brazil", *The Hispanic American Historical Review*, v. 96 (2016), pp. 259-290; e María Verónica Secreto, "Asilo: Direito de gentes — Escravos refugiados no Império espanhol", *Revista de História*, São Paulo, n. 172 (2015), pp. 197-219.

89. Sobre o recrutamento na guerra civil farroupilha, ver Daniela Vallandro de Carvalho,

divisória, pensou resguardá-lo do recrutamento de cativos ocorrido durante a guerra civil Farroupilha. É provável que nunca tenha lhe passado pela cabeça que, enriquecendo a bagagem cultural de seu trabalhador com mais uma língua, aumentaria sua capacidade de resistir.[90]

As rebeliões cativas são um tema fascinante e rico, o qual não pensamos esgotar. Algumas deixavam transparecer com clareza sua intenção de rompimento (sobretudo aquelas que funcionaram em épocas de guerra, com maiores chances de "vitória"), outras tiveram o caráter de "desordens" (que almejavam algum tipo de negociação com os senhores) e ainda havia os arriscados boatos de insurreições que eram veiculados pelos senhores para "negociarem" com as autoridades públicas (como nos casos de recrutamento de capatazes e de divergências com autoridades locais).

Segundo Emilia Viotti da Costa, "normas e usos costumeiros geravam expectativas em ambos os lados" e a violação poderia provocar vários atos de resistência, como fugas, reclamações e greves —

> enquanto os senhores sonhavam com o poder total e a obediência cega, os escravos entendiam a escravidão como um sistema de obrigações recíprocas. Eles presumiam que entre senhores e escravos havia um contrato tácito, um texto invisível que definia regras e obrigações, um texto que usavam para avaliar qualquer violação a seus "direitos".[91]

A historiografia sobre a escravidão certamente foi uma das que mais se desenvolveram no Brasil nos últimos anos. Intensas discussões foram travadas sobre a coisificação dos cativos, sua resistência, sua sociabilidade, estrutura familiar etc. Muito se debateu sobre a interiorização, por parte do cativo, dos modelos de submissão almejados pelos senhores, e também sobre as maneiras que estes tinham de romper tais cadeias de dominação. Os historiadores chegaram a um contraponto radical entre a negociação diária entre escravos e senhores — que segundo alguns autores traria de volta a visão de um cativeiro

---

Fronteiras da liberdade: experiências escravas de recrutamento, guerra e escravidão (Rio Grande de São Pedro, c. 1835-1850)", Tese de Doutorado, Universidade Federal do Rio de Janeiro, 2013).

90. *O Commercio*, Porto Alegre, 13 mar. 1848; *Correio Mercantil*, Pelotas, 20 mar. 1863; *Correio do Sul*, Porto Alegre, 21 nov. 1857.

91. Costa, *Coroas de glória*, pp. 89, 99-100.

benigno — e os rompimentos frontais através de quilombos, assassinatos e revoltas.

Apesar de manejar documentos que versam sobre tentativas insurrecionais abortadas pelas autoridades e elites senhoriais, julgamos que elas não foram, na sua maioria, meros delírios ou apenas rumores. Aliás, os medos também são pistas para se rastrear as realidades históricas, ou pelo menos cutucam "com vara curta os temores mais íntimos da camada senhorial".[92] A insurreição podia não ser *real* (ou estar ainda imatura), mas era concreto o temor de que ela acontecesse. Porém, acionar o "medo branco da rebeldia negra" não podia ser feito sem riscos.[93] Autoridades eram mobilizadas, tropas municiadas, cativos castigados, comunidades perturbadas.

92. Machado, *O plano e o pânico*, p. 48.
93. Reis, *Rebelião escrava no Brasil*, p. 118.

11. Insurreições escravas no Rio Grande do Sul (século XIX)[1]

Mário Maestri

De 1530 a 1888, a economia e a sociedade brasileiras apoiaram-se substancialmente na exploração do trabalhador escravizado. As fontes históricas registram a oposição sistêmica do cativo a sua feitorização, que se expressou em multifacetadas formas de dissensão — fuga, aquilombamento, rebeliões etc. — e determinou a sua própria *acomodação-submissão* ao cativeiro. A oposição servil determinou fortemente a antiga formação social brasileira, sem entretanto ameaçar sua coesão interna, que se dissolveu apenas em 1888, dezessete anos após a Comuna de Paris.[2] Faltam estudos sobre o sentido da *coesão* da escravidão no Brasil, embasados no reconhecimento da contradição essencial do cativo à escravidão.

Fora Palmares, de forma limitada, a América luso-brasileira desconheceu um movimento servil ameaçando a ordem escravista, mesmo regional.[3] Pensar em insurreição servil *nacional* é um verdadeiro contrassenso. O Brasil sem-

1. Agradecemos, pela gentil leitura, à professora Florence Carboni, do Programa de Pós-Graduação em Letras da Universidade Federal do Rio Grande do Sul.

2. Robert Edgar Conrad, *Os últimos anos da escravatura no Brasil, 1850-1888*, 2ª ed. (Rio de Janeiro: Civilização Brasileira, Brasília: INL, 1978); Emilia Viotti da Costa, *A abolição*, 8ª ed. rev. e ampl. (São Paulo: Ed. Unesp, 2008).

3. Décio Freitas, *Palmares: a guerra dos escravos*, 5ª ed. (Porto Alegre: Mercado Aberto,

pre foi uma constelação de capitanias e províncias semiautônomas. Nas Américas, foram raras as insurreições servis da dimensão multitudinária alcançada na Antiguidade.[4] A dificuldade do cativo de ensaiar movimentos endógenos amplos foi esboçada nos anos 1960-1980, sobretudo pela historiografia marxista, que não raro projetou sobre a escravidão visões da luta de classes sob o capitalismo.[5] Essa discussão foi abandonada quando, nos anos 1990, a nova *coesão* alcançada pela ordem capitalista desorganizou o debate historiográfico sobre a ruptura e transição entre modos de produção.[6] Fora trabalhos pioneiros, não dispomos de tentativa de avaliação geral das rebeliões servis no Brasil como as empreendidas sobre os quilombos.[7]

Eram muitos os óbices que dificultavam organizações conspirativas maiores de escravizados.[8] Antes do fim do tráfico transatlântico (1850), os africanos provinham de distintas regiões da África: falavam línguas, possuíam culturas, professavam credos distintos. Não era fácil a interlocução entre africanos de diversas origens e de africanos com crioulos. Para movimentos mais gerais, uma identidade negro-escravista devia superar a diversidade linguístico-cultural, fenômeno que ensejou a prática de "línguas gerais" africanas regionais e o uso de padrões de português popular africanizados.

Os cativos assenzalados trabalhavam em plantações, minas, charqueadas, olarias etc., sob duras condições. Nas estâncias pastoris, a lida era apenas menos estafante.[9] Alguns cativos domésticos, especializados etc. conheciam níveis

---

1984); Flávio dos Santos Gomes, *Palmares: escravidão e liberdade no Atlântico Sul* (São Paulo: Contexto, 2005).

4. João Pedro Marques, *Revoltas escravas: mistificações e mal-entendidos* (Lisboa: Guerra & Paz, 2006).

5. Mário Maestri, *O escravo no Rio Grande do Sul*, 3ª ed. (Porto Alegre: Ed. da UFRGS, 2006), pp. 117-126.

6. Mário Maestri, "O escravismo colonial: a revolução copernicana de Jacob Gorender", in Jacob Gorender, *O escravismo colonial*, 5ª ed. (São Paulo: Fundação Perseu Abramo, 2010), p. 43.

7. João José Reis e Flávio dos Santos Gomes (orgs.), *Liberdade por um fio: história dos quilombos no Brasil* (São Paulo: Companhia das Letras, 1996); Clóvis Moura (org.), *Os quilombos na dinâmica social do Brasil* (Maceió: Edufal, 2001).

8. Décio Freitas, *O escravismo brasileiro* (Porto Alegre: EST; Petrópolis: Vozes, 1980), pp. 61-88.

9. Mário Maestri, "O cativo, o gaúcho e o peão: considerações sobre a fazenda pastoril rio-grandense", in Mário Maestri e Solimar Oliveira Lima (org.), *Peões, vaqueiros & cativos campeiros: estudos sobre a economia pastoril no Brasil* (Passo Fundo: Ed. UPF; CNPq, 2010), pp. 212-300, t. 2, Coleção Malungo, 17.

de vida superiores aos de livres pobres. O que podia mitigar, mas não anulava, a tensão do status servil. A diversa inserção na produção enfraquecia os já frágeis vínculos subjetivos-culturais dos escravizados. No meio rural dominante, era grande a dispersão geográfica dos cativos. Em geral, as plantações, estâncias, catas etc. encontravam-se afastadas e os escravizadores dificultavam o contato de cativos de uma mesma região, já inibido pelas longas jornadas de trabalho. Não conhecemos concentrações de multidões de cativos, como nas Antilhas.

Jamais se consolidou no Brasil uma elite servil, como na Antiguidade greco-romana — administradores, pedagogos, financistas, atores etc.[10] Os cativos chegados às costas do Brasil eram em geral jovens, o que reforçava o baixo nível cultural da classe servil, brutalizada comumente pela produção feitorizada. O cativo tinha que promover esforço ingente para superar o horizonte cultural restrito da vida rústica na unidade produtiva. Até 1850, a curta esperança de vida média biológico-produtiva ensejava a substituição incessante do escravizado por "cativos novos", deprimindo tendencialmente a formação de *consciência servil* explícita, mesmo que localizada. Os cativos produtivos trabalhavam vigiados e, à noite, eram encerrados em senzalas. Eles dedicavam o escasso tempo de *lazer* ao descanso e a afazeres próprios. A ausência de laços familiares sólidos e estáveis no tempo minorava também a capacidade de resistência-consciência da população escravizada. A produção escravista agrilhoava a massa escravizada.

Em geral, nas aglomerações do Brasil, foi forte o peso relativo e absoluto da população feitorizada, que desempenhou papel importante, apesar de seu caráter dependente, em relação aos trabalhadores escravizados rurais. O cativo urbano conheceu maior sociabilização, nível de informação etc.[11] As tentativas de sublevações urbanas foram menos comuns que as rurais. Elas alcançaram, porém, caráter único em Salvador nos anos 1830.[12] Os handicaps subjetivos e

10. Ellen Melksins Wood, *Contadini, cittadini & schiavi: la nascita della democrazia ateniese* (Milão: Il Saggiatore, 1998); Vasilij I. Kuziscin, *La grande proprietà agraria nell'Italia romana* (Roma: Riuniti, 1984).

11. Leila Mezan Algranti, *O feitor ausente: estudo sobre a escravidão urbana no Rio de Janeiro* (Petrópolis: Vozes, 1988); Mary C. Karasch, *A vida dos escravos no Rio de Janeiro (1808-1850)* (São Paulo: Companhia das Letras, 2000).

12. João José Reis, *Rebelião escrava no Brasil: a história do Levante dos Malês em 1835* (São

objetivos dos cativos, diante dos escravizadores, eram agravados pelo alto nível de consciência e organização dos últimos. No Brasil, os escravistas mantiveram-se coesos e secundarizaram suas disputas na defesa da ordem servil. Quando da crise colonial, a vitória do unitarismo, do centralismo e do autoritarismo monárquico deveu-se sobretudo à vontade de preservar a organização e o tráfico de trabalhadores escravizados. Republicanos, federalistas, separatistas vacilaram e retrocederam, para não pôr em perigo o jugo negreiro.[13]

A solidez do escravismo colonial decorreu principalmente do fato de que, por séculos, o trabalhador feitorizado jamais pôde *propor* uma forma de produção que superasse ou substituísse a escravidão, quanto à acumulação mercantil, o que impedia a conquista do apoio de segmentos livres para a luta pela superação do escravismo. A princípio, as revoltas e rebeliões servis objetivavam sobretudo criar condições para: uma fuga para o mato, para a fronteira, para a África; a eliminação dos escravizadores, feitorização dos *brancos*, mulatos e crioulos etc. Não poucas razões desses movimentos ainda nos escapam por completo. Pelas determinações assinaladas, eles eram, quase necessariamente, localizados no espaço e nos seus objetivos.

Um projeto abolicionista geral superava o nível de consciência possível dos cativos, nas condições históricas da escravidão colonial. No Brasil, as classes escravistas desdobraram-se para silenciar-deslegitimar qualquer discurso reformista sobre o tráfico e a escravidão.[14] Tudo fizeram principalmente para que ele não chegasse ao conhecimento dos escravizados. No mundo atlântico, projetos abolicionistas sólidos surgiriam apenas em fins do século XVIII, *desde fora*, no bojo do advento da Revolução Industrial e da ordem capitalista. Até a consolidação muito tardia do abolicionismo no Brasil, o escravizado lutou essencialmente por sua liberdade individual e de seu pequeno grupo étnico, vicinal etc. Foi-lhe estranho o projeto da construção de uma ordem social apoiada exclusivamente no trabalho livre.

Paulo: Companhia das Letras, 2003); Décio Freitas, *A Revolução dos Malês* (Porto Alegre: Movimento, 1985).

13. Mário Maestri, "A escravidão e a gênese do Estado nacional brasileiro", in Manuel Correia de Andrade et al. (orgs.), *Além do apenas moderno: Brasil séculos XIX e XX* (Brasília: CNPq; Recife: Fundação Joaquim Nabuco/ Massangana, 2001), pp. 49-80.

14. Ronaldo Vainfas, *Ideologia & escravidão: os letrados e a sociedade escravista no Brasil colonial* (Petrópolis: Vozes, 1986).

No Brasil, portanto, eram enormes as dificuldades para que os cativos organizassem revoltas mais ou menos amplas. Conheciam diversa inserção na produção e diversidade linguística, étnica, cultural. Eram raros os cativos de nível cultural mais desenvolvido e mais bem informados. Eles sofriam duras torturas, de forma imediata, quando rebelados, ainda que, mais comumente, não fossem levados à Justiça. Raros sabiam ler e, menos ainda, escrever. Tinham os movimentos limitados e controlados. Apenas de forma pontual a concentração de cativos superava a de homens livres. A desproporção de forças entre os assenzalados e as tropas militares e policiais escravistas era abismal. Essas limitações e a pobreza da população feitorizada já dificultavam a reunião de armamento mínimo. Apesar desses enormes obstáculos, impressiona o número de, sobretudo, pequenos e médios projetos de rebeliões no Brasil escravista, com objetivos diversos. O mesmo podemos dizer para o Rio Grande do Sul, região dominada, desde seus primórdios, pela ordem escravista, apesar de jamais ter tido grandes concentrações servis, à exceção do município de Pelotas.[15]

SILÊNCIO HISTORIOGRÁFICO SUL-RIO-GRANDENSE SOBRE ESCRAVIDÃO E RESISTÊNCIA

A visão de civilização pastoril democrática, construída à margem das necessidades econômicas e da escravidão, é mito fundador da historiografia sul-rio-grandense que promoveu verdadeira *limpeza étnico-histórica* quanto ao passado da formação social sulina.[16] Apesar de a historiografia registrar hoje a essência escravista do passado sulino, até 1984-1985 a visão do Rio Grande como produto do trabalho do *gaúcho* e do colono-camponês europeu domina a *memória* histórica regional e nacional. A historiografia tradicional ignorou a escravidão sulina. Mesmo quando se referiu ao "negro" e a ela, desconheceu de

15. Ester J. B. Gutierrez, *Negros, charqueadas & olarias: um estudo sobre o espaço pelotense* (Pelotas: Ed. UFPel, 2001), Coleção Malungo, 20; Jorge Euzébio Assumpção, *Pelotas: escravidão e charqueadas 1780-1888* (Porto Alegre: FCM; Passo Fundo: PPGH-UPF, 2013).

16. Mário Maestri, "História e historiografia do trabalhador escravizado no Rio Grande do Sul: 1819-2006", in Diego Buffa e Maria Jose Becerra (orgs.), *Los estudios afroamericanos y africanos en América Latina: herencia, presencia y visiones del otro* (Buenos Aires: Clacso, 2008), pp. 53-88.

forma olímpica a resistência servil.[17] Em importante trabalho sobre a escravidão no Rio Grande do Sul, Fernando Henrique Cardoso definiu a resistência servil como ato inconsequente e pouca atenção deu a ele.[18] Em 1980, realizei a primeira tentativa de arrolamento de incidências da resistência servil sulina, com destaque para os quilombos e insurreições, quando da defesa de tese de doutoramento.[19] Ao preparar aquele trabalho, deparei-me, surpreso, com a rica informação primária jornalística e arquival sobre a resistência dos escravizados: fugas, quilombos, rebeliões-insurreições etc.

Desde os anos 1980, o estudo do cativeiro negro sulino avançou de maneira significativa, registrando-se, no meu entender, entre outros fenômenos, o caráter escravista dominante da formação social sulina, assim como da produção pastoril-latifundiária no Sul, que ultrapassou as fronteiras meridionais do Brasil, invadindo os departamentos setentrionais do Uruguai.[20] Neste trabalho, procurei traçar um quadro sinóptico das rebeliões sulinas, no que se refere ao século XIX, avançando apenas sugestões sobre o sentido diacrônico delas. Registramos insurreições e rebeliões imaginadas pelos escravistas; conspirações reprimidas quando se organizavam ou momentos antes de sua eclosão. O trabalho foi redigido em 2009, a pedido dos colegas e amigos Flávio dos Santos Gomes e João José Reis, para uma publicação que agora se concretiza. Amplas partes dele foram publicadas em dois artigos, retomados, corrigidos e ampliados.[21]

17. Cláudio Moreira Bento, *O negro e descendentes na sociedade do Rio Grande do Sul (1635--1975)* (Porto Alegre: Grafosul; IEL, 1976).

18. Fernando Henrique Cardoso, *Capitalismo e escravidão no Brasil meridional: o negro na sociedade escravocrata do Rio Grande do Sul* (Rio de Janeiro: Paz e Terra, 1977).

19. Mário Maestri, *O escravo no Rio Grande do Sul: a charqueada e a gênese do escravismo gaúcho* (Porto Alegre: EST; Caxias do Sul: Educs, 1984).

20. Eduardo Palermo, *Tierra esclavizada: el Norte uruguayo en la primeira mitad del siglo 19* (Montevidéu: Tierra Adentro, 2013).

21. Mário Maestri, "Pampa negro: agitações, insubordinações e conspirações servis no Rio Grande do Sul, 1863-1868", *Sæculum: Revista de História*, João Pessoa, n. 25, jul./dez. 2011, pp. 61-76, <periodicos.ufpb.br/ojs/index.php/srh/article/viewFile/14007/792961-76>; Mário Maestri, "Pampa negro: agitações, insubordinações e conspirações servis no Rio Grande do Sul, 1803--1850", *Sankofa*, São Paulo, v. 7, n. 13, jul. 2014, pp. 50-72.

REAL FEITORIA DE LINHO CÂNHAMO: RESISTÊNCIA E REBELDIA EM 1803

Em 1776, a reconquista do porto de Rio Grande aos espanhóis pôs fim à asfixia econômica relativa vivida pela capitania sulina, permitindo a consolidação de sua economia escravista-mercantil. A partir de 1780, a produção charqueadora substituiu a nordestina no abastecimento dos centros escravistas do Brasil e do exterior, valorizando o gado antes abatido apenas pelo couro, sebo e graxa.[22] A charqueada acelerou a ocupação da Campanha, das Missões, dos Campos Neutrais e do norte uruguaio por fazendas "pastoris de rodeio", apoiadas em pequenas equipes de escravizados e alguns homens livres — em torno de cinco cativos para 4300 hectares. Produzia-se também trigo para o consumo local e exportação, em plantações de pequenas dimensão, com plantéis servis de média dimensão.[23] Em 1780, o Sul possuía uns 9500 eurodescendentes e mais de 5100 africanos e afrodescendentes — 35,1% da população era cativa, excluídos os nativos, 3388.[24]

A Real Feitoria do Linho Cânhamo foi instalada em 1º de outubro de 1783, no Rincão do Canguçu, próximo à vila de Pelotas, para produzir matéria-prima para as cordoarias necessárias à Marinha portuguesa, com 72 cativos, 44 homens e 28 mulheres, chegados da Real Feitoria de Santa Cruz, no Rio de Janeiro. A eles juntaram-se pouco mais de cem cativos de "confisco", apresados a contrabandistas. A produção da feitoria, talvez a maior unidade escravista sulina, era exportada pela lagoa dos Patos e pelo porto de Rio Grande. Em setembro de 1788-1789, a feitoria começou a ser transferida para o Faxinal do Courita, nas margens do rio dos Sinos, perto de Porto Alegre. Foi organizada uma estância de uns 3500 vacuns, cavalares e muares, para suprir as necessidades da feitoria de, no mínimo, uns 9 mil hectares. Duas reses eram abatidas por dia para sustentar seus cativos e homens livres. Alimentação farta, quando não

22. Gutiérrez, *Negros, charqueadas & olarias*; Mário Maestri, *Breve história do Rio Grande do Sul: da pré-história aos dias atuais* (Passo Fundo: Ed. UPF, 2010), pp. 90-109.

23. Maestri. "O cativo, o gaúcho e o peão", pp. 212-300; Setembrino dal Bosco, *Fazendas pastoris no Rio Grande do Sul (1780/1889): capatazes, peões e cativos* (Passo Fundo: PPGH-UPF, 2008), Coleção Malungo, 23.

24. Dante de Laytano, "O negro no Rio Grande do Sul", in *I Seminário de Estudos Gaúchos* (Porto Alegre: PUC; Champagnat, 1958), pp. 27-106.

havia desvio.[25] A feitoria foi desativada em 1824, para a fundação das colônias *alemãs* de São Leopoldo e Novo Hamburgo.[26] Sem a pressão produtiva de empresa mercantil privada, desfrutando relações familiares estáveis, explorando hortas domésticas, os cativos reproduziram-se fortemente. Quando de sua desativação, a feitoria possuía mais de trezentos cativos. As 55 famílias contavam com 174 filhos/netos — 3,2 filhos/netos por unidade familiar, em média. Algumas, como a de Marcos e Leonor Joaquina Pestana, de 41 e 36 anos, tinham oito filhos, de quinze a um ano.[27] Realidade oposta à expansão demográfica negativa tendencial da escravidão no Brasil.[28]

Em começos dos anos 1800, não havia paz na feitoria. O padre Antônio Gonçalves Cruz, ex-capelão da exploração, fora nomeado inspetor para obter maior produtividade e rentabilidade da exploração, que pouco rendia aos cofres reais. Em 1798, o inspetor relatara que os cativos se dedicavam mais à plantação e à comercialização de suas roças que à cultura do cânhamo. Eles plantavam, consumiam e vendiam, na capital, abóbora, algodão, arroz, feijão, mandioca, milho etc. Pretendendo corrigir esse *desvio de função*, as novas disposições aumentariam a oposição dos cativos. Em 5 de maio de 1803, o padre Gonçalves Cruz relatava que havia três noites que não dormia, devido aos "bailes" e "fandangos" que se seguiram ao domingo em que o cativo Manoel José *fugira* para Porto Alegre, a fim de reivindicar ao governador providências contra o administrador, decerto acusado de prevaricador e cruel. Os cativos teriam apoios na capital.[29] Três dias mais tarde, o padre-administrador agradecia pela prisão do *representante dos cativos* e pedia que fosse mantido em Porto Alegre, recebendo "castigo moderado", para servir como exemplo.[30]

25. Bento, *O negro e descendentes*, pp. 96-106; Corcino Medeiros dos Santos, *Economia e sociedade do Rio Grande do Sul: século XVIII* (São Paulo: Companhia Editora Nacional; INL, Pró-Memória, 1984), p. 69; Carlos de Souza Moraes, *Feitoria do Linho Cânhamo* (Porto Alegre: Parlenda, 1994).

26. Jean Roche, *A colonização alemã e o Rio Grande do Sul* (Porto Alegre: Globo, 1969), v. 1., p. 94.

27. Bento, *O negro e descendentes*, pp. 97-106.

28. Robert Edgar Conrad, *Tumbeiros: o tráfico de escravos para o Brasil* (São Paulo: Brasiliense, 1985), pp. 15 e ss.

29. AHRS, Real Feitoria de Linho Cânhamo [RFLC], Manuscrito único, padre Antônio Gonçalves Cruz, 5 maio 1803.

30. Idem, AHRS, RFLC, Manuscrito único, 1803; Maximiliano M. Menz, "Os escravos da Fei-

Em 29 de julho de 1803, o padre escrevia ao governador, o lusitano Paulo José da Silva Gama (1779-1826), sobre a grave "rebeldia" dos cativos, devido ao "estado a que deixaram chegar estes escravos", que ele prometera pôr fim ao assumir a direção da empresa. Segundo o bom padre, os cativos negavam-se a aplicar castigo de "50 açoutes por dia" em (possivelmente) Manoel José, "enviado" de Porto Alegre. "[...] achou-se tal repugnância, nos seus companheiros, para o açoitarem, [...] que foi preciso proceder o castigo em algum para assim o executarem."[31] Durante os açoites, o castigado não deixara de "ameaçar o tal soldado capataz da Estância a quem [ele] tinha desobedecido". Mais do que rebelião, tratar-se-ia de oposição à perda de *privilégios*, seguida de desobediência-agressão a capataz e de fuga para apresentar reivindicação ao governador. Era forte a solidariedade entre os cativos. Em dezembro de 1814, o padre Gonçalves Cruz teria sido morto, talvez por cativo da feitoria, pois "dado a infligir maus-tratos aos escravos, que eram, muitas vezes, barbaramente castigados".[32]

ALEXANDRE DE QUEIRÓS E VASCONCELOS, PRECURSOR DO ABOLICIONISMO, 1803

Em 1803, segundo Walter Spalding, Alexandre Luís de Queirós e Vasconcelos arrolou cativos pelos caminhos do Rio Grande para sublevação abolicionista, republicana e separatista, investindo "contra a guarda de São Pedro do Rio Grande". Temos poucas notícias sobre o *entrevero*. A revolta de Alexandre Luís não teria vingado devido sobretudo à não adesão dos "estancieiros" da província, mais interessados na "conquista" de Montevidéu e em "grandes aquisições" de "campos e gados", ao norte do rio Negro, permitidas pela invasão luso-brasileira na Banda Oriental, que resultou na Província Cisplatina. Ou ao menos foi essa a explicação, em 1832, do baiano Manoel Antônio Galvão (1791-1850), então presidente da província de São Pedro, em carta a Diogo

---

toria do Linho Cânhamo: trabalho, conflito e negociação", *Afro-Ásia*, Salvador, n. 32 (2005), p. 148, <portalseer.ufba.br/index.php/afroasia/article/download/21090/13681>, acessado em: 5 maio 2021.

31. AHRS, Grupo documental, RFLC, Lata 300.

32. Leopoldo Petry, "O município de São Leopoldo", in *Anais do I Congresso de História e Geografia de São Leopoldo* (Porto Alegre: Globo, 1947), apud Cardoso, *Capitalismo*, p. 74.

Antônio Feijó, ministro da Justiça da Regência.[33] Alexandre Luís foi encarcerado no Forte Jesus, Maria, José, na vila de Rio Pardo, na margem esquerda do rio Jacuí. O comandante daquela fronteira, o lusitano Patrício Correia da Câmara, seu parente, apresentou-o como louco, talvez para evitar o escândalo e severa punição. Anistiado depois "de longos padecimentos", Alexandre Luís dirigiu-se para a província de Entre Ríos, no antigo vice-reinado do Prata, convulsionado em 1810 pela luta pela independência.[34]

Alexandre Luís nasceu em 19 de abril de 1772, em Cachoeira do Sul, na margem esquerda do rio Jacuí. Sua mãe era filha de prestigiada família e seu pai, de mesmo nome, português, tenente e sargento-mor dos Dragões de Rio Pardo, nascido no Reino, em 1742, e falecido, talvez, em Cachoeira, em 1790. Alexandre Luís arrolou-se jovem no regimento do pai, ascendendo ao posto de major. Aos 29 anos, em 1801, participou na tropa semioficial de Francisco Borges do Canto (1775-1805), que, com uns poucos paisanos e guaranis missioneiros, conquistou as Missões Orientais, ao final da Guerra das Laranjas entre os reinos ibéricos.[35]

Em 1798, reprimiu-se a Inconfidência Baiana, movimento republicano de raízes sociais.[36] Naqueles anos, agonizava a França revolucionária. Em 1804, os cativos sublevados fundavam o Haiti, a primeira nação americana livre da escravidão.[37] Alexandre Luís estava, portanto, *sintonizado* com os ventos revolucionários da época, em boa parte devido ao seu contato e relações com o Prata. Quando dos fatos, foi apresentado como louco, "ato de loucura, próprio somente do acusado", certamente para ser desacreditado e livrado da prisão, como vimos. Essa e as subsequentes ações de Alexandre Luís foram definidas, por boa parte da historiografia sulina, como ato "quixotesco", "insano", "inconsequente", "idealista puro" etc. Seu cognome, *Quebra*, foi traduzido com o sentido de "desordeiro", ao contrário de "valente", "forte", "respeitável", como

33. Arquivo Nacional (AN), Rio de Janeiro (RJ), SJ, série IJ (1) 846.

34. Walter Spalding, *Pequena história de Porto Alegre* (Porto Alegre: Sulina, 1967), p. 32.

35. Idem, *Construtores do Rio Grande* (Porto Alegre: Sulina, 1969), v. 1, pp. 31-35.

36. Rodrigo Oliveira Fonseca (org.), *A Conjuração Baiana e os desafios da igualdade no Brasil: história e discurso* (São Carlos: Pedro & João Editores, 2016); István Jancsó, *Na Bahia, contra o Império: história do ensaio de sedição de 1798* (São Paulo: Hucitec; Salvador: EDUFBA, 1996).

37. C. L. R. James, *Os jacobinos negros: Toussaint L'Ouverture e a revolução de São Domingos* (São Paulo: Boitempo, 2000).

seria correto.[38] Alexandre Luís jamais foi resgatado como prócer do movimento republicano e abolicionista radical no Sul e no Brasil. O fato de registrar vertente social da luta republicana sulina, estranha ao movimento farroupilha, que jamais propôs a abolição do cativeiro, teria também contribuído para a falta de investigação sobre ele e sobre as raízes de sua ação pela historiografia regional.

Em 1816-1820, Alexandre Luís integrou as tropas artiguistas que lutavam, desde 1812, pela independência democrática e federalista das províncias do vice-reinado do Rio da Prata, contra as oligarquias de Buenos Aires e Montevidéu e o absolutismo escravista luso-brasileiro.[39] Em sua luta, José Artigas (1764-1850) distribuiu terras entre os despossuídos. Em 10 de setembro 1815, seu "Regulamento Provisório para o Desenvolvimento da Campanha" determinava — e iniciou — a distribuição de *estância* de uns 2 mil hectares a crioulos pobres, índios, negros livres e cativos fugidos que lutavam nos exércitos patriotas. Portanto, uma década após o mote de Alexandre Luís, de 1803, sua proposta de república de cunho democrático-social era materializada nos campos orientais.[40] Derrotado, em 1820, José Artigas refugiou-se, com alguns índios e ex-cativos combatentes, no Paraguai do dr. José Gaspar de Francia.[41] Então, Alexandre Luís, promovido a sargento-mor e já conhecido como "major *Quebra*", teria voltado para Cachoeira do Sul, onde sua família possuía raízes e terras.[42]

38. Margaret Marchiori Bakos, "Abolicionismo no Rio Grande do Sul", *Caderno de História*, Porto Alegre, n. 29 (2007), p. 44; Helga I. L. Piccolo, "Da descolonização à consolidação da República: a questão do separatismo versus federação no Rio Grande do Sul, no século XIX", *Indicadores Econômicos FEE*, Porto Alegre, v. 21, n. 3 (1993), p. 151, <revistas.fee.tche.br/index.php/indicadores/article/viewFile/597/837>, acessado em 1º maio 2010; Spalding, *Construtores do Rio Grande*, p. 32; Barbosa Lessa, *Rio Grande do Sul, prazer em conhecê-lo: como surgiu o Rio Grande*, 3ª ed. (Porto Alegre: AGE, 2000), p. 129.

39. Mário Maestri, *Mar del Plata: dominação e autonomia no Sul da América — Argentina, Brasil, Uruguai (1810-1864)* (Porto Alegre: FCM; Passo Fundo: PPGH-UPF, 2016), pp. 140-147.

40. Rosa Alonso Eloy, Lucia Sala de Touron, Nelson de la Torre e Julio Carlos Rodriguez, *La oligarquía oriental en la Cisplatina* (Montevidéu: Pueblos Unidos, 1970), pp. 17 e ss.

41. Mário Maestri, *Paraguai: a República camponesa (1810-1864)* (Porto Alegre: FCM; Passo Fundo: PPGH-UPF, 2015), p. 32.

42. Spalding, *Construtores do Rio Grande*, p. 32; ANRJ, Justiça, IJ (1) 846.

1822: INDEPENDÊNCIA NAS ALTURAS, AGITAÇÃO NA SENZALA: OUTRA VEZ O *QUEBRA* E A FEITORIA

Em 1822, a Independência monárquica, centralista e autoritária do Brasil deveu-se em grande parte à vontade dos grandes escravistas provinciais de romperem com Portugal sem traumas, para não comprometer a escravidão.[43] Mesmo assim, em algumas províncias o movimento independentista agitou a escravaria, que acreditou ter chegado o fim da servidão, com a separação de Portugal. No Sul, a crise da Independência motivou também sobressaltos. Aproveitando a agitação geral, em 1822, Alexandre Luís, já com cinquenta anos, libertou os homens livres e cativos presos na cadeia de Cachoeira do Sul e ordenou, sem conseguir, a degola dos portugueses. Pretendia associar o fim da escravidão à Independência! O *Quebra* teria entregado o bastão e a veste de José Carvalho Bernardes, comandante lusitano da vila, ao liberto Pedro, seu companheiro artiguista de armas. Para escândalo geral, o liberto desfilou garbosamente vestido pelas ruas da vila proclamando o reino da "igualdade dos povos". Cercado e preso, Alexandre Luís foi enviado à Corte, onde, de novo sob a ameaça da Justiça, foi indultado por d. Pedro, talvez devido ao pedido de seus poderosos parentes e à necessidade do príncipe português de apoios entre os sul-rio-grandenses. Libertado, teria retornado a Cachoeira do Sul. Mais uma vez, uma década depois, voltaria a levantar a bandeira da revolução política e social na província.[44]

Também a Feitoria de Linho Cânhamo agitou-se em 1822. Em 2 de agosto, José Tomás de Lima, inspetor da exploração, comunicava graves acontecimentos às autoridades provinciais. Sabendo que cativos abandonavam as senzalas, à noite, para *roubar* mantimentos em roças da feitoria, a umas duas léguas da sede ("Guari"), mandara "soldados do destacamento" prender os tidos por "roubadores". Indignados, os cativos saíram das "suas senzalas" "armados", atacando os "soldados", que se "retiraram ao quartel". Para prender os "levantados", o administrador reunira "todo o destacamento". E estando o "partido" dos cativos "mais engrossado", "instigado pelas mulheres, que gritavam"

43. Théo Lobarinhas Piñeiro, *"Os simples comissários": negociantes & política no Brasil Império* (Niterói: Proprietas; Eduff, 2014).

44. Spalding, *Construtores do Rio Grande*, p. 33.

que matassem soldados e oficiais, o administrador escafedeu-se, devido à "desproporção" das forças e porque "se ia tornando mais sério o caso". Após o confronto, a "maior parte dos pretos levantados", sobretudo os "mais criminosos", desapareceu. Os restantes permaneceram na feitoria. Reza o documento que o moral dos soldados "aterrorizados" era baixo. Portanto, o inspetor pedia "reforço de oito soldados de linha".[45]

Dez dias mais tarde, José Tomás escrevia comunicando que os "pretos da Feitoria Nacional", submetidos à pena de quatrocentos açoites, por ordens superiores, devido ao "alevantamento", encontravam-se "muito feridos", em péssimas condições. Haviam levado duzentos açoites e não estariam em "circunstâncias de continuar o castigo". Pedia a suspensão do suplício. Os pretos Ventura e José da Glória, "cabeças" do movimento, foram enviados para Porto Alegre. Na região Sul, na época, a Justiça condenava cativos homens, sobretudo por atentado e morte de capatazes e escravistas, a mil e 1500 chicotadas, como pena de morte informal.[46] No rol dos cativos da feitoria de 1824, não há registro de nenhum Ventura. Talvez tivesse tido outra destinação, devido à rebeldia. Ao contrário, José da Glória, viúvo, na época dos fatos com 79 anos, tinha quatro filhos, de vinte, dezessete, catorze e doze anos.[47]

A feitoria não pôde ser identificada às unidades escravistas coloniais. Nessa propriedade estatal, os cativos contavam com privilégios incomuns, herdados possivelmente da Real Feitoria de Santa Cruz, do Rio de Janeiro, propriedade dos jesuítas até 1759: núcleos familiares estáveis, relativa liberdade de movimento, direito a hortas etc. A constituição de famílias escravizadas estáveis também obedecia ao padrão das fazendas das ordens religiosas, fortalecendo os cativos relativamente diante dos administradores.[48] É decerto abusiva a proposta de que, devido àquelas condições singulares, os cativos "fossem [...] impondo a sua própria administração".[49] A feitoria jamais teria tido sucesso

45. AHRS, RFLC, Manuscrito único, José T. de Lima, 2 ago. 1822.

46. Solimar Oliveira Lima, *Triste pampa: resistência e punição de escravos em fontes judiciárias no RS, 1818-1833*, 2ª ed. (Passo Fundo: Ed. UPF, 2006), pp. 145 e ss., Coleção Malungo, 10.

47. Bento, *O negro e descendentes*, pp. 97-106.

48. Mário Maestri, "A cruz e a senzala: a Igreja no Brasil escravista", *D.O. Leitura*, São Paulo, v. 6, 6 mar. 1988.

49. Renata Finkler Johann, "Na trama dos escravos de Sua Majestade: o batismo e as redes de compadrio dos cativos da Real Feitoria de Linho Cânhamo (1788-1798)", Trabalho de Con-

econômico com administradores voltados para seus interesses privados. Em *Memórias econômo-políticas*, publicado pouco antes da Independência, o charqueador Antônio José Gonçalves Chaves (1781-1837), crítico ferrenho da escravidão e grande escravista, ironizava que o padre Gonçalves Cruz fizera no estabelecimento "adiantamento", "não em plantação do cânhamo", mas fundando "grande fazenda de criação de gado", certamente para seu proveito. Sobre o sucessor do padre, o tenente José Manuel Antunes da Frota, disse que chegara com o "privilégio de roubar tudo quanto houvesse na feitoria, uma vez que repartisse [...]".[50] Chama a atenção que os cativos saíam, sem problemas, à noite, para buscar alimentos nas roças da propriedade. Quando da agitação, o inspetor apressara-se a explicar que os pretos eram "mais do que nunca bem fornecidos de sustento" e que "vendiam" "prontamente" seus "roubos". Talvez tivessem sido suspensas as roças domésticas e eles fossem subalimentados, abastecendo-se assim furtivamente nas roças. A tentativa de reprimir o costume levara à rebelião. É clara a vontade do inspetor de acalmar os ânimos e não agravar os fatos, que possivelmente o comprometeriam. Ao ver que o caso se tornava "mais sério", retirou-se e pediu, mais tarde, comutação do castigo. Ele se refere ao crime de "levantamento" e não de "insurreição". Os cativos escapados teriam retornado ou se deixado aprisionar. Conheciam na feitoria condições de existência desconhecidas pelos demais cativos e melhores, talvez, do que a vida incerta em um quilombo. Condições excepcionais que estavam sendo perdidas.

NOVO *QUEBRA*, EM 1831, APROVEITANDO A CRISE DA DEPOSIÇÃO DE D. PEDRO

Em 1831, no contexto da mobilização liberal contra d. Pedro e os *corcundas*, o *Quebra* apresentou-se na capela de Caçapava do Sul, arregimentando e liberando cativos pelas estâncias vizinhas para que lutassem pela república, pela abolição e, talvez, pela secessão da província. A vila encontra-se na Cam-

---

clusão de Curso, IFCH-UFRGS, 2011, p. 18, <www.lume.ufrgs.br/bitstream/handle/10183/28999/000774636.pdf?>, acessado em: 1º maio 2014.

50. Antônio José Gonçalves Chaves, *Memórias econômo-políticas sobre a administração pública do Brasil*, 4ª ed. (São Leopoldo: Ed. Unisinos, 2004), pp. 141-142.

panha, a uns 150 quilômetros, em linha reta, da fronteira com o Uruguai, convulsionado pelos embates entre José Fructuoso Rivera, pró-imperial, e Juan Antonio Lavalleja, autonomista. Pela terceira vez Alexandre Luís *gritava* à abolição e à república no Sul. Poucos anos antes, no fim da guerra de independência da Banda Oriental, "em vésperas da Batalha do [Passo do] Rosário", em 20 de fevereiro de 1827, nas proximidades da vila de Rosário do Sul, ele teria integrado as tropas sulinas de Bento Gonçalves, Bento Manuel, Sousa Neto etc., que desertaram ativamente, facilitando a derrota do Império e a independência oriental.[51] Sob as ordens do general portenho Carlos María de Alvear, o coronel Alexandre Luís recebera o comando de regimento republicano Libertadores do Rio Grande, para a libertação e separação da província e sua federação com a Banda Oriental e as Províncias Unidas. A iniciativa não prosperou devido à paz entre o Rio de Janeiro e Buenos Aires e ao reconhecimento da independência oriental.[52] Segundo Walter Spalding, Alexandre Luís teria a seguir tido uma vida discreta na província.

Propõe-se que o levante de Alexandre Luís, em Caçapava, estivesse articulado com a conspiração reprimida em São Leopoldo, em 29-30 de novembro de 1831, sob a chefia de João Manoel de Lima e Silva, comandante do 28º Batalhão de Caçadores, e com a participação do major Carlos Frederico Otto Heise, dos capitães Samuel Gottfried Kerst e Gaspar Eduardo Stepanousky, além de soldados alemães daquele batalhão e colonos alemães, que em geral não possuíam cativos.[53] Carlos Frederico Otto Heise lutara "pela independência da Bolívia e do México antes de vir para o Brasil", para participar da Guerra da Cisplatina. Ele seria destacado combatente farroupilha.[54] João Manoel de Lima e Silva (1805-1837), tio mais jovem do futuro duque de Caxias, casara-se com a irmã do coronel Afonso José de Almeida Corte Real, dirigente farroupilha. Em 1834, João Manuel foi novamente inocentado da acusação de conspirar com o *blanco* Juan Antonio Lavalleja para a federação do Rio Grande e o Uruguai. Ele participou do levante de 1835, comandando as tropas farroupilhas.

51. ANRJ, Justiça, IJ (1) 846.

52. Maestri, *Mar del Plata*, pp. 147-153; Spalding, *Construtores do Rio Grande*, p. 33.

53. Marcos Justo Tramontini, *A organização social dos imigrantes: a colônia de São Leopoldo na fase pioneira (1824-1850)* (São Leopoldo: Ed. Unisinos, 2000), pp. 147-153.

54. Hilda Agnes Hübner Flores, *Alemães na Guerra dos Farrapos* (Porto Alegre: EDUPUC, 1995), p. 23.

Primeiro general farroupilha, impulsionou precocemente o alistamento de libertos e cativos, formando o 1º Corpo de Cavalaria de Lanceiros Negros, de mais de quatrocentos integrantes. Aprisionado por uma partida de soldados do Império, foi assassinado em 18 de agosto de 1837, nas Missões. Tal era o ódio monarquista contra ele que sua sepultura em Caçapava do Sul seria violada e seus ossos, dispersados.[55]

Vejamos os fatos. Em 7 de abril de 1831, os liberais depuseram d. Pedro. Em 25 de dezembro do mesmo ano, quando se festejava o Natal, Alexandre Luís chegava outra vez a Caçapava do Sul, talvez vindo de Montevidéu, não para pregar a fraternidade entre escravistas e escravizados, monarquistas e plebeus. No dia 29 daquele mês, o juiz de paz e comandante do 22º Regimento de Cavalaria da 2ª Linha denunciava ao presidente da província, Manuel Galvão, que Alexandre Luís pregava "revolução" com os "negros", através da "exterminação dos brancos" — o que sem dúvida era mentira —, na qual assumiria como "primeira autoridade provincial". Obraria para "sublevar os povos", para "incorporar" a província ao "Estado Oriental do Uruguai, promovendo primeiro a insurreição dos escravos" — o que talvez fosse verdade.[56]

Em 1º de fevereiro de 1832, ofício de Manuel Galvão, presidente da província, ao padre Diogo Antônio Feijó, ministro da Justiça, propunha que Alexandre Luís tivesse "aliciado" uns quarenta cativos do "sargento-mor Damazo dos Santos de Menezes", em chácara próxima à povoação. Em mensagem anterior, de dezembro, ao presidente da província, o juiz de paz de Caçapava do Sul afirmara que aquele escravista teria, por todo, "trinta escravos". Talvez o *Quebra* tivesse incorporado ao mote cativos de outros proprietários. Devido à agitação, o juiz de paz pedira ajuda ao presidente da província, já que o revoltoso se acharia "surtindo de [muita] pólvora". Para prendê-lo, partiram para a localidade o sargento-mor Lourenço José Ferreira e o tenente Claro, no comando de praças do exército de primeira linha. Entrementes, reunião de *cidadãos* na porta do juiz de paz, exigindo a prisão de *celerado*, levou Alexandre Luís a fugir a cavalo, com seu "escravo", que denominava de "capitão da Pátria". Armados de trabucos e pistolas, foram perseguidos por cavaleiros sob as ordens do te-

55. Henrique Oscar Wiederspahn, *O general farroupilha João Manuel de Lima e Silva* (Porto Alegre: EST, Sulina; Caxias do Sul: UCS, 1994), pp. 22 e ss.

56. ANRJ, Justiça, IJ (1) 846.

nente Claro. Em potreiro cercado com taipa de pedra, após disparos, os perseguidos apearam e ganharam "um mato grande". Em 30 de dezembro, obtiveram montarias em estância da região, onde Alexandre Luís renovara as "ameaças de revolução com o favor dos negros", antes de seguir, talvez, para sua "estância Palma", no "distrito de Cachoeira" do Sul, a nordeste de Caçapava do Sul. Um "destacamento de doze praças" e alguns paisanos armados, municiados e pagos pelo juiz de paz e moradores, foi enviado em busca do *Quebra*, "por toda a parte, até prendê-lo ou botá-lo para fora da Província". Segundo o presidente da província, a "partida encarregada de fazer a prisão" falhara por "falta de coragem", para ele compreensível, "quando [de] uma grande revolução" ou aparecimento inesperado de "facínora". Outra vez, o destemido Alexandre Luís e Pedro, seu companheiro de lutas e ideais, abriram caminho pelas armas. O presidente da província discordou da proposta de simples prisão ou expulsão de Alexandre. Em 19 de janeiro de 1832, determinou ao juiz de paz de Caçapava que, "no caso de resistência", ele seria "morto na conformidade do artigo 118 do Código Criminal". Alexandre Luís, então com 59 anos, era acusado do pecado mortal de "despertar os desejos da liberdade aos cativos, avivando-lhes lembranças que talvez não mantivessem até o presente".[57]

Walter Spalding escreveu nota biográfica de Alexandre Luís, na qual não se refere aos fatos de 1831, não detalha com precisão suas fontes e supera discursivamente hiatos de informação. Para ele, Alexandre Luís faleceu na fronteira, em 1833, tendo ao lado Pedro e alguns cativos. O que é improvável, pois temos registro de sua prisão, seis meses após os sucessos. Em 2 de junho de 1832, o presidente da província oficiava a Diogo Feijó, completando a informação anterior:

> [...] participo agora [...] que se acha preso este desgraçado velho, e que imediatamente que se recolha o ouvidor da Câmara, será processado na Junta de Justiça. Previno a Vossa Excelência que o sobredito Alexandre Luiz já esteve alienado do juízo mais de uma vez segundo me informaram.[58]

57. ANRJ, Justiça, IJ (1) 846; AHRS, Justiça, Caçapava do Sul, Maço 5, Correspondência do Juízo de Paz.

58. ANRJ, Justiça, IJ (1) 846; AHRS, Justiça, Caçapava do Sul, Maço 5, corr. do Juízo de Paz.

Ele teria falecido em 4 de julho de 1833, em Cachoeira do Sul.[59]

O medo da sedução da escravaria pelos orientais seguia. Em agosto de 1834, "pessoa fidedigna" informava à Câmara de Jaguarão que o general Rivera enviara ao Rio Grande do Sul "emissários, com o fim de seduzirem a escravatura" para "sublevação". A administração municipal de Jaguarão, centro charqueador na fronteira com a República do Uruguai, comunicou o fato à Câmara de Pelotas, em 16 do mesmo mês, que pôs em alerta os juízes de direito e de paz do termo e a presidência da província, no dia 28, lembrando que seus "guardas nacionais" ainda não possuíam"armamento". Era denúncia infundada que registrava, por um lado, o medo de revolta servil devido ao temor do envolvimento de orientais e, por outro, a rápida capacidade de articulação das classes escravistas regionais.[60]

INSURREIÇÃO ESCRAVA DURANTE A GUERRA FARROUPILHA (1835-1845)

O confronto entre os proprietários foi sempre momento favorável para fugas e revoltas de cativos. De 1835 a 1845, o Rio Grande foi dilacerado por uma guerra civil promovida pelos estancieiros escravistas do sul da província e do norte do Uruguai. Por sua duração e intensidade, ela enfraqueceu a submissão servil, facilitando aquilombamentos e fugas para além-fronteiras. Durante a guerra, os cativos foram arrolados em grande número nas forças farroupilhas, já que os homens livres proprietários e pobres resistiam a morrer pela República. No final do conflito, africanos, afrodescendentes, nativos e gaúchos compunham a maior parte das tropas rebeldes.[61] Após a guerra, anotou-se pouco menos de mil cativos possivelmente homiziados no Uruguai. Escravizados teriam fugido em menor número para Santa Fé, Corrientes e Entre Ríos e,

59. Genealogy, <www.geni.com/people/Alexandre-Lu%C3%ADs-de-Queirós-Vasconcelos/6000000004882140554>, acessado em 29 abr. 2017.

60. AHRS, Correspondência da Câmara Municipal de Pelotas ao Presidente da Província, maço 103, lata 123; Helga Iracema Landgraf Piccolo (org.), *A resistência escrava no Rio Grande do Sul* (Porto Alegre: UFRGS, Curso de Pós-Graduação em História, 1992), p. 25.

61. Moacyr Flores, *Negros na Revolução Farroupilha: traição em Porongos e farsa em Ponche Verde* (Porto Alegre: EST, 2004), pp. 9 e ss.

até mesmo, para a Bolívia e o Paraguai. Muitos quilombos surgiram naqueles anos no Sul.[62]

Walter Spalding refere-se à "insurreição de escravos", quando Porto Alegre já retornara ao controle imperial — após 15 de julho de 1836, portanto. "Outro fato que muito agitou a Câmara foi uma insurreição de escravos, [...] provocada pelos farroupilhas que haviam criado corpos militares exclusivamente de pretos a quem davam a liberdade [sic] em troca do serviço militar." Segundo ele, alguns cativos "foram presos e castigados, mas a maioria conseguiu fugir e unir-se às forças republicanas [farroupilhas] [...]".[63] É possível que a fuga tenha sido um fato; a incorporação às tropas farroupilhas, uma mera sugestão. Em 12 de outubro de 1838, Manoel José de Freitas Travasso Filho, chefe de polícia interino, comunicava à Câmara de Porto Alegre a tentativa de "insurreição de escravos" apenas descoberta na cidade e a necessidade de que a Câmara procedesse no cumprimento estrito do determinado pelas Posturas quanto aos "ajuntamentos de escravos e pretos forros nas tabernas, algazarras e cantarolas pelas ruas" da capital. A Câmara deveria proceder "contra os Fiscais" "omissos no exato cumprimento dos seus deveres".[64] Um aviso de 3 de agosto de 1841, do Ministério da Justiça do Império, ao presidente da província pedia investigação de informação recebida pela Repartição dos Negócios Estrangeiros sobre conspiração para sublevar cativos africanos da província.[65]

OS ANOS 1840: A INSURREIÇÃO MINA DE PELOTAS

Em 1845, quando do fim da guerra farroupilha, boa parte da população cativa do sul da província morrera, aquilombara-se ou fugira para além-fronteira. As necessidades de charque, couro e mulas da cafeicultura em expansão ensejaram a retomada da produção regional e a reposição das escravarias, aumentando a proporção entre elas de "cativos novos". Em 1846, no Rio Grande

62. Silmei Petiz, *Buscando a liberdade*, op. cit., pp. 95 e ss.; Maestri, "Pampa negro: quilombos no Rio Grande do Sul", in Reis e Gomes (orgs.), *Liberdade por um fio*, pp. 291-331.

63. Spalding, *Pequena história de Porto Alegre*, p. 97.

64. Arquivo Municipal de Porto Alegre [AMPA], Livro de Atas da Câmara Municipal de Porto Alegre, 13 out. 1838, doc. 252 e verso.

65. AHRS, Avisos. Do Ministério de Justiça ao Presidente da Província, cód. B.1.108.

do Sul, o número de escravizados em relação ao de homens livres caíra de taxas superiores a 30% para menos de 21%. Porém, em 1858, a população cativa dobrara e constituía 25,19% da população regional, expandida de forma absoluta pela retomada da imigração colonial-camponesa.[66] Os proprietários temiam a concentração de mais de 3 mil cativos na vila, charqueadas e olarias de Pelotas, que, em 1833, possuía 10873 habitantes: 5623 cativos, 3911 livres, 1137 libertos e 180 índios.[67] Ainda em 1884-1885, quando da grande emancipação sob a cláusula da prestação de serviços gratuitos, a população servil municipal era quase a mesma: "Dos cinco mil escravos que a cidade tivera, dois mil eram servidores domésticos ou trabalhadores do porto e mil eram usados na agricultura. Os outros dois mil, segundo o presidente [da província], trabalhavam nas charqueadas [...]".[68] As forças militares locais eram inferiores em número aos cativos, podendo porém receber sem detença poderosos auxílios de tropa, canhoneiras e artilharia. Tinham, portanto, superioridade aplastante.[69]

Em 1848, uma tentativa insurrecional dos cativos minas pelotenses confirmou os temores dos escravizadores. João Capistrano de Miranda e Castro, presidente da província, refere-se ao movimento em seu relatório à assembleia provincial. "O juiz de Direito da Comarca do Rio Grande e o delegado de Polícia da cidade de Pelotas" teriam participado "recentemente ter havido denúncias, desde o princípio de janeiro deste ano [1848], de um plano [insurrecional] entre os negros de nação mina existentes nesta última cidade e nas charqueadas e olarias." "Tomadas as convenientes precauções, e continuando as denúncias de que o dia 6 de fevereiro findo era o aprazado para o rompimento" do plano insurrecional, o delegado mandara "prender os indigitados". Até o dia 6, estariam detidos, oficialmente, "mais de 30 dos referidos negros" não constando haver "ramificações".[70]

66. Mário Maestri, *Deus é grande, o mato é maior: história, trabalho e resistência dos trabalhadores escravizados no Rio Grande do Sul* (Passo Fundo: Ed. UPF, 2002), p. 89, Coleção Malungo, 5.

67. AHRS. Autoridades municipais. Câmara Municipal de Pelotas, 1833.

68. Conrad, *Os últimos anos da escravatura no Brasil*, p. 253.

69. José Iran Ribeiro, *Quando o serviço nos chama: os milicianos e os guardas nacionais no Rio Grande do Sul (1825-1845)* (Santa Maria: Ed. UFSM, 2005), pp. 139 e ss.

70. *Relatório do vice-presidente da província de São Pedro do Rio Grande do Sul, João Capistrano de Miranda Castro, na abertura da Assembleia Legislativa Provincial, em 4 de março de 1848...* (Porto Alegre: Typ. do Porto-Alegrense, 1848), p. 7.

Eram chamados de "minas" os africanos escravizados no entreposto da fortaleza de São Jorge da Mina, erguida, em 1482, pelos portugueses, na Costa do Ouro, na atual Gana. Dados parciais sobre os africanos alforriados em Pelotas (1832-1849) assinalam que *mina* era então a nacionalidade mais numerosa no município, seguida pela soma de todos os cativos do "complexo angolano" — "angolas", "benguelas", "cabindas" etc.[71] Nos inventários de charqueadores pelotenses de 1850-88, o historiador Jorge Euzébio Assumpção identificou 189 africanos com nacionalidade declarada: dentre eles, 98 cativos eram minas e os 91 restantes possuíam vinte outras nacionalidades. Mais de 50%![72] Não é impossível que os conspiradores tivessem chegado recentemente da costa da África, após 1845.

REPRESSÃO AO MOVIMENTO

Ofício de José Vieira Viana, delegado de polícia de Pelotas, de 11 de fevereiro, ao brigadeiro José Fernandes dos Santos Pereira, comandante da cidade e da fronteira do Rio Grande, relata que recebera a denúncia de um "plano para a insurreição dos negros minas desta cidade e suas imediações, que devia aparecer no domingo passado", 6 de fevereiro. Portanto, "na véspera" da data da eclosão, dera "todas as providencias" ao seu "alcance para atalhar este mal". As "indagações" que fizera e as "confissões dos negros presos e castigados" (torturados) sugeriam que o plano se restringia aos "negros minas". Porém, ele via no movimento um dedo oriental. Desde o dia anterior, 10 de fevereiro, suspeitava-se de "aliciadores do Estado vizinho". Um tropeiro que chegara do Uruguai relatara que, "passando em Arroio Malo", em fins de janeiro, fora informado de que escravos pelotenses se "haviam levantado, saqueado a cidade, e passado para os blancos, no sobredito Estado [...]".[73] Mais tarde, em 17 de fevereiro, o delegado de polícia oficiava ao comandante provincial das Armas enfatizando a possível influência *blanca* na conspiração, propondo que *dois* tropeiros bra-

71. Ana Regina Falkembach Simão, *Resistência e acomodação: a escravidão urbana em Pelotas, RS (1812-1850)* (Passo Fundo: Ed. UPF, 2002), p. 87, Coleção Malungo, 9.

72. Assumpção, *Pelotas*, pp. 142 e ss.

73. *O Rio-Grandense*, Rio Grande, 19 fev. 1848; Maestri, *O escravo no Rio Grande do Sul*, pp. 144-148.

sileiros, chegados do Uruguai, teriam contado que, "havia mais de 20 dias", os castelhanos diziam "que a escravidão desta província estava toda livre" e que os cativos eram ali esperados. Em "menos de um mês", cem ou mais cativos teriam fugido para o "departamento de Thianna [?]" para assentar "praça" nas tropas brancas.[74] Portanto, apenas boatos transmitidos e talvez aumentados pelos tropeiros. No Uruguai, Manuel Oribe, aliado de Juan Manuel de Rosas, desafeto do Império, mantinha Montevidéu sitiada, exercendo pressão sobre os estancieiros escravistas rio-grandenses do norte do país.[75]

Quatro dias mais tarde, o delegado de polícia de Pelotas oficiava agora ao brigadeiro João Frederico Caldwell, comandante das Armas da Província, sobre as "denúncias" de "plano de insurreição de escravos" que tivera em janeiro, confirmadas "dias depois", tomando por isso "medidas de prevenção e de cautela". Em 5 de fevereiro, confirmada a conspiração por Luiz Manoel Pinto Ribeiro, "por lhe a haver comunicado um seu escravo de nação mina", acompanhado do capitão comandante da polícia, fora à chácara daquele proprietário inquirir o cativo, que delatou o plano para o qual "tinha por vezes sido convidado". O alcaguete dissera haver "armas" e que a conspiração possuiria "uma divisa" e "designação de postos". A eclosão da rebelião se daria no dia seguinte, domingo, 6 de fevereiro. O delegado levara, "com cautela, o referido negro" para a sua "casa" e determinara que o capitão da polícia procedesse à prisão dos apontados "como aliciadores do projetado plano", sendo detidos os "negros indicados pelos já presos e pelas denúncias anteriores". Enquanto escrevia, seguiam as detenções, já superiores a cinquenta. Após os açoites normais, ministrados em "acordo da maior parte de seus senhores", os conspiradores foram entregues aos proprietários. Em pleno verão, funcionando a todo vapor, as charqueadas não podiam interromper a produção!

A conspiração era apenas de "negros minas" da "cidade, charqueadas e olarias", tendo sido preso apenas um forro, "por saber do plano e o não ter comunicado como confessou". Não havia fugas e indícios de envolvimento de "pessoa alguma branca, nacional ou estrangeira", apesar dos "boatos e suspeitas" da "mão oculta do Estado vizinho".[76] A descoberta da conspiração exacer-

74. Piccolo (org.), *A resistência escrava no Rio Grande do Sul*, pp. 29-30.

75. Maestri, *Mar del Plata*, pp. 157 e ss.

76. Piccolo (org.), *A resistência escrava no Rio Grande do Sul*, p. 28.

bou a imaginação dos escravistas. Quatro dias após a repressão, o delegado Viana noticiava ao tenente-coronel Serafim Inácio dos Anjos, chefe interino de Legião da Guarda Nacional em Pelotas, a "notícia que grande número de escravos do segundo distrito deste termo" seguia "para a serra dos Taipes, em número pouco mais ou menos de duzentos". Pedia a "força necessária" para "acautelar, prevenir e prender" os "fugidos, sedutores, e implicados no fato", "naquele distrito" ou no da "serra da Buena", de onde chegava "igual notícia", "não oficial".[77] As duas regiões possuíam agreste cobertura florestal e eram refúgios de fugidos.

No dia seguinte, o tenente-coronel informava ao delegado que determinara reunião imediata dos guardas nacionais "da costa da Serra, nos pontos de Monte Bonito e Passo do Retiro", onde amanheceram no "dia 9 para 10, mais de 100 homens". Ele próprio seguira no dia 9, "pela costa do arroio Pelotas acima", local das charqueadas, para providenciar patrulhas armadas de moradores. Ao nada constatar no serra da Buena, desmobilizara os guardas nacionais. Remetia um escravizado de João Bittancourt, capturado no Monte Bonito, que ali andaria fugido havia dois meses. Em 12 de fevereiro, o tenente-coronel relatava suas providências a Tomás José de Campos, comandante superior interino da comarca do Rio Grande: "Os sustos de que se achava este povo possuído, com a notícia do levantamento de escravos minas, e outras notícias aterradoras, os julgo todos terminados".[78]

SOMENTE OS NEGROS MINAS

Em carta de 15 de fevereiro, Tomás José de Campos escrevia ao seu superior, José Fernandes dos Santos Pereira, brigadeiro comandante da cidade de Pelotas e da 1ª Brigada do Exército e da fronteira do Chuí, questionando o ofício do delegado de polícia, publicado no periódico *A Nova Epoca*, n. 152. Na correspondência, o delegado pedia providências ao brigadeiros, pois temia que a tentativa de insurreição dos minas fosse "promovida por indivíduos do Estado vizinho". Tomás José registra a tradicional disposição das autoridades de tranquilizar a população. "Penso que medidas policiais e de cautela são as que

77. *O Rio-Grandense*, Rio Grande, 19 fev. 1848.

78. Idem, 19 fev. 1848.

muito convêm; e creio nocivas as aterradoras notícias que unicamente se fundam em vagas suspeitas." Reafirmava não haver intervenção de "aliciadores do Estado vizinho", "elementos de desordem" ou ter sido "descoberto armamento algum". Todo o "barulho ocorrido, de preto, só compreendia os desta nação [...]".[79]

Em "Expediente", de 17 de fevereiro, ao comandante provincial das Armas, o presidente da província ponderou a "necessidade de reforçar a ala do 8º Batalhão de Caçadores que se acha na cidade de Pelotas", enquanto não fosse enviado um "batalhão completo" e mais bem armado da Guarda Nacional do município. Enviava ao juiz de direito da comarca do Rio Grande a canhoneira *Caçapava* e dizia-lhe que não viesse "tomar assento na Assembleia Legislativa Provincial". No dia seguinte, 18 de fevereiro, informava que a "diretoria do Arsenal de Guerra" mandara "encaixotar 200 armas de infantaria" destinadas ao "coronel comandante superior da Guarda Nacional da comarca de Rio Grande". Repreendia o delegado de polícia de Pelotas, "que, sendo sabida das autoridades policiais, já em princípios de janeiro, a conspiração dos negros, de tão sério acontecimento não tivesse dado parte", tomando a "responsabilidade sobre si". Lastimava que, após conhecida, abortada e reprimida a conspiração, ele dissesse que era "pouca a força simultânea da 1ª Linha e de polícia".[80] Os sucessos registravam que o esquema geral repressivo estatal montado contra eventuais sublevações servis era singularmente poderoso e capaz de célere mobilização.

O cativo mina que denunciara a insurreição antes da eclosão foi recom pensado pela sua vilania. A carta de alforria do mina Procópio reza "que sendo senhor e possuidor de um negro de nação mina, de nome Procópio, ao mesmo dou liberdade de hoje para sempre" para que ele tratasse "de sua vida como liberto que fica sendo, em razão de ter [ele, o ex-proprietário] recebido do Ilustríssimo Senhor José Vieira Viana, Delegado de Polícia desta cidade a quantia de setecentos noventa e sete mil-réis". A alforria devia-se ao "dito escravo" ter "denunciado uma insurreição que estava projetada entre os mais negros de sua nação, os quais denunciou e entregou àquela autoridade que os mandou prender e corrigir". Portanto, para que o delator gozasse "de sua inteira liberdade", lhe era passada a carta de liberdade, em 3 de março de 1848.[81]

79. Loc. cit.

80. *O Rio-Grandense*, Rio Grande, 20 abr. 1848.

81. APERS, Registro Ordinário, Pelotas, 4 maio 1847- 27 nov. 1849, p. 30.

Resumindo os fatos. Em inícios de janeiro, o delegado de polícia de Pelotas recebera denúncias sobre eventual conspiração entre cativos do município. Em 5 de fevereiro, sábado, a delação de cativo mina ao seu escravizador confirmara o movimento e sua eclosão no dia seguinte. O delegado providenciara a prisão dos denunciados na cidade, olarias e charqueadas, em pleno funcionamento, os quais foram torturados e delataram novos companheiros. Não temos detalhes da organização do complô, de talvez meia centena de minas. O movimento possuía "divisa" e havia designado alguns "postos" de comando. Os conspiradores, sem armas, partiriam possivelmente para a luta com seus instrumentos de trabalho — facões, machados, ferros etc. O movimento foi denunciado por um cativo mina, que recebeu a alforria. Como a volta à África era quase impossível, talvez pretendessem fugir para o Uruguai, dominado quase por completo pelos *blancos*, que haviam abolido a escravatura em 1842. Os *blancos* eram combatidos pelos estancieiros negreiros rio-grandenses do norte do Uruguai, em geral *colorados*.

1850 E A ABOLIÇÃO DO TRÁFICO: LADINIZAÇÃO E CRIOULIZAÇÃO

Em 1850, o fim do tráfico internacional de africanos escravizados determinou três fenômenos fundamentais: 1) a queda absoluta e relativa da população escravizada, por um lado, devido às alforrias, mortes, fugas e, sobretudo, à baixa expansão demográfica da população cativa e, por outro, ao crescimento da população livre; 2) a ladinização e crioulização dos feitorizados e a crescente homogeneidade cultural e linguística relativa deles; 3) a concentração da mão de obra cativa na cafeicultura do Centro-Sul, através do tráfico interprovincial, desescravizando fortemente importantes regiões do país.[82] Na década de 1850, o Rio Grande exportaria cativos para o Centro-Sul, com destaque para os anos 1874-1884, quando teria sido o maior exportador de trabalhadores para a cafeicultura, segundo "Relatório do Ministério da Agricultura", de 1884 — com 14302 cativos. Porém, segundo os dados disponíveis, até 1881, a população escravizada sulina seguiu crescendo em números absolutos, decerto em

82. Emilia Viotti da Costa, *Da senzala à colônia*, 2ª ed. (São Paulo: Ciências Humanas, 1982), pp. 41 e ss.

boa parte devido à expansão vegetativa nas regiões pastoris.[83] Nos anos 1872-1890, a população sul-rio-grandense dobrou de 446962 para 897455 habitantes, impulsionada pela imigração italiana, desde 1875.[84]

1852: APENAS ALGUNS CONVITES

Nos anos 1850, temos registros de agitações nas senzalas, reprimidas antes de eclodirem; de denúncias fruto talvez do temor dos escravistas, exacerbado pelos conflitos no Prata; de movimentos de diversos sentidos, envolvendo cativos. Em 13 de março de 1852, poucas semanas após a vitória do Império e de Justo José de Urquiza, de Entre Ríos, sobre Juan Manuel de Rosas, em Monte Caseros, o presidente da província enviou ao ministro da Justiça os "mapas e relatórios" sobre a segurança no Rio Grande. Assinalava que, "apesar do estado excepcional" dessa província, não aumentara o "número de crimes", destacando-se apenas as "duas agressões dos indígenas" e a "recente tentativa de insurreição de escravos na Freguesia de Belém, a duas léguas desta capital [...]".

Mesmo não dando muito crédito à denúncia de "escravo do vigário da referida freguesia", o presidente fora ao local com o chefe de polícia para proceder a "eficazes diligências", indagando por um "dia inteiro", "pessoalmente, dos moradores e de alguns escravos, que por suspeito têm sido presos". Não teria descoberto "fundamento sério de semelhante tentativa". Cativos presos haviam confessado convite "para insurgir-se contra seus senhores por outro [cativo], que fugiu no ato de ser preso". Estranhava a existência de insurreição séria, "tão próxima desta capital", onde existiam "guarnição de trezentas e tantas praças de Guardas Nacionais e de Polícia" e pouca população escravizada (sic). Tudo seria iniciativa do cativo que escapara, que teria tido o "pensamento de vingar-se de seus senhores", convidando para tal com-

83. Günter Weimer, *O trabalho escravo no Rio Grande do Sul* (Porto Alegre: Ed. da UFRGS/SAGRA, 1991), p. 33; Conrad, *Os últimos anos da escravatura no Brasil*, pp. 346, 351; Bento, *O negro e descendentes*, p. 119; Mateus de Oliveira Couto, *A pia e a cruz: a demografia dos trabalhadores escravizados em Herval e Pelotas (1840-1859)* (Passo Fundo: Ed. UPF, 2011), Coleção Malungo, 21.

84. Fundação de Economia e Estatística (FEE), *Da província de São Pedro a Estado RS: censos do RGS, 1803-1950* (Porto Alegre: FEE, 1981).

panheiros, entre eles o que revelara o "projeto".[85] Em 1854, no relatório à Assembleia Provincial, João Lins Vieira Sinimbu referiu-se a "boato vago que em dias de fevereiro" correra a vila de Rio Grande, porto marítimo da província, sobre levante servil. Investigações policiais não acharam o "mais leve indício de fundamento" sobre o fato.[86]

1858: UM PRETO ORIENTAL CONSPIRADOR

Em 23 de abril de 1858, o secretário da Polícia oficiava ao presidente da província pedindo que remetesse para o Rio de Janeiro, no dia seguinte, no vapor *Caxias*, o "oriental preto Francisco Antonio Dias", enviado da vila de Santana do Livramento, na fronteira com o Uruguai, como "suspeito de ter sido o cabeça da insurreição de escravos que teria tido lugar naquela vila", já que seria "homem perigoso" para a província. No mesmo dia, o presidente da província remetia ao ministro e secretário dos Negócios da Justiça, na Corte, a proposta do chefe da polícia de "deportação" para o Uruguai daquele "preto oriental", suspeito de ser o "cabeça da insurreição de escravos" que "houve" lugar "na vila de Santana do Livramento". O presidente afirmava na comunicação: "[...] faço seguir para essa Corte, a entregar ao dr. Chefe de Polícia, o referido oriental, [...], por não convir que ele continue a permanecer na província".[87]

Em 26 de agosto, o ministro respondera, desde o Rio de Janeiro, impugnando a proposta de envio ao Uruguai do *conspirador*, lembrando que ele poderia voltar à proximidade da fronteira, para "prosseguir nos atos criminosos". Por fim, talvez em 19 de outubro, seguia para a Corte, pelo vapor *Imperador*, segundo pedira o ministro da Justiça, o afro-uruguaio, acompanhado por um "praça", acusado de liderar "insurreição de escravos que *devia* ter lugar na vila de Santana do Livramento",[88] em janeiro daquele ano. A prisão e envio à Corte foram determinados oficialmente ao chefe de polícia da província através de

85. ANRJ, Justiça, IJ (1) 578.

86. *Relatório do presidente da Província de São Pedro do Rio Grande do Sul, João Lins Vieira Cansansão de Sinimbu, na abertura da Assembleia Legislativa Provincial, em 2 de outubro de 1854* (Porto Alegre: Typ. do Mercantil, 1854), p. 4.

87. ANRJ, Justiça, IJ (1) 851; AHRS, Correspondência passiva de outras províncias, maço 3.

88. Loc. cit., grifo nosso.

Aviso da Repartição de Justiça em 16 de outubro de 1858. A documentação afirma, ao mesmo tempo, que o movimento *ocorrera* e que, ao contrário, fora descoberto *antes* de sua eclosão, o que é mais provável.

1859: A REVOLTA DOS IRMÃOS BOTELHO

O relatório de Joaquim Fernandes Leão à Assembleia Provincial de novembro de 1859 informa: "Cabe aqui consignar dois fatos de insurreição de escravos, que infelizmente teriam lugar em alguns pontos da Província, se enérgicas providências, tomadas a tempo, não os fizessem abortar [...]". Seguia o presidente: "A primeira tentativa" fora "promovida em Capivari, Encruzilhada e Herval, pelos desertores do Exército de nome Botelhos, e vários outros criminosos". A concentração de tropas e a "atividade das autoridades policiais respectivas, e do comandante superior do Rio Pardo", haviam feito "recuar esses criminosos do propósito em que estavam".[89] Capivari e Encruzilhada do Sul localizam-se, respectivamente, a uns vinte e 65 quilômetros, em linha reta, a sudeste e ao sul de Rio Pardo.

Mas vamos aos fatos. Em 31 de março de 1859, José Joaquim de Andrade Neves, futuro barão do Triunfo, comandante da Guarda Nacional em Rio Pardo, informava ao conselheiro Ângelo Muniz da Silva Ferraz, então presidente da província, que, três dias antes, recebera correspondência do capitão comandante da 5ª Companhia, do 22º Corpo da Guarda Nacional de Rio Pardo, noticiando que soubera, no mesmo dia 28, de "uma sedição de escravos no Distrito do Capivari, Encruzilhada e Erval". Encabeçariam o movimento "vários desertores do Exército e criminosos evadidos da prisão", com o objetivo de "matarem várias pessoas e roubarem suas casas". Andrade Neves ordenara que seu subordinado reunisse sua tropa e prevenisse o subdelegado e o delegado de polícia do termo. A seguir, partira, no "mesmo dia, em pessoa, à frente de alguns Guardas Nacionais e praças de Cavalaria de Linha", de Rio Pardo, para o distrito de Capivari, presumido local do "primeiro assalto". Ao chegar ao desti-

89. *Relatório apresentado a Assembleia Provincial de S. Pedro do Rio Grande do Sul na 2ª sessão da 8ª Legislatura pelo conselheiro Joaquim Antão Fernandes Leão* (Porto Alegre: Typ. do Correio do Sul, 1859), pp. 3-4.

no, na noite do mesmo dia 28, colocara guardas nacionais "em diversas pontes até as imediações da Encruzilhada", para impedir a fuga dos "criminosos".

Prevenidos do deslocamento das tropas, os *facinorosos* fugiram, embrenhando-se nas matas do distrito de Santo Amaro. Entre os positivamente envolvidos estariam os quatro irmãos Botelho, desertores — Manoel Joaquim ["Menino Diabo"], Lino dos Santos, Joaquim dos Santos e José dos Santos; Laurindo, o "Pescoço Grosso", criminoso fugido da cadeia; "um Valeriano"; "um fulano Meirelles", além de outros, de nomes desconhecidos. José Joaquim informava ao presidente da província que, desbaratado o intento, retornara a Rio Pardo, deixando alguma tropa às ordens do subdelegado de polícia. Sobre os objetivos da conspiração, um "preto" que fora "agarrado" informava que os "malvados" seduziram a "escravatura para conseguirem seus fins", propondo "dar o grito de liberdade aos escravos nos pontos em que atacassem" e saquear residências. Prometeram que os envolvidos na ação enriqueceriam "com os despojos das vítimas e tomariam por suas companheiras as filhas dos assassinados" para "amásias". José Joaquim finalizava sugerindo manter tropas entre os distritos de Capivari e Encruzilhada, para "restabelecer a tranquilidade pública".[90]

APÓS O GRITO DA LIBERDADE

O plano consistia em marchar até Encruzilhada do Sul, tomar o armamento da polícia e "dar o grito de liberdade aos escravos". O crioulo Joaquim, de José de Souza Jardim, confidenciara a Cândido Furtado Fanfa, morador do Capivari, que Manoel Joaquim Botelho, líder do movimento, arrolava cativos para a revolta. Sem perda de tempo, Candido informara os proprietários da região e o capitão Antônio Pereira Franco, comandante da Companhia de Guardas Nacionais do Distrito do Capivari, sobre o fato. As tropas policiais e militares dispersaram os conspiradores antes da eclosão do movimento, sendo presos e duramente castigados diversos cativos, entre eles João, escravo de Bartolomeu Luiz Barreto, e Marcolino, de Fortunato Luís Barreto, do Capivari.

90. Ofício de José Joaquim de Andrade Neves (1859), Comandante Superior da Guarda Nacional de Rio Pardo, 31.3. ao Ilmo. Exmo. Sr. Conselheiro Ângelo Muniz da Silva Ferraz, Presidente da província. ANRJ, Justiça, IJ (1) 582.

Os desertores teriam fugido para o Uruguai. Segundo o relatório de Joaquim Fernandes Leão à Assembleia, de novembro 1859, "Feliciano [sic] Botelho" fora preso, em maio, "no termo de Taquari", pelo delegado de polícia, José de Azambuja Villa Nova. No mesmo relatório de novembro de 1859, Joaquim Fernandes propunha: "Já estava por assim dizer esquecida a tentativa dos Botelhos quando em Piratini correu o boato de que se tramava outra insurreição". Imediatamente ele mandara seguir para o município "uma força de polícia", quando as "autoridades locais" "com a atividade e zelo que desenvolveram, e as providencias que tomaram" faziam "desaparecer os receios, que se tinham manifestado. Alguns escravos comprometidos no plano de insurreição foram convenientemente corrigidos: todas as combinações se desfizeram, e a confiança voltou [...] ao animo dos habitantes de Piratini".[91]

O primeiro sucesso, apresentado como simples sedição e sedução de cativos promovidas por desertores e criminosos, foi talvez — à exceção das fracassadas rebeliões de Alexandre Luís de Queirós e Vasconcelos, em 1803, 1830 e 1831 — a única conspiração que conhecemos no Rio Grande de homens livres para promover a liberdade de trabalhadores escravizados, pelas armas, apoiados nestes. O segundo movimento tem sua veracidade sugerida pelo castigo recebido pelos cativos.

1863: UM ANO AGITADO: PEDIR A LIBERDADE DE POSIÇÃO DE FORÇA

Os anos 1860 seriam *terribilis* para os escravistas sulinos, devido aos múltiplos, amplos e sérios complôs servis.[92] Nessa época, o movimento emancipacionista fortalecia-se no Brasil. Após treze anos do fim do tráfico transatlântico, a população escravizada, crioula ou ladinizada, concentrada no Centro-Sul cafeeiro, mais homogênea do ponto de vista cultural e mais informada, começava a contar com apoios entre a população livre na luta pela libertação. Havia muitos anos, a abolição da escravatura realizara-se no Uruguai e na Argentina. Em 1863, a Guerra de Secessão nos Estados Unidos aproximava-se do

91. *Relatório apresentado a Assembleia Provincial*, pp. 3-4.
92. Maestri, "Pampa negro".

fim, pondo termo à escravidão na grande nação norte-americana. A escravidão tornava-se excrescência jurídico-institucional nas Américas e a liberdade, direito civil a ser conquistado pela população feitorizada do Brasil. No novo contexto, nos anos 1863-1865, fortaleceram-se as revoltas servis no Sul, que não tinham mais como objetivo obsessivo o quilombo e a fuga da província. Agora, os cativos organizavam-se para reivindicar a emancipação de uma posição de força, em projetos que pressupunham esforço organizacional e nível mínimo de *consciência* política. A crise política no Prata (1864-1870) deu também novo sentido à busca da fronteira, aumentando o tradicional medo de que as notícias sobre revoltas se disseminassem entre a escravaria.

Em inícios de janeiro de 1863, informado de que nas "fazendas de agricultura" do cirurgião Antônio José de Moraes, no termo de Taquari, apareceram "indícios de insubordinação de escravos", o delegado de polícia enviou, no dia 8, o "inspetor de quarteirão", com "praças". O destacamento prendeu dois cativos tidos por "aliciadores de seus parceiros", parecendo "entrarem as fazendas no curso regular de seus trabalhos". Como "alguns pretos procuraram embargar a passagem da escolta", "reforçada", o delegado de polícia logo enviou "força do Corpo Policial" e o cirurgião Moraes, a quem os "escravos prestando obediência" "pediram perdão". Os dois acusados foram enviados para Porto Alegre para serem "interrogados" e sete cativos homiziaram-se no mato. O acontecimento parece ter se limitado à agitação nas senzalas de propriedade eventualmente deixada nas mãos de capataz demasiado rigoroso ou inábil. Porém, talvez por zelo, o sucesso foi comunicado ao Ministério da Justiça na Corte, e o conselheiro João Vieira Cansanção de Sinimbu recomendou "terminantes providências para a punição" da "insubordinação de escravos".[93]

Em 25 de fevereiro do mesmo ano de 1863, o presidente da província enviou ao chefe de polícia de Pelotas comunicação reservada sobre "as seduções empregadas pelo preto liberto Sebastião Maria", suspeito de conspirar para a "insurreição de grande número de escravos" em Pelotas. Ele recomendava que se procedesse, com o "menor estrépito que for possível", "incessante vigilância a fim de prevenir os efeitos que porventura tivesse provocado" a ação do liberto. Perguntava sobre a repercussão da agitação de Sebastião e, sobretudo, se ele "obrava" "por movimento próprio" ou era, eventualmente, "instrumento

93. ANRJ, Justiça, IJ (1) 585; AHRS, cód. B.1.112, 9 jan. 1863.

de algum plano tenebroso" de "algum agente ou súdito" da Inglaterra. O medo da interferência da Inglaterra devia-se à Questão Christie (1862-1865). O liberto seria interrogado e levado "com cautela e segurança para a cadeia da cidade de Rio Grande", a bordo de "algum dos vapores de guerra da flotilha" que transportavam tropas para a guarnição de Pelotas e Rio Grande. O presidente da província determinava que o liberto recebesse "nota de culpa" por "crime de insurreição" e que fosse mantido na cadeia sem "comunicação com escravos, ou qualquer liberto que não inspire inteira confiança".[94]

RECLAMANDO A LIBERDADE

Meses mais tarde, em agosto de 1863, ocorreria uma tentativa insurrecional no segundo distrito da Aldeia dos Anjos (Gravataí), nas proximidades de Porto Alegre. A paróquia de Nossa Senhora dos Anjos fora fundada para abrigar guaranis missioneiros trazidos das Missões, após o recuo luso-brasileiro para Rio Pardo, depois da Guerra Guaranítica (1753-1756).[95] Na segunda década do século XIX, a população nativa já desertara em grande parte a aglomeração, dominando no município a população livre.[96] Informado de movimentos conspirativos de "diversas fazendas da região", o subdelegado de polícia do distrito comunicou o fato ao chefe de polícia, que partiu para o local na noite de 25 de agosto, à frente de "escolta do corpo policial". Ao chegar, encontrou já em "diligências" "praças da Guarda Nacional", convocados pelo comandante do corpo do distrito.

No dia 26 de agosto, chegaram dezessete "escravos presos", e cinco outros no dia seguinte. Após interrogatório, acertou-se que, desde maio, os cativos da fazenda de Francisco Maciel "aliciavam" cativos para "levantarem-se contra os senhores, tomarem-lhes as armas e o dinheiro, e reclamarem depois sua liberdade, exigindo pela força, se lhe a não dessem". Os cativos da fazenda "evadi-

94. AHRS, Cód. A.5.110. Correspondência do presidente da província a diversas autoridades [1863].

95. Rejane da Silveira Several, *A Guerra Guaranítica* (Porto Alegre: Martins, 1995).

96. Padre Manuel Aires de Casal, "A província de São Pedro, ou do Rio Grande do Sulo", in *Corografia brasílica ou relação histórico-geográfica do Reino do Brasil* (São Paulo: Cultura, 1943), t. I, p. 101.

ram-se logo que perceberam a proximidade" das forças policiais. Os conspiradores contavam com apoio nas "fazendas vizinhas" e enviaram "emissários" para Pinhal, Passo Grande e Sapucaia.[97] No dia 30, a partida policial atacou sete fugidos em um banhado na fazenda do capitão Israel de Sousa Bitencourt, resultando, do choque, a prisão de três, a fuga de dois e a morte de Nazário e Alexandre, tidos como dirigentes da conspiração.

O movimento eclodiria na quarta-feira, 26 de agosto — um dia após sua repressão. Os cativos planejavam "reunirem-se no Passo do Butiá", para "alistarem-se". Após acamparem no campo do Chará, atacariam a povoação da Aldeia dos Anjos, no dia 30, domingo. De lá, partiriam para Passo Grande, "onde reunidos todos" marchariam para Porto Alegre. Um chefe da conspiração, que se entregara no dia 28, e outros prisioneiros confirmaram o plano. O delegado conclui seu relatório, escrito em 29 de agosto, assegurando que a "tranquilidade" fora restabelecida. Os cabeças do movimento, presos, seriam processados. Os menos envolvidos, foram "castigados corporalmente", sempre com a licença dos proprietários, e soltos.[98]

Conhecemos os planos e os objetivos gerais da conspiração do distrito de Aldeia dos Anjos. Ela era singular, nos objetivos, na amplitude e na organização. No mínimo durante quatro meses, cativos da fazenda de Francisco Maciel aliciaram companheiros das propriedades vizinhas e em outros pontos do distrito. Eles concentrariam as forças nos dias 26, 27, 28 e 29 de agosto e, no domingo, atacariam Aldeia dos Anjos e, após nova reunião em Passo Grande, partiriam para Porto Alegre. Esperavam, iniciado o movimento, receber novas adesões. Portanto, tencionavam reivindicar a liberdade de uma posição de força. Após a primeira reunião e o ataque a Aldeia dos Anjos, realizariam nova concentração, tudo para permitir a incorporação de novas forças. Talvez objetivassem permitir o tempo necessário para a pretendida reivindicação do movimento, diante dos proprietários.

97. ANRJ, Justiça, IJ (1) 585; APERS, Porto Alegre, m. 35, proc. 1060; ver estudo sobre essa sublevação em Wagner de Azevedo Pedroso, "Escravos, senhores, posses, partilhas e um plano insurrecional na Freguesia de Nossa Senhora da Aldeia dos Anjos, RS (1863)", Dissertação de Mestrado, PPGH, UFRGS, 2013.

98. ANRJ, Justiça, IJ (1) 585.

Um ano após esses fatos, em novembro de 1864, os proprietários sulinos seriam estremecidos pela notícia de outro movimento servil. Descobria-se plano de cativos de saquear a vila de Taquari, a menos de cem quilômetros a noroeste de Porto Alegre, e, após sequestrar mulheres, fugir para o Estado Oriental, onde chegava ao fim a guerra civil entre *blancos* e *colorados*, com a invasão do Uruguai pelo Império. Esperavam decerto receber a proteção do governo *blanco*.[99] Informada em 19 de novembro, a presidência da província enviara para aquela vila, na manhã seguinte, vapor com um oficial, dez soldados, "armamentos e munição" e o juiz de direito interino da 2ª Vara Criminal, José Alves de Azevedo Magalhães, para investigações. Este último informara que o plano da "insurreição" seria "insensato e que nem poderia ser levado a sério, sendo o susto dos habitantes mais imaginário do que real". Segundo o delegado de polícia, as fazendas do distrito teriam mais de oitocentos cativos.

Não fora alarme falso. Em ofício ao presidente da província, de 20 de novembro de 1864, Azevedo Magalhães declarava que, em interrogatórios feitos após a descoberta da conspiração, soubera-se que os cativos "Boaventura, Domingos, Carlos, Bento, João e Joaquim, aliciados pelo liberto João Marçal", convidaram "diversos parceiros" para se reunirem, em um dia não marcado, no cemitério, para "dali marcharem" sobre a vila e, após apoderarem-se de armas e dinheiro, "retirarem-se para o Estado Oriental". Uma cativa, de propriedade de Francisco Caminha, soubera do plano e o denunciara. Falava-se na região que chegara do Uruguai, onde estivera "refugiado", "um preto irmão de dois escravos implicados". Nos interrogatórios, o cativo Joaquim acusou dois destacados cidadãos da vila como responsáveis pelos fatos.[100]

Em ofício de 25 de novembro, o delegado de polícia da região comunicava que os cativos Joaquim e Domingos, de Antônio José de Oliveira, a escrava Ventura, de Damásia Joaquina da Silva, Antônio, de Cândido d'Abril, Bento, de Manuel da Silva Pinto, e Carlos, de José Mendes da Silva, haviam sido denunciados como implicados em crime de tentativa de insurreição. Os menos com-

99. Maestri, *Mar del Plata*, pp. 154-185.

100. ANRJ, Justiça, IJ (1) 586, Correspondência do presidente da província ao ministro e secretário de Estado de Negócios da Justiça, 29 nov. 1864.

prometidos foram apenas açoitados, com a anuência dos proprietários.[101] Fora o possível exagero romântico, prenhe de conteúdo racista, a proposta de rapto das mulheres brancas pelos negros sublevados indicava, mais uma vez, um possível plano insurrecional para permitir uma fuga para o Estado Oriental. Nos dois anos seguintes, a paz escravista continuaria sendo estremecida por semelhantes notícias, circunscrevendo os anos 1860 como momentos de forte tensão nas senzalas rio-grandenses, certamente favorecida pelos sucessos políticos nacionais e internacionais e avanço da pregação abolicionista.

Em dezembro de 1864, em Pelotas, o bacharel João Marcelino de Sousa Gonzaga, presidente da província (2 de maio de 1864 a 20 de julho de 1865), relatara ao ministro da Justiça, na Corte, a descoberta de plano insurrecional de cativos em Porto Alegre. Apesar de não dispor ainda de dados precisos, o presidente descria da notícia, nascida do "espírito público da província", impressionado "com a gravidade da situação" no Uruguai. Propôs que Porto Alegre teria "muita população livre e poucos escravos" e pedia licença para proceder contra "libertos", entre eles ex-praças do Exército, possíveis causadores dos "receios de insurreição".[102] Nos fatos, a população servil da capital não era diminuta. Mesmo exportando cativos para o Centro-Sul, 23% da população porto-alegrense conhecia o cativeiro — sem contar os libertos e negros livres.[103]

A GRANDE CONSPIRAÇÃO DE 1865: SUBLEVAR-SE E PARTIR PARA A REPÚBLICA DO URUGUAI

Mais do que vãos temores agitavam a província sulina em 1865. Em *Relatório* sobre sua administração do Rio Grande, João Marcelino escreveria: "No princípio do corrente ano [1865] houve um estremecimento geral proveniente de suspeitas da existência de um plano de insurreição servil". De novo, para ele, não seria "plano combinado", mesmo reconhecendo a agitação em "alguns ter-

101. Idem.

102. AHRS, Porto Alegre, cx. 74, Correspondência do presidente da Província com o Ministro da Justiça, ofícios 286 e 287.

103. Valéria Zanetti, *Calabouço urbano: escravos e libertos em Porto Alegre (1840-1860)* (Passo Fundo: Ed. UPF, 2002), p. 64.

mos da Província". Na ocasião, repreendeu as "autoridades locais" que acionaram "ostensivamente" a polícia e louvou o delegado de polícia de Pelotas, pelo "critério e discrição", ao tomar, "sem ostentação", as medidas precaucionais. Registrou temer a participação de uruguaios do Partido Blanco.[104]

A intranquilidade no Rio Grande do Sul agravara-se com a entrada das tropas imperiais no Uruguai, em outubro-dezembro de 1864, em apoio aos *colorados* e aos estancieiros escravistas sulinos no norte daquele país, que faria eclodir a Guerra da Tríplice Aliança (1864-1870).[105] O Partido Blanco contava com a possível sublevação da escravaria sulina, a ser "liberta sob a proteção das armas republicanas" e logicamente incorporadas a ela.[106] Em 2 de janeiro de 1865, as tropas do Império e *floristas* arrasaram a vila de Paysandú e, a seguir, em 20 de fevereiro, cercaram e tomaram Montevidéu. Tentando desviar a ofensiva, à espera do aliado paraguaio que jamais chegaria, em 27 de janeiro a cavalaria *blanca* atacou Jaguarão, na fronteira com o Uruguai.[107] No seu *Relatório*, João Marcelino acusou uruguaios radicados no Rio Grande de tentarem "desencaminhar" cativos para facilitarem a invasão.[108]

O *Diario do Rio-Grande* de 1º de fevereiro de 1865 informou sobre o ataque a Jaguarão: "O estafeta de Jaguarão chegou ontem de tarde, com cartas de 29 de janeiro, às sete horas da noite. Os *blancos* atacaram de fato aquela cidade, mas não a penetraram, e foram repelidos com toda a energia [...]". Os orientais teriam se retirado em direção da vila de "Bagé, depois de 30 horas de resistência, arrebanhando para mais de 3 mil cavalos e muitos escravos [...]". Informações de Arroio Grande propunham que o "número de escravos arre-

104. *Relatório com que o Bacharel João* [...] *entregou à administração da Província de São Pedro do Rio Grande ao Ilmo. e Exmo. Sr. Visconde de Boa Vista* (Porto Alegre: Typ. Laemmert, 1865), pp. 23 e ss.

105. Mário Maestri, *Guerra sem fim: a Tríplice Aliança contra o Paraguai (1864-1865)* (Porto Alegre: FCM; Passo Fundo, PPGH-UPF, 2017), pp. 32-56.

106. Plano de guerra do diplomata oriental José Vazquez Sagastume, apresentado, em Asunción, em 28 de outubro de 1864 ao governo paraguaio. Mário Maestri, *Guerra sem fim*, pp. 92-94.

107. L. A. Moniz Bandeira, *O expansionismo brasileiro e a formação dos Estados na bacia do Prata: Argentina, Uruguai e Paraguai — Da colonização à Guerra da Tríplice Aliança*, 2ª ed. (Brasília: Ed. UnB, 1995); José Pedro Barrán, *Apogeo y crisis del Uruguay pastoril y caudillesco (1839--1875)* (Montevidéu: Banda Oriental, 2007).

108. Gonzaga, *Relatório com que o bacharel João.*

batados pelos vândalos" seria em torno de cem.[109] Arroio Grande encontra-se uns cinquenta quilômetros a nordeste de Jaguarão. O assalto da cavalaria *blanca* criou movimento de pânico. Em 31 de janeiro de 1865, o presidente da província escrevera ao conselheiro Henrique Pedro Carlos de Beaurepaire-Rohan (1812--1894), ministro da Guerra. Dizia que em 28 de janeiro soubera pelo "comandante da fronteira de Jaguarão" de invasão das tropas *blancas*, que teriam superado a fronteira pelo "passo da Armada, no rio Jaguarão", a uns 25 quilômetros da cidade de mesmo nome ou talvez pelos "passos de São Diogo e Centurião". Ele corrigia os boatos. Os orientais seriam inferiores aos 2 mil homens propostos e o combate não fora renhido. Apenas "quatro mortos e seis feridos" *blancos* e "um morto e cinco feridos" brasileiros. Acreditava "haver muita exageração" na afirmação sobre captura de "três mil cavalos e um número muito avultado de escravos" e "algumas mulheres", pois não haveria "pelas imediações das fronteiras, na zona por eles percorrida, grande quantidade de cavalos" ou de "escravos".[110] Jaguarão era, porém, importante polo escravista charqueador.

Em 2 de fevereiro de 1865, o *Diario do Rio-Grande* propunha que o oficial recebido pela presidência da província confirmara em parte o que noticiara, "com diferença porém que o inimigo tomou caminho de Santa Vitória, e não de Bagé". Haveria informação de que a "maior parte dos escravos arrebatados tem fugido das fileiras blancas e procurado a casa de seus senhores".[111] Logo, ao temor da invasão se acrescentaria o de insurreição servil. *O Commercial*, também de Rio Grande, de 6/7 de fevereiro, pela primeira vez noticiou, lacônico: "Foi ontem [5 de fevereiro] recolhido à cadeia, por ordem do sr. delegado de Polícia, o escravo do sr. Manoel Antonio Lopes, por nome Bonfim, chefe dos sublevados de Santa Izabel". A revolta teria ramificações no distrito de Taim e suspeitava-se de participação de uruguaios.[112] A vila de Santa Izabel, no canal de São Gonçalo, que liga as lagoas Mirim e dos Patos, possuía charqueadas e farta escravaria.

Em 7 de fevereiro, o delegado de polícia de Jaguarão noticiava à presidência da província que recebera, enviados do segundo distrito da freguesia de

109. *Diario do Rio-Grande*, Rio Grande, 1º fev. 1865.

110. *Correspondência* [Ano 1865]. Rio de Janeiro: Typographia Nacional, 1865, pp. 10-13.

111. *Diario do Rio-Grande*, Rio Grande, 2 fev. 1865.

112. *O Commercial*, Rio Grande, segunda e terça-feira, 6/7 fev. 1865.

Arroio Grande, termo de Jaguarão, "oito escravos" presos "como suspeitos e convenientes na insurreição da escravatura que devia ter lugar na ocasião em que fosse invadida nossa fronteira pelas forças de Montevidéu". Florêncio, escravo de Marcos José da Porciúncula, que seria o encarregado de "falar aos outros escravos", depusera que fora "convidado" pelo oriental José Benito Varella, "muitos dias antes da invasão", para que "passasse para o lado oriental", onde iniciaria a "gozar a liberdade". O delegado acreditava em "algum plano" "combinado" e que ele abortara por "qualquer circunstância, por ora desconhecida". Seguia "as mais severas indagações", pois tinha "notícia de alguns escravos moradores nesta cidade [Jaguarão], como cúmplices" na conspiração.[113]

Em 13 de fevereiro, o subdelegado de polícia de Arroio Grande, em Santa Izabel, comunicou ao delegado de polícia do termo de Rio Grande que descobrira evidência de uma "insurreição de escravos", com ramificações no distrito de Taim. Para reprimi-la, convocara o subdelegado àquele distrito, para irem à casa de moradia do capitão João Antônio Ferreira tomar providências. O subdelegado sugeria que homens livres — possivelmente uruguaios — participavam dos fatos. Mais tarde, em ofício de 18 de fevereiro, o presidente da província, em Pelotas, noticiava ao ministro da Justiça, no Rio de Janeiro, que seguia, "para a província de Santa Catarina, o oriental José Benito Varella, ex-vice-cônsul de Jaguarão". Ele fora preso, na freguesia de Arroio Grande, por "suspeita de aliciador de escravos para insurgirem se". Devido à intranquilidade "geral na província" causada pelas "suspeitas mais ou menos fundadas de insurreições de escravos", haviam sido efetuados "muitas prisões e castigos", já que a população "enxerga em cada oriental um aliciador" exigindo "prisão e deportação". Assinalava que indagações posteriores levavam a crer que as suspeitas sobre o oriental José Benito Varella fossem infundadas.[114] Em 8 de fevereiro, *O Commercial*, de Rio Grande, noticiara que aquele cidadão oriental seguia no vapor *Guarani*, remetido do Chasqueiro pelo subdelegado daquele distrito, por "andar aliciando escravos". O jornal registrava crer na inocência do acusado, já que ele, "casado com senhora brasileira", tinha "filhos e netos brasileiros".[115] Benito

113. AHRS, Delegacia de Polícia, Jaguarão, 1865, pasta III.

114. ANRJ, Justiça, IJ (1) 585, Correspondência do presidente da província ao ministro e secretário de Estado de Negócios da Justiça, 18 fev. 1865.

115. *O Commercial*, Rio Grande, quarta-feira, 8 fev. 1865.

Varella era vice-cônsul uruguaio em Jaguarão desde 1857, destacando-se pela ação em favor de afro-uruguaios escravizados ilegalmente, o que motivara sérios atritos com os escravistas da região.[116]

MEDOS FUNDADOS

Pelotas, Jaguarão e Santa Izabel, polos charqueadores, com forte mão de obra escravizada, despertavam preocupações, em um momento de confronto com tropas do Uruguai, de onde a escravidão fora abolida no fim de 1842. Porém, a escravidão de fato ou velada era praticada nas estâncias pastoris de rio-grandenses no norte do Uruguai. Tal situação fora uma das razões da exigência de intervenção imperial, por parte dos criadores sulinos, já que o governo *blanco* esforçava-se para fazer cumprir a abolição na região e cobrava taxas pela exportação do gado para o Rio Grande. Ao saber do ataque a Jaguarão, o presidente da província pensara logo nos cativos da pequena povoação de Santa Izabel. Na madrugada de 29 de janeiro, enviara vapor para Jaguarão e mensageiros em "todas as direções", mandando que as tropas se reunissem e que os charqueadores da povoação de Santa Izabel, a uns cem quilômetros de Jaguarão, transportassem nos seus "iates" todos os "escravos para a margem oposta do rio São Gonçalo".[117]

Na manhã de 20 de fevereiro, ainda em Pelotas, o presidente da província mandou a escuna *Bujuru* para Santa Izabel. O tenente Jacinto Furtado de Mendonça Pais Sena, comandante da Companhia de Aprendizes Marinheiros do Rio Grande do Sul, chegou na escuna, a Santa Izabel, na madrugada de 23, e falou no dia seguinte com o subdelegado da região, que morava a oito léguas de Santa Izabel. Os ânimos estariam sossegados e as "famílias" já retornavam às suas residências. Ele informava que o subdelegado dispunha de "gentes bastantes" e não julgava necessário que "os presos" fossem conservados a bordo da escuna *Bujuru*. Porém, as notícias sobre a conspiração não se restringiam a Santa Izabel, Arroio Grande e, talvez, Jaguarão.[118]

116. Rafael Peter de Lima, "'A nefanda pirataria de carne humana': escravizações ilegais e relações políticas na fronteira do Brasil meridional (1851-1858)", Dissertação de Mestrado, PPGH UFRGS, 2010. p. 117 e ss.

117. *Correspondência* [Ano 1865], hl5., p. 10.

118. AHRS, Marinha, Lata 536, maço 72.

Em 8 de fevereiro, *O Commercial* reproduzira correspondência de 4 daquele mês, de Piratini, vila a pouco mais de cem quilômetros, em linha reta, ao norte de Jaguarão: "estamos desde 29 do passado [janeiro], em alarme, não por medo dos *blancos*, mas sim pela escravatura e emigrados [...]". Em 2 de janeiro soubera-se de "convites entre os escravos para se sublevarem". No total, dezesseis cativos, "entre eles o cabeça", estariam presos. A sublevação estaria marcada para 5 de fevereiro. As "famílias" locais estariam "muito assustadas" e seriam enviados para Rio Grande "sete emigrados" enquanto se prendiam outros, que "em grande número" também "vagavam" pela região, já que constava que "parte dos convites" fora feita por eles. *O Commercial* também informava que no dia 7 chegara à cidade uma "força conduzindo um número considerável de presos, uns desertores do exército e outros orientais matreiros, remetidos pelas autoridades de Piratini".

No dia 17 de fevereiro de 1865, o *Diario do Rio-Grande* publicava longa carta escrita em Piratini, do dia 10. Com a notícia da invasão de Jaguarão, 38 soldados da Companhia da Infantaria da Guarda Nacional de Piratini, sob a chefia de seu capitão, Querubim Candido, e demais oficiais, partiram em "socorro dos jaguarenses", em 31 de janeiro. Ao chegarem, "no mesmo dia, à freguesia das Cacimbinhas, uns vinte quilômetros a sudoeste de Piratini, já com mais de sessenta praças", não encontraram a "reunião de cavalaria", que já estava "para o lado de Candiota", onde se incorporaria às tropas de João da Silva Tavares, barão de Serro Alegre. Tendo sido o capitão Querubim Candido informado por Manuel Luís d'Ávila, "cidadão mui respeitável", de "veementes indícios" sobre uma "haitiada" no município, retrocedeu com seus homens e acampou no passo de Manuel Lucas da Costa, onde lhe foi entregue, à noite, por seu escravizador, o cativo Cassemiro, tido como um dos líderes do movimento. Após mandar prender os conspiradores, que, em muitos casos, foram encontrados armados, Querubim Candido retornou a Piratini, levando também João *Castelhano*, tido como sedutor (aliciador) dos cativos, e um índio, talvez agregado na região. Os "dez crioulos [da província] presos" se uniram aos "sete orientais que estavam na cadeia".

Segundo o *Diario do Rio-Grande*, a delegacia de polícia interrogou os detidos e "providenciou energicamente", o que resultou na prisão de mais de trinta cativos. A insurreição eclodiria na noite de 4 de fevereiro, e os "insurgidos, com divisa branca no chapéu" (do Partido Blanco), saqueariam Piratini e, com seus parentes, engrossariam as "fileiras 'branquilhas'". Na noite de 6 de fevereiro, teriam sido remetidos para Pelotas oito desertores da infantaria da primeira linha e sete orientais, entre eles o primeiro-sargento Ambrózio, presumido "principal motor da projetada insurreição". *O Diario do Rio-Grande* assinalava o perigo de repetirem-se tragédias como as de "Spartacus em Roma, e Tossaint-Louventure em São Domingos", quando a fronteira era "poluída" "por uma horda de vândalos" (tropas orientais).[119]

A INSURREIÇÃO DA CAPOROROCA

Segundo o "Mapa dos presos que frequentam a cadeia civil da vila de Piratini" durante o ano de 1865, confeccionado em 3 de janeiro de 1866, três vagas repressivas abateram-se sobre os cativos do município, com treze suspeitos presos no dia 2; oito, no dia 3; nove, no dia 6; e, por fim, três no dia 9 de fevereiro. Assim, 33 cativos foram aprisionados e indiciados. Entre eles, não se encontra Cassemiro, tido como cabeça do movimento. No mapa, encontram-se anotados os nomes de seis homens livres, todos "indiciados na insurreição de escravos", apesar dos nomes aportuguesados, possivelmente orientais acusados de insuflarem a revolta. Eles ingressaram no cárcere antes da prisão de Cassemiro, em 2 de fevereiro, e foram enviados para Pelotas em 5 de fevereiro de 1865. João José Romeiro foi preso em 29 de janeiro; Manoel Centurião, no dia 30; o primeiro-sargento Ambrózio Martinho, Valentino Foppo, Santana Sabento (?) e São Gonçalves (?), no dia 31.[120]

O inquérito aberto pelo delegado de polícia de Piratini, em 6 de março, arrola os cativos prisioneiros e seus proprietários: Domenciano, de dona Carlota Vandin; Fortunato, de José de Brum de Souza; Mateus, de dona Constância

119. *Diario do Rio-Grande*, Rio Grande, 17 fev. 1865; APERS, Piratini, 1ª Vara Civil e Crime, 1º jan. 1863-31 dez. 1869.

120. "Mapa dos presos que frequentarão a cadeia civil da villa de Piratiny, durante o anno de 1865, com declaração de nome, crime e data das entradas e saídas na prisão. Piratini, 3 de janeiro de 1866". AHRS. Documentação judiciária, Piratini, 1866.

da Rosa; André, de Urbano da Rosa; Guilherme, da viúva Euzébia Vandin; Antônio, de João Correia de Souza; Damião, de João Correia de Souza; Cassemiro, de João Antônio d'Avila; Antônio e Pedro, de José de Oliveira Madeira; Lino, da viúva Maria d'Ávila; Tomé, de José Olino da Rosa; Silvano e Alexandre, de José Pimentel de Mello; Fidelis e Lívio, de Francisco de Lima Simões Pires. Apenas doze foram interrogados e três, pronunciados como réus.[121]

Segundo os autos do inquérito, a conspiração iniciara, no mínimo, em meados de janeiro de 1865, portanto, antes do ataque oriental a Jaguarão, talvez por iniciativa do oriental Ambrózio de Tal, o primeiro-sargento citado pelo *Diario do Rio-Grande*, que, "imigrado", andava "vagabundeando" pelos campos do município, visto em "convivência" com o cativo Tomé, de 36 anos. Os autos sugerem o envolvimento certo do cativo Tomé e bastante incerto de André, da mesma idade. Interrogados, os dois juraram terem rejeitado o convite para participar da revolta. Tomé disse ter sido aliciado pelo "preto André" e este, por Cassemiro, de 26 anos, que teria tomado a frente da iniciativa, levando a imprensa a apontá-lo como possível cabeça. Segundo os autos, ele convidara os cativos Alexandre, André, Antônio, Domenciano, Felisberto, Guilherme, José, Lino, Pedro, Silvano e Tomé. Dentre estes, José, de 27 anos, declarara que fora convidado, de início, pelo oriental Ambrózio, em meados de janeiro, que prometera levá-lo ao Estado Oriental, "pois assim ficaria livre do cativeiro e que seu senhor não o poderia ir [lá] buscá-lo". O mesmo convite que o oriental José Benito Varella teria feito a Florêncio, em Arroio Grande, talvez na mesma época.

ORGULHO DA REVOLTA

Sem negar participação destacada, Cassemiro declarou que fora convidado por Tomé, o "cabeça ou o influente" da conspiração. Afirmou que Tomé ficara responsável pelos convites na parte norte do município, e ele, na parte sul. Declarou que, após reunirem os arrolados por ambos, assaltariam Piratini, na noite de domingo, 5 de fevereiro, para roubar "armamento, roupa e tudo o mais que pudessem levar, assim como moças brancas". Cassemiro propôs que, "todos, no dia da reunião", se apresentariam "com uma fita branca no chapéu para

121. APERS, Piratini, 1ª Vara Civil e Crime, 1º jan. 1863-31 dez. 1869.

serem conhecidos" e que os conspiradores seriam entre "vinte e tantos ou trinta", que declarou, quase orgulhoso, "prontos para marcharem". No total, foram interrogados doze cativos, que confirmaram os convites para "fugirem para o Estado Oriental", após o saque de Piratini, e juraram, à exceção de Cassemiro, ter rejeitado a proposta. Teria sido forte a pressão dos proprietários pela libertação dos seus cativos, após a correção que com certeza receberam. A maioria dos 33 cativos aprisionados permaneceu poucos dias na prisão. Dois foram libertados após um dia de cárcere; oito, após dois dias; cinco, após quatro dias; dois, após cinco dias; dois, após seis dias; um, após oito dias; três, após onze dias; um, após dezessete dias; dois, após dezoito dias; dois, após dezenove dias, e um, após 24 dias.

Era grande a dispersão dos cativos envolvidos na conspiração. Entre os proprietários de cativos arrolados pelo "Mapa" da prisão de Piratini, apenas José Dutra de Andrade possuía três conspiradores; todos os outros tinham dois ou um. Piratini era região dedicada à produção pastoril, na qual, em geral, as unidades produtivas de uns 4 mil hectares contavam com cerca de meia dúzia de cativos campeiros. Dos 34 suspeitos, apenas três foram declarados réus. Com os interrogatórios e depoimentos realizados em Piratini, a Justiça instruiu processo, por crime de insurreição, contra Tomé, André e Casemiro. Os autos reafirmam o plano insurrecional, com envolvimento de oriental ou orientais *blancos*.

MOÇAS BRANCAS

A conspiração previa reunião, na estrada que ia para Bagé, no "lugar denominado Capororoca" (nome de árvore), no sábado, 4, para assalto, como visto, na noite de domingo, 5, de venda em Piratini, para obter o armamento necessário à rapina da vila. Os cativos pretendiam apropriar-se de "armamento", de "roupas" e do "que pudessem encontrar". Outra localidade menor, Capela da Luz, seria atacada. Antes da fuga para o Uruguai, sequestrariam as "moças brancas", como declarara Casemiro, e matariam os "homens brancos". Os conspiradores eram solteiros e campeiros, atividade à qual associavam, segundo parece, a função menos digna de "lavradores". Em geral, os cativos campeiros conheciam condições de vida superiores às dos assenzalados. Por razões próprias à produção, era raro o trabalhador pastoril, cativo ou livre, se casar, realidade que se manteve no mínimo até os anos 1970.[122]

Os conspiradores contavam com a participação inicial de vinte a trinta cativos, sem dúvida montados, pois a conspiração envolveu cativos campeiros. Os chefes do movimento pensavam engrossar o movimento convidando durante a "marcha" outros cativos e levando, "amarrados", os que resistissem ao convite. Tomé, André e Casemiro haviam nascido e crescido em Piratini. Interrogados, seus proprietários afirmaram que os conheciam desde o nascimento, ou quase, e que tinham tido, sempre, "bons precedentes" e servido como "bons escravos". Os sedutores e principais da insurreição seriam, segundo voz corrente, os orientais Ambrózio de Tal e João Materina (?). A referência direta do cativo José, de 27 anos, ao convite do primeiro-sargento oriental Ambrózio e a concordância sobre a "fita branca no chapéu", como distintivo da conspiração, não deixam dúvidas sobre a influência direta nos fatos da guerra do Império contra o governo *blanco*.

Os cativos apoiaram a pretensa rejeição a participar da revolta na fidelidade aos escravizadores complacentes, retomando o discurso escravista. Alexandre não queria sair "da casa de seu senhor"; Domenciano disse que "sua senhora o tratava bem". Lino "vivia bem" "em companhia de sua senhora velha". Pedro afirmou que "seu senhor nunca lhe dera motivo para fugir" etc. Ao contrário, Tomé declarou que declinara do convite que André lhe fizera porque "vinham os Blancos para cá e que [de] toda a maneira" ele e seu sedutor estariam mal. Tratando-se ou não de erro de transcrição ("mal" por "bem"), a inesperada reflexão do cativo corroborava sua ligação com o sargento Ambrózio, sua participação na conspiração e conhecimento da situação conflituosa no Uruguai.

SILÊNCIO ABSOLUTO

As autoridades perguntaram aos interrogados por que não denunciaram a conspiração. As respostas variadas registraram a dificuldade em superar a contradição entre a proposta de terem rejeitado participar no mote e o silêncio

122. Maestri, "O cativo, o gaúcho e o peão", pp. 212-300.

absoluto mantido sobre o projeto de saque à cidade, de sequestro das *sinhazinhas*, de morte dos *sinhozinhos* e de fuga para o Uruguai. Domenciano disse que o convite era "mísera assoada". Lino silenciara por medo de Cassemiro. Silvano não fizera "cargo do convite louco". José fora ameaçado de morte pelo oriental. Pedro não quisera ser chamado de "inverdadeiro", nem "comprometer-se" a si e a Cassemiro. André fizera pouco "caso do convite". Antonio obedecera à ordem de silêncio da "crioula Antônia". Felisberto não quisera "saber [de] semelhante asneira" etc.

A documentação não revela como a conspiração foi denunciada. Segundo a cronologia das prisões, registradas no "Mapa" dos presos da cadeia pública de Piratini, o plano poderia ter sido revelado por algum uruguaio, preso nos últimos dias de janeiro, e com certeza torturado. Cassemiro, apresentado por parente de seu proprietário, foi preso apenas em 2 de fevereiro. O certo é que a conspiração circulou entre a escravaria por talvez mais de um mês, sem transpirar. Cumplicidade nascida talvez das relações interpessoais dos envolvidos, todos campeiros e, possivelmente, crioulos do município. Por necessidade profissional, os campeiros tinham maior liberdade de circulação, reunindo-se, em grande número, em certas ocasiões — marcação, formação de tropas etc.

Em 4 de julho de 1865, o promotor público de Jaguarão, João Franco de Oliveira e Souza, declarava que não encontrara nos autos matéria para "um despacho de pronúncia contra" os réus. Portanto, em teoria, no final de julho, após quase cinco meses de prisão, Tomé, André e Cassemiro seriam devolvidos aos escravizadores. Os proprietários foram absolvidos das custas do processo. O "Mapa" da prisão de Piratini registra a libertação de André em 27 de julho de 1865, enquanto Tomé teria sido libertado apenas em 2 de novembro. Não temos registro positivo sobre o destino de Cassemiro.[123] A condenação a longos anos de prisão por insurreição punia mais os proprietários do que os cativos, que, não raro, cometiam atos imputados como crimes e se apresentavam, buscando na prisão uma quase liberação.

Nesses anos, um cativo campeiro valia uma boiada. Longas condenações de três dezenas de cativos significariam sério golpe na economia de Piratini. E a justiça escravista privada tinha suas regras e recursos para castigar os condenados, sem os afastar da produção. Os cativos podiam ser, e foram, castigados

123. APERS, Piratini, 1ª Vara Civil e Crime, 1º jan. 1863-31 dez. 1869.

fisicamente, de forma mais ou menos rígida. Era comum que, após serem libertados, perdessem privilégios e fossem vendidos para longe de suas relações e da terra natal. Talvez algum dos envolvidos na tentativa insurrecional da Capororoca tenha sido alforriado, sob pagamento, como milhares de outros cativos, para partirem, não raro algemados, para os campos de guerra do Paraguai. Em fins de 1866, o Império, sem pejo, lançou mão dos cativos para refazer as tropas imperiais dizimadas na enorme derrota de setembro daquele ano, em Curupayty, no Paraguai.

O PERIGO NEGRO

O pânico dos escravizadores ensejou pequenos "pogroms" contra cativos, libertos e negros livres. De acordo com o *Diario do Rio-Grande* de 17 de fevereiro de 1865, na vizinha vila de São José do Norte a polícia seguia averiguando e castigando "aos pretinhos crioulos do 1º Distrito", tidos como "insolentes 'capadócios'" e "amigos da vadiação". Entre os "surrados" estavam o "célebre Manuel Cambão e Adão, de Mostardas" e "Maximiano, escravo do Jerônimo Marinho Falcão".[124] Segundo o jornal de 19 de fevereiro de 1865, espiões orientais eram vistos em todos os cantos e "patrulhas de particulares, a cavalo" secundavam a polícia, em Rio Grande, São José do Norte e Canguçu. Em 15 de março, o jornal publicava carta de seu correspondente em Canguçu, de 26 de fevereiro, que, temendo escrever de maneira explícita sobre os fatos, registrava o medo, o ódio e o desprezo para com os libertos e cativos. Não havendo em Canguçu "força qualquer armada" que defendesse as "vidas, honra" e "propriedades" de "ladrões, assassinos" ou de "atentado da parte de nossos AMIGOS (invertido) de cor BRANCA (invertido) ou dos blancos", formara-se "companhia de voluntários" de dezoito homens para, "todas as noites", patrulhar ou aquartelar-se. Com ela, voltara a paz às "famílias" e se impusera "respeito aos tais pretinhos [sic]", caso quisessem "batucar". O receio da população livre afrodescendente era tal que já não se via "passeador noturno desta laia [sic]".[125]

Em 18 de fevereiro de 1865, o *Diario do Rio-Grande* noticiou a descoberta,

124. *Diario do Rio-Grande*, Rio Grande, sexta-feira, 17 fev. 1865.
125. Idem, 15 mar. 1865.

na noite do dia 16, em Pelotas, de uruguaio "dentro da senzala de escravos" da charqueada de Heleodoro de Azevedo e Souza. "[...] 'não sabendo' como ali fora transportado", fora "conduzido para a cadeia por 'inocente'".[126] Crescia o medo de "emissários" e de "espiões" estrangeiros, já que, nesse momento, o Império se encontra em guerra também com a República do Paraguai. Lia-se no mesmo jornal, na edição de 19 de fevereiro, quando o domínio imperial sobre o Uruguai transformava o Paraguai no inimigo temido: "Consta-nos que temos na província espiões do selvagem Lopez do Paraguai e que aí pelo Rio Grande vagueia um de tantos, que tendo recebido daquele tirano porção de onças [...]. Olho vivo com ele".[127] Em 10 de junho do mesmo ano, tropas paraguaias assaltariam São Borja e marchariam, ao longo do rio Uruguai, até ocuparem a vila de Uruguaiana, onde se renderiam, em 18 de setembro de 1865. Porém, os paraguaios não tentaram sublevar a escravaria rio-grandense, talvez porque a escravidão vigia, ainda, naquele país, como relação social de produção subordinada.[128]

O QUE ACONTECEU?

A documentação sugere projeto articulado por enviados do Uruguai, que associaria o ataque da cavalaria *blanca* a Jaguarão com o abandono das senzalas em Cacimbinhas, Santa Izabel, Arroio Grande e Piratini e, talvez, em outras regiões do sudeste sulino. A prisão de uruguaios *blancos* acusados de seduzir os cativos e um registro positivo de tal ação, em Piratini, reforçam a hipótese. É também crível que parte da agitação nas senzalas nascesse do ataque oriental à fronteira sulina e da esperança de possível derrota imperial, que facilitaria fugas individuais ou coletivas. A "Proclamação" do general Basilio Muñoz, escrita no Uruguai em 20 de janeiro de 1865, antes do ataque a Jaguarão e alguns dias após os primeiros convites do uruguaio Ambrósio aos cativos de Piratini,

126. Idem, sábado, 18 fev. 1865.

127. Idem, domingo, 19 fev. 1865.

128. Josefina Plá, *Hermano negro: la esclavitud en Paraguay* (Assunção: Intercontinental, 2010); Alfredo Boccia Romañach, *Esclavitud en el Paraguay: Vida cotidiana del esclavo en las Indias Meridionales* (Assunção: Servilibro; Centro Unesco Assunção, 2004).

registra que as forças *blancas* contavam, ao assaltar aquela vila, com possível revolta servil na fronteira:

> Proclamação. O general em chefe do exército da vanguarda da República Oriental do Uruguai. Soldados! Vamos pisar o território que o império do Brasil nos há usurpado, é necessário que com o nosso valor e patriotismo reconquistemos seu domínio, fazendo tremular [nele] nossa bandeira, e *dar liberdade aos desgraçados homens de cor que gemem debaixo do jugo da escravidão, que a humanidade reprova* [...].[129]

Em novembro de 1865, carta anônima enviada ao ministro da Guerra, na Corte, denunciava uma conspiração servil em Porto Alegre. Ela teria sido passada ao presidente da província, que a expedira ao comandante das Armas do Rio Grande, que a entregara ao chefe de polícia da província, que determinara ao subdelegado do segundo distrito de Porto Alegre investigação da denúncia, que se comprovou falsa. O cativo Manoel, "de Lourenço de Tal, alemão", citado como conspirador, fora havia muito vendido para fora da província. O preto Augusto, de José Inocêncio Pereira, também denunciado, vigiado, comportara-se corretamente, assim como Pompeu, de Maria Joaquina Corte Real. Também foram vigiados sem resultados os cativos Martinho e Clemente. O vice-delegado acreditava que a "denúncia anônima" era sem "fundamento".

PORTO ALEGRE: CATIVOS E PARAGUAIOS NA LUTA PELA LIBERDADE

Em junho de 1868, em plena guerra do Império contra a República do Paraguai, foi descoberta em Porto Alegre a mais elaborada conspiração jamais ocorrida no Rio Grande do Sul. Os cativos Dionísio, Patrício e Teodoro, do negociante Francisco Ferreira Porto, arregimentaram importante escravaria para rebelar-se na noite de 24 de julho, dia do Espírito Santo. A data foi antecipada para a noite de São João, 24 de junho, por Patrício, cabeça do movimento, que crera que "desgraças desnecessárias se poderiam dar nessa noite, como mortes de mulheres e crianças", pois reinaria "grande confusão" quando os "in-

129. Correspondência [1865], p.13; grifos nossos.

surgentes" tomassem a "praça do palácio [atual praça da Matriz]", que estaria "cheia de povo a assistir aos fogos e festas". Temia-se também que a confusão malograsse o plano.[130]

Patrício encomendara a um cativo do capitão Manoel Joaquim, morador do Caminho do Meio (avenida Osvaldo Aranha), "doze dúzias de cabos de lança para neles encravar-se facas e quaisquer outros instrumentos", para servirem de lanças. Esperavam, portanto, para além de cem participantes na revolta. Os sublevados se reuniriam na chácara do Caminho Novo, do proprietário dos conspiradores, para partir, à uma da madrugada, em divisões, para tomarem o quartel da Guarda Nacional, onde sabiam "que dormia pouca gente", o "Laboratório Pirotécnico" e o "Arsenal de Guerra". Pretendiam apoderar-se de armas, entre elas "dois rodízios" (pequeno canhão), no Laboratório Pirotécnico. Um grupo de rebeldes assaltaria e libertaria os presos da cadeia, para que aderissem ao movimento. Os cativos planejavam entrar na cidade dando "vivas" à "liberdade", que seria obtida com a revolta.

A conspiração ultrapassou os marcos da população escravizada porto-alegrense. Sob interrogatório, Patrício confessou que os conspiradores aliciaram para o movimento "prisioneiros paraguaios" que, transferidos para Porto Alegre, perambulavam com grande liberdade na capital. Para a revolta, fora contatado o paraguaio Gabino Flores, que comunicara o plano, no mínimo, aos seus patrícios Floribio Palácios, Julián Flores e Miguel Cácere, que, interrogados, confessaram estar cientes da conspiração. Defenderam-se apenas dizendo que haviam acreditado que o "escravo estava embriagado". Entretanto, por "prevenção", segundo parece, ao menos parte dos soldados prisioneiros dormira no quartel, na noite do Espírito Santo. O que permitiria, sem dúvida, que participassem do entrevero. As autoridades investigaram os soldados, através de "dois paraguaios de toda a confiança", sem maiores resultados, o que não os impediu de tomar medidas precatórias contra os quatro indigitados. Os soldados e suboficiais envolvidos na conspiração eram prisioneiros talvez captura-

130. Rui Vieira da Cunha, "Escravos rebeldes em Porto Alegre", *Mensário do Arquivo Nacional*, Rio de Janeiro, ano 9, n. 8 (ago. 1978), pp. 11-15; Correspondência do Presidente da província de São Pedro do RS ao Ministro da Justiça. ANRJ, Justiça, IJ 591.

dos quando da rendição de mais de 5500 paraguaios na vila de Uruguaiana, *repartidos* entre o Império, a Argentina e o Uruguai.[131]

PLANO DETALHADO

A conspiração de junho de 1868 destaca-se pela coerência do plano articulado e pelo inteligente envolvimento dos prisioneiros paraguaios. O ataque e a captura de armas, nos principais centros militares da capital, eram, porém, projeto pouco factível, sobretudo devido à militarização da província ensejada pelo conflito em curso. O movimento dos cativos porto-alegrenses explicita as limitações objetivas dos trabalhadores escravizados nesse momento histórico. A população escravizada vivia queda absoluta e relativa em relação à população geral. Ela defrontava-se com poder escravista unificado e bem armado. Pretendiam, portanto, com as armas na mão, exigir a liberdade, ou seja, a alforria. O envolvimento dos prisioneiros paraguaios sugere fuga improvável para o Paraguai, devido à distância da fronteira. E, nesse momento, a estrela paraguaia estava em queda livre.

Como em muitos outros casos, o movimento foi denunciado por um cativo, Antônio Maria, de Gabriel Francisco de Oliveira, morador "no lugar denominado Mato Grosso do Distrito de Belém", convidado para participar da revolta pelo "pardo Dionísio". Ele denunciara o plano ao seu escravizador, que o comunicou ao chefe de polícia, Belarmino Peregrino da Gama e Melo, em 9 de junho. O alcaguete Antônio Maria aceitou buscar maiores informações junto aos conspiradores, principalmente sobre depósitos de armas, sem resultados. Os organizadores da revolta tinham consciência da pouca confiança que podiam depositar em muitos de seus companheiros de cativeiro. Obrigados a ampliar a adesão ao complô, conchavaram "sem reserva" os cativos confiáveis e convidaram os incertos "para um baile", no local de onde partiriam para assaltar a cidade.

O cativo Antônio Maria foi recompensado com a liberdade. A presidência da província pagou a elevada soma de um conto e 400 mil-réis ao seu *proprie-*

131. Wagner Jardim, *Longe da pátria: a invasão paraguaia do Rio Grande do Sul e a rendição em Uruguaiana (1865)* (Porto Alegre: FCM; Passo Fundo: PPGH-UPF, 2015).

tário e comprometeu-se a não obrigá-lo a assentar praça para partir para o Paraguai, destino que o cativo acreditaria pior do que a vida sob a escravidão. O senhor do alcaguete comunicou às autoridades que não o venderia se fosse mandado para a guerra, já que, "para semelhante" destino, Antônio Maria "não queria" "ser liberto". Depoimento inarredável sobre sentimento entre os escravizados, em meados de 1868, em relação à sorte que os esperava nas trincheiras no Paraguai. As autoridades provinciais destacaram, ao aprovarem a libertação, que ela serviria "para tornar vigilantes outros escravos, denunciando ao "Governo iguais atentados". Não foi, porém, aberto processo de "insurreição" contra os conspiradores, castigados fisicamente, "de acordo com os seus senhores", pois "não chegara a haver tentativa, e só preparo, do plano". O historiador Rui Vieira da Cunha, que retirou esses importantes sucessos do olvido, lembra que, apesar da sua importância, o presidente da província achou por bem não os incluir no seu relatório oficial sobre os principais acontecimentos de 1868.

ÀS PORTAS DA ABOLIÇÃO

O último grande movimento de cativos registrado no Rio Grande do Sul, de janeiro de 1888, às portas da abolição, ocorreu na então mais importante charqueada pelotense, onde o trabalho servil mantinha-se apesar das libertações condicionais de 1884-1885. Tratou-se de movimento distinto, ao reivindicar a libertação plena, no contexto da manutenção da ocupação profissional na charqueada. Nesse momento, o perfil da sociedade sulina se modificara fortemente. A produção charqueadora embretava-se na crise-estagnação tendencial que viveria, por longas décadas, devido à competição no mercado interno e externo das carnes refrigeradas platinas e do charque oriental. No Rio Grande do Sul, consolidava-se o dinamismo da sociedade colonial-camponesa alemã (1824) e italiana (1875), sobretudo. Processo que ensejou, quando da República, o defenestramento político da oligarquia pastoril-charqueadora.

Desde os anos 1870, os principais centros urbanos rio-grandenses conheciam um processo de modernização relativa, com acelerada substituição da mão de obra escravizada, enquanto se procediam o cercamento perimetral das estâncias pastoris e a substituição da mão de obra escravizada pela livre,[132] movimentos impulsionados pelas importantes exportações de cativos para a cafeicultura. No Sul, com o fortalecimento do abolicionismo e a expansão do mercado de trabalho livre regional, empreendeu-se, sob a égide do Partido Liberal, representante dos grandes estancieiros, a emancipação de cativos sob condição de trabalho gratuito por um período de três a sete anos, permitido pela lei de 1871.

A *alforria condicional* libertava os proprietários do pagamento de impostos e garantia-lhes o trabalho sem remuneração direta por alguns anos. Ela criou trabalhadores de status híbrido, já que foram obrigados a laborar até 1891 ou 1892 sem receber salário, mesmo sendo homens livres, ao menos no papel. Ainda que não podendo legalmente receber castigos físicos, "contratados" de 1884-1885 foram no geral tratados como cativos — vendidos, alugados, surrados etc. Era comum reagirem como cativos, fugindo dos *contratantes* como os cativos fugiam dos *escravizadores*. Alguns charqueadores nem sequer concederam a liberdade condicional aos cativos, talvez temendo o caráter desorganizador da situação jurídica dúbia. O trabalho na charqueada era duro e sua crise tendencial dificultava o pagamento de salários atrativos, o que contribuía para a não concessão da emancipação.

Em 21 de agosto de 1881, fundara-se, em Pelotas, o Club Abolicionista, com a participação de negros livres. O movimento foi combatido pelos escravistas e jamais alcançou a radicalização conhecida em São Paulo e no Rio de Janeiro, o que ajuda a compreender o desdobramento do movimento de 1º de janeiro de 1888, quando já enfuriava o abandono das fazendas no Rio de Janeiro e sobretudo São Paulo pelos cativos, que resultaria na abolição.[133] O coronel Junius Brutus Cássio de Almeida (1834-1918), filho do célebre e rico líder farroupilha Domingos José de Almeida, casado com filha de João Simões Lopes, o visconde da Graça, proprietário da charqueada homônima, era tido como charqueador avançado e duro escravista. Possuía a maior charqueada pelotense de então, onde ensaiara importantes inovações técnicas, importando maquinaria da Itália e empregando, sem sucesso, quarenta trabalhadores livres orien-

132. Mário Maestri, *O sobrado e o cativo: a arquitetura urbana erudita no Brasil escravista — O caso gaúcho* (Passo Fundo: Ed. UPF, 2001), pp. 189-210, Coleção Malungo, 1.

133. Conrad. *Os últimos anos da escravatura no Brasil*, pp. 319 e ss.

tais. Em 1884-1885, instalou ligação telefônica entre sua casa, na cidade, e a charqueada, nas margens do arroio Pelotas.[134]

Na festa da Irmandade de Nossa Senhora do Rosário, 7 de outubro, o cônego pronunciou oração abolicionista para público sobretudo de afrodescendentes. No dia 26, ou 27, de novembro de 1887, os cativos do rico charqueador exigiram a liberdade, melhorias nas condições de vida e o fim do castigo físico. Não é certo se interromperam o trabalho, se se manifestaram na vila de Pelotas ou se houve fugas. Porém, no dia 27, cativos foram presos por um capitão de mato e levados a Pelotas, com apoio da polícia, "manietados em uma carreta". O vigário, abolicionistas e populares indignados interferiram em favor dos cativos.[135] Em resposta, cerca de trezentos pró-escravistas, entre eles personalidades pelotenses, diante da casa do vigário destrataram a mãe deste, ameaçaram fisicamente os abolicionistas João Antônio Ramos e Serafim Alves e tentaram enviar para fora de Pelotas, por trem, à força, o cura, sendo impedidos pela polícia e pelo barão de Santa Tecla, dirigente escravista. No dia seguinte, 28, realizou-se uma passeata em desagravo ao vigário Canabarro, a sua mãe e aos abolicionistas, com "foguetes, archotes e bandas de música".

A solução do movimento foi alcançada com acordo entre os escravistas e os cativos, garantido pelos abolicionistas, que determinava a libertação, sob a condição de trabalho gratuito por ainda três anos! Os abolicionistas vigiariam o cumprimento do acordo e não apoiariam os "contratados" que o desrespeitassem. Um Club São Sebastião foi fundado, com os estatutos redigidos pelo barão e um representante dos charqueadores propondo a alforria completa ou com cláusula de prestação de serviços, até 1º de janeiro, sob as condições acordadas. Os escravistas que não libertassem seus cativos o seriam pelo Club, na Justiça, com indenização dos proprietários, sem ônus para os libertados.[136]

O movimento solucionara-se com uma indiscutível derrota dos trabalhadores escravizados. Em inícios de dezembro, uma contratada foi morta, seguindo-se castigos e perseguições aos cativos restantes e a grande número de

134. *Echo do Sul*, Rio Grande, 7 out. 1884, p. 2; Vanda Ueda, "La instalación del teléfono en Pelotas, Brasil", *Scripta Nova: Revista Electrónica de Geografía y Ciencias Sociales*, Barcelona, n. 45 (44), 1º ago. 1999, <www.ub.es/geocrit/sn-45-44.htm>; Berenice Corsetti, "Estudos da charqueada escravista no século XX", Dissertação de Mestrado, UFF, 1984. p. 175.

135. *Correio Mercantil*, Porto Alegre, 29 nov. 1887, p. 2.

136. *A Federação*, Porto Alegre, 9 dez. 1987, p. 1.

contratados. A abolição total da escravidão, em 13 de maio, foi festejada pelos cativos charqueadores apenas semanas mais tarde, em 9 de julho, para não interromper a safra. Os "13 de maio" pelotenses enfrentaram a liberdade esmagada pelo peso das sequelas da escravidão: racismo opressivo; pobreza material e cultural; frágeis laços familiares etc. Em geral agrilhoados pela miséria, não raro entregaram seus filhos a ex-escravizadores como "filhos de criação", jugo semisservil de dominação que, em casos extremos, conheceram até a morte.[137]

137. Agostinho Mario dalla Vecchia, *As noites e os dias: elementos para uma economia política da forma de produção semisservil filhos de criação*, 2ª ed. (Pelotas: Ed. UFPel, 2005), v. 1.

12. Política antiescravista na fronteira: São Mateus, Espírito Santo (1884)[1]

Yuko Miki

A excitação entre os escravos era evidente. O boato havia se espalhado entre eles de que durante as festividades de Santana em São Mateus, marcadas para 27 de julho de 1884, iriam fazer uma insurreição. Outros diziam que os cativos, já esperando serem libertados, se levantariam com o grito "Viva a Liberdade!". Quase ao mesmo tempo, um grupo de quilombolas armados da zona entre Espírito Santo e Bahia começou a atacar viajantes e sítios. Gerou-se então um novo boato: o de que eles, liderados por Benedito, o mais famoso quilombola de toda a região, planejavam se rebelar contra a escravidão. Em meio a essa agitação surgiu mais um temor de revolta em novembro. Dezenove fazendeiros importantes de São Mateus acusaram um morador local, Cosme

1. Agradeço a João Reis pelos comentários e pela revisão da minha escrita. O capítulo se baseia em meu livro *Frontiers of Citizenship: A Black and Indigenous History of Postcolonial Brazil* (Cambridge: Cambridge University Press, 2018), reproduzido mediante autorização. Parte menor dele foi anteriormente publicada em Yuko Miki, "Fugir para a escravidão: as geografias insurgentes dos quilombolas brasileiros, 1880-1881", in Flávio dos Santos Gomes e Petrônio Domingues (orgs.), *Políticas da raça: experiências e legados da abolição e da pós-emancipação no Brasil* (São Paulo: Selo Negro, 2014), pp. 35-68. Outra análise dessa suspeita insurreição se encontra em Robson L. M. Martins, "Em louvor a Sant'Anna: notas sobre um plano de revolta escrava em São Matheus, norte do Espírito Santo, Brasil, em 1884", *Estudos Afro-Asiáticos*, n. 38 (2000), pp. 67-83.

Francisco da Motta, de enganar os escravos, dizendo que estavam livres para fomentar um levante contra seus senhores. Como não era do tipo que apanha em silêncio, Motta respondeu ser um "Protetor dos africanos" e descreveu a sua luta para estabelecer um movimento abolicionista na cidade. Os fazendeiros responderam de forma virulenta.

A história de insurreições escravas no Brasil — sejam verdadeiras ou imaginadas — é bem celebrada nas narrativas da diáspora africana e do mundo atlântico. Às vezes os protagonistas são africanos, ressaltando-se a Revolta dos Malês em Salvador, em 1835. Outras vezes os escravos se juntavam com pessoas livres, como, por exemplo, na Revolta dos Alfaiates de 1798, também em Salvador, ou na gaúcha Revolução Farroupilha, em 1835-1840. Ao mesmo tempo, porém, as histórias de insurreições escravas têm reforçado certa imaginação geográfica do Brasil. Chegamos a pensar que elas aconteceram nas maiores cidades e importantes regiões agroexportadoras, com suas grandes comunidades escravas, a constante chegada de africanos boçais e a circulação de pessoas e notícias revolucionárias do mundo atlântico. O resto do país, com suas pequenas populações escravas e modesta produção agrícola, tem pouco registro nessa geografia insurrecional.

O município de São Mateus, localizado no norte do Espírito Santo, é um desses lugares, ignorado — com algumas importantes exceções — tanto pelos historiadores como pelos próprios habitantes. Apesar de se encontrar no litoral atlântico entre os grandes centros comerciais e escravistas de Salvador e do Rio de Janeiro, seu povoamento começou a sério apenas depois da Independência. Virou um grande produtor de farinha de mandioca, que exportava para Bahia e Rio, mas nunca chegou a ser um grande empório comercial ligado a mercados internacionais. Tão desprezado era o lugar que um presidente da província do Espírito Santo acusou seus habitantes de serem "tão atrasados na civilização"![2] Mas foi esse mesmo São Mateus que virou palco de várias insurreições escravas e atividade quilombola por todo o século XIX. Minúscula era sua população escrava em comparação às grandes zonas cafeeiras; nunca teve um grupo robusto de abolicionistas. A história da região, porém, testemunhou o desenvolvimento de uma considerável política antiescravista, que se tornou

2. Manoel José Pires da Silva Pontes para Aureliano de Sousa e Oliveira Coutinho, 22 dez. 1833, ANRJ, IJ1 729, fl. 64.

mais saliente em 1884, momento em que o abolicionismo se fortalecia em várias partes do Brasil.

Este capítulo investigará essa política antiescravista mateense por meio dos acontecimentos daquele ano. Fazê-lo não é apenas inseri-los na história de insurreições escravas no Brasil. Os eventos de São Mateus nos permitem entrever como surgiu essa política nas fronteiras da nação, muitas vezes tratadas como terras "virgens" e "vazias" onde pouco acontecia. Toda a zona onde se encontravam o Espírito Santo, Bahia e Minas formava, com efeito, uma fronteira interna no litoral atlântico. O povoamento da região foi proibido durante o período colonial por uma Coroa que queria proteger as minas de contrabandistas. Mais importantes, porém, foram os grupos indígenas, que com tenacidade repeliam os colonizadores. A escravidão negra se expandiu nessa região como parte do avanço da colonização sobre as terras indígenas no século XIX. Foi um processo longo e de espantosa violência, que resultou na expropriação, escravização e massacre dos índios. A violência anti-indígena foi fundamental para o estabelecimento de uma oligarquia escravista em São Mateus cujo poder dependia dos escravos que possuía, e ela resistiu à abolição até a última hora. Os eventos de 1884 — e o papel desempenhado pelos boatos de insurreições escravas — foram construídos em cima de décadas dessa violência, e a sua história nos desafia a reimaginar a geografia do movimento antiescravista no Brasil.

ESCRAVIDÃO NA FRONTEIRA DO ATLÂNTICO[3]

São Mateus e a vizinha comarca de Barra de São Mateus (hoje Conceição da Barra) abrangem uma pacata cidade costeira e outra, pequena, acima do rio de mesmo nome, localizadas na fronteira do Espírito Santo com Bahia e Minas Gerais. Durante a época pombalina, São Mateus foi integrado à capitania de Porto Seguro, mas reverteu ao Espírito Santo depois da Independência. Devido à localização estratégica entre os principais portos do Rio de Janeiro e de Sal-

3. Esta seção segue, com revisões, sua equivalente em Yuko Miki, "Fugir para a escravidão: as geografias insurgentes dos quilombolas brasileiros, 1880-1881", in Flávio dos Santos Gomes e Petrônio Domingues (orgs.), *Políticas da raça: experiências e legados da abolição e da pós-emancipação no Brasil* (São Paulo: Selo Negro, 2014), pp. 35-68.

vador, a área tornou-se entreposto comercial no começo da segunda metade do século XIX.

Tanto política quanto economicamente, a região esteve mais ligada ao norte de Minas e ao sul da Bahia do que à sua distante capital. Tão forte era essa identidade regional que, na década de 1850, alguns residentes, inclusive o famoso Teófilo Otoni, visavam a fundação de uma nova província chamada Santa Cruz.[4] Apesar de tais esforços, porém, mesmo no século XIX São Mateus experimentou um crescimento econômico e populacional, diferentemente do ocorrido com outros centros urbanos do Império. Em 1824, a população total era de 5313 habitantes, sendo mais da metade composta de escravos, representados por 2654 africanos e seus descendentes. Em 1872, o contingente de São Mateus e das paróquias vizinhas de Barra de São Mateus e Itaúnas alcançou 8170 habitantes, sendo 2793 escravos, 2728 negros e pardos livres, 141 caboclos e 2488 brancos.[5] Esses números não incluem a significativa população indígena autônoma não aldeada. A baixa densidade populacional no começo do século resultava da política da Coroa que vedara à região sua ocupação durante o período colonial, a fim de prevenir o contrabando de ouro e pedras preciosas que descia de Minas Gerais para a costa. Outro fator que inibiu o crescimento populacional foi a recalcitrante população indígena, que, muitas vezes, rechaçou as tentativas anteriores de colonização. Os portugueses, de modo genérico, denominaram os grupos indígenas locais de "botocudos" devido aos botoques ou discos que parte deles usava no lábio inferior. Ali onde se encontravam as três províncias era então território indígena no litoral atlântico, uma zona de fronteira na qual a colonização nacional só começaria de verdade no período pós-colonial.

No começo do século XIX, a população indígena da capitania de Porto Seguro, que incluía São Mateus, foi estimada em 3650 habitantes. Nas décadas seguintes, ela cairia rapidamente, como resultado da violência física, do discurso do desaparecimento (em parte devido à política de mestiçagem e à

4. José Candido da Costa, *Comarca de Caravellas: creacão de uma nova província, sendo capital a cidade de Caravellas* (Bahia: Typ. de Camillo de Lellis Masson & C., 1857).

5. Para 1824, ver Ignacio Accioly de Vasconcellos, "Memória Estatística da Província do Espírito Santo escrita no ano de 1828" (APEES, 1978); para 1872, Directoria Geral de Estatística, *Recenseamento da população do Imperio do Brazil a que se procedeu no dia 1º de agosto de 1872* ([Rio de Janeiro]: [A Directoria], 1873).

concentração dos índios em território cada vez menor) e dos esforços governamentais de "desindianização", todos fatores consonantes com as políticas de expansão territorial no período imperial.[6] Moradores escravizaram os índios e continuaram a escravizá-los ainda depois da última abolição da escravidão indígena, em 1831, mesmo ano em que fora abolido o trafico transatlântico de cativos africanos.[7] Essas regiões fronteiriças têm sido negligenciadas pelos historiadores da escravidão no Brasil moderno, que concentram suas pesquisas nas áreas cafeeiras do Centro-Sul ou naquelas produtoras de açúcar do Recôncavo baiano ou da Zona da Mata pernambucana. Apenas recentemente surgiram trabalhos empenhados em estudar regiões colonizadas durante o período pós-colonial. Tais pesquisas apontam a importância da escravidão em áreas de fronteira que não integravam o polo da "onda negra" e dos assustadores e frequentes confrontos entre colonizadores, quilombolas, escravos e indígenas até o século XIX. A pesquisa nos leva a problematizar o privilégio concedido a regiões e economias selecionadas para representar a história do Brasil em geral.[8]

6. O conceito de "desindianização" é baseado na ideia prevalente no século XIX, e até pelo menos o período da ditadura militar, segundo a qual os povos indígenas não possuíam sociedade própria. No olhar dos políticos, colonos e missionários, para os índios entrarem no "grêmio da sociedade", ou para tornarem-se cidadãos brasileiros, era preciso deixar de falar sua própria língua e abandonar seus costumes, adotar o catolicismo e a agricultura e casar-se com não índios.

7. Yuko Miki, "Slave and Citizen in Black and Red: Reconsidering the Intersection of African and Indigenous Slavery in Postcolonial Brazil", *Slavery & Abolition*, Londres, v. 35, n. 1 (2014), pp. 1-22; idem, *Frontiers of Citizenship: A Black and Indigenous History of Postcolonial Brazil* (Cambridge: Cambridge University Press, 2018), caps. 1 e 3.

8. A "onda negra" refere-se ao comércio interno de escravos do Nordeste para o Centro-Sul na segunda metade do século XIX. Os escravos importados recém-chegados causaram certo pânico por serem considerados especialmente rebeldes. Entretanto, regiões de fronteira como São Mateus não pertenciam a essa onda negra e não cabem nessa narrativa bem estabelecida da historiografia da escravidão brasileira. Sobre a "onda negra", ver Celia Maria Marinho de Azevedo, *Onda negra, medo branco: o negro no imaginário das elites-século XIX* (Rio de Janeiro: Paz e Terra, 1987). As obras principais que tratam de escravos e índios no século XIX nas zonas fronteiras são Mary C. Karasch, *Before Brasília: Frontier Life in Central Brazil* (Albuquerque: University of New Mexico Press, 2016); B. J. Barickman, "'Tame Indians,' 'Wild Heathens,' and Settlers in Southern Bahia in the Late Eighteenth and Early Nineteenth Centuries", *The Americas*, Cambridge, v. 51, n. 3 (1995), pp. 325-368; Hal Langfur, *The Forbidden Lands: Colonial Identity, Frontier Violence, and the Persistence of Brazil's Eastern Indians, 1750-1830* (Stanford: Stanford University Press, 2006); Mary Ann Mahony, "Creativity under Constraint: Enslaved Afro-Brazi-

Sem se deixar abater pelas condições inóspitas, migrantes em busca de novas oportunidades econômicas fizeram diversas tentativas de desenvolver a região fronteiriça nas décadas seguintes à Independência. Com a colonização crescente, São Mateus tornou-se líder na exportação de farinha de mandioca, alimento básico em todo o Brasil. Lavradores de mandioca espalharam-se pela periferia e pelo interior da cidade. Embora o escravo constituísse a principal força de trabalho da produção agrícola, os indígenas também participaram da atividade, uma vez que haviam perdido suas terras para missões religiosas, colonos, estradas e ferrovias. Além disso, após 1871, a mão de obra escrava tornou-se bastante escassa devido à Lei do Ventre Livre.[9] As rebeliões escravas e as atividades quilombolas intensificaram-se após a referida lei, parte do movimento de gradual abolição.

Maria do Carmo Russo mostrou como se estabeleceu uma oligarquia rural escravista em São Mateus nas décadas de 1860 e 1870. Essa oligarquia, centrada na família composta de Rita Maria da Conceição e seu filho Antônio Rodrigues da Cunha, um major na Guarda Nacional, acumulou terras indígenas no interior, muitas vezes designadas como vazias e devolutas. Lá começaram o cultivo do café, que logo suplantaria o da farinha de mandioca. A oligarquia mateense formou uma forte rede de interesses pró-escravistas, e muitos membros dela também lucravam com o comércio de escravos. A perene escassez de mão de obra e a importância da escravidão para o poder dessa elite significaram que os escravizados de São Mateus tinham poucos recursos para alcançar a alforria.[10] Embora, devido à falta de inventários sistemáticos, seja difícil obter uma visão abrangente das escravarias em São Mateus, pode-se dizer que, na década de 1880, seus habitantes possuíam entre um e cem escravos. Os maiores proprietários, que tinham entre trinta e cem cativos, buscavam

---

lian Families in Brazil's Cacao Area, 1870-1890", *Journal of Social History*, Oxford, v. 41, n. 3 (2008), pp. 633-666.

9. Sobre a formação e a economia de São Mateus, ver Eliezer Nardoto e Herinéa Lima, *História de São Mateus*, 2ª ed. (São Mateus: Atlântica, 2001); Gabriel Augusto de Mello Bittencourt, *Café e modernização: o Espírito Santo no século XIX* (Rio de Janeiro: Cátedra, 1987), pp. 56-71; e Anna Lúcia Côgo, "História do Espírito Santo no século XIX: a região de São Mateus", Tese de Doutorado, USP, 2007.

10. Maria do Carmo de Oliveira Russo, "A escravidão em São Mateus, ES: economia e demografia (1848-1888)", Tese de Doutorado, Universidade de São Paulo, 2011, pp. 108-112, cap. 4 e conclusão.

lucrar com o desenvolvimento econômico da região, que, na visão deles, ainda dependia do escravo, malgrado o crescente interesse na transição ao trabalho livre no nível nacional. Eles exibiam uma notável coesão quando o assunto era a repressão a qualquer fator que ameaçasse o direito à propriedade, e resistiram à abolição com unhas e dentes.[11]

INSURREIÇÕES E QUILOMBOS EM SÃO MATEUS

São Mateus não era estranho a sustos de insurreições escravas. Boatos de emancipação tinham desencadeado tais temores em 1843 e 1851, ocasionados, respectivamente, pelo casamento de d. Pedro II e a aprovação da Lei Eusébio de Queirós abolindo o tráfico transatlântico. A Guerra do Paraguai e a Lei do Ventre Livre provocariam outros boatos em 1866 e 1871. O que distinguiu os eventos de 1884 foi, porém, a mobilização política contra a escravidão nos níveis nacional e local. A escravidão já tinha sido abolida nas províncias do Ceará, Rio Grande do Norte e Amazonas. Muito mais perto, dois levantes escravos, em 1881 e 1882, na Colônia Leopoldina, outro centro de interesses escravistas no extremo sul da Bahia, tinham culminado no assassinato violento do fazendeiro José Venerote pelos seus escravos, em abril de 1884.[12] Se esses incidentes surgiram num país em que tanto Pedro II como o povo se opunham cada vez mais à escravidão, tal sentimento não encontrou repercussão na oligarquia escravista de São Mateus. Foram os próprios escravizados que lideraram a contestação ao sistema.

A atividade quilombola também fazia parte da história da cidade. A escassa presença das autoridades nessa zona fronteiriça ainda de maioria indígena proporcionou oportunidades aos escravizados para empreender a fuga, embora tivessem também que enfrentar a hostilidade dos índios. Já em 1827, em meio às guerras contra os botocudos (1808-1831) declaradas pelo príncipe regente d. João, que visava abrir as terras indígenas para a colonização, surgiu um grande quilombo de "noventa ou cem escravos". Quilombolas armados ataca-

11. São Mateus não tem um arquivo oficial, e os inventários estão no cartório local, onde não há climatização nem arquivista para manter os documentos. O resultado é a condição extremamente precária dos documentos e uma coleção incompleta, embora importante.

12. Ver Miki, *Frontiers of Citizenship*, caps. 2 e 4.

vam as fazendas, e sempre mais escravos fugiam de seus senhores para juntar-se a eles. Tal era o medo da inversão da ordem que os residentes de São Mateus temiam "ver esta Villa reduzida a uma segunda Ilha de São Domingos", referindo-se à Revolução do Haiti. Durante um boato de insurreição em 1843, as autoridades acusavam os quilombolas de São Mateus e do sul da Bahia, que regularmente cruzavam a fronteira porosa entre as duas províncias, de espalhar boatos de insurreição e agitar os escravos com quem estavam em contato regular.[13]

Muito mais recentes e preocupantes para os residentes de São Mateus, porém, foram os quilombolas da cidade e da zona circundante, liderados por um certo Benedito. Figura lendária na história oral da região ainda hoje, Benedito nasceu no sul da Bahia, perto da Colônia Leopoldina. Foi vendido à supramencionada Rita Maria da Conceição Cunha em 1872, de quem fugiu. Acusado de vários crimes, inclusive o de homicídio, ganhou a alcunha de "célebre criminoso". Em 1880 fugiu da cadeia de Barra de São Mateus, onde se encontrava preso. Já escrevi alhures e com muito mais detalhes sobre Benedito e a comunidade quilombola de São Mateus naqueles anos, uma comunidade que incluía homens, mulheres e seus filhos.[14]

Para este capítulo, é suficiente saber que a característica mais surpreendente desse grupo de quilombolas foi que eles nunca fugiram de São Mateus, resolvendo viver durante anos circulando nas propriedades locais, à vista e ao alcance dos próprios senhores e da polícia. Chamei tal prática de *geografias insurgentes*, em que os quilombolas reimaginaram a geografia de cativeiro como um espaço de liberdade onde expressavam suas reivindicações de cidadania. Essas geografias foram criadas em colaboração com uma rede que incluía os proprietários do lugar — os quais empregavam quilombolas e eram por isso acusados de "acoitadores de escravos" —, além de outras pessoas livres, libertas e escravizadas.[15] A prática causou muita ira dos senhores, que tinham

13. Ibidem cap. 2.

14. Ver Miki, "Fugir para a escravidão".

15. Devo muito do meu entendimento ao conceito de "campo negro", de Flávio dos Santos Gomes, que o define como "território social e econômico, além de geográfico, no qual circulavam diversos tipos sociais, não necessariamente negros ou apenas escravos". Um bom lugar para começar é Flávio dos Santos Gomes, "Quilombos do Rio de Janeiro no século XIX", in João José Reis e Flávio dos Santos Gomes (orgs.), *Liberdade por um fio: história dos quilombos no Brasil* (São Paulo: Companhia das Letras, 1996), p. 19.

pouco interesse em alforriar seus cativos. O equilíbrio precário em que se apoiavam essas geografias insurgentes se desfez em agosto de 1881. Um tiroteio entre os quilombolas e as forças policiais acabou com a prisão de muitos deles e a morte de um líder. Benedito, porém, desapareceu. É preciso notar que esses quilombolas, apesar de ameaçarem a escravidão de várias maneiras, nunca foram acusados de tentar destruí-la. Em outras palavras, no contexto de 1881, ninguém falou explicitamente de intenções antiescravistas. Muito mudaria em três anos.

A FESTA DE SANTANA

Nada mais se soube do quilombola Benedito até julho de 1884, quando se aproximava a festa de Santana. O delegado de São Mateus avisou o chefe de polícia sobre um "boato de que entre os escravos corre uma ideia de que no dia de Santana, serão declarados livres e que terão nesse dia de dar um brado, 'VIVA A LIBERDADE'". Embora o delegado não esperasse uma insurreição, estava preocupado com os jogos durante as festividades, que juntavam os escravos da cidade e do campo. "Esse dia é o em que dois grupos aqui fazem os festejos daquela Santa, sendo um sob a invocação 'Primos' e o outro sob a invocação 'Sornamby'", informou o delegado. Fazendo parte de ambos os grupos estava um "crescido número de escravos da cidade e da lavoura". O delegado expressou sua preocupação com a festa ao notar que, no mais "forte" dos partidos, os escravos gozavam de uma "certa autonomia, com relação a diversos brinquedos de que, segundo os programas, se encarregam". Acompanhando o desenrolar do evento, verificou-se outro boato também alarmante, segundo o qual, "no dia 27 do corrente, dia este em que há nesta cidade uma festa de Santa Anna, querem eles neste dia se reunirem para fazerem uma insurreição a fim de que por este meio fiquem todos libertos".[16]

Não foi possível obter informação sobre o significado dessa santa para a

16. Não sabemos a origem desses dois grupos; contudo, Sornamby é provavelmente Sernamby, um bairro no centro de São Mateus. Uma descrição das festividades na região de São Mateus (mas não a Festa de Santana) se encontra em Hermógenes Lima da Fonseca e Rogério Medeiros, *Tradições populares no Espírito Santo* (Vitória: Departamento Estadual de Cultura, Divisão de Memória, 1991). Bento de Jesus Silvares, Delegado de Polícia de São Mateus para Antonio Pitan-

comunidade afrodescendente de São Mateus, cujos santos padroeiros eram são Mateus e são Benedito. A importância dela é evidente, porém, conforme o comportamento de outro escravo de São Mateus, Ludgero, que aparecerá na parte final deste capítulo: ele utilizava seus sábados, dias de folga, para visitar amigos em outra fazenda, para "vadiar" e "ensaiar uma brincadeira para festejar Santa Anna".[17] Sabemos que muitas revoltas escravas eram planejadas para acontecer em dias festivos. Parece certo que a festa de Santana fornecia, como sugere João José Reis, um espaço para os escravos potencializarem "identidade e solidariedade coletivas" em meio ao "relaxamento do controle senhorial" — sugerido pela palavra "autonomia" acima mencionada — e a "reunião de escravos possuídos por um espírito de redenção".[18]

Enquanto circulavam esses boatos, formou-se um grupo de vinte a trinta quilombolas de São Mateus e do sul da Bahia, que começou a atacar viajantes e fazendas na fronteira entre as duas províncias. Por motivos desconhecidos, o chefe de polícia do Espírito Santo, Antônio Pitanga, logo juntou os dois eventos e desencadeou um novo boato: que vinte a trinta quilombolas das duas províncias planejavam uma insurreição contra a escravidão, liderados por Benedito. Acrescentou que os quilombolas tinham se juntado no sítio do fazendeiro José Guedes na Barra de São Mateus e mandou a polícia destruir os ranchos ali levantados. Teria o chefe de polícia inventado essa insurreição liderada por Benedito? Ou havia alguma verdade no boato?[19]

Rumores de insurreições escravas, como temos visto, não eram novidade em São Mateus. No contexto específico da década de 1880, porém, revelam uma importante mudança no discurso político. Em 1881, nenhum quilombola

---

ga, Chefe de Polícia; e José Antonio de Souza Lé, Subdelegado de Polícia de São Mateus para Antonio Pitanga, 9 jul. 1884, APEES, *Polícia*, Ser. 2, cx. 77, maço 288, fls. 97, 117.

17. "Inquérito policial pela tentativa de suicídio de Ludgero escravo do Capitão Raulino Francisco de Oliveira" (São Mateus, 24 jul. 1887), Cartório do Primeiro Ofício de São Mateus (doravante CPSM), cx. 97, fls. 6v, 8v.

18. João José Reis, "Quilombos e revoltas escravas no Brasil", *Revista USP*, n. 28 (1995-1996), pp. 31-32.

19. Antônio Pitanga para José Camillo Ferreira Rebello, Vice-Presidente do Espírito Santo, 12 jul. 1884, APEES, Governadoria Liv. 243, Ofícios da Chefatura de Polícia, fl. 217; Presidente do Espírito Santo para Francisco Maria Sodré Pereira, Ministro e Secretaria da Justiça, 16 jul. 1884, APEES, *Governadoria*, Liv. 243, Ofícios da Chefatura de Polícia, fl. 219; e Rebello para Pitanga, 16 jul. 1884, APEES, *Polícia*, Ser. 2, cx. 77, maço. 288, fl. 96.

se manifestou de maneira explícita contra a escravidão, e ninguém na vasta rede de coiteiros e colaboradores demonstrou aberta simpatia abolicionista. A emancipação geral não fazia parte do discurso público em São Mateus, e ninguém considerava Benedito como líder de uma insurreição antiescravista. Que tais ideias atraíssem tanta atenção em 1884 demonstra a presença de uma nova gama de possibilidades no horizonte e a emergência de uma nova geografia insurgente. O movimento abolicionista de Cosme Motta, como veremos, fazia parte dessa nova geografia.

Os arquivos nos permitem acompanhar como o boato de uma insurreição antiescravista liderada pelo Benedito adquiriu um brilho de verdade em cada mensagem da correspondência rotineira entre o chefe de polícia, o vice-presidente da província e o ministro da Justiça. A evolução do boato sem dúvida sugere as intrigas de homens paranoicos, que encontravam uma conspiração escrava em cada esquina, e de interesses governamentais e escravocratas em perfeita sintonia.[20] Tais possibilidades, porém, não podem ofuscar o fato de que o boato original, de uma insurreição escrava durante a festa de Santana, emergira entre os próprios escravizados; a polícia só o repercutiu. Se boatos são, como argumentou Steven Hahn, um "campo e forma de luta política" que permitiam aos escravos participar e constituir o debate político, os cativos de São Mateus conceberam sua política abolicionista por meio do boato abolicionista. No clima turbulento de 1884, o boato indicava que a emancipação era tão plausível como desejável para os escravos. Que a polícia o tivesse corroborado e floreado cada vez mais mostra que ela também o considerou plausível, e que via os quilombolas, de maneira cada vez mais explícita, pelas lentes da militância antiescravista.[21] Por sua parte, os quilombolas utilizavam suas ações para afirmar, deliberada e publicamente, suas reivindicações nesse debate político.[22]

O aparecimento de Benedito e seu grupo nas vizinhanças da Barra de São Mateus pareceu confirmar o boato do chefe de polícia. Uma expedição para

20. Sobre a "paranoia branca" por medo de levantes escravos, e a necessidade de olhar além dela, ver Steven Hahn, "'Extravagant Expectations' of Freedom: Rumour, Political Struggle, and the Christmas Insurrection Scare of 1865 in the American South", *Past & Present*, Oxford, v. 157, n. 1 (1997), pp. 122-158.

21. Ibidem, p. 133.

22. Agradeço a Greg Childs por apresentar uma reconsideração da política negra pelas lentes da conjuração (que supõe o sigilo) e da sedição (que era pública).

prender os quilombolas partiu da cidade em 22 de julho de 1884, cinco dias antes da projetada insurreição. Depois de dois dias infrutíferos, a expedição já estava a ponto de se retirar quando seu comandante cruzou com Benedito na mata escura e trocou tiros com ele. Embora o quilombola sumisse, a expedição conseguiu prender sete membros do bando, a maioria pertencente a Gothardo Esteves, abastado fazendeiro da Barra, e oito suspeitos de acoitar os fugitivos. Também destruiu os ranchos dos quilombolas na mata. A polícia celebrou seu sucesso em prender os quilombolas e evitar a insurreição da festa de Santana.

A satisfação das autoridades teve vida curta. A ilusão de controle policial e ordem pública foi obliterada pelas ações dramáticas dos quilombolas nos dias que seguiram à festa. No momento em que o medo de insurreição parecia se dissipar, Benedito reapareceu, em 30 de julho, liderando um grupo de quilombolas numa série de ataques a propriedades da Barra e da cidade de São Mateus. A força policial foi de novo acionada, mas não se mostrou à altura de seus perseguidos, que sempre lograram fugir antes de ela chegar.[23] Os moradores temiam que a incompetência da polícia estivesse atiçando uma ousadia inédita entre os escravizados e encorajando-os a se unir aos quilombolas.[24] As ações destes, assim de repente, acabaram com qualquer paz aparente, gerando um clima de medo e dando novo fôlego ao boato de insurreição.

Logo ficou evidente que os quilombolas pretendiam de maneira deliberada montar um espetáculo de terror contra os senhores. Saquearam e destruíram a fazenda de Gothardo Esteves, dono da maioria dos recentemente capturados, ele mesmo participante da primeira expedição. Proprietário muito bem relacionado, Esteves tinha assassinado, alguns anos antes, um de seus próprios escravos sem que fosse legalmente processado pelo feito. Agora, porém, os quilombolas o faziam temer pela própria vida.[25] No dia seguinte, qualquer traço de confiança nas autoridades por parte dos residentes da Barra foi despedaçado quando os quilombolas, de novo sob a liderança de Benedito, apareceram nas vizinhanças de São Domingos, perto de seu quilombo recém-destruído, atiran-

23. Bento de Jesus Silvares para Antônio Pitanga, 6 ago. 1884, APEES, *Governadoria*, Ser. 383, v. 243, fls. 296-298.

24. Lopes d'Oliveira, Juiz de Direito interino de São Mateus, para Antônio Pitanga, 3 ago. 1884, APEES, *Polícia*, Ser. 2, cx. 77, maço 288, fl. 107.

25. Bento de Jesus Silvares para Antônio Pitanga, 8 ago. 1884, APEES, *Polícia*, Ser. 2, cx. 77, maço 288, fl. 110; Pitanga, 21 jun. 1876, ANRJ, IJ1 442.

do e roubando propriedades.[26] Embora tais ataques gerassem medo em qualquer momento, agora a incerteza a respeito da planejada insurreição os tornava muito mais sinistros aos olhos do povo. A perseguição aos quilombolas, e sobretudo a Benedito, continuou. Durante essa caça, revelou-se uma impressionante rede de pessoas livres e escravizadas, entre São Mateus e o sul da Bahia, que protegia o líder do grupo da ação das forças repressivas. A rede incluía Anna, uma namorada de Benedito; um roceiro que o empregava de vez em quando; e, mais alarmante para a polícia, aventou-se a possibilidade de ele estar em contato com o advogado abolicionista Olavo Henrique Baptista. Graças a tais pessoas, outra vez Benedito sumiu.

O que pensava Benedito de tudo isso? O que desejavam ele e os quilombolas que o seguiam? Seus movimentos explosivos confundem tanto os historiadores hoje como a seus perseguidores em 1884. Não é possível saber se estavam definitivamente ligados a algum plano de insurreição, embora seja muito provável que soubessem do boato, haja vista a rede de informações e notícias que ligava os quilombolas a escravos e livres. Mas reduzir suas ações à violência aleatória só replicaria o discurso da polícia de então, que, depois de difundir o boato de que Benedito estaria planejando um levante contra a escravidão, tentava abafar seus fracassos ao reduzir os quilombolas ao status de criminosos comuns. Tais táticas se evidenciaram com a chegada de outro boato a Barra, segundo o qual uma "menor de 11 anos" fora "arrancada [...] do poder de seus pais" e "barbaramente estuprada", "raptada, violentada" por Benedito e "hoje apresentada em horrível estado". A falta de uma investigação policial e a escolha do momento para realçar o boato sugerem fortemente que se tratava de uma invenção.[27] A alegoria do estuprador negro foi uma tática comum utilizada por escravocratas e seus simpatizantes para despolitizar a luta do negro pela liberdade ao equipará-lo a um estuprador de mulheres brancas (e crianças, como nesse caso). Mesmo quando um maior número de brasileiros já começava a apoiar a causa abolicionista, os escravocratas de São Mateus optaram por

26. Manoel Tobias, Juiz Municipal da Barra de São Mateus, para Antônio Pitanga, 9 ago. 1884, APEES, *Polícia*, Ser. 2, cx. 77, maço 288, fl. 115.

27. Manoel Tobias para Antônio Pitanga, 12 ago. 1884, APEES, *Governadoria*, Ser. 383, v. 243, fl. 300; Francisco Maria Sodré Pereira, "Relatório do Ministério da Justiça", 1884, p. 43. Não encontrei mais informações sobre esse incidente.

esse jogo sujo para mobilizar a opinião pública contra a abolição e o papel de Benedito no novo ambiente político.

Por outro lado, imaginar como os próprios escravizados perceberam as ações dos quilombolas abre um mundo distinto de significados. Permite-nos inverter o discurso de criminalização para vislumbrar outro mundo, o da política antiescravista. É plausível que entre os escravos houvesse os que temiam os quilombolas tanto quanto os moradores livres. Mas para aqueles que esperavam ansiosos por sua alforria na festa de Santana, era positivo saber que Benedito e outros quilombolas conseguiriam repetidamente frustrar e ameaçar um grupo cada vez maior de senhores e a polícia nos dias que se seguiram à festa religiosa. Esse clima deve ter mantido viva a esperança de liberdade de muitos cativos. Não esqueçamos que o boato original de insurreição emergiu entre os escravizados, expressando o que eles mesmos achavam desejável e plausível em 1884. Tais expectativas de insurreição não desapareceram somente porque não calhou acontecer naquele dia em particular. Os quilombolas, por sua parte, marcaram suas ações na hora certa e com impressionante deliberação. Muitas vezes eles sabiam e difundiam os rumores e novidades com muito mais rapidez do que a polícia. Benedito tinha sumido da vista da polícia em agosto de 1881. Não pode ser pura coincidência que ele reaparecesse, de maneira dramática, em julho de 1884, dias antes da suposta insurreição. Os boatos dos escravizados e as ações dos quilombolas juntaram-se para colocar suas demandas de liberdade no centro do debate político local, desenhando uma nova geografia contra a escravidão. A essa geografia logo se somaria o abolicionismo popular.[28]

PROTETOR DOS AFRICANOS: O ABOLICIONISMO POPULAR E BOATOS INSURRECIONAIS

Em novembro do mesmo ano de 1884, a polícia mateense ainda lidava com o fracasso da busca por Benedito quando compareceram dezenove fazendeiros, dos principais da região, em frente ao juiz de direito Miguel Amorim.

28. No meu livro, escrevo mais sobre o que depois aconteceu com Benedito, e como a figura dele e a afirmação de várias pessoas de tê-lo encontrado viraram uma forma de participar no debate político sobre a escravidão e a abolição.

Seu objetivo foi denunciar Cosme Francisco da Motta, um fazendeiro de meios modestos de 43 anos, de fomentar uma insurreição escrava. Diziam que em 2 de dezembro ele pretendia dar o "grito da liberdade, como defensor dos africanos". Insistiram que Motta estava "aconselhando aos escravos das fazendas, promovendo reuniões com estes para abandonarem seus senhores, roubando-os e assassinando-os se for necessário, porque são livres".[29]

A semente das alegações já tinha sido plantada em janeiro. Então subdelegado do distrito mateense de Atalaia, Motta dedicara-se com zelo à incumbência a ele dada pelo chefe de polícia de fazer um censo da população livre e escrava. Motta enfrentou forte resistência dos senhores para executar a tarefa. Relatou ao chefe que "é evidente, que a razão que leva os possuidores de escravos a se recusarem de um fim tão natural, é terem em suas fazendas pessoas livres jazendo em pesado cativeiro, e muitos ingênuos sem estarem devidamente matriculados". Com efeito, a questão era a escravidão ilegal. Sabemos que, na década de 1880, virtualmente todos os africanos escravizados e libertos no Brasil tinham sido importados de forma ilícita, depois da lei de 1831. A escravização ilegal naturalmente se estendia a seus descendentes nascidos no Brasil. Lembremos também que nessa região continuava a existir escravidão indígena ilegal, perpetrada pelos moradores havia muitas décadas. Motta suspeitava que seus conterrâneos tinham escravizado ilegalmente africanos e crianças não registradas que haviam nascido depois da Lei do Ventre Livre, de setembro de 1871.[30]

Mas se o desagrado dos senhores era evidente, Motta permaneceu indiferente a qualquer ameaça à sua posição social e ocupacional. Em julho, questionou sem rodeios a autoridade do delegado, Luis Antônio dos Santos, acusando-o de grave incompetência. "No termo vejo tudo correr à revelia, desertores existem conhecidos na cidade, cadáveres são devorados sem sepulcro pelos corvos

29. Telegramas entre Miguel Bernardo d'Amorim e Antônio Pitanga, 12 nov. 1884, APEES, *Polícia*, Ser. 2, cx. 77, maço 291, fls. 52-53.

30. Cosme Francisco da Motta para Antônio Pitanga, 28 fev. 1884, APEES, *Polícia*, Ser. 2, cx. 77, maço 289, fls. 88-89. Sobre a escravidão ilegal, ver por exemplo Beatriz Gallotti Mamigonian e Keila Grinberg (orgs.), Dossiê "Para inglês ver? Revisitando a lei de 1831", *Estudos Afro-Asiáticos*, v. 29, n. 1/3 (2007); Beatriz Gallotti Mamigonian, *Africanos livres: a abolição do tráfico de escravos para o Brasil* (São Paulo: Companhia das Letras, 2017); Sidney Chalhoub, *A força da escravidão: ilegalidade e costume no Brasil oitocentista* (São Paulo: Companhia das Letras, 2012).

e cães", reclamou ele, e finalizou sua diatribe declarando que "em última palavra digo que o maior cego é aquele que tem os olhos e não quer ver".[31] Como seria de prever, Motta foi demitido pouco depois. Numa cidade em que as famílias proprietárias de escravos se casavam entre si e os laços de clientelismo eram muito fortes, Motta sobressaiu por sua incapacidade de aderir aos costumes senhoriais do lugar.

A acusação de fomentar uma insurreição escrava prosseguiu em novembro de 1884. Os maiores senhores da cidade, inclusive um parente do próprio Motta, alegaram que ele estava incitando os escravos locais a abandonar suas senzalas e a roubar e matar se preciso fosse, e que sua intenção verdadeira seria "ter em seu favor os mesmos escravos, como seus trabalhadores, na situação [sítio] agrícola 'Três Ilhas', onde reside". Basicamente, acusavam-no de ser coiteiro de escravos, um problema constante em São Mateus. Em privado, o juiz de direito Miguel Amorim e o chefe de polícia, Antônio Pitanga, eram céticos em relação à denúncia. Conhecendo a engrenagem dos interesses locais muito melhor do que Pitanga, que vivia em Vitória, Amorim lhe assegurou que "o que parece haver muito é pânico, mas que em consciência julgo ser exageração, como muitos fatos anteriores desta comarca que conheço bem". Ainda assim, os poderosos interesses pró-escravistas não podiam ser facilmente dispensados. Concordaram em enviar alguma força pública para "proteger" os fazendeiros.[32]

Foi em resposta a essas alegações que Motta escreveu uma carta exaltada em que se identificou como "Cosme Motta, Protetor dos Africanos neste Distrito". O documento está repleto de erros na ortografia e frases fragmentadas que às vezes se prolongam por duas páginas, nitidamente evocando um homem em cuja cabeça circulavam, ao mesmo tempo, vários pensamentos que controlava com dificuldade.

Na carta, Motta revela seu estilo de abolicionismo e o objetivo específico: a emancipação dos africanos ilegalmente importados segundo a lei de 7 de novembro de 1831, abolindo o tráfico transatlântico. Vorazes interesses globais

31. José Pinto Homem Azevedo para Antônio Pitanga, 19 jul. 1884, APEES, *Polícia*, Ser. 2, cx. 77, maço 289, fl. 3; Luis Antônio dos Santos para Antônio Pitanga, 8 jul. 1884, APEES, *Polícia*, Ser. 2, cx. 77, maço 290, fls. 175-176.

32. Telegramas entre Amorim e Pitanga, 14 nov. 1884, APEES, *Polícia*, Ser. 2, cx. 77, maço 291, fls. 54-55.

na continuação do tráfico asseguraram a importação ilegal de quase 800 mil africanos para Brasil entre 1830 e 1856. Só uma pequena porção deles fora resgatada das mãos de traficantes e reconhecida como "africanos livres", recebendo assim uma classificação legal que os distinguia dos escravos.[33] Motta queria ajudar os africanos ilegalmente escravizados que não haviam sido emancipados e suspeitava que os fazendeiros os haviam escondido quando tentava fazer o censo em janeiro. Em vez de pressionar por uma emancipação geral, a defesa dos africanos escravizados em violação à lei de 1831 foi uma estratégia praticada na década de 1880 por vários movimentos abolicionistas e abolicionistas individuais, a exemplo de Luiz Gama e Antônio Bento.[34]

Interesses pró-escravistas tinham subvertido a lei de 1831 por décadas, com o apoio de autoridades em todos os níveis da máquina estatal, tanto nos níveis locais como no nacional. Ainda em 1874, o Conselho de Estado desencorajava sua aplicação, argumentando que perturbaria o andamento de uma emancipação progressiva estabelecida pela Lei do Ventre Livre e que aplicá-la com rigor seria o mesmo que uma propaganda insurrecional. Na altura da década de 1880, porém, sociedades e jornais abolicionistas, inclusive liderados por Joaquim Nabuco, Rui Barbosa e Luiz Gama, começaram a criticar aberta-

33. Africanos ilegalmente escravizados depois de 1831 e resgatados do tráfico ilegal foram classificados como "africanos livres" e ocuparam uma categoria ambígua de pessoas que não eram escravas nem livres. Foram obrigados a esperar a liberdade sob a "tutela" do Estado, instituições filantrópicas, empresas e indivíduos que os punham para trabalhar em diversos misteres, como em obras públicas, no serviço doméstico, como operários fabris etc. Cumpria o papel de curador o juiz de órfãos, que também era responsável pelos índios recentemente emancipados, sob a ideia de que nenhum dos dois grupos era capaz de se cuidar. Sobre africanos livres, ver Robert Conrad, "Neither Slave nor Free: The Emancipados of Brazil, 1818-1868", *Hispanic American Historical Review*, Durham, v. 53, n. 1 (1973), pp. 50-70; Mamigonian, *Africanos livres*; idem, "O direito de ser africano livre: os escravos e as interpretações da Lei de 1831", in Silvia Hunold Lara e Joseli Maria Nunes Mendonça (orgs.), *Direitos e justiças no Brasil: ensaios de história social* (Campinas: Ed. da Unicamp, 2006), p. 130; e Tâmis Parron, *A política da escravidão no Império do Brasil, 1826-1868* (Rio de Janeiro: Civilização Brasileira, 2011).

34. Ver os artigos em Mamigonian e Grinberg, Dossiê "Para inglês ver?", que também oferecem exemplos de africanos usando a lei desde muitas décadas antes; sobre Luiz Gama e Antônio Bento, ver Elciene Azevedo, *Orfeu de carapinha: a trajetória de Luiz Gama na imperial cidade de São Paulo* (Campinas: Ed. da Unicamp, 1999); e idem, *O direito dos escravos: lutas jurídicas e abolicionismo na província de São Paulo* (São Paulo: Ed. da Unicamp, 2010).

mente a política traçada em 1874.[35] Tais demandas pela emancipação dos africanos importados ilegalmente depois de 1831 gerou pânico entre os senhores de escravos, visto que a maior parte da população escravizada na década de 1880 era composta, repito, de africanos que entraram no país depois de 1831 e seus descendentes.[36]

Motta foi duro ao criticar a hostilidade de sua cidade ao abolicionismo. "Quando de todos os ângulos do Império levanta-se um brado quase unânime em favor da remissão dos cativos", declarou, "esta comarca capricha em tornar-se cada vez mais escravocrata, levantando a mais cruenta Guerra contra todos aqueles que ousam acompanhar a esse grande movimento da época — o abolicionismo."[37] De fato, já no final da década de 1860, pelo menos duas dúzias de novas sociedades abolicionistas tinham aparecido no Brasil.[38] A inspiração para Motta fora uma sociedade abolicionista estabelecida em 1883 em Vitória, a capital do Espírito Santo, onde um juiz de direito tinha libertado havia pouco todos os africanos ilegalmente importados e seus descendentes. Chamada de Sociedade Libertadora Domingos Martins, tinha o nome de um herói capixaba da Revolução Pernambucana de 1817. Incluía entre seus sócios os liberais mais ilustres da província, entre os quais Affonso Cláudio, autor de célebre estudo sobre a insurreição escrava do Queimado, Espírito Santo, em 1849, e futuro presidente do novo estado do Espírito Santo na Primeira República.[39] A socie-

35. Chalhoub, *A força da escravidão*; Parron, *A política da escravidão*; Robert Conrad, *The Destruction of Brazilian Slavery, 1850-1888* (Berkeley: University of California Press, 1972), pp. 139-140, 154-155; Elciene Azevedo, "Para além dos tribunais: advogados e escravos no movimento abolicionista em São Paulo", in Lara e Mendonça (orgs.), *Direitos e justiças no Brasil*, pp. 214-217; e idem, *O direito dos escravos*.

36. Emilia Viotti da Costa, *The Brazilian Empire: Myths & Histories* (Chapel Hill: University of North Carolina Press), 2000, pp. 164-165.

37. Cosme Francisco da Motta, "Petição de Habeas Corpus", São Mateus, 26 nov. 1884, CPSM, cx. 94, fl. 1.

38. Angela Alonso, *Flores, votos e balas: o movimento abolicionista brasileiro (1868-88)* (São Paulo: Companhia das Letras, 2015).

39. Domingos Martins era um importante maçom, que contribuiu para a revitalização do ramo inglês da maçonaria durante a Revolução Pernambucana. Evaldo Cabral de Mello, *A outra independência: o federalismo pernambucano de 1817 a 1824* (São Paulo: Ed. 34, 2004), pp. 36-38. Sobre a sociedade libertadora e Cláudio, ver Maria Stella de Novaes, *A escravidão e a abolição no Espírito Santo: história e folclore* (Vitória: Departamento de Imprensa Oficial, 1963, pp. 118-122); e Afonso Cláudio, *Insurreição do Queimado: episódio da história da província do Espírito Santo*

dade nomeou representantes por toda a província para avançar sua causa e apontou o advogado Olavo Henrique Baptista para São Mateus. Baptista era um dos suspeitos de acoitar o quilombola Benedito na recente busca policial. Também tinha defendido outro quilombola no tribunal e processou uma família mateense importante suspeita de assassinar um escravo. Em vez de promover a causa da sociedade, porém, os interesses escravistas asseguraram que a Olavo Baptista fossem negadas as certidões solicitadas para o reconhecimento dela. O advogado foi pressionado a abandonar da cidade debaixo de ameaças contra sua vida.[40]

Esses obstáculos à Sociedade Domingos Martins em São Mateus inspiraram Motta a estabelecer sua própria organização para promover a emancipação dos africanos importados depois da lei de 7 de novembro de 1831. No final de setembro, um mês e meio antes das acusações de fomentar uma insurreição escrava, quando se organizaram as caóticas expedições para perseguir Benedito, Motta começou a recrutar algumas pessoas interessadas na sua causa, entre elas, curiosamente, dois subdelegados de polícia que haviam informado sobre os boatos de levante escravo durante a festa de Santana. Também estava presente o advogado Olavo Baptista. O grupo rascunhou um documento definindo sua agenda e planejou recolher as assinaturas de pessoas simpáticas a ela. Na última hora, porém, o medo de represálias perpetradas pelos senhores de escravos venceu seus companheiros e eles abandonaram o empreendimento. Motta resolveu prosseguir sozinho e constituir-se "protetor de todo negro importado contra a proibição da Lei, e mesmo em face da Lei de 28 de setembro de 1871".

Diante das ameaças de morte dos fazendeiros, Motta, despreocupado, observou que "segui e não me apareceu a morte até hoje, felizmente". Começou pela tarefa de provar o direito à liberdade de dois de seus "clientes", os africanos Laurino e Francisco. Eles pertenciam a um poderoso fazendeiro, dono de quase cem escravos, João Gomes dos Santos. Ao descobrir que Motta tinha obtido do vigário os documentos que provavam a idade dos dois cativos, Santos fez

---

(Vitória: Editora da Fundação Ceciliano Abel de Almeida, 1979). Numa infeliz ironia, o filho de Martins, também nomeado Domingos Martins, se mudara para Ouidah, na Costa da Mina, onde se tornaria um dos maiores traficantes do período ilegal em meados do século XIX. Pierre Verger, *Notícias da Bahia de 1850* (Salvador: Corrupio, 1981), p. 52.

40. Motta, "Petição de Habeas Corpus", fl. 3.

com que Laurino e Francisco fossem "acorrentados com uma grossa corrente ao pescoço e os pulsos seguros por algemas, e ainda encerrado[s] na loja de um sobrado da fazenda, tendo as portas fechadas, a modos de não receberem nem ao menos claridade do dia", segundo a denúncia de seu curador.[41]

Motta denunciou o incidente às autoridades, e a partir daí as coisas ficaram cada vez mais histéricas. Com uma chuva de acusações, os fazendeiros transformaram Motta em cabeça de uma insurreição escrava. Alegaram que na sua fazenda ele tinha "mais de cem negros armados e disciplinado[s] nas armas para o assalto" e que Motta e seus capangas escravizados se preparavam para "atacar e roubar esta cidade, e assaltar as famílias".[42]

Disseram também que ele incitava os escravos a roubar João Gomes dos Santos a fim de que "com esse dinheiro pudesse gastar o necessário em colher os precisos documentos" para provar sua liberdade.[43] Tendo percebido como seus acusadores converteram em incitação a um levante sanguinolento seus esforços para libertar os africanos ilegalmente escravizados, Motta respondeu que as únicas armas por ele usadas foram as leis de 1831 e de 1871, além da Constituição do Império. Enfatizou a docilidade dos africanos, chamando-os de desamparados, abandonados às "torturas do cativeiro tirano em que vivem", que apenas "aguardam resignados o dia de sua redenção".[44]

Suas palavras não foram ouvidas. Seus acusadores testemunharam sob juramento que Motta ameaçava a ordem social, "incutindo [nos] espíritos [dos escravos] uma insurreição contra seus senhores, a fim de adquirirem suas liberdades". Ainda pior, segundo eles, Motta teria dito aos escravos que, "se para isso lhes faltasse coragem, ele iria em pessoa a ajudá-los" e que "aconselhava-os ao roubo para conseguirem-na; animava-os ao assassinato para com mais facilidade alcançarem seu *desideratum*", essa última palavra sublinhada de maneira ameaçadora no documento original.[45] Apareceu outra vez a alegoria do estuprador negro. Os fazendeiros afirmaram que, quan-

41. Cosme Francisco da Motta, Protetor dos Africanos nesta comarca, para Antônio Pitanga, 15 nov. 1884, APEES, *Polícia*, Ser. 2, cx. 77, maço 293, fls. 30-31.

42. Ibidem.

43. Fazendeiros de São Mateus para o Juiz de Direito, 11 nov. 1884, CPSM, cx. 94.

44. Motta, "Petição de Habeas Corpus", fl. 4v.

45. Joaquim Vicente Lopes de Oliveira para Antônio Pitanga, 27 nov. 1884, APEES, *Polícia*, Ser. 2, cx. 77, maço 293, fls. 21-23.

do fosse desencadeada a insurreição, no dia 2 de dezembro, os escravos se lançariam "ao lar doméstico desses fazendeiros a desonrá-los, porque 'todos são iguais e as senhoras nasceram para esse fim!'". Incluída como uma citação no documento, não é claro se essa frase foi atribuída a uma pessoa específica ou se era uma ideia que, imaginavam os fazendeiros, os escravos nutriam. Seja qual for o caso, eles caracterizavam a liberdade negra em termos de violência sexual contra mulheres brancas; ou senão os escravos ocupavam apenas o papel de fantoches de Motta, sendo suas próprias ideias e reivindicações de liberdade consideradas irrelevantes.[46]

Entretanto, Olavo Henrique Baptista foi preso quando a polícia descobriu cinco pessoas, ao que tudo indicava escravizadas, escondidas em sua casa. Cosme Francisco da Motta também foi preso, no dia 20 de novembro, acusado de planejar uma insurreição escrava.[47] Na sua petição de habeas corpus febrilmente escrita da cadeia, Motta enfatizou que seus esforços em prol dos africanos visavam a "liberdade autorizada pela Lei que dá ao cidadão o direito de poder fazê-lo". Insistiu que nunca aconselhara os escravos a desobedecer a seus senhores, nem promovera qualquer crime. Descreveu seu empenho abolicionista e a resistência dos senhores por ele enfrentada. Sua inspiração fora a maçonaria. Detentor do grau de príncipe na sua sociedade maçônica, Motta sentira ter sido seu dever advogar pelos africanos, defendendo o lema "Liberdade, Igualdade e Fraternidade", visto que "a consciência do homem é tudo". Considerando a presença de maçons entre abolicionistas brasileiros, é provável que Henrique Baptista e outros sócios da Sociedade Libertadora Domingos Martins também pertencessem a essa associação.[48]

Do ponto de vista logístico, o plano de Cosme era direto. Seu procedimento, encaminhado em duas etapas, baseava-se num amálgama de direitos costumeiros dos escravos. O primeiro passo consistia em que os africanos ganhas-

46. Oliveira para Pitanga, ibidem, fl. 22v.

47. Miguel Bernardo Vieira Amorim para Antônio Pitanga, 16 nov. 1884, APEES, *Governadoria*, Ser. 383, v. 243, fls. 399-399v; Aglinio Jard de Magalhães Requião para Antônio Pitanga, 16 nov. 1884, APEES, *Governadoria*, Ser. 383, v. 243, fl. 400; Delegado de São Mateus, 28 nov. 1884, APEES, *Polícia*, Ser. 2, v. 258, fl. 171.

48. Sobre abolicionistas brasileiros e a maçonaria, ver Celia Maria Marinho de Azevedo, *Maçonaria, anti-racismo e cidadania: uma história de lutas e debates transnacionais* (São Paulo: Annablume, 2010). Ao mesmo tempo, muitos traficantes de escravos também eram maçons.

sem os fundos necessários (5 mil-réis) para comprar a documentação que provaria seu cativeiro ilegal. Conseguiriam isso por meio do trabalho ao ganho nos dias livres e no seu direito ao pecúlio garantido pela lei de 1871. Como em várias regiões das Américas, em São Mateus era "costume dos fazendeiros que deu aos escravos os sábados para ser que no dia seguinte o domingo voltarem para as fazendas". Motta aconselhou os africanos a não roubar nem se ausentar do trabalho para evitar que os senhores suspeitassem de seus planos.[49] Na sua visão, então, os africanos ilegalmente escravizados depois de 1831 poderiam acumular os fundos necessários para comprar a documentação com a qual instruiriam uma petição para obter a liberdade legalmente. Os fundos viriam do trabalho que eles faziam nos sábados durante seu tempo livre. Dificilmente se pode considerar isso uma atitude insurrecional.[50]

O próprio Motta enfatizou esse aspecto. "Ora, se para a insurreição torna-se preciso reunirem-se vinte escravos ou mais, para por meio da força obterem sua liberdade", perguntou ele retoricamente, "como é que não se havendo reunido um só escravo deu-se essa insurreição, e concorreu [ele] para ela?" E nesse momento ofereceu sua avaliação: "Não é esta [...] a vez primeira que tal palhaçada inventam os homens desta Comarca". Referindo-se ao boato de insurreição escrava durante a festa de Santana, declarou abertamente que ele havia sido uma invenção dos fazendeiros com o fim de prenderem uns escravos fugidos. Para Motta, a insurreição de Santana fora uma "sedição arranjada propositalmente em bem de seus interesses próprios, para assim poderem atemorizar aos infelizes escravos". Em outras palavras, segundo ele os fazendeiros montaram um espetáculo de insurreição, fingindo estarem ameaçados para na verdade gerar medo entre os escravos que ousavam adquirir a liberdade através de meios legais.[51]

Na segunda parte do que ele chamou de "plano de trabalho", Motta expôs uma visão contraditória e limitada de liberdade negra comum mesmo entre seus proponentes. Como se veio a descobrir, não era de todo infundada a alegação dos fazendeiros de que Motta planejava incitar os escravos a perseguir a

49. Motta, "Petição de Habeas Corpus", fls. 4v-5.

50. Miguel Amorim, "Auto de perguntas a Cosme Francisco da Motta", 27 nov. 1884, fls. 12v-13.

51. Motta, "Petição de Habeas Corpus", fls. 5-5v.

emancipação com o objetivo último de usá-los como trabalhadores na sua propriedade. Ele abertamente admitiu ter contado aos africanos que, uma vez libertos, os contrataria para prestar serviços remunerados em sua fazenda Três Ilhas, considerando ser essa a melhor maneira de protegê-los da ociosidade. Do seu ponto de vista, o trabalho dirigido seria o meio mais eficaz para preparar os africanos para a liberdade, se não a cidadania (visto que os africanos, ao contrário dos escravos nascidos no Brasil, não tinham acesso a ela ao se libertarem).[52] O plano de empregar escravos que tivessem conseguido a liberdade através de ações judiciais era, de fato, muito comum entre os abolicionistas, como já observado por vários historiadores. Embora em clara oposição aos senhores de escravos com respeito ao futuro da escravidão, Motta reiterou um discurso racializado compartilhado por abolicionistas, escravistas e também, como discuto de maneira mais ampla em outro lugar, os missionários administradores de aldeias indígenas. Eles concordavam que os libertos, fossem africanos ou brasileiros, e os índios eram naturalmente inclinados à vadiagem e, portanto, requeriam regimes disciplinares de trabalho específicos para prepará-los para a liberdade e assegurar seu lugar (subalterno) na sociedade.[53]

Apesar das veementes súplicas, a petição de habeas corpus de Motta lhe foi negada. Ele seria formalmente acusado de incitar uma insurreição escrava, mas o júri o absolveu em junho de 1885.[54]

LUDGERO

Dois anos depois, um escravo de nome Ludgero fugiu do seu senhor, um grande fazendeiro de São Mateus aliado dos dezenove que tinham denunciado

52. Amorim, "Auto de perguntas", fl. 12. Sobre o controle de libertos e sua relação com o discurso da vagabundagem, ver, por exemplo, Azevedo, *Onda negra, medo branco*; George Reid Andrews, *Blacks & Whites in São Paulo, Brazil, 1888-1988* (Madison: University of Wisconsin Press, 1991); Thomas C. Holt, *The Problem of Freedom: Race, Labor, and Politics in Jamaica and Britain, 1832-1938* (Baltimore: The Johns Hopkins University Press, 1992); e Mimi Sheller, *Democracy After Slavery: Black Publics and Peasant Radicalism in Haiti and Jamaica* (Gainesville: University Press of Florida, 2000).

53. Miki, *Frontiers of Citizenship*, cap. 6.

54. Affonso Augusto Moreira Penna, "Relatório do Ministério da Justiça", 1884, pp. 43-44; Sabino José Oliveira, 5 jul. 1885, APEES, *Polícia*, Ser. 2, cx. 79, maço 299, fl. 100.

Cosme da Motta em novembro de 1884. Ludgero nascera escravo em São Mateus. No ano em que completava 51 anos de idade, decidiu ir embora do cativeiro, escolhendo como destino a fazenda Três Ilhas, do abolicionista. Passaram-se dois meses. Ele trabalhava na propriedade de Motta quando um dia ali apareceu um rapaz. "Seu senhor está ali", disse ele a Ludgero. Logo depois, este ouviu outra voz ao fundo dizer: "Estou aqui". Ludgero exclamou: "Ah! Meu senhor está aí, pois eu não lhe dou o gosto de levar-me". Agarrou a faca que tinha na cinta e a cravou no próprio peito. Com satisfação, murmurou: "já me matei".[55]

Ludgero escapou à morte tanto quanto da certeza da liberdade. Levaram-no ferido uns africanos libertos, ambos com mais de sessenta anos, que trabalhavam e moravam na fazenda de Motta. Talvez tivessem aceitado o "plano de trabalho" de seu empregador depois de terem sido libertos. Mas se eles se beneficiaram do projeto de Motta, e suas alforrias estavam agora garantidas pela Lei dos Sexagenários (1885). Ludgero, escravo crioulo de 51 anos, não gozava de tais garantias.[56] Os africanos contaram à polícia que quando Ludgero chegou à propriedade de Motta, disse ser livre ou forro. As incertezas e contradições, porém, complicavam sua reivindicação de liberdade. Quando a polícia lhe perguntou a razão por que preferira suicidar-se a retornar para a casa de seu senhor, sua resposta foi "por se julgar livre como lhe disse o Sr. Cosme Francisco da Motta que ele o era, e para não ir para a corrente, que receava". Revelou-se naquele instante decisivo a precariedade da liberdade de um homem que disse ser livre, mas que, em termos legais, era apenas um escravo fugido que podia ser reescravizado a qualquer momento. Quando seu medo se concretizou, ele escolhera a morte.

Teria Motta decepcionado Ludgero ao lhe dizer que era livre? Queria o abolicionista apenas se aproveitar do trabalho do escravo, como alegavam seus detratores? Visto que Motta não foi interrogado no caso, não podemos conhe-

55. Inquérito policial pela tentativa de suicídio de Ludgero escravo do capitão Raulino Francisco de Oliveira, São Mateus, 24 jul. 1887, CPSM, cx. 97.

56. Muitos proprietários de escravos registraram, de forma fraudulenta, africanos ilegalmente importados, declarando serem muito mais velhos do que eram para evitar as consequências da lei de 1831. Por exemplo, como notou Conrad, um número de africanos desproporcionalmente grande foi registrado com 51 anos ou mais no censo de 1872. Segundo a Lei dos Sexagenários, todos eles poderiam ser emancipados. A única outra opção era admitir a fraude. Conrad, *The Destruction of Brazilian Slavery*, pp. 215-216.

cer seus pensamentos a esse respeito. Abolicionista modesto, ele não teve o luxo de deixar livros e panfletos explicando seus projetos e apresentando uma narrativa de sua vida. A ideia de decepção, porém, ecoa a dos acusadores de Motta e nega a Ludgero suas próprias ideias.[57] Ele provavelmente foi à fazenda de Motta sabendo dos libertos africanos que ali trabalhavam sob contrato e entrou num acordo parecido. Embora o "plano de trabalho" de Motta não fosse uma ruptura decisiva com a escravidão, para Ludgero sinalizou uma vida melhor do que permanecer com seu temido senhor, homem que sem dúvida o mandaria à corrente se para ele retornasse. Se Motta e Ludgero erraram, foi por excesso de otimismo: em julho de 1887, já parecia razoável imaginar que os senhores de escravos de São Mateus afinal cederiam à onda da abolição, visto que até no Rio de Janeiro interesses conservadores estavam perdendo terreno para um movimento abolicionista radical. A abolição seria agora uma questão de tempo, mas na longínqua fronteira de São Mateus o abolicionista e o escravo fugido estavam à frente do seu tempo.[58]

NAS FRONTEIRAS DA POLÍTICA ANTIESCRAVISTA

De certo ponto de vista, os boatos de insurreição que apareceram em São Mateus em 1884 foram uma quimera criada por interesses escravistas. Foi o caso, sem dúvida, da acusação de que Cosme da Motta planejava um levante escravo. Homem intransigente nas suas crenças, Motta pagou o preço de não ter entrado no jogo dos fazendeiros. Mas ao se reduzir tudo às paranoias e maquinações de homens poderosos, acaba-se ofuscando outros aspectos reveladores daquela pequena sociedade escravocrata. Embora o mesmo Motta dispensasse a insurreição na festa de Santana como "palhaçada" dos fazendeiros, por exemplo, ele também não percebeu que o boato, seja de uma insurreição, seja uma expectativa mais geral de libertação, tinha sido gerado entre os escravizados. Os quilombolas liderados por Benedito, por sua parte, nunca declara-

57. Para uma análise crítica da narrativa dos abolicionistas radicais de manipular os escravos e encorajá-los a abandonar as fazendas em São Paulo, ver Azevedo, *Orfeu de carapinha*, p. 133.

58. Jeffrey D. Needell, "Brazilian Abolitionism, Its Historiography, and the Uses of Political History", *Journal of Latin American Studies*, Cambridge, v. 42, n. 2 (2010), pp. 251-255.

ram explicitamente que planejavam uma insurreição para derrubar a escravidão. Mas suas ações em São Mateus e Barra nos dias em torno da festa de Santana tiveram um poderoso efeito tanto entre os fazendeiros como entre os escravos. O temor que os boatos suscitaram entre os fazendeiros teve como seu espelho a esperança dos escravizados. Ler os boatos e as ações dos escravizados e quilombolas como expressões de um "campo e forma de luta política" abre, portanto, um mundo de política antiescravista muito mais rico e cogente.[59]

Ao mesmo tempo, consideremos o lugar. Bem longe estava São Mateus dos grandes centros da escravidão no Brasil. Ali não havia grandes plantações exportadoras, nem cidades cujas ruas se enchiam de línguas africanas, quilombos e camélias do Leblon, ou importantes sociedades abolicionistas. Para entender por que emergiram essas suspeitas de insurreição escrava em 1884 e nesse lugar, matéria por tanto tempo negligenciada na bibliografia da escravidão brasileira, é necessário levar em conta sua história particular.

Vimos que o crescimento de São Mateus como produtor de farinha de mandioca depois da Independência e, a partir dos 1860 e 1870, de café, ambos baseados no trabalho escravo, era inseparável do violento confisco de terras indígenas e da escravização e massacre dos índios que continuaram por todo o século XIX. Se os indígenas estão ausentes das páginas deste capítulo é porque, na década de 1880, os sobreviventes já estavam exilados e confinados no norte de Minas Gerais. Lá, ao mesmo tempo que os fazendeiros de São Mateus inventavam uma insurreição liderada por Cosme Motta para preservar a escravidão, os frades capuchinhos na aldeia de Itambacuri se dedicavam a transformar índios autônomos em trabalhadores úteis e servis aos colonizadores brasileiros. Numa região que sofria de crônica falta de força de trabalho, quem veio a controlá-la, e às terras na qual usá-la, asseguraria seu lugar dominante na ordem econômica e política. Em São Mateus, sobreviver significava, para os fazendeiros, manter seus escravos até a última hora e assim, como dizia Motta, "tornar-se mais escravocrata".

Em tais condições, vemos como era extraordinário o mundo dos escravizados e quilombolas. Não obstante a falta de grandes movimentos abolicionistas e de acesso à alforria, e bem conscientes da violência de que eram capazes seus senhores, os escravos conseguiram mapear sua própria geografia anties-

59. Hahn, "Extravagant Expectations", p. 133.

cravista por meio de boatos, ações, alianças abolicionistas e, às vezes, como Ludgero, do suicídio. Se essa história da escravidão na "fronteira atlântica" do Brasil no final do século XIX ainda é desconhecida, esses boatos de insurreições escravas revelam a presença tanto de profundos interesses pró-escravistas como de uma rica política antiescravista formada naquela região.

13. Resistência e rebeldia: escravidão e pós-abolição no extremo sul da Bahia (1880-1889)[1]

Iacy Maia Mata e Ricardo Tadeu Caires Silva

A Bahia sempre contou com uma das maiores populações de escravos durante toda a existência do regime escravista no Brasil. Nos anos 1870, ostentava o terceiro lugar em número de cativos e, na década seguinte, ainda mantinha o posto de quarta maior província escravagista do Império, primeira na região Norte/Nordeste.[2] Tal representatividade fez com que a presença de escravos fosse constatada, em menor ou maior grau, nos quatro cantos da província, inclusive no extremo sul, região que tinha por referência político-administrativa a cidade de Caravelas (ver Figura 1).

1. Agradecemos a João José Reis pela leitura crítica e criteriosa das diversas versões deste texto.

2. De acordo com o censo de 1872, a província possuía 164824 escravos, número que chega a 173639 se levarmos em conta os registros de matrícula de 1872-1873. Por sua vez, os dados da segunda matrícula, realizada em 1886-1887, apontam que na Bahia viviam 76838 cativos ou cerca de 10% de toda a população escrava do Brasil. À sua frente estavam São Paulo, com uma população escrava de 107329; Rio de Janeiro, com 162421; e Minas Gerais, que possuía a maior população escrava, com 191952 cativos. Ver Bert J. Barickman, "'Até a véspera': o trabalho escravo e a produção de açúcar nos engenhos do Recôncavo baiano (1850-1881)", *Afro-Ásia*, Salvador, n. 21/22 (1998-1999), p. 194; Robert Edgar Conrad, *Os últimos anos da escravatura no Brasil, 1850-1888*, 2ª ed (Rio de Janeiro: Civilização Brasileira, 1978), p. 346.

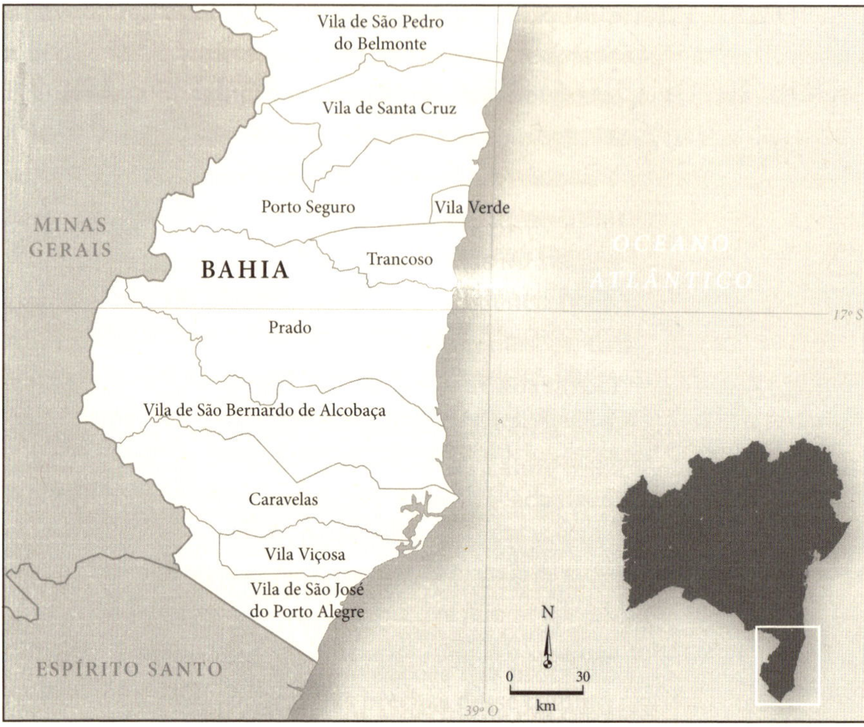

1. *Extremo sul da Bahia no final do século XIX. Mapa elaborado por Sonia Vaz.*

No início do século XVIII, mais precisamente em 1701, a povoação de Caravelas foi elevada à categoria de vila. Cinco décadas depois, em 1755, também passou a ser freguesia eclesiástica. A condição de cidade, contudo, só foi alcançada um século depois, no ano de 1855.[3] Em fins da década de 1880, o município contava com pouco mais de 4 mil habitantes e se comunicava com a capital da província sobretudo por meio dos vapores da Companhia Bahiana de Navegação.[4]

A comarca de Caravelas abrangia a vila de Viçosa e a freguesia de São José de Porto Alegre. Vila Viçosa estava localizada a seis léguas de Caravelas e no

3. Ver *Enciclopédia dos municípios brasileiros* (Rio de Janeiro: IBGE, 1958), v. 20 (*Bahia*), pp. 54-57.

4. Sobre a navegação para Caravelas e região, ver *Marcos Guedes Vaz Sampaio, Navegação a vapor na Bahia oitocentista (1839-1894)* (Salvador: Edufba, 2014).

final dos anos 1880 também possuía cerca de 4 mil habitantes. Ainda mais ao sul, estava a antiga freguesia de São José de Porto Alegre, atual cidade de Mucuri, criada por alvará de 22 de dezembro de 1795, e que no final do Oitocentos tinha uma população estimada em 2184 habitantes.[5] A comunicação entre essas localidades se dava por vias terrestre e fluvial, sendo esta última favorecida pelos rios que compunham a bacia do Peruípe. Era por esse rio que o café produzido na Colônia Leopoldina seguia em canoas até o porto de Caravelas, de onde era transportado para Salvador e Rio de Janeiro.

A economia dessa parte do extremo sul baiano baseava-se na extração de madeira, na produção de farinha e, sobretudo, no cultivo de café, que, por sua qualidade superior, era na maior parte exportado para a Europa.[6] De acordo com os dados do censo de 1872, no extremo sul baiano havia cerca de 3462 escravos, assim distribuídos: Prado: 218; Alcobaça: 543; Caravelas: 205; Viçosa: 1458; Porto Alegre: 1038. Levando-se em conta as taxas médias de mortalidade e natalidade e as alforrias, supõe-se que na década de 1880 a população escrava da região ainda era superior a 2 mil indivíduos.[7] A maior parte destes residia nas fazendas da Colônia Leopoldina, distrito de Vila Viçosa, onde predominavam grandes escravarias, algumas delas compostas de mais de uma centena de escravos, à semelhança do que ocorria no Recôncavo baiano.[8] Ali, a utilização da mão de obra escrava foi fundamental até as vésperas da abolição.[9]

5. Durval Vieira de Aguiar, *Descrições práticas da província da Bahia*, 2ª ed. (Rio de Janeiro: Cátedra; Brasília: INL, 1979), p. 294 (1ª ed.: Typographia do Diario da Bahia, 1888).

6. Carl August Tölsner, *Die Colonie Leopoldina in Brasilien* (Göttingen: W. F. Kaestner, 1858), p. 4.

7. Ver Brasil, Diretoria Geral de Estatística, *Recenseamento da população do Império do Brazil a que se procedeu no dia 1º de agosto de 1872* (Rio de Janeiro: Typ. de G. Leuzinger e Filhos, 1872), v. 1.

8. Alan N. Baxter e Dante Lucchesi, "Un paso más hacia la definición del pasado criollo del dialecto afro-brasileño de Helvécia (Bahia)", in Klaus Zimmermann (org.), *Lenguas criollas de base lexical española y portuguesa* (Madri: Iberoamericana, 1999), p. 133; Alane Fraga do Carmo, "Colonização e escravidão na Bahia: a Colônia Leopoldina (1850-1888)", Dissertação de Mestrado, Universidade Federal da Bahia, 2010, pp. 48-54.

9. Barickman, "'Até a véspera'".

A Colônia Leopoldina foi fundada pelo cônsul hamburguês Pedro Peycke, com o auxílio dos naturalistas Georg Wilhelm Freyreiss e M. Morhardt, em 1818.[10] Distrito de Vila Viçosa, hoje cidade de Nova Viçosa, a colônia foi inicialmente concebida para ser de "povoamento", formada tipicamente por estrangeiros que ali viveriam em pequenos núcleos familiares.[11] De início, as atividades produtivas eram realizadas apenas por trabalhadores livres, em sua maioria oriundos da Europa. Contudo, fatores como a carência de braços estrangeiros para cultivar a terra e a falta de uma administração após a morte de um de seus fundadores, em 1825, fizeram com que os colonos empregassem escravos, repartissem a terra em lotes particulares e investissem seus recursos na produção de café para exportação. Assim, não tardou para que a colônia tivesse sua feição modificada, tendo para tanto contribuído a utilização em larga escala do trabalho escravo para o cultivo de um gênero de exportação que, àquela altura, começava a despontar na pauta de exportações do Brasil: o café.[12]

Dessa forma, já em meados do século XIX, e guardadas as devidas proporções, na Bahia, a Colônia Leopoldina podia ser considerada o maior exemplo de propriedade sedimentada no regime de grande plantation fora do Recôncavo.[13]

Em 1861, as autoridades da província voltaram a afirmar que "a Colônia Leopoldina no Sul não existe mais, pois que está toda transformada em fazendas de café de ricos proprietários, quase todos estrangeiros: aí, nessas fazendas trabalham seguramente 2000 escravos".[14]

10. Sobre a fundação da colônia, ver, entre outros, Carlos H. Oberacker Jr., "A Colônia Leopoldina-Frankental na Bahia meridional: uma colônia europeia de plantadores no Brasil", *RIHGB*, v. 148, n. 354/357 (1987), pp. 116-140; Lucelinda Schramm Corrêa, "A torturante ausência de uma presença: a imigração alemã na Bahia do século XIX — Um estudo de caso", Tese de Doutorado, Universidade de São Paulo, 2003; Waldir Freitas Oliveira, *A saga dos suíços no Brasil, 1557-1945* (Joinville: Letradágua, 2007).

11. O termo "colônia de povoamento" é uma alusão ao conceito empregado por Caio Prado Júnior, *História econômica do Brasil*, 6ª ed. (São Paulo: Brasiliense, 1961), p. 22.

12. Carmo, "Colonização", pp. 15-16; Oberacker Jr., "A Colônia", pp. 469-475.

13. B. J. Barickman, *Um contraponto baiano: açúcar, fumo, mandioca e escravidão no Recôncavo, 1780-1860* (Rio de Janeiro: Civilização Brasileira, 2003), p. 63.

14. *Fala recitada na abertura da Assembleia da Bahia pelo presidente da província, Antônio Costa Pinto, no dia 1º de março de 1861* (Bahia: Typ. de Antônio Olavo de França Guerra), 1861, p. 35.

2. *Fazenda Pombal, Colônia Leopoldina, Bahia, na primeira metade do século XIX. Aquarela sobre papel de Jean-Frédéric Bosset de Luze, 25,5 × 57 cm, Pinacoteca do Estado de São Paulo.*

Ao longo das décadas seguintes, a economia da colônia só prosperou. Para termos uma ideia da pujança financeira de seus fazendeiros, examinemos o inventário de um deles. Trata-se de João Martinus Flach, casado com dona Ada Flach Gerver e pai de quatro filhos. Falecido no ano de 1863, João Flach deixou para os herdeiros as fazendas Helvécia I e II e 149 escravos, sendo 77 homens e 72 mulheres. Além disso, em suas terras estavam plantados 224 mil pés de café. Flach possuía ainda uma chácara nos arrabaldes do Rio de Janeiro, denominada Engenho Novo.[15]

Diante da lentidão da reprodução endógena da escravaria e das limitações na renovação dos plantéis, o aumento e a fiscalização do ritmo de trabalho tornaram-se uma das saídas encontradas pelos proprietários locais para manter os elevados níveis de produtividade.[16]

15. APEB, Seção Judiciária, Inventário, Partes: João Flach e Ada Flach Gerver, Caravelas, 04/1482/1951/07, 1863. Para a análise de mais inventários e testamentos de outros destacados proprietários da colônia, ver Carmo, "Colonização", pp. 48-54.

16. Tal estratégia também foi aplicada em larga escala nas lavouras paulistas. Ver Maria Helena Pereira Toledo Machado, *Crime e escravidão: trabalho, luta e resistência nas lavouras paulistas, 1830-1888* (São Paulo: Brasiliense, 1987), p. 95. A autora aprofunda essa discussão em *O plano e o pânico: os movimentos sociais na década da abolição* (Rio de Janeiro: Editora UFRJ; São Paulo: Edusp, 1994), pp. 21-66.

Intensificou-se a exigência de produtividade dos cativos, em especial nas grandes propriedades, tradicionalmente dedicadas ao cultivo de gêneros para a exportação, como o açúcar e o café. Por isso, os problemas entre escravos, feitores e senhores não tardaram a aparecer. A implantação de regras mais severas nas rotinas dos cativos e o recuo na tradicional política de alforria fizeram com que os escravos reagissem em defesa do que consideravam antigos direitos. No extremo sul da Bahia, em alguns casos, tal reação resultou em fugas constantes e crimes contra senhores e feitores, mas também em revolta escrava.[17]

INSUBORDINAÇÃO COLETIVA DE ESCRAVOS DA FAZENDA MUTUM

No dia 4 de setembro de 1882, o subdelegado de polícia da Colônia Leopoldina, Ignácio Ferreira da Câmara, recebeu uma queixa de que os escravos da fazenda Mutum estavam sublevados e se recusavam a trabalhar. A carta foi escrita pelo novo administrador da fazenda, José Antônio Venerote — a quem os cativos se negavam a obedecer. Na missiva, Venerote explicou ao subdelegado que o motivo da insubordinação coletiva era justamente a transferência da propriedade, que fora passada pelos antigos proprietários — representados por Domingos Pires e Irmão — aos seus constituintes Mathias Alves Dias e Domingos Mendonça de Atahyde e companhia.

Preocupado com o risco de a iminente revolta se espalhar pelas demais propriedades da Colônia, José Venerote argumentou junto ao subdelegado que a falta de obediência da parte dos referidos escravos trazia

> não só grave prejuízo aos interesses dos constituintes do suplicante, como também iminente perigo aos mais fazendeiros deste distrito, por onde pode-se ir comunicando semelhante exemplo de insubordinação, que inevitavelmente trata

17. Sobre a política de alforrias, ver Sidney Chalhoub, *Visões da liberdade: uma história das últimas décadas da escravidão na Corte* (São Paulo: Companhia das Letras, 1990). Para a repercussão dos casos de resistência escrava ocorridos no Recôncavo baiano na década de 1880, ver Walter Fraga Filho, *Encruzilhadas da liberdade: histórias de escravos e libertos na Bahia (1870-1890)* (Campinas: Ed. da Unicamp, 2006), pp. 46-49; e Dale Torston Graden, *From Slavery to Freedom in Brazil: Bahia, 1835-1900* (Albuquerque: University of New Mexico Press, 2006), pp. 133-158.

não só o abandono da lavoura como ainda risco à vida dos fazendeiros e de suas fazendas.[18]

O proprietário pedia com urgência a adoção de medidas capazes de garantir a "tranquilidade do suplicante e dos interesses dos seus constituintes, e também para garantia da ordem pública", fazendo com que "aqueles escravos se submetam às ordens do suplicante, e não continuem a ameaçar-lhe a vida, como já por vezes o têm feito". O medo de Venerote não era exagerado.

Levando o comunicado recebido na "mais séria consideração", o subdelegado, que também era fazendeiro na Colônia, logo tratou de averiguar a procedência das informações. E constatou que "realmente os escravos se acham extraordinariamente desobedientes e revoltosos, ameaçando não só contra a vida de seus senhores, como ainda correndo sério risco a vida, tranquilidade e segurança de outros fazendeiros que se me têm dado queixa verbalmente".[19] Diante do perigo a que todos estavam sujeitos, Câmara logo oficiou ao delegado de polícia dos termos de Viçosa e Porto Alegre, da cidade de Caravelas e também ao chefe de polícia da província, pedindo "providências urgentíssimas" para debelar a revolta. No ofício, alertou seus superiores:

> Sem que haja uma força nunca inferior a dez praças comandadas por um oficial enérgico e criterioso, será de todo o ponto inútil arriscar-se qualquer tentativa, que poderá, aliás, excitar ainda mais o ânimo dos escravos que se acham em verdadeiro estado de insurreição.[20]

Por sua vez, José Melchior Falcão, delegado em exercício de Viçosa e Porto Alegre, alegou não dispor de força suficiente para reprimir os revoltosos, haja vista que na delegacia daquela vila havia apenas quatro praças, cuja função

18. Carta de José Antônio Venerote ao subdelegado da Colônia Leopoldina, 4 set. 1882, APEB, *Polícia — Delegados*, 1882, maço 6219.

19. Subdelegado da Colônia Leopoldina ao delegado de Viçosa, 5 set. 1882, APEB, *Polícia — Delegados*, 1882, maço 6219. Ver também Subdelegado da Colônia Leopoldina ao delegado de Caravelas, 7 set. 1882, APEB, *Polícia — Delegados*, 1882, maço 6219.

20. Subdelegado da Colônia Leopoldina ao delegado de Viçosa, 5 set. 1882, APEB, *Polícia — Delegados*, 1882, maço 6219. Ver também Subdelegado da Colônia Leopoldina ao delegado de Caravelas, 7 set. 1882, APEB, *Polícia — Delegados*, 1882, maço 6219.

era guardar a cadeia, que naquele momento abrigava "três criminosos de morte".[21] Por esse motivo, ele também recorreu ao auxílio do alferes Francelino Teles de Meneses, delegado do termo de Caravelas e comandante do destacamento da comarca. Assim, coube a Francelino Meneses acabar com o "estado de anarchia que se achava aquela colônia", como relatou ao chefe de polícia:

> Logo que chegaram-me às mãos os referidos ofícios, segui com duas praças, um cabo e um corneteiro; mandei intimar que comparecessem à minha presença diferentes cidadãos que moram na margem do rio Peruípe; formei quarenta deles e segui com a força do meu comando, e eles ao lugar do conflito; planejei a melhor maneira de evitar qualquer desgraça, cerquei a fazenda onde estavam amontoados os escravos, prendi os cabeças, tomei todas as providências para se restabelecer a ordem ali alterada com tanta felicidade que hoje se acham os fazendeiros das diferentes nacionalidades da Colônia Leopoldina na maior tranquilidade e paz de espírito.[22]

O relato nada modesto do delegado Francelino acerca de como debelou a rebelião dá conta de que houve uma grande mobilização de forças; nada menos que quarenta "cidadãos" foram agrupados para auxiliar na repressão aos escravos insubordinados. O restabelecimento da tranquilidade e da paz de espírito dos fazendeiros da colônia, contudo, durou pouco. Meses depois, uma parte dos "mais de mil e quinhentos cativos" ali existentes voltou a se rebelar coletivamente.[23]

A SUBLEVAÇÃO DOS ESCRAVOS DA FAZENDA MONTE CHRISTO

No dia 5 de dezembro de 1882 os escravos da fazenda Monte Christo se levantaram violentamente contra o feitor da propriedade, a ponto de quase assassiná-lo. De acordo com as informações prestadas ao presidente da província pelo juiz municipal de Viçosa, José Pinto Ferreira de Oliveira, os cativos

21. Delegado de Viçosa ao delegado de Caravelas, 9 set. 1882, APEB, *Polícia — Delegados, 1882*, maço 6219.

22. Delegado de Caravelas ao chefe de polícia, 23 set. 1882, APEB, *Polícia — Delegados, 1882*, maço 6219.

23. Idem.

"tinham dado dois tiros no feitor da mesma fazenda; e que esses escravos, em número de 200, estavam revoltados, receando-se graves acontecimentos com a sublevação de outros das demais fazendas" — temor também manifestado no episódio anterior.[24]

Segundo Arnold Wildberger, a sublevação na Monte Christo tinha sido provocada pelo "horrível tratamento dado aos escravos pelos europeus, proprietários daquela colônia".[25] Essa afirmação é um forte indicativo de que os morigerados imigrantes também podiam adotar com facilidade as tradicionais duras práticas de controle senhorial. Contudo, de acordo com Alane Fraga do Carmo, o levante parece ter tido outra motivação: o medo da mudança de senhor. É que a propriedade em questão, uma das maiores e mais antigas de toda a colônia, era fruto de uma sociedade entre o vice-cônsul da Suíça no Brasil, Frederico Luiz Jeanmonod, e o tenente-coronel Augusto Beguim. Com cerca de novecentas braças (cerca de 1980 metros) de frente e fundo, a fazenda Monte Christo estava localizada na margem norte do rio Peruípe e, no ano anterior ao levante, em 1881, chegara a produzir 1200 arrobas de café. Nela também se produzia farinha e se fabricavam telhas. A propriedade ainda contava com tenda de ferreiro, carpina e casa para hospital.[26]

Jeanmonod era agente consular em Caravelas desde o ano de 1861 e possuía, além dessa propriedade, a vizinha fazenda Califórnia, onde trabalhavam 129 escravos. Ademais, era acionista em outras terras na região, portanto, um dos homens mais ricos e influentes de toda a colônia.[27] Mas era Augusto Be-

24. *Falla com que o Exmº Sr. Conselheiro Pedro Luiz Pereira de Souza abriu a 2ª sessão da 24ª legislatura da Assembleia Provincial da Bahia em 03 de abril de 1883* (Bahia: Typographia do Diario da Bahia, 1883), pp. 63-64. Na verdade, a fazenda possuía 165 escravos e não duzentos, como informado pelo juiz municipal — número que, ainda assim, não deixa de impressionar. Ver também Ricardo Tadeu Caires Silva, "Criminalidade, resistência escrava e abolicionismo na Colônia Leopoldina, Bahia (1880-1888)", *Revista de História Regional*, Ponta Grossa, v. 21, n. 1 (2016), pp. 96-102.

25. Arnold Wildberger, *Os presidentes da província da Bahia, efectivos e interinos (1824-1889)* (Salvador: Typographia Beneditina, 1949), p. 716.

26. Além de café, a fazenda produzia farinha. Quando da abertura do inventário de Augusto Beguim, as terras e benfeitorias foram avaliados em 14:440$000 (catorze contos, quatrocentos e quarenta mil-réis) e os escravos, em 27:760$000 (vinte e sete contos, setecentos e sessenta mil--réis), ou seja, quase o dobro. Ver Carmo, "Colonização", p. 53.

27. Carmo, "Colonização", p. 53.

guim quem morava e dirigia pessoalmente a fazenda Monte Christo desde a sua aquisição, no final da década de 1850.[28]

Beguim estivera à frente da administração da propriedade até o seu falecimento, no começo de abril de 1881. Sua morte certamente foi recebida com muita apreensão por parte dos escravos, pois em geral a morte dos senhores podia representar mudanças radicais em suas vidas, tanto no sentido positivo, ou seja, a liberdade dada em testamento, quanto no negativo, como a piora nas condições do cativeiro nas mãos dos herdeiros ou a venda para outros senhores e até para outras paragens. Desde então, os cativos pareciam aguardar ansiosos o que o destino lhes reservava.[29]

A espera durou cerca de um ano e meio e terminou no dia em que finalmente foi feita a partilha dos bens da aludida sociedade. Na divisão, couberam a Frederico Jeanmonod 94 dos 163 cativos avaliados no inventário de seu falecido sócio. Dos 69 escravos restantes, 24 foram libertados em testamento e os demais 45, comprados pelo próprio Jeanmonod na mesma data em que eclodiu o levante.[30] Assim, podemos supor que o medo e a insegurança de viverem sob um novo senhorio, ou mesmo a ameaça de venda, teriam colaborado de modo decisivo para a ocorrência da revolta. Também poderia ter contribuído o fato de alguns escravos terem sido libertados e os demais se sentirem inconformados com terem sido preteridos.

As providências para a repressão aos revoltosos foram tomadas na mesma rapidez com que o presidente da província recebeu o telegrama da estação de Peruípe. De imediato, o conselheiro Pedro Luiz Pereira de Souza ordenou que um oficial acompanhado de alguns praças se reunissem no destacamento de Caravelas e dali partissem para a Colônia Leopoldina. Da capital, também foram enviados mais um oficial e outros 23 praças. Na própria colônia, prestaram socorro o juiz municipal de Vila Viçosa e os fazendeiros Frederico Jeanmonod e José Antônio Venerote. Venerote, vítima da revolta ocorrida meses antes, estava se especializando na repressão aos cativos. Mais de trinta homens formavam o

28. Beguim parecia gozar de bastante prestígio político na localidade e também na região, pois no começo da década de 1880 exercia os cargos de juiz de paz do 2º distrito e também o de presidente da Câmara Municipal de Vila Viçosa.

29. Sobre tensões entre escravos geradas pela ameaça de venda no Rio de Janeiro, ver Chalhoub, *Visões*, p. 111.

30. Carmo, "Colonização", p. 72.

destacamento que reprimiu a sublevação, cujo saldo foi a prisão de "diversos escravos, que estavam armados e que depois foram soltos, sendo nove recolhidos à cadeia de Villa Viçosa, como suspeitos de terem concorrido para que se revoltassem contra o feitor da fazenda, e se recusassem ao trabalho".[31] De acordo com o balanço feito pelo presidente da província, apesar dos ferimentos provocados no feitor, "não houve incidente algum a lamentar", a não ser o medo de que a "onda negra" se espalhasse pelas demais propriedades da colônia.[32]

O processo-crime não foi localizado, o que torna difícil saber o motivo da revolta, quantos cativos tomaram parte dela, quem eram seus líderes etc. Sem dúvida, a notícia da sublevação dos cativos da fazenda Mutum serviu de estímulo para a nova rebelião. A venda, logo após o levante, dos escravos Renorato, Vencesláu, Marcolino e Benvinda, no entanto, aponta para a participação destacada desses indivíduos no episódio. Teriam sido eles os cabeças da sublevação?

NOVO LEVANTE DA FAZENDA MUTUM

Na noite do dia 13 de abril de 1884, domingo de Páscoa, um grupo formado por quinze escravos aproveitou o clima festivo da celebração religiosa e fugiu da sede da fazenda Mutum, propriedade recém-adquirida pelo fazendeiro José Antônio Venerote, que desde 1882 exercia ali o posto de administrador. Os rebeldes se aquilombaram nas matas virgens ali existentes.[33] Semanas antes, alguns desses cativos já haviam empreendido duas outras fugas, sendo uma para Vila Viçosa, onde, segundo o escravo Anselmo, líder do grupo, "estiveram três dias soltos e uma semana presos por ordem do dito senhor", e a outra "para

31. Idem, p. 64.

32. Celia Maria Marinho de Azevedo, *Onda negra, medo branco: o negro no imaginário das elites. Século XIX* (Rio de Janeiro: Paz e Terra), 1987.

33. Destes, seis eram mulheres, com idades que variavam entre vinte e 45 anos, cinco na faixa dos vinte; e nove eram homens, com idades entre dezoito e 32 anos. Alguns possuíam parentesco consanguíneo e afetivo entre si: a escrava Adriana, por exemplo, era irmã de Anselmo e Estanisláu; já Sevilha era irmã de Cristiano; e Theodora tinha como irmãos Valério e Simeão. Sevilha era amasiada com Horácio e Salômia, com Cristiano. Todos eram "crias" da Colônia Leopoldina. Sobre a festa religiosa como um dos momentos preferidos pelos escravos para se rebelar, ver João José Reis e Eduardo Silva (orgs.), *Negociação e conflito: a resistência negra no Brasil escravista* (São Paulo: Companhia das Letras, 1989), p. 41.

a cidade de Caravelas, onde estiveram cinco dias soltos e cinco dias presos, sendo castigados e levados para a fazenda Pequi de propriedade do mesmo seu senhor Venerote".[34] Essas fugas e o decorrente castigo já seriam motivo para a nova rebeldia.

A última fuga do grupo, contudo, acabou em tragédia. Isso porque, duas semanas depois, na noite de 25 de abril de 1884, José Antônio Venerote foi brutalmente assassinado quando se dirigia, a cavalo, para uma das roças de sua fazenda com o intuito de supervisionar a colheita anual do café, que se iniciara bem naquele dia. Vítima de uma emboscada, o fazendeiro foi surpreendido por um ataque que o fez cair do animal e logo em seguida foi agredido a cacetadas por diversas pessoas. A violência dos golpes foi tamanha que parte de seu crânio ficou exposta e quase se desprendeu do couro cabeludo, segundo o exame de corpo de delito.

A suspeição de participação direta dos cativos fugidos no crime foi imediata. Primeiro porque no local do ataque foram encontrados dois chapéus reconhecidos pelos demais escravos da fazenda como pertencentes aos escravos Anselmo e Remígio — este último era escravo de Francisco Rodrigues de Albuquerque e também se agregara ao grupo escondido nas matas. Segundo, porque ali havia muitas pegadas de pessoas descalças, o que também indicava a presença de indivíduos escravizados na cena do crime. Terceiro, porque alguns dos escravos já haviam espalhado a informação de que não serviriam a José Antônio Venerote. O crioulo Horácio, por exemplo, disse a Barnabé Taté que "não dava o gosto de servir ao Venerote"; e o escravo Carlos, de 45 anos, afirmou que "ele mesmo pediu a seu senhor que não os comprasse, porque já receava este fim desgraçado de seu senhor". Tal como no caso da revolta da fazenda Monte Christo, esses escravos se rebelavam num momento de transferência de propriedade, de troca de senhor. Pelo visto, a ameaça de morte proferida pelos escravos dois anos antes se cumprira.

A notícia da morte de Venerote repercutiu de imediato na localidade e no mesmo dia chegou, via telégrafo, ao conhecimento do presidente da província. Preocupado com a gravidade do ocorrido, este recomendou que o juiz de di-

34. APEB, Seção Judiciária, Processo-crime, Viçosa, 17/1604/10, 1890. Todos os depoimentos do inquérito aqui citados fazem parte desse processo.

reito da comarca supervisionasse pessoalmente a investigação dos fatos.[35] Na década de 1880 Venerote era, talvez, o indivíduo mais poderoso e influente da Colônia Leopoldina. Quando da abertura do seu inventário, em 1884, ele possuía nada menos do que 123 escravos, um número que em nada devia às maiores propriedades do Recôncavo baiano.[36]

As primeiras testemunhas, ouvidas na condição de informantes, foram as seis escravas que haviam fugido com o restante do grupo e que, decorridos dois dias após o crime, retornaram à fazenda Mutum. Elas também afirmaram que fugiram por não querer servir ao novo senhor, "pois não passariam bem na fazenda". A rebeldia seria um meio de provocar sua venda. Disseram, por fim, que só ficaram sabendo do crime contra seu senhor quando foram "pedir padrinho" ao pardo Eusébio para que este intermediasse o retorno delas à propriedade.[37]

Uma testemunha informou que só tomou conhecimento do crime no dia 28, quando ouviu comentários de que alguns escravos de Venerote foram responsabilizados. Afirmou ainda não acreditar que os cativos, por si próprios, fossem capazes de praticar o crime, pois estes por diversas vezes já haviam fugido sem que houvessem efetuado qualquer ato de violência contra o fazendeiro. E mais, afirmou que Venerote, a quem considerava seu "amigo e confidente", "tinha suas antipatias pelos serviços e moralidades que a esta Colônia queria prestar", e por isso possuía "diversos desafetos", dentre os quais o professor Paulo José Rufino.

O fazendeiro Pedro Augusto Cousandier, ao depor, disse que soube que os

35. O brutal assassinato de José Antônio Venerote também ganhou imediata repercussão na imprensa baiana e até em jornais de outras províncias. Ver, por exemplo, *Diario de Noticias*, 2 maio 1884; *Jornal do Recife*, 9 maio 1884; e *Jornal do Commercio*, 8 maio 1884. Outras gazetas brasileiras também noticiaram o assassinato, mas sem fornecer detalhes do crime. Todos os periódicos aqui citados foram consultados on-line na Hemeroteca Digital da Biblioteca Nacional, <memoria.bn.br/hdb/periodico.aspx>, acessos feitos ao longo do ano de 2017.

36. Destes, 101 eram crioulos e apenas 22 africanos. Também chama a atenção a alta presença de escravos com menos de doze anos: 44, dos quais 23 eram livres. Só os bens da fazenda Pequi de Cima — terras, bens de raiz e escravos — foram avaliados na expressiva quantia de 143 contos e 700 mil-réis. Ver APEB, Seção Judiciária, Inventários post mortem, 05/2135/2604/01, José Antônio Venerote. Sobre o número de escravos nas maiores propriedades do Recôncavo, ver Barickman, *Um contraponto*, pp. 240-243.

37. Sobre "pedir padrinho" ou apadrinhamento em caso de fuga, ver Clóvis Moura, *Dicionário da escravidão negra no Brasil* (São Paulo: Edusp, 2004), pp. 46-47.

autores do assassinato teriam sido "os escravos que haviam sido recentemente comprados por seu amigo e que se achavam fugidos". Ele praticamente repetiu o depoimento da testemunha anterior. Cousandier também afirmou que "o finado, por muitas vezes, se queixara ser aliciador ou sedutor dos seus escravos fugidos o senhor Paulo José Rufino, que o tinha por inimigo". A alusão a que Antônio Venerote tinha inimizades na Colônia Leopoldina também fez parte do depoimento de João Batista de Aguiar, que disse ter reparado no cemitério, durante o enterro de Venerote, uma escrava de nome Thereza dizer em voz alta as seguintes palavras: "de todos os brancos que aqui estão a maior parte está gostando da morte do meu senhor".

O quarto a depor foi o administrador da fazenda Mutum, Eusébio Pires, pardo, um dos seis cativos pertencentes à família Pires de Carvalho que haviam sido alforriados por Venerote na Sexta-Feira da Paixão, cinco dias após este comprar a propriedade. À pergunta se sabia se seu ex-senhor possuía inimigos na colônia, Eusébio respondeu que "entre Venerote e João Metzker tinha desafeições por causa de um café que o senhor João Metzker tinha dado para pilar no Mutum, e de que se queixara ter o senhor Venerote lhe roubado". Além disso, informou que Metzker estaria chateado com o fato de Antônio Venerote ter conseguido a soltura de Cesário Monteiro, com quem aquele tivera um desentendimento recente. Ele também disse que o finado Venerote lhe confidenciara que, "por maus conselhos de seus inimigos como o senhor João Metzker", seus escravos se recusavam a servi-lo e andavam fugidos.

O quinto a depor foi o ferreiro Marcos Anastácio do Sacramento, residente na Colônia Leopoldina. Ele disse saber das questões envolvendo Venerote e Metzker e que o fato de o primeiro ter auxiliado na soltura de Cesário Monteiro "exasperou o dito João Metzker". Questionado sobre o comportamento dos escravos, Sacramento afirmou ter trabalhado na fazenda Mutum por cerca de nove meses no ofício de ferreiro, quando a referida propriedade pertencia aos Pires, e que estes "eram muito obedientes a seus senhores e a todos e que nunca deles e nem de seus senhores recebeu a menor ofensa, e que causou espanto a ele testemunha quando ouviu dizer que os referidos escravos mataram ao Venerote".

A sexta e última testemunha, Barnabé Taté (ou Fatel), relatou ter ouvido dizer que o crime havia sido cometido pelos escravos fugidos da fazenda e também pelo escravo Remígio, do senhor Albuquerque. Além disso, declarou de início que ignorava o fato de Venerote ter inimigos na Colônia, mas, quando inquirido se sabia de desentendimento recente deste com João Metzker, acabou afirmando que os dois eram inimigos por conta de uma querela sobre roubo de café. Assim como as testemunhas anteriores, Barnabé disse que os cativos fugiram do poder de Venerote por não mais o quererem servir, como lhe dissera certa feita o escravo Horácio, um dos fugitivos. Contudo, ele também avaliou que não o matariam em decorrência da atual fuga, como não o tinham feito em fugas anteriores.

No dia 6 de maio foi a vez de a viúva, dona Theodora Flores Venerote, falar:

> estando ela interrogada em sua fazenda Pequi de Cima ou Sertão, soube por lhe comunicar um dos escravos que estava nas roças da fazenda Mutum, de que tinham assassinado seu marido no caminho das roças dessa fazenda, e que a voz geral é que foram os escravos fugidos da mesma fazenda.[38]

Ela também contou às autoridades que seu marido, quando viera de Viçosa no dia 22 de abril, lhe dissera que "tinha de ser assassinado", e ao interrogá-lo se tal desconfiança vinha de seus escravos o próprio lhe teria dito que estes "eram incapazes de o matar", e que seu temor vinha dos seus "inimigos rancorosos" João Metzker e Paulo José Rufino, com os quais havia tido alguns desentendimentos. Para a viúva, os escravos jamais tramariam, por si mesmos, contra a vida de seu esposo. Essa certeza advinha de que os cativos já haviam empreendido outras fugas, a última doze ou treze dias antes, sem que nenhum atentado fosse cometido contra Venerote. Por outro lado, o crime acontecera passados três dias da soltura de Cesário Monteiro por ação de seu marido, o que contrariara seus inimigos. Por isso, ela nutria a certeza "de que não foram os escravos", mas os "inimigos de seu marido" Metzker e Rufino.

Essa versão dos fatos foi ainda mais reforçada pelo depoimento de Cesário Domingues Monteiro. Antigo feitor da fazenda Mutum, quando esta ainda pertencia ao major João Pires de Carvalho e Albuquerque, esse liberto era amasiado com a liberta Eliziária e vivia da lavoura e do ofício de carpinteiro. Em seu depoimento, Cesário disse que atribuía a morte a Metzker e Rufino, devido à ingerência de Venerote na querela entre ele, Cesário, e João Metzker, que o

38. APEB, Seção Judiciária, Processo crime, Viçosa, 17/1604/10, 1890, p. 48.

acusava da morte de um cavalo seu. Levado preso a Vila Viçosa por Metzker e outros homens, Cesário fora solto logo em seguida, após José Antônio Venerote conseguir um habeas corpus em seu favor — o que teria desagradado profundamente a Metzker, que prometera se vingar. Além disso, contou Cesário que Metzker era desafeto antigo de Venerote, a quem acusava de lhe ter roubado um café que ele entregara para pilar na fazenda Mutum.

Como se pode perceber, a atuação de Antônio Venerote na mediação de conflitos na Colônia Leopoldina indica que ele era influente. Sua solidariedade ao liberto Cesário Monteiro parecia fazer parte de um jogo clientelista e da construção de sua imagem como liderança local, ainda que esse comportamento lhe rendesse desafetos e inimizades.

Concluído o inquérito policial, foram indiciados como mandantes do crime o negociante João Falcão Metzker e o professor Paulo José Rufino e como executores os dez escravos fugidos, em especial Anselmo e Remígio, cujos chapéus foram encontrados na cena do crime. Seguida a marcha legal do processo, foram ouvidas de novo as testemunhas do inquérito e outras referidas nesses depoimentos, dentre as quais mais alguns escravos. Em geral, as informações prestadas pelos depoentes confirmaram o que havia sido apurado antes.

Autor de sua própria defesa, o professor público primário Paulo José Rufino era natural de Salvador, tinha 28 anos e residia havia oito na colônia. Ao alegar inocência, disse ser vítima do juiz de direito, de quem era antigo desafeto. Como estratégia, procurou se cercar das declarações de importantes fazendeiros quanto a sua boa conduta, inclusive no tocante ao modo de proceder para com os escravos. João Falcão Metzker seguiu a mesma linha de defesa de seu amigo e compadre, e disse por meio de seu advogado ser vítima de calúnias, dentre as quais as do liberto Cesário Monteiro, seu vizinho e inimigo, a quem julgava andar em constante estado de embriaguez, "acrescendo ser liberto, analfabeto, sem critério jurídico algum".[39]

A prisão dos cativos ocorreu no dia 4 de junho de 1884, decorridos mais de quarenta dias do crime. Feita pela ação do fazendeiro Ludovico José de

39. Essa tentativa de desqualificação da testemunha apontando a sua condição de ex-escravo é um forte indicativo de como a condição de liberto, embora representasse uma ascensão social, ainda mantinha estreitas relações com a escravidão. Ver Maria Inês Côrtes de Oliveira, *O liberto: o seu mundo e os outros* (Salvador: Corrupio, 1988).

Avelar, dono da fazenda Helvécia, propriedade vizinha à fazenda Mutum, a captura dos aquilombados ocorreu a mais de cinco léguas da sede da fazenda, pois eles haviam se embrenhado ainda mais na mata. Levados a Caravelas, logo foram interrogados. De início, negaram qualquer participação no crime, alegando como motivo das repetidas fugas o desejo de não continuar a servir a José Venerote, a quem acusaram de os maltratar muito.[40] Diante da perspectiva de viver um cativeiro ainda mais duro do que até então experimentavam com seus antigos senhores, o grupo resolveu fugir para forçar seu novo senhor a vendê-los a outro proprietário. Nesse caso, a rebeldia reivindicava a venda, e não impedi-la. Não era incomum essa atitude.[41]

Porém, passadas algumas semanas na cadeia de Vila Viçosa, para onde foram transferidos, eles não só confessaram o crime como forneceram detalhes de como o haviam planejado e executado, e quem fora o mandante. Para espanto ou surpresa de todos, eis que emerge uma nova personagem na trama: o jovem fazendeiro Francisco Ferreira da Câmara, filho do recém-falecido Ignácio Ferreira da Câmara, ambos proprietários da fazenda Hespéria.

De acordo com a nova versão dos fatos, de início a fuga fora empreendida sem qualquer intenção de atentar contra a vida do senhor, mas, ao serem procurados por Francisco Câmara, os planos mudaram. Câmara os convencera de que o assassinato de Venerote resolveria tanto os problemas dele como os dos escravos. E assim, ao longo de vários dias, Francisco Ferreira da Câmara havia ajudado a planejar o crime, fornecendo-lhes comida, armas e informações acerca dos esforços das autoridades locais e dos particulares para capturá-los. Ele teria inclusive pensado e decidido o local da emboscada, pois sabia por onde Venerote transitaria para ir supervisionar a colheita nos cafezais da fazenda.

Mas que motivos teria Francisco Câmara para arquitetar tal crime? Segundo os cativos, o fazendeiro odiava Venerote por ter este "ofendido a honra" de uma

40. José Antônio Venerote parecia ter bastante experiência na lida com escravos, pois desde a década de 1870 atuava no comércio de compra e venda deles junto aos proprietários locais. Ver Carmo, "Colonização", p. 79.

41. Ver Marcus J. M. de Carvalho, *Liberdade: rotinas e rupturas do escravismo: Recife, 1822--1850* (Recife: Editora Universitária UFPE, 1998), cap. 13; e João José Reis, "Escravos e coiteiros no quilombo do Oitizeiro — Bahia, 1806", em João José Reis e Flávio dos Santos Gomes (orgs.), *Liberdade por um fio: história dos quilombos no Brasil* (São Paulo: Companhia das Letras, 1996), pp. 332-372.

de suas irmãs. Outra razão para a inimizade teria relação com a morte de Ignácio Ferreira da Câmara, pai do acusado, ocorrida em 12 de novembro de 1882.[42] Naquela oportunidade, Francisco Câmara teria se desentendido com Venerote porque este fora a sua casa cobrar a dívida que o falecido tinha consigo; e dissera que queria ser pago em escravos. Indignado com essa atitude, Francisco Câmara o teria botado para fora da propriedade, dirigindo-lhe insultos.

Embora a nova versão para o crime apontasse para outro mandante, um aspecto comum às duas versões é digno de nota: em ambas sobressai a cooperação entre senhores e escravos. Assim, em vez da comum união entre os senhores para controlar e explorar os cativos, o que vemos aqui é a disputa no seio da própria classe senhorial permitindo aos escravizados tirar partido disso para avançar suas demandas.

O promotor Francisco Antônio de Carvalhal, contudo, não acreditou de imediato na inocência dos primeiros acusados. Em vez de inocentá-los, preferiu pronunciá-los junto com Francisco Ferreira da Câmara, com quem acreditava haviam entrado em conluio para liquidar o inimigo comum. Essa tese, contudo, não prosperou diante do juiz e por isso apenas Câmara e os escravos Anselmo, Leonardo, José, Rodolfo, Cristiano, Valério e Simeão foram pronunciados.[43]

Após quase dois anos, o caso enfim foi a júri nos dias 10 e 11 de abril de 1886. Assim que foi pronunciado e notificado como réu, Francisco Ferreira da Câmara tratou de fugir, tendo sido julgado in absentia. Já os escravos, presos, não tiveram a mesma sorte. Na falta de advogado que os representasse, tiveram como defensor o padre Geraldo Xavier de Sant'Anna.[44]

E eis que, durante o julgamento, surgiria uma nova narrativa para o assassinato de Venerote nas falas dos escravos. Ao serem interrogados pelo juiz, eles se disseram inocentes e negaram qualquer participação no crime, atribuindo a

42. Curiosamente, o indicado para substituí-lo no posto foi o tenente João Falcão Metzker. Delegado de Viçosa e Porto Alegre ao chefe de polícia, 20 nov. 1882, APEB, *Polícia — Delegados, 1882*, maço 6219.

43. Possivelmente por não concordarem com os planos do grupo, os escravos Horácio e Estanisláu permaneceram na mata e não participaram da emboscada. Já o escravo Remígio achava-se com a perna bastante inchada devido a uma picada de cobra e por isso ficara em seu rancho.

44. Alegando ter sido apontado como inimigo dos supostos mandantes do crime, o juiz de direito de Caravelas, Luiz Jacinto Vergne de Abreu, se declarou suspeito para presidir o julgamento e nomeou o seu substituto legal, o juiz municipal.

ação unicamente a Francisco Ferreira da Câmara. Segundo afirmaram, estavam de volta à fazenda Mutum para "pedir perdão" e se entregar ao senhor quando avistaram Câmara, que então lhes fez companhia no retorno à propriedade. Mais adiante, o grupo avistou Venerote montado a cavalo e foi nesse instante que Câmara os incitou a investir contra aquele. Mas, ao perceber a recusa deles em atacar seu senhor, Câmara teria partido para cima de Venerote e, dando-lhe uma cacetada, derrubara-o do animal, ocasião em que eles fugiram para o mato com medo, não vendo o que se passou depois. Ao serem questionados sobre o episódio, os cativos, contudo, caíram em contradição. Não souberam explicar, por exemplo, o fato de terem sido encontrados no local do crime cinco cacetes, nem por que não impediram a morte do senhor, posto que estavam em número superior a este. Tais contradições pesaram na decisão dos doze jurados. Oito deles não acreditaram nos escravos e os consideraram culpados. Devido aos agravantes envolvidos, os escravos Anselmo, Cristiano, Leonardo, Valério, José, Rodolfo e Simeão foram condenados a cumprir a pena de galés perpétuas nas prisões da capital da província.[45]

Decorridos quatro anos do julgamento inicial, Francisco Ferreira da Câmara se apresentou às autoridades policiais para responder pelo crime do qual era acusado de ser o mandante. Fez sua defesa o padre Geraldo Xavier de Sant'Anna, o mesmo que anos antes defendera os cativos. Para o pároco, Francisco Câmara — a quem "tinha por amigo" — era vítima de perseguição. No seu entendimento, ele fora alvo de um plano orquestrado com a cumplicidade do antigo juiz municipal, José Machado Pedreira, a quem acusou de estar mancomunado com os primeiros acusados pelo crime. Prova disso era o fato de seu cliente não ter sido, de início, apontado como mandante ou suspeito do assassinato ou nem sequer mencionado pelas testemunhas, pelas autoridades policiais e pela viúva como inimigo do morto.

Além disso, Geraldo Xavier denunciou que os escravos só tinham apontado Câmara como mandante do assassinato porque não suportaram as pressões e torturas recebidas na cadeia de Vila Viçosa, pois em interrogatórios an-

45. A condenação dos escravos repercutiu na imprensa da Bahia e de outras províncias. Ver, dentre outros, *Jornal do Recife*, 18 maio 1886. Eles deveriam ter sido condenados à morte, segundo a lei de 10 de junho de 1835, mas nessa altura tal pena estava sendo em geral substituída pela mais leve de prisão perpétua. Ver Ricardo Pirola, *Escravos e rebeldes nos tribunais do Império: uma história social da lei de 10 de junho de 1835* (Rio de Janeiro: Arquivo Nacional, 2015).

teriores não o citavam. Segundo o padre Geraldo, a morte de José Venerote "deve-se unicamente atribuir aos seus escravos, que não o queriam servir, aproveitando-se talvez desse ensejo de seus inimigos". Esse parece ser um argumento plausível. Os escravos que participaram da rebelião de 1882 e se recusaram a trabalhar na fazenda Mutum haviam prometido acabar com a vida de Venerote. Ao que parece, a promessa foi cumprida.[46]

Sobre resistência escrava, o padre Geraldo podia falar com segurança, pois fora um dos principais aliados dos cativos na luta contra a escravidão.

OS "OITENTA E OITO" E PEQUENAS REBELDIAS NEGRAS NO PÓS-ABOLIÇÃO

Para uma região com um movimento abolicionista incisivo e com fazendas ainda tão aferradas à propriedade escrava, não foram amenas as reações à lei de 13 de maio de 1888, decretando a abolição imediata e incondicional da escravidão. Com a Lei Áurea, cerca de 2 mil escravizados da Colônia Leopoldina e região entraram no gozo da liberdade, gerando diferentes condutas e percepções.[47]

Em Vila Viçosa, os libertos ligados ao padre Geraldo começaram a festejar a abolição desde o dia 10 de maio, quando se espalhou pela vila o boato de que a escravidão estava extinta. Com a notícia, alguns indivíduos teriam

46. Graden, *From Slavery*, p. 162. Francisco Ferreira da Câmara finalmente foi a julgamento no dia 14 de junho de 1890. Nessa altura algumas das testemunhas haviam morrido, outras mudado para longe dali e outras se negaram a comparecer ao novo júri. Somente duas se apresentaram. Os doze jurados concluíram que não havia indícios suficientes para condenar Câmara como mandante e o absolveram. A decisão causou indignação à viúva, dona Theodora Flores Venerote, que imediatamente apelou para o Tribunal da Relação. Seu pedido não foi acatado e no dia 13 de fevereiro de 1891 o acórdão desse tribunal confirmou a decisão da primeira instância. Dessa forma, somente os sete escravos condenados pagariam pelo crime. Destes, dois já haviam falecido de tuberculose, ainda em 1886, quando cumpriam pena na Casa de Prisão com Trabalho em Salvador.

47. Delegado dos termos de Viçosa e São José do Porto Alegre para o Chefe de Polícia, 5 jul. 1889, APEB, *Polícia — Delegados, 1888*, maço 6226. É difícil precisar o número de libertos na região. Em 1882, o delegado de Caravelas informou que na Colônia Leopoldina viviam cerca de 1500 cativos. Delegado de Caravelas ao Chefe de Polícia, 23 set. 1882, APEB, *Polícia — Delegados, 1882*, maço 6219.

começado a "levantar orgias e de certas horas da noite em diante, passaram a insultar as autoridades locais". Esse procedimento teria se repetido quase todas as noites até o dia 19 de maio, quando fizeram da casa de uma prostituta o que chamavam de sua "república", e de onde "dirigiam vivas e mais vivas ao Partido Liberal e à república". Mais tarde, o grupo saiu "pelas ruas cantando versos acintosos, ao toque de uma música infernal de caixões vazios etc.; dando tiros de garrucha, espingardas, armados de facas, cacetes, levando assim até clarear o dia". Dessa "república" teria partido o grupo que foi até a casa do delegado de Vila Viçosa e do segundo suplente do juiz municipal, personagem já conhecido pela defesa da escravidão, onde bateram com cacetes nas portas e dirigiram várias "injúrias" às autoridades.[48] Diversos pesquisadores analisaram esses e outros episódios do tipo envolvendo libertos no extremo sul da Bahia no pós-abolição.[49] O argumento aqui é que alguns desses conflitos, embora com nova roupagem, reacendiam querelas antigas e davam continuidade à acirrada luta travada entre escravistas, escravizados e abolicionistas na região. Tramas aparentemente novas, mas protagonizadas por velhos e conhecidos personagens.

As atitudes de alguns proprietários e autoridades na defesa intransigente da escravidão explicam por que foram alvos de protestos e manifestações dos treze de maio logo após a aprovação da lei. A rebeldia dos libertos dirigia-se, muitas vezes, a reconhecidos escravistas e a defensores dos interesses escravocratas. Quando, no dia 20 de maio, os libertos se dirigiram à casa do segundo suplente do juiz municipal, José Nogueira Maia, e endereçaram a este e a sua família as maiores injúrias, é provável que tivessem em mente o papel destacado que ele

48. Delegado em exercício de Vila Viçosa para o Chefe de Polícia interino da província da Bahia, 1º jun. 1888, APEB, *Chefes de Polícia — 1878-1889*, maço 2986. Jailton Lima Brito, *A Abolição na Bahia (1870-1888)* (Salvador: Centro de Estudos Baianos da UFBA, 2003), pp. 270-271. Matheus Gato, ao analisar o massacre de libertos de 17 de novembro de 1889 no Maranhão, informa o caso em que, ainda no dia 12 de maio, durante as comemorações da abolição, os libertos atiraram pedras em casas de "famílias respeitáveis". Matheus Gato, *O massacre de libertos: raça, emancipação e a República de 1889 em São Luís* (São Paulo: Perspectiva, 2020), p. 65.

49. Graden, *From Slavery*, pp. 207-208; Brito, *A Abolição*, pp. 269-273, 276; Iacy Maia Mata, "'Os 'treze de maio': ex-senhores, polícia e libertos na Bahia pós-abolição", Dissertação de Mestrado, Universidade Federal da Bahia, 2002, pp. 40-44; Fraga Filho, *Encruzilhadas*, p. 351; Wlamyra Ribeiro de Albuquerque, *O jogo da dissimulação: abolição e cidadania negra no Brasil* (São Paulo: Companhia das Letras, 2009), pp. 134-139; Carmo, "Colonização", pp. 74-77.

exercera na defesa intransigente da escravidão.[50] Na linha de frente do grupo estaria o padre Geraldo, em companhia do seu cunhado e presidente da Câmara, Juvenal Lourenço de Jesus, que, segundo relatos, no ataque às casas do delegado em exercício e do segundo suplente do Juízo Municipal, os ameaçaram de morte se aparecessem na rua, obrigando-os a permanecer trancados em casa.[51]

José Nogueira Maia não fora um alvo escolhido ao acaso: em abril daquele ano, ele prendera arbitrariamente os escravos Servílio e Joaquim; e, dois anos antes, havia participado com outros escravistas de ataques dirigidos ao padre Geraldo na missa em que o clérigo discursava contra a escravidão. A missa, que ocorrera em 1886, estava repleta de escravos que deviam ter guardado na memória a defesa esganiçada que aqueles homens faziam da escravidão e a hostilidade e insultos que dirigiam àquele que era considerado o maior abolicionista e defensor dos escravos na região. Em 1888, agora libertos, muitos devem ter acompanhado com prazer a "comitiva" que se dirigiu à residência de Nogueira Maia, comemorando a abolição com impropérios lançados àquelas autoridades e proferindo ameaças de morte "se saíssem fora".[52] As comemorações da aprovação da lei foram um momento propício para uma espécie de revanche, ao menos simbólica, em que o padre abolicionista e os libertos faziam demonstrações de força, proferiam ameaças, bradavam em alto e bom som a vitória enfim conquistada sobre os escravistas. Era uma festa e uma revolta — ou uma revolta festiva.

O padre Geraldo continuaria a desafiar os proprietários após a extinção da escravidão e, ao que parece, logo após a aprovação da lei de 13 de maio, elevou um pouco mais o tom. Passou a invadir as fazendas da Colônia Leopoldina e convocou os ex-escravos a deixarem o serviço e se dirigirem à fazenda Conquista, onde discursou para cerca de quinhentos libertos, lembrando-os dos castigos que sofreram na escravidão e aconselhando-os a abandonar as fazendas de seus ex-senhores. Com um são Benedito nas mãos, o pároco "missionava às turbas", "não com as palavras do Deus Homem, o Rei da paz, e sim

50. Delegado de Vila Viçosa para o Chefe de Polícia, 1º jun. 1888, APEB, *Chefes de Polícia — 1878-1889*, maço 2986.

51. Primeiro suplente do Juízo Municipal em exercício para o Presidente da Província, 26 maio 1888, APEB, *Chefes de Polícia — 1878-1889*, maço 2986.

52. Primeiro Suplente do Juízo Municipal para o Promotor de Caravelas, 26 maio 1888, APEB, *Polícia, Minutas — 1884-1889*, maço 6181.

com as satânicas frases da açulação [sic], da discórdia e da desobediência".[53] Segundo relato do subdelegado, o padre exclamava: "Chegou o tempo da vingança. Vinguem-se que a vingança é a prova do sentimento". E disse aos libertos do fazendeiro Ludovico José de Avelar "que se encontrassem as senzalas fechadas que arrombassem e que se ele viesse censurar-lhes o procedimento que dessem-lhe bofetadas".[54] Ludovico José de Avelar era proprietário de uma das grandes e lucrativas fazendas da região, denominada Helvécia I, e fora firme e atuante na defesa da escravidão: foi ele quem conseguiu capturar os escravos fugidos da fazenda Mutum, acusados do assassinato do fazendeiro José Antônio Venerote.[55] O clamor do pároco por vingança recorria à memória recente de arbitrariedade e violência senhorial que marcaram os últimos dias da escravidão na região.

Na década de 1880, o Brasil vivia uma conjuntura de agitações, *meetings*, politização, e no centro dos debates estava a questão da escravidão. O movimento abolicionista passou a ocupar as ruas.[56] Também no extremo sul da Bahia alguns embates entre abolicionistas e escravistas se desenrolaram na cena pública — a prisão dos escravos Servílio e Joaquim e as missas com prédica abolicionista do padre Geraldo tiveram dezenas de espectadores, muitos deles escravos. Após 1888, acirraram-se ainda mais as disputas políticas. Seguindo os passos abertos pelo movimento abolicionista, passeatas e manifestações com música espocaram por todo o país.[57] Enfileirados sob a bandeira da monarquia ou da república, do Partido Conservador ou do Liberal, ativistas protagonizaram diversos confrontos e embates nas ruas. Naquele contexto,

53. Sobre são Benedito nos festejos da abolição, ver Robson Luís Machado Martins, "Os caminhos da liberdade: abolicionistas, escravos e senhores na província do Espírito Santo, 1884-1888", Dissertação de Mestrado, Universidade Estadual de Campinas, 1997, p. 138; Iacy Maia Mata, "'Libertos de treze de maio' e ex-senhores na Bahia: conflitos no pós-abolição", *Afro-Ásia*, Salvador, n. 35 (2007), pp. 195-196; e Albuquerque, *O jogo da dissimulação*, pp. 134-138.

54. Subdelegado da Colônia Leopoldina para o Chefe de Polícia interino, 28 maio 1888, APEB, Seção Colonial e Provincial, *Chefes de Polícia — 1878-1889*, maço 2986.

55. APEB, Seção Judiciária, Processo-crime, 17/1604/10, A justiça — Anselmo de tal e outros, Viçosa, 1890.

56. Angela Alonso, *Flores, votos e balas: o movimento abolicionista brasileiro (1868-88)* (São Paulo: Companhia das Letras, 2015), p. 230.

57. Gato, *O massacre*, p. 39; Alonso, *Flores, votos e balas*, pp. 230-231, 358-366.

emergiram com muita força "o ódio e a paixão partidária"[58] e os treze de maio não ficariam alheios às agitações, polarização, partidarização e embates políticos. Nas comemorações da abolição, seguindo a vereda aberta pelo movimento abolicionista, a rua e o espaço público em geral seriam, mais uma vez, cenário de enfrentamento político.[59]

Durante os festejos, os aliados do padre Geraldo fizeram da casa de uma prostituta "sua república". Estudos apontam a simpatia que uma parte da população negra do Rio de Janeiro, incluindo muitos libertos, devotava à monarquia.[60] Jailton Brito considera incomum o apoio de libertos à causa republicana na Bahia e atribui a adesão à República por esses libertos à influência do padre Geraldo.[61] É inegável a lealdade de muitos libertos ao sacerdote abolicionista e a seu ideal republicano. O alinhamento deles com o padre foi construído durante os anos anteriores nos diversos embates contra os defensores da escravidão. No vocabulário político dos libertos ligados ao religioso, a república quedou associada à defesa intransigente da liberdade e do abolicionismo radical que ele simbolizava. República, na voz desses poucos libertos, podia significar a contestação direta às velhas elites políticas e tradicionais proprietárias de escravos desafetas do padre Geraldo. Como muitos abolicionistas da Bahia, entre eles Eduardo Carigé e Luís Anselmo da Fonseca, o clérigo era uma liderança do Partido Liberal e conseguiu atrair para seu entorno, e para a defesa da sigla, vários treze de maio da região.

A polarização política no país, como na América Latina, durante o século XIX girou em torno dos partidos Liberal e Conservador. A adesão e filiação a essas tendências eram muitas vezes mais determinadas por laços pessoais que

58. Segundo suplente da delegacia de polícia para o juiz de direito da comarca, 22 jun. 1889, APEB, Tribunal de Justiça, Seção Judiciária, Recurso de responsabilidade, 21/754/09, réu Andrelino Leite Barcelos e outros, Caravelas, 1889.

59. Gato, *O massacre*, pp. 39-40.

60. Flávio dos Santos Gomes, "'No meio das águas turvas': raça, cidadania e mobilização política na cidade do Rio de Janeiro (1888-1889)", in: Flávio dos Santos Gomes e Petrônio Domingues (orgs.), *Experiências da emancipação: biografias, instituições e movimentos sociais no pós-abolição (1890-1980)* (São Paulo: Selo Negro, 2011), p. 24. A biografia de um negro monarquista foi feita por Eduardo Silva, *Dom Obá II d'África, o Príncipe do Povo: vida, tempo e pensamento de um homem livre de cor* (São Paulo: Companhia das Letras, 1997).

61. Brito, *A Abolição*, pp. 270-271.

pelo programa político ou por opção ideológica.[62] Desse modo, os dois partidos atraíram as elites econômicas, mas a retórica liberal, apelando para noções como igualdade, democracia e direitos, ia ao encontro das aspirações dos não brancos nas sociedades pós-emancipação.[63] Na Bahia, lideranças do Partido Liberal eram abolicionistas.[64] O Partido Liberal e o ideal republicano conseguiram atrair libertos em Vila Viçosa porque, graças ao padre Geraldo, foi mais identificado com as causas antiescravistas. Finda a luta abolicionista e encerradas as comemorações da aprovação da lei, a presença do pároco começou a rarear na documentação, e Vila Viçosa deixaria de ser palco de grandes conflitos, cedendo lugar a Caravelas, cidade vizinha que se tornaria o centro das agitações no pós-abolição.

Em várias regiões do Brasil, logo após a abolição, muitos libertos, temendo que a queda da monarquia pudesse significar o retorno à escravidão, perfilaram-se com o Partido Conservador. Em Caravelas, após a aprovação da lei, no dia 19 de maio, os recém-libertados saíram logo cedo, em grande número, invadiram as ruas, com a banda de música Guarany à frente, empunhando archotes e soltando foguetes, foram à casa do delegado, Salustiano Muniz de Almeida, um conservador, "que os recebeu muito bem", e seguiram, saudando a regente Isabel e o ministério, "dando vivas ao Partido Conservador e à liberdade dos escravos".[65] O grupo topou com uma comitiva armada "de cacete e facas", com alguém tocando reco-reco, liderada pelo capitão Antônio Jacintho Guimarães, conhecido liberal, que vinha "com as calças arregaçadas, empunhando uma bandeira e com um facão à cinta".[66] O grupo de libertos abriu alas

62. George Reid Andrews, *América Afro-Latina, 1800-2000* (São Carlos: EdUFSCar, 2004), p. 124.

63. Andrews, *América*, 125.

64. Brito, *A Abolição*, p. 128. Como demonstra Lucas Campos, na Bahia algumas lideranças negras (e alguns sócios protetores) da Sociedade Protetora dos Desvalidos eram filiadas ou tinham relações próximas com o Partido Liberal. Lucas Ribeiro Campos, "Sociedade Protetora dos Desvalidos: mutualismo, política e identidade racial em Salvador (1861-1894)", Dissertação de Mestrado, Universidade Federal da Bahia, 2018, pp. 49-60.

65. Depoimentos de Henrique Marcolino de Alcântara e de José Francisco Cajueiro no inquérito conduzido pelo chefe de polícia, jun. 1888, APEB, *Polícia — Delegados, 1884-1889*, maço 3002.

66. Depoimento de José Francisco Cajueiro, jun. 1888, APEB, *Polícia — Delegados, 1884-1889*, maço 3002.

para eles passarem, "houve troca de palavras" e o encontro só não terminou em violência porque os libertos tinham convidado para se juntar a eles o delegado de polícia, que apaziguou os ânimos.[67] Momentos depois, os grupos se encontraram de novo e algumas pessoas que acompanhavam o capitão Jacintho atiraram pedras na casa do juiz municipal.[68] O objetivo das demonstrações públicas liberais era impedir que os conservadores arrebatassem as glórias pela abolição da escravidão.[69]

Apesar dos esforços dos liberais em assumir a paternidade da lei, o grupo liderado pelos conservadores, com a banda de música Guarany à frente, atraiu muito mais gente. Ao longo do cortejo, ouviam-se vivas à princesa Isabel, à monarquia e ao ministério conservador. Uma mulher informou que "no grupo conservador viu apenas muitos ex-escravos e não se recorda ter visto pessoa alguma de importância e conhecida, que, porém, no grupo liberal, entre as diversas pessoas, conheceu Antônio Jacintho".[70]

Além disso, os conservadores contaram com a presença de trabalhadores da estrada de ferro Bahia-Minas, como foi denunciado pelos liberais: os "turbulentos trabalhadores" foram chamados da Ponta da Areia, onde situavam-se a estação central e as oficinas da estrada de ferro, para Caravelas na noite de 19 "apatrocinados pelos Chefes conservadores" da cidade, pelo encarregado da estrada de ferro e pelo médico assalariado por ela.[71] Dias antes, na noite de 12 de maio, antes de a lei ser aprovada, percorriam as ruas da cidade "uma mó de trabalhadores da estrada de ferro e ex-escravos dando vivas ao Partido Conservador e foras e morras aos liberais".[72] O objetivo era "afastarem ideia de aboli-

67. Depoimento de Henrique Marcolino de Alcântara, jun. 1888, APEB, *Polícia — Delegados, 1884-1889*, maço 3002.

68. Depoimento de José Francisco Cajueiro, jun. 1888, APEB, *Polícia — Delegados, 1884-1889*, maço 3002.

69. Como informa Brito, *A Abolição*, p. 268, o debate da sessão da Assembleia Legislativa baiana no dia seguinte à abolição girou em torno da disputa entre liberais e conservadores acerca da paternidade da lei. Ver também *Diario da Bahia*, 15 maio 1888.

70. Certidão do depoimento de Maria Brandão enviada pelo delegado de Caravelas ao Juiz Municipal, 1º fev. 1889, APEB, *Delegados — 1884-1889*, maço 3002.

71. Vice-presidente da Câmara Antônio Jacintho da Silva Guimarães para o presidente da província, 22 maio 1888, APEB, *Correspondência recebida do Correio- Telégrafo e Emp. Telefônica — 1850-1889*, maço 6174-2.

72. *Diario da Bahia*, 14 jul. 1888.

ção dos liberais".[73] Eles teriam percorrido as ruas da cidade, dando "vivas insultuosas", desafiando os liberais e, "vendo [...] que não eram correspondidos, desabafaram suas iras, quebrando lampiões da iluminação pública".[74]

Naquele fatídico dia 19, findos os desfiles e a banda de música já recolhida, um grupo de conservadores passou em frente a uma residência onde "havia uns sambas", quando ouviram gritos de vivas ao Partido Liberal e morras ao Partido Conservador. Após alguém perguntar "se aquele samba era liberal ou conservador", o grupo parou e passou a dar pancadas com cacetes nas portas e janelas da casa, tentando invadi-la. Lá dentro estava Domingos Magro, que mais cedo participara do cortejo liberal ao lado do capitão Antônio Jacintho. Ao ouvir as provocações, Magro saiu da casa, acompanhado de diversos homens, e, logo em seguida, "começou a pancadaria". Do embate resultou a morte de dois libertos de 13 de maio — os irmãos Roque e Luiz.[75]

Após o conflito, testemunhas ouviram um dos envolvidos, que saiu com um ferimento no olho, comentar: "vou botar arnica nos olhos, conservador apanhou, mas deixamos liberal morto e demos muita pancada". A frase teria sido proferida por Luiz Ribeiro da França, que antes acompanhara a banda de música do grupo conservador.[76] Pelo menos dois dos acusados inicialmente pelo crime eram ligados aos conservadores e um aos liberais.[77] Jailton Brito foi

73. *Diario da Bahia*, 23 maio 1888.

74. Vice-presidente da Câmara Antônio Jacintho da Silva Guimarães ao presidente da província, 22 maio 1888, APEB, *Correspondência recebida do Correio- Telégrafo e Emp. Telefônica — 1850-1889*, maço 6174-2.

75. Depoimento de Benedito Negro da Silveira e Conclusão do inquérito conduzido pelo chefe de polícia, jun. 1888, APEB, *Polícia — Delegados, 1884-1889*, maço 3002. No episódio estavam presentes três irmãos divididos por diferentes grupos: Sabino, que "acompanhava o grupo liberal, que tinha à frente o Capitão Antônio Jacintho"; Auto de perguntas a Marcelino José de Paula no inquérito conduzido pelo Chefe de Polícia, jun. 1888, APEB, *Polícia — Delegados, 1884-1889*, maço 3002; Luiz acompanhava a banda de música, no grupo conservador. Depoimento de Benedito Negro da Silveira no inquérito conduzido pelo chefe de polícia, jun. 1888, APEB, *Polícia — Delegados, 1884-1889*, maço 3002.

76. A frase é atribuída a Luiz Ribeiro da França: Cópia da denúncia do promotor público Francisco Antônio Carvalhal para o Chefe de Polícia, 9 jun. 1888, APEB, *Chefes de polícia — 1878-1889*, maço 2986. Também presente na Conclusão do inquérito conduzido pelo chefe de polícia, 6 jun. 1888, APEB, *Polícia — Delegados, 1884-1889*, maço 3002.

77. Cinco pessoas foram inicialmente acusadas de cometer e concorrer para o crime: Felisberto da Silva Cabral e Luiz Ribeiro da França, ambos trabalhadores da estrada de ferro ligados

pioneiro no estudo desse episódio e considera a versão de um simpatizante do Partido Liberal publicada no *Diario da Bahia*, denunciando os conservadores como os responsáveis pelo embate, "talvez mais próxima dos acontecimentos".[78] Por sua vez, o delegado conservador atribuiu a responsabilidade da confusão às provocações e ameaças dirigidas pelo capitão Antônio Jacintho, que, armado de facão e "seguido de capangas e vândalos", momentos antes afrontara os treze de maio, que comemoravam pacificamente a abolição.[79] O chefe de polícia, que chegou a Caravelas para apurar o ocorrido no dia 26 de maio, concluiu que "os acontecimentos que se deram naquela cidade não passaram de uma imprudência de indivíduos de ínfima classe social, de gênio turbulento e afeitos a desordens; sem que para os mesmos tivessem concorrido pessoas de importância da localidade", e pronunciou o liberto Sabino Vieira do Nascimento e Valentim dos Santos Pedro, ex-empregado da estrada de ferro, como autores dos assassinatos de Roque e Luiz.[80]

A postura hostil do capitão Jacintho em relação aos libertos não causa espanto. Para alguns membros do Partido Liberal, não havia contradição entre as ideias liberais e a escravidão e, na Bahia, alguns deles eram escravocratas ferrenhos.[81] Isso talvez ajude a explicar por que uma parte dos treze de maio

---

aos conservadores (*Diario da Bahia*, 14 jun. 1888); Valentim dos Santos Pedro (foguista empregado na estrada de ferro); Domingos da Silva Magro e Sabino Vieira do Nascimento, que compunham a comitiva do capitão Antônio Jacintho. Conclusão do inquérito conduzido pelo Chefe de Polícia, 6 jun. 1888, APEB, *Polícia — Delegados, 1884-1889*, maço 3002; e Denúncia do promotor público Francisco Antônio Carvalhal para o chefe de polícia, 9 jun. 1888, APEB, *Chefes de polícia — 1878-1889*, maço 2986.

78. Brito, *A Abolição*, p. 272.

79. Dessa vez, o relato foi feito pelo delegado Salustiano Muniz de Almeida, conservador e desafeto do capitão Jacintho. Delegado de Caravelas para o Presidente da Província, 1º fev. 1889, APEB, *Delegados, 1884-1889*, maço 3002.

80. Chefe de Polícia para o presidente da província, 30 jun. 1888, APEB, *Polícia — Minutas*, 1888, maço 6120. O liberto Sabino protagonizou uma tragédia familiar: teria, sem saber, desferido golpes de faca em seus dois irmãos (Roque e Luiz). Sabino também acompanhara o cortejo dos liberais, mas não estava dentro da casa quando começou a confusão. Tendo notícias da briga, correu para o local e, ao ver que seu amigo estava em perigo, teria entrado na confusão generalizada com um facão na mão, dizendo em alta voz: "Domingos Magro, meu companheiro, conta comigo!". Conclusão do inquérito conduzido pelo Chefe de Polícia, 6 jun. 1888, APEB, *Polícia — Delegados, 1884-1889*, maço 3002.

81. Luís Anselmo da Fonseca, *A escravidão, o clero e o abolicionismo* (Recife: Fundação Joa-

em Caravelas parecia estar aliada ao grupo conservador. As acirradas disputas entre os dois partidos não se restringiam às elites e lideranças políticas tradicionais. As "paixões partidárias" envolviam clérigos, trabalhadores da estrada de ferro e, no imediato pós-abolição, atraíram os libertos de 13 de maio, que viram nesses conflitos oportunidades de estabelecer alianças, barganhar apoio e proteção, questionar algumas hierarquias, testar os limites da abolição formal e tentar moldar em seu favor os sentidos da liberdade.

Nas franjas das disputas entre conservadores e liberais residiam o conflito entre ex-proprietários de escravos e os treze de maio e o temor de que uma revolta coletiva maior pudesse a qualquer momento acontecer. Fazendeiros da Colônia Leopoldina enviaram diversas queixas ao subdelegado, Leonardo José de Souza, que declarou ao chefe de polícia estar sem força pública suficiente para manter a ordem. A autoridade policial solicitou um destacamento de dez a vinte praças para retirar os proprietários do "assombro" em que estavam, "vendo que de um momento para outro serão agredidos por essa horda de vagabundos enfurecidos pelo mal conselheiro [o padre Geraldo], para ou dar-lhes o que eles quiserem, ou perecerem nas mãos de tais sicários". A situação parecia mesmo difícil para os proprietários. Segundo a autoridade responsável pela ordem, a desordem imperava, as ameaças apareciam de forma descomunal e a "insubordinação" coletiva levantava "altancira o seu colo". Em tom desesperado, José de Souza terminava o ofício apelando para Deus e a Justiça de Sua Majestade Imperial para que os tirassem o quanto antes do estado "perigoso e vexatório" em que se encontravam após a abolição.[82]

Meses após o trágico episódio, com o saldo de dois libertos mortos, os conservadores, em especial o delegado Salustiano Muniz de Almeida e o juiz municipal Luiz Joaquim de Magalhães Castro, foram acusados pelos liberais de continuar a "açular os libertos da lei de 13 de maio contra os liberais". O juiz de direito da comarca, Luiz Jacintho Vergne de Abreu, pela maneira como as coisas se desenrolavam na cidade de Caravelas, pressagiava "graves acontecimen-

---

quim Nabuco/ Massangana), 1988, p. 353; Brito, *A Abolição*, pp. 127-128; Albuquerque, *O jogo da dissimulação*, p. 122.

82. Subdelegado da Colônia Leopoldina ao chefe de polícia, 28 maio 1888, APEB, *Chefes de polícia — 1878-1888*, maço 2986.

tos". Segundo ele, "de tal gente refratária ao trabalho têm partido graves provocações a cidadãos qualificados que recorrem a mim e aos quais aconselho prudência, visto como não se pode contar com tais autoridades".[83] Apesar de o juiz ser um dos principais aliados do padre Geraldo e dos liberais, sua simpatia pelos treze de maio não era incondicional — variava ao sabor das circunstâncias, eventos e de acordo com o posicionamento dos libertos dentro das disputas entre as elites locais. Como outras autoridades, o juiz temia sobretudo as atitudes desafiadoras dos treze de maio em relação aos proprietários locais. O conflito iminente era entre libertos e "cidadãos" e a crítica dirigida a alguns conservadores que não cumpriam devidamente o seu papel na repressão à "insubordinação".

Em 5 de julho de 1889, o delegado recém-nomeado de Viçosa, Juvenal Lourenço de Jesus, cunhado do padre Geraldo, que junto com o clérigo participara dos festejos da abolição, solicitou aumento da força pública. Segundo ele, o termo estava "sobremodo revolto", em especial na Colônia Leopoldina, com grande concentração de libertos, e em Aimorés, ponto terminal da estrada de ferro Bahia-Minas, onde havia conflitos e mortes constantes.[84] Em Aimorés, em julho de 1888, cerca de cinquenta trabalhadores portugueses da ferrovia, descontentes com o não pagamento do salário combinado, armados de cacete, garrucha, foice e faca, protagonizaram um conflito em que saíram feridos o empreiteiro e o inspetor-geral da linha.[85] Esse episódio deve ter aguçado ainda mais o medo de que conflitos armados como esse se difundissem entre os treze de maio. Em 1889, o novo delegado de Caravelas, Antônio Melgaço de Almeida, com o objetivo de "restabelecer a ordem pública", solicitou ao chefe de polícia envio de força policial:

> Levo ao conhecimento de V.Exa. que a tranquilidade pública se acha agitada nes-

83. Juiz de direito Luiz Jacintho Vergne de Abreu ao presidente da província, 2 jan. 1889, APEB, *Delegados, 1884-1889*, maço 3002.

84. Delegado dos termos de Viçosa e São José de Porto Alegre ao chefe de polícia, 5 jul. 1889, APEB, *Polícia — Delegados, 1888*, maço 6226.

85. Sobre conflitos envolvendo trabalhadores da estrada de ferro Bahia-Minas, ver Iacy Maia Mata e Robério Santos Souza, "Protesto, insubordinação e reminiscências da escravidão na construção da ferrovia Bahia-Minas na década abolição", *Mundos do trabalho*, Florianópolis, v. 12 (2020), pp. 1-19.

> ta cidade porque os libertos de 13 de Maio, insuflados, como dizem, pelas autoridades demitidas e, ainda mais pelo Dr. Juiz Municipal deste Termo Luiz Joaquim de Magalhães Castro e o Vigário Francisco José Bernardino, têm ameaçado os cidadãos pacíficos da situação atual, insultando-os publicamente e não respeitando até as casas de famílias.[86]

Os libertos costumavam frequentar a casa do padre Francisco Bernardino e gabavam-se de que "a igreja do mesmo era franca" para eles; alguns dos chamados treze de maio trabalhavam na reforma da matriz e foram identificados como os "oitenta e oito".[87] O pároco conservador, ao que parece, teria armado os recém-libertados, alguns dos quais residiam no pavimento térreo do mesmo prédio em que ele morava e isso incomodava sobremaneira as autoridades.[88] O uso de arma sempre fora permitido aos proprietários e abastados, mas visto com suspeição quando estendido às chamadas classes perigosas.[89] No pós-abolição, os projetos de disciplinarização e controle sobre os egressos da escravidão e a associação entre liberdade e crime fizeram com que notícias de porte de armas por recém-libertados provocassem temor e apreensão.

Na Bahia, circulavam notícias de que os libertos, refratários ao trabalho, vagavam armados pela província, saqueando e ameaçando as autoridades constituídas. Já no dia 20 de maio, o delegado de Vila Viçosa, alegando estar coagido, informou ao chefe de polícia que a ordem pública estava "animada", pois havia um "grande grupo de criminosos e desordeiros armados comandados

86. Delegado de Caravelas Antônio Melgaço de Almeida ao presidente da província, 16 jul. 1889, APEB, *Correspondência recebida da polícia, 1889*, maço 3139-82.

87. Depoimento de Presciano Procópio Ribeiro, APEB, Seção Judiciária, Tentativa de homicídio, 27/968/1, Henrique Fernandes de Brito (e outros) — Antônio Jacintho da Silva Guimarães, Caravelas, 1889.

88. Delegado de Caravelas Antônio Melgaço de Almeida ao chefe de polícia, 12 ago. 1889, APEB, *Polícia — Juízes — 1887-1889*, maço 6393.

89. Nos Estados Unidos, "códigos negros" de muitos estados proibiam o uso de armas nas fazendas sem autorização do proprietário e cobravam impostos sobre armas pertencentes aos negros. Eric Foner, *Nada além da liberdade: a emancipação e seu legado* (Rio de Janeiro: Paz e Terra, 1988), p. 113. Em Cuba era proibido aos livres de cor o porte de armas permitidas às pessoas brancas. Ver Iacy Maia Mata, *Conspirações da raça de cor: escravidão, liberdade e tensões raciais em Santiago de Cuba (1864-1881)* (Campinas: Ed. da Unicamp, 2015), p. 59.

pelo padre Geraldo e o Presidente da Câmara".[90] Os agrupamentos e ajuntamentos de libertos suscitavam especial preocupação das autoridades, receosas de que a tensão e os conflitos desencadeassem uma sublevação negra. Segundo a denúncia, durante as comemorações da abolição, os libertos partidários do padre Geraldo portavam garruchas, espingardas, facas e cacetes.[91] De outras regiões da Bahia, surgiram notícias semelhantes. Quando do conflito no engenho Maracangalha, na vila de São Francisco, o subdelegado informou ao chefe de polícia que os libertos do local estavam "munidos de armamentos", eram "ousados" e não respeitavam as autoridades constituídas, declarando "opor-se a qualquer tentativa contra eles".[92] Em Iguape, segundo correspondência trocada entre o chefe de polícia e o subdelegado, "os trabalhadores do Engenho Central de Iguape [...] anda[va]m armados, e ameaçando os cidadãos pacíficos [daquela] localidade".[93]

Voltando ao sul da Bahia, em Canavieiras, de acordo com um subdelegado:

> No dia 27 dois negros, um por nome Arthur, escravo que foi de Honório, e um outro que foi do Senr. Bernardo de Souza, armados de pistola de dois canos, facão e faca de ponta, aí foram repelidos, e tomadas as armas, (a pistola botaram fora) juntamente me entregaram o facão e a faca, que lhe farei remessa, e no que, tornaram a vir, [...] deram-lhe voz de prisão não obedeceram, em vista lhe comunico, isto aqui tem acontecido depois do grito da liberdade, grupos de negros em diversas fazendas, do que peço a V.Sa. algumas providências.[94]

90. Delegado de Vila Viçosa para o Chefe de Polícia, 20 de maio de 1888, APEB, *Chefes de Polícia — 1888-1889*, maço 2988.

91. Delegado interino de Vila Viçosa para o chefe de polícia interino, 1º jun. 1888, APEB, *Chefes de Polícia — 1878-1889*, maço 2986.

92. Subdelegado da freguesia do Monte para o chefe de polícia, 4 jul. 1888, APEB, *Polícia — Chefes de Polícia, 1888*, maço 2987; e Mata, "Os 'treze'", pp. 34-35. Esse conflito foi analisado por Fraga Filho, *Encruzilhadas*, pp. 166-189.

93. Chefe de polícia para o subdelegado de Iguape, 19 out. 1888, APEB, *Subdelegados, 1888-1889*, maço 6253; e Iacy Maia Mata, "Libertos na mira da polícia: disputas em torno do trabalho na Bahia pós-abolição", *História Social*, Campinas, n. 14/15 (2008), pp. 35-59.

94. Subdelegado de Boa Vista para o delegado de polícia de Canavieiras, 31 maio 1888, APEB, *Delegados, 1887-1889*, maço 3003; Mata, "Libertos", p. 186; e Albuquerque, *O jogo da dissimulação*, pp. 111-112.

Em meio ao medo das elites e autoridades de que uma sublevação de libertos pudesse explodir a qualquer momento, algumas testemunhas afirmaram que o padre Francisco José Bernardino havia comprado de três a quatro rifles na casa do negociante Ernesto Caetano de Almeida e dado aos "libertos de oitenta e oito". E de fato, alguns do grupo foram vistos portando "rifles novos muito reluzentes".[95] O controle sobre a utilização de arma de fogo, sua interdição aos libertos e o monopólio do seu uso pelos brancos forma objeto de políticas e legislação nas sociedades pós-emancipação nas Américas.[96] A suspeita de que o vigário teria fornecido armas aos treze de maio alvoroçou as elites locais, que logo passaram a agir. Uma denúncia de que os "oitenta e oito" preparavam uma emboscada para assassinar Antônio Jacintho da Silva Guimarães Júnior, filho do capitão liberal Antônio Jacintho Guimarães, foi o suficiente para que pai e filho reunissem o sargento e quatro praças do destacamento e se dirigissem à casa do vigário conservador. No caminho, encontraram libertos armados, e um deles teria apontado a garrucha para os agentes da força pública e gritado para "os companheiros que atirem"; nesse momento, interveio a irmã do vigário, que, colocando-se entre os libertos e a força pública, "suspende[u] as armas e os intim[ou] p[ar]a não atirarem conseguindo em ato contínuo fechar a porta", deixando-os presos dentro da casa.[97] Todo o episódio parece muito vago e impreciso, mas com apelo suficiente para a instauração de um processo-crime por tentativa de homicídio. Afinal, eram todos libertos de 13 de maio portando armas, potenciais agentes de desordem, rebeldia e sublevação.[98] Manoel, um dos acusados, era criado do padre, e chegou logo após o

95. Depoimento de Antônio José da Penha, APEB, Seção Judiciária, Tentativa de homicídio, 27/968/1, Henrique Fernandes de Brito (e outros) — Antônio Jacintho da Silva Guimarães, Caravelas, 1889.

96. Hebe Maria Mattos, *Das cores do silêncio: os significados da liberdade no Sudeste escravista — Brasil, século XIX* (Rio de Janeiro: Arquivo Nacional, 1995), p. 314. Nos Estados Unidos, em 1874, brancos armados confiscaram armas de libertos (Foner, *Nada além da liberdade*, p. 113), e em Cuba, após a Lei do Patronato de 1880, a repressão a uma suposta conspiração visava desarmar a população (Mata, *Conspirações*, p. 253).

97. Denúncia do promotor público, 12 nov. 1889, APEB, Seção Judiciária, Tentativa de homicídio, 27/968/1, Henrique Fernandes de Brito (e outros) — Antônio Jacintho da Silva Guimarães, Caravelas, 1889.

98. Uma das versões é que o padre havia raptado a menor Helena, que passou a viver em sua companhia, e, tendo sido denunciado pelo novo delegado de Caravelas, Antônio Melgaço de

conflito. Como estava desarmado, a polícia deixou-o passar e ele conseguiu entrar na casa do vigário; pouco tempo depois ele apareceu na janela do sobrado, dirigindo muitas injúrias para os que estavam na rua, ameaçando "que não se iria embora enquanto não queimasse um com sua arma".[99] Além disso, Manoel teria dito que "atirava para a polícia e que não sairia daqui sem queimar a casa de um liberal".[100] Rebeldia imperdoável: posse de arma, ameaça à força policial e desafio a brancos poderosos ligados ao Partido Liberal.

A rebeldia dos libertos despertava os temores mais profundos dos políticos e ex-proprietários de escravos da região. Eles sabiam que ameaça de morte, emboscada e assassinato compunham a gramática da resistência escrava e faziam parte do roteiro das revoltas e sublevações. Anos antes, haviam testemunhado o levante da fazenda Monte Christo e o assassinato de Venerote, proprietário da Mutum. A memória daqueles acontecimentos recentes, que tiveram grande repercussão na província, aliada ao comportamento de "desobediência" e "insubordinação" dos treze de maio, fazia ressurgir o medo de que grandes conflitos pudessem ocorrer.

Esse é mais um capítulo do enfrentamento entre liberais e conservadores do extremo sul, mas também das brechas desse conflito ocupadas pelos libertos. A participação dos treze de maio recheava esses confrontos tradicionais com atitudes que desafiavam o mando senhorial. Era o potencial rebelde dessa ocupação de espaço que preocupava autoridades e proprietários do lugar. Mas o que vem à tona nos documentos é o conflito político convencional. O capitão Antônio Jacintho, liberal, vivia a hostilizar seus adversários políticos e era acusado de publicar com frequência "pasquins difamantes contra cidadãos e famílias respeitáveis". Na ocasião da festa de São Sebastião, na povoação da Barra,

---

Almeida, aliado dos liberais, pretendia se vingar proferindo insultos e dirigindo ameaças ao filho do capitão Antônio Jacintho da Silva Guimarães. Delegado de Caravelas Antônio Melgaço de Almeida para o chefe de polícia, 4 e 27 ago. 1889, APEB, *Polícia — Juízes, 1887-1889*, maço 6394; e Delegado de polícia de Caravelas Antônio Melgaço de Almeida para o chefe de polícia, 29 set. 1889, APEB, *Polícia — Telegramas — Minutas — 1884-1889*, maço 6181.

99. Depoimento de Antônio José da Penha, APEB, Seção Judiciária, Tentativa de homicídio, 27/968/1, Henrique Fernandes de Brito (e outros) — Antônio Jacinto da Silva Guimarães, Caravelas, 1889.

100. Depoimento de Presciano Procópio Ribeiro, APEB, Seção Judiciária, Tentativa de homicídio, 27/968/1, Henrique Fernandes de Brito (e outros) — Antônio Jacintho da Silva Guimarães, Caravelas, 1889.

ele se apresentou em companhia de "seu filho de igual nome, em frente de um grupo de capangas, a provocarem conflitos e a insultarem os conservadores e suas famílias".[101] O protagonismo dos libertos no conflito, sem dúvida, é uma demonstração de lealdade ao pároco conservador, mas não só. Os treze de maio nutriam seus próprios ressentimentos contra o capitão: fora ele quem saíra armado de facão durante as comemorações da abolição provocando os libertos que festejavam a aprovação da lei.[102] O medo de ser vítima de uma emboscada dos libertos revela a tensão e a inquietação que a abolição gerou entre os proprietários locais.

No extremo sul da Bahia, além das tensões que marcaram o pós-abolição em torno do controle e do ordenamento do trabalho, emergiam hostilidades (e temores) outras, que tinham a ver com o controle do exercício político dos libertos, sua capacidade de se aliar a um dos grupos ou partidos em disputa e extrair daí um maior grau de autonomia e independência. Libertos que trabalhavam na matriz e eram aliados do padre Francisco Bernardino foram acusados de fazer parte da Guarda Negra.[103] É difícil afirmar que esse grupo de fato era uma ramificação da célebre organização, sediada na Corte, cujo objetivo era "restituir ao homem de cor o direito, que lhe foi roubado, de intervir nos negócios públicos".[104] Criada no Rio de Janeiro, a Guarda Negra pretendia espalhar-se pelo Império e tinha articulação com grupos antirrepublicanos em São Paulo, Espírito Santo, Minas Gerais, Recife e Salvador, e há notícias de que

101. Delegado de polícia de Caravelas para o presidente da província, 1º fev. 1889, APEB, *Delegados 1884-1889*, maço 3002.

102. Cópia do inquérito conduzido pelo chefe de polícia, 6 jun. 1888, APEB, *Delegados, 1884--1889*, maço 3002.

103. Depoimento de João Salvador de Jesus Passos, APEB, Seção Judiciária, Tentativa de homicídio, 27/968/1. Fraga Filho, *Encruzilhadas*, pp. 353-356; e Albuquerque, *O jogo da dissimulação*, cap. 3, analisam episódios envolvendo a Guarda Negra em Salvador, mas desconhecemos a existência desse grupo em outros pontos da província. Sobre a Guarda Negra na Corte, ver Carlos Eugênio Líbano Soares, "Da Flor da Gente à Guarda Negra: os capoeiras na política imperial", *Estudos Afro-Asiáticos*, n. 24 (1993), pp. 61-81; Flávio dos Santos Gomes, "No meio das águas turvas (Racismo e cidadania no alvorecer da República: a Guarda Negra na Corte — 1888--1889)", *Estudos Afro-Asiáticos*, n. 21 (1991), pp. 75-96, 15-43; e Wlamyra Ribeiro de Albuquerque, "'É a paga!': Rui Barbosa, os capangas e a herança abolicionista (1889-1919)", in Gomes e Domingues (orgs.), *Experiências da emancipação*, pp. 48, 49, 50.

104. Nota de Clarindo de Almeida, que se identificava como "chefe geral da Guarda Negra", publicada no jornal *Cidade do Rio*, jan. 1889 (citado por Gomes, "'No meio das águas turvas'", p. 31).

também existiu em Cachoeira.[105] Contudo, acreditamos mais plausível que fossem identificados como membros daquela organização todos os libertos com alguma ligação com líderes políticos locais ou envolvimento em distúrbios e "desordens". Várias manifestações e outros tipos de participação política dos negros, sobretudo contrários aos republicanos, foram interpretados e lidos como ação da Guarda Negra.[106] De todo modo, assim como as elites cariocas a identificavam "como uma possibilidade de participação política naquele momento crítico", proprietários e autoridades do sul temiam a atuação e participação da população de cor na cena pública — temor que sempre aumentava durante os processos eleitorais.[107] Não por acaso, ao se aproximarem as eleições de 1889, um delegado dirigiu um telegrama para o presidente da província pedindo autorização para "pegar" e remeter através do vapor o "liberto chefe de capangas vagabundos" que, segundo ele, pretendiam perturbar as eleições.[108]

Estavam em jogo os impactos da abolição (e dos libertos) na correlação de forças de Caravelas, que era considerada um "reduto inexpugnável" do Partido Liberal.[109] Caravelas e Vila Viçosa faziam parte do 6º distrito eleitoral, que, nas eleições de 1883 para a Assembleia Legislativa Provincial, concedeu mais votos para o liberal dr. Alfredo Martins da Silva (424), seguido pelo conservador João Gonçalves Tourinho, com 392.[110] Em 1889, os liberais temiam que os treze de maio atuassem nas eleições em favor do Partido Conservador. Por isso, no dia

105. Albuquerque, *O jogo da dissimulação*, pp. 147, 162.

106. Para o Maranhão, ver Gato, *O massacre*, pp. 96-97.

107. Gomes, "'No meio das águas turvas'", p. 35. O capoeira Macaco Beleza, membro da Guarda Negra em Salvador, era presença frequente nos processos eleitorais. Ver Albuquerque, *O jogo da dissimulação*, pp. 154-155.

108. Delegado de Caravelas para o chefe de polícia, Caravelas, 27 ago. 1889, APEB, *Polícia — Telegramas — Minutas — 1884-1889*, maço 6181. Na Corte, a Guarda Negra foi acusada de provocar conflitos durante as eleições. Gomes, "'No meio das águas turvas'", p. 31. O termo "capanga" foi usado para definir o indivíduo em geral "recrutado entre a população pobre e de cor" por chefes políticos dos partidos tradicionais, com presença frequente nos processos eleitorais e no jogo político no século XIX. Albuquerque, "'É a paga!'", pp. 47-48, 51-58. Sobre a participação dos trabalhadores de Salvador nos processos eleitorais através do voto, ver Aldrin Armstrong Silva Castellucci, "Muitos votantes e poucos eleitores: a difícil conquista da cidadania operária no Brasil Império (Salvador, 1850-1881)", *Vária História*, v. 30, n. 52 (2014), pp. 183-206.

109. *Diario da Bahia*, 1º nov. 1889, p. 1.

110. O padre Geraldo foi o quarto mais votado, com 162 votos. *Brazil: Orgam do Partido Conservador*, 19 dez. 1883.

1º de novembro, o jornal liberal *Diario da Bahia* comemorou a dispersão da Guarda Negra e a volta da paz na cidade. O periódico se regozijava com a remoção do padre Francisco José Bernardino para Salvador e com a prisão de dois "façanhudos [membros] da Guarda Negra".[111]

"QUE PODIA FAZER O QUE QUISESSE, POIS ERA LIVRE"

Apesar das agitações, da conclamação do padre Geraldo para que os libertos abandonassem as fazendas e dos ânimos exaltados de alguns ex-escravos nos dias seguintes à aprovação da lei, o chefe de polícia afirmou ter conseguido "pelos meios suasórios e brandos restabelecer a ordem nas mesmas, continuando eles nos seus trabalhos de lavoura de acordo com os contratos feitos pelos seus ex-senhores".[112] A afirmação da maior autoridade policial da província demonstra o quanto a polícia baiana atuou, e nem sempre através da persuasão, em favor dos fazendeiros para manter em ordem a força de trabalho egressa da escravidão.[113] No entanto, a despeito do tom otimista do chefe de polícia, os impactos da abolição nas atividades produtivas da Colônia Leopoldina seriam sentidos em pouco tempo.

Apesar dos limites da abolição formal da escravidão no Brasil, que não veio acompanhada de reformas sociais, a lei de 1888 agitou o extremo sul da Bahia. As insistentes queixas em relação à resistência dos treze de maio ao trabalho e a alegação de "desorganização de serviço a que deu lugar a áurea lei" pareciam não ser apenas queixas de fazendeiros que reivindicavam indenização.[114] Já no mês de maio, os libertos da Colônia Leopoldina teriam passado a exigir o "salário de mil-réis por dia com comedoria" e alguns já teriam come-

111. *Diario da Bahia*, 1 nov. 1889, p. 1.

112. Chefe de Polícia para o presidente da província, 30 jun. 1888, APEB, *Polícia — Minutas, 1888*, maço 6120.

113. Mata, "Libertos". Esse não foi um comportamento exclusivo das forças policiais baianas; o chefe de polícia de Minas Gerais orientou os delegados e subdelegados a atuar para garantir que os libertos se dedicassem ao trabalho através de contratos com os seus ex-senhores (Mattos, *Das cores do silêncio*, p. 310).

114. Delegado de polícia de Caravelas para o Chefe de Polícia, 2 set. 1888, APEB, *Chefes de Polícia, 1888*, maço 2988. No Recôncavo, apesar da crise econômica, a maior parte dos engenhos continuou funcionando nos anos de 1888-1889. Fraga Filho, *Encruzilhadas*, pp. 147-149, 229.

çado a abandonar as fazendas dos ex-senhores. O subdelegado dizia-se impotente para "garantir os cidadãos ameaçados e trazer em paz o lar doméstico invadido pela insubordinação".[115]

O testamento de Theotonio Mendes da Rocha, proprietário de uma fazenda de café, é uma pequena amostra dos impactos da abolição na região. Theotonio era advogado e possuía seis escravos antes de casar; com a morte do sogro, sua esposa herdara uma fazenda de café com vários cativos. Ao fazer o testamento um ano e dois meses depois da Lei Áurea, em 18 de julho de 1889, Theotonio fez questão de registrar seu desgosto com a abolição, afirmando que não possuíam mais escravos porque "aqueles o governo carregou com eles como seus". Apesar das críticas endereçadas aos cativos, a quem considerava indolentes e preguiçosos e de quem se queixava por falta de vontade e atividade no serviço, o testador atribuía à lei de 13 de maio o atraso no pagamento de dívidas e a interrupção na construção de uma casa em Viçosa, que "não pode continuar por ficar sem oficiais que tinha pela lei de 13 de maio do ano passado", demonstrando a total dependência que tinha da escravidão às vésperas da abolição. Segundo o proprietário, em 1889, os esforços para o melhoramento da fazenda pareciam em vão, pois achava-se "com cultura que se tem atrasado pela falta de braços apesar da despesa que tenho feito com pessoal livre, casa de morada e tudo o mais".[116] Como muitos dos escravistas baianos, Theotonio, apesar de desanimado, nutria grande esperança, pois apostou até o último suspiro na indenização, chegando a declarar em testamento que, "se o governo vier indenizar os prejuízos sofridos pela lei de 13 de Maio do ano passado, deixo às duas menores Laura e Maria, do que se receber, filhas da referida Victoria Correia do Nascimento, a quantia de quinhentos mil".[117] O fazendeiro Francisco

115. Subdelegado da Colônia Leopoldina para o presidente da província, 28 maio 1888, APEB, *Chefes de Polícia, 1878-1888*, maço 2986.

116. Sobre a "falta de braços" no Recôncavo pós-abolição, ver Sílvio Humberto dos Passos Cunha, "Um retrato fiel da Bahia: sociedade-racismo-economia na transição para o trabalho livre no Recôncavo açucareiro, 1871-1902", Tese de Doutorado, Universidade Estadual de Campinas, 2004, pp. 149-164.

117. Certidão dos autos do testamento de Theotonio Mendes da Rocha, APEB, Seção Judiciária, Conflito, 65/2340/13, O Juiz Municipal do Termo de Caravelas — Juiz Municipal do Termo de Vila Viçosa, Caravelas, 1890. Muitos ex-proprietários de escravos em todo o Brasil esperavam que o governo concedesse indenização. Onze dias após a abolição, os escravistas protocolaram pedido de indenização na Câmara dos Deputados e no Senado. Alonso, *Flores*, p.

Ferreira da Câmara, acusado de ser mandante do assassinato de Venerote, passou a viver em condição precária, tendo que sustentar a mãe e os irmãos, sobretudo depois da perda dos 25 escravos que trabalhavam na lavoura, ocorrida após a abolição.[118] Analisando o impacto da Lei Áurea na Bahia e em especial na Colônia Leopoldina, Arnold Wildberger concluiu que:

> Os transtornos e prejuízos que este ato causa à lavoura do Recôncavo e do sul da província são incalculáveis. Para Leopoldina representa este decreto o golpe mortal; os emancipados abandonam as propriedades rurais; não aspiram outra liberdade senão a do direito de viver nas cidades; vêm a desorganização e a miséria. As grandes e prósperas fazendas de café decaem rapidamente, os proprietários que possuem recursos, repatriam-se, os menos aventurados emigram para as cidades da Bahia e Rio de Janeiro, e a terra exuberante é abandonada por não existirem braços para colherem os frutos.[119]

Parece que muitos libertos de Vila Viçosa e da Colônia Leopoldina traduziram mesmo a abolição como o "direito de viver nas cidades", porque Caravelas, que em 1872 possuía apenas 205 escravos, tornou-se cenário de diversos conflitos envolvendo os treze de maio.[120] Como em outras sociedades depois da abolição, os libertos do extremo sul podem ter acreditado que nas cidades "a liberdade era mais livre".[121] Em 1890, o número de habitantes de Caravelas subiu para 5482 e esse pode ser um indício da mobilidade geográfica dos muitos libertos que abandonaram as

---

362; Gomes, "'No meio das águas turvas'", pp. 21-22; Cunha, "Um retrato fiel da Bahia", pp. 117-120; Gato, *O massacre*, pp. 80-88, 93-94.

118. APEB, Seção Judiciária, Processo-crime, 17/1604/10, A justiça — Anselmo de tal e outros, Viçosa, 1890.

119. Arnold Wildberger, *Notícia histórica de Wildberger & Cia (1829-1942)* (Salvador: Typographia Beneditina, 1942), p. 87. Sobre a ruína da Colônia Leopoldina após 1888, ver Braz do Amaral, *Recordações históricas* (Salvador: Assembleia Legislativa do Estado da Bahia, 2007), pp. 319-320; e Albuquerque, *O jogo da dissimulação*, p. 136.

120. Dos 205 escravos (114 homens e 91 mulheres), apenas 68 (51 homens e dezessete mulheres) eram lavradores. Ver Brasil, Diretoria Geral de Estatística, *Recenseamento da população do Império do Brazil.*

121. Eric Foner, "O significado da liberdade", *Revista Brasileira de História*, São Paulo, v. 8, n. 16 (1988), p. 15.

fazendas da região para buscar outros meios de vida.[122] Um ano após a abolição, segundo uma autoridade policial, a tranquilidade pública se achava agitada porque grupos de libertos "infestavam" as ruas da cidade, provocando cidadãos pacíficos do Partido Liberal. O delegado solicitou ao chefe de polícia que, "com a máxima brevidade", enviasse força policial, pois os "escândalos continuavam", as ameaças "perduravam" e a polícia era insuficiente para reagir.[123]

Em Caravelas, cidade majoritariamente negra,[124] os "oitenta e oito" encontravam vários tipos de ocupação. Entre os acusados de fazer parte da Guarda Negra estavam Antônio Ferreira dos Santos, que "servia de criado" e foi preso "às sete horas da tarde em uma casa de negócios em que o patrão dele comprava"; Henrique Fernandes de Brito era jornaleiro, foi preso quando trabalhava na matriz e atribuiu a prisão "à intriga e raiva que dele respondente o senhor Doutor Promotor Público tem"; Antônio Francisco de Almeida, jornaleiro, era filho de uma ex-escrava e "foi preso na Igreja, dentro da sacristia, onde se acha-

122. Viçosa, que incluía a Colônia Leopoldina, apresentou crescimento populacional inferior ao de Caravelas: em 1872, possuía 4017 habitantes e, em 1890, esse número subiu para 4830. Ver Brasil, Diretoria Geral de Estatística, *Recenseamento da população do Império do Brazil*; e Brasil, Diretoria Geral de Estatística, *Synopse do recenseamento de 31 de dezembro de 1890* (Rio de Janeiro: Officina da Estatistica, 1898), <www2.senado.leg.br/bdsf/item/id/227299>, acessado em 5 out. 2017. A diferença se manteve estável até o final do século: em 1900, Caravelas tinha uma população de 6227 habitantes, enquanto Viçosa possuía 5486. Brasil, Diretoria Geral de Estatística, *Synopse do recenseamento de 31 de dezembro de 1900* (Rio de Janeiro: Typ. da Estatistica, 1905), <www2.senado.leg.br/bdsf/handle/id/222260>, acessado em: 10 out. 2017. Parte desse aumento populacional pode ser também atribuída à chegada de trabalhadores para a construção da Estrada de Ferro Bahia-Minas, que, na década de 1880, já estava em funcionamento e reunia "gente de todo calibre". *Diario da Bahia*, 14 jun. 1888. Sobre a presença de imigrantes e brasileiros de várias regiões nessa ferrovia na década da abolição, ver Mata e Souza, "Protesto", pp. 5, 8, 11, 14. Sobre a grande concentração de trabalhadores na construção das estradas de ferro, ver Robério Santos Souza, *Trabalhadores dos trilhos: imigrantes e nacionais livres, libertos e escravos na construção da primeira ferrovia baiana (1858-1863)* (Campinas: Ed. da Unicamp, 2015), especialmente o cap. II. Sobre a importância da mobilidade física para os libertos, ver Chalhoub, *Visões*, pp. 80, 236, 238-239; Graden, *From Slavery*, p. 207; e Mattos, *Das cores do silêncio*, p. 317.

123. Delegado de Caravelas para o Presidente da Província, 5 jul. 1889, APEB, *Correspondência recebida da polícia*, maço 3139-82.

124. Em 1872, a esmagadora maioria da população da cidade de Caravelas era negra: pretos livres (1725), pardos livres (1012), caboclos livres (122), pretos escravos (110), pardos escravos (95); em um total de 4031 habitantes, apenas 967 eram considerados brancos. Ver Brasil, Diretoria Geral de Estatística, *Recenseamento da população do Império do Brasil*.

va trabalhando como servente do vigário"; Belmiro Dias da Fonseca, também jornaleiro, informou que no dia dos acontecimentos, após descarregar a madeira de uma lancha, seguiu para o sítio de propriedade de Andrelino Leite Barcelos, onde dormiu, retornando na manhã seguinte para carregar de novo a lancha e voltar para a Ponta da Areia.[125]

A condição de jornaleiros lhes conferia maior autonomia, mobilidade, controle do tempo e ritmo de trabalho e, em uma conjuntura de conflito aberto entre as elites locais, o vínculo estabelecido pela prestação de serviços podia se transformar em aliança política. A associação dos treze de maio a autoridades locais e lideranças partidárias pode ter sido influenciada pelo abolicionismo, como no caso do padre Geraldo, mas era mediada também por relações de trabalho. Belmiro Dias da Fonseca, aliado do padre Francisco Bernardino, envolvido no conflito, havia sido escravo de Francisco Dias da Fonseca, no pós-abolição abandonou a casa senhorial e passou a trabalhar na igreja por jornal.[126] Uma das conquistas da liberdade para os recém-libertados foi a possibilidade de, na condição de jornaleiros, escolher, em alguma medida, para quem iriam trabalhar. Em um período de mudança nas relações de trabalho e cisões entre as elites locais, os libertos podiam obter algumas barganhas e proteção de poderosos e exercitar, sob as diferentes bandeiras partidárias, pequenos atos de rebeldia desafiando algumas hierarquias sociais.

As disputas entre conservadores e liberais, colocando em rota de colisão autoridades policiais e judiciárias, promoveram uma conjuntura de crise de autoridade que permitiu que libertos, em pequenas rebeldias, atuassem desafiando não só proprietários e ex-senhores, mas as autoridades em geral. Um oficial de justiça "foi acremente injuriado" quando intimou o liberto Vicente de Tal para comparecer, na condição de testemunha, à sessão do júri. Dias depois, quando o oficial passava em frente à casa em que Vicente trabalhava, foi agredido pelo liberto, que cumpria assim a promessa de vingança proferida no dia

125. Interrogatórios de Antônio Ferreira dos Santos, Henrique Fernandes de Brito e Antônio Francisco de Almeida; e Auto de qualificação de Belmiro Dias da Fonseca, APEB, Seção Judiciária, Tentativa de homicídio, 27/968/1, Henrique Fernandes de Brito (e outros) — Antônio Jacintho da Silva Guimarães, Caravelas, 1889.

126. Belmiro Dias da Fonseca foi escravo de Francisco Dias da Fonseca. Denúncia do Promotor Público, 28 out. 1889, APEB, Seção Judiciária, Tentativa de homicídio, 27/968/1, Henrique Fernandes de Brito (e outros) — Antônio Jacinto da Silva Guimarães, Caravelas, 1889.

3. *Charge na qual Angelo Agostini ironiza o comportamento dos partidos políticos tradicionais. Fonte:* Revista Illustrada, *Rio de Janeiro, n. 471, 11 nov. 1887, p. 5.*

da intimação. Incomodou e despertou a ira do liberto o fato de o oficial "o ter intimado na rua e não em sua casa".[127] Para o autor do texto que publicou a denúncia no jornal, o comportamento de Vicente era um exemplo de que permaneciam no "regime do terror" da Guarda Negra, que continuava a desacatar autoridades, a fazer provocações e a cometer crimes sem qualquer punição.[128] Com grande concentração de libertos e certa leniência de algumas autoridades, a cidade foi palco de vários pequenos atos de rebeldia individual e de frequentes atitudes consideradas de insubordinação, que alimentaram a expectativa de que "a qualquer hora algum conflito" poderia ocorrer. O "vagabundo" Júlio, com acenos e epítetos ofensivos, "trazendo na mão um pedaço de toucinho,

127. *Diario da Bahia*, 16 mar. 1889, p. 1.
128. Idem.

pretendeu arremessá-lo na cara do Sr. Sidonio", um "cidadão prestimoso", eleitor, escrivão de paz e proprietário de um bilhar. Segundo a testemunha que escreveu para o jornal relatando o caso, na cidade, os cidadãos pacíficos e honestos viviam sobressaltados, graças a um grupo de libertos refratários ao trabalho. A queixa do observador era que a rixa entre o liberto e o "cidadão" não fora resolvida a contento pelo delegado conservador.[129] Ao lado da oposição entre conservadores e liberais, emergia outra, percebida como mais inquietante e perigosa, que opunha alguns treze de maio a proprietários, que conviviam com o temor de uma revolta por parte dos libertos.

Outro ato de rebeldia foi cometido por Marcelino José de Paula, jornaleiro, que, encontrando-se em frente de casa, por volta das quinze horas, ébrio, falando impropérios e palavras obscenas, foi abordado por um destacamento policial, ao que respondeu "que estava na sua porta e que podia fazer o que quisesse, pois era livre".[130] Nessa leve demonstração de rebeldia, caminhavam juntos o desafio à força policial e a afirmação da liberdade. Os soldados não deixaram por menos e "o levaram arrastando e esbordoando com rifladas" até a delegacia, aonde chegou com o corpo cheio de contusões. Acontece que o juiz de direito da comarca, Luiz Jacintho Vergne de Abreu, apesar de declarar-se "neutro em política", era aliado do padre Geraldo e do capitão Antônio Jacintho, com quem se afinava José Marcelino de Paula.[131] Perfilado com os liberais e adversários políticos do delegado que ordenou a prisão, o conservador Salustiano Muniz de Almeida, o juiz promoveu uma verdadeira batalha judicial para punir o delegado pela prisão ilegal.

Brechas produzidas pelas rivalidades das autoridades locais abriam caminho para o questionamento das ações arbitrárias da polícia e para a reclamação de direitos e cidadania pelos libertos.[132] A prisão de Marcelino José de Paula

129. *Diario da Bahia*, 4 jan. 1889, p. 2.

130. Delegado de Caravelas para o juiz de direito da comarca, 13 set. 1888, APEB, Seção Judiciária, Recurso de responsabilidade, 21/754/8, Salustiano Muniz de Almeida — A justiça/empresa, Caravelas, 1888.

131. Juiz de direito Luiz Jacintho Vergne de Abreu para o presidente da província, 2 jan. 1889, APEB, *Delegados, 1884-1889*, maço 3002. Marcelino declarou que "acompanhou o grupo do capitão Antônio Jacintho na passeata que fez em regozijo à libertação". Auto de perguntas a Marcelino José de Paula no inquérito conduzido pelo Chefe de Polícia, jun. 1888, APEB, Seção Colonial e Provincial, *Delegados, 1884-1889*, maço 3002.

132. Em 1888, não havia um Código Civil no Brasil, que foi promulgado apenas em 1916 e entrou em vigor em 1917. Albuquerque, *O jogo da dissimulação*, p. 123.

ensejou um processo de recurso de responsabilidade contra o delegado que ordenara ao carcereiro o recolhimento daquele à cadeia municipal. A ação judicial, talvez sem ter essa intenção, punha em xeque a chamada prisão correcional ou para averiguação. Expediente muito utilizado pela polícia, a detenção "simples" ou para averiguação, usada em geral contra ébrios, vadios, acusados de desordem e suspeitos de pequenos crimes, mantinha o indivíduo por alguns dias na cadeia, sem instauração de inquérito ou processo judicial. Os acusados depois eram liberados sem qualquer formalidade.[133] O chefe de polícia, no entanto, com base no aviso circular de 2 de janeiro de 1865, recomendou às autoridades policiais e judiciárias da província que observassem as leis relativas à prisão preventiva, pois o direito não comportava mais o abuso das prisões para averiguações policiais.[134]

Na ocasião, esse mecanismo, apesar de proibido pela legislação, ainda estava em vigor. O delegado acusado argumentou que não havia autorizado a prisão de Marcelino e, em sua defesa, lembrou que as gazetas publicavam com frequência os nomes dos desordeiros recolhidos correcionalmente por ordem das autoridades policiais e alegou que, se estas seguissem o que estava disposto no aviso, nem os chefes de polícia ordenariam mais "as prisões dos vagabundos, ébrios e desordeiros e nem os seus delegados poderiam mais manter a ordem nos seus distritos".[135]

O protagonismo político dos libertos e sua capacidade de estabelecer alianças com autoridades judiciais ensejaram um interessante debate acerca de direitos constitucionais. Quando as elites usaram processos judiciais como arma política para tentar destituir desafetos e adversários de cargos no Estado, abriram espaço para que os treze de maio contestassem autoridades, desafiassem hierarquias e autoridades e, ao mesmo tempo, afirmassem autonomia e direitos conquistados com a liberdade. O consenso estabelecido em outros pontos da província acerca da necessidade de repressão generalizada aos re-

133. Alexandra Kelly Brown, "'On the Vanguard of Civilization': Slavery, the Police, and Conflicts between Public and Private Power in Salvador da Bahia, Brazil, 1835-1888". Tese de Doutorado, The University of Texas at Austin, 1998, p. 71; Mata, "Libertos", p. 52.

134. Mata, "Os 'treze'", p. 76.

135. Delegado de Caravelas para o juiz de direito da comarca, 13 set. 1888, APEB, Seção Judiciária, Recurso de responsabilidade, 21/754/8, Salustiano Muniz de Almeida — A justiça/empresa, Caravelas, 1888.

cém-libertados estava sendo contestado no sul da Bahia como componente das disputas entre os potentados locais.

Quando Eugênio Francisco Ferreira, considerado vagabundo, desordeiro e conhecido como "um dos mais façanhudos membros da célebre Guarda Negra, composta dos libertos de 13 de Maio de 1888", foi preso em 31 de março de 1890, conseguiu logo um habeas corpus. Eugênio teria entrado embriagado na Matriz, "quando ali se praticava um ato religioso, proferindo palavras ímpias e injuriosas", e ao ser preso passou "a injuriar o subdelegado". Logo que se achou livre, Eugênio "continuou a desrespeitar com palavras injuriosas" o subdelegado e o delegado de Caravelas, o que teria motivado nova prisão.[136] A rebeldia, mais uma vez, tinha como alvo autoridades policiais.[137] Não por acaso. Na Bahia pós-abolição, a polícia, atendendo a reivindicações de ex-senhores e às suas próprias concepções e expectativas de ordem social, tornou os treze de maio objeto de controle e punição, efetuando prisões sem observar procedimentos legais, enviando-os para o recrutamento ou forçando-os a assinar termo de bem viver.[138]

O juiz municipal, Luiz Joaquim de Magalhães Castro, célebre conservador, partícipe de outros episódios envolvendo libertos, dirigiu de imediato um ofício ao subdelegado, inquirindo o motivo da prisão "em termos ásperos e

136. Delegado de Caravelas para o juiz de direito da comarca, 21 abr. 1890, APEB, Seção Judiciária, Crime de responsabilidade, 3/78/16, A justiça/empresa — Antônio Melgaço e Almeida, Caravelas, 1890.

137. Albuquerque, "'É a paga!'", p. 51, discute críticas de um contemporâneo à "imperícia policial", que, após a abolição, passou a realizar deportações "sob qualquer pretexto". Sobre o recrutamento de libertos, ver Mattos, *Das cores do silêncio*, p. 313.

138. Indivíduos considerados vadios, embriagados e desordeiros eram obrigados a assinar termo de bem viver. Thomas H. Holloway, *Polícia no Rio de Janeiro: repressão e resistência numa cidade do século XIX* (Rio de Janeiro: Ed. FGV, 1997), p. 159; Mata, "Libertos", pp. 52-53; Fraga Filho, *Encruzilhadas*, pp. 157, 313. Sobre a atuação da polícia em Cachoeira na década da abolição, ver Eliseu Santos Ferreira Silva, "Roubos e salteadores no tempo da Abolição (Cachoeira, década de 1880)", Dissertação de Mestrado, Universidade Federal da Bahia, 2016. Sobre a política de recrutamento em Alagoinhas e Inhambupe na década de 1860, ver Antonio Hertes Gomes de Santana, "Conflitos pela propriedade e reordenamento do trabalho em Alagoinhas e Inhambupe (1860-1890)", Dissertação de Mestrado, Universidade Federal Rural do Rio de Janeiro, 2015, pp. 73-80. Para uma discussão sobre como o recrutamento cerceava a liberdade dos homens livres na Bahia na primeira da metade do século XIX, ver Igor Gomes Santos, "A horda heterogênea: crime e criminalização de 'comunidades volantes' na formação da nação, Bahia (1822-1853)", Tese de Doutorado, Universidade Federal Fluminense, 2017, pp. 170-198.

inconvenientes", e mais tarde enviou outro ofício ao delegado, exigindo a demissão do inspetor de quarteirão que efetuara a prisão. Como no caso de Marcelino, o delegado teve que responder a um processo judicial por crime de responsabilidade.[139] Enquanto o delegado alegava como justificativa para a prisão uma ordem do chefe de polícia emitida por ofício em 15 de fevereiro, autorizando-o "a remeter para a capital os indivíduos reconhecidamente desordeiros, larápios e vagabundos", para que tivessem o destino que "o atual Governo da República está dando a esta gente perturbadora da paz", o juiz municipal conservador saía em defesa de libertos aliados argumentando sobre direitos constitucionais. Dessa vez, tornava-se objeto de batalha jurídica uma política de Estado muito utilizada contra os libertos no pós-abolição: o recrutamento. Como denunciou um manifesto dos homens de cor no Rio de Janeiro, "a maior parte dos recrutados que embarcam para as fortalezas são pretos, e estes da Lei de 13 de Maio".[140]

Na Bahia, alguns libertos, sob acusação de vadiagem, foram remetidos à capital e tornaram-se vítimas do recrutamento. Provavelmente Eugênio Francisco Ferreira teria esse fim.[141] Mas ele tinha ligações políticas com o juiz conservador Luiz Joaquim de Magalhães Castro, que era acusado de ser, "desde a extinção da escravidão, o protetor e açulador dos libertos aqui contra os liberais e Cidadãos pacíficos desta Cidade, que têm sido injuriados e desacatados pelos referidos libertos sob o nome de Guarda Negra". Apontado como arregimentador da Guarda Negra, o juiz não mediu esforços para livrar o liberto Eugênio da prisão.[142] Se a liberdade conquistada com a lei de 13 de maio era precária, os pequenos atos de rebeldia negra serviam para provocar

139. Delegado de Caravelas para o juiz de direito da comarca, 21 abr. 1890, APEB, Seção Judiciária, Crime de responsabilidade, 3/78/16, A justiça/empresa — Antônio Melgaço e Almeida, Caravelas, 1890.

140. *Diario da Bahia*, 1º ago. 1888. Chalhoub lembra que, no imediato pós-abolição, um grupo de deputados dirigiu-se ao ministro da Justiça e sugeriu que os libertos fossem recrutados em massa para o Exército. Sidney Chalhoub, *Trabalho, lar e botequim: o cotidiano dos trabalhadores no Rio de Janeiro da belle époque* (Campinas: Ed. da Unicamp, 2001), p. 67.

141. Fraga Filho, *Encruzilhadas*, pp. 156-159; Mata, "Libertos", pp. 54-55.

142. Sentença, APEB, Seção Judiciária, Tentativa de homicídio, 27/968/1, Henrique Fernandes de Brito (e outros) — Antônio Jacinto da Silva Guimarães, Caravelas, 1889.

debates políticos e jurídicos acerca de direitos e cidadania, testando os limites da abolição.[143]

O pano de fundo dessa guerra de processos judiciais é a disputa de poder através dos cargos públicos. Envolvidos estavam juízes e autoridades policiais dos dois partidos.[144] Para os treze de maio, as cisões das elites locais, no pós-abolição, abriram uma conjuntura favorável de polarização, politização e partidarização das disputas em torno dos significados da liberdade. Pequenos atos de rebeldia dos libertos — portar armas, resistir à prisão, afirmar-se livre, admoestar em público escravocratas conhecidos, assumir filiação partidária, questionar prisões arbitrárias — ensejaram batalhas políticas e judiciais que desafiaram os limites da liberdade, e forjaram percepções de direito e cidadania no extremo sul. Constituíam o que Flávio dos Santos Gomes chamou de "micropolítica que os libertos, e antes deles os escravos, haviam forjado com rara destreza política".[145] No pós-abolição, o extremo sul da Bahia experimentou o que Eric Foner definiu como politização da vida cotidiana, e os treze de maio, em pequenas demonstrações de rebeldia, disputaram os sentidos da liberdade.[146]

CONSIDERAÇÕES FINAIS

Os desdobramentos da crise de mão de obra provocada pelo fim do tráfico de escravos, em 1850, fizeram com que as relações entre senhores e escravos ficassem cada vez mais tensionadas, sobretudo por conta da necessidade de aumento do ritmo de trabalho e das restrições na política de alforrias.[147] Reagindo a essas transformações, os cativos da Colônia Leopoldina e adjacências procuraram resistir às investidas senhoriais e, desse modo, garantir as condições que consideravam justas para suas vidas.

143. Fraga Filho, *Encruzilhadas*, p. 169.

144. Sobre a disputa por cargos públicos na primeira metade do século XIX, ver Santos, "A horda", pp. 36-95.

145. Gomes, "'No meio das águas turvas'", p. 36.

146. Foner, "O significado da liberdade", p. 35.

147. Rafael de Bivar Marquese, "A dinâmica da escravidão no Brasil: resistência, tráfico negreiro e alforrias, séculos XVII a XIX", *Novos Estudos CEBRAP*, n. 74 (2006), pp. 107-123.

Assim como nas demais regiões onde o trabalho escravo conservava relativa importância, a derrocada da escravidão no extremo sul da Bahia e os primeiros anos de vida em liberdade dos ex-escravos foram marcados por lutas e tensões sociais. O apego da classe senhorial à escravidão em um contexto em que a ideia de liberdade era propalada aos quatro ventos fez com que senhores e escravos entrassem mais constantemente em conflito, o que se desdobrou em atos de desobediência, fugas, revoltas e assassinatos. O crescimento das ideias abolicionistas na região acirrou ainda mais os antagonismos entre senhores e escravos. Tal reação resultou na eclosão de diversos conflitos, alguns dos quais acabaram em tragédias que, como vimos, vitimaram violentamente tanto senhores quanto escravos. Esses eventos sem dúvida contribuíram para acelerar a derrocada da escravidão na medida em que passaram a ameaçar a tranquilidade e a ordem social.[148]

E tranquilidade foi o que faltou naqueles agitados dias que precederam a abolição da escravidão no Brasil. No imediato pós-abolição, muitos libertos migraram para Caravelas e ali protagonizaram diversos conflitos, construíram alianças políticas, disputaram os significados da liberdade, ensejaram debates políticos e jurídicos sobre direitos e arbitrariedade policial. Em uma conjuntura de crise, partidarização e acirramento das disputas políticas, os treze de maio aproveitaram as fissuras entre as elites locais para, em pequenas rebeldias, pôr na mesa as suas próprias concepções de direito e liberdade.

Ocorrida sem a indenização da classe senhorial, a libertação imediata e incondicional dos escravos do Império, no dia 13 de maio de 1888, sinalizou também a morte da Colônia Leopoldina — ao menos nos moldes como ela funcionou por décadas a fio. A maioria dos descendentes dos antigos colonos, após 1888, abandonou "a região deixando as terras entregues aos seus antigos escravos e seus descendentes".[149] Muitos dos ex-cativos, contudo, permaneceram isolados no local, formando assim o núcleo quilombola que até hoje habita o distrito de Helvécia, cujo nome deriva de uma das grandes propriedades que existiram nas imediações da Colônia Leopoldina e que simbolizava a ori-

148. Para outros casos de violência envolvendo senhores e escravos na Bahia no período em tela, ver Fraga Filho, *Encruzilhadas*, em especial o cap. 2.

149. Lucelinda Schramm Corrêa, "O resgate de um esquecimento: a Colônia Leopoldina", *GEOgraphia*, Niterói, v. 7, n. 13 (2005), pp. 87-111.

gem suíça de grande parte de seus fundadores.[150] A antiga Vila Viçosa, hoje cidade de Nova Viçosa, abriga ainda as comunidades quilombolas de Cândido Mariano, Mutum, Naia, Rio do Sul e Volta Miúda, o que mostra quão profundamente a abolição impactou o extremo sul da Bahia.

150. Sobre a comunidade quilombola de Helvécia, ver Dante Lucchesi, Alan Baxter e Ilza Ribeiro (orgs.), *O português afro-brasileiro* (Salvador: Edufba, 2009); e Gean Paulo Gonçalves Santana, "Vozes e versos quilombolas: uma poética identitária e de resistência em Helvécia", Tese de Doutorado, Pontifícia Universidade Católica do Rio Grande do Sul, 2014.

14. Revoltas em três tempos: Rio de Janeiro, Maranhão e São Paulo (século XIX)

Flávio dos Santos Gomes e Maria Helena P. T. Machado

Uma importante geração de historiadores das últimas décadas do século XX abordou as várias dimensões da resistência negra à escravidão. Os mais destacados foram Clóvis Moura, José Alípio Goulart e Décio Freitas, que analisaram os sentidos políticos das fugas, das insurreições e dos quilombos.[1] Da fuga ao suicídio, houve mesmo o interesse em hierarquizar as formas de protesto. Enquanto as rebeliões significariam rompimentos com o sistema escravista, os quilombos eram vistos como acomodações, uma vez que o deixavam intacto. Houve também uma historiografia que argumentou que onde havia uma tradição de quilombos não aconteciam revoltas.[2] As diferenças eram buscadas em modelos analíticos e não nos termos que os próprios cativos atri-

1. Décio Freitas, *Escravos e senhores de escravos* (Porto Alegre: Mercado Aberto, 1983), pp. 122-123; José Alípio Goulart, *Da fuga ao suicídio: aspectos de rebeldia dos escravos no Brasil* (Rio de Janeiro: Conquista, 1972), pp. 187-198; e Clóvis Moura, *Rebeliões da senzala: quilombos, insurreições, guerrilhas* (Rio de Janeiro: Conquista, 1972), pp. 21-23.

2. Donald Ramos, "O quilombo e o sistema escravista em Minas Gerais do século XVIII", in João José Reis e Flávio dos Santos Gomes (orgs.), *Liberdade por um fio: história dos quilombos no Brasil* (São Paulo: Companhia das Letras, 1996), pp. 164-192; Eduardo Silva, "Fugas, revoltas e quilombos: os limites da negociação", in João José Reis e Eduardo Silva, *Negociação e conflito: a resistência negra no Brasil escravista* (São Paulo: Companhia das Letras, 1989), pp. 62-78.

buíram as suas ações e as interpretam. Algumas experiências de insurreição e aquilombamento não foram excludentes. Na Bahia, em 1809, um grupo com mais de trezentos quilombolas, formado por fugidos de Salvador e de engenhos do Recôncavo, invadiu a vila de Nazaré das Farinhas, sendo rechaçado pela população e pela força policial local. Em 1826, ocorreu o levante do quilombo do Urubu, situado num subúrbio de Salvador. O levante foi debelado por tropas regulares: um dos quilombolas, quando preso, declarou que os revoltosos esperavam pela chegada de "muitos escravos de Salvador" para depois tentarem invadir o centro da capital.[3] No Espírito Santo, mais propriamente na comarca de São Mateus, em 1827, notícias davam conta de que mais de noventa quilombolas ameaçavam se reunir aos cativos das plantações vizinhas com o objetivo de realizar uma invasão em massa ao centro da dita comarca.[4] Ideias e planos de insurreições podiam chegar até os quilombolas, o que, sem dúvida, fazia aumentar o medo senhorial. Exemplos podem vir do Caribe. Na Jamaica, durante a segunda guerra *maroon*, em 1795-1796, havia evidências de que a propaganda da Revolução de São Domingos estava chegando até os quilombolas.[5] Outras análises apontam para o fato de se perceber como insurreições podem ter se nutrido das tradições, em constante transformação, das permanentes lutas e guerra de guerrilhas levadas a cabo pelos quilombolas para conquistar a liberdade. Há evidências das possíveis relações entre a tradição da *marronnage* e a rebelião dos escravos de São Domingos, em 1791.[6] Neste capítulo abordamos três movimentos de revoltas escravas no século XIX. O

3. Reis, *Rebelião escrava no Brasil.*

4. Vilma Paraíso Ferreira de Almada, *Escravismo e transição: o Espírito Santo, 1850-1888* (Rio de Janeiro: Graal, 1984), p. 167.

5. David Geggus, "The Enigma of Jamaica in 1790: New Light in the Causes of Slave Rebellions", *William and Mary* Quartely, Williamsburg, v. 44, n. 2 (1987), pp. 274-299; Orlando Patterson, "Esclavitud y revueltas esclavas: análisis sociohistórico de la primeira guerra cimarrona, 1665-1740", in Richard Price (org.), *Sociedades cimarronas: comunidades esclavas rebeldes en las Américas* (Madri: Siglo Veintiuno, 1981), pp. 187-235.

6. Clare Taylor, "Planter Comment upon Slave Revolts in 18th Century Jamaica", *Slavery & Abolition*, Londres, v. 3, n. 3 (dez. 1982), p. 249; Leslie F. Manigat, "The Relationship between Marronage and Slave Revolts and Revolution in St. Domingue-Haiti", *Annals of the New York Academy of Sciences*, Nova York, v. 292 (1977), n. 1, *Comparative Perspectives on Slavery in New World Plantation Societies*, ed. de Vera Rubin e Arthur Tuden, pp. 420-438; David Geggus, "On the Eve of the Haitian Revolution: Slave Runaways in Saint-Domingue in the Year 1790", *Slavery & Abolition*, Londres, v. 6, n. 3 (dez. 1985), pp. 112-128.

principal objetivo é identificar variados contextos, percepções e projetos de rebeliões, conectando-as a diferentes tipos de quilombos.

PRIMEIRO TEMPO: MANOEL CONGO E O QUILOMBO EFÊMERO DE VASSOURAS, 1838

A rebelião de Paty do Alferes, em 1838 — Vassouras, coração cafeeiro do Sudeste escravista —, é uma das mais conhecidas insurreições articuladas à formação de um quilombo. Em 5 de novembro, centenas de cativos do capitão-mor Manoel Francisco Xavier abandonaram as senzalas, assaltando as fazendas Freguesia e Maravilha, ambas de sua propriedade. Após a pilhagem das vivendas, os revoltosos se dividiram em dois grupos e empreenderam fuga pelas matas de Santa Catarina, como era conhecida a floresta circunvizinha.[7]

A correspondência trocada pelas autoridades detalharia arrombamentos e saques. Mas pouco sabemos sobre a conspiração que antecedeu a rebelião, a despeito das descrições sobre a fuga coletiva e a repressão. Logo no início de novembro foi mobilizada a Guarda Nacional — cerca de 160 soldados — para perseguir o grupo revoltoso a "bem da ordem e do sossego público". Houve batalhas, mortes e prisões. Com a mesma rapidez foram abertos processos, que culminaram em julgamentos, condenações e execuções de sentenças. Boa parte do que conhecemos sobre esse episódio foi retirada de dois processos-crime, nos quais, por sinal, se basearam todos que escreveram sobre o tema.[8] Um desses processos se referia aos homicídios dos pedestres Constantino Francisco de Oliveira e José Luiz de Bastos, ocorridos na batalha; e o outro se voltou para o crime de insurreição. Acabaram sendo julgados dezesseis escravos e condenados sete, sendo um à pena de morte; os outros seis receberam 650 açoites (cinquenta por dia na forma da lei) e foram obrigados a andar três anos "com gancho de ferro ao pescoço". O africano Manoel Congo — condenado

7. José Antônio Soares de Sousa, "O efêmero quilombo do Pati do Alferes, em 1838", *RIHGB*, v. 295 (1972), pp. 33-67.

8. João Luis Duboc Pinaud et al., *Insurreição negra e justiça* (Rio de Janeiro: Expressão e Cultura/ OAB, 1987), dois processos transcritos.

pelos assassinatos e por liderar a insurreição — foi enforcado no centro da vila de Vassouras, menos de um ano depois.[9]

A Revolta de Manoel Congo — como ficou conhecida — foi fundamentalmente africana. Na década de 1830, Vassouras sentia os efeitos da expansão cafeeira no Vale do Paraíba fluminense. Na metade do século era destacada região exportadora, com muitas e grandes fazendas. A população alcançava 35 mil pessoas, entre livres e escravos. Quase 50% do total de cativos ali estava concentrado na mão de 11% dos proprietários, em fazendas com mais de cem escravos, a maioria africana na faixa de treze a quarenta anos.[10] Mas quais foram os cativos que propriamente deflagraram a rebelião? Embora sempre houvesse denúncias da participação de cativos de outras fazendas, a investigação centrou-se naqueles do capitão-mor Manoel Francisco Xavier. Grande proprietário da região, o capitão morreu em 1840. Com base no seu inventário, tornou-se possível identificar o perfil do grupo revoltoso.[11] Na relação de bens apareceram listados 449 escravos, não discriminados necessariamente por fazendas. É razoável supor que, entre 1838 e 1840, não tivesse havido muitas mudanças no seu plantel, em especial com relação aos africanos. Sem contar as taxas de mortalidade — além daqueles alvejados na perseguição e confrontos —, estaríamos diante da mesma comunidade de senzalas que planejou e executou a revolta. O destaque era a concentração africana (89%) e masculina (85%), somando os homens africanos 91,1% (346) e as mulheres da mesma origem, 13,1% (52). Mais de 70% dos africanos aparecem com nomenclaturas Congo, Cabinda, Benguela, Moçambique e Angola. Entre os 32 cativos mencionados no processo de insurreição, 78% (25) estavam denominados com essas nomenclaturas de identificação. Ainda assim, a participação crioula foi considerável, com 31% (cinco) dos dezesseis indiciados, embora representassem apenas 11%

9. Condenação à pena de morte marcada "grau máximo do art. 192 do Código Criminal combinado com o art. 4º da Lei de 10 de junho de 1835, indenização e custas", fl. 20v; Processo-crime de insurreição, Auto de condenação, fls. 62v-63; Processo-crime de insurreição, fls. 22-22v. Sobre o debate a respeito da pena de morte e crimes de escravos, ver João Luiz de Araújo Ribeiro, *No meio das galinhas as baratas não têm razão: a lei de 10 de junho de 1835 — Os escravos e a pena de morte no Império do Brasil (1822-1889)* (Rio de Janeiro: Renovar, 2005).

10. Ricardo Salles, *E o Vale era o escravo: Vassouras, século XIX — Senhores e escravos no coração do Império* (Rio de Janeiro: Civilização Brasileira, 2008), p. 156 e cap. 4.

11. Arquivo do IPHAN, Vassouras, Inventário de Manoel Francisco Xavier, cx. 81, 1840, Cartórios do primeiro e segundo Ofícios de Vassouras, fls. 17-34v.

no plantel do capitão-mor. Chama a atenção também a participação daqueles com ocupações especializadas: ferreiros, carpinteiros, marceneiros e pedreiros. Do total de revoltosos mencionados no processo, 31,2% foram identificados como trabalhadores de "serviço da roça". Porém, dos dezesseis indiciados, dez tinham indicações de ocupações: 62,5% aparecem com ofícios especializados e, se considerarmos o total (32) de citados, esse índice vai para 53% (dezessete). Cativos domésticos e mesmo feitores também estiveram envolvidos. Rita Crioula era enfermeira e Emília Conga lavadeira, enquanto Mariana Crioula era mucama de d. Francisca Xavier, esposa do capitão-mor. Epifânio Moçambique — único cativo interrogado no processo que não pertencia ao citado senhor — declarou que era do "serviço de roça e que depois foi feitor".[12] Também importante foi a participação feminina, pois, dos dezesseis indiciados, sete eram mulheres: representando 15% dos cativos do capitão-mor, somaram mais de 40% entre os julgados no processo.

A insurreição ocorreu num contexto de muitos temores, verdadeira década de medos. Já em 1831, em Valença, vila próxima, jornais noticiaram "horrorosa conspiração de negros", fato nunca confirmado.[13] Interessante é que nada conhecemos sobre as repercussões no Sudeste escravista das rebeliões de São Carlos (SP) em 1832 e de Carrancas (MG) em 1833. Já o levante dos africanos malês, em janeiro de 1835, em Salvador espalhou "sintomas de insurreição" em especial na Corte.[14] Investigações alcançariam as zonas rurais fluminenses. Fortes em 1835-1836, ondas de pânico retornariam em fins de 1838. Exatamente acompanhando a Revolta de Manoel Congo apareceram "indícios de uma insurreição de africanos, libertos e escravos" com planos de "combinarem entre si e convidarem os mais africanos, para se insurgirem contra os brancos" nas vilas da Guia, Suruí e Pilar, no recôncavo da Guanabara. Na ocasião circularia "boato de insurreição" na freguesia suburbana de Jacarepaguá, justo "na época em que os escravos insurgidos de Vassouras tanto davam que temer". Um editorial de *O Sete d'Abril* chamou atenção para o fato de que a província flu-

12. Pinaud et al., *Insurreição negra e justiça*, interrogatório do escravo Epifânio Moçambique, fls. 32-32v.

13. ANRJ, GIFI, pacote 5 B 425, Petição do Fazendeiro João Baptista Reis Motta, 30 ago. 1831.

14. Tatiane Silva Tereza, "Notícias da Bahia: a repercussão da Revolta dos malês na Corte imperial do Rio de Janeiro na primeira metade do século XIX", Dissertação de Mestrado em História, Universidade Federal Fluminense, 2006.

minense "inteira estremeceu" e que, embora o levante em Vassouras tivesse "malogrado", outras tentativas de insurreição poderiam vir a produzir "terríveis resultados".[15] Temores não abandonaram o Vale do Paraíba e em 1841 já se falava de um quilombo nas proximidades de Paraíba do Sul. Em 1847-1848 Vassouras e Valença estremeceriam com denúncias de conspirações. Nas décadas seguintes, denúncias ganharam ainda mais força.[16] Em 1856, novamente houve ali tanto "receio do aparecimento de uma insurreição" que o presidente da província fluminense, Antônio Nicolau Tolentino, argumentou que tudo poderia "ser, todavia, consequência de um terror pânico". Em 1864 foi a vez de espalhar temores de rebeliões que poderiam eclodir durante as festas e feriados religiosos de são João, são Pedro e Santana. No ano seguinte, os ventos de pânico sopraram em Paraíba do Sul e Barra Mansa, alcançando municípios vizinhos de Minas Gerais. Em 1866, a temperatura aumentou com as "suspeitas de insurreição" em Paraty, Barra Mansa, Piraí, Paraíba do Sul, Santa Maria Madalena, Barra de São João, Macaé, São João da Barra e Campos dos Goytacazes.[17]

Em que medida a Revolta de Manoel Congo foi uma insurreição ou uma grande fuga? Os relatos da repressão são significativos. As tropas da Guarda Nacional identificaram estratégias na evasão coletiva, como "trilhos", "tições de fogo" e "trinta e três ranchos" nos quais os revoltosos tinham "pernoitado a primeira noite". O combate, inclusive, só ocorreu porque os revoltosos foram surpreendidos, pois estavam "construindo" ranchos para mais um pernoite "porque pretendiam passar adiante". Emergiram detalhes nos depoimentos dos

15. "Os escravos do capitão-mor de Paty". *O Sete d'Abril*, Rio de Janeiro, 30 nov. 1838, p. 3.

16. Dale T. Graden, "'Uma lei... até de segurança pública': resistência escrava, tensões sociais e o fim do tráfico internacional de escravos para o Brasil (1835-1856)", *Estudos Afro-Asiáticos*, n. 30 (1996), pp. 113-150.

17. ANRJ, IJ1, maço 860, Ofícios de Presidentes de Província (RJ), Ofício do Juiz de Paz da Freguesia de Inhomerim enviado ao Presidente da Província (RJ), 2 maio 1838; ANRJ, IJ1, maço 186, Ofícios de Polícia da Corte, Ofício do Juiz de Paz da Freguesia de Irajá enviado ao Chefe de Polícia da Corte, jan./abr. 1838; ANRJ, IJ1, maço 862, Ofícios de Presidentes de Província (RJ), Ofício do Presidente da Província (RJ) enviado ao Ministro da Justiça, 5 jul. 1841; GIFI, pacote 5 B 523, Ofício do Presidente da Província (RJ) enviado ao Ministro da Justiça, 24 jun. 1856; Maço 873, Ofícios de Presidentes de Província (RJ), Ofício do Delegado de Polícia de Valença enviado ao Chefe de Polícia da Província (RJ), 18 jun. 1864; Maço 468, Ofício do Presidente da Província (RJ) enviado ao Ministro da Justiça, 13 set. 1865; Caixa 777, pacote 1, Ministério da Justiça (Polícia da Corte e das Províncias), Relatório do Chefe de Polícia da Província (RJ) enviado ao Ministro da Justiça, 31 mar. 1866. Ver *Jornal do Commercio*, 5 dez. 1838, Correspondência, p. 2.

próprios revoltosos. Miguel crioulo disse que "iam seis pessoas fazendo a picada" e quem "dirigia a picada" era Pedro Cabinda: todos "dormiam aonde anoiteciam, e os outros de manhã iam se encontrar na picada". Segundo Antônio Benguela, os responsáveis pelas picadas "à noite dormiam juntos" com os demais. Acusados de liderar a rebelião, Manoel Congo disse que "levaram sempre uma porção de gente fazendo picadas" enquanto Mariana crioula garantiu que para abrir caminho "iam três e à noite dormiam juntos". Havia guias, batedores, grupos para fazer picadas, construir ranchos e decerto preparar a alimentação diária. Argumentos sobre as expectativas do grupo revoltoso de estabelecer quilombos podem ser considerados a partir das descrições da bagagem levada, em parte fruto das pilhagens nas duas fazendas. O juiz de paz foi veemente ao se referir à bagagem: "se achou todo o preciso para o estabelecimento de uma nova Fazenda". O presidente da província frisou que além de armas, chumbo e pólvora havia "muitos machados, foices grandes e pequenas, uma safra de ferreiro, ferramenta completa de carpinteiro, muitas facas". Levaram ainda roupas e alimentos: "mais de quarenta caixas com roupa, muita comedoria, carneiros, perus, galinhas, que tudo se achava vivo". O coronel que comandou a Guarda Nacional detalhou que carregavam "mais de vinte arrobas de açúcar, muito fubá, farinha, toucinho, carnes, mais de vinte galinhas vivas, cinco perus, dois carneiros", "grande quantidade de utensílios de cozinha, machados, foices, enxadas, cavadeiras, ferramentas de carpinteiros, de ferreiro, uma bigorna", "quarenta a cinquenta caixas com roupa fina e alguma engomada" e "cento e tantas esteiras, numerosa quantidade de mantas de dormir". O grupo de revoltosos reuniu o que precisava e carregou o que pôde. Saqueou só o senhor ou levou também objetos das senzalas e talvez produtos da sua economia própria? Autoridades mencionaram que na fazenda Freguesia houve assaltos em "diversas casas", sendo roubados "mantimentos e vários outros objetos", e que nos arrombamentos na fazenda Maravilha foram retirados "feijão, milho, farinha e açúcar" e "ferramentas, comedorias, assim como capados, carneiros, perus e criações". O carregamento de tantos alimentos e mais ainda ferramentas sugere mesmo que assentariam um quilombo em alguma parte da floresta. Segundo Justino Benguela, "todos os carpinteiros levaram as suas ferramentas", o que foi confirmado por Belarmino Cabinda, ao dizer que os "carpinteiros levaram caixas com ferramentas para o mato". Para Lourença crioula, as ferramentas serviriam para "fazerem suas obras no mato". Miguel crioulo, ferreiro, indagado sobre a "safra de ferreiro" com "bigorna, martelo, e torno de ferreiro", disse que "ouvira dizer que era para consertar as espingardas".[18] Aqui ou acolá, as acusações iniciais insistiram que o objetivo do grupo revoltoso era um quilombo. Em dezembro de 1838, um editorial de *O Chronista* lembrou que o governo provincial "assustou-se e temeu pela segurança pública", sobretudo porque os revoltosos ainda se achavam "no mato" indo "formar quilombo". Frisaria: "e todos nós sabemos o que são quilombos".[19] Estariam mesmo indo para algum quilombo? Algum já existente? Nas zonas cafeeiras do Vale do Paraíba não se tem notícias de grandes quilombos nas primeiras décadas do século XIX. Instalariam um próprio? Miguel crioulo declarou que os "cabeças" da revolta "bem sabiam para onde os conduziam". Belarmino Cabinda garantiu que Epifânio Moçambique "sabia aonde haviam de morar no mato".[20] Afinal, onde instalariam o quilombo? Qual seria o destino do grupo revoltoso? Até as autoridades ficaram com dúvidas. O juiz de paz de Paty do Alferes observou: "quan-

18. Pinaud et al., *Insurreição negra e justiça*, processo-crime de insurreição, segundo interrogatório do escravo Manoel Congo, fl. 43; segundo interrogatório do escravo Miguel Crioulo, fl. 49v; interrogatório do escravo Miguel Crioulo, fl. 49v; interrogatório do escravo Antônio Magro Benguela, fl. 46; segundo interrogatório do escravo Manoel Congo, fl. 43; segundo interrogatório da escrava Mariana Crioula, fl. 54; processo-crime de insurreição, segundo interrogatório do escravo Justino Benguela, fl. 44; segundo interrogatório do escravo Belarmino Cabinda, fls. 47v-48; segundo interrogatório do escravo Miguel Crioulo, fls. 49-49v; segundo interrogatório da escrava Lourença Crioula, fl. 57v. Também a respeito das ferramentas levadas pelos fugitivos, ver segundo interrogatório do escravo Manoel Congo, fl. 42v; segundo interrogatório da escrava Mariana Crioula, fl. 54; processo-crime de insurreição, segundo interrogatório do escravo Justino Benguela, fl. 44; segundo interrogatório do escravo Belarmino Cabinda, fls. 47v-48; segundo interrogatório do escravo Miguel Crioulo, fls. 49-49v; segundo interrogatório da escrava Lourença Crioula, fl. 57v; segundo interrogatório do escravo Manoel Congo, fl. 42v; segundo interrogatório da escrava Mariana Crioula, fl. 54. ANRJ, IJ1, maço 860, Ofícios de Presidentes de Província (RJ), Ofício do Juiz de Paz da Freguesia do Paty do Alferes enviado ao Juiz Municipal e de Direito de Vassouras, 12 nov. 1838, Ofício do Juiz de Paz da Freguesia do Paty do Alferes enviado ao Presidente da Província (RJ), 13 nov. 1838, Ofício do Juiz de Paz da Freguesia do Paty do Alferes enviado ao Coronel Chefe da Legião da Guarda Nacional de Valença, 8 nov. 1838, Ofício do Juiz de Paz da Freguesia de Paty do Alferes enviado ao Presidente da Província (RJ), 13 nov. 1838.

19. *O Chronista*, Rio de Janeiro, 4 dez. 1838, p. 4.

20. Pinaud et al., *Insurreição negra e justiça*, processo-crime de insurreição, segundo interrogatório do escravo Miguel Crioulo, fl. 29; processo-crime de insurreição, segundo interrogatório do escravo Belarmino Cabinda, fl. 48.

to à direção que tomaram ou pretendiam tomar os negros não posso dizer ao certo, porquanto eles não respondem concordes". Falava-se que talvez a "direção era para a Serra da Taquara, nas Araras, no curato de Matosinhos", onde construiriam "fortes".[21] Quem sabe não pretendiam, depois de estabelecidos, se organizar em várias comunidades? A informação da divisão em dois grupos — quando da fuga — é sugestiva. Talvez a formação de um ou mais quilombos fosse estratégia inicial. Estariam planejando uma rebelião? E os quilombos serviriam para ataques a fazendas e vilas? Estabelecer quilombos podia significar proteção às comunidades que formavam com base no parentesco, com mulheres e filhos. Os editores de *O Chronista* criticaram o que consideravam "notícias exageradas" e desdenhavam a ocorrência de uma insurreição. Justificavam que o episódio tinha sido, na verdade, uma grande fuga.[22] No entanto, algumas avaliações da época — e outras historiográficas posteriores — parecem ter sido precipitadas. Mesmo diante de ataques apenas às propriedades do capitão-mor e da fuga organizada, a possibilidade de haver apoio de escravos de outras fazendas não pode ser descartada. Em 1838, revolta e quilombo estavam articulados, e faz sentido chamar de *insurreição quilombola* esse episódio. Dúvidas sobre os significados do que teria ocorrido ou diferenças do que classificavam como rebeliões ou quilombo não foram suficientes para aplacar o medo que se espalhou, determinando repressão imediata. Autoridades admitiam que aquela evasão coletiva em direção a um quilombo podia "inocular o espírito de revolta", junto aos cativos de várias fazendas.[23] Não por outra razão foram abertos dois processos-crime, um de homicídio e outro de insurreição. A legislação escravista no Brasil não considerava necessariamente crime fugir e formar quilombos.

O que teria motivado o grupo revoltoso em Paty do Alferes? Por que deflagrar a rebelião naquela data, naqueles moldes e com tal liderança? Alguns buscaram uma explicação simples para a eclosão do levante. Tendo havido um crime nas senzalas — Jacques Crioulo teria assassinado Camilo Sapateiro —, os cativos "em consequência desta morte" saíram da fazenda Freguesia indo até

21. ANRJ, IJ1, maço 860, Ofícios de Presidentes de Província (RJ), Ofício do Juiz de Paz da Freguesia de Paty do Alferes enviado ao Presidente da Província (RJ), 13 nov. 1838, Ofício do Juiz de Paz da Freguesia de Paty do Alferes enviado ao Juiz Municipal e de Direito de Vassouras, 14 nov. 1838.

22. *O Chronista*, Rio de Janeiro, 4 dez. 1838, p. 4.

23. ANRJ, IJ1, maço 860, Ofício de 20 nov. 1838.

a fazenda Maravilha, "onde se achava o senhor e lhe participaram o acontecimento e que seu Senhor respondera que daria as providências e que fugiram".[24] Insatisfeitos com arbitrariedades, desmandos, castigos exagerados e mortes ocorridas nas senzalas, teriam, sem a interferência ou mesmo a conivência senhorial, executado aquele levante seguido de fuga coletiva? Denúncias posteriores culpariam a administração do capitão-mor — sempre a alegação de que teria sido uma revolta somente dos seus escravos —, que não tomava providências diante de mortes e conflitos. Havia tanto cativo sendo "sepultado no maior segredo" como "feridos homens brancos e espancados mortalmente capatazes", constituindo "fatos que o mesmo capitão-mor trata de capear e esconder" e que tudo apenas "só se sabe por seus fâmulos ou escravos, que dizem debaixo do maior segredo".[25] Ficava sugerido que as propriedades do capitão-mor estavam sem controle e em permanente insubordinação. Existia mesmo uma crescente insatisfação de fazendeiros da região com os desmandos nas propriedades desse senhor. Em 30 de novembro de 1838, *O Sete d'Abril* publicou uma carta sob pseudônimo: "Um vizinho do capitão-mor, não influente no lugar". Denunciava que os escravos de Manoel Francisco Xavier eram "conhecidos, desde muito tempo, por desordeiros e levantados" e que nas suas propriedades já ocorreram assassinatos de "muitos capatazes e outros seus parceiros, e parece que mesmo bem perto da residência do senhor". Assim, as origens da revolta eram o

> tratamento que dá o capitão-mor a seus escravos, umas vezes afagando-os demais, outras dando-lhes extravagantes castigos, sem que, por uma e outra coisa, tenha havido antecedentes que o justifiquem; deixando matar a seus olhos os seus mesmos capatazes, sem tomar providência alguma.[26]

24. Pinaud et al., *Insurreição negra e justiça*, processo-crime de insurreição, primeiro interrogatório do escravo Manoel Congo, fls. 16-16v; primeiro interrogatório do escravo Adão Benguela, fl. 19v; primeiro interrogatório da escrava Lourença Crioula, fl. 27v; interrogatório do escravo Epifânio Moçambique, fl. 32v; primeiro interrogatório da escrava Rita Crioula, fl. 26v; segundo interrogatório da escrava Joana Mofumbe, fl. 59; segundo interrogatório da escrava Josefa Angola, fl. 59v; segundo interrogatório do escravo Antônio Magro Benguela, fl. 45; segundo interrogatório do escravo Manoel Congo, fls. 18v-19.

25. ANRJ, IJ1, maço 860, Ofícios de Presidentes de Província (RJ), Ofício do Coronel Chefe da Legião da Guarda Nacional de Valença enviado ao Presidente da Província (RJ), 8 nov. 1838.

26. *O Sete d'Abril*, Rio de Janeiro, 30 nov. 1838, p. 3.

Dois dias antes um editorial do próprio *O Sete d'Abril* identificara as motivações para a insurreição. Segundo o articulista, nas fazendas da região havia "uns três ou quatro escravos que conseguiram a fama de feiticeiros", os quais "ganharam a confiança e respeito de grande parte dos escravos" ali, pois "neles viam os senhores da natureza". Tinham sido esses cativos que "persuadiram" os demais — "que os respeitavam" por eles possuírem "o poder de fazê-los invisíveis" — de que deveriam fugir. Estariam "aconselhando-os que se fossem com eles para o mato, onde estabeleceriam uma Fazenda, que seria como eles invisível". Resultado:

> [cativos] papalvos acreditaram, arranjaram grande farnel, seduziram mulheres que os acompanhassem, e puseram-se em caminho, abrindo, não uma picada, mas uma estrada, em que podiam andar quatro homens de frente, e paravam e faziam grandes ranchos onde estivessem com toda a comodidade.[27]

Essa seria a origem da insurreição — um "movimento de escravos" —, e garantia o articulista que as "fontes" dessas "informações" eram "em tudo verdadeiras". Seriam apenas denúncias? Falsas? Apenas rumores? Ou seriam, na verdade, investigações com base em versões que circulavam na região? Quem sabe versões colhidas junto aos cativos da fazenda do capitão-mor ou mesmo junto a outras comunidades de senzalas? Para *O Sete d'Abril*, a revolta de 1838 tinha sido comandada por cativos com "fama de feiticeiros", chamados "malandrins". Podemos seguir alguns desses indícios para pensar sobre os significados culturais presentes nas senzalas, os quais estão, quem sabe, refletidos na eclosão da insurreição. Interessante é que, tanto na documentação policial quanto nos processos, nada apareceu a respeito de "feiticeiros" na revolta. Sabemos da forte presença africana na escravaria do capitão-mor e na organização do levante, inclusive de várias procedências e origens étnicas. Estes seriam os líderes? Ou os principais da revolta seriam também aqueles com "fama de feiticeiros", como sugeria a denúncia publicada? Uma hipótese ainda a ser explorada na Revolta de Manoel Congo e na formação de um quilombo é a perspectiva messiânica. Fugir coletivamente para o quilombo podia significar, para esses cativos em Vassouras, parte de um ritual. A palavra *kilombo*, para a maioria das línguas

27. *O Sete d'Abril*, Rio de Janeiro, 28 nov. 1838, p. 3.

africanas centro-ocidentais, quer dizer "acampamento". Em regiões de Angola — séculos XVII e XVIII —, a palavra *kilombo* significava também o ritual de iniciação militar dos povos imbangalas (também conhecidos como jagas), falantes do kimbundu do nordeste de Angola. Sua expansão no interior angolano umbundu iniciou-se no século XVI, e eles, como estratégias políticas, sociais e militares, tinham a prática de incorporar os habitantes das regiões conquistadas ao seu povo, por meio de um ritual.[28] Ainda que não existam pesquisas mais sistemáticas nessa direção, é possível sugerir a existência, no Brasil, de uma cultura escrava que tivesse se voltado para a recriação de alguns significados desse ritual africano (*kilombo*), no sentido de que, ao fugir para estabelecer quilombos, os escravos reorganizavam-se numa comunidade de africanos de regiões diversas e também de crioulos.[29] Além disso, a palavra *mukambu*, tanto em kimbundu como em kikongo, significava "pau de fieira", espécie de suportes verticais com extremidades em forma de forquilhas utilizados para erguer choupanas nos seus "quilombos", no caso os acampamentos. Significa dizer então que os revoltosos, ao constituírem ranchos permanentes na floresta, provavelmente utilizavam esses paus de fieiras. Interessante é que Epifânio, confrontado sobre o momento do ataque das tropas, respondeu "que estava a pé do quilombo em um morro de frente cortando palmitos". Por sua vez, Belarmino Cabinda, carpinteiro, à pergunta sobre sua participação na batalha ocorrida nas matas de Santa Catarina, "respondeu que estava no quilombo".[30]

Embora boa parte das acusações tenha recaído sobre Manoel Congo, devia haver muitos outros envolvidos na conspiração. Adão Benguela revelou que quem o "obrigou dizendo que fosse para o mato" fora Lourenço Benguela. Já a crioula Lourença confessou que, "estando ela na cozinha", foi alertada por seu marido, José Cidade. Mas logo encontrou João Angola e Manoel Congo "com

28. Joseph C. Miller, *Kings and Kinsmen: Early Mbundu States in Angola* (Oxford: Clarendon, 1976), pp. 161-167.

29. Algumas reflexões em Décio Freitas, *O escravismo brasileiro*, 2ª ed. (Porto Alegre: Mercado Aberto, 1982), pp. 30-34. Stuart B. Schwartz, "Mocambos, quilombos e Palmares: a resistência escrava no Brasil colonial", *Estudos Econômicos*, São Paulo, v. 17, n. especial (1987), pp. 81-87.

30. Pinaud et al., *Insurreição negra e justiça*, processo-crime de insurreição, interrogatório do escravo Epifânio Moçambique pertencente a Paulo Gomes Ribeiro de Avelar, fls. 32-32v; segundo interrogatório do escravo Belarmino Cabinda, fls. 47v-48.

os quais [ela] foi para o mato, e que eram cabeças os dois últimos ditos". Ao se defender, Manoel Congo garantiu que Vicente Moçambique e João Angola eram a "causa deste barulho", pois estavam "convidando aos outros para fugirem", alegando que o capitão-mor colocaria todos na "fornalha". Várias vezes citado como uma das lideranças, Epifânio Moçambique — que pertencia ao fazendeiro Paulo Gomes Ribeiro de Avelar — disse que só fugiu "por convite de Francisco Carapina". Segundo Rita Crioula, "estando ela deitada", foi avisada por Balbina Conga para "que se aprontasse para fugir com ela, e os outros". Mas não titubeou ao afirmar que foram Manoel Congo, João Angola, Vicente Moçambique, Manoel Pedro Benguela, Evaristo Benguela e Norberto Cabinda quem "seduziram aos outros para fugirem". Gabriel José Pereira Lima, um português, que atuou na Guarda Nacional, garantiu em seu depoimento que "ouviu dizer que entre outros eram os cabeças Manoel Congo que se intitulava Rei, e Mariana crioula que se intitulava Rainha". Manoel Congo seria mesmo o único líder? Joana Mofumbe confessou que decidiu fugir só porque este "lhe metera medo", enquanto Josefa Angola mencionou o "susto" que tinha passado devido ao fato de o mesmo ter entrado na cozinha com "uma pistola". Antônio Benguela, indagado sobre quem "os convidou para o mato, respondeu que Manoel Congo é quem andava convidando". Manoel Congo, ferreiro, foi acusado de ser "rei" do quilombo. Outros acusados de organizar o levante eram na sua maioria carpinteiros. Miguel crioulo, ferreiro, também acusado de organizar a fuga, referiu-se a Manoel Congo como "mestre". Pode-se sugerir que esse era o modo de a comunidade se organizar, sempre em torno de hierarquias e relações de trabalho. Como ferreiro, Manoel Congo podia tanto consertar armas como fabricar lanças e flechas, sem levantar suspeitas. Para organizar uma rebelião, contar com a colaboração de um ferreiro era importante. Não é só isso. A liderança de ferreiros poderia estar associada às dimensões da cultura material e imaterial, incluindo funções religiosas. Quem sabe os acusados de "feiticeiros" eram os ferreiros que tinham poderes espirituais reconhecidos nas senzalas? Indícios apareceram em alguns depoimentos. Emília Congo, ao ser indagada por que havia escapado, declarou que "não fugiu por seu gosto, mas que *pai* Manoel Congo, João Angola e Manoel Pedro [Benguela] foram os que fizeram ela fugir, dizendo que todos tinham ido para o mato que ela fosse também". Por que teria chamado Manoel Congo de *pai*? É certo que os dois eram africanos da mesma região de procedência, no caso o Congo, mas Emília parecia ser já uma cativa idosa, uma vez que — segundo ela própria — morava "na fazenda de seu Senhor e há muitos anos". A denominação *pai* apareceu em mais dois depoimentos. Belarmino Cabinda, carpinteiro, à pergunta sobre sua participação na batalha ocorrida nas matas de Santa Catarina, disse "que quando lhe deram o tiro ele caíra e largou uma pistola que trazia na mão, e que *pai* Paulo a carregou". O interessante é que "pai Paulo" era benguela. Epifânio Moçambique, indagado sobre quem foram os "cabeças" da sublevação, citou, entre outros, "pai Ignácio Rebolo", também escravo do fazendeiro Paulo Gomes Ribeiro de Avelar.[31]

Sugerimos que podem ter existido aspectos mágico-religiosos na organização da rebelião em Vassouras. Há indícios para tal; a denúncia de "feiticeiros [...] malandrins" em *O Sete d'Abril*, a condição de ferreiro dos líderes e a denominação *pai* associada às lideranças são características sugestivas do caráter religioso do evento. Isso mesmo: aqueles chamados de *pai* em depoimentos e os "feiticeiros [...] malandrins" podem ter comandado a insurreição. Em 1847, ainda em Vassouras, foi denunciada uma conspiração cujos "chefes" tinham a denominação Tates Corongos. Nas línguas kimbundu e umbundu, a palavra *tata/tate* significava "pai/meu pai".[32] Analisando tal contexto e as reinvenções culturais nele presentes, Slenes afirmou que "não haveria nada mais natural do que chamar pessoas com autoridade de 'tates'", termo não relacionado a paternidade biológica ou a pessoas idosas. Mas tal uso apontaria para uma "sociedade secreta" dirigida por um "patrono negro" denominado *Kebanda*, com poderes espirituais.[33] Ele foi pioneiro ao abordar aspectos rituais relacionados à figura do ferreiro em cultos e revoltas no Sudeste escravista. Focalizou os rumores de uma insurreição em 1848 — em Vassouras — que seria comandada por um pardo liberto que era ferreiro. Ele destacou ainda que na região do

31. Pinaud et al., *Insurreição negra e justiça*, processo-crime de insurreição, primeiro interrogatório do escravo Miguel Crioulo, fl. 48v; primeiro interrogatório da escrava Emília Conga, fl. 31v; primeiro interrogatório do escravo Belarmino Cabinda, fl. 20; interrogatório do escravo Epifânio Moçambique, fl. 32v.

32. Ernesto Lecomte, *Método prático da língua mbundu, falada no distrito de Benguela*, 2ª ed. (Coimbra: [s.n.], 1963); Antônio da Silva Maia, *Dicionário complementar: português-kimbundu-kikongo — Línguas nativas do Centro e Norte de Angola* (Cucujães: Missões, [s.d.]).

33. Robert W. Slenes, "'*Malungu, ngoma* vem!': África coberta e descoberta no Brasil", *Revista USP*, n. 12 (dez./jan./fev. 1991-1992).

Congo, na África Central, a figura do ferreiro era muito respeitada e estava ligada a poderes espirituais. No Ndongo, por exemplo, a fundação do reinado relacionava-se com o poder do ferreiro, visto como aquele que proveria (forjaria) seu povo, tanto nas armas da guerra como nas ferramentas para a agricultura. Os poderes espirituais dos ferreiros ligavam-se, do mesmo modo, às cerimônias rituais.[34] Há outras evidências de rebeliões que estariam sendo planejadas por "chefes feiticeiros" no Vale do Paraíba fluminense. Em fins de 1858, pipocaram denúncias em São João do Príncipe dando conta de haver uma "extensa associação", a qual estaria "ramificada pela quase totalidade da escravatura deste e dos vizinhos municípios". O que faziam? Escravos de diferentes fazendas estavam "iludindo a mais ativa vigilância" ao fazer

> reuniões noturnas que intitulam mesas em lugares ocultos, e aí procedem a grosseiras e misteriosas práticas, em que aprendem o uso de certas ervas venenosas, e onde recebem de seus chefes, os alcunhados feiticeiros, relíquias de várias espécies, que no entender são talismãs contra os senhores.[35]

Nas vizinhas Valença e Barra Mansa, em 1861, havia boatos a respeito "de um plano de insurreição concertado entre os escravos", constando haver

> ajuntamentos noturnos muitos conhecidos com o nome de *canjerês*, em que escravos mal disciplinados, de parceria com homens livres desprezíveis, vadios, ignorantes, explorados por um ou outro especulador, se congregam para celebrarem certas cerimônias, e ritos grosseiros com aparência mentirosa.[36]

34. Georges Balandier, *Daily Life in the Kingdom of the Kongo: From the Sixteenth to the Eighteenth Century* (Nova York: Pantheon, 1968), pp. 108-113, 224-225; Claude Meillassoux, *Antropologia da escravidão: o ventre de ferro e dinheiro* (Rio de Janeiro: Zahar, 1995), p. 114; John K. Thornton, *The Kingdon of Kongo: Civil War and Transition, 1641-1718* (Madison: University of Wisconsin Press, 1983), pp. 33 e ss.

35. ANRJ, IJ1, maço 867, Ofícios de Presidentes de Província (RJ), Carta do Comendador Joaquim José de Souza Breves, ano de 1857.

36. ANRJ, IJ1, maço 463, Ofícios de Presidentes de Província (RJ), Ofício do Chefe de Polícia enviado ao Presidente da Província (RJ), 10 dez. 1861.

Com relação ao termo canjerês que aí aparece, vale destacar o seu significado apontado por Macedo Soares:

> em todas as noites de sexta-feira fazia (um feiticeiro que era mágico, bruxo e mezinheiro) reuniões cabalísticas, onde os adeptos de sua arte prodigiosa, diante de uma imagem de Santo Antônio, toda mutilada e com o nariz e as mãos decepadas, se estorciam e saltavam em danças extravagantes, a que se dava o nome de canjerês, mirando-se todos, com visagens [...] em pequenos espelhos redondos, que segurava cada um deles em suas mãos.[37]

Estavam em curso experiências e práticas com significados ou nomenclaturas de origens africanas e ou reinvenções como *canjerês* ou *candombe*. Isso mesmo. Já em 1836, autoridades de Vassouras, através de posturas municipais, procuravam proibir reuniões de escravos, pois "toda a pessoa que, na casa de sua moradia, ou alguma outra anexa, consentir ajuntamentos com danças, ou candombi, em que entrem escravos alheios" ficava sujeita às penas da lei.[38] Abordando temores e indícios de revoltas, Slenes relacionou os sinais cabalísticos, os espelhos, as imagens de santo Antônio mutiladas etc. com as reelaborações culturais dos africanos centro-ocidentais no Brasil do século XIX.[39]

Com relação a 1838, vale, mais uma vez, ressaltar as várias lideranças africanas. Indicações apareceram no depoimento de Rita Crioula, que acusou, além de Manoel Congo, também Vicente Moçambique, Evaristo Benguela, João Angola, Manoel Pedro Benguela e Norberto Cabinda — cativos das principais áreas africanas de embarque durante o tráfico negreiro — como aqueles

37. Antônio Joaquim de Macedo Soares, *Dicionário brasileiro da língua portuguesa: elucidário etimológico crítico das palavras e frases que, originárias do Brasil, ou aqui populares, se não encontram nos dicionários da língua portuguesa, ou neles vêm com forma ou significação diferente (1875-1888)*. (Rio de Janeiro: MEC/ INL, 1954), v. I, p. 101.

38. Sousa, "O efêmero quilombo do Pati do Alferes", p. 37.

39. Robert W. Slenes, "The Great Porpoise-Skull Strike: Central African Water Spirits and Slave Identity in Early-Ninettenth-Century Rio de Janeiro", in Linda Heywood (org.), *Central Africans and Cultural Transformations in the American Diaspora* (Cambridge: Cambridge University Press, 2002), pp. 183-208; e idem, "As provações de um Abraão africano: a nascente nação brasileira na *Viagem alegórica* de Johann Moritz Rugendas", *Revista de História da Arte e Arqueologia*, Campinas, n. 2 (1995-1996), pp. 271-294.

"que seduziram aos outros para fugirem".[40] A estrutura dessa insurreição pode sugerir um processo no qual africanos de várias procedências estavam se transformando em uma comunidade. Uma organização interétnica pode ter sido fundamental e, por certo, talvez indique que havia de fato cativos de diversas outras propriedades envolvidos. Em 1838, os escravos, pretendendo obter o apoio, podem ter se organizado em torno de africanos de várias origens. Analisando-se identidades nas revoltas no Sudeste escravista, é possível considerar que africanos de diversas procedências podiam redescobrir e reforçar linguagens comuns, costurando parentescos, cosmologias e religiosidades. Ao abordar a rebelião de Stono (Carolina do Sul) em 1739, Thornton destacou o background africano que poderia estar moldando ações e objetivos dos revoltosos. A maior parte dos africanos tinha vindo da região do Congo Norte, área de colonização portuguesa na África Central e onde se disseminavam o cristianismo e a língua portuguesa.[41] Devemos estar atentos para variados aspectos da diáspora (experiências militares, culturais, religiosas, sociais e familiares) na organização das comunidades escravas. Significados religiosos — além de reinvenções das procedências africanas — podiam estar conectados com vários aspectos de um catolicismo difundido nas senzalas.[42] Mas também rituais podiam estar encobertos nas senzalas e nas plantações de diferentes comunidades. Laços comunitários, forjados no interior das próprias fazendas, fortaleciam-se no dia a dia dos cafezais, onde sonhos, recordações e esperanças — misturando linguagens — modificavam o ambiente reinventando culturas. Planos de rebeliões, formação de quilombos e fugas coletivas podiam estar se constituindo.

40. Pinaud et al., *Insurreição negra e justiça*, processo-crime de insurreição, primeiro interrogatório da escrava Rita Crioula, fl. 26v.

41. John K. Thornton, "African Dimensions of the Stono Rebellion", *The American Historical Review*, Oxford, v. 96, n. 4 (1991), pp. 1101-1113; John K. Thornton, *The Kongolese Saint Anthony: Dona Beatriz Kimpa Vita and the Antonian Movement, 1684-1706* (Cambridge: Cambridge University Press, 1998), pp. 59 e ss.; Wyatt MacGaffey, *Religion and Society in Central Africa: The Bakongo of Lower Zaire* (Chicago: The University of Chicago Press, 1986), caps. 6, 7 e p. 203.

42. MacGaffey, *Religion and Society*, caps. 6, 7 e pp. 203 e ss.; Thornton, *The Kongolese Saint Anthony*, pp. 59 e ss.

Em 1867, em Viana, Maranhão, ocorreu talvez a mais importante rebelião no Brasil gestada a partir dos quilombos. Foi Mundinha Araújo quem melhor pesquisou essa revolta, inclusive transcrevendo e publicando boa parte da documentação inédita.[43] Em 8 de julho daquele ano os quilombolas saíram dos seus povoados, alcançaram fazendas e invadiram uma vila. A fazenda Santa Bárbara foi cercada, seu administrador espancado e "esbordoado foi metido em um tronco, sendo também maltratada a sua família". Os rebeldes ali pernoitaram e chegaram a matar "uma rês e um porco" para se alimentarem. Logo pela manhã foram para o engenho Timbó, onde "prenderam os donos da casa e fizeram entregar o armamento e a pólvora que tinham em seu poder, saqueando a fazenda e roubando-a, um gado e o mais que acharam". Depois rumaram para Vila Nova de Anadia onde foram saqueadas algumas casas de comércio. Antes de retornar a suas povoações, o grupo revoltoso produziu um manifesto. Após forte perseguição, que redundou em alguns capturados, foi aberto um processo-crime de insurreição, no qual 33 rebeldes foram julgados e condenados, um à morte, cinco a galés perpétuas, um a vinte anos de prisão e os demais, condenados a receber duzentos açoites e "trazer ferro ao pescoço por espaço de um ano".[44]

Ao contrário do que ocorreu nas áreas cafeeiras fluminenses, com ocupação refratária e intenso tráfico atlântico ilegal, em várias partes do Maranhão os primeiros africanos chegaram em fins do século XVII. Mas foi em meados do Setecentos que se acelerou a entrada, ganhando no Oitocentos proporções jamais vistas com o ingresso de mais de 40 mil africanos nas primeiras décadas do século. Na véspera da Independência, era considerada a província com a maior concentração de escravos.[45] É fato também que no século XIX nenhuma região brasileira possuiu tantas comunidades de fugitivos como o Maranhão. Em seu *O torrão maranhense*, Raimundo Lopes anotaria ser aquela "uma das

43. Mundinha Araujo, *Insurreição de escravos em Viana, 1867* (São Luís: Sioge, 1994).

44. Araujo, *Insurreição de escravos em Viana*, pp. 193-194.

45. Matthias Röhrig Assunção, "Quilombos maranhenses", in João José Reis e Flávio dos Santos Gomes (orgs.), *Liberdade por um fio: história dos quilombos no Brasil* (São Paulo: Companhia das Letras, 1996).

províncias onde mais se desenvolveram os quilombos".[46] *Quilombos* ou *mocambos*? No Maranhão, tais expressões se alternaram, sendo utilizadas — na documentação manuscrita e nos periódicos — ao mesmo tempo, com um predomínio dos termos "mocambos" e "mocambeiros", em especial no século XIX.

Houve quem argumentasse que os mocambos engrossaram com o aumento das fugas a partir da década de 1840, devido à eclosão da conhecida Balaiada, revolta que mobilizou setores livres pobres — com destaque para camponeses negros — e escravos no Maranhão. Em diversas áreas — Codó, Pericumã, Itapecuru-Mirim, Rosário, Alcântara, Icatu e Vargem Grande — pipocariam denúncias. Embora espalhados por toda parte, as áreas do Turiaçu e Gurupi concentrariam as denúncias sobre *mocambos* desde os fins do século XVIII. Nessas extensas zonas, havia muitas terras devolutas. Segundo Jerônimo de Viveiros, ali "durante 40 anos fora abrigo dos quilombos dos escravos fugidos". Quanto a Viana, noticiava-se que "abrangia um dos termos mais extensos e desconhecidos da Província". Era formada por vastos campos, havendo muitos rios, lagos e lagoas. Fazendas com plantações de cana, arroz, cacau, café e fumo começariam a se estabelecer a partir do segundo quartel do século XIX.[47]

Embora não se descarte a presença africana nos mocambos maranhenses oitocentistas do Turiaçu-Gurupi, é possível falarmos da *crioulização* deles, considerando questões como a presença indígena e sua antiguidade naquela região. Em 1702, foi determinada uma expedição para adentrar o "sertão do rio Turiaçu", localizando "umas aldeias de escravos que se tinham levantado há muitos anos e fugido a seus senhores".[48] Na ocasião foram apreendidos "cento e vinte escravos".[49] Não sabemos se estes eram cativos indígenas, africanos ou os dois, mas a expressão "há muitos anos" sugere a formação de comunidades de fugitivos desde as últimas décadas do século XVII, lembrando que era essa

46. Raimundo Lopes, *O torrão maranhense* (Rio de Janeiro: Typographia do Jornal do Commercio, 1916), p. 133.

47. Mário M. Meirelles, *História do Maranhão* (São Luís: Dasp/ Serviço de Documentação, 1960), pp. 283-289; Carlos de Lima, *História do Maranhão* (Brasília; Senado Federal, 1981), pp. 141-184.

48. BNRJ, *Livro Grosso do Maranhão*, 1702, pp. 212-213; Instituto Histórico e Geográfico Brasileiro (IHGB), Arq. 1.2.25 — Conselho Ultramarino, Évora, t. 6, p. 27v.

49. BNRJ, *Livro Grosso do Maranhão*, 1702, pp. 212-213; IHGB, Conselho Ultramarino, v. VI, Códice Arq. 1.2.25, Ofício de 21 mar. 1702, fl. 270 e Ofício de 6 jun. 1706, fl. 103.

uma zona de fronteira, localizada entre os limites do Pará e do Maranhão. Até meados do século XVIII, os rios Turiaçu e Gurupi estavam sob o controle da administração colonial do Grão-Pará. No século XIX, foram criadas as províncias do Maranhão e do Grão-Pará, com a região do Turiaçu-Gurupi pertencendo ao Pará. Após muitos conflitos passou para a jurisdição do Maranhão. A partir daí o limite passou a ser o rio Gurupi. Uma margem pertencia ao Pará e a outra ao Maranhão.[50] Para abordar a tradição dos mocambos dessa região foi necessário mergulharmos na documentação da capitania e depois província do Grão-Pará. Em 1774, o governador do Maranhão agradecia ao governador do Pará, João Pereira Caldas, pela captura de pretos fugidos de sua capitania, exatamente no Turiaçu, destacando os "interesses dos senhores, a quem continuamente estão fugindo, com grande prejuízo das suas lavouras". Em 1796 já surgiam reclamações de mocambos nas "cabeceiras do rio Maracaçumé". Em 1811, em Guimarães, foi necessário reprimir um mocambo para onde tinham se refugiado os escravos que assassinaram um fazendeiro local. As águas dos rios Turiaçu e Gurupi articulariam as regiões de Ourém, Bragança e Viseu — mais em direção ao Grão-Pará; e as áreas de Guimarães, São Bento, Santa Helena, São Vicente Ferrer, Maracaçumé e Viana, para os lados do Maranhão, com as denúncias sobre mocambos persistindo. Os conflitos de jurisdição permaneceram e as fugas nas fronteiras entre o Grão-Pará e o Maranhão aumentaram. Escravos tanto de um lado como do outro escapavam, formavam mocambos e acabavam confundindo as autoridades das duas províncias quanto à obrigação de reprimi-los. Era o que alegavam José Maria de Freitas Dantas e Antônio de Santo Pinho em petição à junta governativa do Pará, em setembro de 1823. Nas fronteiras com o Maranhão ocorriam razias de "escravos fugidos

50. Em decretos régios de 20 de agosto de 1772 e 3 de maio de 1774 e também da provisão de 9 de julho de 1774, os limites entre essas duas capitanias do Grão-Pará e do Maranhão foram fixados no rio Turiaçu. No século XIX foram transformados em províncias, pelos decretos imperiais de 12 de junho de 1852 (nº 639) e de 23 de agosto de 1854 (nº 773), estabelecendo a fronteira no rio Gurupi. Ver João Mendes de Almeida, *Algumas notas genealógicas: livro de família — Portugal, Espanha, Flandres-Brabante, Brasil, São Paulo-Maranhão — Séculos XVI-XIX* (São Paulo: Typ. Baruel, Pauperio & Cia., 1886), p. 182. Sobre as contendas e disputas em torno das regiões do Gurupi e Turiaçu pelo Pará e Maranhão no século XIX, ver *Turiaçu: Incorporação ao Maranhão* ([s.l.]: Imprensa Oficial, 1851); José Ribeiro do Amaral, *O estado do Maranhão em 1896* (São Luís: Typ. Frias, 1897), pp. 13-14; e Virgílio Domingues Filho, *O Turiaçu: Esboço histórico e geográfico de uma região maranhense* (São Luís: Imprensa Oficial, 1953).

de outros lugarejos com mocambos", vindos muitos entre os fugidos "da província maranhense". Em 1828, o comandante militar de Bragança informava sobre o envio para a cadeia pública de fugitivos "apanhados nos mocambos" de Turiaçu. O presidente da província do Pará, barão de Bagé, clamaria sobre a necessidade de "limpar" a região de "negros fugidos de que me dizem abundam o território de Turiaçu". No ano seguinte partiriam tropas de Ourém. Da parte do Maranhão, o chefe de polícia informaria ao ministro da Justiça, em 1843, "que o sossego desta Província não tem sofrido alteração, somente alguns escravos fugidos aquilombados no Turiaçu, extremos da Província do Pará, têm feito várias correrias e insultos nas fazendas dos lavradores circunvizinhos". Em 1839, os principais assuntos na correspondência trocada entre as autoridades das duas províncias eram os recursos para "despesas necessárias" para expedições antimocambos. Da vila de Turiaçu partiria um destacamento de primeira linha e de Bragança outro, com mais de trinta praças da guarda policial. Tudo seria feito "tanto para obstar qualquer invasão dos rebeldes do Maranhão, quando por ali tentem" — referiam à Balaiada — como para "fazer a entrada dos quilombos". A repartição de recursos, a divisão de despesas e os planos de repressão articulados explicitavam os conflitos de jurisdição e a responsabilidade de perseguir os fugitivos e impedir a movimentação dos mocambeiros. As autoridades do Grão-Pará reclamavam daquelas do Maranhão, alegando que eram "mais os pretos fugidos nestes mocambos daquela Província, que os desta". Em 1848, tropas do Pará — cerca de cinquenta praças — marchariam para Turiaçu, ocorrendo duas "entradas" em mocambos diferentes e capturados de dezessete mocambeiros. Aqui ou acolá, Grão-Pará e Maranhão entrariam em conflitos sobre os recursos e despesas nas expedições, o valor das tomadias e o destino dos mocambeiros apreendidos.[51]

51. Arquivo Público do Estado do Pará (doravante APEPa), Códice 589 (1751-1773), Ofício do Governador do Maranhão enviado ao governador do Pará João Pereira Caldas, 26 maio 1774; Códice 300, Ofício do Monsenhor Gonçalves Pinto Bello enviado para D. Francisco de Souza Coutinho, 29 out. 1796; BNRJ, Códices 7, 4, 73, Ofício para o capitão de linha, 10 ago. 1811; APEPa, Códice 405 (1823), Ofício de 23 set. 1823; Códice 638 (1828-1829), Ofício de 14 mar. 1829; Códice 638 (1828-1829), Ofícios de 10 maio e 4 jun. 1828 e 14 e 15 jan. 1829; Códice 639 (1829), Ofícios de 15 jan., 15 jun., 21 jun. e 15 jul. 1829; ANRJ, IJ1, maço 745, Ofícios de Presidentes de Província/Maranhão (1834-1837), Ofício do Chefe de Polícia, Raimundo Felipe Lobato, 21 ago. 1837; APEPa, cx. n. 48, Ofícios dos Comandantes Militares (1839), Ofícios do Comandante Militar de Bragança, Lourenço Justiniano da Sena Freire, 8 maio e 26 jun. 1839; Ofício do

Exatamente nas áreas banhadas pelos rios Gurupi e Turiaçu se formaram os maiores *mocambos maranhenses*, já com populações de segunda e terceira gerações. Ali solidificados, tinham nomes, endereços e chefias identificados e reconhecidos. Os destaques foram os mocambos São Vivente do Céu, São Benedito do Céu, São Sebastião e Limoeiro, contra os quais foram enviadas tropas em 1842, 1853, 1858, 1862, 1864, 1867, 1873, 1879 e 1881. Nos relatórios das expedições punitivas aparecem descrições de quase duas dezenas de povoações — as maiores com mais de oitocentos habitantes — com estruturas sociais, chefias, religiosidades, culturas materiais e economias camponesas. Como em outras partes do Brasil escravista, os mocambeiros maranhenses não procuravam se estabelecer afastados de locais onde pudessem realizar trocas mercantis. Nunca permaneceram isolados; ao contrário, moviam-se e, sobretudo, articulavam-se aos cativos nas senzalas, às populações indígenas (não sem conflitos), aos povoados e vilas, estabelecendo trocas. Podiam ser tanto garimpeiros como agricultores de lavouras de alimentos, pescadores e criadores de gado. Esses mocambos, uma vez articulados aos setores livres (a maioria de negros e mestiços) e sobretudo aos escravos, se tornariam invisíveis.

Associados à movimentação dos mocambeiros, à frequência das fugas, às denúncias de saques, entre outros problemas, surgiriam temores quanto às insurreições e à repressão cíclica. Que se intensificariam na década de 1860, com a explosão de rumores e investigações. Na correspondência entre juízes e delegados de várias localidades, chefes de polícia e presidentes de província e em periódicos de São Luís noticiava-se o clima de insegurança. Em 1861, em Ana-

---

Comandante militar de Bragança, Lourenço Justiniano da Sena Freire, 18 out. 1839; Ofícios dos Comandantes Militares (1839), Ofício do Comandante militar de Bragança, Lourenço Justiniano da Sena Freire, 27 nov. 1839; cx. n. 123, Ofícios da Secretaria de Polícia do Pará (1848-1849), Ofício do delegado interino de Turiaçu, Raimundo João da Trindade Marinho, enviado à Presidência da Província do Pará, 9 ago. 1848; cx. n. 127, partes policiais do delegado João Baptista Gonçalves Campos enviadas à Presidência da Província do Pará, 18 jun. 1849; cx. n. 123, Ofício do delegado interino de Turiaçu, Raimundo João da Trindade Marinho, 7 nov. 1848; cx. n. 133, Autoridades Judiciárias (1850), Ofício do Juiz municipal de Orfãos de Turiaçu, João Diniz Xavier da Cunha, enviado à Presidência da Província do Pará, 1º ago. 1850; cx. n. 150, Ofícios dos Presidentes de Diversas Províncias (1851), Ofício do Presidente de Província do Pará enviado ao Presidente de Província do Maranhão, 10 mar. 1851; Códice 7, Chefatura de Polícia da Província do Pará/Livro de Registro de Ofícios (abr./jun. 1848), Ofícios do Presidente da Província do Pará ao Chefe de Polícia, 10 e 21 mar. 1851.

jatuba, denunciou-se que estavam sendo organizados "clubes em alguns lugares da vila" nos quais os cativos "declaravam que eram livres" posto haver "na barra um vapor de guerra, que os vinha libertar, e que por esse motivo não deviam mais obedecer a seus senhores". Acabaria preso um escravo acusado de incitar as senzalas, o que confirmou, tendo "declarado a seus parceiros, que todos seriam livres", posto ter ouvido "dizer a vários pretos nesta capital [São Luís] e que só esperavam que o vapor de guerra desembarcasse a tropa". Depois se descobriu que tal "semelhante ideia" tinha se reproduzido após a entrada no porto de "dois vapores de guerra, um dos Estados Unidos da América do Norte e outro dos estados, que se querem constituir em confederação separada". Tema ainda pouco explorado, as notícias sobre a guerra civil naquele país estavam chegando aos escravos no Brasil.[52] No Maranhão, embora o delegado garantisse que os cativos não tinham "plano algum concertado", mas apenas "nutrem esperanças de sua liberdade", houve envio de reforço militar para "neutralizar qualquer plano, que a questão dos Estados Unidos da América do Norte possa fazer aqui aparecer entre os escravos". Era necessário coibir o reaparecimento de "abusos e males" nas senzalas, prevenindo "algum exaltamento" naquela atmosfera, algo que "se nota entre os escravos, ou seja pela notícia dos acontecimentos da América, ou seja pelo boato que há pouco se espalhou". Em 1864, de Codó chegaria denúncia de que, "por ocasião de um jantar" onde a cativos se "associaram alguns homens livres", foram dados "vivas à república, à liberdade e à guerra da América". Repercussões alcançariam a região de Viana. No mesmo ano se noticiaria a respeito de uma "perigosa ideia" que estava "tomando vulto entre os escravos" da vila, visto que muitos se acreditavam já "livres", uma "liberdade que lhes trouxera um vapor de guerra americano, que não os podendo libertar da primeira vez, breve voltará, e então será a liberdade afixada por edital na porta da Igreja". Falava-se de escravos "desgovernados, que se reuniam em sessões de noite em casa em que haviam combinado acerca

52. Luciana da Cruz Brito, "Impressões norte-americanas sobre escravidão, abolição e relações raciais no Brasil escravista", Tese de Doutorado em História Social, Universidade de São Paulo, 2014; Maria Clara Sampaio, "Não diga que não somos brancos: os projetos de colonização para afro-americanos do governo Lincoln na perspectiva do Caribe, América Latina e Brasil dos 1860", Tese de Doutorado em História Social, Universidade de São Paulo, 2014; Clícea Maria Augusto de Miranda, "Repercussões da Guerra Civil Americana no destino da escravidão no Brasil, 1861-1888", Tese de Doutorado em História Social, Universidade de São Paulo, 2017.

da liberdade esperada" e que "quando não faziam sessões em casa, reuniam-se de noite em grupos de 4, 6 e oito pelas ruas". Em 1865, foi a vez de aparecerem em Caxias "boatos, talvez infundados, mas que podem ser reais", de que nas senzalas "alguns escravos formam reuniões secretas, onde discutem probabilidade de liberdade". A coisa ganharia desdobramentos com a solicitação de expulsão da província de libertos que tinham sido presos "apregoando ideias perigosas tendentes à liberdade dos escravos". Para as autoridades, seriam "ideias que vão aqui tomando vulto, mas sem consequências por ora". O próprio presidente da província, Lafaiete Rodrigues, chamaria a atenção para o fato de que no Maranhão a população escrava era "superior em número à livre", algo que "por si só constitui um perigo permanente". Além disso, nas áreas urbanas de São Luís havia "pretos livres, que sabem ler sofrivelmente e a quem não são estranhas as ideias que nestes últimos tempos se têm manifestado em favor da emancipação dos escravos".[53]

E se tais ideias e as rebeliões alcançassem os mocambos? Numa região com tantos quilombos que mantinham contatos com as senzalas, os rumores de insurreições ganhavam repercussões. Temiam-se revoltas com apoio militar dos mocambeiros. Das fazendas do centro de Viana, dizia-se que os cativos estavam prestes a se sublevar e que nas suas circunvizinhanças "existia um

53. Arquivo Público do Estado do Maranhão (APEMA): Presidência da Província, Delegacias/Chefes de Polícia, 1865, Ofício do delegado interino de Caxias, José Joaquim Pereira dos Santos, enviado ao Chefe de Polícia, 9 fev. 1865; APEMA, Presidência da Província, Delegacias/Chefes de Polícia, 1865, Ofício do delegado interino de Caxias, José Joaquim Pereira dos Santos, enviado ao Chefe de Polícia, 9 fev. 1865. ANRJ, IJ1, maço 754, Ofícios de Presidentes de Província/Maranhão (1863), Ofício do Presidente de Província Francisco Primo de Sousa Aguiar enviado ao Ministro da Justiça, Conselheiro Francisco de Paula Negreiros Sayão Lobato, 17 out. 1861; APEMA, cx. 17, 1864, Ofício do Chefe de Polícia enviado ao Presidente da Província, 3 fev. 1864; ANRJ, IJ1, maço 754, Ofícios de Presidentes de Província/Maranhão (1863), Ofício de José Candido Nunes, 1º Suplente de Delegado de Viana, enviado ao Chefe de Polícia, Dr. Julio César Berenguer de Bittencourt, 4 nov. 1861; APEMA, Presidência da Província, Delegacias/Chefes de Polícia, 1865, Ofício do delegado interino de Caxias, José Joaquim Pereira dos Santos, enviado ao Chefe de Polícia, 9 fev. 1865; Presidência da Província, Delegacias/Chefes de Polícia, 1865, Ofício do delegado interino de Caxias, José Joaquim Pereira dos Santos, enviado ao Chefe de Polícia, 9 fev. 1865; Ofício do delegado de Polícia de Cururupu, Manoel Francisco da Cunha, enviado ao Chefe de Polícia, Dr. Sebastião José da Silva Braga, 25 set. 1865; Ofícios do delegado de Polícia de Cururupu, Manoel Francisco da Cunha, enviados ao Chefe de Polícia, Dr. Sebastião José da Silva Braga, 13 e 25 set. 1865.

grande quilombo". Nos anos 1860, o resultado de tanta denúncia foi o desencadeamento de mais uma onda de repressão aos mocambos do Turiaçu-Gurupi. Depois das expedições de 1842, 1853 e 1858 seriam preparadas mais tropas no final de 1861. O crescimento das fugas que supostamente engrossariam os mocambos, ao lado de boatos de insurreição, era tema circunstanciado para os planos militares. Fazendeiros em Viana não só estavam alarmados como providenciariam minuciosas investigações, por conta própria, junto às senzalas. O administrador João Tavares de Pinho asseverou que seus escravos se encontravam "pacíficos e subordinados". Enquanto isso, o fazendeiro José Cândido Martins frisava que "não devemos fiar em simples aparência, todavia de examinar com todo o cuidado o que quer que haja relativo". Já Eduardo Araújo Trindade garantiu que nas suas propriedades e de alguns fazendeiros vizinhos os escravos "conservam-se submissos e obedientes às ordens de seus senhores ou administradores". Declarou mesmo que ali "nem se têm dado casos de fugas de grande número, como premeditadas". O interessante é que todos, apesar das negativas, solicitariam cautela e, sobretudo, prontidão de tropas na região para "acudir a qualquer caso extraordinário, que porventura apareça". Lembravam ser "sabido de toda a população deste distrito, que existe esse grande mocambo em Viana contra qual já marchou uma força". Com o permanente noticiário sobre os mocambos, muitas vezes temores de insurreições acabavam sendo considerados pânicos ou suspeitas "infundadas". Denúncias, porém, não faltavam. João Martins de Azevedo, um canoeiro, disse que "ouvira dizer" que os cativos da fazenda Camacaoca — antiga propriedade de Raimundo Gabriel Viana — estavam justamente "conluiando com os escravos" dos fazendeiros José Cândido Martins e Eduardo de Araújo Trindade para "fazerem uma insurreição". Na ocasião, o subdelegado da vila de Monção, comarca de Viana, Manoel Roberto Cordeiro, em conversas com fazendeiros, mais especificamente com Francisco Pereira de Sá Chuva, revelou que um ou outro proprietário reclamava que "andava muito atrasado" nas suas lavouras justamente devido ao fato de terem "fugido alguns escravos" e que se falava ali em planos de insurreição. Mas esse mesmo subdelegado acabou não dando muito "crédito a tais boatos por não ter visto coisa alguma que o induzisse a tais suspeitas". De diferentes partes da província, autoridades policiais se posicionariam diante do medo que se alastrava. De Cururupu, um delegado foi taxativo: "não são terrores pânicos, são fatos para que o governo deve olhar mui seriamente", enquanto a autoridade de São Bento garantia haver apenas "terror" de alguma tentativa de sublevação, visto que os escravos "possuídos inteiramente da ideia de liberdade, ousam manifestá-la publicamente, praticando, além disso, atos da mesma completa insubordinação". Diante de tal atmosfera — acreditando ou não em boatos ou reticente diante das denúncias —, o presidente da província tentaria "tranquilizar os espíritos de seus habitantes", enviando "destacamentos fortes" para Viana, pois para ele os "lavradores tímidos volveram a seus lares e não darão, abandonando-os, tempo a seus escravos de maquinarem insurreições". Em Viana, em 1864, falava-se às claras sobre a iminência de "uma invasão de escravos dos que se acham fugidos e aquilombados nas matas". O juiz de direito de Turiaçu alertaria sobre o "receio de que os escravos das fazendas de inteligência com os refugiados nas margens do mesmo rio [Turiaçu] tentem insurrecionar-se". A eclosão da insurreição de Viana em 1867 pode ter sido, em parte, uma reação dos mocambeiros à onda de intolerância nas senzalas e repressão aos mocambos que recrudesceu, especialmente na conjuntura da década de 1860. Por que centenas de mocambeiros saíram do centro da floresta e viajaram quase cinco dias para realizar saques? Quais eram os alvos? Quais eram os significados desses empreendimentos? Um primeiro argumento é que estavam usando a tática do medo no sentido contrário. Assim como as autoridades e os fazendeiros retaliavam as senzalas por ocasião de denúncias de revoltas e/ou mesmo quando as expedições implacáveis antimocambos eram realizadas, mocambeiros atacaram algumas fazendas, visando instaurar um terror que favorecesse uma futura negociação; no caso, a garantia da liberdade deles. Em 1867, por exemplo, saquearam a fazenda Santa Bárbara, o engenho Timbó e as casas comerciais de Vila Nova de Anadia. Mas pouparam as fazendas São José, Santo Inácio e Santa Maria, que ficavam no caminho. Tais fatos sugerem a existência de uma geopolítica na escolha dos alvos atacados. Embora o pânico fosse ensaiado como orquestra no momento de eclosão da revolta, com os ânimos serenados alguns chegaram a certas conclusões. Se a intenção dos mocambeiros era instaurar terror na região, conseguiram. Também a insurreição facilitaria as fugas das senzalas, algo que talvez apontasse para a trama de uma revolta. A mocambeira Pulquéria, ao mencionar as intenções dos mocambeiros, disse que "pretendiam vir arrasar a Vila Nova de Anadia e daí seguirem de fazenda em fazenda".[54] Embora senhores e autoridades tivessem sido pegos de surpresa, a revolta parecia ter sido havia muito preparada pelos mocambeiros. Aguardavam apenas o momento certo para realizar ataques e contavam com o apoio das senzalas. Quantos revoltosos participaram? O mocambeiro Martiniano disse que "saíram em número de seiscentos", restando no mocambo "pouca parte entre mulheres, crianças e homens". Já o mocambeiro Feliciano revelou que "não chegavam a duzentos, a maior parte com armas de fogo, e a menor com suas lanças, e terçados, ficando o restante no mocambo".[55] No episódio de 1867, não poucos cativos aderiram ao levante e engrossaram o contingente que retornou para os mocambos. Segundo o depoimento do mocambeiro Vicente, "por onde o bando de fugidos passava levava os cavalos que iam encontrando". Além disso, a eles juntavam-se "alguns pretos mais, sendo que todos os escravos pertencentes às fazendas Santa Bárbara, Timbó e Santo Ignácio estavam mancomunados de fugirem todos para o mocambo". Acrescentava que os líderes "os aconselhavam saírem do mocambo dizendo que já estavam apalavrados com os escravos" de outras propriedades "para saírem todos para o mocambo". O mesmo Feliciano disse que nos mocambos tinham a percepção de que todos podiam se evadir e que "podiam vir sem susto porque os brancos já tinham ido para o Paraguai, e não tinha aqui quem os batesse". Ao considerarmos esse depoimento, conclui-se pela existência de um fator político na eclosão da insurreição exatamente naquele contexto. A leitura dos mocambeiros fazia sentido. O mocambeiro Martiniano afirmava que no mocambo falavam "que Lopes do Paraguai estava tratando da liberdade deles".[56] O

54. Araujo, *Insurreição de escravos em Viana*, p. 165.

55. Araujo, *Insurreição de escravos em Viana*, pp. 167, 108.

56. APEMA, Secretaria de Polícia, Chefe de Polícia/Presidentes de Província, Correspondência, Ofício do delegado de Polícia de São Bento, Francisco Diogo Ribeiro, enviado ao Chefe de Polícia, Dr. Julio Cesar Berenguer de Bittencourt, 19 fev. 1862; ANRJ, IJ1, maço 754, Ofícios de Presidentes de Província/Maranhão (1863), Idem, Aditamento do Ministério da Justiça, 20 dez. 1861; APEMA, Secretaria de Polícia, Chefe de Polícia/Presidentes de Província, Correspondência, Ofício de João Tavares de Pinho, administrador da fazenda, enviado para o delegado de Polícia de Monção, Raimundo Benedicto Muniz, 9 fev. 1862, Ofício do delegado de Polícia de Monção, Raimundo Benedicto Muniz, enviado ao Chefe de Polícia Dr. Julio Cesar Berenguer de Bittencourt, 13 fev. 1862, Ofício do Chefe de Polícia da Província, Dr. Julio Cesar Berenguer de Bittencourt, enviado ao delegado de Polícia de Monção Raimundo Benedicto Muniz, Termo de averiguações em anexo, 15 fev. 1863, Ofício do delegado de Polícia da vila de São Bento, João

fator recrutamento aqui pode ser lido tanto como produzindo o enfraquecimento do contingente militar sempre acionado para reprimir os mocambos como fortalecendo a visão da possível liberdade que se produzia na participação de recrutas libertos e ex-escravos em tropas na guerra. Parentes e conhecidos dos mocambeiros podiam estar entre os mais de 150 escravos que no Maranhão foram libertados para lutar no Paraguai. Tal como autoridades amedrontadas, os mocambeiros perceberam que grande parte da força militar da província tinha sido deslocada para combater no Paraguai. Mesmo assim, sabiam que havia ainda vários homens livres — aptos para a Guarda Nacional —, mas que estes tinham se refugiado, temendo o recrutamento.[57]

Os mocambeiros, antes de retornarem às suas povoações, deixaram um manifesto, escrito por ocasião da invasão e saque na fazenda Santa Bárbara.[58] Num diálogo quase que direto, enviaram o documento para as autoridades. Nele, afirmavam que sua liberdade era um direito e que, apesar disso, em Viana

---

Manoel Gomes Tinoco, enviado ao Chefe de Polícia, Miguel Joaquim Aires do Nascimento, 23 fev. 1863, Ofício do Presidente da Província, Antônio Manoel de Campos Mello, 26 fev. 1862; ANRJ, IJ1, maço 231, Idem, Ofícios (1865), Ofício do Presidente da Província enviado ao Ministro da Justiça, 13 set. 1865; APEMa, Presidência da Província, Delegacias/Chefes de Polícia, 1865, Ofício de 29 set. 1865, Ofício do Chefe de Polícia da Província, Dr. Julio Cesar Berenguer de Bittencourt, enviado ao delegado de Polícia de Monção Raimundo Benedicto Muniz, Termo de averiguações em anexo, 15 fev. 1863, Ofício do delegado de Polícia da vila de São Bento, João Manoel Gomes Tinoco, enviado ao Chefe de Polícia, Miguel Joaquim Aires do Nascimento, 23 fev. 1863, Ofício do Presidente da Província Antônio Manoel de Campos Mello, 26 fev. 1862; ANRJ, IJ1, maço 231, Idem, Ofícios (1865), Ofício do Presidente da Província enviado ao Ministro da Justiça, 13 set. 1865; APEMa, Presidência da Província, Delegacias/Chefes de Polícia, 1865, Ofício de 29 set. 1865; Auto de Perguntas do preto Feliciano Corta-Mato, escravo de Ludovico Francisco Martins, realizado em Viana, 23 jul. 1867, e Auto de Perguntas do preto Martiniano, escravo de Fidélis de Abreu, realizado em Viana, 18 jul. 1867, apud Araujo, *Insurreição de escravos em Viana, 1867*, pp. 160-161, 175.

57. Vitor Izecksohn, "O recrutamento de negros nas tropas da União durante a Guerra Civil Americana", *Afro-Ásia*, Salvador, n. 55 (2017), pp. 177-212; Vitor Izecksohn, "A Guerra do Paraguai", in Ricardo Salles e Keila Grinberg (orgs.), *O Brasil Imperial* (Rio de Janeiro: Civilização Brasileira, 2009), v. II, pp. 385-424; Celso Castro, "Recrutamento militar no Rio de Janeiro durante a Guerra do Paraguai", in Vitor Izecksohn, Celso Castro e Hendrik Kraay (orgs.), *Nova história militar brasileira* (Rio de Janeiro: Ed. FGV; Bom Texto, 2004), pp. 179-208.

58. APEMa, Carta dos mocambeiros enviada da Fazenda Santa Bárbara ao delegado e comandante do Destacamento de Viana, 10 jul. 1867, apud Araujo, *Insurreição de escravos em Viana*, pp. 33-34.

não a reconheciam, posto que as autoridades continuavam a enviar tropas contra os mocambos. Num tom de ultimato, argumentavam que todos, tanto o imperador como o presidente de província, o chefe de polícia e mesmo os fazendeiros, sabiam que eles estavam livres. Ainda assim, militares e policiais de Viana continuavam a negar o fato. Quem escreveu essa carta? Quais eram os seus significados? Aqui ou acolá, nos depoimentos, surgiriam indícios. Havia sido o feitor Plácido Mello dos Santos — da fazenda Santa Bárbara —, que, forçado pelos mocambeiros João Mulato e Daniel a "escrever as autoridades exigindo a liberdade", assim o fizera.[59] O mocambeiro Vicente revelou que, ao saírem dos mocambos para atacar Viana, Daniel, chefe mocambeiro, "lhes disse que ia mandar uma carta às autoridades desta cidade comunicando-lhes que vinham proclamar a sua liberdade". O revelador depoimento de Feliciano confirmaria isso ao garantir que os "chefes do mocambo" diziam "que eles vinham buscar a liberdade". Segundo a mocambeira Pulquéria, a intenção deles era "guerrear com os brancos por causa da Lei dos Pretos, isto é, para serem estes considerados livres". O mocambeiro José de Colônia asseverou que saíram dos seus mocambos para "roubarem pólvora e munição" e que a insurreição era "para gozarem de sua liberdade, no mocambo onde estavam". Para além da permanente repressão que ora recrudescia, como explicar o fato de esses mocambeiros da região do Turiaçu-Gurupi resolverem deflagrar uma insurreição, enviado um manifesto, dizendo-se livres? O que não apareceu nas investigações e depoimentos, mas que pode explicar os motivos da deflagração de 1867, é que aquele manifesto era fato bem antigo. Os mocambeiros estavam ocupando — por gerações — uma região que ganhara importância em termos de extração aurífera nos anos 1850. Havia muito tempo já se sabia do potencial minerador nessa extensa área, sobretudo as zonas de Montes Áureos e Maracaçumé. Os mocambeiros eram acusados de garimpar e "negociar" ouro. Em 1854, seriam enviados para as florestas do oeste do Maranhão engenheiros ingleses incumbidos de avaliar o potencial dos "terrenos auferidos compreendidos entre os rios Turiaçu e Gurupi". Acabava de ser formada a Companhia Mineração Maranhense. A expedição desses engenheiros foi o primeiro empreendimento, pois localizaram a "existência do ouro", sendo "maiores vestígios uns lugares, do que em outros". Ali também eles encontrariam

59. Araujo, *Insurreição de escravos em Viana*, p. 167.

notícias de muitos mocambeiros explorando seus potenciais. Chegariam a afirmar que os minérios de ouro já tinham sido "em partes lavrados e explorados pelos pretos, mas com tanta imperfeição e então pouca escala" que a "riqueza que deixaram é excessivamente superior à que tiravam". Segundo eles, os mocambeiros "só colhiam o ouro grosso e desprezavam o fino, ou porque o não sabiam apurar, ou porque entendiam que valia menos do que o outro". Ainda assim, "mercadejavam" muito ouro dali retirado, tendo "por balança as palmas das mãos" posto "o maior lucro e vantagens que de comércio tão clandestino e ilícito podiam tirar".[60] Com tão boas expectativas e recursos, seria ali instalada uma companhia de mineração que contaria com investimentos do barão de Mauá e empréstimos internacionais. Em 1855, chegariam para a recém-criada colônia de Maracaçumé, sede dessa empresa mineradora, 887 colonos, dos quais 847 portugueses e quarenta chineses. Porém, a fonte de entusiasmo logo secou. As enchentes ou a falta de água em determinados períodos dificultavam a exploração e a "máquina valiosa" transportada para o local não foi adaptada às condições de trabalho. Os trabalhadores emigrantes desertaram, escravos fugiram e mocambeiros realizaram ataques aos acampamentos dos mineradores. O ouro foi considerado "insuficiente", pelo menos para tantos gastos. Esse empreendimento do barão de Mauá conheceria a falência num prejuízo de mais de cem contos de réis.[61] Em 1860, João Silveira de Souza, presidente da província do Maranhão, explicitaria ainda mais o segredo do fracasso empresarial e minerador na região:

60. APEMA, Carta dos mocambeiros enviada da Fazenda Santa Bárbara ao delegado e comandante do Destacamento de Viana, 10 jul. 1867, apud Araujo, *Insurreição de escravos em Viana*, pp. 33-34; Auto de Perguntas do preto Vicente, escravo de Dona Anna Padilha, realizado em Viana, 18 jul. 1867, pp. 176-177; Auto de Perguntas do preto Feliciano Corta-Mato, escravo de Ludovico Francisco Martins, realizado em Viana, 23 jul. 1867, p. 176; Auto de Perguntas da preta Pulchéria, escrava de Francisco Mariano Ferreira do Amaral, realizado em São Bento, 19 set. 1867, p. 178; Auto de Perguntas do preto José de Colônia, escravo de Dona Mariana Porfíria Pinheiro, realizado em São Vicente Ferrer, 5 out. 1867, p. 178; APEMA, Secretaria do Governo, Diferentes Particulares, Correspondência, Relatório dos engenheiros ingleses Jorge Henrique Crammer e Augusto Schrammer, assinado por José Rufino Rodrigues Vasconcellos, Chefe da Comissão enviada por Rocha Miranda & Irmãos, 19 mar. 1855, com treze folhas em frente e verso.

61. *Breve notícia sobre a província do Maranhão: Exposição Nacional* (Rio de Janeiro: Typographia da Reforma, 1875), p. 65; Jerônimo de Viveiros, *História do comércio do Maranhão* (São Luís: Associação Comercial do Maranhão, 1954), pp. 299-302.

> A existência de pretos aquilombados naquelas paragens é de grande prejuízo para a sobredita empresa, pelos roubos, que cometem, como aconteceu ultimamente, que arrombaram um armazém da companhia, e levaram grande porção de sal, aço e outros objetos, que se achavam ali guardados.

Mas, em outubro de 1862, seria noticiado que uma empresa inglesa estava interessada na "cessão ou transferência" dos direitos de exploração da Companhia Mineração Maranhense. Segundo seu procurador, esse seria um "bom negócio, ficando a companhia brasileira na posse de uma terça parte das ações da nova empresa". A empresa inglesa Montes Aureos Brazilian Gold Mining Company se instalaria ali já no final de ano. Para administrar a "exploração aurífera", viria o "hábil engenheiro" Gustavo Júlio Gunter, que já residia na região havia dois anos em missão de "colher informações acerca das minas". Quem deu essas informações à Assembleia Legislativa do Maranhão foi Antônio Manoel de Campos Mello, presidente provincial interino. Ele acrescentava entusiasmado, com base no que ouvira, que tal negociação seria de proveito para o país, cabendo aos acionistas, investidores e empresários "tirar partido", posto que "não estava nas forças da companhia brasileira montar o mecanismo necessário para a extração do ouro em grande escala".[62]

Em meados de 1863, o diretor da Colônia Militar do Gurupi, tenente-coronel Altino Lellis de Moraes Rego, informava a presidência da província sobre os últimos acontecimentos nas zonas mineradoras de Montes Áureos e Maracaçumé. Tinha acontecido ali um "incidente" que poderia "não só afetar a tranquilidade publica, como concorrer para a aniquilar a lavoura do Turiaçu". Constava que a direção da "companhia inglesa" estava empregando "meios de persuasão", contatando os mocambeiros, sobretudo os "que residem no quilombo São Vicente do Céu que não dista muito". O objetivo era conhecer melhor e mais profundamente a região, visto serem os mocambeiros "conhecedores dos melhores lugares auríferos". O então administrador da companhia, Gustavo Júlio Gunter — "em verdade é um alemão instruído, animado e de

62. BNRJ, Relatório do Presidente da Província, João Silveira de Souza, apresentado à Assembleia Legislativa do Maranhão, 3 maio 1860, pp. 24-25; Relatório do Presidente da Província, Antônio Manuel de Campos Mello, apresentado à Assembleia Legislativa do Maranhão, 27 out. 1862, p. 52.

boas intenções" —, fez várias incursões junto aos mocambeiros, falando do interesse por ouro, exploração e comércio. Os mocambeiros teriam mostrado a ele "algumas amostras de ouro que pretendiam negociar", porém alegavam que sempre "receavam de aparecer no estabelecimento, visto que eram de contínuo perseguidos por diligências que haviam prendido e morto alguns de seus companheiros". Gunter, por sua vez, "os fez persuadir que eles não seriam perseguidos nem os seus companheiros logo que se apresentassem, pois a companhia os mandaria comprar a seus senhores e que desfrutaria em certo espaço algum serviço deles, depois do que ficariam todos libertos". As autoridades ficaram atônitas com aquelas informações que poderiam "dar um resultado muito prejudicial aos interesses desta província". Segundo Moraes Rego, tal ideia e/ou possibilidade de acordo podia "até certo ponto" ser "conveniente e ajustada aos interesses da companhia e dos senhores dos escravos fugidos". Porém, o que mais preocupava era que as fugas de escravos e os rumores de insurreição tinham aumentado ainda mais depois da circulação desses possíveis acordos entre mocambeiros, proprietários de escravos fugidos e administradores da Companhia Mineração. O pior: os mocambeiros "comunicaram este pensamento a alguns outros afazendados [cativos que continuavam nas fazendas] com quem entretinham comércio às ocultas para serem providos em suas necessidades". Moraes Rego concluía afirmando que tal "comunicação produziu o efeito de em mui certo espaço verificar-se a fugida de quarenta e tantos escravos de algumas fazendas de Turiaçu e Santa Helena". As expectativas dessas evasões em grande escala eram óbvias, os cativos nas senzalas "adotavam este expediente para lhes tocar também o indulto da liberdade que se prometia aos amocambados e consta procurarem o estabelecimento". Mocambos e senzalas mostraram que estavam mais próximos — e menos isolados — do que as autoridades, fazendeiros, e depois uma certa leitura historiográfica, imaginaram. Talvez o próprio Gustavo Gunter não contasse com todo esse alvoroço chegando às senzalas. Mas o diretor Moraes Rego temia a possibilidade de eclodir uma grande insurreição, envolvendo mocambos e senzalas articulados. Para piorar a situação, ele tinha conseguido informações que davam conta de que "alguns crioulos mais entendidos dizem que estando o Brasil em guerra com a Inglaterra esses fugidos se têm de apresentar à Companhia para pegar em armas".[63]

63. ANRJ, IJ1, maço 230, Ofícios de Presidentes de Província/Maranhão (1863-1864), Ofício

Os conflitos diplomáticos na Corte — em torno da Questão Christie — podiam estar sendo interpretados como apoio da companhia de mineração inglesa. Moraes Rego propôs ao então presidente da província, Campos Mello, medidas para uma imediata repressão aos mocambos, tudo com "necessária prudência e energia". Contra o mocambo São Vicente do Céu seria enviada uma força militar com trinta a quarenta homens, "aptos e adequados a explorações e conhecedores do terreno". Lembrava na ocasião que o mocambo já havia sido atacado — "foi batido o ano passado" —, mas que tinha "ainda tantas acomodações e gêneros alimentícios que é onde todos os amocambados se refugiam e provêm do necessário". Ocorreu, porém, mais um fracasso nessa repressão, com os mocambeiros se refugiando em outras partes. Mas os rumores de revoltas cessariam, assim como diminuíram as fugas coletivas. E nada mais sabemos sobre os desdobramentos desses contatos entre administradores da companhia inglesa e os mocambeiros. Houve desistência do tal acordo de compra pela mineradora dos mocambeiros, libertando-os mais tarde para serem transformados em garimpeiros livres? Em 1863, o subdelegado de Monções sustentou ter "ouvido" em Viana que os escravos

> diziam, que tendo vindo do Imperador uma ordem para serem libertos todos os escravos os seus senhores ainda os tinham na escravidão, e que por isso eles vão fugindo para um lugar, onde outros já se achavam reunidos a fim de se apresentarem, depois que fosse pública a sua liberdade.

Um delegado de Turiaçu foi mais detalhista, revelando que tudo tinha aumentado depois da chegada de "notícia das desagradáveis desinteligências ocorridas entre a legação britânica e o governo imperial na Corte". Junto aos cativos "espalharam que a guerra seria iminente e que teria por fim conceder liberdade a todos os escravos, pelo que estes começaram a ficar altivos, e a evadirem-se das fazendas dos seus senhores". Interessante: deveriam fugir para as zonas de mineração de Montes Áureos, onde se achava uma companhia inglesa, "onde os escravos são bem tratados, e que segundo estes propalam, vão para ali esperarem a liberdade". Na ocasião, o diretor da Colônia

---

do Diretor da Colônia Militar do Gurupi, Tenente-Coronel Altino Lellis de Moraes Rego enviado ao Presidente da Província Antônio Manoel de Campos Mello, 9 maio 1863.

Militar do Gurupi reclamaria das "ideias extravagantes que têm aparecido entre escravos de alguns lugares". No contexto da Guerra do Paraguai, da Questão Christie, da Guerra Civil Americana, do estabelecimento de uma companhia inglesa na região, além de muitos mocambos e conexões com as senzalas, riscos de insurreições pareciam aumentar. Não podemos descartar a hipótese de que a "liberdade" que os mocambeiros em Viana foram buscar em 1867 tinha significados cruzados. Em 1863 teria havido frustração tanto nos mocambeiros como nas senzalas.[64]

O ataque exclusivo à propriedade denominada Santa Bárbara feito pelos mocambeiros que saíram e depois retornaram ao mocambo São Benedito do Céu também tem uma explicação. A fazenda Santa Bárbara, pertencente ao barão de Turiaçu, funcionava havia tempos como o principal entreposto, tornando-se ponto de contato entre escravos e mocambeiros. Feliciano, ao ser interrogado, disse que "desde o mocambo ouviu dizer entre os mocambeiros que vinham matar os senhores Plácido, e Aureliano por serem quem metia diligências contra eles". Mas há indícios anteriores. Em 1858, houve uma expedição ao mocambo São Benedito, sendo capturados vários mocambeiros. Destaca-se o depoimento de Cipriano, que tinha escapado de seu senhor, Manoel Coelho da Silva Barbosa, havia cerca de dez anos. Alegou que era habitante do "mocambo de São Benedito tendo antes pertencido aos mocambos que foram destruídos de Pacoval, Jacareguará e Queimado", em 1853. Os mocambeiros Herculano, João Benedito, Felício e Inácio também confirmaram, acrescentando que todos eram chefiados por João Mulato e alcançavam a população de "cento e tantos", entre mulheres e homens. Revelaram que os mocambeiros "tinham fala e negociavam sal e algumas ferramentas usadas na fazenda Santa Bárbara", além de contarem com o apoio de cativos de fazendas vizinhas. Em 1863, o delegado José Cândido Nunes assim definiria Santa Bárbara:

64. Idem; APEMA, Presidência da Província, Delegacias/Chefes de Polícia, 1863, Ofício do Chefe de Polícia da Província, Dr. Júlio Cesar Berenguer de Bittencourt, enviado ao delegado de Polícia de Monção Raimundo Benedicto Muniz, Termo de averiguações em anexo, 15 fev. 1863; Ofício do delegado de Polícia de Turiaçu, Francisco Gomes Parente, enviado ao Chefe de Polícia, 28 mar. 1863; ANRJ, IJ1, maço 230, Ofícios de Presidentes de Província/Maranhão (1863 1864), Ofício do Presidente da Província, Antônio Manoel de Campos Mello, enviado ao Ministro da Justiça, João Lins Vieira Cansansão de Sinimbu, 11 maio 1863.

> Esta fazenda pode sem medo de errar, qualificar-se de um outro quilombo pela indisciplina, falta de repressão, sua situação em caminho dos negros fugidos com quem os escravos estão em contato diariamente no tempo da seca. É este o conceito que goza essa fazenda há muitos anos.

Fazendas podiam ser definidas como quilombos/mocambos não só porque propiciavam "diariamente" contatos com os mocambeiros como também as senzalas redefiniam *liberdade* e *escravidão*, especialmente com o cultivo de suas roças, trocas mercantis e conexões socioeconômicas.

Em 1867, a repressão à insurreição teve uma etapa inicial com a resistência armada na vila de Anadia. Mocambeiros se retiraram para os seus povoados, sendo de imediato perseguidos, havendo escaramuças na floresta. Soube-se depois que os mocambeiros chegaram a preparar um "hospital nas capoeiras de Santo Ignácio para aqueles feridos que se pudessem arrastar até lá". A repressão foi retomada com novos ataques aos mocambos. As investigações tinham revelado que a base de onde partiu o grupo revoltoso de 1867 era mesmo o mocambo São Benedito do Céu. Já se sabia da existência dele desde os inícios dos anos 1860. Teria sido reconstituído pelos mocambeiros remanescentes dos ataques em 1853 e 1858. Numa ação ampliada, a ideia foi acionar logo a Guarda Nacional, como aconteceu em Vassouras em 1838. No Maranhão dos anos 1860, uma trégua ocorreu nas desavenças políticas, partidárias e envolvendo outros interesses, diante da necessidade de uma resposta imediata aos mocambeiros. Lavradores dos municípios São Vicente Ferrer, Guimarães, São Bento e Viana foram mobilizados; forças militares agruparam-se, reunindo cerca de 250 soldados, divididas em tropas que partiram ao mesmo tempo de São Vicente Ferrer, São Bento e Viana.[65] A reunião seria em Vila

65. APEMA, Auto de Perguntas do preto Feliciano Corta-Mato, escravo de Ludovico Francisco Martins, realizado em Viana, 23 jul. 1867, e Auto de Perguntas do preto Vicente, escravo de Dona Anna Padilha, realizado em Viana, 18 jul. 1867, apud Araujo, *Insurreição de escravos em Viana*, pp. 160-161, 158-159; ANRJ, IJ1, maço 221, Ofícios de Presidentes de Província/Maranhão (1852-1853), Ofício do Presidente de Província Eduardo Olimpio Machado enviado ao Ministro da Justiça, Nabuco de Araújo, 26 nov. 1853; APEMA, Chefes de Polícia/Presidentes, cx. n. 08, 1858, Ofício do delegado de Turiaçu enviado para o chefe de Polícia, 15 fev. 1858; ANRJ, IJ1, maço 754, Ofícios (1863), Ofício de José Cândido Nunes, 1º suplente de Delegado de Viana enviado ao Chefe de Polícia Julio César Berenguer de Bittencourt, 4 nov. 1863, e APEMA, Chefes de Polícia/

Nova de Anadia — local dos primeiros embates junto aos mocambeiros — para definirem estratégias e juntas seguirem para a fazenda Santo Inácio, onde avaliariam as ações militares. As tropas levariam como guias antigos mocambeiros, alguns capturados nas escaramuças que ocorreram na vila de Anadia. O principal guia foi Feliciano — apelidado Corta-Mato —, preso e acusado de ter guiado os mocambeiros nos ataques em Viana. Interessante era a sua alegação de não ser mocambeiro, mas de apenas "conhecer os mocambeiros". Logo foi desmascarado, sendo identificado como mocambeiro — mais de quinze anos de fugido —, tendo sido o primeiro habitante do mocambo São Vicente do Céu. Agora acabaria forçado a guiar as tropas contra o mocambo São Benedito. Depois de uma marcha que durou cerca de três dias, a partir da fazenda Santo Inácio, as tropas localizaram o centro de um mocambo — que era "realmente grande" —, situado a trinta quilômetros da margem esquerda do rio Turiaçu. Surpreendentemente, estava vazio — segundo o comandante militar, "não encontramos nos ranchos escravo algum ferido e apenas apareceram fora deles três dos fugidos". Seria aquele o principal mocambo São Benedito do Céu? De qualquer modo, houve tiroteio no cerco, cujo saldo foi um mocambeiro morto e dois guardas nacionais feridos. Os mocambeiros tinham se refugiado, e "alguns escondiam suas cargas nas matas, visto terem os avisados já seus espias" da aproximação militar. Os mocambeiros tinham se retirado com antecedência devido ao "alarme aos companheiros" feito pelos que se achavam adiantados a "duas léguas acolhidos em cinquenta e quatros ranchos de pindoba a que eles dão o nome *Escuta*". Os mocambeiros que se refugiaram tinham levado "bagagens" com "farinha e arroz". Aquela também teria sido uma fuga em retirada organizada, pois "eles então já se haviam dividido em grupos, e continuavam na fuga para lugares opostos". Ainda assim, as tropas estacionaram justamente nos mocambos abandonados e realizaram "diversas pesquisas nas matas". Aproveitariam para fazer investigações e conhecer mais sobre a estrutura socioeconômica e de defesa militar dos mocambeiros. O São Benedito ocupava um "sítio de trezentas braças quadradas pouco mais ou menos", tinha cerca de oitenta casas e uma população de "entre 600 a 700 pessoas, aproximadamente". Foram encontrados "muito arroz cortado e por cortar", "cana em

---

Presidentes, cx. 22, 23 e 24, 1867, Ofícios do Chefe de Polícia, apud Araujo, *Insurreição de escravos em Viana*, pp. 62-63.

quantidade", "excelentes fumais", macaxeiras, batatas e canas. Além disso, "quantidade de mandioca e massa eram para ser desmanchadas em farinhas", pois havia ali "cinco casas de forno". Os mocambeiros tinham cães domésticos e "alguma criação". Dos "produtos da lavoura nada vendiam, servindo apenas para o consumo dos moradores". Havia ainda no mocambo três engenhocas de cana, três alambiques de barro, uma tenda de ferreiro, dois teares "de tecer pano" e "ralos de ralar mandioca". Os mocambeiros também atuavam como garimpeiros, extraindo ouro nas minas de Maracaçumé que ficavam afastadas, pois — deslocando-se em grupos de trabalho formados por homens — gastavam "uma semana de viagem puxada por cortes de mato, por não haver caminho direto até lá". Permutavam o ouro por "fazendas, pólvora, chumbo, armas e outros gêneros de primeira necessidade". Também "muitos pretos e pretas, inclusive crianças, trabalhavam nas roças de alguns fazendeiros da região em troca de chumbo e pólvora". Os mocambeiros "colhiam em suas roças" algodão, que era "empregado para tecer panos com que se vestiam". Mas também eram acusados de furtar "algodão das capoeiras", que vendiam "aos negociantes regatões que andavam pelo rio Turiaçu". Também se descobriu existirem várias chefias. Daniel tinha sido um dos comandantes da insurreição mocambeira em Viana e sobre ele pesava ainda a acusação de ter sido o autor do manifesto. Mas existiam outros apontados como "capitães" do São Benedito, como José Crioulo, Bruno e Feliciano Corta-Mato. Interessante é que José Crioulo quase não foi mencionado como tendo um papel destacado na insurreição. Enquanto isso, João Mulato foi apontado como um dos "chefes do levante", mas não aparece como "capitão" do mocambo em 1867. Porém, num ataque anterior em 1858 foi citado como "chefe do mocambo" São Benedito. Destaca-se a grande presença de crioulos na liderança dos mocambeiros, sugerindo a *crioulização* da sua população. Para acalmar os ânimos da população diante da insurreição, informações sobre o ataque ao São Benedito foram publicadas no *Publicador Maranhense*, órgão de imprensa oficial da província. Mas com o fracasso da expedição houve a necessidade — um quase clamor de fazendeiros e autoridades — de envio de outra tropa para atacar os mocambeiros. Composta de oitenta soldados, seguiu mais uma expedição, dessa vez para o "centro das matas" de Maracaçumé, nos "rastros" dos mocambeiros do São Benedito do Céu. Localizaram um mocambo "denominado *Girimun*", que segundo um dos guias era "composto de noventa e tantas pessoas". Houve um combate durante a noite "em que se calculam disparados de parte a parte cem tiros, dando em resultado além de quatro mortes de quilombolas, as de dois guardas da diligência; e diversos ferimentos de lado a lado". Essas diligências revelaram o que todos sabiam, pois era "notório que nas matas, que demoram entre os rios Maracaçumé e Gurupi", existiam vários mocambos, não sendo "possível formar um cálculo exato tanto do número dos mocambos, como de seus habitantes". Segundo as investigações, em 1867 havia no Turiaçu-Gurupi uma "cadeia de quilombos". Além do Jerimum, do São Vicente do Céu e do São Benedito, existia o *mocambo-guia*, chefiado pelo preto Estevão, localizado nas cabeceiras do igarapé Molha-Saco, sendo os "mais notáveis o denominado" Cuci-Paraná e Limoeiro, "que denominam do Limão por ser nas cabeceiras de um rio deste nome".[66] Quilombos apareciam e desapareciam naquelas florestas.

TERCEIRO TEMPO: CARISMÁTICOS, QUILOMBOS VOLANTES E REBELIÕES DE SENZALAS NO OESTE/NOROESTE PAULISTA, EM 1880

No contexto dos anos finais de vigência da escravidão, a província de São Paulo, em especial o oeste e o noroeste paulistas, também assistiu a uma série de rebeliões escravas e à eclosão dos chamados quilombos volantes. Embora ambos os episódios não surjam sempre nitidamente conectados, parece muito

66. APEMa, Relatório do Comandante Militar de São Vicente Ferrer, Luis Antônio Corrêa, enviado ao delegado de Polícia, Andronico Mariano Dias, 23 jul. 1867; Relatório do Comandante do Destacamento e Expedição de São Bento, Alferes Antônio Caetano Corrêa , enviado ao delegado de Polícia Carlos Guilherme Lobato, 23 jul. 1867; Relatório do Comandante Militar de São Vicente Ferrer, Luis Antônio Corrêa , enviado ao delegado de Polícia, Andronico Mariano Dias, 23 jul. 1867; Interrogatórios dos "pretos sublevados" do Alferes Luis Antônio Corrêa, do Alferes Antônio Caetano Corrêa e do delegado José Gregório Pinheiro, 1867, apud Mundinha Araújo, *Insurreição de escravos em Viana*, pp. 62-63, 63-66, 69, 71-73; APEMa, Secretaria do Governo, Delegacias de Diversos Municípios, Correspondência, Ofício do delegado de Polícia de Viana, Antônio Caetano Travassos, enviado ao tenente José Gregório Pinheiro, 14 set. 1867; Chefes de Polícia/Presidentes de Província, cx. 25, 1867-1868, Ofício do delegado de Polícia Francisco Domingues da Silva Junior enviado ao Chefe de Polícia Eduardo da Silva Rabello, 3 out. 1867, Ofício do delegado de Polícia, Francisco Domingues da Silva Junior, enviado ao Chefe de Polícia Eduardo da Silva Rabello, 3 out. 1867, e *Publicador Maranhense*, 29 jul. 1867, noticiário transcrito apud Araujo, *Insurreição de escravos em Viana*, pp. 68-69.

claro que a região cafeeira do oeste/noroeste paulista, uma das áreas mais ricas da década de 1880, estava em polvorosa, com a emergência de movimentos organizados de escravos que tanto respondiam à expansão tardia da escravidão em áreas novas — o que se materializava em sistemas de trabalho altamente racionalizados, voltados para o aperfeiçoamento do sistema de vigilância do trabalho e da produtividade do escravo — quanto se beneficiavam da difusão das ideias abolicionistas. Os movimentos escravos da década de 1880 em São Paulo, sobretudo os que emergiram nas novas regiões cafeeiras, ganharam características peculiares; conectavam-se às tradicionais reivindicações dos escravos voltadas para o controle dos ritmos de trabalho, aplicação de castigos, alimentação e tempo livre, ao mesmo tempo que refletiam o contexto da quebra da hegemonia escravista.[67]

As estradas de ferro, que a partir de 1867 rasgaram aos poucos as novas zonas cafeeiras, estabelecendo as condições ótimas para a ampliação da frente cafeeira em direção às regiões mais remotas do noroeste, também levaram àquelas terras distantes o movimento de pessoas e ideias, vinculadas ao mundo urbano e abolicionista.[68] É impressionante perceber a velocidade com que paragens secularmente sonolentas, caracterizadas pela presença de pequenos sitiantes com baixos níveis de propriedade escrava, se tornaram regiões de alta densidade escrava e foram rapidamente equipadas com as novidades dos finais do XIX — telégrafo, jornais, clubes, associações políticas e recreativas, muitas abolicionistas —, que ampliaram as possibilidades de organização escrava.[69]

67. Sobre o regime de trabalho e reivindicações dos escravos, ver, entre outros, Stanley J. Stein, *Grandeza e decadência do café* (São Paulo: Brasiliense, 1961); Maria Helena P. T. Machado, *Crime e escravidão*, 2ª ed. (São Paulo: Edusp, 2014); Maíra Chinelatto Alves, *Quando falha o controle: Crimes de escravos contra senhores — Campinas, 1840/1870* (São Paulo: Alameda, 2014); e Elione Silva Guimarães, "Criminalidade e escravidão em um município cafeeiro de Minas Gerais — Juiz de Fora, século XIX", *Justiça & História*, Porto Alegre, v. 1, n. 1 (2001), pp. 73-105.

68. Odilon Nogueira de Mattos, *Café e ferrovias: a evolução ferroviária de São Paulo e o desenvolvimento da cultura cafeeira* (São Paulo: Alfa Ômega, 1974).

69. Robert Conrad, "The Conversion of São Paulo", in Robert Conrad, *The Destruction of Brazilian Slavery, 1850-1888*, pp. 239-262; Leonel de Oliveira Soares, "No caminho dos Goiases: Formação e desenvolvimento da economia escravista na Mogi Mirim do século XIX", Dissertação de Mestrado, Departamento de História, FFLCH-USP, 2004; José Roberto Amaral Lapa, *Os cantos e os antros* (São Paulo: Edusp, 1996); Lucília Siqueira, *Bens e costumes na Mantiqueira: o município de Socorro no prelúdio da cafeicultura paulista, 1840-1895* (São Paulo: CLA/ Fapesp, 2005).

Como já observamos em outra parte, nesse período os escravos tiveram oportunidade de se apropriar, e de fato o fizeram, com bastante criatividade, da circulação de jornais, revistas e panfletos sobre a campanha abolicionista, em geral escutando a leitura em voz alta desse material feita por terceiros.[70] Estão presentes nos depoimentos de inúmeros incidentes que antepuseram senhores, autoridades policiais e judiciárias, adeptos do abolicionismo e escravos as menções ao fato de que os cativos circulavam pelas estações de trem, recebiam notícias da existência de organizações contra a escravidão e se instruíam com informações sobre projetos de lei e propostas de controle ou extinção da escravidão. Para compreender o desenho dos movimentos de escravos nessa década em muitas regiões — em especial aquelas que recebiam as irradiações das novas ideias que circulavam nos maiores centros urbanos —, é preciso superar a crença na existência per si de um abolicionismo de elites urbanizadas, arregimentado em torno de uma etiqueta política imperial específica, concedendo que nas localidades do interior, impactadas pela circulação de ideias e pela presença de abolicionistas das classes mais educadas (advogados, delegados de polícia, jornalistas e, eventualmente, alguns membros da Igreja católica e pastores protestantes), os escravos foram capazes de se apropriar dessas novas possibilidades com muita rapidez.[71] A combinação dos movimentos reivindicati-

70. Maria Helena P. T. Machado e Flávio Gomes, "“Eles ficaram ‘embatucados’, seus escravos sabiam ler’: abolicionistas, senhores e cativos leitores no alvorecer da liberdade”, in Flávio dos Santos Gomes, Marcelo MacCord e Carlos Eduardo Moreira de Araújo (orgs.), *Rascunhos cativos: educação, escolas e ensino no Brasil escravista* (Rio de Janeiro: 7Letras; Faperj, 2017), pp. 253-283; Surya A. Pombo de Barros, “A presença negra e escrava em escolas públicas de São Paulo (segunda metade do século XIX)”, in Gomes, MacCord e Araújo (orgs.), *Rascunhos cativos*, pp. 139-160; Ligia Fonseca Ferreira, “Luiz Gama por Luiz Gama: Carta de Lúcio Mendonça”, *Teresa*, São Paulo, n. 8/9 (2008), pp. 300-321.

71. Maria Helena P. T. Machado, *O plano e o pânico: os movimentos sociais na década da Abolição*, 2ª ed (São Paulo: Edusp, 2010), pp. 133-162; Flávio Gomes e Maria Helena P. T. Machado, “Da abolição ao pós-emancipação: ensaiando alguns caminhos para novos percursos”, in Maria Helena Pereira Toledo Machado e Celso Thomas Castilho, *Tornando-se livre: agentes históricos e lutas sociais no processo de abolição* (São Paulo: Edusp, 2015), pp. 19-42; George Reid Andrews, *Negros e brancos em São Paulo (1888-1988)* (Bauru: Edusc, 1999), cap. 1; Juliano Custódio Sobrinho, “Sobre um tempo de incertezas: o processo de abolição e os significados da liberdade em Minas Gerais (1880-1888)”, Tese de Doutorado, Departamento de História, FFLCH-USP, 2015, pp. 211-257; Ronaldo Marcos dos Santos, *Resistência e superação do escravismo na província de São Paulo (1885-1888)* (São Paulo: Ensaios Econômicos/ IPE-USP, 1980); Paula Bei-

vos dos escravos nas fazendas com a aquisição de um novo horizonte político produziu doses explosivas de atuação escrava, que se afirmou na construção de movimentos, que incluíram igualmente libertos e outras figuras populares, pelo fim da escravidão. Mais tarde, a ampliação da organização política dos escravos se projetou no imediato pós-emancipação, tomando forma nas reivindicações dos trabalhadores emancipados.

Com uma população escrava muito significativa para a década final de escravidão — em 1882, Campinas possuía mais de 15 mil escravos, Capivari, mais de 3500, Casa Branca, em torno de 3900, Mogi Mirim, 3500, Descalvado, em torno de 2800 — e, sobretudo, tendo mantido a expansão da população cativa nas últimas duas décadas de vigência da escravidão, a região oeste/noroeste paulista foi hábil em captar recursos e mão de obra cativa para responder à expansão do café.[72] Tal estratégia, no entanto, produziu um fenômeno interessante para compreendermos a movimentação dos escravos; embora a mobilidade para o oeste/noroeste paulista tenha se mantido, com os senhores adquirindo escravos constantemente, a tendência geral foi a concentração de cativos nessas áreas. Esse contexto acabou produzindo plantéis bastante explorados em termos de vigilância e controle dos ritmos de trabalhos, os quais, porém, usufruíam de certa estabilidade, uma vez que essa região comprava novos trabalhadores constantemente, mas não os vendia. A construção de comunidades de senzalas, que se organizaram e atuaram em conjunto a partir de parâmetros predeterminados, é característica clara dos movimentos de escravos dessa região e período.[73]

No horizonte dos movimentos organizados que se difundiram na década de 1880 na região oeste/noroeste paulista é importante discriminar três diferentes ondas.

---

guelman, *A formação do povo no complexo cafeeiro: aspectos políticos*, 2ª ed. (São Paulo: Pioneira, 1978), pp. 33-48; Robert Brent Toplin, *The Abolition of Slavery in Brazil* (Nova York: Atheneum, 1975).

72. Conrad, *The Destruction of Brazilian Slavery*, p. 295, tabela 14; Samuel H. Lowrie, "O elemento negro na população de São Paulo", *Revista do Arquivo Público Municipal*, São Paulo, ano 10, v. 4 (1938), n. 48, pp. 5-56; Robert W. Slenes, "The Demography and Economy of Brazilian Slavery, 1850-1888", Tese de Doutorado, Universidade Stanford, 1976.

73. Machado, *Crime e escravidão* e *O plano e o pânico*; Santos, *Resistência e superação do escravismo*; Alves, *Quando falha o controle*; Slenes, "'*Malungu, ngoma* vem!'".

A primeira, que se dá logo nos primeiros anos da década, vincula-se ao surgimento de insubordinações de escravos, indícios de rebeliões e revoltas que se organizaram em torno de figuras carismáticas religiosas cujos parâmetros de atuação se tornam compreensíveis por meio da análise dos padrões de organização de sociedades mágico-religiosas. Apesar de arregimentadas em torno de crenças religiosas e pertencimento a sociedades ou conjunto de crenças mágico-religiosas, esses movimentos claramente se utilizavam de um vocabulário abolicionista.

Entre as muitas insubordinações ocorridas, nessa categoria, nos primeiros anos dessa década, mais precisamente em novembro de 1882, sobressai a da fazenda do Castelo, localizada à beira do rio Atibaia, área que concentrava as mais importantes propriedades cafeeiras de toda a região. Sua liderança, organização interna e violência a tornam altamente diferenciada. Mais uma vez, espanta que revoltas como essa tenham sido pouco valorizadas pela historiografia, já que se apresentam como expressão do alcance de novos níveis de organização interna dos escravizados na fase final da escravidão. Nem é preciso mencionar o tanto que as autoridades da época — como a historiografia conservadora continua fazendo em nossos dias — valorizaram a atuação abolicionista, desprezando a capacidade de escravos e libertos atuarem na construção da abolição.

A descrição dessa revolta, apresentada com pequenas diferenças nos jornais de São Paulo, é muito ilustrativa do que ocorria no mundo das fazendas do oeste cafeeiro. A notícia, enviada por um local e copiada pelos jornais *A Provincia de São Paulo* e *Correio Paulistano*, dá conta do enfrentamento realizado por um plantel de 120 escravos quando seu senhor, circundado por um bando de poderosos fazendeiros vizinhos e seus capangas, invadiu a senzala para disciplinar o grupo. Para tal, o fazendeiro reunira um grupo armado, formado por treze participantes, do qual faziam parte fazendeiros vizinhos, como o capitão Bento Bicudo — que, por sinal, já havia experimentado insubordinações recentes em sua fazenda —, e, em segredo, eles tinham se dirigido ao quartel (isto é, à senzala). Como medida de segurança, em primeiro lugar, o bando prendera um dos feitores escravos, que Luiz de Pontes Barbosa desconfiava ser partícipe da trama e que possuía alojamento em separado. Em seguida, o grupo se dirigiu ao quartel geral dos escravos, descrito como tendo três alojamentos contíguos. Ao abrir os primeiros dois quartos, os repressores se surpreenderam; não encontraram nenhum dos escravos que ali deveriam estar recolhidos. Já sobressaltado, o grupo se dirigiu ao terceiro quartel, no qual se encontravam todos os escravos amotinados e armados de garruchas e instrumentos de trabalho. A tentativa de retirar os rebeldes um a um e de maneira organizada acabou resultando em grande tumulto, já que os revoltosos decidiram, como forma de proteção, sair todos juntos. A situação se deteriorou rápido em um conflito armado, com escravos e senhores trocando tiros e agressões físicas. Um feitor da fazenda vizinha que participava da repressão aos cativos, capturado por eles, foi morto a golpes de enxada, ficando seu corpo mutilado. Um escravo também faleceu na refrega e outros — como o escravo Sérgio — tiveram o braço decepado.[74]

A crônica jornalística desses acontecimentos esclarece a violência da batalha: na luta, pereceu um feitor de Antônio Teixeira, fazendeiro das redondezas, de nome José Fructuoso, horrivelmente mutilado. Foi quando este caiu e eles todos procuravam atacá-lo que se deu a retirada do senhor, do capitão Bicudo e outros... Notável é ainda a descrição de como se salvaram os senhores, que tiveram que enfrentar a fúria organizada dos cativos:

> ao fato de acharem-se encostados cada um em uma coluna de frente do quartel, deveram o capitão Bicudo, o Sr. Luiz de Pontes [Barbosa], e seu filho João, administrador da fazenda, a salvação de suas vidas. Nas colunas, donde repeliam as agressões, se encontraram vestígios profundos dos golpes de foice.[75]

Embora tenha reagido de forma muito violenta, o grupo rebelde estava bem organizado, possuía — e usou —, além de seus instrumentos de trabalho, armas de fogo, agindo todo o tempo de maneira coletiva, com uns protegendo os outros, e, afinal, mostrando-se disposto a ir até o fim da tarefa, matando os senhores e seus prepostos. Diante da situação, claramente desfavorável aos repressores, Luiz Barbosa deu ordem para o grupo abandonar a porta e fugir. Cientes do fato, os escravos passaram a persegui-los. Para iluminar o terreiro, tocaram fogo em um paiol. Com esse estratagema, ganharam controle do terreno, passando a caçar os senhores e seus prepostos, os quais, já em desarranjo, abandonaram a fazenda e, atravessando a ponte do rio Atibaia, foram se refu-

74. "Insubordinação de escravos", *Correio Paulistano*, 3 nov. 1882.
75. *Correio Paulistano*, 5 nov. 1882.

giar na casa do chefe da estação de trem, que, feita de pedra, poderia garantir a sobrevivência do grupo, caso os escravos a atacassem. Os trabalhadores da ferrovia, moradores nas imediações, foram logo requisitados a colaborar na resistência. Alguns senhores que haviam se perdido do grupo principal se mantiveram toda a noite escondidos nas matas dos arredores da propriedade, apresentando-se apenas na manhã seguinte.

Após a correria inicial, um grupo composto por uns oitenta escravos, com homens, mulheres e crianças, carregando suas armas e trouxas, também atravessou a ponte do rio Atibaia em direção à estação de trem, provavelmente mirando a cidade. Como mostra o trecho a seguir, depois do ataque, o grupo rebelde se reordenou, tomando a decisão conjunta de seguir para a cidade. Na travessia, devido ao alarido que faziam, despertaram José Dias, que residia nas proximidades da cabeceira da ponte, na divisa com a fazenda do Castelo:

> Voltaram mais tarde e deliberaram seguir para Campinas, trazendo roupas etc. em número superior a 80, porque trouxeram crianças e negras, ficando na fazenda 11, sendo um ferido, mais dois moleques, três negros e outros pretos velhos. Em caminho, dando vivas à emancipação, à república etc., passaram pela ponte do Atibaia e aí assassinaram a um pobre velho de nome José Dias e sua mulher, deixando como mortos quatro filhos deste, [...] ficando todos mal e feridos e sendo provável que só se salve um deles.[76]

Dois dias mais tarde, o capitão Bento Bicudo escrevia aos jornais para declarar que não era fato que os revoltosos clamassem pela república, e que tais invenções só serviam para aumentar o nível de tensão local, produzindo ainda mais mal-estar. No inquérito policial consta que os escravos, ao saírem da senzala, gritavam "Mata e avança" e davam vivas à liberdade. Apesar do inusitado caráter dos vivas à república, é certo que os insurgentes declararam esperar a ajuda de Francisco Glicério, advogado republicano de Campinas.[77] Assustado

76. Ibidem; coluna "Interior — Província de São Paulo", *Correio Paulistano*, 8 nov. 1882, p. 1.

77. *Correio Paulistano*, 6 nov. 1882; p. 2; AESP, Autos Crimes de Campinas (ACC), Ordem 4089, Caixa 61: Processo Sem Número (PSN) de 1882, Juízo Municipal de Campinas, Sumário Crime, Autora: A Justiça, Réus presos: Severo, Jesuíno e Benedito preto, escravos de Luiz Antônio de Pontes Barboza , e Réu ausente: O Liberto Felipe Santiago; Ordem 4087, Caixa 59, Processo Nº 126 de 1882, Juízo Criminal e Municipal de Campinas, Sumário Culpa, Autora: A

com a algazarra, José Dias, portando sua espingarda, entreabriu a porta de casa. Nesse instante, os escravos atacaram o morador, sua mulher e os quatro filhos. Isso porque, declararam os agressores em seus depoimentos à polícia, fato subscrito por todas as testemunhas dos processos criminais que se seguiram à revolta, José Dias estava empregado na espia dos escravos e reportava aos senhores das imediações toda a movimentação de seus trabalhadores. No caso, ele vinha denunciando com frequência que os cativos da fazenda do Castelo, durante a noite e no maior sigilo, atravessavam a ponte carregando víveres e criação (galinhas, porcos e outros animais) para entregá-los a seu líder, o liberto Felipe Santiago, que vivia em uma choça contígua às margens do rio. As constantes reuniões dos escravos da Castelo — e de outras fazendas — andavam sobressaltando os senhores da região, que viam, na crescente insubordinação de seus cativos, os indícios de uma situação de desgoverno iminente. O fato de o espia ter se apresentado armado irritou o grupo, que, agora de maneira desordenada, avançou sobre ele e invadiu a casa, sacrificando não apenas José Dias, mas também sua esposa. Os quatro filhos do casal, que dormiam em um dos quartos, foram também atacados com grande violência, o que resultou na morte de dois deles e em ferimentos graves nos restantes.

Embora impactante, o cotejamento dessa descrição com outras fontes disponíveis para o acompanhamento dos movimentos organizados de escravos, compostas pelos papéis da polícia, autos criminais, relatórios do presidente da província e outras autoridades, ainda amplia a dimensão desse evento.[78] Nos inícios dos anos 1880, a região oeste/noroeste paulista, conectada pelos trilhos das estradas de ferro Paulista e Mogiana, foi atravessada por inúmeros levantamentos de escravos, nos quais os vários ataques aos senhores e/ou aos feitores surgiam como indícios de revoltas de escravos bem organizadas e com grande potencial de violência, que foram minimizadas de caso pensado pelas autoridades, temerosas do pânico de que tais notícias podiam gerar nas localidades atingidas. No entanto, como sugerem os documentos, nesses anos e nessa região, os movimentos organizados por escravos e/ou libertos passaram para um

---

Justiça, Réus presos: Severo, Jesuíno e Benedito preto, escravos de Luiz Antônio de Pontes Barboza, e Réu ausente: Felipe Santiago, preto liberto.

78. Documentos variados constantes do acervo AESP, Polícia, década de 1880, analisados em Machado, *O plano e o pânico*.

estágio reivindicativo mais sólido, expressando, com cada vez mais clareza, expectativas do fim da escravidão e da aquisição da liberdade jurídica, que proporcionaria a autonomia, a mobilidade e o controle pessoal do tempo e épocas de dedicação ao trabalho nas fazendas.

Tais movimentos encontravam em seu cerne um denominador comum, a organização dos escravos ao redor de chefes religiosos, cuja autoridade provinha de seu acesso ao sagrado e à manipulação de forças mágicas, capazes de investir seus adeptos de poderes especiais. Indícios sugerem que, tanto em Campinas quanto em localidades como São João da Boa Vista (1883), Limeira (1883) e Casa Branca (mais tarde, em 1885), estava em curso um processo de expansão de práticas religiosas, conduzidas por fortes lideranças, as quais estavam catalisando o potencial organizacional dos escravos. Descritos nos processos, os atos de desobediência dos escravos — nomeados como insubordinações, indícios de revolta, crimes, fugas ou desobediência coletiva — foram caracterizados como inspirados em ritos de feitiçaria, realizados por espertalhões que se aproveitavam da ignorância dos escravos para se passar por entes superiores, colocando-se acima da autoridade senhorial.[79]

Muitos incidentes em Campinas foram incluídos nessa categoria, com senhores e autoridades policiais e judiciais localizando feiticeiros como figuras centrais aos movimentos de escravos. Apenas nos anos de 1882 e 1883, as fazendas situadas nas margens do rio Atibaia eram o epicentro desse movimento; não apenas a revolta do Castelo alcançou dimensões inusitadas, como vimos, com os escravos armados atacando e perseguindo grupos organizados de senhores e capangas, como, pelo que indica a documentação, ela se conectava a outras fazendas, nas quais os levantamentos não chegaram a ocorrer ou foram reprimidos sem muito alarde ou intervenção policial. Em uma delas, de propriedade de Francisco Paulino de Morais, o escravo José Furtado foi citado várias vezes como ativo na organização da revolta em tela. Já nas fazendas das Cabras, do barão de Itatiba, e do Capim Fino, de Estanislau Ferreira de Camar-

79. Como AESP, Autos Crimes de Campinas, Ordem 4089, Caixa 61, Processo Número 1281 de 1883, Juízo Municipal e Criminal de Campinas, Sumário de Culpa-Insurreição, Autora: A Justiça, Réu preso: João Galdino de Camargo, Cartório Distribuidor de Casa Branca, 1885, Tribunal do Júri, Autos Crimes em que são: A Justiça: Autora. Carlos, escravo de Antônio José Correa: Réu; e AESP, Polícia, Ordens 2613, 2614, 2615, 2616, 2620 respectivamente, Caixas 178, 179, 180, 181 e 185, todas de 1882.

go Andrade, seu filho, os senhores se preocupavam com a presença, entre seus escravos, de curandeiros e feiticeiros, que os desencaminhavam, tornando-os arredios, desobedientes e refratários à usual disciplina que lhes era imposta.

Embora a notícia do *Correio Paulistano* não mencione nenhuma liderança específica, a mera leitura do trecho deixa claro que os escravos amotinados nos três quartéis da fazenda de Pontes Barbosa estavam muito bem organizados. Como descrito, portando armas de fogo, cacetes, enxadas e outros instrumentos de trabalho, os aquartelados tinham agido de forma conjunta e planejada, impondo grave derrota ao grupo de senhores, que não apenas fora duramente atingido pelas investidas dos escravos como havia tido que abandonar a fazenda para se refugiar na casa do chefe da estação de trem, desmoralizando-se perante a população local.

No entanto, as peças criminais relativas à revolta, desde seus primórdios, insistem em mostrar que as autoridades se dedicaram a inquirir sobre a figura tida como líder da rebelião: o liberto Felipe Santiago. Reputam a ele toda a insubordinação, entendida como fruto de sua autoridade religiosa sobre os escravos, que o consideravam, segundo comentário das autoridades, um ser superior, portador de capacidades misteriosas e excepcionais.[80] Descrito como natural do Maranhão, filho de Guilhermina Mina, de presumíveis 45 anos, trabalhador de roça e oleiro, casado, morador em Campinas havia doze ou catorze anos e proprietário de um sítio em Atibaia, Santiago surge como uma figura bastante ambivalente. Apesar de considerado peça fundamental para a compreensão de tal revolta, as autoridades o deixaram escapar tranquilamente. Embora tenha tido mandado de prisão expedido, o liberto continuou, nos anos seguintes, atuando entre os escravos. Mudando-se para Limeira, cidade cafeeira contígua a Campinas, e tendo estabelecido moradia discreta na divisa de importantes fazendas, Felipe Santiago continuou a iniciar os escravos nos ritos mágicos que tanto os protegeriam dos perigos dos ataques senhoriais quanto lhes ensinariam as estratégias e segredos da organização para a luta comum.[81] Concluímos supondo que os espaços mágico-religiosos funcionavam como

80. ACC, Ordem 4089, Caixa 61: PSN de 1882, Juízo Municipal de Campinas, Sumário Crime, Autora: A Justiça, Réus presos: Severo, Jesuíno e Benedito preto, escravos de Luiz Antônio de Pontes Barboza, e Réu ausente: O Liberto Felipe Santiago.

81. Cartório Distribuidor da Comarca de Limeira, 1884, Tribunal da Relação de São Paulo, Apelação Crime, Felipe Santiago: Apelante, João Baptista de Barros: Apelado. 1885, Sumário

áreas de autonomia, nos quais visões deste mundo, e daquele do além, alimentavam visões de liberdade e poder, sobrepondo-se aos rigores do mundo senhorial. O casebre de Santiago além da ponte do Atibaia em Campinas ou sua choça na divisa das fazendas em Limeira compunham espaços de liberdade quilombola!

Uma segunda onda de movimentos de escravos no oeste/noroeste paulista ocorreu nos finais de 1885, refletindo a penetração de ideias e agentes de movimentos abolicionistas de São Paulo e Rio de Janeiro, em combinação com a presença de militantes abolicionistas estrangeiros atuando nas fazendas, muito provavelmente provenientes de movimentos internacionais socialistas ou anarquistas.[82] Notamos que, no Vale do Paraíba, na localidade de Resende, já em 1880 uma tentativa de revolta organizada por homens livres com formação política e abolicionista se fazia presente. Liderada por Antônio Teodoro de Leal Mesquita, Domingos de Freitas Lacerda e seu filho, Israel de Freitas Lacerda, anunciava a atuação de militantes alheios ao mundo da política imperial. A participação nela do marinheiro Russinho, caçado em toda a província de São Paulo e na Corte pela Polícia Secreta, que se empenhou sobretudo em verificar as listas de passageiros dos embarques e desembarques de navios em Santos e no Rio de Janeiro, prenuncia a presença de uma gama de figuras políticas pouco afeitas ao figurino político do Império nas fazendas, em contato direto com os grupos escravizados.

No oeste/noroeste paulista, o primeiro alarme da insurreição ocorreu em setembro de 1885, na forma de uma carta anônima que, de alguma forma, chegou ao Ministério da Justiça na Corte e de lá foi expedida, junto com uma comunicação oficial, aos presidentes das províncias mencionadas na denúncia. Em seguida, essa documentação foi distribuída pelas chefias de polícia aos delegados e subdelegados do interior das citadas províncias.[83] Dizia a missiva que uma sociedade abolicionista secreta se preparava para "revolucionar a ar-

Crime, A Justiça: Autora, João Batista de Barros: Réu. 1885, Sumário Crime, A Justiça: Autora, Francisco de Oliveira: Réu.

82. Sheldon Leslie Maram, *Anarquistas, imigrantes e o movimento operário brasileiro (1880--1920)* (Rio de Janeiro: Paz e Terra, 1979); Edgar Rodrigues, *Os libertários: ideias e experiências anárquicas* (Petrópolis: Vozes, 1988), pp. 42-45, 49.

83. AESP, Polícia, Ordem 2649, Caixa 214 de 1885. Correspondência Oficial sobre a Sublevação de Escravos. Carta anônima denunciando a preparação de revolta geral.

raia-miúda" e com ela apoiar uma rebelião geral de escravos em diferentes províncias do Sudeste e do Sul do país, isto é, Rio de Janeiro, São Paulo, Paraná e Rio Grande do Sul. Embora as autoridades tenham buscado minimizar a denúncia, sabemos que elas estavam conscientes do potencial explosivo daquele momento político. Tentativas de revoltas como a intentada por Mesquita mostravam com clareza que os muros de contenção entre os espaços da política formal, que se desenrolava entre o Parlamento, o círculo da Corte e o rarefeito mundo dos assinantes dos jornais, haviam sido rompidos. Homens livres alfabetizados — e provavelmente brancos — começavam a se imiscuir no "mundo dos escravos", o qual, por iniciativa destes, havia muito não se limitava às divisas das fazendas. Assim, não eram só os homens livres que estavam aderindo aos novos matizes políticos, mas os próprios escravizados estavam quebrando a etiqueta política elitizada do Império. Compreender que, decididamente, não se pode analisar o mundo parlamentar fora do contexto do avanço dessas forças populares espontâneas — nas quais se incluem escravos e libertos — é tarefa que se impõe. Pois tal assertiva não se apresenta como mera declaração de ponto de vista do historiador, mas é o que comprovam as pesquisas documentais.

Entre as muitas descobertas que haviam chocado a polícia e as autoridades judiciais na ocasião do desbaratamento do complô de Mesquita, Lacerda e associados foi uma carta da pena do próprio Mesquita, na qual ele denunciava as mazelas do sistema patrimonialista vigente no país. Aproveitava seu autor para ameaçar a ordem estabelecida com um levantamento conjunto de escravos e camadas populares. Endereçada a seu companheiro nas confabulações com os escravos de Resende, Domingos de Freitas Lacerda, a missiva se referia às dificuldades que atravessava seu autor, que, necessitando de cartas de referência para conseguir algum emprego que lhe permitisse sustentar os filhos, via suas expectativas sistematicamente frustradas. Ao que parece, apesar de bem alfabetizado e conhecedor de diferentes países, como Estados Unidos e Argentina, onde havia residido, Mesquita tinha um passado nebuloso, com episódios comprometedores (os quais os documentos disponíveis não esclarecem), o que o havia tornado um pária no sistema de alocação de empregos na Corte e nas localidades do Vale do Paraíba. Revoltado, ele afirmava na ocasião em que, mais uma vez, suas esperanças se desvaneciam:

> Na porta da última casa que fui pedir proteção fiz os juramentos mais solenes de vinganças contra os grandes senhores, e como não tinha elemento lembrei-me de levantar a escravatura do Brasil, que desde a muito tempo também geme e compartilharei com eles a bárbara vingança que jurei e juro tomar.

Acrescentava ele ainda que "Esta vingança meu amigo será só contra os grandes senhores, os pequenos e os pobres que não se movam a favor dos ricos, que tanto eles como suas famílias serão respeitadas. Em quanto aos ricos, tomara vê-los todos na ponta de meu punhal".[84]

A denúncia de setembro de 1885 repisava a mesma possibilidade acima expressa por Mesquita, de uma hipotética aliança entre despossuídos e cativos, tendo talvez como horizonte não apenas a abolição, mas também uma mudança substantiva das estruturas de propriedade e riqueza vigentes, cujo resultado sem dúvida apavorava senhores e autoridades. Por mais que a denúncia anônima parecesse fantasiosa, as autoridades a levaram suficientemente a sério, iniciando uma série de averiguações. Alertados, os senhores do oeste/noroeste paulista fizeram investigações particulares e resolveram manter-se de olhos bem abertos.

Em dezembro, porém, quando tudo parecia apaziguado, em Mogi Mirim, localidade servida pela estrada de ferro Mogiana, surgia a notícia de que certas fazendas haviam sido visitadas em segredo por um desconhecido, que se reunira à noite com os escravos, desaparecendo em seguida. Em resposta a tal possibilidade, as autoridades prenderam plantéis inteiros de cativos, interrogando-os. Apertados, alguns dos inquiridos denunciaram que tinham de fato se encontrado com indivíduos de fora, que os haviam aconselhado a, no dia de Natal daquele ano, junto com todos os companheiros, abandonar as fazendas e dirigir-se às cidades mais próximas para exigir a abolição. Em Casa Branca, também localizada ao longo da Mogiana, o juiz de direito anunciava que também recebera denúncias da presença de forasteiros em conluio com escravos. Em Limeira, o delegado de polícia acusava situação similar, a da presença de

84. Carta de Antônio Mesquita a Domingos Lacerda, 8 mar. 1881. Cartório do 2º Ofício de Resende. Maço 17, n. 23, 1881. Tribunal do Júri. Insurreição. A Justiça: Autora, Antônio Theodoro de Leal Mesquita, Domingos de Freitas Lacerda, Israel de Freitas Lacerda, Sebastião Caetano, Marçal, escravos: Réus, fls. 153-155.

desconhecidos que, na calada da noite, buscavam as senzalas e aconselhavam os escravos a deixar as fazendas, de maneira pacífica, rumo às cidades para reivindicar liberdade.[85] Embora os misteriosos indivíduos que visitavam as senzalas tenham desaparecido dos inquéritos, sendo talvez interrogados discretamente pelas autoridades de forma a evitar o aumento do clima de insegurança que se espraiava por toda a região, podemos levantar algumas hipóteses. Memorialistas da campanha abolicionista em São Paulo — como Castan — relembraram a atuação dos caifazes, que, enviados pelo grupo de Antônio Bento, sediado na Irmandade de Nossa Senhora dos Remédios, procuravam as fazendas para atualizar os escravos sobre a situação política do momento e organizar fugas.[86]

À presença de homens de fora, desconhecidos que vagavam pelas fazendas apavorando os senhores, seus prepostos e autoridades policiais e judiciárias, logo outras se somaram. Em 1887, por exemplo, foi preso em Limeira o inglês Miguel Godofredo, acusado de, em conjunto com outros indivíduos desconhecidos, e em plena luz do dia, entrar nas fazendas para aconselhar os escravos a se insubordinarem, abandonando os eitos.[87] Preso, o misterioso inglês declarou apenas que decerto orientava escravos a sair das fazendas, mas sempre de maneira pacífica. Embora a polícia e as autoridades tenham tratado tais eventos como tentativa de insurreição, a consideração de que o objetivo da confabulação era conseguir que grandes grupos de escravos deixassem as fazendas de maneira pacífica, dirigindo-se às cidades, parece bem clara. Um mo-

85. Respectivamente AESP, Polícia, Ordem 2649, Caixa 214 de 1885. Correspondência Oficial sobre a Sublevação de Escravos. Ofício do Delegado de Polícia de Mogi Mirim ao Chefe da Polícia em 9 dez. 85. Polícia, Ordem 2649, Caixa 214 de 1885. Auto de Indagações, anexo ao ofício do Juiz de Direito de Casa Branca ao Presidente da Província em 13 dez. 1885, e Polícia, Ordem 2649, Caixa 214 de 1885. Ofício do Delegado de Polícia de Limeira ao Chefe da Polícia em 20 dez. 1885.

86. Castan (pseudônimo), *Scenas da Abolição e scenas várias: horrores da Escravidão no Brasil* (São Paulo: Metodista, 1924), pp. 24-29; Alexandre Ferro Otsuka, "Antonio Bento: discurso e prática abolicionista na São Paulo da década de 1880", Dissertação de Mestrado, FFLCH-USP, 2016; Elciene Azevedo, *O direito dos escravos: lutas jurídicas e abolicionismo na província de São Paulo* (Campinas: Ed. da Unicamp, 2010); Celia Maria Marinho de Azevedo, *Onda negra, medo branco: o negro no imaginário das elites, século XIX* (Rio de Janeiro: Paz e Terra, 1987); Alice Aguiar de Barros Fontes, "A prática abolicionista em São Paulo: os caifazes (1882-1887)", Dissertação de Mestrado, Departamento de História, FFLCH-USP, 1976.

87. AESP, Polícia, Ordem 2682, Caixa 247 de 1887.

vimento como tal, mesmo que modesto a princípio, logo poderia galvanizar a atenção de outros plantéis, que já viviam em constante estágio de insubordinação potencial, podendo tornar-se uma onda de abandono de fazendas que ninguém mais poderia segurar, inviabilizando a manutenção da escravidão. Como fato político, essa iniciativa é concomitante ao pico do abandono em massa das fazendas do oeste/noroeste paulista, movimento tanto espontâneo dos escravos como também devedor do auxílio de gente de fora, militantes de um abolicionismo popular. Tais movimentos estavam conectados com os quilombos do Pai Felipe e Jabaquara, que haviam sido criados, ou eram protegidos, por abolicionistas paulistas das cidades de São Paulo e Santos.[88]

Uma terceira onda de movimentos em busca da liberdade se verifica a partir de 1886, com a emergência de fugas e abandono de fazendas por parte de grupos de escravos, que, deixando para trás seus quartéis — como vimos, denominação dada à senzala nesses anos finais —, rumam para as cidades mais simpáticas à causa abolicionista, buscando pouso, alimentação e proteção contra as crescentes agressões policiais ou de populares que se apavoravam diante das marchas de homens, mulheres e crianças armados com seus instrumentos de trabalho (muitos também portando armas de fogo) e depauperados. A mobilidade de escravos e libertandos, fruto das alforrias coletivas com cláusula de tempo de serviço intentadas pelos senhores como estratégia de controle do processo final da escravidão — e logo descartadas devido à impossibilidade de segurar os plantéis nas senzalas —, foi aspecto gerador de um novo tipo de resistência. Esta foi concretizada na forma dos quilombos volantes, que se alastraram nas áreas de grandes fazendas do oeste/noroeste paulista do período. Os anos finais de vigência da escravidão foram marcados por um visível aumento de tensão social. Por um lado, os grupos escravizados já vinham acumulando experiências de insubordinação, revoltas organizadas e fugas constantes. Por outro lado, fazendeiros e populações urbanas da região alimentavam o medo crescente de verem as ruas de suas cidades — e, no limite, suas moradias — invadidas por bandos de retirantes armados com instrumentos de trabalho

88. Maria Helena Pereira Toledo Machado, "De rebeldes a fura-greves: as duas faces da experiência da liberdade dos quilombolas do Jabaquara na Santos pós-emancipação", in Olívia Cunha e Flávio Gomes, *Quase-cidadão: histórias e antropologias da pós-emancipação no Brasil* (Rio de Janeiro: Ed. FGV, 2007), pp. 241-282; José Maria dos Santos, *Os republicanos paulistas e a abolição* (São Paulo: Martins, 1942).

(e, eventualmente, armas de fogo), com seus filhos famintos. Conflitos entre escravos errantes e policiais começam se avolumar, degenerando em enfrentamentos armados. Em 1887, por exemplo, o liberto Pio, estivador e caifaz, quando capitaneava um grande grupo de retirantes do quadrilátero central da província (Salto, Itu e Capivari) em direção a Santos, que pretendia se refugiar no quilombo do Jabaquara, enfrentou forte resistência. Acossado, Pio atirou num militar e o matou, e de imediato foi assassinado. O grupo, que avançava em marcha organizada, se desagregou e foi duramente caçado na serra do Cubatão.[89]

Nos inícios de 1888, espelhando o avolumar de tensões na região, que antepunha fazendeiros, clubes da lavoura, autoridades judiciárias e policiais e escravos retirantes e rebeldes, a cidade de Penha do Rio do Peixe foi, na calada da noite, invadida por um bando de duzentas pessoas, composto de fazendeiros e seus capangas, revoltados contra a atuação legalista do delegado de polícia local, o qual dava andamento a pedidos de alforria com cláusula de serviço. O grupo, liderado por dois fazendeiros norte-americanos ex-confederados, James H. Warne e João Jackson Klink, linchou com requintes de crueldade o delegado, dentro de sua casa e na frente de sua mulher e filhos. E, em seguida, foi tranquilamente se entregar à Justiça (que meses depois os absolveu).[90]

Apesar do clima de radicalização e das tentativas dos fazendeiros de segurar seus escravos por meio de alforrias coletivas com contrato de trabalho, os plantéis passaram a abandonar as fazendas. A mobilidade que se instaura nessa fase pode ser muito bem compreendida na ascensão de um tipo de quilombo que respondia aos desafios do momento. Desde 1885, as autoridades começam a notar a existência de quilombos volantes,[91] que passaram a infernizar a vida das fazendas em muitas localidades, como Jundiaí, Campinas, Valinhos, Estação Rebouças, Rocinha, Itatiba, Capivari e adjacências. Congregando escravos fugidos e retirantes, libertos e homens livres, tais comunidades surgiam

89. AESP, Polícia, Ordem 2678, Caixa 242, Pasta Fatos Notáveis e Notícias Avulsas.

90. Jácomo Mandato, *Joaquim Firmino: o mártir da Abolição*. (Itapira: Edição do autor, 2001).

91. Santos, *Resistência e superação*, p. 30, referindo-se à formação dos quilombos na última fase da escravidão, no oeste/noroeste paulistas, nomeou-os como "quilombos nômades". Ver também Flávio Gomes e Maria Helena P. T. Machado, "Atravessando a liberdade: deslocamentos, migrações e comunidades volantes na década da abolição (Rio de Janeiro e São Paulo)", in Flávio dos Santos Gomes e Petrônio Domingues, *Políticas da raça: experiências e legados da Abolição e do pós-emancipação no Brasil* (São Paulo: Selo Negro, 2014), pp. 69-96.

e desapareciam num piscar de olhos. Ora invadiam uma fazenda para se apropriar do café colhido, ora se faziam presentes nas cidades, onde se podiam ver alguns de seus membros frequentando bares e tabernas, ou então se assentavam em alguma área mais retirada nas divisas ou até dentro das fazendas, como no caso de José Mourthé, que havia se aquilombado com um companheiro em um galinheiro grande de uma fazenda, sendo preciso chamar a força policial para retirá-lo.[92] Segundo o administrador da propriedade na qual Mourthé foi localizado e preso, "na fazenda que administra acoitavam-se dois quilombolas em um galinheiro do pasto, já abandonado, e que servia para hospital de bexiguentos, os quais foram vistos ali completamente armados com uma garrucha de dois canos e outra de um".[93]

No mesmo depoimento, o administrador afirmava que toda a província conhecia a fama desses quilombolas, que, com cada vez mais ousadia, sobressaltavam a região. Eram pequenos mocambos, que podiam variar de grupos muito reduzidos — de três a cinco indivíduos — a aglomerações maiores, de até trinta participantes, que se uniam e separavam ao sabor das circunstâncias. Sem pouso fixo, os bandos de mocambeiros ganhavam autonomia, o que possibilitava a sobrevivência em uma área densamente ocupada por cafezais, cidades e vilas em torno das estações de trem, cada vez mais vigiadas. No entanto, aquilo que pode parecer apenas agrupamentos espontâneos de indivíduos errantes e sem objetivo comum se revela, pela leitura das fontes, fruto de uma estratégia de sobrevivência quilombola muito bem delineada. Unindo-se e separando-se em pequenos grupos, os quilombolas se protegiam e se mantinham em contato, ressurgindo, quando interessava, na forma de bandos maiores e armados, sobretudo para saquear grandes fazendas. Preso e interrogado, Mourthé declarou que o objetivo dos quilombolas era se internarem nas matas de Amparo (localidade da estrada de ferro Paulista) para formar um grande quilombo.[94]

Os jornais de São Paulo foram pródigos em noticiar tais declarações, alimentando o crescente clima de perda de controle que vigia, já havia al-

92. AESP, Processo-crime de 1886, Ordem 4049, Caixa 66. José Mourthé: Réu. Crime de Resistência. Termo de Informação. Interrogatório de José Mourthé.

93. Idem, ibidem.

94. Idem, ibidem.

guns anos, na região oeste/noroeste da província de São Paulo.[95] Os quilombos volantes podem ter surgido de forma muito espontânea para responder aos desafios da saída do regime das fazendas em uma área de alta ocupação monocultora, capitalização acelerada do solo e política de controle da mão de obra altamente disciplinar. Os novos tempos que se delineavam no horizonte da pós-emancipação exigiam a reinvenção das formas de protesto e resistência dos trabalhadores. A mobilidade parece ter sido o objetivo maior e a chave para a manutenção de alguma autonomia. As saídas em massa das fazendas e a composição dos quilombos volantes, nesse sentido, expressam esses novos tempos, exigindo o reconhecimento de formas originais de pensar a liberdade. Apesar de ter assumido uma forma nova, os quilombos volantes estavam conectados com as revoltas de escravos, com o abandono em massa das fazendas, expressando um desenho quilombola adaptado às áreas de alta ocupação da terra e agricultura capitalizada. Nem por isso tais agrupamentos deixaram de expressar os objetivos históricos desse tipo de formação; construir espaços de autonomia, controlar o tempo de trabalho e a forma de produção continuou sendo o objetivo dos quilombolas volantes. Migrando com constância e adaptando-se a uma realidade que impôs a sobrevivência em áreas de ocupação mais densa, eles acharam formas de recriar suas vidas em situação nova. O desaparecimento da escravidão deu luz a muitas outras modalidades de resistência, nas quais a experiência quilombola continuou ativa. A maleabilidade dos novos agrupamentos permitiu a sobrevivência de dezenas de grupos em situações de pouca disponibilidade de terra e forte vigilância.

95. Em 19 de dezembro de 1886, por exemplo, o *Correio Paulistano* noticiava que "A escolta que partiu, quarta-feira última, ao encalce dos quilombolas, que cometeram latrocínios e outras depredações em alguns estabelecimentos agrícolas de Campinas, Jundiaí e Itatiba, segundo noticiaram as folhas do interior, regressou anteontem à noite a Campinas, trazendo presos cinco malfeitores. [...] Houve luta entre os quilombolas e a força, anteontem, às nove da manhã, conseguindo esta destruir o quilombo que compunha-se de nove escravos fugidos, sendo o chefe José Cassiano, escravo do sr. João Franco. Houve tiros de parte a parte [...]. Segundo informações dos presos há mais dois quilombos nas divisas do município de Campinas, sendo um de cinquenta e tantos quilombolas e o outro de quinze".

Assim como uma insurreição podia se transformar num quilombo, também quilombolas podiam construir bases para mais tarde atacar fazendas e povoados, além de apoiarem levantes. Houve percepções de que o sucesso de insurreições podia depender da capacidade de articulação das áreas urbanas e rurais, incluindo os quilombolas. A ajuda destes numa revolta podia ser fundamental. Além do apoio logístico para uma possível retirada estratégica, insurgentes podiam conseguir armamento e munição. As autoridades deviam temer a possibilidade de haver conspirações e ações articuladas envolvendo escravos das cidades e das zonas rurais com apoio dos quilombolas.

A análise das diferentes revoltas analisadas neste capítulo nos leva a pensar que vários fatores podem ter contribuído para deflagrar as revoltas. Como se pode perceber, ao longo do século XIX, em províncias díspares como a do Rio de Janeiro da primeira metade do XIX, a do Maranhão em meados da segunda metade e a de São Paulo na década de 1880, as revoltas de escravos e quilombos surgiram com bastante constância, expressando as condições locais. É importante frisar que em todas as regiões analisadas os grupos de escravizados se organizaram, apresentando padrões próprios de manifestação, que se conectavam à maior ou menor presença de africanos, ao processo de *crioulização*, às modalidades de ocupação da terra, a sistemas de comunicação entre as fazendas e destas com as vilas e cidades, à capacidade de repressão dos senhores e autoridades, e, por fim, é sempre bom relembrar que todos esses movimentos se entranhavam em conjunturas políticas específicas. Vale notar que, mesmo em regiões de forte densidade da hegemonia senhorial, como a do Vale do Paraíba fluminense na primeira metade do XIX, os senhores — e seus representantes políticos — falharam em garantir a necessária coesão do sistema. De fato, as comunidades de senzala mantiveram culturas, formas de comunicação, crenças e certa autonomia produtiva com suas roças e pequeno comércio, possibilitando a construção de visões de mundo e formas de agir que sustentaram o enfrentamento do domínio senhorial. Um tema a ser levado em consideração na organização das formas de agir dos escravos é o da religiosidade e de como esta se constituía em torno de líderes carismáticos, que assumiam um poder considerado superior ao dos senhores. Outra questão a ser sublinhada é a da aproximação das revoltas com os quilombos. Como mostraram as revoltas de Manoel Congo, de Viana e as do oeste/noroeste paulista, o trânsito entre insubordinação escrava e quilombo se manteve sempre presente. Ora os revoltosos partiam para os quilombos, ora os quilombolas apoiavam revoltas, em um círculo de autoproteção. Uma questão final a ser destacada é como os movimentos de escravos impactaram a composição do Estado e as conjunturas políticas no Brasil.

Notemos que em todas as ocorrências — no Paraíba fluminense, no interior do Maranhão ou no oeste/noroeste de São Paulo —, os movimentos rebeldes de escravos ensejaram reações do Estado, no âmbito da força policial e judiciária, provocaram debates parlamentares, ocuparam páginas e páginas de periódicos, produzindo uma ampla reação em cadeia. Nessas ocasiões, proprietários de escravos e seus representantes parlamentares eram chamados a refletir sobre as estratégias de controle social, alianças políticas e fortalecimento da força repressiva local e central, de forma a assegurarem sua capacidade de conter os avanços da rebeldia escrava. Informados dia a dia sobre os desejos de autonomia e liberdade dos escravos, os senhores delineavam formas de proteção, apelando ao Estado, na figura do imperador, ao Parlamento, mas também aos poderes locais, para permanecerem minimamente a salvo dos avanços rebeldes. Manter a escravidão funcionando orientou, assim, a conformação do Estado brasileiro, em suas capilaridades locais, ensejando alianças entre forças da ordem, que refletiram os arranjos políticos pela manutenção desse sistema. Além disso, no caso da província de São Paulo da década de 1880, a consideração das revoltas de escravos, abandonos de fazendas e quilombos volantes como partes atuantes e influentes do contexto abolicionista nos leva a decididamente superar a possibilidade de existência de muros de contenção entre os mundos da política formal, das camadas populares urbanas e a dos escravos e libertos.

Nas décadas finais da escravidão, revoltas, fugas em massa e aquilombamentos ganharam novos contornos. Tanto refletiam contextos altamente politizados, com grupos de escravos absorvendo e reinterpretando com sentidos próprios os debates em torno da emancipação, quanto os quilombos volantes expressavam novos significados. Estes últimos exigiam que os fugitivos, junto com libertos e homens livres, passassem por constantes migrações, o que os preparou para manter a autonomia no pós-abolição, momento em que a mobilidade do trabalhador se tornou salvaguarda importante para manutenção de sua independência. Lideranças e motivações díspares construíram as experiências dos cativos. A análise de como os movimentos de escravos, influenciando as discussões jurídico-parlamentares e o contexto social abrangente, construíram a abolição nos deixa mais perto de compreender as mediações do político e do fazer histórico daqueles que, aparentemente, foram dela excluídos.

Sobre os autores

Na ordem em que aparecem neste volume

JOÃO JOSÉ REIS é doutor em História pela Universidade de Minnesota, professor do Programa de Pós-Graduação em História da Universidade Federal da Bahia e autor, entre outros livros, de *Rebelião escrava no Brasil: a história do levante dos malês em 1835* (2003), *Domingos Sodré, um sacerdote africano: escravidão, liberdade e candomblé na Bahia do século XIX* (2008) e *Ganhadores: a greve negra de 1857 na Bahia* (2019), todos publicados pela Companhia das Letras e também disponíveis em traduções para o inglês, à exceção do último.

FLÁVIO DOS SANTOS GOMES é doutor em História pela Universidade Estadual de Campinas, professor do Instituto de História e dos programas de pós-graduação em História Comparada (PPGHC) e História Social (PPGHIS) da Universidade Federal do Rio de Janeiro. Coordenador do Laboratório de História Atlântica das Sociedades Coloniais e Pós-Coloniais (LEHA), é autor e organizador de livros sobre história da escravidão e do pós-emancipação, entre os quais *Histórias de quilombolas: mocambos e comunidades de senzalas no Rio de Janeiro, século XIX* (São Paulo: Companhia das Letras, 2006), *A hidra e os pântanos: mocambos, quilombos e comunidades de fugitivos no Brasil (séculos XVII-XIX)* (São Paulo: Ed. Unesp, 2005); *Communautes d'esclaves insoumis au Bresil* (Paris:

L'Échappée, 2018); *Dicionário da escravidão e liberdade* (São Paulo: Companhia das Letras, 2018, com Lilia M. Schwarcz) e *The Story of Rufino: Slavery, Freedom, and Islam in the Black Atlantic* (Oxford: Oxford University Press, 2020, com João José Reis e Marcus J. M. de Carvalho). É pesquisador produtividade do CNPq e pesquisador colaborador (2020-2022) do Núcleo de Estudos de População da Unicamp (NEPO).

LUIZ FELIPE DE ALENCASTRO é professor da Escola de Economia de São Paulo da Fundação Getulio Vargas, professor emérito da Sorbonne Université, membro da Academy of Europe e autor, entre outros trabalhos, de *O trato dos viventes: formação do Brasil no Atlântico Sul* (São Paulo: Companhia das Letras, 2000) e "The Ethiopic Ocean: History and Historiography, 1600-1975", *Portuguese Literary & Cultural Studies*, Darthmouth, n. 27 (2015), pp. 1-79.

LARA DE MELO DOS SANTOS é mestre em História pela Universidade Federal da Bahia, professora da rede estadual de ensino do Rio de Janeiro, doutoranda no Programa de Pós-Graduação em História da Universidade Federal Fluminense e autora de "Resistência indígena e resistência escrava em Camamu no século XVII", Dissertação de Mestrado, Universidade Federal da Bahia, Salvador, 2004.

LUIZ GERALDO SILVA é doutor em História pela Universidade de São Paulo, professor titular do Departamento de História da Universidade Federal do Paraná e autor do livro *A faina, a festa e o rito: uma etnografia histórica sobre as gentes do mar (sécs. XVII ao XIX)* (Campinas: Papirus, 2001).

THIARA BERNARDO DUTRA é doutoranda em História pela Universidade Federal do Espírito Santo, bolsista da Fapes, mestre em História pela mesma instituição e autora de "Autoridades coloniais e o controle dos escravos: capitania do Espírito Santo, 1781-1821", (Dissertação de Mestrado, Universidade Federal do Espírito Santo, 2016. É coautora, com Adriana Campos e Thiara Dutra, de "Uma obra magnânima e real: o governador cientista e a primeira política de exploração da bacia do Rio Doce", in Bruno César Nascimento e Ueber José de Oliveira (orgs.), *Os pensadores do Espírito Santo: de Anchieta a José Marcellino Pereira de Vasconcellos* (Vitória: Milfontes, 2019).

RICARDO PIROLA é doutor em História pela Universidade Estadual de Campinas, professor na mesma instituição e autor dos livros *Senzala insurgente: malungos, parentes e rebeldes nas fazendas de Campinas (1832)* (Campinas: Ed. da Unicamp, 2011) e *Escravos e rebeldes nos tribunais do Império: uma história social da lei de 10 de junho de 1835* (Rio de Janeiro: Arquivo Nacional, 2015), agraciado com o Prêmio Arquivo Nacional de Pesquisa.

MARCOS FERREIRA DE ANDRADE é doutor em História pela Universidade Federal Fluminense e professor do curso de História da Universidade Federal de São João del-Rei. Dentre suas obras destacam-se: "Rebelião escrava na comarca do Rio das Mortes, Minas Gerais: o caso Carrancas", *Afro-Ásia*, Salvador, n. 21/22 (1998-1999), pp. 45-82; "A pena de morte e a revolta dos escravos de Carrancas: A origem da 'lei nefanda' (10 de junho de 1835)", *Tempo*, Niterói, v. 23, n. 2 (2017), pp. 264-289; *Elites regionais e a formação do Estado imperial brasileiro: Minas Gerais — Campanha da Princesa (1799--1850)*, 2ª ed. rev. e atual. (Belo Horizonte: Fino Traço, 2014) e "*Horrenda Exceptione*: antecedentes da lei n. 4 de 10 de junho de 1835 e o levante dos escravos de Carrancas", in Arno Dal Ri Jr., Diego Nunes e Ricardo Sontag (orgs.), *História do Direito Penal: confins entre o direito penal e política na modernidade jurídica (Brasil e Europa)* (Florianópolis: Habitus, 2020), pp. 117-144.

ISADORA MOURA MOTA é professora do Departamento de História da Universidade de Princeton. Mestre em História Social pela Unicamp e doutora em História pela Universidade de Brown, é autora, entre outros, de "Other Geographies of Struggle: Afro--Brazilians and the American Civil War", *Hispanic American Historical Review*, v. 100, n. 1 (fev. 2020), pp. 35-62; "Eu indo com ela pra lá, ela não volta mais pra cá': letramento, emancipação e as experiências de africanos livres entre Brasil e África", in Flávio dos Santos Gomes, Marcelo MacCord e Carlos Eduardo Moreira de Araújo (orgs.), *Rascunhos cativos: educação, escolas e ensino no Brasil escravista* (Rio de Janeiro: 7Letras; Faperj, 2017), pp. 100-120, e "Para além dos gabinetes: repensando o impacto da Guerra de Secessão americana no Brasil", *Cadernos do CHDD*, Brasília, v. 15, n. 29 (2016), pp. 17-28.

EDUARDO SPILLER PENA é doutor em História pela Universidade Estadual de Campinas e autor de *O jogo da face: a astúcia escrava frente aos senhores e à lei na Curitiba provincial* (Curitiba: Aos Quatro Ventos, 1999) e *Pajens da casa imperial: jurisconsultos, escravidão e a lei de 1871* (Campinas: Ed. da Unicamp/ Cecult, 2001).

PAULO ROBERTO STAUDT MOREIRA é doutor em História pela Universidade Federal do Rio Grande do Sul, professor do Departamento de História da Universidade do Vale do Rio dos Sinos, bolsista CNPq e autor, entre outros livros, de *Os cativos e os homens de bem: experiências negras no espaço urbano* (Porto Alegre: EST, 2003) e, com Miquéias Henrique Mugge, *Histórias de escravos e senhores em uma região de imigração europeia* (São Leopoldo: Oikos, 2014).

MÁRIO MAESTRI é doutor em História pela Universidade Católica de Louvain, Bélgica, professor aposentado do Programa de Pós-Graduação da Universidade de Passo Fundo e autor, entre outros livros, de *Os senhores do litoral: conquista portuguesa e agonia tupinambá no litoral brasileiro (século 16)*, 3ª ed. (Porto Alegre: Ed. da UFRGS, 2013), e *La guerra sin fin: la Triple Alianza contra el Paraguay — La campaña ofensiva, 1864-1885* (Assunção: Intercontinental, 2017).

YUKO MIKI é doutora em História pela New York University, professora associada do Departamento de História da Universidade Fordham e autora do livro *Frontiers of Citizenship: A Black and Indigenous History of Postcolonial Brazil* (Cambridge: Cambridge University Press, 2018), ganhador do prêmio Wesley-Logan da American Historical Association para o melhor livro de história da diáspora africana e do Warren Dean Memorial Prize da Conference on Latin American History (CLAH) para o melhor livro de história brasileira publicado em inglês.

IACY MAIA MATA é doutora em História pela Universidade Estadual de Campinas, professora da Universidade Federal da Bahia e autora de "Os 'treze de maio': ex-senhores, polícia e libertos na Bahia pós-abolição (1888-1889)", Dissertação de Mestrado, Universidade Federal da Bahia, 2002, e do livro *Conspirações da raça de cor: escravidão, liberdade e tensões raciais em Santiago de Cuba (1864-1881)* (Campinas: Ed. da Unicamp, 2015); atualmente integra a equipe editorial da *Afro-Ásia*.

RICARDO TADEU CAIRES SILVA é professor de História da Universidade Estadual do Paraná e autor de "Caminhos e descaminhos da abolição: escravos, senhores e direitos nas últimas décadas da escravidão (Bahia, 1850-1888)", Tese de Doutorado, Universidade Federal do Paraná, 2007; "A Sociedade Libertadora Sete de Setembro e o encaminhamento da questão servil na província da Bahia (1869-1878)", in Maria Helena Machado e Celso Thomas Castilho (orgs.), *Tornando-se livre: agentes históricos e lutas sociais no processo de abolição* (São Paulo: Edusp, 2015), pp. 293-314; e "Memórias do tráfico ilegal de escravos nas ações de liberdade: Bahia, 1885-1888", in João José Reis e Carlos Francisco da Silva Júnior (orgs.), *Atlântico de dor: faces do tráfico de escravos* (Belo Horizonte: Fino Traço, 2016), pp. 305-340.

MARIA HELENA P. T. MACHADO é professora titular no Departamento de História da Universidade de São Paulo (USP) e pesquisadora produtividade do CNPq. Graduada em História pela USP (1979), mestre (1985) e doutora (1991) em História Social pela mesma universidade. Foi professora visitante na Universidade de Michigan (Ann Arbor) e Visiting Fellow na Universidade Harvard. É autora de dezenas de livros, capítulos e artigos no Brasil e no exterior sobre história social da escravidão, abolição e pós-emancipação. Foi pesquisadora (bolsista de ano sabático) no Instituto de Estudos Avançados (IEA) da USP. Tem vasta experiência de pesquisa em arquivos no Brasil e nos Estados Unidos, com destaque para os seguintes temas: criminalidade e resistência escrava, movimentos abolicionistas, viagens científicas e debates sobre raça. Atualmente desenvolve projetos sobre escravidão e gênero, revoltas de escravos e práticas religiosas de escravos, libertos e setores populares de meados do século XIX aos dias atuais. Publicou, entre outros, *O plano e o pânico: os movimentos sociais na década da abolição* (São Paulo: Edusp, 1994), *Crime e escravidão: trabalho, luta e resistência nas lavouras paulistas, 1830-1888*, 2ª ed. (São Paulo: Edusp, 2014); e *Motherhood, Childlessness and the Care of Children in Atlantic Slave Societies* (Londres: Routledge Studies in Slave and Post-Slave Societies and Cultures, 2019), coorganizado com Diana Paton, Emily West e Camillia Cowling.

Índice remissivo

Números de páginas em *itálico* referem-se a imagens

1ª EDIÇÃO [2021] 1 reimpressão

ESTA OBRA FOI COMPOSTA PELA SPRESS EM MINION E IMPRESSA EM OFSETE PELA GRÁFICA SANTA MARTA SOBRE PAPEL PÓLEN SOFT DA SUZANO S.A. PARA A EDITORA SCHWARCZ EM JUNHO DE 2022

FSC
www.fsc.org
MISTO
Papel produzido a partir de fontes responsáveis
FSC® C011188

A marca FSC® é a garantia de que a madeira utilizada na fabricação do papel deste livro provém de florestas que foram gerenciadas de maneira ambientalmente correta, socialmente justa e economicamente viável, além de outras fontes de origem controlada.